古文字与中华文明传承发展工程

本书为浙江省哲学社会科学规划冷门绝学重点支持课题“汉镜铭文的搜集、整理、汇释与研究”（2022LMJX02Z）的最终成果

同时受到全国高等院校古籍整理研究工作委员会直接资助项目“汉镜铭文汇纂”（2109）资助

汉镜铭文汇释

鹏宇／著

云南出版集团
云南人民出版社

图书在版编目（CIP）数据

汉镜铭文汇释 / 鹏宇著. -- 昆明 : 云南人民出版社, 2022.4

ISBN 978-7-222-20553-6

Ⅰ. ①汉… Ⅱ. ①鹏… Ⅲ. ①古镜—铜器（考古）—金文—研究—中国—汉代 Ⅳ. ①K875.24

中国版本图书馆CIP数据核字(2022)第020456号

出 品 人：赵石定
项目策划：陈　晨
责任编辑：陈　晨　张益珲
助理编辑：李子璇
装帧设计：张　艳
责任校对：周　彦　董郎文清
责任印制：窦雪松

汉镜铭文汇释
HANJING MINGWEN HUISHI

鹏宇 / 著

出　版　云南出版集团　云南人民出版社
发　行　云南人民出版社
社　址　昆明市环城西路609号
邮　编　650034
网　址　www.ynpph.com.cn
E-mail　ynrms@sina.com
开　本　889mm×1194mm　1/16
印　张　35.25
字　数　700千
版　次　2022年4月第1版第1次印刷
印　刷　昆明精妙印务有限公司
书　号　ISBN 978-7-222-20553-6
定　价　680.00元

如需购买图书、反馈意见，请与我社联系
总编室：0871-64109126　发行部：0871-64108507　审校部：0871-64164626　印制部：0871-64191534

云南人民出版社微信公众号

守正拓新，推进汉镜铭文研究
（代序）

罗振玉在《古镜图录》中说，“刻画之精巧，文字之瑰奇，辞旨之温雅，一器而三善备焉者莫镜若也”，对铜镜铭文给予高度评价。其实在中国古代铜镜发展的历程中，汉镜铭文以其数量众多、类型复杂、内涵丰富、思想深刻、书法嬗变、形式多样，演绎成汉镜乃至中国古代铜镜文化极具特色且最为重要的一环。

从历史研究情况和现实需要，在构建镜鉴学体系的今天，我们既需要以年代为纵线的中国铜镜发展史，也需要有重点专题的学术深度。横分纵述，汉镜铭文就是一个重要的专题，其特殊性、深邃性绝不亚于汉镜纹饰。因此，我们必须充分认识汉镜铭文的历史价值、社会价值和学术价值。当然，我们也必须清醒地认识深入研究汉镜铭文的难度。

在我国，著录、集录和研究汉镜或汉镜铭文传承悠久，至少可以追溯到宋代。关于这方面的概况，已有不少学者或多或少作了论述，如李新城《东汉铜镜整理与研究》（华东师范大学2006年博士学位论文）上编第一章，集中介绍了北宋至今铜镜铭文著录的发展概况和存在的不足。张丹《汉代铜镜铭文研究概况及文字编》（吉林大学2013年硕士学位论文）第一章综述了民国以前、民国以后、新中国成立以后汉代铜镜铭文的研究状况。不难发现，学者一般是以历史发展阶段来总结汉镜铭文研究取得的成果和存在的问题，在这里我们拟概要性归纳一下，不再赘述。

总的来看，伴随着成千上万座汉墓中铜镜的出土，考古发掘报告、铜镜图录以及研究著作陆续出版，汉镜铭文的研究亦在资料的不断积累和前人研究成果的基础上与时俱进。思想观念、视域角度、框架结构、章节篇目均在发展变化和逐渐完善。

我认为汉镜铭文研究能够取得一些成果，有两点十分关键，一是对其重要性认识的提高；二是对其释读水平的进步。但是，由于汉镜铭文所具有的一些特性及客观条件的限制，长期以来存在的许多问题并没有得到根本的解决。

第一，铜镜图像学问题。李学勤先生和我谈及铜镜出版物时，多次强调一定要重视铜镜的照片和拓片问题，图文清晰才能给读者提供进行研究的基础。早期如《宣和博古图》等图录类著作尽管摹写了铭文，有的还对其中的部分铭文进行了考释，可惜不少绘制的铜镜图像失真。新出版的一些考古报告和铜镜图录专辑，虽然有照片或拓片，但不考虑铜镜的特殊性，图像质量差，铭文难以辨识，往往导致铭文考释错误。

第二，认知及专业性问题。铜镜尤其是出土铜镜研究中，文物考古学者多重视铜镜的年代学、类型学、纹饰及其内涵，对铭文关注度差，并未及时有效地吸收古文字学最新考释成果，因此镜铭释文仍然存在不同程度的缺释或误释、陈陈相因甚至于以讹传讹。而以汉代镜铭为研究对象的硕博学位论文，专业性较强，涉及范围广，是研究汉代镜铭极为重要的著作；但仍或多或少地存在着释文错误较多、征引材料有限的问题，许多珍贵的汉镜材料未能在文中得以展现。

综上可知，传世古籍中汉镜铭文存量巨大，但错讹、失真之处亦多，亟待修订；新出土的汉镜数量众多，却又极为分散，也有待于系统整理。

第三，缺少全面系统的学术性和实用性相结合的汉镜铭文集成著作。长期以来我和相关同行在研究中国古代铜镜特别是涉及汉镜铭文时，尽管前贤在这方面已有成果问世，仍希望有一些科学性、严谨性、规范性、实用性的汉镜铭文专著出版。特别是资料丰富、内容厚重、考释翔实，能够释疑解惑、启迪思考、推进研究的著作。

几年前，当我们看到鹏宇的《两汉镜铭文字整理与考释》（复旦大学2013年博士学位论文）时，十分惊喜。立即邀请他和李新城博士参加我主持的铜镜学术会议，并希望他们能将论文尽快出版。后来他成为清华大学李学勤先生的博士后继续进行研究工作时，我们的交流更多了，一起鉴赏出土和传世铜镜，合著《中国铜镜图典》（修订本）。最近他的《汉镜铭文汇释》著作即将出版，为师为友，我觉得有责任为其著作作序。

回顾已有研究历程，便可以看出本书的学术价值、应用价值和社会价值：

（一）选题回应时代选择和学科需要

首先，阅读书稿，我最为关注的是其撰写宗旨、思想理论、框架结构和资料集成等方面。我一直强调学术著作只有具备正确的指导思想，才能有学术价值和社会价值。此书的宗旨和目的是秉承习近平总书记致甲骨文发现和研究120周年贺信精神，希望通过课题研究传承冷门“绝学”、扩大学术视野，结合学术前沿，着力于汉镜资料的发掘应用，在古文字与汉镜历史文化方面建立新的话语体系并推动中国古代铜镜研究的深入开展。

其次，此书选题符合出土文献研究的发展趋势。近几十年来出土文献研究迅速发展，学者们已经针对不同材质的古文字资料进行了大量的整理工作，对古文字研究工作的开展起到了重要的推动作用。每当有时代和社会需要时，新理念、新课题就会产生新的成果，因此，不少学者呼吁：应将铜镜铭文资料单列出来，以汉代镜铭为切入点，深化以铜镜为载体的汉代文字研究，开拓中国古文字研究的新的领域。

再次，此书的出版有利于填补学界研究空白。目前，对汉镜铭文工具书的整理工作尚未有效开展。我相信以《汉镜铭文汇释》的出版为契机，对两汉镜铭进行系统地整理与研究，出版学术性与实用性相结合的汉镜铭文类工具书，一定能为读者提供更多可供利用的资料和学术观点；继而多视角、多层次推进汉镜铭文全方位的研究，提升学界汉镜研究的整体实力，巩固我国在汉镜研究领域的国际领先地位。

（二）思路明确、体量丰厚、条目清晰、自出新意

1. 收集的资料目前最多最全。对于汉镜铭文的工具书，我特别关注其信息量、内容的广度和深度。本书搜罗广泛，潜心爬梳，充分搜集出土和传世资料，做好基础工作。本书对2021年以前的已出版、已发表的汉镜进行了最为全面的搜集与整理。本书后附《参考文献》分为四个部分，第一部分是引用618篇期刊收录的汉镜铭文资料；第二部分列出中文古籍、中文现代书籍、外文书籍75项；第三部分列出期刊及会议论文100篇；第四部分列出学位论文44篇。如此庞大的体量，真可谓载勤载力之作。

2. 对古文字学界考释成果吸收得最为充分。学术著作是科研工作的呈现载体，因此对此书我审视的一个重要节点是观察其准确性、严谨性。可以发现，无论是期刊、论文集还是论文答辩，学界书信往来中涉及汉镜铭文的考释成果，本书都尽可能地进行了吸收、消化并在正文和脚注中加以注明。呈现在读者面前的释文、观点、结论，不仅体现了作者的新的思维、新的视野，也反映了作者对前人研究成果所进行的全面梳理。书中改释之处有近千处之多，眼光独到、新意迭出。例如，汉镜中多见的“清白”铭文中的“△玄锡之流泽，恐疏远而日忘”，对于其中的“△”，历来有“焕”“伋”“彶”“彼”“似”“作”“假”“役”等释法，莫衷一是；鹏宇改释为“微”字后，文通字顺（《中国文字》新41期，2015年）。又如将半圆方枚镜中的“众△主阳”，缺释之字考释为“羲”，并能与镜铭边缘的纹饰相契合（清华大学《万物毕照：中国古代铜镜文化与艺术研讨会会议论文集》，2021年）。

3. 章节结构实用。本书一个重要的目的是为学界和广大读者挖掘、认识和利用汉镜铭文资料提供有力支撑，因此其实用性和规范性极为关键。以往的书籍在著录汉镜

铭文时，没有统一的标准，也没有行之有效的检索方式，因此使用起来有诸多不便。本书按铭文类型分类，先将铭文根据核心内容的区别特征分为200多大类，再根据具体的细微差别将每大类分为若干小类，便于读者使用。

4. 进行了分期断代的探索。研究汉镜铭文必然与刻铸铭文的铜镜载体有密切关系，因此关注汉镜时代发展、分期断代、类型变化，是深化、细化铭文研究的重要步骤。本书在这方面根据考古类型学的各种成果对汉镜时代进行了有益的探索。

几年前，我曾经发表过一篇必须重视汉镜铭文研究的文章，认为汉镜铭文是汉镜研究中最为薄弱的部分。今天，我仍然希望不同学科的学者能够全面介入汉镜铭文领域，使研究更系统化、专业化，更具适时性、实用性。创新是学术研究的本质，特色是学术研究的标志。

中国国家博物馆终身研究馆员

中国文物学会青铜器专业委员会原会长

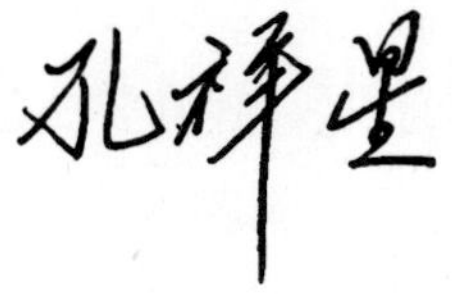

2021年10月16日

目　录

凡　例

一、本书先列纪年镜，后列非纪年镜。纪年镜据镜铭所记时代先后顺序排序，非纪年镜依镜铭类属编录，并大致依据铜镜时代或流行时代先后顺序排序。遇到铭文内容的归属不止一类者，为便于比较，采取互见的方式，并在简注中加以说明。

二、在非纪年镜中，每种镜铭根据具体情况，先概述其常见辞例、形制、纹饰、学界研究成果等，然后再胪列具体辞条。如无特别说明，则据各型式铭文完整性排序。铭文完整的靠前，减铭较多的靠后。

三、对一些铭文完全相同的非纪年镜，为便于检索与比较，归为一条，著录则据铜镜出土地或馆藏地首字音序排序，有明确出土或馆藏信息的靠前，无明确出土或馆藏信息的靠后。个别按地区分类的镜种，同一地区（省级）中，铭文完整的靠前，减铭较多的靠后。

四、胪列具体辞条时，每条包括：编号、释文、时代、著录、简注。

1. 编号为该器物在本书中的编号，方便查检。

2. 释文尽量采用宽式隶定，如：“明”直接释作“明”，“矦”直接释作“侯”，“莭”直接释作“节”，等等。对同形字直接释作通用字，并加双下画线标示，如“冶”字常从水作“治”，则直接释作“冶”；有些字在分期断代方面具有参考价值，如“四”字作“亖”，则在简注中加以说明。【外】指外圈铭文，【内】指内圈铭文，【中】指中间一圈铭文。残泐磨灭者，以□表示一个未识字，对于无法准确判断缺少了几个字者，以⧄表示；以框内字表示残泐补释字，如“二千囨”；通假字、异体字统一用（　）标示通用字；错讹字用〈　〉标示；缺漏补释字用［　］标示；合铸字用〖　〗标示。

3. 时代为器物的时代信息。时代特征显著者，可再细分前段、后段；时代较难判断者，则以该类器物的主要流行时代为准，如西汉中晚期、西汉晚期至东汉早期等。划分标准为：西汉早期前段（高祖、惠帝—吕后）；西汉早期后段（文帝、景帝）；西汉中期前段（武帝）；西汉中期后段（昭帝、宣帝）；西汉晚期（元帝以后）；东汉早期（光武帝—章帝）；东汉中期（和帝—质帝）；东汉晚期（桓帝—献帝）。

4. 著录为该器物的著录信息。同铭异器者，以“/”号相区别，遇到同铭之器较多时，一般最多收50条。对于一些较难细分的同铭之器，则在简注中加以说明。

5. 简注为作者按语，根据铭文情况在需要时予以标注。主要内外包括出土铜镜墓葬时代、铭文风格、用字特点、器物流传、文献梳理等。“减笔”指铭文笔画或偏旁的有意减省，如“饮”字作“欠”；“脱笔”指铭文铸造过程中笔画的无意脱落，如“兮”字作“丁”；“出笔”指铭文书写不规范造成的笔画出格，如“天”字作“夫”；“借笔”指铭文笔画与周围铭文或纹饰迭压；“合铸”指铭文铸造时误将前后两字合铸为一字。

五、本书所收录汉镜数据的截止日期为2020年12月31日。主要收录的范围包括：有明确考古出土信息者、有明确馆藏信息者、传世古籍中著录者，以及一般书籍、学术期刊、会议论文、学位论文中著录者，对尚未正式出版，但在拍卖图录或在网络学术论坛等中已经发表者酌情予以收录。

1. 纪年镜

在器物上纪年，是秦汉常见的纪年方式之一。不过，在铜镜上纪年显然要比在其他器物上纪年要晚得多。目前所能见到的最早纪年汉镜出现于西汉晚期，到东汉时期逐渐兴盛。然而，汉镜中的纪年镜虽数量稀少，却在分期断代上具有重要的参考价值，故独立为一节，依纪年时间顺序，胪列于下。

编号： 0001

释文： 永始二年五月丙午扇（漏）上五工丰造，景公之象兮吴娃之兑（悦），作□明镜兮好如日月，长相思兮世不绝，见珠（朱）颜，心中驩（欢），常宜子孙。

时代： 西汉永始二年

著录： 《文物》1996（7）第52页图二七；《纪年》图1、彩图1；《洛华》封面；《文化》图136；《图集》彩图12、图455；《图典》B图3.174。

简注： 即公元前15年。此镜是迄今为止考古出土的汉代最早的纪年铜镜，也是目前所知中国古代最早的纪年铜镜。

李学勤师认为此处的"景公"指齐景公，以容貌姣美著称，见《晏子春秋》"景公欲诛羽人晏子以为法不宜杀"章。"吴娃"见枚乘《七发》。"吴娃之悦"，即吴娃悦之。这里以景公、吴娃喻美男美女，其说可从[①]。此条重出，亦列于"景公"铭一节。

编号： 0002

释文： 居摄元年自有真，家当大富，糴常有陈，昭（照）之治吏为贵人，夫妻相喜，日益亲善。

时代： 西汉居摄元年

著录： 《图说》图一上汉1；《汉唐》第1页；《辞典》第1426页；《文化》图137；《图集》图456；《纪年》图2；《图典》A图241；《图典》B图3.131。

简注： 即公元6年。此镜1924年出土于朝鲜平壤乐浪郡遗址，曾为守屋孝藏氏收藏，1943年见著于梅原末治《汉三国六朝纪年镜图说》。

编号： 0003

释文： 黄帝初祖，德帀于虞，虞帝初祖，德帀于新，初始元年，岁在戊辰。

时代： 新莽初始元年

著录： 《小校》卷十六65a。

简注： 即公元8年。初始元年，王莽称帝，建立新朝。帀，遍布、汇集之意。镜铭中的24字，又见于新莽嘉量铭文、新莽青铜诏版。《汉书·王莽传》："戊辰，莽至高庙拜受金匮神禅。御王冠，谒太后，还坐未央宫前殿，下书曰：'予以不德，托于皇初祖考黄帝之后，皇始祖考虞帝之苗裔，而太皇太后之末属。皇天上帝隆显大佑，成命统序，符契图文，金匮策书，神明诏告，属予以天下兆民。……以戊辰直定，御王冠，即真天子位，定有天下之号曰"新"。'"

编号： 0004

释文： 【外】唯始建国二年新家尊，诏书数下大多恩，贾人事市不躬啬田，更作辟雍治校官，五谷成孰（熟）天下安，有知之士得蒙恩，宜官秩，葆（保）子=（子子）孙。【内】宜子孙。

时代： 新莽始建国二年

著录： 《文物》1957（8）第36页；《尊古斋》第1页；《小校》卷十六65b；《汉唐》第2页、第3页；《图说》图二汉2；《镜录》卷上7a；《志稿》第3466页；《书道》卷二图29；《图典》A图313；《辞典》第1427页左图；《图

---

① 李学勤：《景公镜》，《四海寻珍》，清华大学出版社1998年版，第92—93页；鹏宇：《李学勤先生在铜镜研究领域的历史性贡献》，清华大学：《李学勤先生学术成就与学术思想国际研讨会论文集》，2019年，后又收入《半部学术史一位李先生——李学勤先生学术成就与学术思想国际研讨会论文集》，清华大学出版社2021年版，第348—351页。

集》图457；《纪年》图3；《文化》图138；《全集》图59。

简注：即公元10年。《汉书·王莽传》："始建国元年正月朔，莽帅公侯卿士奉皇太后玺韨，上太皇太后，顺符命，去汉号焉。""葆子孙"之"子"字右下角似有重文符号，又似锈痕，仅据拓本不可定，故暂依沈令昕先生释文①。相传此镜清同治年间由福州采铜局购置所得。曾辗转收藏于黄濬尊古斋、上海市文物保管委员会等处，1959年，由上海博物馆调拨至原中国历史博物馆（今中国国家博物馆）。此条重出，亦列于"新家"铭一节。

编号：0005

释文：【外】始建国天凤二年作好镜，常乐富贵庄君上，长保二亲及妻子，为吏高迁位公卿，世=（世世）封传于毋竆（穷）。【内】子丑寅卯辰巳午未申酉戌亥。

时代：新莽始建国天凤二年

著录：《上博》A彩图38、拓片38；《上博》B图40；《汉唐》第4页、第5页；《图说》图一下汉3；《辞典》第1427页右图；《图集》图458；《纪年》图4；《文化》图139；《全集》图60；《图典》A图265；《图典》B图3.175。

简注：即公元15年。此镜曾藏于徐士浩先生处，后捐献于上海博物馆。

编号：0006

释文：尚方作竟（镜）大毋伤，巧工刻之成文章，左龙右虎辟不羊（祥），朱鸟玄武顺阴阳，子孙备具居中央，长保二亲乐未央，四□三□□□□，长安巧工刻。永平二年八月二八日刻之成文。

时代：东汉永平二年

著录：《中原》第231页；《图集》图459；《纪年》图5。

简注：即公元59年。永平，东汉明帝刘庄的年号。此条重出，亦列于"尚方作镜"铭（毋伤）一节。

编号：0007

释文：永平三年庚中正月吉旦作青盖，延年益寿，宜子宜孙。

时代：东汉永平三年

著录：《汉唐》第6页。

简注：即公元60年。据此镜可知，"青盖"铭龙虎镜至迟于东汉早期就已经出现。此条重出，亦列于"青盖"铭一节。

编号：0008

释文：永平七年九月造真尚方作竟（镜）大毋伤，巧工刻之成文章，左龙右虎辟不羊（祥），朱鸟玄武顺阴阳，上有佚（仙）人不知老，渴饮玉泉饥食枣。

时代：东汉永平七年

著录：《图说》图四汉5；《唐宋》附录图22；《汉唐》第8页。

简注：即公元64年。"饮""饥"从水。此条重出，亦列于"尚方作镜"铭（毋伤）一节。

编号：0009

释文：【外】永平七年正月作，公孙家作竟（镜）。【内】竟（镜）直（值）三百。

时代：东汉永平七年

著录：《图说》图三汉4；《汉唐》第7页；《古镜》图62；《图集》图460；《纪年》图6；《图典》A图366；《图典》B图3.304。

简注：即公元64年。此条重出，亦列于"公孙家"铭一节。

编号：0010

释文：尚方之竟（镜）真大巧，上右（有）山（仙）人不知老，渴饮玉泉饥食枣，浮由（游）天下兮。永平十六年。

---

① 沈令昕：《上海市文物保管委员会所藏的几面古镜介绍》，《文物参考数据》1957年第8期，第36页。

时代： 东汉永平十六年

著录： 《图集》图461；《纪年》图7；《龙虎》图2。

简注： 即公元73年。“之”字倒置，“由”字脱铸作“曰”，“天”字误铸作“夫”。“饮”“饥”从水。

编号： 0011

释文： 永平十桼（七）年三月五日，不□□。

时代： 东汉永平十七年

著录： 《图集》图462；《纪年》图8。

简注： 即公元74年。

编号： 0012

释文： 元和三年，天下太平，风雨时节⍁。尚方造竟（镜），在于民间，有此竟（镜）延寿未央兮。

时代： 东汉元和三年

著录： 《广西》图51；《纪年》图9；《龙虎》图3。

简注： 即公元86年。元和，东汉章帝刘炟的年号。

编号： 0013

释文： 章和元年五月丙午日中作，服之宜子孙为緱（侯）。

时代： 东汉章和元年

著录： 《纪年》图11；/《龙虎》图4；/《图集》图463；《纪年》图10。

简注： 即公元87年。章和，东汉章帝刘炟的年号。“章”字前有起止符号。“五月丙午”，古代铸造铜器的吉日。《淮南子·天文》，“五月夏至”，“夏至日则火从之，故五月火正”。《左传·昭公十七年》：“其以丙午若壬午乎？”注云：“丙午，火也。”疏云：“《正义》曰：‘丙是火位，午是火位……故丙午焉火。’”五月丙午铸造铜器，大约是取以火克金之意，是汉人五行观念的一种映射。不过，镜铭中屡言“丙午”，未必实指，很多只是依托之言①。

编号： 0014

释文： 【内】章和二年五月十五日丙午日造⍁。【外】⍁。

时代： 东汉章和二年

著录： 《小校》卷十五10a上；《纪年》图13；《志稿》第3448页。

简注： 即公元88年。北京故宫博物院藏有一件章和元年对置式神兽镜（郭玉海《故宫藏镜》图版六一，紫禁城出版社1996年版），铭文作：“章和元年□月辛巳朔廿日[庚]子造，吾作明镜宜公卿，家有五马千头羊，⍁日月⍁。”过去多以为是东汉镜，现据大量考古实物可知，对置式神兽纹饰主要流行于东汉末建安年间及三国时期，该镜铭文与字体风格也不具有东汉早期特点，故该镜疑为北朝铜镜，章和为北魏纪年，对此王刚怀先生曾有论述②，其说可从。故本书不再收录该镜。

编号： 0015

释文： 隆帝章和时，淮南龙氏作竟（镜）湅（炼）治同（铜），合会银易（锡）得和中，刻画云（雲）气龙虎虫（蟲），上有山（仙）人寿无穷，长保二亲乐不亭（停）。

时代： 东汉

著录： 《六安》图135；《纪年》图12；《龙虎》图5；《图集》图379；《寿县》图104。

简注： 此镜出自安徽寿县。寿县西汉时属淮南国，东汉时属九江郡，三国时属魏淮南郡。此镜作于东汉，而称西汉郡望，疑沿用古称，以表明龙

---

① 罗振玉：《镜话》：“汉人铸镜多取‘丙午’，与铸钩同。然其日不必实为丙午，亦与钩同。如元兴镜称‘元兴元年五月丙午’，建宁镜称‘建宁二年正月廿七日丙午’，中平镜称‘中平六年正月丙午’，熹平镜称‘熹平二年正月丙午’，又一品作‘熹平三年正月丙午’。以长术推之，以上所纪月日皆不得丙午也。”（《罗振玉学术论著集》第六集，上海古籍出版社2013年版，第40—41页。）

② 王纲怀：《中国纪年铜镜：两汉至六朝》，上海古籍出版社2015年版，第167页。

氏所作之镜家传悠久，工艺高超。

编号：0016

释文：【外】石氏作竟（镜）世少有，东王公西王母，人有三仙侍左右，后常侍名玉女，云中玉昌（倡）蹄（踶）□（盘）鼓，白虎喜怒毋央（殃）咎（咎），男为公侯女□□，千秋万岁生长久。【内】永元三年作。仙人。西王母。玉女。白虎。［东］王公。玉女。云中玉昌（倡）。

时代：东汉永元三年

著录：《古今》图141；《文化》图174；《图集》图464；《纪年》图13、彩图2。

简注：即公元91年。永元，东汉和帝刘肇年号。“咎”字从艹作“䓘”，“鼓”前之字形似“干”字。踶，《集韵》“或作蹄”，段玉裁《说文解字注》：“踶，躗也。李轨曰：‘踶、蹋也。通俗文曰：小蹋谓之踶。’”盘鼓舞，亦称“七盘舞”[①]。此条重出，亦列于“石氏”铭一节。

编号：0017

释文：永元五年四夷服，多贺国家人民息，胡虏殄威（灭）天下复，风雨时节五谷孰（熟），长保二亲得天力。吴胡伤里。

时代：东汉永元五年

著录：《文物》1987（12）第84页图一；《洛阳》彩图4。

简注：即公元93年。或认为此镜是唐代所仿。胡伤，与破虏等皆为汉人习语。

编号：0018

释文：永元十六年十二月，吾作明竟（镜），敬奉贤良，服者公卿，买者宜侯王，子孙番（蕃）昌，訢喜乐，保□□长，□□□□。

时代：东汉永元十六年

著录：《绍兴》第161页。

简注：即公元104年。

编号：0019

释文：【外】元兴元二年五月丙午日，天大赦，广汉西蜀造作尚方明竟（镜），幽湅（炼）三商，长乐未［央］，宜侯王，富且昌，位至三公位，师命长。【内】师命长，宜侯王，富〖且昌〗，乐未央。

时代：东汉元兴年间

著录：《中原文物》1982（1）封二：1；《江汉考古》1984（3）第110页；《文化》图175；《图集》图465；《纪年》图15；《图典》A图375；《图典》B图3.313。

简注：元兴，东汉和帝刘肇年号。东汉元兴元年即公元105年，元兴二年即公元106年。文中连用二年，疑其中之一为误置。

“天大赦”为“天下大赦”之脱省。“且昌”二字共享“日”旁。又，“广汉西蜀”镜铭中或省称“广汉”或“西蜀”，为铸造者归属。《华阳国志》：“益州以蜀郡、广汉、犍为为三蜀。”汉代常称益州为西蜀或蜀汉，广汉郡亦可单称西蜀，故此处的“广汉西蜀”应指广汉郡。广汉西蜀所造铜镜时流行时间较长，自东汉和帝一直到东汉末年灵帝时，绵延不止。孔祥星、俞伟超、李发林、赵化成等先生认为此类镜为广汉地方工官所造。方诗铭、宋治民等先生则主张是工官管理下的私营手工业作坊所铸造。前一说可能性似更为合理[②]。此条重出，亦列于“尚方明镜”铭一节。

---

① 王菁：《汉代“盘鼓舞”图像再考订——侧重于考古材料的梳理与解析》，《考古与文物》2020年第4期，第70—77页；杜乐：《汉代“盘鼓舞”初探》，《大理大学学报》2019年第6期，第89—94页。

② 孔祥星：《中国古代铜镜》，文物出版社1984年版；俞伟超等：《战国秦汉考古·东汉分册》讲义，1973年8月（油印本），第47页；赵化成：《广汉西蜀纪年镜综论》，《考古学研究》1997年6月，第107—110页；李发林：《战国秦汉考古》，山东大学出版社1991年版，第345页；方诗铭：《从出土文物看汉代工官的一些问题》，《上海博物馆集刊》建馆三十周年特辑，上海古籍出版社1982年版；宋治民：《汉代的铜器手工业》，《中国史研究》1985年第2期。

编号：0020

释文：【外】元兴元年五月丙午日，天大赦，广汉造作尚方明竟（镜），幽湅（炼）三商，周（雕）刻无极，世得光明，长乐未英（央），富且昌，宜侯王，师命长，生如石，位至三公，寿如东王父西王母，仙人子［侨］，位至公侯。

【内】吾作明竟（镜），幽湅（炼）三商兮。

时代：东汉元兴元年

著录：《浣花》卷一14a；《陈介祺》图151；《国图》第156页；《陶斋》卷七29b、30b；《小校》卷十五10a下、10b、11a上、11a下；《拓影》图1；《善斋》镜录卷一24b；《镜录》卷上1a；《志稿》第3450页、第3451页；《图典》A图410；《图典》B图3.363。

简注：即公元105年。此类镜显然传世不止一件，如《小校经阁金石文字》卷十五（1932年小校经阁印本）中便刊录多件，各书著录中当有重复，惜较难区分。此条重出，亦列于"尚方明镜"铭一节。

编号：0021

释文：【外】胡是（氏）作竟（镜）四夷服，多贺国家人民息，胡虏殄威（灭）天下复，风雨时节五谷孰（熟），长保二亲得天力，传告后（後）世乐无亟（极），元兴元年九月六日朔丙戌所造，位至公卿，【内】其师命长。

时代：东汉元兴元年

著录：《阳羡》图156。

简注：即公元105年。"胡"字前有起止符号，"节"字从艹。外圈铭文旋读入内区方格。此条重出，亦列于"胡氏"铭一节。

编号：0022

释文：【外】元初元年正月癸酉朔日。【内】杜氏作竟（镜）。

时代：东汉元初元年

著录：《古今》图129；《中原》第121页；《纪年》图17。

简注：即公元114年。元初，东汉安帝刘祜年号。此为目前所见神兽衔矩纹饰最早有明确纪年者。此条重出，亦列于"杜氏"铭一节。

编号：0023

释文：永和元年正月广武造，宜侯王，长［乐］未央。

时代：东汉永和元年

著录：《故宫》A图62；《故宫》B图版二五；《故宫》C图44；《故宫》I图69；《纪年》图18；《图典》B图3.229。

简注：即公元136年。永和，东汉顺帝刘保年号。广武，东汉属并州雁门郡，在今山西朔州。

编号：0024

释文：【外】永加（嘉）元年五月丙午，造作广汉西蜀尚方明竟（镜），和合三阳，幽湅（炼）白黄，明如日月，照见四方，师得延年，长乐未央，买此竟（镜）者家富昌，五男四女为侯王，若买此竟（镜）居大市，家□南佳（街）名都里，有小（孝）弟（悌），字九子。

【内】长宜官位。

时代：东汉永嘉元年

著录：《国博》1993（2）第106页图26；《纪年》图146；/《尊古斋》第17页；《书道》卷二图37；《岩窟》二上，汉式镜第10页；《纪年》图145。

简注：即公元145年。永嘉，东汉冲帝刘炳年号。民国所出之镜与。与中国国家博物馆藏镜纹饰、铭文完全相同。但各书所载尺寸略有不同，不知是否同器[①]，"幽湅白黄"，白指锡铅，黄指铜，白黄代指以铜锡为主的铸镜原料。"字"，生养之意。《汉书》："六畜遂字。"颜师古注："字，生也。"此条重出，亦列于"尚方明镜"铭一节。

---

① 梁上椿：《岩窟藏镜》第二集上，《汉式镜概说》，大业印刷局1940年印行，第9—10页；杨桂荣：《馆藏铜镜选辑（四）》图26，《中国历史博物馆馆刊》1993年第2期；鹏宇：《谈国博所藏的一件变形四叶对凤纪年镜》，《出土文献》2015第1期，第106—110页。

编号：0025

释文：【外】元嘉三年正月丙午造作，尚方明竟（镜）兮，广汉西蜀兮，幽湅（炼）三商，周（雕）刻无亟（极）兮，世有光明兮，命师寿长兮。【内】长宜高官。

时代：东汉元嘉三年

著录：《图集》图466；《纪年》图19。

简注：即公元153年。元寿，东汉桓帝刘志年号。“命师”二字错乙，“命师寿长”，本当为“师命寿长”。师，一般认为意为镜师。此条重出，亦列于“尚方明镜”铭一节。

编号：0026

释文：【外】永寿二年正月丙午，广汉造作尚方明竟（镜），□□□，富且昌，宜侯王，师命长。【内】长宜官位。

时代：东汉永寿二年

著录：《图说》图八上汉10；《汉唐》第13页；《纪年》图20。

简注：即公元156年。此条重出，亦列于“尚方明镜”铭一节。

编号：0027

释文：【外】永寿二年正月▨造□作尚方明竟（镜）▨。【内】长宜高官。

时代：东汉永寿二年

著录：《尊古斋》第2页；《图说》图七汉9；《汉唐》第12页；《文化》图176；《图集》图467；《纪年》图21。

简注：即公元156年。此条重出，亦列于“尚方明镜”铭一节。

编号：0028

释文：【外】永寿三年[正]月丙午，造作尚方兮明竟（镜），广汉西蜀，幽湅（炼）三商兮，周（雕）刻无极，世得光明，贾人大富兮师命▨，长乐未英（央），宜侯王，富且昌兮。

时代：东汉永寿三年

著录：《纪年》图22。

简注：即公元157年。此条重出，亦列于“尚方明镜”铭一节。

编号：0029

释文：【外】延喜（熹）二年五月丙午日，天大述（赦），广汉西蜀造作明竟（镜），幽湅（炼）三商，天王日月，位至三公兮，长乐未英（央），吉且羊（祥）。【内】吾作明竟（镜），幽湅（炼）三商，立（位）至三公。

时代：东汉延熹二年

著录：《南阳》图二四二、图版一一四；/《尊古斋》图5；《图说》图九汉11；《汉唐》第14页；《泉屋》图65；《辞典》第1429页下图；《图集》图468；《纪年》图23；《书法》图196；/《岩窟》二下第3图；《尊古斋》图4①。

简注：即公元159年。延熹，东汉桓帝刘志年号。此条重出，亦列于“尚方明镜”铭一节。

编号：0030

释文：【外】延熹三年五月丙午日，造作尚方明竟（镜），广汉西蜀，幽湅（炼）三商，天王日月，位至三公兮，山（仙）人。【内】长宜高官。

时代：东汉延熹三年

著录：《汉铭斋》图116；《文化》图177；《图集》图469、彩图13；《纪年》图24、彩图3；《书法》图197；《拓片》图146。

简注：即公元160年。此条重出，亦列于“尚方明镜”铭一节。

① 《尊古斋古镜集景》图4、图5所录之镜铭文、纹饰完全相同，唯拓片稍有区别，王纲怀先生认为两者似为同镜而非同一拓片，颇有道理；但《尊古斋古镜集景》仅录拓片而无更多其他信息，故难以确断，暂依黄濬原书，做两镜处理。详见王纲怀：《中国纪年铜镜：两汉至六朝》，上海古籍出版社2015年版，第31页。

编号： 0031

释文： 【外】延熹三年十二月廿六日，广汉西蜀造作尚方明竟（镜），幽湅（炼）三冈（刚），巧工刻之成文章，上有四守（兽）辟不羊（祥），作吏升高，畐（福）录（禄）自从，夫妻相宜。【内】长宜子孙。

时代： 东汉延熹三年

著录： 《止水阁》图94；《图集》图470；《纪年》图25、彩图4；《书法》图198。

简注： 即公元160年。“辟”字减省。此条重出，亦列于“尚方明镜”铭一节。

编号： 0032

释文： 【外】延熹三年五月五日□□□□日中□□，寿如东王公西王母，常宜子孙，长乐未央，士（仕）至三公，宜侯王，［广］汉西蜀，刘氏作竟（镜）。【内】□□□□幽湅（炼）三冈（刚）□□。

时代： 东汉延熹三年

著录： 《图说》图九下汉12；《纪年》图26。

简注： 即公元160年。此条重出，亦列于“刘氏”铭一节。

编号： 0033

释文： 【外】延熹六年五月丙午日中，早（造）作广汉□日月，立（位）至三公兮。【内】□宜高官。

时代： 东汉延熹六年

著录： 《南阳》图二一一；《纪年》图27。

简注： 即公元163年。“早”字倒书。

编号： 0034

释文： 【外】延熹七年正月壬午，吾造作尚方明竟（镜），幽湅（炼）三冈（刚），买人大富，师命长。【内】长宜官官。

时代： 东汉延熹七年

著录： 《图说》图一〇汉13；《唐宋》附录图28；《汉唐》第16页；《文化》图178；《图集》图471；《纪年》图28。

简注： 即公元164年。“长宜官官”，疑为“长宜高官”误置。此条重出，亦列于“尚方明镜”铭一节。

编号： 0035

释文： 延熹七年五月十五日丙午□□□同（铜）竟（镜），其所有者利父母，位至三公宜古（贾）市，大吉。

时代： 东汉延熹七年

著录： 《尊古斋》第7页；《汉唐》第17页；《图说》图八下汉14；《前汉》图4；/《纪年》第170页序号32。

简注： 即公元164年。

编号： 0036

释文： 【外】延熹九年正月丙午日，作竟（镜）自有方，青龙白虎侍左右，买者长命宜孙子，传□吉兮。【内】君宜高官。

时代： 东汉延熹九年

著录： 《图说》图一一上汉15；《汉唐》第18页；《前汉》图5；《纪年》图29。

简注： 即公元166年。“龙”前残泐之字据梅原末治释文补。①

编号： 0037

释文： 【外】延熹十年四月丙午，吾造作明竟（镜）兮，幽湅（炼）三商兮，天王日月，位至三公，长乐未央，子孙千人出南阳兮。【内】富且昌，乐未央。

时代： 东汉延熹十年

著录： 《南阳》图版一一六；《图集》图472；《纪年》图30。

简注： 即公元167年。延熹十年六月又改年号为永

① 梅原末治：《汉三国六朝纪年镜图说》，桑名文星堂1942年版，第24页。

康。“年”后诸字原镜图残缺，今据整理者崔庆明先生意见补充[①]。另据介绍，河南新野县博物馆也藏有一件“子孙千人出南阳”汉镜[②]。

编号：0038

释文：永康元年正月［丙］午日，幽湅（炼）黄白，早（造）作明竟（镜），买者大富，延寿命长，上如王父西王母兮，君宜高位，立（位）至公侯，长生大吉，大师命长。

时代：东汉永康元年

著录：《文物》1962（12）第52页；《上博》A彩图54、拓片54；《上博》B图54；《汉唐》第21页；《文化》图179；《图集》图473；《纪年》图31、彩图5；《全集》图62；《辞典》第1430页；《图典》A图411；《图典》B图3.364。

简注：即公元167年。永康，东汉桓帝刘志年号。永康元年六月改年号延熹为永康。如，可训为“有”。

编号：0039

释文：【外】永康元年正月丙午日，幽湅（炼）三商，早（造）作尚方明竟（镜），买者大富且昌，长宜子孙，延寿命长，上如东王父西王母，君宜高官，立（位）至公侯，大吉利。【内】吾作明竟（镜），幽湅（炼）三商，君宜侯王。

时代：东汉永康元年

著录：《尊古斋》第6页；《陈介祺》图154；《国图》第148页；《镜录》卷上13b；《选编》第148页；《图说》图一二上汉17；《汉唐》第20页；《纪年》图32；《志稿》第3449页；/《纪年》第170页序号39。

简注：即公元167年。黄濬、陈介祺旧藏，后流入日本。铭文中“正”“利”反书。此条重出，亦列于“尚方明镜”铭一节。

编号：0040

释文：【外】永康元年正月丙午日，作尚方明竟（镜），买者长宜子孙，买者延寿万年，上有东王父西王母，生如山石，大吉。【内】长宜高官。

时代：东汉永康元年

著录：《图说》图一一下汉16；《书道》卷二第20页图28；《纪年》图33。

简注：即公元167年。铭文中“正”字反书。此条重出，亦列于“尚方明镜”铭一节。

编号：0041

释文：【外】永康元年六月八日庚申，天下大赦，吾造作尚方明竟（镜），合湅（炼）黄白，周（雕）刻兮。【内】长宜高官。

时代：东汉永康元年

著录：《鄂城》图33；《鄂州》图35；《汉唐》第22页；《图典》A图376；《图典》B图3.314。

简注：即公元167年。据此镜可知，汉镜中常见的“天大赦”，实为“天下大赦”脱省。此条重出，亦列于“尚方明镜”铭一节。

编号：0042

释文：建宁元年九月九日丙午，吾造作尚方明镜，幽湅（炼）三商，上有东王父西王母，生如山石，长宜子孙，八千万里，富且昌，乐未央，宜侯王，师命长，买者大吉羊（祥），宜古（贾）市，君宜高官，位至三公，长乐［未］央兮。

时代：东汉建宁元年

著录：《中原文物》1982（1）封二：2；《汉唐》第23页；《图典》A图377；《图集》图474；

---

① 崔庆明：《介绍几件馆藏文物》，南阳市博物馆编《学术研究文集——纪念南阳市博物馆建馆四十周年（1959—1999）》，科学出版社2000年版；该释文又见于《南阳地区出土的古代铜镜选介》，曹新洲编著《南阳历史人物与历史文化研究》，中国文史出版社2006年版。

② 蒋宏杰：《南阳出土铜镜》，文物出版社2010年版，第107页。

《纪年》图34；《图典》B图3.315。

简注： 即公元168年。建宁，东汉灵帝刘宏年号。“央”字前漏铸一“未”字。“生如山石，长宜孙，八千万里，富且昌，乐未央”几句套语又见于1983年鄂州市八一钢铁厂所出之兽首镜（《鄂州铜镜》图37），仅比此镜少一“子”字。两镜纹饰也较为相近，王纲怀先生怀疑两镜铸造时间地点相近，当可从[①]。此条重出，亦列于“尚方明镜”铭一节。

编号： 0043

释文： 【外】建宁二年正月廿七丙午，三羊作明镜自有方，白同（铜）清明复多光，买者大利家富昌，十男五女为侯王，父妪相守寿命长，居世间乐未央。宜侯王，乐未央。【内】长宜官，宜侯王，师命长，乐未央。

时代： 东汉建宁二年

著录： 《书道》卷二图38；《文化》图180；《图集》图475；《纪年》图35。

简注： 即公元169年。此条重出，亦列于“三羊”铭一节。

编号： 0044

释文： 【外】熹平元年正月丙午日，幽湅（炼）白同（铜），早（造）作尚方明竟（镜），买者大富且昌，延寿万年，上如东王父西王母，长生，大乐未英（央）兮。【内】君宜官位。

时代： 东汉熹平元年

著录： 《止水阁》图95；《图集》图476、彩图14；《纪年》图36、彩图6；《书法》图199。

简注： 即公元172年。熹平，东汉灵帝刘宏年号。“平”字倒书。此条重出，亦列于“尚方明镜”铭一节。

编号： 0045

释文： 熹平元年□。

时代： 东汉熹平元年

著录： 《故宫》A图63；《故宫》I图77；《小校》卷十五11b上；/《善斋》镜录卷一25b；《小校》卷十五11b下；《志稿》第3418页。

简注： 即公元172年。

编号： 0046

释文： 【外】熹平元年□。【内】□清□。

时代： 东汉熹平元年

著录： 《小校》卷十五12a上。

简注： 即公元172年。

编号： 0047

释文： 【外】熹平二年正月丙午日，吾作明竟（镜），长乐未央，君宜高官，其师命长，自宜古（贾）市，□，富贵延年。【内】君宜高官。

时代： 东汉熹平二年

著录： 《鄂城》图34；《鄂州》图36；《纪年》图37。

简注： 即公元173年。

编号： 0048

释文： 熹平二年正月丙午，吾造作尚方明竟（镜），广汉西蜀，合湅（炼）白黄，舟（雕）刻无极，世得光明，买人大富，长[宜]子孙，延年益寿，长乐未央兮。

时代： 东汉熹平二年

著录： 《武汉》第47页。

简注： 即公元173年。此条重出，亦列于“尚方明镜”铭一节。

编号： 0049

释文： 【外】熹平二年正月丙午，吾造作尚方明竟（镜）兮，幽湅（炼）三商，州（雕）刻无亟（极），世得光明，买人大富贵，长宜子孙，延年兮。【内】吾作明竟（镜）自有方，白同（铜）清明兮。

---

① 王纲怀：《中国纪年铜镜：两汉至六朝》，上海古籍出版社2015年版，第42页。

时代：东汉熹平二年

著录：《小校》卷十五12a下；《善斋》镜录卷一26a、26b；《图说》图一三上汉20；《汉唐》第24页；《前汉》图14；《图典》A图412；《图集》图477；《纪年》图38、图39；《志稿》第3437页；《图典》B图3.365。

简注：即公元173年。此条重出，亦列于“尚方明镜”铭一节。

编号：0050

释文：【外】熹平二年正月▨。

时代：东汉熹平二年

著录：《小校》卷十五12b上；《志稿》第3436页。

简注：即公元173年。

编号：0051

释文：熹平三年正月丙午，吾造作尚方明竟（镜），广汉西蜀，合湅（炼）白黄，舟（雕）刻无亟（极），世得光明，买人大富贵，长［宜］子孙，延年益受（寿），长乐未央兮。

时代：东汉熹平三年

著录：《奇觚室》卷十五6b、7a；《镜录》卷上1下；《图说》图一四汉21；《汉唐》第25页；*ARTIBUS ASIAE*第76页；*CHINESE BRONZES*第72页；《图集》图478；《纪年》图40；《图典》A图378；《图典》B图3.316。

简注：即公元174年。此条重出，亦列于“尚方明镜”铭一节。

编号：0052

释文：熹平四年正月丙午，吾造作尚方明竟（镜），广汉西蜀，合湅（炼）白黄，舟（雕）刻无亟（极），世得光明，买人大富贵，长［宜］子孙，延年益受（寿），长乐未央兮。

时代：东汉熹平四年

著录：《辞典》第1431页上图；《全集》图63；《文化》图181；《图集》图479；《纪年》图41。

简注：即公元175年。卫聚贤旧藏。铭文中“刻”字错讹近似“利”字。此条重出，亦列于“尚方明镜”铭一节。

编号：0053

释文：【外】熹平七年正月廿五日丙午，暴氏作尚方明竟（镜），幽湅（炼）三商，天王日月，上有▨，富且昌，长乐未央。【内】吾作明竟（镜），天王日月，士（仕）至三公。

时代：东汉熹平七年

著录：《鄂城》图43；《鄂州》图102。

简注：即公元178年。此条重出，亦列于“暴氏”铭及“尚方明镜”铭两节。

编号：0054

释文：【外】熹平七年正月丙午，造作尚方明竟（镜），合湅（炼）白黄，舟（雕）刻无亟（极），世得光明，买人大富，长宜子孙，▨。【内】长宜高官。

时代：东汉熹平七年

著录：《图集》图480；《纪年》图42。

简注：即公元178年。外圈铭文“孙”字之后残泐，从镜铭行款判断，大约应有1—2字。此条重出，亦列于“尚方明镜”铭一节。

编号：0055

释文：【外】憙（熹）平□年□月丙午日，幽湅（炼）三商，天王日月，上有东王父西王母，▨。【内】吾作明（明）竟（镜），幽湅（炼）三商，长宜高官，君宜侯王。

时代：东汉熹平年间

著录：《考古学报》1999（2）第201页图二二：4。

简注：此镜残破，据《简报》外圈存铭文44字。

编号：0056

释文：【外】光和元年五月，作尚方明竟（镜），幽湅（炼）白同（铜），买者长宜子孙，延年益寿，长乐未英（央），宜侯王，大吉羊（祥），宜古（贾）市。【内】君宜官位。

时代：东汉光和元年

著录：《图说》图十二页下汉22；《纪年》图43。

简注：即公元178年。光和，东汉灵帝刘宏年号。此条重出，亦列于“尚方明镜”铭一节。

编号：0057

释文：【外】光和年四正月丙午日，早（造）作明竟（镜），幽湅（炼）白同（铜），买者延年益寿，乐未英（央），富且昌，宜侯王，长乐未英（央），上有东王父，上有西王母，君宜高官，位至三公，生如金石，宜古（贾）市，大吉。【内】吾作明竟（镜），幽湅（炼）三商，位至三公。

时代：东汉光和四年

著录：《阳羡》图140。

简注：即公元181年。“光”字前有起止符号。“年四”错乙。

编号：0058

释文：光和四年正月十三日丙午，广汉西蜀造作尚方明竟（镜），幽湅（炼）三商，周（雕）刻无亟（极），世得光明，天王日月，位至三公，长乐未英（央），富且昌，君宜侯王，生如金石，大吉。

时代：东汉光和四年

著录：《文物》2001（8）第71页图一；《考古》2004（7）第71页；《纪年》第171页序号51；《图典》B图3.317。

简注：即公元181年。此条重出，亦列于“尚方明镜”铭一节。

编号：0059

释文：【外】光和五年正月十三日午丙，广汉西蜀造作尚方明竟（镜），世得光明，天王日月，位至三公，宜侯王，乐未央，生如山石富且昌，□□富贵受（寿）命长，受（寿）如东王父西王母，山（仙）人王乔赤松子。【内】吾作明竟（镜）自有□，□□□□□。

时代：东汉光和五年

著录：《止水阁》图96；《文化》图182；《图集》图481；《纪年》图44。

简注：即公元182年。“午丙”错乙，“山”字倒置。此条重出，亦列于“尚方明镜”铭一节。

编号：0060

释文：【外】光和□年五月⧄寿，长乐未央。【内】□□□□□□□□□。

时代：东汉光和年间

著录：《国博》1993（1）第125页图106。

简注：此镜锈蚀严重，据杨桂荣先生释文隶定[①]。

编号：0061

释文：中平二年正月十二壬午日，造作此尚方明竟（镜），士（仕）至公侯车生耳，五男四女长相守，黄贼波（破）尽汉家昌，长保二亲龙（宠）日进，受（寿）考，贾千钱兮。

时代：东汉中平二年

著录：《图集》图482；《纪年》图45、彩图7。

简注：即公元185年。中平，东汉灵帝刘宏年号。据《后汉书·孝灵帝纪》，光和七年（184年）十月，皇甫嵩等俘获张角弟张梁，十一月，斩张角弟张宝。十二月己巳，大赦天下，改元中平。“黄贼”者，疑指黄巾起义之事。此条重出，亦列于“尚方明镜”铭一节。

编号：0062

释文：【外】中平三年⧄。【内】⧄。

时代：东汉中平三年

著录：《小校》卷十五12上；《志稿》第3351页。

简注：即公元186年。中平，东汉灵帝刘宏年号。

编号：0063

释文：中平四年五月午日，幽湅（炼）白同（铜），早（造）作明竟（镜），买者大富，长宜子孙，延年命长，上如王父，西王母兮，大乐未英（央），长生大吉，天王日月，大师命长。

---

① 杨桂荣：《馆藏铜镜选辑（三）》，《中国历史博物馆馆刊》1993年第1期，第115页。

时代：东汉中平四年

著录：《上博》A彩图55、拓片55；《上博》B图55；《汉唐》第27页；《浙选》图28；《浙江》图54；《浙江》B图43；《辞典》第1431页下图；《全集》图64；《文化》图183；《图集》图483；《纪年》图46；《图典》A图413；《图典》B图3.366。

简注：即公元187年。

编号：0064

释文：惟中平四年太岁在丁卯，吾造作尚方明竟（镜），广汉西蜀，合湅（炼）白黄，舟（雕）刻无亟（极），世得光明，买此竟（镜）人尚（常）欢（欢）虞（娱），家当巨亿师列侯，大吉羊（祥）兮。

时代：东汉中平四年

著录：《中原文物》1982（1）封二：3；《纪年》图47。

简注：公元187年。此条重出，亦列于“尚方明镜”铭一节。

编号：0065

释文：【外】中平六年正月丙午日，吾作明竟（镜），幽湅（炼）三羊自有己（纪），涂（除）去不羊（祥）宜孙子，东王父、西王母，仙人玉女大神道，长吏买竟（镜）位至三公，古（贾）人买竟（镜）百倍田家，大吉，天［王］日月。【内】吾作明竟（镜），幽湅（炼）三羊，天王日月，位至三公。

时代：东汉中平六年

著录：《善斋》图录卷一27b；《小校》卷十五13a上；《图说》图一五上汉24；《书道》卷二图41；《志稿》第3453页；《汉唐》第28页；《图集》图484；《纪年》图48。

简注：即公元189年。“正”字反书。

编号：0066

释文：【外】初平元年正月戊午日，吾作明竟（镜）自有己（纪），除去不羊（祥）宜古（贾）市，寿而东王父西王母，山（仙）人王乔赤诵子，千秋万年不知老，买者大贵昌。【内】吾作明竟（镜），幽湅（炼）三羊，位至三公，天王日月。

时代：东汉初平元年

著录：《考古与文物》1989（6）第109页；《文物》1989（5）第88页图八、图九；《图典》A图490；《图典》B图3.475；《纪年》第172页序号57。

简注：即公元190年。初平，东汉献帝刘协年号。“而”，如也。此镜与前一件中平六年（189年）镜时间仅相隔一年，而纹饰基本相似，镜钮旁所置的四方印十六字铭，铭文内容完全相同，唯摆放顺序稍有变化。

编号：0067

释文：兴平年五月五日。

时代：东汉兴平年间

著录：《纪年》图49；《龙虎》图6。

简注：即公元194—195年。兴平，东汉献帝刘协年号。此年号仅存在两年。

编号：0068

释文：【外】建安元年，君宜高吾〈官〉，二月廿四日氏作竟（镜），幽湅（炼）宫商，刻三周（雕）容象（像），五帝天皇，白（伯）牙单（弹）琴，黄帝吉羊（祥），三公。【内】君□□。高官。

时代：东汉建安元年

著录：《鄂城六朝墓》图203：3[①]；《鄂城》图49；《鄂州》图139；《考古》1988（4）第349页图二；《王仲殊》卷二第94页图3—1；《纪年》图51；《图典》A图426；《图典》B图3.383。

简注：即公元196年。建安，东汉献帝刘协年号。

---

① 南京大学历史系考古专业、湖北省文物考古研究所、鄂州市博物馆编著：《鄂城六朝墓》，科学出版社2007年版，第281页。

“三”，衍字。镜钮上端诸字，疑为“高官”“宜官”之类吉语之误。汉末镜铭中“元”“六”二字形似，有时较难区分。王仲殊先生认为，此鄂州镜中为“建安六年”铭的可能性最大[1]，今按，建安铭神兽镜系列中有铭文“六”字，其写法与此区别明显[2]，故而我们仍将此类镜定为“建安元年”镜。

编号：0069

释文：【外】建安元年五月廿四日示氏作竟（镜），幽湅（炼）宫商，周（雕）刻容象（像），五帝天皇，白（伯）牙单（弹）琴，黄帝吉羊（祥），三公。【内】君宜官。君宜官。

时代：东汉建安元年

著录：《鄂州》图140；《鄂城》图50；《考古》1988（4）图版陆：1；/《图集》图485；《纪年》图50。

简注：即公元196年。王仲殊先生认为，示氏为会稽郡或吴郡的工匠，故此镜应为会稽郡或吴郡的产品，是黄初二年孙权建都鄂城后从吴会一带传入的[3]。此镜重出，亦列于“示氏”铭一节。

编号：0070

释文：【外】建安元年，⧄，五帝天皇，白（伯）牙单（弹）琴，黄帝吉羊（祥），三公。【内】君□□。高官。

时代：东汉建安元年

著录：《小校》卷十五13a下；《小檀》卷一1a；《拓影》图2；《志稿》第3425页；《镜录》补遗1a；《图说》图一六上汉25。

简注：即公元196年。徐乃昌旧藏。此镜铭文及纹饰与鄂州西山出土铜镜（《鄂州铜镜》图139）较为相似。

编号：0071

释文：【外】建安五年五月廿四日，造作明竟（镜），衔持维刚（纲），服者长生，宜侯王。【内】□□□□。□□□□。

时代：东汉建安五年

著录：《鄂州》图138；《纪年》图53。

简注：即公元200年。圈带铭文皆反书。

编号：0072

释文：【外】吾作明竟（镜），幽湅（炼）宫商，刻容象（像），五帝天皇，白（伯）牙单（弹）琴，⧄，建安六年五月廿四日，君位三公。【内】君宜官。君宜官。

时代：东汉建安六年

著录：*BRONZE MIRRORS*第167页；《图集》图487；《纪年》图54。

简注：即公元201年。

编号：0073

释文：【外】吾作明竟（镜），幽湅（炼）三商，周（雕）刻容象（像），五帝天皇，白（伯）牙单（弹）琴，黄帝除凶，朱鸟玄武，白虎青龙，建安七年四月，示氏作竟（镜），君宜高官，子孙番（蕃）昌，大吉羊（祥）。【内】君宜官位。君宜官位。

时代：东汉建安七年

著录：《浙江》B图59；《考古》1988（4）图版陆：2；《王仲殊》卷二第94页图3—2；《纪年》图55。

简注：即公元202年。此镜圈带上的铭文正书反书混杂。此镜重出，亦列于“示氏”铭一节。

编号：0074

释文：【外】吾作明竟（镜），幽湅（炼）宫三商，周（雕）克（刻）容象（像），五帝天皇，白

---

[1] 王仲殊：《建安纪年铭神兽镜综论》，《考古》1988年第4期，第349—350页；王仲殊：《中日两国古代铜镜及都城形制的比较研究》，《王仲殊文集》第2卷，社会科学文献出版社2014年版，第95页。

[2] 参见“汉建安十年镜三”“汉建安十年镜四”“汉建安十年镜五”等镜“五月六日”铭文，刘体智：《小校经阁金石文字》，1932年小校经阁印本，卷十五第13页a上、下，第13页b上。

[3] 王仲殊：《建安纪年铭神兽镜综论》，《考古》1988年第4期，第350页。

（伯）牙单（弹）竽琴，黄帝除凶，朱鸟玄武，白虎青龙，建安七年造作，君宜高官[1]。【内】君宜官。君宜官。

时代：东汉建安七年

著录：《考古》1988（4）图版陆：4；*CHINESE BRONZES*第74页；《图集》图488；《王仲殊》卷二第94页图3—4；《纪年》图56。

简注：即公元202年。

编号：0075

释文：【外】建安七年九月廿六日，作明竟（镜），百湅（炼）青同（铜），世☐。【内】日日日日日日日日。

时代：东汉建安七年

著录：《图说》图一五下汉26。

简注：即公元202年。

编号：0076

释文：【外】吾作明竟（镜），幽湅（炼）三商，周（雕）刻容象（像），五帝天皇，白（伯）牙单（弹）琴，黄帝除凶，朱鸟玄武，白虎青龙，建安七年四月，示氏造作，大吉羊（祥），子孙昌。【内】君宜官位。君宜官位。

时代：东汉建安七年

著录：《集释》第181页；《纪年》第172页序号67。

简注：即公元202年。内圈铭文据浙江省博物馆馆藏建安七年神兽镜补充[2]。此镜重出，亦列于“示氏”铭一节。

编号：0077

释文：【外】☐白（伯）牙黄帝，单（弹）琴除凶，朱鸟玄武，白虎青龙，建安八年六月三日造，君宜高。【内】君宜官。君宜官。

时代：东汉建安八年

著录：《考古》1988（4）图版陆：5；《王仲殊》卷二第94页图3—5；/《古图》图174；《纪年》第173页序号70。

简注：即公元203年。

编号：0078

释文：【外】吾作明竟（镜），日天宫商，周（雕）此大竟（镜），五帝天皇，白（伯）牙单（弹）琴，黄牙〈帝〉□凶，朱鸟玄武，白虎青龙，君位高官，子孙番（蕃）昌，建安八年作。【内】君宜官。君宜官。

时代：东汉建安八年

著录：《中古》第43页；《汉雅堂》图157；《图集》图489；《纪年》图57。

简注：即公元203年。“帝”字误铸作“牙”。

编号：0079

释文：建安八年，君宜高官，吾造□□，□□□作，幽湅（炼）三商，周（雕）刻容象（像），五帝天皇，白（伯）牙单（弹）琴，□□者吉羊（祥）□。

时代：东汉建安八年

著录：《千石》图132；《纪年》第173页序号69。

简注：即公元203年。未能见到原图，暂参考王纲怀先生释文隶定[3]。

编号：0080

释文：吾作明竟（镜），幽湅（炼）三商，周（雕）克（刻）容象（像），五帝天皇，白（伯）牙单（弹）琴，黄帝除凶，朱鸟玄武，白虎青龙，建安九年。

时代：东汉建安九年

著录：《淮南》第174页、第175页。

简注：即公元204年。

---

① 王仲殊：《建安纪年铭神兽镜综论》，《考古》1988年第4期，第350页；王仲殊：《中日两国古代铜镜及都城形制的比较研究》，《王仲殊文集》第2卷，社会科学文献出版社2014年版，第95—96页。

② 王士伦、王牧：《浙江出土铜镜》修订本，文物出版社2006年版，第232页。

③ 王纲怀：《中国纪年铜镜：两汉至六朝》，上海古籍出版社2015年版，第173页。

编号：0081

释文：【外】幽湅（炼）宫商，周（雕）刻容象（像），五帝天皇，［黄帝］除凶，白（伯）牙单（弹）琴，长宜孙子，建安九年□月廿日己巳，大吉羊（祥）。【内】君示。君宜官。

时代：东汉建安九年

著录：《图集》图490；《纪年》图58。

简注：即公元204年。

编号：0082

释文：吾作明竟（镜），幽宫柬（炼）商，周（雕）刻容象（像），五帝天皇，白（伯）牙单（弹）琴，黄帝余（除）凶，朱鸟青龙，君宜高官。建安十年三月。

时代：东汉建安十年

著录：《首师大》图87。

简注：即公元205年。

编号：0083

释文：【外】吾作明竟（镜），幽宫柬（炼）商，周（雕）［刻容］象（像），五帝天皇，白（伯）牙单（弹）琴，黄帝余（除）凶，朱鸟玄武，白虎青龙，君宜高官。建安十年三月。【内】君宜。君宜。

时代：东汉建安十年

著录：《上博》A彩图57、拓片57；《纪年》图61。

简注：即公元205年。

编号：0084

释文：【外】吾作明竟（镜），幽湅（炼）宫商，周（雕）刻容象（像），五帝三皇，白（伯）牙单（弹）琴，黄帝除凶，白（伯）牙，朱鸟玄武，白虎青，建安十年五月六日作，宜子孙，大吉羊（祥）。【内】君宜官。君宜官。

时代：东汉建安十年

著录：《镜录》卷上2a、2b；《善斋》镜录卷一29b；《小校》卷十五14a上、14a下、14b上；《图典》A图428；《志稿》第3443页；/《图鉴》图版16上；《图说》图一八上汉29；《考古》1988（4）图版柒：5；《汉唐》第33页；《王仲殊》卷二第97页图5—5；《纪年》第173页序号80；/《考古》1988（4）第352页；《汉唐》第35页；《王仲殊》卷二第99页。

简注：即公元205年。后两器分别藏于日本兵库黑川古文化研究所与日本东京五岛美术馆所，据王仲殊先生考证，两镜为“同范镜”[①]，不知是否有《镜录》《善斋》等书所录铜镜之外流者。

编号：0085

释文：【外】吾作明竟（镜），幽湅（炼）宫商，［雕］亥（刻）容象（像），五帝天皇，白（伯）牙单（弹）琴，黄帝除凶，朱鸟玄武，白虎青龙，君宜高官，子孙番（蕃）昌，建安十年造作，大吉羊（祥）。【内】君宜官。君宜官。

时代：东汉建安十年

著录：《阳羡》图142。

简注：即公元205年。

编号：0086

释文：【外】吾作明竟（镜），幽湅（炼）宫商，周（雕）刻容象（像），五帝天皇，白（伯）牙单（弹）琴，黄帝除凶，朱鸟玄武，白虎青龙，建安十年造作，大吉。【内】君宜官。君宜官。

时代：东汉建安十年

著录：《文物》1956（12）第44页；《考古》1988（4）第351页图三；《全集》图67；《王仲殊》卷二第96页图4；《纪年》图59。

简注：即公元205年。芜湖，汉代属丹阳郡。王仲殊先生认为此镜似为山阴或吴县铸造[②]。

---

① 王仲殊：《建安纪年铭神兽镜综论》，《考古》1988年第4期，第352页。
② 王仲殊：《建安纪年铭神兽镜综论》，《考古》1988年第4期，第352页。

编号：0087

释文：【外】吾作明竟（镜），幽湅（炼）宫商，周（雕）刻容象（像），五帝天皇，白（伯）牙单（弹）琴，黄帝除凶，朱鸟玄武，白虎青龙，君宜高官，子孙番（蕃）昌，建安十年造，大吉兮。【内】君宜。君宜。

时代：东汉建安十年

著录：《考古》1988（4）图版柒：2；《王仲殊》卷二第97页图5—2；《纪年》第174页序号82；/《镜录》卷上3a；《小校》卷十五13b上；《志稿》第3442页；《图典》B图3.384。

简注：即公元205年。亦有可能是同一器。“兮”字与常见写法不同，建安十年镜中此处多作“羊”字；细审照片，此“兮”字写法极似“羊”字下部，故也有可能是“羊”字错铸。

编号：0088

释文：【外】吾作明竟（镜），幽湅（炼）宫商，周（雕）刻容象（像），五帝天皇，白（伯）牙单（弹）琴，黄帝除凶，朱鸟玄武，白虎青龙，君宜高官，子孙番（蕃）昌，建安十年造，大吉。【内】君宜。君宜。

时代：东汉建安十年

著录：《国博》1993（1）第124页图104；《纪年》第173页序号81；/《国博》1993（1）第124页图105；《图典》A图427。

简注：即公元205年。疑两镜同模①。

编号：0089

释文：吾作明镜，幽湅（炼）宫商，周（雕）刻容象（像），五帝天皇，白（伯）牙单（弹）琴，黄帝除凶，朱鸟玄武，白虎青龙，服者豪贵，延寿益年，子孙番（蕃）［昌］，建安十年造。

时代：东汉建安十年

著录：《考古》1988（4）图版陆：6；《全集》图66；《王仲殊》卷二第94页图3—6；《浙江》A彩图6；《浙江》B彩图41；《文化》图191；《图集》图491；《纪年》图60、彩图8。

简注：即公元205年。

编号：0090

释文：【外】吾作明竟（镜），幽湅（炼）宫商，周（雕）刻容象（像），五帝天皇，白（伯）牙单（弹）琴，黄帝除凶，朱鸟玄武，白虎青龙，君高官，位至王公，子孙番（蕃）昌，建安十年。【内】君宜官。君宜官。

时代：东汉建安十年

著录：《鄂城六朝墓》图203：2；《考古》1988（4）图版柒：1；《鄂城》图51；《鄂州》图141；《王仲殊》卷二第97页图5—1；《图典》B图3.385。

简注：即公元205年。此镜铭作“位至王公”，与他镜稍异。

编号：0091

释文：【外】吾作明竟（镜），幽湅（炼）宫商，周（雕）刻容象（像），五帝天皇，白（伯）牙单（弹）琴，黄帝除凶，朱鸟玄武，白虎青龙，君宜高官，子孙番（蕃）昌，建安十年朱氏作。【内】君宜。君宜。

时代：东汉建安十年

著录：《考古》1988（4）第351页图四；《王仲殊》卷二第98页图6。

简注：即公元205年。绍兴出土的画像镜有“朱师作兮”的铭文，鄂城出土的盘龙镜有“朱氏作竟”的铭文，传世的吴赤乌元年铭神兽镜有“师朱酉作”的铭文。据王仲殊先生推测，这些铜镜属同一家族所作，朱氏是东汉、三国时代长期在江南作镜的大家族②。此条重出，亦列于“朱氏”铭一节。

编号：0092

释文：【外】吾作明竟（镜），幽湅（炼）宫商，周

① 杨桂荣：《馆藏铜镜选辑（三）》，《中国历史博物馆馆刊》1993年第7期，第115页。
② 王仲殊：《建安纪年铭神兽镜综论》，《考古》1988年第4期，第352—353页。

（雕）刻容象（像），五帝天皇，白（伯）牙单（弹）琴，黄帝除凶，朱鸟玄武，白虎青龙，君宜高官，子孙番（蕃）昌，建安十年朱氏造，大吉羊（祥）。【内】君宜官。君宜官。

时代：东汉建安十年

著录：《图说》第一七下汉28；《考古》1988（4）图版柒：3；《王仲殊》卷二第97页图5—3；/《开明堂》图51。

简注：即公元205年。此条重出，亦列于“朱氏”铭一节。

编号：0093

释文：【外】吾作明竟（镜），幽湅（炼）三商，周（雕）刻容象（像），五帝三皇，白（伯）牙弹琴，黄帝除凶，君宜高官，位至三公，子孙番（蕃）昌，建安十年朱氏造，大吉羊（祥）。【内】君宜官。君宜官。

时代：东汉建安十年

著录：《图集》图493；《纪年》图62；《书法》图200。

简注：即公元205年。外圈“除”“君”铭文反书。镜铭下部铭文“君”字讹变，“官”字被神人浮雕倾轧。此条重出，亦列于“朱氏”铭一节。

编号：0094

释文：【外】吾作明竟（镜），幽湅（炼）宫商，周（雕）刻容象（像），五帝天皇，白（伯）牙弹琴，黄帝除凶，朱鸟玄武，白虎青龙，君宜高官，仕至三公，子孙番（蕃）昌，建安十年示氏造，大吉羊（祥）。【内】君宜官。君宜官。

时代：东汉建安十年

著录：《上博》A彩图56、拓片56；《上博》B图56；《辞典》第1432页；《汉唐》第36页；《图集》图492；《全集》图65[①]；/《尊古斋》第8页；《小校》卷十五13b下；《镜录》卷上4a；《志稿》第3445页。

简注：即公元205年。亦有可能是同一器。此镜重出，亦列于“示氏”铭一节。

编号：0095

释文：【外】吾作明竟（镜），幽湅（炼）宫商，周（雕）刻容象（像），五帝天皇，白（伯）牙单（弹）琴，黄帝除凶，朱鸟玄武，白虎青龙，君宜高官，士（仕）至三公，子孙番（蕃）昌，建安十年示氏造，吉羊（祥）。【内】君宜官。君宜官。

时代：东汉建安十年

著录：《镜录》卷上4b；《志稿》第3444页。

简注：即公元205年。此镜重出，亦列于“示氏”铭一节。

编号：0096

释文：吾作明竟（镜），幽湅（炼）宫商，周（雕）刻容象（像），五帝天皇，白（伯）牙单（弹）琴，黄帝除凶，朱鸟玄武，白虎青龙，君宜高官，子孙番（蕃）昌，建安十年示氏造，大吉。

时代：东汉建安十年

著录：《纪年》第173页序号78。

简注：即公元205年。原图未见，暂参考王纲怀先生释文隶定[②]。此镜重出，亦列于“示氏”铭一节。

编号：0097

释文：【外】吾作明竟（镜），幽湅（炼）宫商，周（雕）刻容象（像），五帝天皇，白（伯）牙单（弹）琴，黄帝除凶，朱鸟玄武，白虎青龙，君宜高官，子孙番（蕃）昌，建安十年□氏造，大吉羊（祥）。【内】君官位。君官位。

时代：东汉建安十年

---

① 《中国青铜器全集》第16册误释作“建安七年”，而归为建安七年镜。

② 王纲怀：《中国纪年铜镜：两汉至六朝》，上海古籍出版社2015年版，第173页。

著录：《图说》图一七上汉28；《考古》1988（4）图版柒：4；《王仲殊》卷二第97页图5—4。

简注：即公元205年。日本江口治郎藏。梅原末治、王仲殊先生云“朱氏造”[①]，而据上海博物馆藏镜及《图说》拓片，似为“示氏造”；照片铭文模糊难辨，暂付之阙如。

编号：0098

释文：吾作明竟（镜），［幽］湅（炼）宫商，周（雕）亥（刻）容象（像），三五帝天皇，白（伯）牙弹琴，黄帝除凶，朱鸟玄武，白虎青龙，万禽列木，众神见（现）容，服者豪贵，延寿益年，建安十二年。

时代：东汉建安十二年

著录：《阳羡》图141。

简注：即公元207年。

编号：0099

释文：【外】建安十九年八月五日，吾作竟（镜），天王日月，白（伯）牙单（弹）琴，黄帝仙人，东王父西［王］母，宜子先（孙），大吉兮羊（祥），位至三公，宜侯王。【内】君宜高官。

时代：东汉建安十九年

著录：《鄂城》图52；《鄂州》图142；《考古》1988（4）第353页图六；《纪年》图64。

简注：即公元214年。“兮羊”错乙。

编号：0100

释文：【外】建安廿年十二月八日辛卯日作，女▨……宜富贵老寿，□夫妻宜子孙，好妻八九舍▨富，得□者吉也。【内】□□□□□□□□□□□□□□。

时代：东汉建安二十年

著录：《浙江》A图55；《浙江》B图58；《纪年》图65。

简注：即公元215年。至迟到建安二十年，此类神兽镜的铭辞中不再像过去仅记年月日而开始附加干支，在叙述内容时从以描述纹饰中神像、神兽为主，转向以与纹饰毫不相干的祝福吉语为主。

编号：0101

释文：【外】▨宁见人主，百生（姓）▨。【内】建安廿一年▨作此明镜，大吉。

时代：东汉建安二十一年

著录：《鄂州》图143。

简注：即公元216年。方枚上每枚一铭或两铭。如“明”“镜”占两方枚，而“大吉”在一方枚。

编号：0102

释文：【外】建安廿一年四戊午朔十九日，造此照也，道其者，会稽所作，中有六寸一千也，人者服之，千万年长仙，作吏宜官，吉羊（祥），宜侯王，家有五马千头羊，一羊死六子见▨具（俱）富昌。【内】□□日者□□人千□□。

时代：东汉建安二十一年

著录：《鄂城六朝墓》图206：1；《鄂城》图44；《鄂州》图144；《考古》1988（4）图版捌：1；《纪年》第174页序号86；《图典》B图3.378；/《尊古斋》第9页；《图集》图494；《纪年》图66。

简注：即公元216年。铭文“四”字后脱铸“月”字，“六寸一千”疑为“六寸一分”之误，王仲殊先生认为“戊午”应为“庚午”的误刻[②]。方枚上铭文模糊，无法据图判读。三国吴镜中以“家有五马千头羊”为区别特征的新式祝福套语于此时开始出现。五马，一语双关，五马既是财富的象征，又代指二千石的高官。《玉台新咏·日出东南隅行》：“使君从

① 梅原末治：《汉三国六朝纪年镜图说》，日本：同朋舍1984年版，第34—35页；王仲殊：《建安纪年铭神兽镜综论》，《考古》1988年第4期，第352页。

② 王仲殊：《建安纪年铭神兽镜综论》，《考古》1988年第4期，第354页。

南来，五马立踟蹰。”汉代因太守所乘之车用五匹马驾辕，故五马可代指太守的车驾。王仲殊、王纲怀等先生皆认为两镜同模①。

编号： 0103

释文： 建安廿二年十月辛卯朔四日甲午，太岁在丁酉时加未，师郑豫作明镜，幽湅（炼）三章，乃而清眼（朗），服者大得高□，宜官位，为侯王，□□□□财宝□，居□□□满孙子也。

时代： 东汉建安二十二年

著录： 《泉屋》图63；《新收》图145；《镜鉴》图19；《图说》图一九上汉31；《汉唐》第38页；/《泉屋》图62；《新收》图144；《新修》图39；《镜鉴》图18；《图说》图一九下汉31；《考古》1988（4）图版捌：2；《汉唐》第39页；《纪年》图68；/《图集》A图495；《纪年》图69。

简注： 即公元217年。“高”后一字似“远”，又似“迁”，因残泐不清，无法判读。

编号： 0104

释文： 建安廿四年正月甲寅朔十四日丁卯⧄。

时代： 东汉建安二十四年

著录： 《故宫》A图64；《故宫》B图27；《故宫》C图46；《故宫》I图78；/《图说》图二一下汉32；《考古》1988（4）图版捌：3；/镜录》卷上5b；《汉唐》第40页；《小校》卷十五14b下；《小檀》卷一1b；《拓影》图5；《尊古斋》第11页；《志稿》第3428页。

简注： 即公元219年。

编号： 0105

释文： 【外】建安廿四年四月庚午朔廿九日壬子造，吾作明竟（镜）宜侯王，家有五马千头羊，官至有□车丞□□□人□苌（长）生久寿，日月相与。【内】⧄。

著录： 《镜录》卷上6a；《小校》卷十五15a、15b上；《志稿》第3429页；/《镜录》卷上6b；《志稿》第3427页。

时代： 东汉建安二十四年

简注： 即公元219年。

编号： 0106

释文： 【外】建安廿四年五月丁巳朔卅日丙午，造作明竟（镜），既清且良巧，牛羊有千，家财三亿，宜侯王，位至三公，长生久寿。【内】⧄师⧄。

时代： 东汉建安二十四年

著录： 《尊古斋》第10页；《考古》1988（4）图版捌：4；《图集》图496；《纪年》图70。

简注： 即公元219年。

编号： 0107

释文： 吾作明竟（镜）宜侯王，家有五马千头羊，官高位至车丞出，□□人□当苌（长）生久寿，日月⧄，建安廿四年六月辛巳朔十七日丁酉□。

时代： 东汉建安二十四年

著录： 《故宫》A图65；《故宫》E图108；《故宫》I图72；/《善斋》镜录卷一30b；《小校》卷十五15b下；《汉唐》第42页；《志稿》第3430页。

简注： 即公元219年。

编号： 0108

释文： 吾作明竟（镜）宜公卿，家有马千头羊⧄，建安廿四年六月辛巳朔廿日庚子造。

时代： 东汉建安二十四年

著录： 《文物》1984（8）第42页图九；《考古》1988（4）图版捌：5；《纪年》第174页序号93；《浙江》A彩图7；《浙江》B图74。

简注： 即公元219年。据汉镜诸铭建安廿四年六月辛巳朔，“十七日丁酉”“廿五日乙巳”，廿日当为庚子日。

① 王仲殊：《建安纪年铭神兽镜综论》，《考古》1988第4期，第353页；王纲怀：《中国纪年铜镜：两汉至六朝》，上海古籍出版社2015年版，第74页。

编号：0109

释文：【外】吾作明竟（镜）宜侯王，家富且贵，钱有千万，苌（长）生久寿，日月相□，建安廿四年六月辛巳朔廿五日乙巳。【内】□。

时代：东汉建安二十四年

著录：《镜录》卷上6b；《图说》图一八下汉30；《考古》1988（4）图版柒：6；《汉唐》第37页；《纪年》第174页序号92。

简注：即公元219年。罗振玉旧藏，后传入日本，为藤井善助氏藏。“有”前之字，形似“王”字，疑为“钱”字残泐或错讹。此镜梅原末治等先生释为“建安十四年”镜[1]，今细审图版，此铭文“十”或“廿”难辨，但据考古出土数据，建安二十年之后的神兽镜铭文款式[2]及内容与之前的区别显著[3]，而建安二十四年其他汉镜铭文较为相似[4]，故而我们将此镜的时代暂定为建安二十四年。

编号：0110

释文：【外】吾作明竟（镜）宜侯王，家富月〈且〉贵，钱有千万，苌（长）生久寿，日月相□，建安廿四年六月辛巳朔廿五日乙巳奇〈造〉。【内】□。

时代：东汉建安二十四年

著录：《前汉》图17；《泉屋》图69；《镜鉴》图20；《图说》图二一上汉36；《考古》1988（4）图版捌：6；《汉唐》第43页；《纪年》第174页序号94。

简注：即公元219年。“乙”字横置（左旋90度）。

编号：0111

释文：建安廿四年六月辛巳朔廿五日一（乙）巳造，吾作明竟（镜），宜侯。建安廿四年六月□□□□。

时代：东汉建安二十四年

著录：《浙江》B图65；《考古》1993（3）第288页图一：左。

简注：建安四年为公元199年，建安廿四年为公元219年。此一镜而两纪年较为罕见，从镜铭内容中的吉语“宜侯”来看，此镜当为建安廿年后所铸，铭文“建安四年”中，“四”字之前疑脱漏一“廿”字。

编号：0112

释文：吾作明竟（镜）宜公卿，家有五马千头羊，长生久寿，日月相与，长宜子孙，世世相逢，建安廿四年六月辛巳朔□日□□造。

时代：东汉建安二十四年

著录：《考古》1997（3）第86页图一左、图二左；《郴州》第62页、第63页。

简注：即公元219年。

编号：0113

释文：建安廿五年四月二日甲子朔，吾作明竟（镜），□□□□，五马千头羊，服[者]吉羊（祥），其师命苌（长）。

时代：东汉建安二十五年

著录：《图集》图497；《纪年》图71。

简注：即公元220年。

编号：0114

释文：【外】延康元年二月辛丑朔十二日壬子，师□作明镜，玄湅（炼）章乃成，□日明青（清）不可言，伏（服）者老寿，高升二千石，郡督

① 梅原末治：《汉三国六朝纪年镜图说》，日本：同朋舍1984年版，第34—35页；王仲殊：《建安纪年铭神兽镜综论》，《考古》1988年第4期，第353页；王纲怀：《中国纪年铜镜：两汉至六朝》，上海古籍出版社2015年版，第71页。

② 在铭文款式方面，鄂州出土建安十九年神兽镜尚在镜钮上下存有界格式铭文，而建安二十年之后，此类界格式铭文几乎完全消失，半圆方格式神兽镜及仅有一圈铭文的神兽镜开始盛行，一直到魏晋南北朝。

③ 其一，除铸镜年月日外，逐渐加入朔日干支；其二，铭文不再重点描述神人神兽，而更关注世俗生活。

④ 建安二十四年神兽镜，常以“吾作明镜宜侯王”“吾作明镜宜公卿”开头。

邮川〈巡〉于事。【内】▯。

时代： 东汉延康元年

著录：《镜鉴》图21；《图说》图二二下；《泉屋》图70；《新收》图版第二三：147；《汉唐》第44页；《图集》图498；《纪年》图72。

简注： 即公元220年。延康，东汉献帝刘协的最后一个年号。

编号： 0115

释文：【外】延康元年十月古〈十二〉日，吾作明竟（镜），幽湅（炼）三商，买者□□，宦高迁三公九卿十二大夫，吉。【内】▯。

时代： 东汉延康元年

著录：《尊古斋》第13页；/《尊古斋》第3页；《图集》图499。

简注： 即公元220年。“十二”黏连，形似“古”字。

编号： 0116

释文： 建安二十六年□月十日，□明竟（镜）□□□，□长□□天□□，堂中作竟（镜）四夷服，多贺▯国家天下复，▯。

时代： 东汉建安二十六年

著录：《纪年》第175页序号99。

简注： 即公元221年。无图，暂依王纲怀先生释文隶定[①]。

编号： 0117

释文：【外】吾作明竟（镜），幽湅（炼）宫商，周（雕）刻容象（像），五帝天皇，白（伯）牙单（弹）琴，黄帝除凶，朱鸟玄武，白虎青龙，君宜高官，立（位）至三公，子孙番（蕃）昌，建安示氏。【内】君宜官。□□□。

时代： 东汉建安年间

著录：《镜录》卷上5a；《志稿》第3438页。

简注： 此镜有年号而无纪年。通常，有界格式铭文的神兽镜多流行于建安二十年之前。再细审纹饰，此镜中镜钮左右神兽体型巨大，相对于建安元年时的重列式铜镜中的神兽，已分别挤占了1—2个神人的空间，这种现象多出现在建安十年前后的重列式神兽镜中（如本书的建安九年镜），故而可以推测铸造此镜的大致时间应在建安十年前后。此镜重出，亦列于“示氏”铭一节。

2.“千金”铭

“千金”，镜铭习见吉语，《史记·货殖列传》云：“谚曰：‘千金之子，不死于市。’”

在形制、纹饰方面，“千金”铭镜多为弦钮或桥钮，素卷缘，主题纹饰多分为三区，偶分为四区，常含有地纹，主纹多为间隔式的蟠螭纹[②]、折菱纹及羽状纹。有学者认为此类铜镜属战国镜[③]，但是更多学者认为此类镜应属汉镜[④]。我们同意学界大部分学者的意见，将此类镜的时代定为西汉早期。此类镜在纹饰风格上仍保有较为显著的战国特色，汉式镜的特点尚不明显，这从也侧面说明了此类镜的时代偏早。

---

① 王纲怀：《中国纪年铜镜：两汉至六朝》，上海古籍出版社2015年版，第77页。

② 蟠螭纹最初由日本学者富冈谦藏命名，后逐渐为学者接受。由于蟠螭纹镜过去多发现于以安徽寿县（战国楚都）为中心的淮河流域，因此又被瑞典人高本汉等不少学者称为“淮式镜”或“楚式镜”。从考古资料看，蟠螭纹在汉镜中作为主要纹饰主要流行于战国中期至西汉早期，西汉中期以后开始式微。详见Klas Bernhard Johannes Karlgren：*Early Chinese Mirrors*，BMFEA，1968（40）；Klas Bernhard Johannes Karlgren：*Huai and Han*，BMFEA，1941（13）；雷从云：《楚式镜的类型与分期》，《江汉考古》1982年第2期；高至喜：《论楚镜》，《文物》1992年第5期；孔祥星、刘一曼：《中国古铜镜》，台北艺术图书公司1994年版，第34—36、47—50页；王纲怀：《瑞典藏西汉蟠螭纹铭文镜》，《汉镜文化研究》，北京大学出版社2014年版，第513页。

③ 蔡运章：《洛阳发现战国时期有铭铜镜略论》，《文物》1997年第9期。

④ 周世荣：《〈洛阳发现战国时期有铭铜镜略论〉质疑》，《中国历史文物》2003年第4期；祁普实：《再释“千金”铭文镜的产生年代》，《中国文物报》2005年6月22日；王纲怀：《止水集——王纲怀铜镜研究论集》，上海古籍出版社2010年版，第6页。

编号：0118

释文：千金。

时代：西汉早期

著录：《文物》1997（9）第67页图一、第68页图三；/《宝鸡》第30页；/《善斋》镜录卷一7a、7b；《小校》卷十五3b下；《志稿》第3159页。

编号：0119

释文：【内】千金。【外】宜主千金。

时代：西汉早期

著录：《南阳》图四〇、图版一五：1；/《文物》1997（9）第67页图二、第68页图四；/《汉铭斋》图22；《文化》图31；《图集》图40。

编号：0120

释文：【内】千金。【外】宜主千金。仙。

时代：西汉早期

著录：《千秋》第24页下；/《小校》卷十五4a上；/《中原》图102；《止水集》第6页图1—5。

编号：0121

释文：千金之，光日月。

时代：西汉早期

著录：《鄂州》图8。

简注：铭文大概是千金之镜，光如日月一类的意思。

编号：0122

释文：【内】千金。【外】长乐。

时代：西汉早期

著录：《图集》图39。

编号：0123

释文：【内】千金。【外】长乐未央。

时代：西汉早中期

著录：《考古与文物》2009（4）第10页图九：3；《长安》图十七：5。

编号：0124

释文：【内】千金。【外】常乐未央，长毋相忘。

时代：西汉早中期

著录：《止水集》第15页图4—4。

3.“偹相思”铭

偹相思，即长相思。《诗·小雅》“四牡偹广”，毛传云“偹，长也”。镜铭中作“偹”不作“长”，一般认为是避淮南王刘长之讳[①]，但从存世汉镜来看，这种避讳显然并不严格。

“偹相思”铭铜镜，多与“毋相忘”“乐未央”等习语搭配。“毋”字前有时带有“慎”字。慎，《尔雅》“诚也”。诚，《说文》“信也”。铭文中“慎”字与“勿”“毋”等连用多出现于西汉早期，表示发自诚心的禁戒，相当于“务必”之意。

在形制、纹饰方面，“偹相思”铭镜多为三弦钮、伏兽钮，素卷缘，有清晰的主纹和底纹。主纹有间隔式蟠螭纹[②]和蟠螭博局纹[③]两种，前者的时代可能略早于后者。近缘处常置绹文，但绹纹的数量与位置

① 高去寻：《评（汉以前的古镜之研究）并论“淮式”之时代问题》，《六同别录》，中央研究院历史语言研究所，1945年。其实，此观点王献唐早在1939年就已指出，惜其说直至是著《那罗延室稽古文字》出版后方为人所知，参见王献唐：《汉偹毋相忘镜考记》，《那罗延室稽古文字》，齐鲁书社1985年版。

② 此类纹饰配以铭文多流行西汉早期。详见孔祥星、刘一曼：《中国古铜镜》，台北艺术图书公司1994年版，第47页。

③ 博局纹，过去也称规矩纹，一般认为T形纹表示内方四正，与外圆四正L纹相对，近镜缘的V纹则表示四隅，与内方四角相对。西汉晚期这种纹饰的铜镜上有的铸有“刻镂博局”铭文，学者多认为是对铜镜纹饰的具体描述，故而将TLV纹称为博局纹。我们同意这种观点。《西京杂记》载有六博口诀，湖南长沙马王堆汉墓曾出土漆木制六博盘及配套博具一组，汉画像石、画像砖中则常有仙人六博的图像，可见六博游戏在汉代的流行。战国中山王墓曾出土玉制龙纹盘，其上也是这类纹饰，可见这类纹饰在战国时就已出现并开始流行。根据考古资料，铜镜上的博局纹始于西汉早期，盛行于西汉晚期到东汉早期。本书在描述此类纹饰时，统一称为博局纹，下不赘述。

尚不固定。风格上沿袭战国，有较强的楚地特点。在时代上，应属西汉早期。

编号：0125

释文：【内】脩相思，慎毋相忘，常乐未央。【外】长寿。

时代：西汉早期

著录：《六安》图34。

简注：此镜中使用“长”字，说明西汉早期避讳制度执行时并不如后世严格。

编号：0126

释文：脩相思，慎毋相忘，常乐未央。

时代：西汉早期

著录：《绍兴》第31页；《未名斋》第15页。

简注：“脩”字前有鱼纹起止符号。

编号：0127

释文：【内】脩相思，慎毋相忘，大乐未央。【外】蒯伯。

时代：西汉早期

著录：《汉雅堂》图54；《汉铭斋》附图2；《文化》图4；《图集》图5；《书法》图3。

简注：蒯伯，疑为镜主姓名。

编号：0128

释文：脩相思，慎毋相忘，大乐未央。

时代：西汉早期

著录：《淮与汉》图F5；/《志稿》第3149页。

简注：“脩”字前有对向双鱼纹起止符号。若将起止符号移至“大”字前，再改“脩”为“长”，则与“长相思”铭镜无二。故此镜似可视为“脩相思”铭与“长相思”铭两类铜镜过渡阶段之物。

编号：0129

释文：脩相思，毋相［忘］，大乐未央。

时代：西汉早期

著录：《图集》图4；《止水阁》图65；《复旦》图20。

简注：“脩”字前有鱼纹起止符号。

编号：0130

释文：脩相思，毋相忘，常乐未央。

时代：西汉早期

著录：《故宫》A图24；《故宫》B彩图9、拓片9；《故宫》C图15；《故宫》I图28；《文化》图2；《图集》图2；/《清华》图3；《汉铭斋》附图1；《文化》图3；《图集》图1、彩版1上；《拓片》图25；《书法》图1；/《淮与汉》图F12；/《淮与汉》图F42；/《国博》1992（18—19）第217页图5；/《岩窟》一第49图；/《岩窟》一第54图；/《志稿》第3148页。

简注：“脩”字前有鱼纹起止符号。

编号：0131

释文：脩相思，毋相忘，常长乐未央。

时代：西汉早期

著录：《汉铭斋》图1；《文化》图1；《图集》图3；《清艺》第43页；《书法》图2；《拓片》图117。

简注：“脩”字前有横条纹起止符号[①]。相较于他镜，衍一“长”字。

编号：0132

释文：安乐未央，脩相思，慎毋相忘。

时代：西汉早期

著录：《文物》1997（2）第11页图17；《文物天地》2019（5）第65页图十六；《图典》B图3.11；/《图集》图6。

简注：“安”字前有鱼纹起止符号。

---

① 在西汉早期横条纹起止符号较为少见。

4. “长相思”铭（一）

“长相思”，镜铭吉语，亦汉人习语。汉乐府《杂曲歌辞》有名“长相思”者，内容多为描写男女或朋友久别思念之情，故以得名。魏晋至隋唐，诗人以此为题者甚多，并常以“长相思”三字开头，句式长短错落不一。

“长相思”铭镜存世极多，据形制、纹饰及铭文风格可分为如下几类：

A.大乐未央，长相思，慎毋相忘。

此式镜在语言风格上与“脩相思”铭镜基本相同，在套语组合方面，仍与“毋相忘”“乐未央”搭配，但已完全不避讳“长”字，固定套语从之前的“常乐”“大乐”到仅用“大乐”，并在语序上渐以之为句首，在“大”字前置鱼纹符号以作标示。由此，亦可看出西汉早期铜镜从“脩相思”铭、到“长相思”铭、再到“大乐贵富”铭的发展轨迹。

此式镜多为弦钮、桥钮，钮座多饰螭身，素卷缘，间隔式蟠螭纹，数圈同心绹纹，风格上沿袭战国，有较强的楚地特点。主要流行于属西汉早期前段[①]。

B.长相思，慎毋相忘。

可视为A型减省，套语“长相思”置于首句。

此式镜存世较少，所见者为伏兽钮，间隔式蟠螭纹，素卷缘。在时代上，亦属西汉早期前段。

C.长相思，毋相忘，千万岁，乐未央。

相比于A、B两型，句式结构更加工整，三字一句，“千万岁”疑即“大乐贵富”铭中常见套语“千秋万岁”之省。此式镜多为弦钮，圆钮座，圆形铭文圈带，铭文句与句之间以乳钉相隔，外围以内向连弧纹，素卷缘，无起止符号。在时代上，属西汉早期后段。

D.长相思，毋相忘，常贵富，乐未央。

“常”或作“长”。在套语方面与C型基本相同，三字一句，结构工整，在用韵方面，除“忘”“央”二字押韵外，“富”（职部）字与“思”（之部）字亦押韵（之职对转）。

从考古材料看，D型镜数量最多，分布范围最广，主要流行于西汉早中期。鉴于此式镜形制、纹饰上的独特之处，本书将他们独立出来，统归入“常贵富”铭。

为便于检索，本节暂按A—C型先后顺序排序。有些文句不在上述型式之内，则暂据铭文相似性排序。

编号：0133
释文：大乐未央，长相思，慎毋相忘。
时代：西汉早期
著录：《东南文化》1989（2）第130页图9；/《考古》2014（3）第34页图二六：2、第35页图二八；/《南阳》第161页序号93；/《南方文物》1994（3）第82页图一：2；/《岩窟》一第70图；/《汉铭斋》图5；《文化》图8；《图集》图12。
简注：“大”字前多有鱼纹起止符号。

编号：0134
释文：大乐未央，长相思，毋相忘。
时代：西汉早期
著录：《淮与汉》图F11。
简注：“大”字前有鱼纹符号表示起止。

编号：0135
释文：长相思，慎毋相忘。
时代：西汉早期
著录：《泉屋》图18。

编号：0136
释文：长相思，毋相忘，宜佳人，乐未央。
时代：西汉早中期
著录：《阜阳》第126页、第417页。

编号：0137
释文：［长］相思，顣（愿）毋相忘，大乐未央。

① 孔祥星、刘一曼：《中国古铜镜》，台北艺术图书公司1994年版，第47页。

时代：西汉早期

著录：《冠斝楼》下18a；/《汉铭斋》图4；《书法》图5；《文化》图7；《图集》图11。

简注：起止符号置于“相思”一句前，而不置于“大乐”一句前，似可看出西汉早期铸镜工匠们从“相思”铭镜到“大乐”铭镜的探索轨迹。

编号：0138

释文：长相思，毋相忘，千万岁，乐未央。

时代：西汉早期

著录：《汉铭斋》图37；《图集》图75；《复旦》图30；/《汉铭斋》图38；《图集》图76；《复旦》图29。

简注：铭文前无起止符号。

5. “长相思”铭（二）

从西汉早期后段以后，“长相思”铭镜在形制、纹饰及铭文风格方面又展现出新的特点。

在铭文方面，四字一句，句式规整，常见的有以下几种：

一种只在“长”字前增饰“顧（愿）”字。

D.愿长相思。

一种则扩充“长相思”铭（一）（长相思，毋相忘，千万岁，乐未央）的前两句。如：

E1.愿长相思，幸毋见忘。

E2.愿长相思，幸毋相忘。

E3.愿长相思，久毋见忘。

E4.愿长相思，久毋相忘。

“久”，有时也用同义的“长”字替代。

从形制上看，上面诸镜式钮形不一，除圆钮座、方钮座外，新出现了四叶纹钮座及并蒂四叶纹钮座[①]。铭文主要置于镜钮旁方框之内，主纹分四区。D型无乳钉，素卷缘，大约流行时代于西汉早期；E型每区皆置一带座乳钉，且多饰以麦穗纹、带苞花枝纹，内向连弧纹缘，大约流行时代于西汉早中期之际。

为便于检索，本节暂按D—E4型先后顺序排序。有些文句不在上述型式之内，则暂据铭文相似性排列在一起。

编号：0139

释文：顧（愿）长相思。

时代：西汉早期

著录：《淮与汉》图K16；/《镜录》卷下16b下；《志稿》第3203页；/《长获》卷二29a；/《长获》30a；/《收藏家》2004（4）第41页图6。

简注：铭文一区一字，“愿”“相”两字前有小圆点。

编号：0140

释文：顧（愿）长相思，幸毋见忘。

时代：西汉早中期

著录：《寿县》图52；/《文物》2017（4）第69页图三、图四；《临淄》图42；/《临淄》图61；/《收藏家》2018（8）第28页图18；/《中原》图23；《图集》图162；/《拓片》图130。

编号：0141

释文：顧（愿）长相思，幸毋相忘。

时代：西汉早中期

著录：《小校》卷十五98b；/《汉铭斋》图70；《书法》图106；《图集》图161；《拓片》图131。

编号：0142

释文：顧（愿）长相思，长毋见忘。

时代：西汉早中期

著录：《陕历》第53页下；/《汉铭斋》图69；《文化》图84；《图集》图159；《书法》图105；《拓片》图129。

① 李零先生在《论云纹瓦当——兼论战国秦汉铜镜上的四瓣花》（《上海文博论丛》2004年第4期）中将四叶、并蒂四叶、柿蒂纹等纹饰都称为“四瓣花纹”并分为A、B两种类型，由于四叶纹已成为铜镜中约定俗成的名称，故本书仍暂称之为“四叶纹”（形如草叶者）、“并蒂四叶纹钮座”（草叶纹两侧有圆形柿蒂者）。

编号：0143

释文：顯（愿）长相思，久毋见忘。

时代：西汉早中期

著录：《四川》图19；/《汉铭斋》图45；《龙纹》图45；《图集》图82；《书法》图46；《拓片》图128。

编号：0144

释文：顯（愿）长相思，久毋相忘。

时代：西汉早中期

著录：《中原》图39；《图集》图160。

6.“戚思悲”铭

“戚思悲”铭，是西汉早期以相思主题为主的又一类铜镜。“戚”字作、，过去多释为“愁”，因此，此类铜镜过去常被称为“愁思悲”铭镜。赵平安先生在笔者博士学位论文答辩会上指出，此字实当隶作“慦”、读为“戚”，其说甚确，当从之[①]。

慼，《说文》：“忧也。从心，从戚。今字作戚。”表示忧愁，悲伤之意。“戚思悲”铭镜套语组合较为固定，主要有以下两种：

A.戚思甚悲，欲见，毋说，相思顯（愿）毋绝。

B.戚思悲，顯（愿）见忠，君不说，相思顯（愿）毋绝。

过去，不少学者认为A型是B型的减省，但从铭文内容及书体风格上看，它们更像是有密切关系的两种铜镜。相较而言，A型更为合韵[②]，书体也更雅致，而B型的文句却更加规整。

A型特别强调了思念致伤的程度。大意为：“（对你情不自禁地）思念特别令人痛苦而悲伤，时时刻刻都恨不得能见你一面，虽然什么都没有说，但是希望你对我的思念能够永远悠久绵长。”

B型的语意稍难。“愿见忠”，也许可以联系《楚辞·九歌·湘君》“交不忠兮怨长，期不信兮告余以不闲”来考虑。人与人交往，若不忠厚真诚，就容易产生怨恨；答应过的约定，却推脱说没空，怎能不令人悲伤。镜铭正好反用其意，告诫对方，一定要真诚忠厚地对待自己。

这样的话，B型意译过来大约是：“（对你情不自禁地）思念是如此的令人痛苦而悲伤，希望你对我的忠诚也是一样，虽然你嘴上什么都没有说，但是希望在心里你对我的思念能够永远悠久绵长。”相较于A型，则特别强调了对方也要对自己忠诚，不要负心。

在形制方面，多为弦钮、桥钮，钮座常饰螭身，螭首或磨灭，或在钮上。纹饰由主纹和地纹组成，地纹为云雷纹，但多已模糊，铸造时似并不重视。主纹皆为四区，A型皆为四凤鸟间隔式蟠螭纹，这种纹饰曾见于“脩相思”铭铜镜，B型皆为四叶间隔式蟠螭纹，这种纹饰在“大乐富贵”铭中极为普遍。这似乎也显示着A型的时代略早于B型。此外，“戚思悲”铭镜中还常一圈到多圈不等的同心绹纹、素卷缘，为西汉早期典型特征，但无起止符号。

“戚思悲”铭镜存世数量较多，出土地区以江淮地区最多，具有显著的地域特色，很可能此类镜的铸造工坊即集中在此地区。

由于本节所列之镜仍然较多，为便于检索，暂按A、B两型先后顺序排序。

编号：0145

释文：戚思甚悲，欲见，毋说，相思顯（愿）毋绝。

时代：西汉早期

著录：《淮南》第56页、第57页；/《六安》图36；《寿县》图15；/《考古学报》2006（2）图版贰拾壹：1、第265页图三四：10；/《考古》1996（10）第40页图一一：3；/《清华》图版4；《汉铭斋》附图3；《文化》图9；《图集》图13；《清艺》第44页；《拓片》图26；《书法》图8；/《国博》1992（18—19）第216页图2；/《国博》1992（18—19）第217页图3；/《国图》第101页；《陈介祺》图57。

编号：0146

释文：戚思悲，顯（愿）见忠，君不说，相思顯

① 本书在释文中直接宽式隶定为“戚”字。
② 见，韵在元部，说、绝，韵在月部，月元对转。

（愿）毋绝。

时代：西汉早期

著录：《寿县》图17；/《寿县》图18；/《寿县》图19；/《寿县》图20；/《寿县》图21；/《考古学报》2006（2）第265页图三四：13、图版贰拾：6；/《华夏考古》2002（1）第22页图八；/《文物》1993（9）第11页图二三；/《萧县》图一三二：1、彩版五〇；/《故宫》I图26；/《国博》1992（18—19）第217页图8；/《广西》图23；/《南阳》第159页序号92；/《湖研》图三；/《淮与汉》图F4；/《广陵》图7；/《仪征》第31页上、下；《图典》B图3.12；/《考古》2013（10）第75页图一五、图一六；/《东南文化》2014（4）第48页图十七：1；/《东南文化》2005（6）第14页图三；《考古》1988（8）第704页图九：3；/《安吉》第34页、第35页；/《浙江》B彩图1；《安吉》第38页、第39页；/《考古》1993（4）第338页图一一：5；/《善斋》镜录卷一5a、5b；《小校》卷十五3a上；《志稿》第3155页；/《善斋》镜录卷一6a、6b；《小校》卷十五3a下；《志稿》第3156页；/《岩窟》一第74图；/《岩窟》一第75图；/《汉铭斋》图7；《文化》图10；《图集》图14；《复旦》图22；/《止水阁》图66；《图集》图15；/《绍兴》第33页。

7．“心悲”“志悲”铭

在汉代有一类含有“心悲”或“志悲”铭文的铜镜，常以“君行卒”或“秋风起”起句，与“戚思悲”铭、“君有远行”铭相似，皆表达了朋友或恋人间分别不见的哀怨悱恻之情。为便于比较，暂将它们合为一节。

常见的文句有：

A.君行卒，予心悲，久不见，侍前俙（稀）。

B.君行卒，予志悲，久不见，侍前俙（稀）。

C.秋风起，予志悲，久不见，侍前俙（稀）。

D.秋风起，吾志悲，道路远，侍前希（稀）。

E.秋风起，使心悲，道路远，侍前希（稀）。

F.昔同起，予志悲，道路远，侍前希（稀）。

三字一句，句式整齐。“悲”“稀”二字古音皆在微部，押韵。“卒”字古音在物部，微物对转，亦可押韵。

此外，还有一些铜镜在三字一句的基础上，加入了七字句，算是一种新的尝试。如：

G.秋风起，心志悲，时念君，立徘回（徊），常安居，悔不回，□□中国时来归。

“心悲”“志悲”铭镜存世较少，但镜钮形式多样，有三弦钮、伏兽钮、圆钮、博山钮，皆为内向十六连弧纹缘。从形制、纹饰上看，主要流行于西汉早期后段到西汉中期。

为便于检索，本节暂按A—G型先后顺序排序，有些文句不在上述型式之内，暂据铭文相似性排序。

编号：0147

释文：君行卒，予心悲，久不见，侍前俙（稀）。

时代：西汉早中期

著录：《湖南》图49；《湖研》图八；《图集》图172；/《陕西》图9。

编号：0148

释文：君行卒，予志悲，久不见，侍前俙（稀）。

时代：西汉早中期

著录：《止水集》第27页图6—2。

编号：0149

释文：君行卒，予之（志）悲，久不见，侍前俙（稀）。

时代：西汉早中期

著录：《止水阁》图82；《图集》图173；《书法》图116；《拓片》图142；《后沟》图35。

编号：0150

释文：君行卒，予寺（志）悲，久不见，侍前俙（稀）。

时代：西汉早中期

著录：《汉铭斋》图68；《图集》图171；《书法》图115；《拓片》图141。

编号：0151
释文：秋风起，予志悲，久不见，侍前俙（稀）。
时代：西汉早中期
著录：《桃华盦》图5；《久保惣》A图9；《久保惣》B图9；《志稿》第3321页序号216；/《浣花》卷一7a；/《国图》第14页；《陈介祺》图13；《镜录》卷中4a；《书法》图114；《图集》图170。

编号：0152
释文：秋风起，吾志悲，道路远，侍前希（稀）。
时代：西汉早中期
著录：《拓片》图143。

编号：0153
释文：秋风日起，吾志日悲，道路日远，侍前日希（稀）。
时代：西汉早中期
著录：《盛世成馨》2020.3.4。

编号：0154
释文：秋风起，使心悲，道路远，侍前希（稀）。
时代：西汉早中期
著录：《图集》图169、彩版5上；《文化》图88；《书法》图113。

编号：0155
释文：昔同起，予志悲，道路远，侍前希（稀）。
时代：西汉早中期
著录：《小校》卷十五98a；《志稿》第3322页；《图集》图174；《书法》图117。

编号：0156
释文：秋风起，心志悲，时念君，立徘回（徊），常客居，思不可为，谷（游）中国，时来归。
时代：西汉中期
著录：《中原》图15；《图集》图236。
简注：古音"游"在余母幽部，从"谷"得声的"欲"在余母屋部，故疑"谷"可读为"游"。

编号：0157
释文：秋风起，心甚悲，侍（时）念君，立辈（徘）佪（徊），常客居，思不可为，游中国，侍（时）来归。清冶铜华以为鉴乎，照（照）察衣服观容貌乎，丝组纽。
时代：西汉中期
著录：《千石》图83；《文化》图107；《图集》图214。
简注："冶"字从水。据此镜可知"心悲""志悲"铭流于时代与"铜华"铭流行时代相同或相近。此条重出，亦列于"铜华"铭（一）一节。

编号：0158
释文：行卒志悲。
时代：西汉中期
著录：《图集》图270。

8."道路辽远"铭

"道路远"一语在"心悲""志悲"铭镜中便已出现，"道路辽远"大约是在此基础上增加一字而成，四字一句，句式规整，表达的主题也很相近。

"道路辽远"铭镜存世不多，从形制上看，皆为内向连弧纹缘，有的还带有底纹，铭文仍用"修"字，有复古倾向，书体风格为秦篆向汉篆过渡，与马王堆汉墓《道德经》、北大汉简《道德经》书体风格相近，相同的书体还见于同时期的昭明镜。流行时代大约在西汉早期后段，与"心悲""志悲"铭镜时代相近。

编号：0159
释文：道路辽远，中有关梁（梁），鉴不隐请（情），修毋相忘。
时代：西汉早中期

著录：《淮与汉》图F31；《文化》图5；《图集》图7；/《上博》A彩图30、拓片30；《收藏家》2003（4）第45页图上；《文化》图87；《图集》图167；《书法》图111。

简注：虽然同铭，但两镜形制、纹饰差异明显。前一镜，现藏于瑞典斯德哥尔摩东亚博物馆，圆形，圆钮，圆钮座，座外置铭文圈带一周。地纹为涡云纹，主纹为蟠螭纹，螭身内接折菱纹，内向二十连弧纹缘。后一镜现藏于上海博物馆，圆形，圆钮，四叶纹钮座，方框铭文带。框外分四区，每区正中置一带座乳钉，乳钉上方置一桃形花苞，乳钉两侧置麦穗纹，四角置草叶纹，内向十六连弧纹缘。

9.“远行”“行有日”铭

“远行”“行有日”铭在内容上，与“戚思悲”铭、“心悲”铭、“志悲”铭等颇为相类，皆为送别之作，语言质朴，情感真挚，颇似汉乐府诗。如“行有日，返毋时”与《盘中诗》“出有日，还无期”相近，“愿君强饭多勉之”与《古诗十九首·行行重行行》“努力加餐饭”相近，“人两心，诚不足思”的逻辑与《白头吟》“闻君有两意，故来相决绝”、《有所思》“闻君有他心，拉杂摧烧之”相类。

在形制、纹饰方面，“远行”“行有日”铭镜皆为圆钮，并蒂连珠纹钮座，素缘，有的铜镜中还饰以内向八连弧纹，具有西汉中晚期铜镜的典型特征。

编号：0160

释文：行有日兮反（返）毋时，结中带兮长相思，妾负君兮可不疑，君负妾兮天知之。

时代：西汉中晚期

著录：《考古与文物》2001（3）第21页图二八：1。

简注：“中带”，指古代妇女的内衣带。《仪礼·既夕礼》：“设明衣，妇人则设中带。”俞樾《群经平议·仪礼二》：“中带，犹言内带也。盖男子惟外有缁带而内无带，妇人则亲身之明衣亦有带也。以其在内，故谓之中带。”《文选·古诗〈东城高且长〉》：“驰情整中带，沉吟聊踯躅。”李善注：“中带，中衣带。”

编号：0161

释文：行有日兮反（返）毋时，结中带兮长相思，而不疑，君负妾兮天知之，妾负君。

时代：西汉中晚期

著录：《阳羡》图28；《图集》图227。

简注：“行”字前有起止符号。

编号：0162

释文：君行有日毋反（返）时，端政（正）心行如妾在，时心不端行不政（正），妾亦为之，君能何治？

时代：西汉中晚期

著录：《书法》图142；《文化》图118；《图集》图224；《拓片》图145。

简注：“毋反”错乙。

编号：0163

释文：【内】君行有日反（返）毋时，思简忿，倘（尚）可治，人两心，成（诚）不足思。【外】君有远行，妾私喜，饶自次（恣），莫某止，君从行来，何以为信？祝父母耳。何木毋疵？何人毋友？相思有常，可长久。

时代：西汉中晚期

著录：《止水集》第44页图9—15；《中国文化》2012（1）第36页图十一；《文化》图134；《书法》图150；《图集》图254；《拓片》图144。

简注：“忿”即《周易·损》：“君子以惩忿窒欲”之“忿”。“思忿”亦见于玺印“毋思忿，罙（深）冥欲”[①]。“尚可”与“不足”对言相似的句式，又见于《诗经》“白珪之玷，尚可

① 董珊：《秦郝氏印箴言款考释——〈易·损〉“惩忿窒欲”新证》，《考古与文物》1999年第3期；陈剑：《几种汉代镜铭补说》，台湾政大中文系：《第十届汉代文学与思想国际学术研讨会论文集》，2016年。

磨也。斯言之玷，不可为也”。

编号：0164

释文：思阑忿，尚可治，人有两心，成（诚）不足思也。

时代：西汉中晚期

著录：《补说》图六。

简注：疑句首脱漏“君行有日反（返）毋时”一句。

编号：0165

释文：君有远行，妾私喜，饶自次（恣），□〖莫某〗止，君从行来，何以为信？祝父母耳。何木毋庇（疵）？何人毋友？相思有常，可长［久］。

时代：西汉中晚期

著录：《上博》A彩图34、拓片34；《上博》B图37；《中国文化》2012（1）第36页图十二；《文化》图115；《图集》图226；《书法》图143。

简注：“莫某”合铸。

编号：0166

释文：【外】君有行，妾有忧，行有日，反（返）毋期，顯（愿）君强饭多勉之，印（仰）天太息长相思，毋久。【内】见日之光，天下大明，服者富贵番（蕃）昌，长相思，毋［相忘］。

时代：西汉中晚期

著录：《小校》卷十五100a；《志稿》第3434页；/《镜录》卷中3b；《图集》图229；/《小校》卷十五100b上；《浣花》卷一6a。

简注：“君”字前有起止符号。

10. “心与心”铭

“心与心”铭所表达的感情与“君有行”铭等镜类似，似为夫妻或情侣间一方远行，另一方所作的誓言与嘱托，内容质朴，亦颇似汉乐府诗。

从形制、纹饰上看，多为西汉早期后段至西汉中期之物。

为便于检索及比较，本节暂据镜铭相似度排序，将相似度较高的镜铭排列在一起。

编号：0167

释文：心与心，亦诚亲，终不去子从沱（他）人，所与子言，不可不信。

时代：西汉早中期

著录：《图集》图107；《文化》图53；《书法》图68；《拓片》图136。

编号：0168

释文：心与心，亦成（诚）亲，终不去子从沱（他）人。

时代：西汉早中期

著录：《图集》图168；《书法》图112；/《拓片》图138。

编号：0169

释文：心与心，成（诚）以亲，终不去子从沱（他）人。居毋（无）宗乎出游，欲见君毋（无）由。

时代：西汉早中期

著录：《拓片》图137。

编号：0170

释文：【外】长毋相忘，俱死壹何伤。心与心，【内】亦成（诚）亲，毋弃故而娶新。

时代：西汉早中期

著录：《镜录》卷中7a；《志稿》第3377页；《图集》图223。

简注：镜铭由外圈旋读入内圈。“故”，指故人，“新”，指新人，汉乐府诗中常“新人”“故人”并举，如“新人虽言好，未若故人姝”“新人从门入，故人从合去”，镜铭与之类似。

11. “与天”铭（一）

“与天”铭，即铭文中含有“与天”二字的铜镜类型。常见的文句有：

A.与天地相翼，大乐贵富毋极。

叶职部韵。

“大乐”，在“脩相思”“长相思”铭镜中已逐渐固定为套语，在“长相思”铭中开始置于全句之首。“贵富”，东周以来习语，乃既富且贵，又得安乐之意。《国语·吴语》：“民之恶死而欲贵富以长没也，与我同。”“大乐”与“贵富”搭配形成新的套语，反映了西汉早期镜师们在铜镜铭文方面的探索。

“与天”铭A型镜虽仅有两句铭文，但却极为重要。这两句铭文不久以后分别独立出来，发展出新的套语组合，并形成了不同的铜镜类型。前一句发展为“与天相寿，与地相长”，后一句的内容则包含于“大乐贵富”铭铜镜之中，几乎占据了西汉早期南方铜镜的大部分市场。

在形制方面，“与天”铭A型镜，皆为饰有伏螭纹的桥钮，钮座有云雷纹钮座和伏螭纹钮座两种，纹饰由主纹和地纹构成，地纹为云雷纹，主纹既有三凤鸟缠绕式蟠螭纹，也有四叶间隔式蟠螭纹，而绹纹数量则多寡不一。三凤缠绕式蟠螭纹在“脩相思”铭铜镜中常见，而四叶间隔式蟠螭纹则是“长相思”铭与“大乐贵富”铭铜镜的常规纹饰。所以，“与天”铭A型镜似可视为“脩相思”铭镜与“大乐贵富”铭镜过渡阶段的产物，流行时代自然也与它们相近。

编号：0171

释文：与天地相翼，大乐贵富毋极。

时代：西汉早期前段

著录：《故宫》A图23；《图集》图10；《书法》图6；/《清艺》第42页；《汉铭斋》图2；《文化》图6；《图集》图8；《书法》图4；《拓片》图27；/《淮与汉》图F13；/《镜录》卷中7b；《志稿》第3152页；/《汉铭斋》图3；《书法》图5；《图集》图9。

12.“与天”铭（二）

“与天”铭（二）相较于（一），句式结构方面更为规整，四字一句，叶阳部韵。常见且完整的文句有：

B1.与天相寿，与地相长，富贵无极，长乐未央。

B2.与天相寿，与地相长，富贵如意，长乐未央。

B3.与天相寿，与地相长，富贵如意，长毋相忘。

B4.与天毋极，与地相长，欢乐如意，长毋相忘。

B5.与天无极，与美相长，欢乐如志，长毋相忘。

“毋极”一词最早见于“与天”铭镜（一）“大乐贵富毋极，与天地相翼”，B1型作“富贵无亟”，显然与之有所关联。B1—B3型，“寿”与“长”同义，B4、B5型中不再使用词语“富贵”，并把“长乐”而改为“欢乐”，以“长毋相忘”结尾，已带有西汉中期所盛行镜铭的部分特点。

上述文句有时还可根据铜镜尺寸减省作两句使用。如：

B6.与天相寿，与地相长。

B7.与天无极，与美相长。

B8.富贵如意，长乐未央。

B9.富贵如意，长毋相忘。

B6、B7型中尚有“与天”字样，而B8、B9型若非有完整的“与天”铭铜镜可资对照，则完全不知出处。本节仅胪列B1—B7型，而将B8、B9型独立为“富贵”铭，另作一节置于本节之后。

“如意”，汉人习语，常见于典籍及人名。如刘邦之子取名刘如意。《说文》：“意，志也。从心察言而知意也。”故“如意”与“如志”义同。

汉镜中，“意”字形减省作“音”，系从古文字“啻”形变化而来，作镜匠人以讹传讹，多写作“言”字。对此，李学勤师已有文章论说①，此不赘述。本书在隶写释文时，径释作“意”。

在形制方面，“与天”铭镜（二）多为弦钮、伏兽钮，钮座则以方形居多，偶有圆钮或四叶纹钮座。主体纹饰皆分为四区，铭文多置于钮座周围，每边四字，边与边之间常饰有纹饰。

在纹饰方面，主要有素纹、草叶纹、麦穗纹、带苞花枝纹等。镜缘有素卷缘，内向十六连弧纹配素卷缘、内向十六连弧纹缘三种。

① 李学勤：《汉镜铭文图集·序》，载王纲怀编著《汉镜铭文图集》，中西书局2016年版，第2页。

“与天”铭镜（二）主要流行于西汉早期后段，个别铜镜的时代下限能到西汉中期。

由于本节所列之镜较多，为便于检索，暂按B1—B7型先后顺序排序，有些文句不在B型之内，暂据铭文相似性排序。

编号：0172
释文：与天相寿，与地相长，富贵无亟（极），长乐未央。
时代：西汉早期后段
著录：《汉铭斋》图54；《图集》图91；《书法》图55；《后沟》图25；《拓片》图31。

编号：0173
释文：与天相寿，与地相长，富贵如意，长乐未央。
时代：西汉早期后段
著录：《清华》图15；《文化》图38；《图集》图48；《清艺》第88页；《书法》图25；《拓片》图236。

编号：0174
释文：与天相寿，与地相长，富贵如意，长毋相忘。
时代：西汉早期后段
著录：《故宫》A图26；/《止水阁》图72；《图集》图92；《书法》图56；《后沟》图24；《拓片》图235；/《汉铭斋》图24；《文化》图39；《书法》图26；《图集》图49；《复旦》图37；/《文化》图59；《书法》图27；《止水阁》图73；《图集》图50；《复旦》图36。

编号：0175
释文：与天毋（无）亟（极），与地相长，驩（欢）乐如意，长毋相忘。
时代：西汉早期后段
著录：《四川》图9；《图典》A图220；《图典》B图3.102。

编号：0176
释文：与天无亟（极），与地相长，驩（欢）乐如意，长毋相忘。
时代：西汉早中期
著录：《清华》图17；《三槐堂》图24、图25；《汉铭斋》附图8；《图集》图96；《清艺》第87页；《书法》图60；《拓片》图233；/《止水阁》图74；《图集》图94、彩版4上；《书法》图58；《拓片》图232。

编号：0177
释文：与天无亟（极），与美相长，驩（欢）乐如志，长毋相忘。
时代：西汉早期后段
著录：《长安》图十：2、图版九：1；/《长安》图十：4；/《清华》图16；《文化》图58；《汉铭斋》附图7；《图集》图95；《书法》图59；《拓片》图234；/《镜录》卷中8a；《志稿》第3356页。

编号：0178
释文：与天相寿，与地相长。
时代：西汉早期后段
著录：《广州》图九二：3；《图典》A图189；《图典》B图3.45。

编号：0179
释文：与天无亟（极），与美相长。
时代：西汉早中期
著录：《止水阁》图75；《图集》图180。

编号：0180
释文：与天无亟（极），与地相长，富贵安，乐未央，长相思，毋相忘。
时代：西汉早期后段
著录：《汉铭斋》图50；《文化》图57；《图集》图93；《书法》图57；《拓片》图237；《复旦》图45。

编号：0181
释文：始（辞）曰：服者乐寿志得，与天无极，身无惌（怨）则（恻）。

时代：西汉早中期

著录：《古今》图47；《止水集》第23页图5—5；《文化》图80；《书法》图99；《图集》图153；《深圳》图37。

简注：“得”“极”“则”，叶职部韵。

13.“富贵”铭（无极、如意）

“富贵”铭常见的文句有：

A.富贵无极，长乐未央。

B.富贵如意，长毋相忘。

C.富贵如意，幸毋见忘。

A、B两型似由“与天”铭（二）的B1、B3型减省而来。C型则在B型的基础上稍加改变，其中“幸毋见忘”也是西汉镜铭中常见的套语。

此类镜的流行时代与“与天”铭（二）铜镜相当，大约为西汉早期后段至西汉中期。

编号：0182

释文：富贵无亟（极），长乐未央。

时代：西汉早中期

著录：*BRONZE MISSORS*第113页；《图集》图183。

编号：0183

释文：富贵如意，长毋相忘。

时代：西汉早中期

著录：《汉铭斋》图74；《图集》图181；《书法》图120；《复旦》图52。

编号：0184

释文：富贵如意，幸毋见忘。

时代：西汉早中期

著录：《图集》图182；《书法》图121。

14.“大乐贵富”铭

“大乐贵富”铭，即将“大乐贵富”四字置于首句的镜铭种类，此时“大乐贵富”已渐成习语，并使用起止符号加以标示。从这种变化基本可以看出西汉早期铜镜从“相思”铭到“大乐”铭的流行轨迹，而这种语序的调整背后更是反映了汉初社会逐渐安定以后，人们对美好生活的愿景与审美情趣的变化。于是，不难理解为何镜铭中开始大量出现“千秋万岁”“延年益寿”“宜酒食”之类的套语。

“大乐贵富”铭镜出土较多，分布较广，铭文组合方式较为固定，主要有以下几类：

A.大乐贵富，千秋万岁，宜酒食。

B.大乐贵富得所喜，千秋万岁，宜酒食。

C.大乐贵富得所好，千秋万岁，宜酒食。

D.大乐贵富得所喜，千秋万岁，延年益寿。

E.大乐贵富得所好，千秋万岁，延年益寿。

A型时代略早，B型大约是由A型变化而来，故而形制、纹饰皆与A型一脉相承，E型数量最多，且主题纹饰已变为与之迥异的博局纹。C、D两型铜镜存世最少，可视为中间的过渡阶段；故在形制、纹饰方面仍以伏兽钮、蟠螭纹为主，多置有鱼纹起止符号，但主纹已从四叶间隔式蟠螭纹向博局纹尝试。这种一类多型的情况，在“脩相思”铭镜中便已出现。所以，若说E型的纹饰是从“脩相思”铭博局镜发展而来，似乎也并无不可。这是这几类镜在纹饰方面的纵横关系。

在形制方面，“大乐贵富”铭镜多为弦钮、桥钮，双螭纹钮座，螭首多置于镜钮之上。不过，由于铜镜属常用之物，故钮上的螭纹多磨灭不清。

此外，“大乐贵富”铭镜中常置有一圈到多圈不等的同心绹纹，为战国至西汉早期在铜镜纹饰方面的典型特征。铭文圈内的鱼纹起止符号或有或无，若出现时，位置从无错乱，皆置于“大”字之前。周世荣先生认为铭文圈内有无鱼纹符号是区分此类镜为西汉早期还是中期的重要标志[①]。但墓葬出土之镜尚不能支撑这一观点，故本书仍然沿用学界传统的分期习惯来分期断代。

为便于检索，本节按上述型式的先后顺序排序，个别文句不在上述型式之内，则据铭文相似性排序。

① 周世荣：《湖南出土汉代铜镜文字研究》，《古文字研究》第14辑，中华书局1986年版，第70—71页。

编号：0185

释文：大乐贵富，千秋万岁，宜酒食。

时代：西汉早期

著录：《淮南》第60页、第61页；/《淮南》第62页、第63页；/《淮南》第64页、第65页；/《淮南》第66页、第67页；/《六安》图70；《皖江》第3页；《皖西》图74；/《六安》图132；/《考古》1996（10）第40图一一：1；/《清华》图5；《汉铭斋》附图4；《文化》图11；《图集》图16；《书法》图9；《拓片》图30；/《南阳》图五七；/《长沙》图39；/《江汉考古》1997（1）第25页图五；/《江汉考古》1993（3）第60页；/《湖南》图46；《湖历》图34；/《全集》图38；《辞典》第1416页右图；《文化》图12；/《湖南》图47；/《湖研》图一；/《考古》1957（5）第44页图二；《湖研》图四；《图典》A图167；《图典》B图3.13；/《考古》2012（2）第26页图一一：1、图版肆：3；/《广陵》图6；《图集》图17；《图典》B图3.14；/《考古》2014（3）第28页图八：4；/《考古》2014（3）第28页图八：5；/《辽宁》第92页；/《淮与汉》图F1；/《淮与汉》图F2；/《汉铭斋》图11；《后沟》图23；/《上博》A彩图28、拓片28；《上博》B图32；/《故宫》G图八；/《越地》第123页下。

简注：“大”字前多有鱼纹起止符号。

编号：0186

释文：大乐贵富得所喜，千秋万岁宜酒食。

时代：西汉早期

著录：《考古》1991（2）第181页图二；《文物》1993（4）第88页图四；《淮南》第66页、第67页；/《阜阳》彩图1、第387页序号13；/《萧县》图一二：3、彩版二：2；/《国博》1992（18—19）第218页图9；/《国博》1992（18—19）第218页图10；/《南阳》图版二三：2、图五八、第161页序号95；/《长沙》图40；/《长沙》图41；/《淮与汉》图F3；/《考古》2014（3）第28页图八：1；/《复旦》图25；《汉铭斋》图12。

简注：“大”字前皆有鱼纹起止符号。形制、纹饰皆与前镜无二，唯铭文多出三字，属此类镜的Ⅱ型。此型镜的重要意义还在于，十四字铭文也可以组合为两个七言句，某种程度来说可以算是西汉晚期七言诗的滥觞了。

编号：0187

释文：大乐贵富得所好，千秋万岁宜酒食。

时代：西汉早期

著录：《后沟》图20；《拓片》图28。

简注：“大”字前有鱼纹起止符号。铭文虽与前面诸器相同，但纹饰已转变为博局纹。

编号：0188

释文：大乐贵富得所憙（喜），千秋万岁，延年益寿。

时代：西汉早期

著录：《故宫》I图27。

简注：“大”字前有鱼纹起止符号。

编号：0189

释文：大乐贵富得所好，千秋万岁，延年益寿。

时代：西汉早期

著录：《淮南》第68页、第69页；/《六安》图35；/《六安》图111；/《阜阳》第388页序号17；/《考古学报》2006（2）第265页图三四：14、图版贰拾壹，2；《文物》2013（2）第87页图六；/《寿县》图33；/《寿县》图34；/《寿县》图35；/《寿县》图36；/《皖江》第5页；/《故宫》G图九；/《国博》1992（18—19）第218页图11；/《国博》1992（18—19）第218页图12；/《国博》1992（18—19）第218页图13；/《国博》1992（18—19）第218页图14；/《国博》1992（18—19）第219页图15；/《国博》1992（18—19）第219页图16；/《满城》第266页图一七八：2、图版一八一：2；《历代》图15；《图典》A图169；《图

典》B图3.15；/《长沙》图43；《图典》B图3.16；/《湖南》图48；《湖历》图35；/《湖研》图二；/《北方文物》1997（3）第14页封二：1；/《淮与汉》图F23；/《淮与汉》图F21；/《仪征》第33页；《广陵》图9；/《考古》2014（3）第28页图八：3；/《考古》2008（9）第21页图一三；《文物天地》2019（5）第62页图六；/《旅顺》图8；/《桃华盦》图2；《久保惣》A图17；《久保惣》B图17；/《收藏家》2012（8）第82页图4；/《陕西》图10；/《上博》A彩图27、拓片27；《上博》B图31；《辞典》第1417页；《文化》图13；《图集》18；/《越地》第124页；/《安吉》第36页、第37页；/《复旦》图27；《汉铭斋》图9；《图集》图19；《文化》图14；《书法》图14。

简注：“大”字前多有鱼纹起止符号。

15.“太上贵富”铭

“太上贵富”之“太”，铭文作“大”。汉镜中太、大同形，相同的情况还见于“上太山”铭镜。

“太上贵富”，有时亦作“太上富贵”。太上，意为最上。《左传·襄公二十四年》：“太上有立德，其次有立功，其次有立言。”《文选·司马迁〈报任少卿书〉》：“太上不辱先，其次不辱身。”

从形制、纹饰及书体风格看，“太上贵富”铭镜的流行时代当在西汉早期后段，至迟不会晚于西汉中期。

编号：0190
释文：太上贵富，君毋相忘。
时代：西汉早期
著录：《长安》图十：1。

编号：0191
释文：太上富贵，长乐未央。
时代：西汉早中期
著录：《拓片》图109；《复旦》图55。
简注：“太”字前有起止符号。

编号：0192
释文：太上富贵，长乐未央，顧（愿）毋见忘。
时代：西汉早中期
著录：《图集》图150。
简注：“太”字前有起止符号。

编号：0193
释文：太上富贵，常毋心思，幸毋相忘。
时代：西汉早中期
著录：《大同》第20页、第21页；/《中原》图12；《图集》图151。
简注：“太”字前有起止符号。

编号：0194
释文：太上富贵，长乐未央，延年益寿，幸毋见忘。
时代：西汉早中期
著录：《淮与汉》K7；/《小校》卷十五104a；/《小校》卷十五105a；/《图集》图148；/《镜录》卷下17b；《志稿》第3350页；《书法》图98；《图集》图149。
简注：“太”字前多有起止符号。

16.“长/常贵富”铭

“长/常贵富”铭，是以套语“贵富”为基础形成的新的镜铭类型。其基本句式为12字：

D1.长/常贵富，乐未央，长相思，毋相忘。

其中，“常”字或作“长”。“央”“忘”二字押韵（韵皆在阳部）；“富”（职部）“思”（之部）二字亦押韵（之职对转）。主要内容包括吉语与相思，在套语上显然沿袭“长相思”铭、“大乐贵富”铭等汉镜，并重新组合。多为三字一句，偶有四字一句，如：

D2.长贵富，乐未央，长相思，毋相忘，文以此昌。

D3.长贵富，乐未央，长相思，毋相忘，幸宜酒食。

有时则会稍加减省或变化，如：

D4.常贵，乐未央，毋相忘。

D5.常幸至贵富，乐未央。

D6.常贵富，乐毋事。

D7.长贵富，宜酒食，日益昌，乐未央。

其中，部分在“日有”铭镜中常见的套语已经开始出现。

在铭文书体方面，“常贵富”铭镜多用横平竖直、线条均匀的方块字，与“脩相思”铭镜、“戚思悲”铭镜及“大乐贵富”铭镜在铭文风格上有明显的不同。

在形制上，除部分铜镜仍保留有三弦钮外，“常贵富”铭大部分铜镜已改用圆钮，底纹愈发简单，基本不再使用螭纹钮座。之前几类汉镜常见的圆形铭文圈，逐渐为方形铭文带所替代。繁复的蟠螭纹已经消失，而改用简单明快的草叶纹、几何纹或简式蟠虺纹（虺纹由三个C形相连，中间C大，两侧C形小，与大C形反向配置）。在镜缘方面，有素卷缘和内向连弧缘两种。

这些特征都说明，“常贵富”铭镜的铸造时代似乎是要比之前的几种汉镜类型要稍晚一些。周世荣先生将此类镜的时代定在西汉中期①，王纲怀先生定在西汉早期②，我们倾向于此类镜属西汉早期后段，个别镜的时代也许能到西汉中期。

由于此类镜存世较多，本节只能选择部分镜铭胪列于下，在选择时，尽量照顾到出土地域，尽可能选择各地较为典型者，即便如此，本节所列之镜仍然较多，为便于检索，本节暂按D1—D7型式先后顺序排序，个别文句不在上述型式之内，则据铭文相似性排序。

编号：0195
释文：长贵富，乐未央，长相思，毋相忘。
时代：西汉早中期
著录：《临淄》图212；/《临淄》图229；/《临淄》图255；/《齐鲁》图92—1；/《齐鲁》图93—2③；/《西安》图7；《图典》B图3.42；/《汉铭斋》图55；《书法》图61；《拓片》图124；《图集》图97；《复旦》图38；/《古今》图49。

编号：0196
释文：常贵富，乐未央，长相思，毋相忘。
时代：西汉早中期
著录：《阜阳》第126页；/《三槐堂》图22；《清华》图11；《汉铭斋》附图5；《文化》图35；《图集》图45；《清艺》第89页；《书法》图23；《拓片》图119；/《洛华》图45；/《南阳》图一〇六、图版四三：1④；/《南阳》第233页序号223；/《南阳》图一一一、图版四四：1；/《江汉考古》1988（4）第59页图十五：2；/《湖研》图五；/《湖研》图六；/《临淄》图18；/《文物》2017（4）第78页图五一；《临淄》图60；/《陕历》第54页下；/《陕历》第60页下；/《四川》图13；《图典》A图186；《图典》B图3.43；/《四川》图20；《图典》A图184；《图典》B图3.41；/《浙江》A图7；《浙江》B图4；/《扶风》图11；/《小檀》卷二35a—35b；/《小校》卷十五99a；/《拓影》图105；/《簠斋》第120—121页；《国图》第1页；《陈介祺》图15；/《诂籀誃》第130页左下；/《未名斋》第17页。

编号：0197
释文：长富昌，乐未央，长相思，毋相忘。
时代：西汉早中期
著录：《淮与汉》图K2。

编号：0198
释文：长贵富，乐未央，长相思，毋相忘，文以此昌。
时代：西汉早中期
著录：《考古》2005（6）第39页图七：2、图版陆：6。

① 周世荣：《湖南出土汉代铜镜文字研究》，《古文字研究》第14辑，中华书局1986年版，第71页。
② 王纲怀：《汉镜铭文图集》，中西书局2016年版，第50页。
③ 此镜出土于西汉早期墓，应为西汉早期之物。
④ 此镜出土于西汉早期墓（NFBC M271），应为西汉早期之物。

编号：0199

释文：【外】长贵富，乐未央，长相思，毋相忘，幸宜酒食。【内】子丑寅辰巳未申戌。

时代：西汉早中期

著录：《古镜》图43；《文化》图33；《图集》图43。

编号：0200

释文：长贵富，宜酒食，日益昌，乐未央。

时代：西汉早期

著录：《千镜堂》图41；《图集》图109；《大观》第35页。

编号：0201

释文：服此镜，长贵富，乐毋事，宜酒食。

时代：西汉中期

著录：《齐鲁》图65—2。

编号：0202

释文：常贵富，乐毋事。

时代：西汉早期

著录：《东南文化》1993（4）第45页；/《文物》2017（4）第70页图七、图八；《临淄》图112；/《陕历》第43页；/《汉铭斋》图19；《文化》图26；《图集》图33；《书法》图19。

编号：0203

释文：常富贵，安乐未央，幸至，毋相忘。

时代：西汉早中期

著录：《故宫》A图29；《故宫》B图11；《故宫》C图18；《故宫》E图102；《故宫》I图32；《止水集》第27页图6—1；《汉铭斋》附图12；《文化》图65；《书法》图69。

简注：“幸至”，疑为“常幸至”脱省。书体为鸟虫篆。

编号：0204

释文：常贵，乐未央，毋相忘。

时代：西汉早期

著录：《寿县》图27；/《三槐堂》图16；《清华》图9；《图集》图32；《清艺》第48页；《拓片》图118；/《广陵》图12；《图典》B图3.27；/《淮与汉》图J5；/《齐鲁》图50—3；/《临淄》图115；/《临淄》图116；/《陕历》第40页；/《陕历》第41页上；/《南阳》图一二一、图版五四：1；/《汉铭斋》图20；《文化》图25；《图集》图31；《书法》图18。

编号：0205

释文：常幸至贵富，乐未央。

时代：西汉早期

著录：《陕历》第42页；《图集》图34；/《辽宁》第96页。

编号：0206

释文：富贵安，乐未央，长毋相忘。

时代：西汉早期

著录：《簠斋》第128—129页；《国图》第17页；《陈介祺》图43；《图集》图80；《书法》图44。

简注：也有可能断句为：“富贵，安乐未央，长毋相忘。”

17.“家常贵富”铭

“家常贵富”铭，是汉代常见的镜铭之一，似是在套语“常贵富”的基础上增衍一字而成。

在铭文方面，单独使用“家常贵富”四字者最为常见，偶尔作“家常富贵”，有时会增加其他文句，或置于重圈铭文镜中，与其他系统的镜铭搭配使用。

在形制、纹饰方面，以圆钮居多，连珠纹、四叶纹、博山钮次之。镜背多分四区，每区置一铭文，以带座乳钉相隔；有时钮座外围会以内向连弧纹，有时铭文旁会置以禽鸟纹、凤尾羽状纹、卷云纹等纹饰。镜缘以素缘为主，其次为内向十六连弧纹缘。据此可知，“家常贵富”铭镜的流行时代主要为西汉中晚期，个别镜具有新莽及东汉早期铜镜特征，说明此类镜的时代下限可能要到新莽或稍后。

从出土资料看，“家常贵富”铭铜镜多出土于长江以北，其中尤以山东、陕西居多，因篇幅所限，本文仅胪列部分典型者。为便于检索，先列以“家常贵富”铭，再列以“家常富贵”铭。

编号：0207

释文：家常贵富。

时代：西汉中晚期

著录：《六安》图67[①]；/《国博》1992（18—19）第220页图23；/《广西》图37；/《洛古》图29；/《洛华》图49；/《南阳》图一四四、图版七〇：2[②]；/《南阳》图一四五、图版七一：1；《图典》B图3.104[③]；/《长沙》图68；/《吉林》图11；《图典》A图225；《图典》B图3.107[④]；/《东方收藏》2017（7）第40页图4[⑤]；/《广陵》图32[⑥]；/《广陵》图70；/《仪征》第43页；《广陵》图31；/《东南文化》2002（5）第39页图七：5；/《旅顺》图40[⑦]；/《收藏家》2014（6）第45页图5[⑧]；/《文物》1991（7）第91页图一八；/《文物》1985（10）第85页图二：1；/《齐鲁》图58—1；/《齐鲁》图58—2；/《齐鲁》图58—3；/《齐鲁》图58—4；/《齐鲁》图58—5；/《齐鲁》图58—6；/《临淄》图295；/《临淄》图296；/《临淄》图297；/《文物》2017（4）第78页图五三、图五四；《临淄》图298；/《临淄》图299；/《临淄》图300；/《临淄》图301；/《临淄》图302；/《临淄》图303；/《临淄》图304；/《临淄》图305；/《临淄》图306；/《临淄》图307；/《临淄》图308；/《临淄》图309；/《临淄》图310；/《临淄》图311；/《三槐堂》图64；《后沟》图39[⑨]；/《全集》图五一；《辞典》第1420页左图[⑩]；/《扶风》图80；/《西安》图20[⑪]；/《扶风》图81[⑫]；/《扶风》图82；/《宝鸡》第43页[⑬]；/《陕历》第47页[⑭]；/《陕历》第48页上[⑮]；/《长安》图十八：2、图版二十四：2[⑯]；/《长安》图十八：3、图版二十三：1[⑰]；/《长安》图十八：4、图版二十三：2；/《长安》图十八：5；/《长安》第214—215页；/《陕西》

---

① 此镜铭文跳读。“常”字下部受“富”字影响类化成“昌”字。
② 西汉中期墓（WJCYM47）出土。此镜时代应为西汉中期。
③ 西汉中期墓（FHCM66）出土。此镜时代应为西汉中期。
④ 此镜时代疑为西汉中期。
⑤ 此镜时代为西汉中期。
⑥ 此镜时代为西汉中期。
⑦ 此镜时代疑为西汉中期。
⑧ 此镜时代疑为西汉中期。
⑨ 此镜圆形，圆钮，并蒂四叶纹钮座，外围以内向十六连弧纹，外分四区，每区置一铭文，以乳钉相隔，乳钉外饰以并蒂八连珠纹，内向十六连弧纹缘，疑为西汉中期之物。
⑩ 此镜圆形，圆钮，并蒂十二连珠纹钮座，外分四区，每区置一铭文，以乳钉相隔，乳钉外饰以并蒂八连珠纹，内向十六连弧纹缘，疑为西汉中期之物。
⑪ 此镜博山钮，圆钮座，外分四区，每区置一铭文，以带座乳钉相隔，乳钉外饰以并蒂八连珠纹，内向十六连弧纹缘，疑为西汉中期之物。
⑫ 此镜圆形，圆钮，并蒂八连珠纹钮座，乳钉凹陷，外围以内向十六连弧纹，外分四区，每区置一铭文，素面，内向十六连弧纹缘，疑为西汉中期之物。
⑬ 此镜博山钮，星云纹钮座，外分四区，每区置一铭文，以乳钉相隔，乳钉外饰以并蒂八连珠纹，内向十六连弧纹缘，疑为西汉中期之物。
⑭ 此镜圆形，圆钮，并蒂十二连珠纹钮座，外围以内向十六连弧纹，外分四区，每区置一铭文，以乳钉相隔，乳钉外饰以并蒂八连珠纹，内向十六连弧纹缘，疑为西汉中期之物。
⑮ 此镜圆形，圆钮，并蒂十二连珠纹钮座，外围以内向十六连弧纹，外分四区，每区置一铭文，以带座乳钉相隔，乳钉外饰以八连珠纹，内向十六连弧纹缘，疑为西汉中期之物。
⑯ 此镜出土于西汉中期墓（M34）。圆形，圆钮，圆钮座，外围以一周内向十六连弧纹，外分四区，每区置一铭文，以乳钉相隔，乳钉外饰以并蒂八连珠纹，内向十六连弧纹缘，当为西汉中期之物。
⑰ 此镜出土于西汉中期墓（M281）。圆形，圆钮，圆钮座，外围以一周内向十六连弧纹，外分四区，每区置一铭文，以带座乳钉相隔，内向十六连弧纹缘，当为西汉中期之物。

图21[①]；/《图典》A图222[②]；/《北方文物》2006（1）第54页图二：9；/《收藏家》2018（8）第26页图14[③]。

编号： 0208

释文： 家常贵富[④]。

时代： 西汉中晚期

著录： 《奇觚室》卷十五21b—22a；《善斋》镜录卷二16a、16b；《小校》卷十六7b上；《志稿》第3202页[⑤]；《国图》第54页；《岩窟》二上第62图；《图集》图268；《小檀》卷二38b、\39a、39b、40a、40b；《拓影》图143[⑥]、图144[⑦]、图146；《奇觚室》卷十五21a；《善斋》镜录卷二14a、14b、15a、15b、17a、17b；《小校》卷十六7b下、8a上、8a右中、8a左中、8a右下[⑧]、8a左下[⑨]；《志稿》第3200页[⑩]、第3201页[⑪]；《金石索》卷六第105页上，第105页左下、第105页右下；《岩窟》第二集上第41图。

简注： 皆圆形，圆钮，“\”线之前各书著录之镜时代为西汉中期，“\”线之后各书著录之镜时代为西汉中晚期。其中疑有同器者。

编号： 0209

释文： 家常富贵。

时代： 西汉中晚期

著录： 《六安》图68；/《文物》1993（5）第8页图一七：2；/《洛华》图50；/《洛古》图28；/《烧沟》图七四乙：1；《图典》A图224；《图典》B图3.106；/《广陵》图30；/《仪征》第42页；《广陵》图29；/《东南文化》1993（4）图版三：6；/《旅顺》图14[⑫]；/《文物》2017（4）第73页图二九、图三〇；《临淄》图294；《图典》B图3.103；/《小檀》卷二40b；《拓影》图145。

编号： 0210

释文： 家常贵富兮得所好。

时代： 西汉中期

著录： 《考古与文物》1987（2）第24页图五。

编号： 0211

释文： 家常贵富。见日之光，长毋相忘。

时代： 西汉中晚期

著录： 《图集》图271。

简注： 镜分四区，以带座乳钉相隔，每区正中置一大字铭文，合为“家常贵富”。每大字两侧又各置一小字铭文，内向十六连弧纹缘。此条重出，亦列于本书“日光”铭（综合）一节。

编号： 0212

释文： 【外】家常贵富。【内】长乐未央，九（久）

---

① 此镜圆形，圆钮，并蒂十二连珠纹钮座，外分四区，每区置一铭文，以乳钉相隔，乳钉外饰以并蒂八连珠纹，内向十六连弧纹缘，疑为西汉中期之物。
② 此镜圆形，圆钮，并蒂十二连珠纹钮座，外分四区，每区置一铭文，以乳钉相隔，乳钉外饰以并蒂八连珠纹，内向十六连弧纹缘，疑为西汉中期之物。
③ 此镜圆形，圆钮，并蒂十二连珠纹钮座，外围以一周内向十六连弧纹，外分四区，每区置一铭文，以带座乳钉相隔，乳钉外饰以并蒂八连珠纹，内向十六连弧纹缘，疑为西汉中期之物。
④ 为便于比较，此条胪列部分传世文献所著录的“家常贵富”铭汉镜。
⑤ 与《善斋》镜录卷二16a、16b、《小校》卷十六7b上为同一器。
⑥ 与《小檀》卷二39b为同一器。
⑦ 与《小檀》卷二40a为同一器。
⑧ 与《小檀》卷二39b、《拓影》图143为同一器。
⑨ 与《善斋》镜录卷二17a、17b为同一器。
⑩ 与《善斋》镜录卷二15a、15b、《小校》卷十六7b下为同一器。
⑪ 与《善斋》镜录卷二14a、14b、《小校》卷十六8a上为同一器。
⑫ 此镜博山钮，外围以内向十六连弧纹，外分四乳八禽纹，禽鸟两两相对，中置铭文，内向十六连弧纹缘，疑为西汉中期之物。

毋相亡（忘）。

时代： 西汉晚期

著录：《簠斋》第125页；《国图》第53页；《陈介祺》图51；《尊古斋》第95页。

简注： 此条重出，亦列于本书“长乐”铭一节。

编号： 0213

释文：【内】家常贵富。【外】镜气精（清）明，见日之光，用者君卿，长毋相忘。君乐有它，忘故谓何？宜酒食，日得所喜。

时代： 西汉中期

著录： 北京金懋2011春拍：1186。

简注： 此条重出，亦列于本书“清明”铭一节。

编号： 0214

释文：【外】左龙右虎主四旁（方），朱爵（雀）玄武顺阴阳。【内】家常富贵，长宜子孙。

时代： 新莽到东汉早期

著录：《守屋》A图版第15页。

18.“常/长乐”铭

“长乐”，先秦以来的习语，汉代最常用的吉语之一，如汉皇太后居所便名为长乐宫。汉镜中常见的“长乐”铭文句有：

A.长乐。千金。

B.长乐毋事。

C.长乐未央。

D.长乐未央，长毋相忘。

E.长乐未央，九（久）毋相忘。

F.长乐未央，愿毋相忘。

G.长乐未央，君毋相忘。

H.史（使）人贵富，长乐未央。

I.时来何伤？长乐未央。

J.富贵无亟（极），长乐未央。

K.洞乐富昌，长乐未央。

L.长乐贵富，延年益寿。

M.常乐贵而大富。

“长”或作“常”。

“常/长乐”铭镜流行于整个西汉时期，个别镜的时代下限甚至能到新莽或稍后。此外，日光镜中也含有大量的“长乐”铭文，本书已另立一节叙述，限于篇幅，故凡“日光”铭（长乐）中已胪列之镜，此处不再赘述。

即便如此，本节所列之镜仍然较多，为便于检索，本节暂按上述型式先后顺序排序，个别文句不在上述型式之内，则据铭文相似性排序。

编号： 0215

释文： 长乐。千金。

时代： 西汉早期

著录：《图集》图39。

简注： 三弦钮，镜钮两侧置“千金”二字，外置凹面方框，框外分四区，每区置一桃形花苞，两侧置几何纹，四角置矩尺纹，斜线纹地纹，素卷缘。此条重出，亦列于“千金”铭一节。

编号： 0216

释文：【外】长乐未央。【内】千金。

时代： 西汉早期

著录：《考古与文物》2009（4）第10页图九：3；《长安》第78页图十七：5。

简注： 此条重出，亦列于“千金”铭一节。

编号： 0217

释文： 长乐毋事。

时代： 西汉早中期

著录：《考古学报》1976（2）第129页图一六：8。

简注： 镜铭似在套语“乐毋事”的基础上增一“长”字而成。

编号： 0218

释文： 长乐未央。

时代： 西汉

著录：《华夏考古》2003（4）第62页图一：2[①]；/《清华》图12；《文化》图34；《止水集》第16页图4—10；《图集》图44；《书法》图22[②]；/《考古与文物》1994（2）第42页图四：1[③]；/《六安》图28[④]；/《文物》1988（2）第28页图一四：3；《广陵》图68[⑤]；/《湖研》图四七[⑥]；/《严窟》二上第40图[⑦]；/《阳羡》图47[⑧]；/《阳羡》图50[⑨]。

编号：0219
释文：常乐未央。
时代：西汉早期
著录：《簠斋》第122页；《国图》第27页；《陈介祺》图48；/《汉铭斋》图21；《文化》图29；《图集》图37；《复旦》图43；/《汉铭斋》图39；《图集》图77；《复旦》图42。

编号：0220
释文：【外】常乐未央，长毋相忘。【内】千金。
时代：西汉早期
著录：《止水集》第15页图4—4。
简注：此条重出，亦列于本书“千金”铭一节。

编号：0221
释文：长乐未央，长毋相忘。
时代：西汉早中期
著录：《文物》2013（2）第88页图七；/《考古与文物》1986（5）第34页图九：2；/《四川》图21；《图典》A图203；《图典》B图3.74；/《奇觚室》卷十五22b—23a。

编号：0222
释文：长乐未央，常毋相忘。
时代：西汉早期
著录：《考古与文物》2019（3）第36页图四四；/《汉铭斋》图32；《文化》图45；《书法》图38；《图集》图66；《拓片》图123。

编号：0223
释文：常乐未央，长毋相忘。
时代：西汉早期
著录：《清华》图13；《图集》图59；《书法》图33；《拓片》图194；/《汉铭斋》图31；《文化》图44；《图集》图65；《清艺》第56页；《书法》图37；《拓片》图120；/《考古与文物》1994（2）第42页图四：3；/《华夏考古》2015（2）第30页图五：5；/《桃华盦》图9左上；《久保惣》A图16；《久保惣》B图16；/《淮与汉》图K14；/《淮与汉》图K17；/《淮与汉》图K10；/《陕历》第45页上；/《陕历》第46页下；/《长安》图十七：1、图版二十一：1；/《长安》图十七：2、图版二十一：2；《图典》B图3.101；/《长安》图十七：3、图版二十二：1；/《长安》图十七：4；/《陕西》图6；/《复旦》图47；/《后沟》图29；《汉铭斋》图41；/《古竟景》图17；/《陈介祺》图16、图17、图45、图46、图47[⑩]；/《善斋》镜录卷二11a、11b；《小校》卷十五107a上右；《志稿》第3232页；/《善斋》镜录卷二12a、12b；《小校》卷十五106b下；《志稿》第3233页；/《小校》卷十五107a上左；/《浣花》卷一11a；/

---

① 此镜时代为西汉早期。
② 此镜时代为西汉早期。
③ 此镜时代为西汉早期。
④ 此镜铭文需跳读，时代为西汉中晚期。
⑤ 此镜时代为西汉中晚期。
⑥ 此镜时代为西汉晚期。
⑦ 此镜时代为西汉中晚期。
⑧ 此镜时代为西汉晚期。
⑨ 此镜疑为西汉晚期至新莽之物。
⑩ 具体是几器，较难分辨。

《浣花》卷一12a；/《镜录》卷下14b；/《镜录》卷下15a上；/《清爱堂》图41。

编号：0224
释文：【内】长乐未央，九（久）毋相亡（忘）。【外】家常贵富。
时代：西汉晚期
著录：《簠斋》第125页；《陈介祺》图51；《尊古斋》第95页。
简注：此条重出，亦列于“家常贵富”铭一节。

编号：0225
释文：长乐未央，顯（愿）毋相忘。
时代：西汉早中期
著录：《中原文物》2001（3）第72页图六；/《四川》图18；/《镜录》卷下14a下；《志稿》第3231页。

编号：0226
释文：长乐未央，君毋相忘。
时代：西汉早中期
著录：《汉铭斋》图48；《拓片》图125。

编号：0227
释文：史（使）人贵富，长乐未央。
时代：西汉早期
著录：《考古与文物》2006（4）第19页图一七：2。

编号：0228
释文：时来何伤？长乐未央。
时代：西汉早期
著录：《汉铭斋》图30；《图集》图64；《书法》图36。
简注：此条重出，亦列于“何伤”铭一节。

编号：0229
释文：富贵无亟（极），长乐未央。
时代：西汉早中期
著录：*BRONZE MIRRORS*图27。
简注：“亟”字反书。

编号：0230
释文：洞乐富昌，长乐未央。
时代：西汉中晚期
著录：《簠斋》第126页；《国图》第40页；《陈介祺》图41。

编号：0231
释文：长乐贵富，延年益寿。
时代：西汉晚期至新莽
著录：《古今》图76。

编号：0232
释文：常乐贵，而大富。
时代：西汉早期
著录：《陈介祺》图53；《国图》第26页；《尊古斋》第102页；《镜录》卷下14a上；《志稿》第3205页；《久保惣》A图15；《桃华禽》图9右上；《久保惣》B图15。
简注：“常”字前有起止符号。

19.“日有”铭（一）

“日有”铭，是以套语“日有”为基础形成的新的镜铭类型，时代与“常贵富”铭相当或稍晚。

常见而又完整的文句有：

A1.长贵富，乐毋事，日有憙，得所喜，常宜酒食。

A2.长贵富，乐毋事，日有憙，常得所喜，宜酒食。

句式规整，基本为三字一句，“常”，或作“长”。

从铭文套语来看，似与“常贵富”铭有密切关系，或承“常贵富”铭变化而来，又加入了“大乐贵富”铭中的部分套语（“得所喜”）[①]。A型应是“日

① “常贵富”铭镜中已出现“乐毋事”“宜酒食”套语。

有”铭镜的草创阶段，虽出现“日有”字样，但据铭文排布规律可知此式镜多以“长”字为句首。

此外，A型镜的句式并不稳定，在A型镜流行的同时，即已出现语序有所不同的几种变体，如：

B1.长贵富，乐毋事，日有憙，宜酒食，常得所喜。

B2.日有憙，得所喜，常宜酒食，长贵富，乐毋事。

B1前三句的套语及语序仍与A型无别，但从B2型开始，“日有”逐渐置于句首，其他内容则亦有所调整或减省，如。

C1.日有憙，得所喜，长贵富，乐毋事。

C2.日有憙，长贵富，得所喜，乐毋事。

C3.日有憙，长贵富，宜酒食，乐毋事。

C4.日有憙，宜酒食，长贵富，乐毋事。

C型的铭文，句式整齐，且又押韵[①]，很适合此时草叶纹镜形制的需要，在方框铭文带中排布美观便捷，所以很快成为这一时期“日有”铭最流行的镜式。

C1、C4型直接从B2型减省可得，其中C4型流行的时间及范围最广。而C2、C3型数量虽少，却开始尝试将“憙”“富”作为前两句的韵脚，可视为套语“日有憙，月有富”出现前的探索。

除“日有憙”外，常见的“日有”铭系列还有“日有惠”“日有爱”等。此外，在“日有”铭中还有其他一些变体，可以看出是不同类型镜铭的杂糅（暂以；号相别），如：

D1.日有憙，宜酒食，长贵富，乐毋事；身无窓（怨）则（恻）。

D2.日有憙，宜酒食，长富贵；顚（愿）相思，久毋见忘。

D3.日有憙，幸酒食；服此镜，贵富昌，宜君卿，乐未央，毋相忘，久而长。

在书体方面，“日有”铭多用横平竖直、线条均匀的方块字。在形制上，多用圆钮、四叶纹钮座、方框铭文带，内向十六连弧纹缘，偶有素卷缘。地纹已不再使用，主纹分为四区，每区正中多置一带座乳钉，乳钉两侧置麦穗纹，四角常置一带苞花枝纹或草叶纹。

“日有”铭（一）铜镜多出于西汉中期墓葬，其中河北满城M1刘胜墓曾出土过A型铜镜。墓主中山靖王刘胜下葬于元鼎四年（公元前113年），据此推断此类镜大约在西汉中期前段便已流行，其时代上限也许能到西汉早期后段；西汉晚期以后渐趋式微，逐渐为连弧纹镜所取代，个别镜的时代下限也许能到东汉早期。

为便于检索，本节暂将“日有”铭镜（一）按A1—D3型式先后顺序罗列，个别文句不在上述型式之内，则据铭文相似性排序。

编号：0233

释文：长贵富，乐毋事，日有憙（喜），得所喜，常宜酒食。

时代：西汉早中期

著录：《深圳》图38；《文化》图77；《图集》图140；《书法》图95。

编号：0234

释文：长贵富，乐毋事，日有憙（喜），常得所喜，宜酒食。

时代：西汉早中期

著录：《满城》第81页图五四、图版四三：1、《收藏家》2003（4）第42页图左；《图集》图142；《历代》图20；《图典》A图197；《图典》B图3.56[②]；/《文物》1999（8）第34页图三四；/《拓片》图46。

编号：0235

释文：长贵富，乐毋事，日有憙（喜），长得所喜，宜酒食。

① “憙”“事”，之部字；“富”“食”，职部字，之职对转。
② 河北满城西汉中期墓出土（M1：5224）。从铭文排布看，“日”字在句中，故知此镜语序当从“长”字始。

时代： 西汉早中期

著录：《洛华》图39；《图典》B图3.53[1]；/《收藏家》2003（4）第45页图左下；《长安》图十一：4、图版十五[2]。

编号： 0236

释文： 长贵富，乐毋事，日有憙（喜），宜酒食，常得所喜。

时代： 西汉早中期

著录：《乾坤》图22。

简注： 与河南省洛阳市出土之镜（《洛华》图39）形制、纹饰相同。铭文“日”字排在句中。“乐”字上部类化为三“日”。

编号： 0237

释文： 日有憙（喜），得所喜，常宜酒食，长贵富，乐毋事。

时代： 西汉早中期

著录：《考古》2005（6）第39页图七：1、图版陆：5。

简注： 山东省青岛市平度界山西汉中期墓出土（M1：13）。铭文用字基本与前一镜相同，但语序已有调整，“长”字置于句中，开始以“日有憙”为首句。

编号： 0238

释文： 日有憙（喜），长贵富，得所喜，乐毋事[3]。

时代： 西汉早中期

著录：《文物》1989（1）第43页图四九：1；《图典》A图194；《图典》B图3.52；/《陕历》第53页上。

编号： 0239

释文： 日有憙（喜），得所喜，长贵富，乐毋事。

时代： 西汉早中期

著录：《洛古》图7；/《簠斋》第112—113页；《国图》第8页；《陈介祺》图11。

编号： 0240

释文： 日有憙（喜），长贵富，得所喜，乐无事。

时代： 西汉早中期

著录：《拓片》图108。

编号： 0241

释文： 日有憙（喜），长贵富，宜酒食，乐毋事。

时代： 西汉早中期

著录：《长沙》图62；/《考古》2006（12）第89页图一：5/《阳羡》图23。

编号： 0242

释文： 日有憙（喜），宜酒食，长贵富，乐毋事。

时代： 西汉早中期

著录：《广西》图8；/《三门峡》第31页；/《洛阳》图6；/《洛古》图1[4]；/《南阳》图版五一：1[5]；/《南阳》第215页序号193[6]；/《湖研》图七；/《东南文化》1993（4）图版三：3；/《临淄》图217；/《临淄》图220；/《临淄》图221；/《临淄》图223；/《临淄》图227；/《临淄》图230；/《临淄》图231；/《临淄》图232；/《临淄》图233；/《临淄》图235；/《临淄》图252；/《齐鲁》图59；/《齐鲁》图69—1；/《齐鲁》图72—2；/《考古》2005（6）第38页图六：1、图版伍：3；/《考古》2005（6）第38页图六：8、图版伍：4；/《考古》2005（6）第38页图六：4、图版伍：5；/《考古》2005（6）第38页图六：2、图版伍：6；/《陕历》第50页；/《陕历》第

① 河南省洛阳市西汉中期墓（C9M689）出土。与满城汉墓M1所出铜镜主题纹饰基本相同，但草叶纹更为繁复，且在乳钉上方多置一桃形花苞。铭文“日”字排在句中。“乐”字上部类化为三“日”。
② 铭文“日”字排在句中，“乐”字上部类化为三“日”。
③ 前两句“喜”（之部字）、“富”（职部字）为韵脚。
④ 此镜出土于西汉初年墓（M94），当为西汉早期之物。
⑤ 此镜出土于西汉早期墓（NYZ M23），当为西汉早期之物。
⑥ 从此镜铭文布局看，“长”字排在句中，且在“食”字之后，故可知此类镜当以“日”字为句首。

58页上；《全集》图五四；/《陕历》第58页下；/《陕历》第60页上[①]；/《齐鲁》图60；/《齐鲁》图69—1；/《千镜堂》图40；《大观》第32页；/《国图》第9页；《陈介祺》图9；/《国图》第10页；《陈介祺》图10；/《清仪阁》图10；/《尊古斋》第96页；/《岩窟》二上第21图；/《小檀》卷二36a；《拓影》图106；《小校》卷十五101b上；/《善斋》镜录卷二13a、13b；《小校》卷十五101b下；《志稿》第3306页；/《小校》卷十五101a；/《小校》卷十五102a；/《镜录》卷下17a；《书法》图98；/《古今》图45；/《清爱堂》图36；/《深圳》图36；/《开明堂》图22；/《汉雅堂》图27；/《汉雅堂》图53。

编号：0243
释文：日有喜，宜酒食，长贵富，乐毋事。
时代：西汉早中期
著录：《江汉考古》1997（1）第27页图十；/《临淄》图215。

编号：0244
释文：日有喜，宜酒食，长贵富，乐无事。
时代：西汉早中期
著录：《泉屋》图22。

编号：0245
释文：日有憙（喜），宜酒食，长贵富，乐毋事，身无惌（怨）则（恻）。
时代：西汉早中期
著录：《止水集》第25页图5—8；《图集》图144。

编号：0246
释文：日有憙（喜），宜酒食，长富贵，顯（愿）相思，久毋见忘。
时代：西汉早中期
著录：《清华》图20；《汉铭斋》附图13；《收藏家》2003（4）第43页图右；《三槐堂》封面、图26、图27；《文化》图82；《图集》图143；《清艺》第102页；《书法》图96；《拓片》图43。
简注：从铭文排布上看，此镜应是以“日有憙”开头，疑为与“长相思”铭镜套语杂糅的结果。

编号：0247
释文：日有憙（喜），长富贵，乐毋事，利福至。
时代：西汉早中期
著录：《长安》第206—207页。

编号：0248
释文：日有憙（喜），月益富，与众异，乐毋事。
时代：西汉早期后段
著录：《汉铭斋》图44；《文化》图50；《图集》彩版3上、图81；《复旦》图34。

编号：0249
释文：日有憙（喜），长寿富，乐无已，宜孙子。
时代：西汉晚期至东汉早期
著录：《拓片》图81。

编号：0250
释文：日有憙（喜），幸酒食，服此镜，贵富昌，宜君卿，乐未央，毋相忘，久而长。
时代：西汉早中期
著录：《止水集》第24页图5—7；《图集》图145。
简注：“贵”字减笔，“乐”字上部类化为三“白”。

编号：0251
释文：日有爱，宜酒食，长贵富，乐毋事。
时代：西汉早中期
著录：《固原》图19。
简注：此镜铭“爱”字写法与“憙”字相近，不排除是“憙”字误置的可能。

---

① 此镜中“长”字反书。

20. “日有”铭（二）

“日有”铭（二）的基本句式仍为三字一句，常见而又完整的句式有两种：

E.日有憙，月有富，乐毋事，常得意，美人会，竽瑟侍，贾市程，万物平，老复丁，死复生，醉不知，醒旦醒。

F.日有憙，月有富，乐毋事，宜酒食，居必安，毋忧患，竽瑟侍，心志欢，乐已哉，固常然。

其中“竽”，多作“芋”；“欢”，多作“驩”；“哉”，多作“烖”；“程”通“赢”。有时会在句中加入“兮”“而”“乎”一类的虚词。与“日有”铭（一）相比，内容仍为吉语，但经过大幅度扩充，显然已经形成新的风格。

E型与F型在铭文上有交集，前三句完全一致。在用韵上，E型前六句叶之职韵，后六句叶支耕韵①；F型前四句叶之职韵，后六句叶元部韵②，同时“侍”“哉”二字亦为之部字，与前四句的韵脚可叶。这是汉人在铜镜中用韵的一个特点。

E型、F型可以视为“日有”铭的成熟阶段。镜铭中所述之景，常见于汉画像石及画像砖中的宴乐图，传世文献中亦有不少对类似场面的描述，如《史记·滑稽列传》：“若乃州闾之会，男女杂坐，行酒稽留，六博投壶，相引为曹，握手无罚，目眙不禁，前有堕珥，后有遗簪，髡窃乐此，饮可八斗而醉二三。日暮酒阑，合尊促坐，男女同席，履舄交错，杯盘狼藉，堂上烛灭，主人留髡而送客。”曹丕《艳歌何尝行》：“何尝快，独无忧。但当饮醇酒，炙肥牛。”

与“日有”铭（一）一样，在“日有”铭（二）中，也存在不同类型镜铭相组合的现象（暂以分号相别），如：

G.日有喜，月有富，乐毋事，常得意，美人会，竽瑟侍，贾市赢，万物平，老复丁，死复生；内质以昭明，光辉象日月，心忽穆顯（愿）忠，塞不泄。

在书体方面，“日有”铭（二）多为方隶篆，E型与西汉中晚期的“昭明”铭、“精白”铭字体风格相近，简笔字较多，F型则与“铜华”铭字体风格相近，更加方正规整。《洛阳烧沟汉墓》认为：E型风格的字“在当时应是自成一体的”，“日光镜、昭明镜铭文字体变成方形，是从西汉末开始的，到王莽时、东汉初都是如此”③。

根据考古资料，《洛阳烧沟汉墓》所说的方形字体在西汉中期后段便已出现，但《洛阳烧沟汉墓》认为草率的字体比较为方正的字体时代偏早则是正确的。这与《长安汉镜》的判断也是一致的④。

在形制方面，“日有”铭（二）不再使用弦钮、桥钮和兽钮，一律改为圆钮。钮座以四叶纹或连珠纹为主，外围以内向八连弧纹，镜缘不再使用内向连弧缘，而多改用素缘，或在平缘上做出花纹。除博局纹镜外，铭文不再置于凹面方框内，而改用带栉齿纹的圆形铭文圈带，并且在“日”字前常置起止符号。

从出土汉镜的墓葬的时代来看，“日有”铭（二）多出于西汉中晚期墓葬，时代应比“日有”铭（一）稍晚。此类镜的主要流行年代大约是在西汉中晚期，个别镜的时代下限能到新莽前后。

由于“日有”铭（二）存世较多，本节只能选择部分镜铭胪列于下。在选择时，尽量照顾到出土地域，尽可能选择各地较为典型者。即便如此，本节所列之镜仍然较多，为便于比较，本节暂按E、G、F型式先后顺序排序；每型式中铭文完整的靠前，减铭较多的靠后。个别文句不在上述型式之内，则据铭文相似性排序。

编号：0252

释文：日有喜，月有富，乐毋事，常得［意］，美人会，芋（竽）瑟侍，贾市程（赢），万物正，老复丁，死复生，醉不知，醒旦星（醒）。

时代：西汉中晚期

---

① 憙、事、侍，为之部字，富、意，为职部字；知为支部字，程、平、丁、生、醒，为耕部字。
② 安、患、欢、然，皆为元部字。
③ 中国社会科学院考古研究所：《洛阳烧沟汉墓》，科学出版社1959年版，第174页。
④ 《长安汉镜》认为“铜华镜的时代多在西汉晚期”，日有憙字铭“最早用于西汉中期的草叶纹镜上”、出土墓葬日有憙镜的墓葬“时代下限应在西汉晚期”；程林泉、韩国河：《长安汉镜》，陕西人民出版社2002年版，第121—123页。

著录：《汉铭斋》图97；《文化》图111；《图集》图220；《书法》图140；《清艺》第104页；《拓片》图62；/《古镜》图60；《止水集》第34页图8—4。

简注："得"字后脱漏"意"字。得意者，如意、称意也。"老复丁"，即保持强壮年轻，又见于《急就篇》"长乐无极老复丁"。

编号：0253

释文：日有憙（喜），月有富，乐毋事，常得意，美人会，芋（竽）瑟侍，贾市程（赢），万物平，老复丁，死复生，醉不知，酲［旦醒］。

时代：西汉中晚期

著录：《止水集》第34页图8—5。

编号：0254

释文：日有憙（喜），月有富，乐毋事，常得意，美人会，芋（竽）瑟侍，贾市□〖长呈（赢）〗，万物平，老复丁，得〈复〉死生，醉［不］知，酲［旦醒］。

时代：西汉中晚期

著录：《安吉》第42页、第43页；《图典》B图3.128。

简注："日"字前有鱼纹起止符号。

编号：0255

释文：日有憙（喜），月有富，乐毋事，常得意，美人会，芋（竽）瑟侍，贾市程（赢），万物平，老复丁，死复生，醉［不］知，酲［旦醒］。

时代：西汉中期

著录：《考古》1996（7）第56页图一二：右下。

简注：西汉中期（昭宣时期）墓出土。"日"字前有鱼纹起止符号。

编号：0256

释文：日有喜，月有富，乐毋事，常得意，美人会，芋（竽）瑟侍，贾市程（赢），万物平，老复丁，死复生，不。

时代：西汉中期

著录：《文物》1987（9）第78页图六。

简注：西汉中期（偏晚）墓出土（M1：24）。书体风格与西汉中晚期的"清白"铭镜相似。

编号：0257

释文：日有憙（喜），月有富，乐毋事，常得意，美人会，芋（竽）瑟侍，贾市程（赢），万物平，老复［丁］，死复生，□。

时代：西汉中晚期

著录：《浣花》卷一5a。

简注："日"字前有起止符号。

编号：0258

释文：日有喜，月平瑟，乐毋事，常得意，美人会，芋（竽）瑟侍，贾市程（赢），万物平，老复丁，死复生。

时代：西汉中晚期

著录：《大观》第78页。

简注："日"字前有起止符号。"乐"字上部类化似"美"字。

编号：0259

释文：日有憙（喜），月有富，乐毋事，常得意，美人会，芋（竽）瑟侍，贾市程（赢），万［物］平，老复丁。

时代：西汉中晚期

著录：《簠斋》第116—117页；《国图》第31页；《陈介祺》图36；《桃华盦》图7；《久保惣》A图5；《久保惣》B图5。

编号：0260

释文：日有憙（喜），月有富，乐毋［事］，常得意，美人会，于（竽）瑟侍，贾市程（赢），［老］复（復）丁。

时代：西汉中晚期

著录：《烧沟》图七〇：1、图版肆贰：3。

简注：西汉晚期至新莽前后墓（632：260）出土。书体风格与西汉中晚期的"昭明"铭镜相似。

编号：0261

释文：【外】日有喜，月有富，乐毋事，常得兮意，美人会，芋（竽）瑟侍，贾市程（赢），万物平，老复丁，死复生。【内】内质以昭明，光辉象日月，心忽（沕）穆顨（愿）忠，塞不泄。

时代：西汉中晚期

著录：《古今》图59。

简注：内圈铭文中衬以“夫”字。此条重出，亦列于“昭明”“日有”铭一节。

编号：0262

释文：【外】日⍁事，常得意，美人会，芋（竽）瑟［侍］，贾市程（赢），万物平，老复丁，［死］复生。【内】内清质以昭明，光辉象⍁，心忽（沕）［穆］而顨（愿）忠，［然］壅塞不泄。

时代：西汉中晚期

著录：《古竟景》图25。

简注：镜残缺。此条重出，亦列于“昭明”“日有”铭一节。

编号：0263

释文：【外】日华憙（喜），月有富，乐毋事，常得意，美人会，芋（竽）瑟侍，贾市程（赢），万物平，老复丁，死复生，醉不知，醒［旦醒］。【内】见日之光，长不未〈相〉忘。

时代：西汉晚期至新莽

著录：《未名斋》第27页。

简注：“日”字前有凤首纹起止符号。古音“华”字在匣母鱼部，“有”字在匣母之部，声同韵近，疑“华”字读为“有”。不过，“华”字亦可能读为“虞”或“娱”：镜铭中“虞”“娱”相通，《周易·屯》“即鹿无虞”，马王堆帛书《周易》作“即鹿毋华”。

编号：0264

释文：日有憙（喜），月有富，乐毋事，宜酒食，居而必安，长毋忧患，芋（竽）瑟侍，心志驩（欢），乐已哉，固常然，日日昌，乐未央。

时代：西汉中晚期

著录：《文物》1991（10）第45页图一七。

编号：0265

释文：日有憙（喜），月有富，乐毋有事，宜酒食，居而必安，毋忧患，芋（竽）瑟侍兮，心志雚（欢），乐已哉兮，固常然。

时代：西汉中晚期至东汉早期

著录：《宣城》第42页、第43页；/《善斋》镜录卷一80a、80b；《小校》卷十五103a；《志稿》第3308页；/《阳羡》图33。

简注：句式上两句一组，除第一组外，后面每组七字（4+3），语法上已有七言倾向。

编号：0266

释文：日有憙（喜），月有富，乐毋有事，宜酒食，居而必安，毋忧患，芋（竽）瑟侍，心志雚（欢），乐已哉兮，固常然。

时代：西汉中晚期

著录：《小校》卷十五102b。

编号：0267

释文：日有憙（喜），月有富，乐毋有事，宜酒食，居而必安，毋忧患，芋（竽）瑟侍兮，心志驩（欢），乐已哉乎，固常然。

时代：西汉中晚期

著录：《长安》图三十三、图版四十七：2；《图典》B图3.129；/《古竟景》图21；/《古竟景》图22；/《汉铭斋》图96；《文化》图110；《书法》图139；《拓片》图61；《图集》图219。

简注：“日”字前多有起止符号。句式上两句一组，除第一组外，后面每组七字（4+3）。

编号：0268

释文：日有憙（喜），月有富，乐毋事，宜酒食，居而必安，毋忧患，芋（竽）瑟侍，心志驩（欢），乐已哉乎，固常然。

时代： 西汉中晚期

著录： 《长沙》图47。

编号： 0269

释文： 日有憙（喜），月有富，乐毋事，宜酒食，居而必安，毋忧患，芋（竽）瑟侍，心志藿（欢），乐已哉兮，固常然。

时代： 西汉中晚期

著录： 《文物》1991（5）第62页图六；/《清华》图34；《三槐堂》图54、图55。

简注： "日"字前有起止符号。

编号： 0270

释文： 日有憙（喜），月有富，乐毋有事，宜酒食，居而必安，苌（长）毋有忧患，芋（竽）瑟侍，心志驩（欢），乐已哉，固常然。君忘（芒）忘（芒）兮。

时代： 西汉中晚期

著录： 《阳羡》图29。

简注： 据此镜可推知，"日有"铭（二）与"君忘忘"铭时代相去不远，故而书体相同，此镜作坊除铸造"日有"铭镜系列外，还曾铸有"君忘忘"铭镜系列，因此能将不同类型的镜铭置于一镜。此条重出，亦列于"君忘忘"铭一节。

编号： 0271

释文： 日有憙（喜），月有富，乐毋事，宜酒食，居而必安，长毋忧患，芋（竽）瑟侍，心志驩（欢），乐已哉，固常然。君。

时代： 西汉中晚期

著录： 《清爱堂》图47。

简注： "日"字前有起止符号。疑后面接续"君忘忘"铭。

编号： 0272

释文： 日有憙（喜），月有富，乐毋事，宜酒食，居必安，毋忧患，芋（竽）瑟侍，心志驩（欢），乐已哉，固常然。

时代： 西汉中晚期至东汉早期

著录： 《镜录》卷中8b；《志稿》第3307页；《图典》A图281；《图典》B图3.196。

编号： 0273

释文： 日有憙（喜），月有富，乐无事，宜酒食，居必安，无忧患，芋（竽）瑟侍，心忠（中）驩（欢），乐已哉，固常［然］。

时代： 西汉中晚期

著录： 《蚌埠》第42页、第43页。

简注： "日"字前有起止符号。"心忠（中）驩（欢）"少见，"忠"字亦可能是"志"笔画黏连所致。

编号： 0274

释文： 日有憙（喜），月有富，乐无事，宜酒食，居必安，无患忧，芋（竽）瑟侍，心志驩（欢），乐已哉，固常［然］。

时代： 西汉中晚期

著录： 《文物》1987（6）第42页图八七、第44页图九〇：4。

编号： 0275

释文： 日有憙（喜），月有富，乐毋事，宜酒食，居而必安，毋忧患，芋（竽）瑟侍，心志驩（欢），乐已哉，固常［然］。

时代： 西汉晚期至东汉早期

著录： 《止水阁》图91；《文化》图112；《图集》图263；《书法》图154；《复旦》图65。

简注： "日"字前有起止符号。

编号： 0276

释文： 【外】日有憙（喜），月内（纳）富，乐毋事，宜酒食，居必安，勿忧患，芋（竽）瑟侍，心中驩（欢），［乐］以（已）兮，固［常然］。【内】长宜子孙。

时代： 西汉晚期至东汉初期

著录： 《泉屋》图40；《图集》图362。

简注： "日"字前有起止符号。

编号：0277

释文：【外】月内（纳）［富］，日有憙（喜），乐毋事，宜酒食，居必安，毋忧患，于（竽）色（瑟）侍，心志讙（欢），乐以（已）哉，故（固）常然。【内】子丑寅卯辰巳午未申酉戌亥。

时代：西汉晚期至东汉早期

著录：《三槐堂》图79；《清华》图64；《图集》图309；《书法》图163；《拓片》图73。

简注：铭文多减笔。

编号：0278

释文：日有憙（喜），月有富，乐毋事，宜酒食，居必安，毋忧患，芋（竽）瑟侍，心志驩（欢），乐已哉，固［常］然。

时代：西汉晚期至东汉早期

著录：《汉雅堂》图55。

编号：0279

释文：日有憙（喜），月有富，乐毋事，宜酒食，居必安，毋忧患，芋（竽）瑟侍，心志藋（欢），乐已哉，［固］常然。

时代：西汉晚期至东汉早期

著录：《尊古斋》第97页；《簠斋》第110—111页；《陈介祺》图104；《国图》第67页；《岩窟》二中第34图；《图集》图261。

编号：0280

释文：日有憙（喜），月有富，乐毋事，宜酒食，居必安，毋忧患，芋（竽）瑟侍，心志驩（欢），乐已哉兮。

时代：西汉晚期

著录：《陕历》第63页。

简注："兮"字后有起止符号。

编号：0281

释文：日有憙（喜），月有富，乐毋事，宜酒食，居必安，毋（无）忧患，芋（竽）瑟侍，心志驩（欢），乐已哉。

时代：西汉晚期至东汉早期

著录：《千镜堂》图90。

编号：0282

释文：日有憙（喜），月有富，乐毋事，宜酒食，居而必安，毋（无）忧☐驩（欢），乐已哉。

时代：西汉晚期至东汉早期

著录：《汉铭斋》图103。

简注：镜残缺。"日"字前有起止符号。

编号：0283

释文：日有憙（喜），月有富，乐毋事，长宜酒食，居常如安，毋有忧患，芋（竽）瑟侍，心志藋（欢），乐已兮。

时代：西汉晚期至东汉早期

著录：《古今》图65。

简注："日"字前有起止符号。如，而也。《左传》"星陨如雨"，《汉书·五行志》注："如，而也，星陨而且雨。"《史记·曹相国世家》："如齐故俗诸儒以百数"，《汉书》"如"作"而"。

编号：0284

释文：【外】日有憙（喜），月有富，乐毋事，宜酒食，居而必安，勿忧患，于（竽）瑟侍，心中驩（欢），乐已。【内】大宜子孙。

时代：西汉晚期至新莽

著录：《汉铭斋》附图27；《图集》图310；《书法》图164；/《绍兴》第87页。

简注："日"字前有起止符号。

编号：0285

释文：日有憙（喜），月有富，乐毋事，宜酒食，居必安，毋忧患，芋（竽）瑟侍，心。

时代：西汉晚期

著录：《广陵》图93；《图典》B图3.192。

简注："居必安"，《汉书·武五子传》"裴回两渠间兮，君子读安居"。

编号：0286
释文：日有憙（喜），月有富，乐毋有事，而宜酒食，居而必安，长毋忧患，芋（竽）瑟。
时代：西汉中晚期
著录：《六安》图139。
简注："日"字前有起止符号。

编号：0287
释文：日有憙（喜），月有富，乐毋事，常得意，美人会，芋（竽）。
时代：西汉中晚期
著录：《岩窟》二上第61图。

编号：0288
释文：日有惠，月有富，乐毋事，常得意，美人会。
时代：西汉中晚期
著录：《六安》图71。
简注："日"字前有起止符号。"惠"字疑为"憙"字之讹。

编号：0289
释文：日有憙（喜），月有富，乐毋事，常得意，美人侍。
时代：西汉中晚期
著录：《阜阳》第127页。

编号：0290
释文：日有憙（喜），月有富，乐毋事，常得意，美人。
时代：西汉中晚期
著录：《阜阳》第127页。

编号：0291
释文：日有憙（喜），月有富，乐毋事，长宜酒食。
时代：西汉晚期至东汉早期
著录：《图集》图262；《书法》图153。

编号：0292
释文：【外】日日有憙（喜），月有富，乐毋有事，宜酒食，居而必安，毋忧患，美人会，芋（竽）瑟侍，心志爟（欢），乐已哉，固常然。【内】同心。同心。
时代：西汉晚期
著录：《仪征》第54页、第55页；《广陵》图56；《图典》B图3.130。
简注："乐"字以点代繁复笔划。

编号：0293
释文：日日有憙（喜），月有富，乐毋有事，宜酒食，居而必安，毋忧患，芋（竽）瑟侍，心志驩（欢），乐已哉兮，固常然。
时代：西汉中晚期
著录：《小校》卷十五103b。
简注："憙"字上部简省作"吉"。

编号：0294
释文：日日有憙（喜），月有富，乐毋有事，宜酒食，居而必安，毋忧患，芋（竽）瑟侍兮，心志驩（欢），乐已哉乎，固常然。
时代：西汉中晚期
著录：《固原》图58。

编号：0295
释文：日日有憙（喜），月有富，乐毋事，宜酒食，居必安，毋忧患，芋（竽）瑟侍，心志驩（欢），乐已哉，固［常］然。
时代：西汉中晚期
著录：《簠斋》第114页；《国图》第29页、第30页；《陈介祺》图20。
简注：一镜多拓。"憙"字上部简省作"吉"。

编号：0296
释文：日日有憙（喜），月有富，乐毋［事］，宜酒食，居必［安］，毋忧患，芋（竽）瑟侍，心益驩（欢），乐已哉，固常然。
时代：西汉晚期至东汉早期
著录：《汉雅堂》图54。
简注："患"字上部横置。

编号： 0297

释文： 日日有憙（喜），月有富，乐毋事，长宜酒食，居常必如安，毋有忧患，芋（竽）瑟侍，心意蘿（欢），乐已。

时代： 西汉晚期至东汉早期

著录：《守屋》A图版8页。

简注：“已”字后有起止符号。

编号： 0298

释文： 日日有憙（喜），月有富，乐毋有事，宜酒食，居而必安，毋忧患，〼芋（竽）瑟侍，心。

时代： 西汉中晚期

著录：《东南文化》2016（1）第52页图八：2。

编号： 0299

释文： 日日有憙（喜），月有富，乐毋有事，宜酒食，居而必安，毋忧患，而。

时代： 西汉中晚期

著录：《华夏考古》2016（4）第49页图三四：2。

21.“置酒”“纵酒”“行觞”铭

汉人好酒，在镜铭中不仅有“宜酒食”“醉不知，酲旦醒”等套语，更有“置酒”“纵酒”“行觞”等文句，并伴有投簿一类的娱乐活动。行酒娱乐之处虽有高堂、曲房、东厢、西厢的不同，但期盼通宵达旦、长乐未央的心境却是一致的。

常见的文句有：

A.上东相（厢），入曲房，诸君卿，壹行觞。

B.上东相（厢），交曲房，诸君卿，壹行觞。

C.上高堂，临东相（厢），芋（竽）瑟会，酒食芳。

D.从（纵）酒东相（厢），长乐未央。

E.从（纵）酒高堂，长乐未央。

F.从（纵）酒东相（厢），投簿至明。

G.从（纵）酒高堂，投簿至明。

H.置酒东相（厢），长毋见忘。

I.置酒高堂，投博（簿）至明。

J.心思大王[①]，美人在旁，置酒高堂，投博（簿）至明。

K.□□君，上玉堂，张六博，□行伤（觞），□□□，乐大王，服者贵，日有□，万岁寿，宜子孙。

套语组合上，句式整齐，A—C诸型三字一句，D—J诸型四字一句，韵脚皆属阳部韵。K型三字一句，韵脚亦以阳部韵为主。

在形制、纹饰方面，A、B两型为素卷缘，主要流行于西汉早期；C—J诸型为内向连弧纹缘，主要流行于西汉早期后段西汉中期；K型为连弧纹镜，宽素缘，主要流行于西汉中晚期。

由于本节所列之镜较多，为便于检索，暂按A—K型先后顺序排序，有些文句不在上述型式之内，暂据铭文相似性排序。

编号： 0300

释文： 上东相（厢），入曲房，诸君卿，壹行觞。

时代： 西汉早期后段

著录：《文化》图36；《图集》图54；《书法》图30；《拓片》图34。

简注：“壹”，皆也。

编号： 0301

释文： 上东相（厢），交曲房，诸君卿，壹行觞。

时代： 西汉早期后段

著录：《图集》图57；《书法》图47。

编号： 0302

释文： 上高堂，临东相（厢），芋（竽）瑟会，酒食芳。

时代： 西汉早中期

著录：《汉铭斋》图76；《文化》图94；《图集》图187；《清艺》第101页；《书法》图124。

---

① 私人收藏家所藏之镜中“心思大王”一句错乙，作“大王心思”。

编号：0303
释文：从（纵）酒东相（厢），长乐未央。
时代：西汉早中期
著录：《汉铭斋》图77；《文化》图95；《图集》图188；《书法》图125；《拓片》图51；《复旦》图54。

编号：0304
释文：从（纵）酒高堂，长乐未央。
时代：西汉早中期
著录：《拓片》图50。

编号：0305
释文：从（纵）酒东相（厢），投博（簿）至明。
时代：西汉早中期
著录：《收藏家》2012（9）第52页图11、第53页图12。

编号：0306
释文：从（纵）酒高堂，投簿至明。
时代：西汉早中期
著录：《汉铭斋》图79；《文化》图98；《书法》图129；《图集》图192；《复旦》图57；/《汉铭斋》图80；《书法》图130；《图集》图193；《后沟》图32；《拓片》图49。

编号：0307
释文：从（纵）酒高堂，投博（簿）至明。
时代：西汉早中期
著录：《汉铭斋》图81；《文化》图99；《图集》图194；《清艺》第58页；《书法》图131；《拓片》图48。

编号：0308
释文：置酒东相（厢），长毋见忘。
时代：西汉早中期
著录：《图集》图189；《书法》图126。

编号：0309
释文：置酒高堂，投博（簿）至明。
时代：西汉早中期
著录：《清华》图23；《汉铭斋》附图15；《止水集》第27页图6—4；《收藏家》2012（9）第51页图4；《中古》第25页；《文化》图96；《图集》图190、彩版6上；《清艺》第57页；《书法》图127；《拓片》图47；/《汉铭斋》图78；《文化》图97；《书法》图128；《图集》图191；《后沟》图34；/《收藏家》2012（9）第51页图7；/《收藏家》2012（9）第51页图8；/《收藏家》2012（9）第51页图9。

编号：0310
释文：直（置）酒高堂，投博（簿）至明。
时代：西汉早中期
著录：《收藏家》2012（9）第51页图1、图2。

编号：0311
释文：大王心思，美人在旁，置酒高堂，投博（簿）至明。
时代：西汉早中期
著录：《收藏家》2012（9）第52页图10。
简注：“大王心思”疑为“心思大王”错乙。

编号：0312
释文：□□君，上玉堂，张六博，□行伤（觞），□□□，乐大王，服者贵，日有□，万岁寿，宜子孙。
时代：西汉中晚期
著录：《图集》图230。

22.“与君相欢”铭

“与君相欢”铭常见的文句有：
A.常与君相讙（欢），幸毋相忘，莫远望。
B.与君相讙（欢），长乐无亟（极）。
似为恋人的喃喃细语，依依嘱托。

编号：0313
释文：常与君相讙（欢），幸毋相忘，莫远望。

时代：西汉早期

著录：《文物》1961（2）第61页图9；《广州》图九二：1；《图典》A图177；《图典》B图3.28；《止水集》第10页图2—6；《文化》图27；《图集》图35；《书法》图20；/《考古学报》2004（4）图版玖：1。

简注：两镜皆出自广州，皆为西汉早期墓出土。

编号：0314

释文：与君相讙（欢），长乐无亟（极）。

时代：西汉早中期

著录：《汉铭斋》图71；《文化》图86；《图集》图163；《书法》图107；《拓片》图140。

23. “何伤”铭

“何伤”，即何妨，是先秦以来的习语，是颇为口语化的反问句。《论语·先进》：“子曰：何伤乎？亦各言其志也！”《离骚》“虽萎绝其亦何伤兮，哀众芳之芜秽”，“苟余情其信姱以练要兮，长顑颔亦何伤。”

汉镜中常见的“何伤”铭文句有：

A.时来何伤？长乐未央。

B.时来何伤？长毋相忘。

C.时来何伤？君毋相忘。

D.君来何伤？长毋相忘。

E.君来何伤？慎毋相忘。

F.久游何伤？长毋相忘。

G.见日之光，时来何伤?

H.不见日光，时来何伤?

J.久不相见，侍（时）来何伤?

句式规整，四字一句，两句一组，皆叶阳部韵，主要流行于西汉早中期。

为便于检索，本节暂按上述文句型式先后顺序排序。

编号：0315

释文：时来何伤？长乐未央。

时代：西汉早期

著录：《汉铭斋》图30；《文化》图43；《图集》图64；《清艺》第90页；《书法》图36。

简注：此条重出，亦列于“常（长）乐”铭一节。

编号：0316

释文：时来何伤？长毋相忘。

时代：西汉早期

著录：《考古与文物》1994（2）第42页图四：2；/《南阳》图一二〇、图版五六：2；/《小校》卷十五106b上；《志稿》第3235页；/《止水集》第13页图3—5。

编号：0317

释文：时来何伤？君毋相忘。

时代：西汉早中期

著录：《止水集》第28页图6—5；《清华》图22；《汉铭斋》附图14；《文化》图83；《图集》图156；《清艺》第91页；《书法》图102。

编号：0318

释文：君来何伤？长毋相忘。

时代：西汉早期

著录：《考古》1959（12）第667页图三：1；《考古与文物》2001（4）第75页图二；《图典》A图216；《图典》B图3.98。

编号：0319

释文：君来何伤，慎毋相忘。

时代：西汉早期

著录：《汉铭斋》图35；《文化》图46；《拓片》图122；《图集》图68；《复旦》图32号；/《汉铭斋》图34；《书法》图40；《拓片》图121；《图集》图69；《复旦》图31。

编号：0320

释文：久游何伤？长毋相忘。

时代：西汉早中期

著录：《汉铭斋》图72；《图集》图165；《书法》图109；/《拓片》图133、图205。

编号：0321

释文：见日之光，时来何伤？

时代：西汉早期

著录：《陕西》图7。

编号：0322

释文：不见日光，时来何伤。

时代：西汉中期

著录：《图集》图157；《书法》图103。

简注：此镜中的“见”非象若之义，与“日光”铭中的“见”字之义有别，故不入“日光”铭。

编号：0323

释文：久不相见，侍（时）来何伤。

时代：西汉早中期

著录：《汉铭斋》图73；《图集》图166；《书法》图110；《后沟》图33。

24.“日光”铭（有若）

“日光”铭，是以“日光”为主要套语的新式镜铭，也是汉代流传范围最广，流行时间最长的镜铭类型之一。

以西安地区为例，据《长安汉镜》一书统计，在汉长安地区发掘的1100余座汉墓中，共出土铜镜300多面，日光镜竟占92面，占出土铜镜的四分之一强①。不过，按该书所说日光镜，是特指形制偏小，圆钮，钮座环以连弧纹或凸弦纹等圈带的铜镜，同书所列“日光草叶纹镜”“日光四乳铭文镜”等尚不在内。可见“日光”铭铜镜在汉代多见之程度。

本书讨论的“日光”铭，泛指含有“见日之光”或类似文句的镜铭，其形制不限于《长安汉镜》的日光镜。

早期的“日光”铭多为四字一句，时代与“常贵富”铭、“日有”铭相当。除他们的形制、纹饰基本相同外，出土墓葬的年代也极为相近。2000年山东青岛平度界山汉墓M1出土19件汉镜，除2件破损严重外，其余为“日光”铭（11件）、“日有”铭（5件）、“常贵富”铭（1件）②。

从考古材料看，“日光”铭镜西汉早期便已出现，至西汉晚期仍在大量使用，个别镜的时代下限甚至能到东汉。受篇幅影响，本书不可能将他们一一胪列③，只能根据形制、纹饰及铭文，择要将他们分节论述。

在数量巨大的“日光”铭汉镜中有一类常作如下文例：

A1.见日之光。

A2.见日之光，若（或作“如”）月之明。

A3.见［日］之光，长若日月之明。

A4.见日之光，若月之明，所言必当。

A5.日出之光，若月之明，所言必当。

A6.见日之光，若月之明，天下大阳，所言必当。

与铜华镜中的“似日月之光”，昭明镜中的“光象日月”语义相近，可暂称为“有若”型。主要流行于西汉早期后段到西汉中期。

关于“见”字，过去不少学者主张读为“现”，训作显现④，李学勤先生认为此处的“见”应是从甲骨金文简牍以来的“视”字。“视”，《小尔雅》及《广雅》均云：“比也。”《礼记·王制》郑注亦云：“犹比也。”“视日之光”意即“比日之光”，刚好同“若月之明”对仗，都是形容镜面光洁明亮如同日月⑤。

我们同意李先生的意见。在西汉早期的铜镜中常常会保留战国时期，甚至时代更早一些的古字。受镜师的文化水平影响，许多古字在铸镜过程中与其他形似字发生了讹混。如西汉早期镜铭中的“欢乐如意”，常讹作“欢乐如言”，便是这种情况。将“见”隶定为

① 程林泉、韩国河：《长安汉镜》，陕西人民出版社2002年版，第89页。
② 林玉海等：《山东青岛市平度界山汉墓的发掘》，《考古》2005年第6期。
③ 目前考古出土、各博物馆馆藏及各书刊报道的“日光”铭镜已不下万件。
④ ［日］“中国古镜研究”班：《前汉镜铭集释》232镜铭下，《东方学报》第84册，2009年。
⑤ 李学勤：《日光镜铭新释》，《文博》2013年第1期，第16—17页。

“视”，训为“比”，显然要比“现”贴切得多。后世镜师不明所以，以讹传讹，将“见（视）日”的“见（视）”与“见忘”的“见”完全混为一体。

这种情况下，如何对铭文进行准确隶定，很难尽善尽美。我们依照学界通例及读者阅读习惯，在本书中暂将他们统一隶定为“见”，但对于其来龙去脉在此特别说明。

为便于检索，本节暂按上述型式先后顺序排序。

编号：0324
释文：见日之光。
时代：西汉早期
著录：《清华》图6；《图集》图26；《书法》图13；《拓片》图104、193；/《临淄》图283；/《陕历》第44页上；/《陕历》第97页上；/《陕历》第103页下；/《陈介祺》图44；《国图》第65页；《图典》A图218；《镜录》卷下11a上；/《汉铭斋》图17；《文化》图21；《书法》图14；《图集》图27。

编号：0325
释文：见日之光，若月之明。
时代：西汉早中期
著录：《文博》2017（2）封二：6、第10页图九：1；/《临淄》图281。

编号：0326
释文：见［日］之光，长若日月之明。
时代：西汉早中期
著录：《考古》1984（9）第795页图九：1；《图典》A图170；《图典》B图3.17；/《龙纹》图22。

编号：0327
释文：见日之光，若月之明，所言必当。
时代：西汉早中期
著录：《文物》2013（1）第34页图十七、第42页图二六：1；《广陵》图19；《图集》图128；《书法》图86；《图典》B图3.68；/《齐鲁》图78—2。

编号：0328
释文：日出之光，若月之明，所言必当。
时代：西汉早中期
著录：《汉铭斋》图61；《文化》图72；《复旦》图53。

编号：0329
释文：见日之光，若月之明，天下大阳，所言必当。
时代：西汉早中期
著录：《文物》2017（4）第73页图二七、图二八；《临淄》图213；《图典》B图3.57。

25.“日光”铭（大明）（一）

在“日光”铭汉镜中有一类既含有“日光”，又含有套语“天下大明”，可暂称为“大明”型。

在形制、纹饰方面，他们或作方格铭文带，或作圆圈铭文带，在镜缘上亦有素卷缘、内向十六连弧纹缘、素缘三类。

本节主要胪列素卷缘及内向十六连弧纹缘者。根据考古资料，他们主要流行于西汉早中期，个别镜的时代下限能到西汉中期偏晚，接近西汉晚期。

据整理，他们常见的套语组合有：

BⅠ1.如日之光，天下大明。

BⅠ2.见日之光，天下大明。

BⅠ3.见日之光，天下大明，服者（或作“用者”）君卿。

BⅠ4.见日之光，天下大明，服者君王。

BⅠ5.见日之光，天下大明，所言必当。

BⅠ6.见日之光，天下大明，长毋相忘。

BⅠ7.见日之光，天下大明，所言者当，长毋相忘。

BⅠ8.见日之光，天下大明，富贵番（蕃）昌，长乐未央，佳人毋相忘。

四字一句，叶阳部韵。

由于此类镜存世较多，本节只能选择部分镜铭胪列于下，在选择时，尽量照顾到出土地域，尽可能选择各地较为典型者，即便如此，本节所列之镜仍然较多，为便于检索，本节暂按上述型式先后顺序排序，个别文句不在上述型式之内，则据铭文相似性排序。

编号：0330
释文：如日之光，天下大明。
时代：西汉早期
著录：《陕历》第44页下；/《陕历》第57页上。

编号：0331
释文：见日之光，天下大明。
时代：西汉早中期
著录：《淮南》第70页、第71页；/《淮南》第72页、第73页；/《文物》1993（4）第88页图九；/《六安》图59；/《六安》图60；/《六安》图131；《寿县》图50；/《寿县》图51；/《萧县》图九九a：1、彩版三二：1；/《宣城》第30页、第31页；/《清华》图8；《三槐堂》图17；《文化》图22；《图集》图28；《书法》图15；《拓片》图105；/《国博》1992（18—19）第223页图40；/《历代》图24；/《固原》图21；《文物天地》2019（11）第25页图二；/《文物春秋》2015（3）第28页图一：1；《历代》图22；/《文物春秋》2004（6）第52页图二八：1、2015（3）第28页图一：4；/《江汉考古》2017（2）第75页图九：1、图九：2；/《洛华》图41；《图典》B图3.78；/《洛阳》图5；/《洛古》图3；《洛华》图37；/《考古学报》1963（2）图版柒：4；/《南阳》图九七、图版三九：2；《图典》B图3.49；/《南阳》图一一〇、图版四一：2；《图典》B图3.61；/《南阳》图一〇四、图版四六：1；/《南阳》图一〇五、图版四五：2；/《南阳》图一一二、图版四八：2；/《江汉考古》1995（3）第38页图二；/《长沙》图60；/《长沙》图61；/《郴州》第18页；/《仪征》第35页；/《考古学报》1976（2）第180页图一一：右；/《江汉考古》1997（1）第26页图六；/《江汉考古》1997（1）第26页图七；/《湖研》图十一；/《湖研》图十二；/《湖研》图十三；/《吉林》图9；《文物天地》2018（4）第12页图二；/《广陵》图17；/《朝阳》第21页；/《淮与汉》图J4；/《淮与汉》图J25；/《淮与汉》图K3；/《淮与汉》图K6；/《中原文物》2001（3）第72页图一；/《华夏考古》2016（4）第32页图一三：2；/《文物》1993（12）第32页图三；/《临淄》图113；/《临淄》图238；/《齐鲁》图75—2；/《齐鲁》图76—2；/《考古》2005（6）第38页图六：3、图版伍：1；/《考古》2005（6）第38页图六：6、图版伍：2；/《陕历》第51页下；/《长安》图十一：6；/《长安》图十八：1、图版二十二：2；/《考古》1983（9）第851页图一：3；《图典》A图217；《图典》B图3.99；/《安吉》第26页；/《安吉》第28页；/《陕历》第45页下；《图集》图63。

编号：0332
释文：见日之光，天下大明，服者君卿。
时代：西汉早期后段
著录：《洛阳》图7；《洛古》图2。
简注：西汉初年墓（M83）出土。

编号：0333
释文：见日之光，天下大明，用者君卿。
时代：西汉早中期
著录：《金石索》卷六第89页。

编号：0334
释文：见日之光，天下大明，服者君王。
时代：西汉早中期
著录：《江汉考古》1997（1）第26页图八。

编号：0335
释文：见日之光，天下［大］明，服者君王，长幸至未央。
时代：西汉早中期
著录：《文物》2017（4）第73页图二五、图二六；《临淄》图218。

编号：0336

释文：见日之光，天下大明，所言必当。

时代：西汉早中期

著录：《临淄》图251。

编号：0337

释文：见日之光，天下大明，长毋相忘。

时代：西汉早中期

著录：《齐鲁》图73—1。

编号：0338

释文：见日之光，长毋相忘，天下大明。

时代：西汉早期后段

著录：《拓片》图20。

编号：0339

释文：见日之光，天下大明，所言者当，长毋相忘。

时代：西汉早中期

著录：《考古》2005（6）第39页图七：3，图版陆：2；/《考古》2005（6）图版陆：4。

编号：0340

释文：见日之光，天下大明，富贵番（蕃）昌，长乐未央，佳人毋相忘。

时代：西汉中期

著录：《清华》图27；《止水集》第30页图7—3；《图集》图200；《清艺》第99页；《书法》图133。

简注：博山钮，外围以内向十二连弧，环状铭文圈带，内向十六连弧纹缘。“乐”字上部简化成两个“口”。相同书体又见于江苏徐州东洞山西汉中期墓出土之镜（M3：2），此镜的时代应与之相仿。

26.“日光”铭（大明）（二）

本节胪列铭文带为圆圈型者，即学界所谓之日光连弧镜。

与“日光”铭（大明）（一）相比，大部分文句都已式微，常见的文句有：

BⅡ1.见日之光，天下大明。

BⅡ2.见日之光，天下大明，而昭侯王，长乐未央。

BⅡ3.见日之光，天下大明，乐未央，千秋万世毋相忘，时来何伤，宜王。

BⅡ4.见日之光，天下大明，服者君卿，镜辟不羊（祥），富于侯王，钱金满堂。

叶阳部韵。

BⅡ1中“明”字写法似“昒”，“昒”在文献中亦有旦明之义，但从押韵[①]的角度考虑，此处似仍当释作“明”字，是西汉中晚期连弧纹镜中的特殊书体。此式镜常有减省，错置。BⅡ2—4的文句既有“日光”铭镜（一）的特点，又有新的发展。

从形制、纹饰上看，BⅡ圆形，圆钮，圆钮座，铭文间以几何纹相隔，素缘。有时钮座外会围以内向八连弧纹，主要流行于西汉中晚期，也有一些铜镜的时代下限也许能到新莽或东汉。

由于此类镜存世较多，本节只能选择部分镜铭胪列于下，在选择时，尽量照顾到出土地域，尽可能选择各地较为典型者，即便如此，本节所列之镜仍然较多，为便于检索，本节暂按上述型式先后顺序排序，个别文句不在上述型式之内，则据铭文相似性排序。

编号：0341

释文：见日之光，天下大明。

时代：西汉中晚期至东汉

著录：《蚌埠》第20页；/《蚌埠》第21页；/《东南文化》2012（5）第43页图十一：1；/《淮南》第76页、第77页；/《淮南》第78页、第79页；/《淮南》第82页、第83页；/《六安》图58；/《六安》图61；/《六安》图128；/《六安》图130；/《寿县》图60；/《萧县》图七四b：1、彩版二一，1；/《萧县》图七五b：2、彩版二一：2；/《萧县》图八四b：1、

① “昒”，韵在物部，距阳部相去较远。

彩版二四：4；/《萧县》图一二八a：1、彩版四八：1；/《收藏家》2020（2）第31页图2；/《清华》图25；《三槐堂》图37；《图集》图202；/《国博》1992（18—19）第224页图50；/《国博》1992（18—19）第225页图51；/《考古》2007（2）第35页图二〇：2；/《考古》2003（10）第73页图一六：2；/《文物》1984（4）第52页图九；《广西》图15[①]；/《文物春秋》2003（6）第74页图二：1[②]；/《文物春秋》2015（3）第31页图四：2；/《文物春秋》2015（4）第52页图二；/《历代》图28[③]；/《历代》图29；/《历代》图30；/《考古与文物》2018（2）第25页图六[④]；/《华夏考古》1987（1）第93页图八四：2；/《江汉考古》1997（1）第28页图十六；/《考古学报》1963（2）图版壹零：5[⑤]；/《考古学报》1963（2）图版壹零：6[⑥]；/《洛阳》图18：《烧沟》图六九：5；/《洛阳》图27[⑦]；/《洛华》图51[⑧]；/《洛华》图52[⑨]；/《洛华》图53[⑩]；/《洛古》图36[⑪]；/《洛古》图37[⑫]；/《洛古》图38[⑬]；/《洛古》图40[⑭]；/《洛古》图42[⑮]；/《洛古》图43[⑯]；/《洛古》图44[⑰]；/《洛古》图46[⑱]；/《洛古》图47[⑲]；/《江汉考古》2017（2）第75页图九：3；/《考古学报》1957（1）第179页图十：11[⑳]；/《三门峡》第45页；/《中原文物》2005（4）第90页图一；/《考古学报》1959（1）第75页图十：4；《图典》A图227；《图典》B图3.109；/《考古学报》1959（2）第67页图八：6[㉑]；/《鄂州》图9；《鄂城》图1；/《湖南》图52；/《湖研》图十八；/《湖研》图卅三；/《湖研》图五七；/《考古》1998（5）第35页图一一：1[㉒]；/《考古》1966（5）第247页图八：2[㉓]；/《考古学报》1984（1）第98页图四三：1[㉔]；/《考古学报》1995（4）第486图三二：2[㉕]；/《孝感》图19；/《孝感》图20；/《吉林》图7；/《仪征》第44页；/《东南文化》2016（5）第69页图

① 西汉晚期墓（M1）出土。
② 西汉墓出土。
③ “之”字倒置。
④ 新莽时期墓出土（M1：8）。
⑤ 西汉中期墓出土（M3246：27）。
⑥ 西汉中期墓出土（M3163：4）。
⑦ 新莽或稍后时期墓出土（M41：41）。
⑧ 西汉中期墓（M138）出土。
⑨ 西汉晚期墓（M97）出土。
⑩ 新莽或稍后时期墓出土（M41：49）。
⑪ 西汉中期墓出土。
⑫ 西汉中期墓出土。
⑬ 西汉中期墓出土。
⑭ 西汉晚期墓出土。
⑮ 西汉晚期墓出土。
⑯ 西汉晚期墓出土。
⑰ 新莽时期墓出土。
⑱ 新莽时期墓出土。
⑲ 新莽时期墓出土。
⑳ 西晋墓出土。
㉑ 西汉晚期墓出土（M10）。
㉒ 西汉中晚期墓出土（M3：21）。
㉓ 西汉墓出土。
㉔ 西汉中期墓出土（306：2）。
㉕ 新莽时期墓出土（160：13）。

二：3[①]；/《考古与文物》2019（2）第25页图一九：4[②]；/《考古与文物》2019（2）第25页图一九：5[③]；/《旅顺》图15；/《朝阳》第16页；/《固原》图38；/《固原》图39；/《固原》图40；/《固原》图42；/《固原》图43；/《泉屋》图27；/《久保惣》A图7；《久保惣》B图7；/《华夏考古》2016（4）第36页图二一：6[④]；/《文物》1985（10）第85页图二：2；/《考古》1996（10）第93页图一；/《考古》2009（10）第38页图二〇：4[⑤]；/《文物》2017（4）第74页图三一、图三二；/《齐鲁》图154—2；/《齐鲁》图164—6；/《齐鲁》图168—5；/《文物》2001（7）第15页图二二：1；/《文物》2012（9）第32页图二二：2；/《大同》第5页；/《考古与文物》2017（3）第17页图一八：2[⑥]；/《考古与文物》2017（3）第17页图一八：3[⑦]；/《国博》2015（4）第32页图六五：1、第33页图六六[⑧]；/《文博》2012（5）第6页七：1、封二：3[⑨]；/《扶风》图22；/《扶风》图31；/《陕西》图35；/《考古与文物》1991（1）第44页图三：左；/《考古学报》1991（2）第253页图一五：7[⑩]；/《长安》图二十二：8[⑪]；/《长安》图二十二：6[⑫]；/《长安》图二十三：5、图版三十七：1[⑬]；/《长安》图二十四：2[⑭]；/《长安》图二十四：5[⑮]；/《长安》图二十三：4[⑯]；/《长安》图版三十四：2[⑰]；/《长安》图二十五：8、图版三十九：2[⑱]；/《长安》图版三十九：1[⑲]；/《长安》图版三十三：2[⑳]；/《长安》图二十二：11、图版三十五：2[㉑]；/《长安》图二十二：5、图版三十三：1[㉒]；/《考古与文物》2001（3）第22页图二九：2[㉓]；/《陕历》第97页下；/《陕历》第99页上；/《陕历》第100页下；/《陕历》第102页；/《陕历》第114页下；/《陕历》第115页下；/《考古》1988（8）第705页图十：3；《东南文化》2005（6）第16页图十三[㉔]；/《辞典》第1421页右图；/《考古》1988（8）第705页图十：1；《东南文化》2005（6）第16页图十二[㉕]；/《四川》图25；《图典》B图3.110；/《考古》

① 西汉晚期墓出土（M35：9）。
② 西汉中期墓出土（闸北M5：1）
③ 西汉中期墓出土（闸北M7：1）。
④ 西汉中期墓出土（M143：6）。
⑤ 西汉中期墓出土（M33G1：1）。
⑥ 西汉晚期偏早墓出土（M17：13）。
⑦ 西汉晚期偏早墓出土（M30：5）。
⑧ 西汉中晚期墓出土（M21：23）。
⑨ 西汉中晚期墓出土（AM6：8）。
⑩ 西汉晚期墓（M3）出土。
⑪ 西汉晚期墓出土（M22：8）。“之”字倒置。
⑫ 西汉晚期墓出土（M3：18）。
⑬ 西汉晚期墓出土（M13：8）。
⑭ 西汉中期墓出土（M2：2）。
⑮ 西汉中晚期墓出土（M67：6）。
⑯ 西汉中期偏晚墓出土（M35：11）。
⑰ 西汉晚期墓出土（M5：3）。
⑱ 西汉晚期墓出土（M14：17）。
⑲ 西汉晚期墓出土（M14：17）。
⑳ 西汉晚期墓出土（M79：3）。
㉑ 新莽时期墓出土（M179：1）。
㉒ 西汉晚期墓出土（M31：15）。
㉓ 西汉中期偏早墓出土（M21：13）。
㉔ 西汉晚期前段墓出土（M2：14）。
㉕ 西汉晚期后段墓出土（M5：6）。

2013（4）第5页图六；《考古》2015（4）第45页图一五、图一六[①]；/《考古》1993（4）第338页图一一：8[②]；/《考古学报》1957（1）第138页图四：8[③]；/《考古》2014（1）第32页图四一：4、第33页图四六[④]；/《南方文物》1994（3）第82页图一：3；/《浙选》图7；《浙江》A图5；《越地》第126页左；/《考古与文物》1995（4）第28页图十八：左[⑤]；/《考古与文物》1995（4）第28页图十八：右[⑥]。

编号： 0342
释文：【外】见日月之光，天下大明，长乐未央。【内】长宜子孙。
时代： 西汉晚期至新莽
著录：《文物》2017（4）第76页图四七、图四八；《临淄》图670。

编号： 0343
释文： 见日之光，天下大明，而昭侯王，长乐未央。
时代： 西汉晚期
著录：《清华》图42；《图集》图260；《书法》图152；《拓片》图70；/《中古》第34页。
简注："见"字前有起止符号。

编号： 0344
释文： 见日之光，天下大明，千秋万岁，长乐未央。
时代： 西汉晚期至新莽
著录：《簠斋》第107页；《国图》第25页；《陈介祺》图18；《图集》图205。

编号： 0345
释文： 见日之光，天下大明，竟（镜）辟不羊（祥）。
时代： 西汉中晚期
著录：《考古与文物》2017（3）第17页图一八：1。

编号： 0346
释文： 见日之光，天下大明，竟（镜）辟不羊（祥），服者富贵番（蕃）昌。
时代： 西汉中晚期
著录：《三门峡》第36页。

编号： 0347
释文： 见日之光，天下大明，服之者富贵番（蕃）昌，长乐未央，毋相忘。
时代： 西汉中晚期
著录：《寿县》图69。

编号： 0348
释文： 见日之光，天下大明，乐未央，千秋万世毋相忘，时来何伤，宜王。
时代： 西汉中期
著录：《东南文化》2003（7）第30页图六；《考古学报》2011（1）第75页图一九：6；《止水集》第30页图7—4；《图集》图222；《文物天地》2019（5）第62页图五。
简注： 西汉中期偏晚（宣帝时期）墓出土（M3：2）。

编号： 0349
释文：【内】见日之光，天下大明，服者君卿，镜辟不羊（祥），富于侯王，钱金满堂。【外】清冶铜华以为镜，丝组为纽以为信，清光明，服者富贵番（蕃）昌，［长］乐未央，千秋万世，长毋相巟（忘），时来何伤。
时代： 西汉中晚期
著录：《岩窟》二上第39图；《止水集》第41页图9—2；《图集》图242。
简注："见""清"二字前有起止符号。此镜重出，

---

① 西汉中晚期墓出土（M38：1）。
② 新莽时期墓出土（89龙东M28：1）。
③ 西汉中晚期墓出土。
④ 西汉晚期早段（M5：11）出土。
⑤ 西汉中期偏晚墓出土（M3）。
⑥ 西汉中期偏晚墓出土（M3）。

亦列于“铜华”“日光”铭一节。

27.“日光”铭（大阳）

“大阳”与“大明”同义，流行时段与“大明”型相当，西汉早中晚期都有发现。可根据镜钮、铭文带、镜缘、纹饰分为不同型式，本节胪列铭文带为方格者。

常见的文句有：

C1.见日之光，天下大阳。

C2.见日之光，天下大阳，长乐未央。

C3.见日之光，天下大阳，服者（或作“用者”）君卿（或作“君王”“公卿”）。

C4.见日之光，天下大阳，所言必当。

C5.见日之光，若月之明，天下大阳，所言必当。

C6.见日之光，天下大阳，长乐未央，所言必当。

C7.见日之光，天下大阳，服者君卿，所言必当。

C8.见日之光，天下大阳，服者君卿，长毋相忘。

C9.见日之光，天下大阳，服者君卿，幸至未央。

C10.见日之光，天下大阳，服者君卿，富贵安乐，幸毋相忘。

C11.见日之光，天下大阳，服者君卿，至幸未央，毋相忘。

C12.见日之光，天下大阳，服者君卿，千秋万岁，长毋相忘。

C13.见日之光，天下大阳，服者君卿，延年千岁，幸至未央。

C14.见日光，天下大阳，服者君卿，延年益寿，敬毋相忘，幸至未央。

C15.见日之光，天下大阳，服者君卿，延年千岁（或作“千秋”），幸至未央，常以［此］行。

叶阳部韵。

主要流行于西汉早期后段到西汉中期。

由于此类镜存世较多，本节只能选择部分镜铭胪列于下，在选择时，尽量照顾到出土地域，尽可能选择各地较为典型者，即便如此，本节所列之镜仍然较多，为便于检索，本节暂按上述型式先后顺序排序，个别文句不在上述型式之内，则据铭文相似性排序。

编号：0350

释文：见日之光，天下大阳。

时代：西汉早中期

著录：《文物春秋》1991（1）第91页图二、2015（3）第34页图六：2；《历代》图23；/《考古》1984（9）第809页图九；/《南阳》图一一七、图版四四：2；/《南阳》图一〇三、图版五〇：2；/《江汉考古》2017（2）第74页图八；/《孝感》图18；/《湖研》图一四；/《文物》1974（2）第26页图三八；《图典》A图199；《图典》B图3.62；/《中原文物》2001（3）第72页图一；/《临淄》图244；/《临淄》图247；/《临淄》图261；/《临淄》图262；/《临淄》图263；/《临淄》图276；/《临淄》图277；/《齐鲁》图62—2；/《齐鲁》图67—1；/《齐鲁》图70—1；/《齐鲁》图77—1；/《齐鲁》图84—2；/《齐鲁》图93—1；/《齐鲁》图98—3；/《齐鲁》图98—1；/《陕历》第61页上；/《安吉》第24页、第25页；《图典》B图3.51；/《簠斋》第104页；/《簠斋》第105页；《国图》第66页；《陈介祺》图12；/《古竟景》图18；/《善斋》镜录卷二32a、32b；《小校》卷十六29b上；《志稿》第3218页；/《小檀》卷三23a；《拓影》图107；《小校》卷十六28b下；/《小檀》卷三23b；《拓影》图108；《小校》卷十六29a下；/《小校》卷十六29a上；/《汉铭斋》图28；《书法》图34；《图集》图60。

编号：0351

释文：见日之光，天下大阳，长乐未央。

时代：西汉早中期

著录：《临淄》图222；/《齐鲁》图61；/《汉雅堂》图26。

编号：0352
释文：见日之光，天下大阳，服者君卿。
时代：西汉早中期
著录：《旅顺》图9；/《临淄》图257；/《长安》图十：3、图版九：2[①]；/《三槐堂》图21；《书法》图52；《图集》图87；《复旦》图44；/《小校》卷十六28b上；《图典》A图196；/《镜录》卷下13a。

编号：0353
释文：见日之光，天下大阳，服者君王。
时代：西汉早中期
著录：《浣花》卷一10a；/《国图》第6页；《陈介祺》图5。

编号：0354
释文：见日之光，天下大阳，用者君卿。
时代：西汉早中期
著录：《四川》图17。

编号：0355
释文：见日之光，天下大阳，所言必当。
时代：西汉中期
著录：《泉屋》图20；/《淮与汉》图K13；/《临淄》图226；/《齐鲁》图63—1；/《考古与文物》2001（4）第75页图三；/《陕历》第52页上；/《岩窟》二上第14图；/《岩窟》二上第22图。

编号：0356
释文：见日出〈之〉光，天下大阳，所言必当。
时代：西汉早期后段
著录：《长安》图十一：1。
简注：“之”字误置作“出”。

编号：0357
释文：见日之光，若月之明，天下大阳，所言必当。
时代：西汉早中期
著录：《临淄》图213。
简注：此条重出，亦列于“日光”铭（有若）一节。

编号：0358
释文：见日之光，天下大阳，长乐未央，所言必当。
时代：西汉早中期
著录：《考古》2013（10）第37页图五八：3；《广陵》图20；《图集》图116；《书法》图77；《图典》B图3.55。

编号：0359
释文：见日之光，天下大阳，服者君卿，所言必当。
时代：西汉早中期
著录：《湖南》图51；《湖研》图一五；/《图典》A图185。

编号：0360
释文：见日之光，天下大阳，服者君卿，长毋相忘。
时代：西汉早中期
著录：《图集》图115；《书法》图76。

编号：0361
释文：见日之光，天下大阳，服者君卿，幸至未央。
时代：西汉早中期
著录：《山珍》图10；《文化》图62；《图集》图102；《书法》图65。

编号：0362
释文：见日之光，天下大阳，服者君卿，富贵安乐，幸毋相忘。
时代：西汉早中期
著录：《南阳》图九五。

编号：0363
释文：见日出〈之〉光，天下大阳，服者君卿，至幸未央，毋相忘。

① 此镜出土于西汉早期墓（M210），应为西汉早期之物。

时代：西汉早中期
著录：《齐鲁》图96—1。
简注：“至幸”错乙，“之”误作“出”。

编号：0364
释文：见日之光，天下大阳，服者君卿，千秋万岁，长毋相忘。
时代：西汉早中期
著录：《图集》图196。

编号：0365
释文：见日之光，天下大阳，服者君王，千秋万岁，长毋相忘。
时代：西汉早中期
著录：《止水阁》图81；《图集》图141；《书法》图70；《拓片》图42；《拓片》图113。

编号：0366
释文：见日之光，天下大阳，服者圣王，千秋万岁，长毋相忘。
时代：西汉早期后段
著录：《考古》2013（10）第37页图五八：4。

编号：0367
释文：见日之光，天下大阳，服者君卿，延年千岁，幸至未央。
时代：西汉早中期
著录：《临淄》图228；《图典》B图3.63。

编号：0368
释文：见日光，天下大阳，服者君卿，延年益寿，敬毋相忘，幸至未央。
时代：西汉早中期
著录：《南阳》图一一三、图版五四：2；《文化》图92；《图集》图121；《图典》B图3.65；/《淮与汉》图K5；/《止水集》第26页图5—9；《古镜》图46；/《尊古斋》第120页；《图集》图121；《书法》图80；*ARTIBUS ASIAE* 图14。

编号：0369
释文：见日之光，天下大阳，服者君卿，延年千岁，幸至未央，常以［此］行。
时代：西汉早中期
著录：《清华》图18；《汉铭斋》附图9；《文化》图60；《图集》图98；《清艺》第97页；《书法》图62；《拓片》39。

28.“日光”铭（长乐）

“日光”铭镜中有一类常含“长乐未央”套语，四字一句，每镜两句，可暂称为“日光”铭“长乐”型。

常见的文句为：

E.见日之光，长乐未央。

叶阳部韵。

在形制方面，多为圆钮，偶有弦钮或伏兽钮，钮座以四叶纹者居多，镜缘多为内向十六连弧纹缘或素卷缘。在纹饰方面，除个别铜镜为博局纹外，其他多为四分式构图，其间多置带座乳钉、几何纹、麦穗纹、桃形花苞及草叶纹等等。铭文常置于钮座旁的方框之内。

主要流行时代约为西汉早期后段到西汉中期。

编号：0370
释文：见日之光，长乐未央。
时代：西汉早中期
著录：《清艺》第86页；《图集》图113；《书法》图74；《拓片》图192；《三槐堂》图32、图33；《止水阁》图77；/《南阳》图一一八；《图典》B图3.77[①]；/《南阳》第213页序号190；/《南阳》第221页序号204；/《南阳》第225页序号210；/《江汉考古》1997（1）第26页图九；/《仪征》第36页；《广陵》图18；/《淮与汉》图K11；/《临淄》图62；/《临淄》图

① 此镜西汉早期墓（WJSW M108）出土，时代应为西汉早期。

234；/《临淄》图237；/《扶风》图9；/《扶风》图10；/《陕历》第56页下；/《后沟》图30；/《四川》图15；/《金石索》卷六第94页；/《小檀》卷三22b；《志稿》第3217页；/《镜录》卷下13b；《簠斋》第108页；《国图》第2页；《陈介祺》图4；/《陈介祺》图3；/《图集》图61。

29."日光"铭（毋忘）（一）

在数量众多的"日光"铭镜中，有一类在文句中常含有"毋忘""不忘"等词语，四字一句，每镜两句，可暂称为"日光"铭"毋忘"型。

倘若依据铭文带、纹饰与镜缘特点，还可以将其进一步分为素卷缘、内向十六连弧纹缘及素缘三种。前两种主要流行于西汉早期后段到西汉中期，第三种主要流行于西汉中晚期，时代下限也许能到东汉早期。本节先胪列前两者。

常见的文句有：

DⅠ1.见日之光，长毋相忘。

DⅠ2.见日之光，长毋见忘。

DⅠ3.见日之光，君毋相忘。

皆叶阳部韵。

由于此类镜存世较多，本节只能选择部分镜铭胪列于下，在选择时，尽量照顾到出土地域，尽可能选择各地较为典型者，即便如此，本节所列之镜仍然较多，为便于检索，本节暂按DⅠ1—DⅠ3型式先后顺序排序。

编号：0371

释文：见日之光，长毋相忘。

时代：西汉早中期

著录：《文物》1987（6）图版贰：1[①]；/《国博》1992（18—19）第223页图41；/《洛古》图6；/《南阳》图一一九、图版四五：1；《图典》B图3.76；/《南阳》图版四六：2；/《南阳》图版四七：2；/《南阳》图版四八：1；/《南阳》图版四九：1、第211页序号187；/《南阳》图版四九：2；/《南阳》图版五〇：1；/《湖研》图九；《湖历》图37；/《湖研》图十；《湖历》图38；/《湖研》图一六[②]；/《北方文物》1997（3）第12页图二：3；/《考古》2014（1）第66页图三〇、图三一；/《考古》1989（9）第774页图六：右；/《文物》2017（4）第72页图二三、图二四；《临淄》图236；/《临淄》图114；/《临淄》图240；/《临淄》图241；/《临淄》图259；/《临淄》图264；/《临淄》图265；/《临淄》图266；/《临淄》图267；/《齐鲁》图66—1；/《齐鲁》图66—2；/《齐鲁》图67—2；/《齐鲁》图69—2；/《齐鲁》图74—1；/《齐鲁》图76—1；/《齐鲁》图82—2；/《齐鲁》图87—2；/《考古》2005（6）第38页图六：5，图版陆：1；/《考古》1983（9）第852页图二：3；/《考古》1959（12）第665页图二：2；《图典》A图204；《图典》B图3.75；/《陕历》第52页下；/《陕历》第54页上；/《陕历》第56页上；/《陕历》第59页上；/《陕历》第59页下；/《长安》图十一：5、图版十一：1；/《考古》1982（3）第332页图一：2；《图典》A图223；《图典》B图3.105；/《越地》第125页。

编号：0372

释文：见日之光，长毋见忘。

时代：西汉早中期

著录：《旅顺》图10；/《尊古斋》第125页；《善斋》镜录卷二35a、35b；《小校》卷十六30b上；《志稿》第3219页。

编号：0373

释文：见日之光，君毋相忘。

时代：西汉早中期

① 此镜为西汉前期后段墓出土（6M50：5），时代应为西汉早期。

② 此镜较为特殊，除镜缘外，其余形制、纹饰为"日光"铭（毋忘）（二）常见类型，疑为内连弧纹缘镜向平缘镜的过渡之作。时代应为西汉中期。

著录：《南阳》图一〇一、图版四七：1；《图典》B图3.54[1]；/《收藏》2020（10）第95页图4；/《收藏家》2004（4）第42页图7。

30. “日光”铭（毋忘）（二）

本节所列为“日光”铭“毋忘”型中形制为素缘者，亦即学界所谓之日光铭连弧纹镜。

此型镜常见的文句有：

DⅡ1.见日之光，长毋相忘。

DⅡ2.见日之光，长不相忘。

DⅡ3.见日之光，久不可忘。

DⅡ4.见日之光，长毋忘君。

叶阳部韵。铭文多置于圆形铭文圈中，铭文圈两侧常饰栉齿纹，铭文之间常以几何纹相隔，偶有衍字，或增加虚词。

在形制、纹饰方面，“日光”铭（毋忘）（二）皆为圆形，大多数为圆钮、素缘（宽窄不一），偶有博山钮及内向十六连弧纹缘，钮座则有圆钮座、四叶纹钮座或连珠纹钮座几种，有时会在钮座外围以内向连弧纹或饰以其他纹饰。

据考古资料，素缘的“日光”铭“毋忘”型镜在西汉早期便已出现，西汉中期以后开始广泛流行，时代下限也许能到新莽或稍后，其中以西汉中晚期最为盛行。

由于此类镜存世较多，本节只能选择部分镜铭胪列于下，在选择时，尽量照顾到出土地域，尽可能选择各地较为典型者，即便如此，本节所列之镜仍然较多，为便于检索，本节暂按DⅡ1—DⅡ4型式先后顺序排序，个别文句不在上述型式之内，则据铭文相似性排序。

编号：0374

释文：见日之光，长毋相忘。

时代：西汉中晚期至新莽

著录：《六安》图127；《皖西》图76；/《文物》2013（2）第88页图八；/《考古》1979（4）第328页图一七：3；/《考古》1979（2）第123页图二；/《考古》1986（9）第798页图七：1；《广西》图14；/《文物》1990（1）第12页图二一：2；《文物春秋》2015（3）第31页图四：1；《历代》图27；/《洛阳》图20；/《考古学报》1963（2）第23页图二〇：5；《图典》A图229；《图典》B图3.112[2]；/《南阳》第289页序号333[3]；/《南阳》第289页序号332；/《南阳》图一五八；/《南阳》图一五七、图版七七：1[4]；/《考古学报》2015（3）第404页图四二：3[5]；/《考古学报》2015（3）第404页图四二：4、图版贰拾壹：4[6]；/《三门峡》第35页；/《长沙》图46；《图典》B图3.111；/《湖研》图一七[7]；/《文物》2005（2）第39页图一〇：2；/《文物》1957（8）第33页图6；/《固原》图52；/《考古学报》2004（2）第197页图一六：1；/《泉屋》图42[8]；/《文物》2010（1）第8页图一五[9]；/《齐鲁》图165—2[10]；/《齐鲁》图166—3；/《齐鲁》图166—4；/《齐鲁》图166—5；/《齐鲁》图167—5；/《齐鲁》图181—3；/《扶风》图28；/

---

① 此镜西汉早期墓（NYZ M225）出土，时代应为西汉早期。
② 此镜出土于西汉中期墓（M3060），应为西汉中期之物。
③ 此镜出土于西汉中期墓（NLGD M302），应为西汉中期之物。
④ 此镜出土于西汉中期墓（NLGD M55），应为西汉中期之物。
⑤ 此镜出土于西汉中期墓（M28），应为西汉中期之物。“之”“光”二字倒置。
⑥ 此镜出土于西汉中期墓（M35），应为西汉中期之物。“长”字减笔。
⑦ 此镜圆形，圆钮，圆钮座，外围以内向八连弧纹，铭文间以几何纹相隔，内向十六连弧纹缘。应为西汉中期之物。
⑧ 此镜圆形，圆钮，并蒂十二连珠纹钮座，外为瑞兽纹圈带，内含猴、鹿、虎、凤、羽人驾龙及各种仙草等纹饰，素缘。疑为西汉晚期至新莽时期之物。
⑨ 此镜出土于西汉中期墓（武帝末年或昭帝时期，M106），应为西汉中期之物。
⑩ 此镜“光”“毋”“相”“忘”四字为“日明”铭F型典型写法。

《考古学报》1991（2）第253页图一五：2；/《长安》图二十二：3、图版三十二：1；/《西安》图21[①]；/《考古与文物》2006（4）第18页图一五：2[②]；/《长安》图二十三：1、图版三十六：1[③]；/《长安》图二十三：2、图版三十六：2[④]；/《长安》图二十三：3；/《长安》图二十四：1；/《考古》1983（9）第851页图一：13；/《陕历》第100页上；/《陕历》第113页上；/《陕历》第116页；/《陕历》第117页下；/《安吉》第52页；/《清仪阁》图8；/《善斋》镜录卷二38a、38b；《小校》卷十六32a中；《志稿》第3215页；/《善斋》镜录卷二39a、39b；《小校》卷十六32a下左；《志稿》第3216页；/《小校》卷十六32a下右；/《小校》卷十六32b上右；/《镜鉴》图版13。

编号：0375
释文：见日之光乎，君长毋相忘兮。
时代：西汉中晚期
著录：《考古》1983（9）第851页图一：9。

编号：0376
释文：见日之光，长不相忘。
时代：西汉中晚期至新莽
著录：《淮南》第96页；/《寿县》图59；/《萧县》图一二八a：10、彩版四八：2；/《国博》1992（18—19）第225页图52；/《考古学报》1986（2）第221页图二一：8；/《洛古》图39[⑤]；/《考古学报》1963（2）第23页图二〇：6；/《南阳》图版七三：1；/第275页序号307；/《南阳》图一五一、图版七三：2；/《南阳》第281页序号316[⑥]；/《南阳》第285页序号324；/《考古》1966（5）第247页图八：4；/《湖研》图一七；/《考古》1992（12）第1096页图五：1[⑦]；/《仪征》第45页；/《考古学报》1958（4）第86页图十七：4；/《考古》1990（8）第708页图九：3；/《泉屋》图26；/《考古》1980（6）第565页图三：1；/《齐鲁》图163—3；/《齐鲁》图164—3；/《文物》2017（4）第74页图三三、图三四；/《齐鲁》图178—1；/《陕西》图34；/《考古》1983（9）第851页图一：10；/《陕历》第99页下；/《陕历》第107页上；/《陕历》第110页上；/《陕历》第114页上；/《考古与文物》2006（1）第9页图一〇[⑧]；/《长安》第228—229页；/《长安》第230—231页[⑨]；/《长安》图二十二：10、图版三十五：1；/《长安》第232—233页；/《长安》第234—235页[⑩]；/《长安》图二十二：7、图版三十四：1[⑪]；/《长安》第242—243页；/《长安》第244—245页；/《长安》第250—251页；/《长安》第256—257页；/《四川》图25；《图典》A图228；/《小檀》卷三27a；《拓影》图125；《小校》卷十六32b中右；/《小檀》卷三27b；《拓影》图126；/《岩窟》二上第46图；/《岩窟》二上第47图；/《岩窟》二上第48图。

---

① 此镜圆形，连峰钮，圆钮座，外围以内向十六连弧纹，镜分四区，以带座乳钉相隔，内向十六连弧纹缘，应为西汉中期之物。
② 此镜出土于西汉中期偏晚墓（M29），应为西汉中期之物。
③ 此镜出土于西汉中期墓（M184），应为西汉中期之物。
④ 此镜出土于西汉中期墓（M36），应为西汉中期之物。
⑤ 此镜出土于西汉中期墓（M3），应为西汉中期之物。
⑥ 此镜出土于西汉中期墓（FHC M125），应为西汉中期之物。
⑦ 此镜出土于西汉中期偏晚（宣帝或稍晚）墓（TJM1），应为西汉中期之物。
⑧ 此镜出土于西汉中期墓（M5），应为西汉中期之物。
⑨ 此镜出土于西汉中期墓（M91），应为西汉中期之物。
⑩ 此镜出土于西汉中期墓（M83），应为西汉中期之物。
⑪ 此镜出土于西汉中期墓（M90），应为西汉中期之物。

编号： 0377

释文： 见日之光，久不可忘。

时代： 西汉早期后段

著录： 《长安》图二十二：1、图版三十一：1[①]；/《长安》第240—241页[②]。

编号： 0378

释文： 见日之光，长毋忘君。

时代： 西汉中晚期

著录： 《南阳》第283页序号322；/《尊古斋》第122页上；/《古竟景》图36。

31. "日光"铭（清明）

在"日光"铭中有以词语"清明"来描述铜镜质地的镜铭，可暂称为"日光"铭"清明"型。常见的文句有：

F1.镜生清明，如日之光，服者君卿，幸至未央，长毋相忘。

F2.镜星（生）清明，见日之光，千秋万岁，长乐未央。

四字一句，叶阳部韵。主要流行于西汉早期后段到西汉中期。

编号： 0379

释文： 镜生清明，如日之光，服者君卿，幸至未央，长毋相忘。

时代： 西汉早中期

著录： 《临淄》图59。

编号： 0380

释文： 镜星（生）清明，见日之光，千秋万岁，长乐未央。

时代： 西汉早中期

著录： 《临淄》图214；/《图集》图124；《书法》图83。

32. "日光"铭（综合）

除前文所述各式镜外，镜师在铸造"日光"铭镜时，常会根据铜镜尺寸大小，对铭文套语进行自由组合，并结合其他的吉语形成新的镜铭类型。如：

G1.如日之光，所居君王。

G2.见日之光，美人在旁。

G3.见日之光，心思君王。

G4.见日之光，服者君王。

G5.见日之光，服者君卿。

G6.见日之光，所言必当。

G7.见日之光，服者君卿，所言必当。

G8.见日之光，长乐未央，所言必当。

G9.见日之光，所言必当，长毋相忘。

G10.见日之光，所言必当，幸毋见忘。

G11.见日之光，服者君卿，千秋万岁，愿毋相忘。

G12.见日之光，服者君卿，愿千秋万岁，长毋相忘。

G13.见日之光，天下久长。

G14.见日之光，天下大昌。

G15.见日之光，镜以此行。

G16.见日之光，长毋相忘，家常贵富。

G17.镜生于明，见日之光，长毋相忘。

值得注意的是，不管文句如何变化，其韵脚仍然叶阳部韵，应非偶然。

从时代上看，此类镜以西汉中期居多，部分铜镜的时代上限能到西汉早期。

为便于检索，本节暂按上述型式先后顺序排序，个别文句不在上述型式之内，则据铭文相似性排序。

编号： 0381

释文： 如日之光，所居君王。

---

① 此镜出土于西汉早期墓（M42）。圆形，圆钮，圆钮座，外围以内向八连弧纹，铭文间以几何纹相隔，宽素缘。

② 此镜出土于西汉早期墓（M16）。圆形，钮残，圆钮座，外围以内向八连弧纹，铭文间以几何纹相隔，窄素缘。

时代： 西汉早期

著录：《考古与文物》2006（4）第19页图一七：1；《图集》图70。

简注： 西汉早期墓出土（M37：15）。

编号： 0382

释文： 见日之光，美人在旁。

时代： 西汉早中期

著录：《故宫》G图一一；《图典》A图201；/《尊古斋》第126页；《善斋》镜录卷二34a、34b；《小校》卷十六31a上；《志稿》第3220页；《文化》图70；《图集》123；《书法》图82。

编号： 0383

释文： 见日之光，心思君王。

时代： 西汉早中期

著录：《止水阁》图79；《图集》图120；《书法》图80。

简注： 此条重出，亦列于"心思"铭一节。

编号： 0384

释文： 见日之光，服者君王。

时代： 西汉早中期

著录：《清华》图7；《文化》图24；《图集》图30；《书法》图17/；《汉铭斋》图47；《图集》图85；《书法》图50；《拓片》图37。

编号： 0385

释文： 见日之光，服者君卿。

时代： 西汉早中期

著录：《齐鲁》图62—1；/《齐鲁》图94—1；/《西甲》卷十九15a。

编号： 0386

释文： 和日之光，服者君卿。

时代： 西汉早中期

著录：《图集》图129。

编号： 0387

释文： 见日之光，所言必当。

时代： 西汉早中期

著录：《南阳》图一〇二；/《三门峡》第46页；/《临淄》图225；/《齐鲁》图65—1；/《清艺》第47页；《汉铭斋》图18；《文化》图23；《图集》图29；《书法》图16；《拓片》图221；/《金石索》卷六第93页；/《岩窟》一第90图；/《止水阁》图67；/《汉铭斋》图59；《文化》图68；《书法》图78；《拓片》图223；《图集》图117。

编号： 0388

释文： 见日之光，服者君卿，所言必当。

时代： 西汉早期

著录：《临淄》图219；/《长安》图十一：2、图版十：1[①]；/《止水集》第9页图2—4；/《清爱堂》图35。

编号： 0389

释文： 见日之光，服者君卿，乐而未央。

时代： 西汉早中期

著录：《临淄》图254。

编号： 0390

释文： 见日之光，长[乐]未央，所言必当。

时代： 西汉早中期

著录：《临淄》图224。

编号： 0391

释文： 见日之光，所言必当，长毋相忘。

时代： 西汉早中期

著录：《临淄》图256。

编号： 0392

释文： 见日之光，所言必当，幸毋见忘。

时代： 西汉早中期

---

① 此镜出土于西汉早期墓（M127），当为西汉早期之物。

著录：《汉铭斋》图49；《文化》图54；《图集》图88；《书法》图53；《拓片》图222。

简注：“见”字前有起止符号。

编号：0393

释文：见日之光，服者君卿，千秋万岁，顥（愿）毋相忘。

时代：西汉早中期

著录：《清华》图19；《清艺》第96页；《汉铭斋》附图11；《龙纹》图77；《文化》图69；《图集》图119；《书法》图79；《拓片》图40；/《中古》第26页；/《千石》图82；《图集》图118。

编号：0394

释文：见日之光，服者君卿，顥（愿）千秋万岁，长毋相忘。

时代：西汉早中期

著录：《图典》A图188。

简注：镜残缺。

编号：0395

释文：见日之光，天下久长。

时代：西汉早中期

著录：《汉铭斋》图57；《文化》图66；《图集》图111、彩版4下；《清艺》第98页；《书法》图72；《拓片》图111。

编号：0396

释文：见日之光，天下大昌。

时代：西汉早中期

著录：《汉铭斋》图58；《文化》图67；《图集》图112；《书法》图73；《拓片》图112。

编号：0397

释文：见日之光，镜以此行。

时代：西汉早中期

著录：《图集》图101。

编号：0398

释文：见日之光，长毋相忘。家常贵富。

时代：西汉中期

著录：《图集》图271。

简注：镜分四区，以带座乳钉相隔，每区正中置一大字铭文，合为“家常贵富”。每大字两侧又各置一小字铭文，为“见日之光，长毋相忘”，内向十六连弧纹缘。此条重出，亦列于“家常贵富”铭一节。

编号：0399

释文：镜生于明，见日之光，长毋相忘。

时代：西汉早期

著录：《止水集》第16页图4—8；《图集》图51；《拓片》图29。

33.“日光”铭（错减）

“日光”铭汉镜在铸造时，鉴于铜镜尺寸或其他方面的一些原因，常常会出现一些错乱或减省的现象，暂称之为“日光”铭“错减”型。

从考古资料来看，西汉时期的“日光”铭镜时代愈晚，错减的情况愈多。从形制上看，又以素缘的“日光”镜式错减的居多。个别镜错减的面目全非，若非有大量的日光镜吉语可资参照，则完全不知铭文出处。

在时代上，“日光”铭“错减”型主要流行于西汉中晚期，个别铜镜的上限也许能到西汉早期，时代下限能到东汉，是汉代流行时间最长的镜类之一。

由于此类镜存世较多，受篇幅限制，本节只能选择部分镜铭胪列于下，在选择时，尽量照顾到出土地域，尽可能选择各地较为典型者。

编号：0400

释文：见日之光，天下天明。

时代：西汉早期

著录：《清华》图10；《文化》图30；《图集》图38；《拓片》图107。

编号：0401
释文：见日之光，天下大而。
时代：西汉中期
著录：《孝感》图21；/《南阳》第281页序号317；/《长安》图二十四：3；/《考古与文物》2006（6）第20页图一九：1；《长安》图二十二：2、图版三十一：2。

编号：0402
释文：见日之光，天下下明。
时代：西汉中晚期
著录：《洛阳》图35；/《文物》1987（6）第42页图八六、第44页图九〇：2。

编号：0403
释文：见日之光，天下大。
时代：西汉早中期
著录：《南阳》图九六、图版三六：2；/《南阳》图一四八。

编号：0404
释文：见日之光，天下明。
时代：西汉中晚期至东汉
著录：《考古》1963（2）第76页图一一：2。

编号：0405
释文：见日天光，天下大明。
时代：西汉早中期
著录：《旅顺》图11。

编号：0406
释文：见日之光，天大下明。
时代：西汉中晚期
著录：《文物》1985（10）第85页图二：4。
简注：“大下”错乙。

编号：0407
释文：见而日光，天下大明。
时代：西汉中晚期
著录：《长安》图二十二：9；/《考古与文物》1995（4）第28页图十八：1；/《考古与文物》1999（4）第15页图一四：1。

编号：0408
释文：见日之光，下大天明。
时代：西汉中晚期
著录：《考古学报》1991（2）第253页图一五：1。

编号：0409
释文：见日之工〈光〉，天下大明。
时代：西汉中晚期
著录：《考古》2000（6）第44页图一八：1。
简注：铭文“光”省作“工”，又见于陕西西安西北医疗设备厂福利区出土之镜（M47：8，《长安汉镜》图版三十七：2）。

编号：0410
释文：天下大明。
时代：西汉早中期
著录：《东南文化》2002（11）第18页图五：3；/《四川》图14；《图典》A图192；《图典》B图3.50。

编号：0411
释文：见日之光，天下大光。
时代：西汉中晚期
著录：《长安》图二十四：4。

编号：0412
释文：见日之光，天下大工〈光〉。
时代：西汉中晚期
著录：《陕历》第104页上。

编号：0413
释文：见日之工〈光〉，天下大工〈光〉。
时代：西汉中晚期
著录：《长安》图版三十七：2。

编号：0414
释文：见日之光，天下大天。
时代：西汉晚期至新莽
著录：《考古与文物》2006（4）第20页图一九：1。

编号：0415
释文：见日之光，天下下天。
时代：西汉中晚期
著录：《考古学报》1991（2）第253页图一五：3。

编号：0416
释文：见日之光，天下之明。
时代：西汉中晚期
著录：《长安》图二十五：2。
简注：第二个“之”字倒置。

编号：0417
释文：见日之光，天下而大。
时代：西汉中期
著录：《考古与文物》2001（3）第22页图二九：3。
简注：西汉中期偏晚墓出土（M19：15）。

编号：0418
释文：见日之心〈忽—昒〉，天下大明。
时代：西汉中期
著录：《考古》1993（4）第338页图一一：7。
简注：西汉中期后段墓出土（87龙东M11：1）。

编号：0419
释文：见日而之，天下大明。
时代：西汉中晚期
著录：《陕历》第115页上。

编号：0420
释文：见日而之，而下明而。
时代：西汉中期
著录：《长安》第230—231页。

编号：0421
释文：日见而光，天下大明。
时代：西汉中晚期
著录：《陕历》第106页上。

编号：0422
释文：见日之光，大下天明。
时代：西汉中晚期
著录：《拓影》图127
简注：“大”“下”位置错置。

编号：0423
释文：见日之光，天下大大。
时代：西汉中晚期
著录：《拓影》图128。

编号：0424
释文：见日之光，天下。
时代：西汉中晚期
著录：《考古》1983（9）第851页图一：15；/《陕历》第108页上；/《长安》第236—237页；/《长安》第248—249页；/《长安》图二十五：4；/《长安》图二十五：5。

编号：0425
释文：见日之光，而忽昭明。
时代：西汉中晚期
著录：《国博》1992（18—19）第225页图49。

编号：0426
释文：见日之光，毋长相忘。
时代：西汉中晚期
著录：《齐鲁》图178—3。
简注：“毋长”错乙。

编号：0427
释文：见［日］光光，长毋忘君。
时代：西汉中晚期
著录：《南阳》图一五九。

编号：0428
释文：日见之光，长不相忘。
时代：西汉中晚期
著录：《南阳》第285页序号327。
简注：“日见”错乙。

编号：0429
释文：见日之光，长不忘相。
时代：西汉中晚期
著录：《文物》1987（6）第30页图六三：1、第42页图八三。
简注：“忘相”错乙。

编号：0430
释文：见日之光，长不而忘。
时代：西汉中晚期
著录：《国博》1992（18—19）第224页图48；/《长安》图二十二：4、图版三十二：2；/《尊古斋》第123页左上；《善斋》镜录卷二40a、40b；《小校》卷十六32b左中；《志稿》第3214页。
简注：疑“而”字为“相”字误置。

编号：0431
释文：见日之光，而长不忘。
时代：西汉中晚期
著录：《尊古斋》第124页右上；《小校》卷十六32b左上；《志稿》第3212页。

编号：0432
释文：天日之光，长毋相忘君兮。
时代：西汉中晚期
著录：《岩窟》二上第29图；/《小檀》卷三26b；《拓影》图123；《小校》卷十六33a左中；《志稿》第3209页。
简注：“相”“忘”减笔。

编号：0433
释文：见日之光，长不相下。
时代：西汉中晚期
著录：《南阳》图一五〇、第273页序号301。

编号：0434
释文：见日之光，相忘长象。
时代：西汉中晚期
著录：《考古》1963（6）第289页图四：2。
简注：“长”字减笔。

编号：0435
释文：见日之光，相忘日月。
时代：西汉中晚期
著录：《齐鲁》图178—5。

编号：0436
释文：见日之而，天下大昌。
时代：西汉早中期
著录：《南阳》第283页序号323。
简注：在《长安汉镜》日光镜中属第一类AⅡ型，时代约在汉武帝时期[①]。“之”后一字为“光”字误置。

编号：0437
释文：见日之而，天下大明。
时代：西汉中晚期
著录：《考古》1985（3）第211页图一八：4；/《陕历》第107页下；/《陕历》第110页下；/《陕历》第117页上；/《长安》图二十五：7；/《洛古》图41；/《尊古斋》第124页左上、右下。

编号：0438
释文：见日之，天下大明，光。
时代：西汉中晚期
著录：《广陵》图34。

① 程林泉、韩国河：《长安汉镜》，陕西人民出版社2002年版，第90—105页。

编号：0439
释文：见日之，天下大。
时代：西汉中晚期
著录：《陕历》第105页下。

编号：0440
释文：见日之，天下明。
时代：西汉中晚期至东汉早期
著录：《考古与文物》2003（4）第25页图一一。

编号：0441
释文：见日之，象夫日月。
时代：西汉中晚期
著录：《长安》第244页、第245页。

编号：0442
释文：见明日，天下大。
时代：西汉中晚期
著录：《长安》图二十五：1、图版三十八：1。

编号：0443
释文：见日，天下大明。
时代：西汉中晚期
著录：《长安》第242—243页；/《考古与文物》1991（4）第27页图十二：2；/《考古与文物》1989（5）第46页图八：2。

编号：0444
释文：见光日阳，服者君卿。
时代：西汉早中期
著录：《汉铭斋》图60；《文化》图71；《图集》图126；《书法》图85。

编号：0445
释文：全利之光，天下大明。
时代：西汉中晚期
著录：《陕历》第109页。

34.“日光”“日光”铭

本节所列者为内外圈皆是“日光”铭的重圈铭文镜，此类镜存世数量较少，主要流行于西汉中晚期。在形制、纹饰方面多为圆形，圆钮，圆钮座或并蒂十二连珠纹钮座，素缘。

编号：0446
释文：【外】见日之光，长毋相忘。【内】见日之光，长毋相忘。
时代：西汉中晚期
著录：《文物春秋》2004（6）第52页图二八：5、2015（3）第33页图五：1；/《考古学报》2015（3）第405页图四三：1、图版贰拾壹：3；/《宝鸡》第44页上；/《镜录》卷下12a。

编号：0447
释文：【外】见日之光，长毋相忘。【内】见日之光。
时代：西汉中晚期
著录：《千镜堂》图69。

编号：0448
释文：【外】见日之光，长毋忘君。见日之光，长忘君之。【内】见日之光，长毋忘君。
时代：西汉中晚期
著录：《南阳》图一八一；《图典》B图3.132。
简注：“君”字减笔作“尹”。

35.“日明”铭

“日明”铭，内容亦不出“日光”铭常见套语，常见的文句有：

A.见日之明。
B.见日之明，天下大明。
C.见日之明，天下大阳。
D.见日之明，天下未央。
E.见日之明，长毋相忘。
F.见日之明，天下大光，长毋相忘。

仍然叶阳部韵。

主要流行于西汉早中期，个别铜镜的时代下限能到西汉晚期。

由于“日明”铭镜存世较多，本节只能选择部分镜铭胪列于下，在选择时，尽量照顾到出土地域，尽可能选择各地较为典型者，为便于检索，本节暂依上述型式先后顺序排序，个别文句不在上述型式之内，则据铭文相似性排序。

编号：0449
释文：见日之明。
时代：西汉早期
著录：《陕历》第46页上。

编号：0450
释文：见日之明，天下大明。
时代：西汉早中期
著录：《南阳》图七四、图版三二：2；《图典》B图3.29；/《南阳》第175页序号118；/《南阳》第175页序号119[①]；/《南阳》第175页序号120[②]；/《南阳》图一一六；/《南阳》图一〇三、图版五〇：2；/《南阳》第217页序号195；/《南阳》第223页序号207；/《南阳》第225页序号208；/《南方文物》2008（4）第51页图一七：1；/《文物》1957（8）第33页图6；/《华夏考古》2009（1）第56页图一五：5；/《齐鲁》图68—2；/《陕历》第51页上；/《陕历》第57页上；/《考古》1988（8）第704页图九：2；《东南文化》2005（6）第15页图十；/《古竟景》图19。

编号：0451
释文：见日之明，天下大阳。
时代：西汉早中期
著录：《齐鲁》图75—1；/《金石索》卷六第96页；/《小校》卷十六29b下；《志稿》第3224页上；/《善斋》镜录卷二33b；《小校》卷十六30a上；《志稿》第3224页下。

编号：0452
释文：见日之明，天下未央。
时代：西汉早中期
著录：《临淄》图253。

编号：0453
释文：见日之明，长毋相忘。
时代：西汉早中期
著录：《故宫》A图28；《故宫》B图12；《故宫》C图19；《故宫》I图35；/《南阳》图版四九：1；/《武汉》第81页；/《淮与汉》图K12；/《临淄》图259；/《小檀》卷三20b；《拓影》图115；《小校》卷十六30b下；《国图》第11页；《陈介祺》图8；《镜录》卷下11b；《图典》B图3.100。

编号：0454
释文：见日之明，天下大光，长毋相忘。
时代：西汉早中期
著录：《文物》1990（8）第94页图一：1。
简注：疑铭文“明”“光”错乙。

36.“日出”铭

“日出”铭，即铭文中含有“日出”一词的镜铭类型，常见的文句有：

A.日出大明，天下大阳。

B.日出大明，天下益昌。

C.日出大阳，服者君卿，所言必当。

D.日出阳，金清明，宜君卿，乐未央。

内容亦不出“日光”铭常见套语，仍叶阳部韵。若“出”为之字讹误，则文句极有可能为“日光”减省、变化而来。

E.日始出，天下光，作真神竟（镜）以昭（照）侯王，赤鸟玄武英（映）四旁（方），子孙烦（蕃）

① 此镜出土于河南省南阳市宛计生委住宅小区西汉早期墓（WJSW M39），此镜当为西汉早期之物。
② 此镜出土于河南省南阳市宛计生委住宅小区西汉早期墓（WJSW M39），此镜当为西汉早期之物。

息乐未央。

从形制、纹饰上看，A—C型镜属西汉早期后段到西汉中期，D型镜则铸于西汉晚期至东汉早期。

为便于检索，本节暂按上述型式先后顺序排序。

编号：0455
释文：日出大明，天下大阳。
时代：西汉早中期
著录：《文物》2017（4）第72页图二一、图二二；《临淄》图260；/《齐鲁》图72—1。

编号：0456
释文：日出大明，天下益昌。
时代：西汉早中期
著录：《图集》图127。

编号：0457
释文：日出大阳，服者君卿，所言必当。
时代：西汉早中期
著录：《齐鲁》图96—2。

编号：0458
释文：日出阳，金清明，宜君卿，乐未央。
时代：西汉早中期
著录：《拓片》图44。

编号：0459
释文：日始出，天下光，作□神竟（镜）以昭（照）侯王，赤鸟玄武英（映）四旁（方），子孙烦（蕃）息乐未央。
时代：西汉晚期至东汉早期
著录：《西甲》卷十九41a；《故宫》G图四六。
简注：“日”字前有起止符号。《西甲》摹本“真”字漏摹阙释。

37.“日月”铭

在西汉时期，还有一类书体与铭文皆十分怪异的铜镜，完整的文句作：

见日月之勿（或作“忽”）光，毋勿相忘。

与日光镜“有若”型，昭明镜“光辉象夫日月”相类，可暂称“日月”铭。

“之”字与昭明镜“心”字讹同，“忽”字与昭明镜“忽”字写法相同。“勿”与“忽”，疑皆读为“昒”。“昒”，《说文》：“一曰旦明也。”班固《幽通赋》：“昒昕寤而仰思。”注曰：“昒昕，晨旦明也。”韦昭曰：“音妹。又音忽。”

“光”“毋”“相”“忘”四字写法特殊，“光”字形似“夫”字，“相”字简化成两横一竖，山东省文物考古研究所藏有一镜（《鉴耀齐鲁》图165—2），铭文作“见日之光，长毋相忘”，诸字形正与此相同，可作为此类镜释文佐证。

从西汉中期开始，昭明镜中常出现在“日”字前添加几何符号的现象，“日月”铭中也常有这种现象。加之“日月”铭镜中有时也含有昭明镜中常见“忠”“世（泄）”等铭文，且写法与之完全一致，联系其他诸字的特殊写法，颇疑此类镜乃由昭明镜减省变化而来，后渐成一系。

在出土地方面，“日月”铭镜以山东地区最多。值得一提的是，昭明镜铭文讹变、错乱最集中之地也在山东（如常将“心忽穆而忠”变为“心忽而穆忠”），也许恐非偶然。

在形制和纹饰方面，“日月”铭镜皆圆钮，圆钮座，铭文间以几何纹相隔，窄素缘。流行时代大约在西汉中晚期。

由于此类镜存世较多，本节只能选择部分镜铭胪列于下，在选择时，尽量照顾到出土地域，尽可能选择各地较为典型者，即便如此，本节所列之镜仍然较多，为便于比较，本节暂按铭文完整度排序，铭文较完整的靠前，减铭较多的靠后。

编号：0460
释文：见日月之勿（昒），而之忠，日光长。
时代：西汉中晚期
著录：《考古》1996（10）第93页图二：2。

编号：0461
释文：见日月之勿（昒）光，毋相。

时代：西汉中晚期

著录：《故宫》I图33；/《旅顺》图25；/《洛古》图48；/《东南文化》2014（4）第49页图十八：2；/《考古与文物》2019（2）第38页图一〇：4；/《考古》1984（11）第1041页图二；/《文物》2000（10）第64页图五[①]；/《齐鲁》图162—1；/《齐鲁》图162—2；/《齐鲁》图162—3；/《齐鲁》图162—4；/《齐鲁》图162—5；/《齐鲁》图162—6；/《齐鲁》图163—1；/《齐鲁》图163—2；/《齐鲁》图163—4；/《齐鲁》图164—1；/《齐鲁》图165—6；/《齐鲁》图168—1；/《齐鲁》图168—4；/《齐鲁》图176—2；/《齐鲁》图176—4；/《齐鲁》图176—6；/《齐鲁》图177—1；/《齐鲁》图177—2；/《齐鲁》图177—3；/《齐鲁》图178—2；/《齐鲁》图179—2；/《齐鲁》图179—4；/《齐鲁》图180—1；/《齐鲁》图180—3；/《齐鲁》图180—5；/《华夏考古》2016（4）第30页图一〇：6[②]。

编号：0462

释文：见日月之明光，毋忘。

时代：西汉中晚期

著录：《岩窟》二上第49图。

编号：0463

释文：见日月之勿（昒）光，毋忘。

时代：西汉中晚期

著录：《考古》1974（3）第185页图七：2；/《旅顺》图16；/《齐鲁》图164—4；/《齐鲁》图168—3；/《齐鲁》图180—2；/《齐鲁》图182—2；/《东南文化》1989（2）第123页图十二：5；/《善斋》镜录卷二41b；《小校》卷十六33a右上；《志稿》第3221页；/《拓影》图124。

编号：0464

释文：见日月之勿（昒）光，毋长。

时代：西汉中晚期

著录：《齐鲁》图164—2。

编号：0465

释文：见日月之勿（昒），而长毋。

时代：西汉中晚期

著录：《齐鲁》图177—5。

编号：0466

释文：见日月之勿（昒）光。

时代：西汉中晚期

著录：《文物》1957（8）第33页图7；/《考古》1989（9）第774页图六：左下；/《尊古斋》第123页左下。

编号：0467

释文：见日月之勿（昒），相。

时代：西汉中晚期

著录：《华夏考古》2019（5）第47页图五：1。

编号：0468

释文：见日之忽（昒）光，毋勿相忘。

时代：西汉中晚期

著录：《齐鲁》图179—1。

编号：0469

释文：日月，心忽（沕）而穆忠，然壅塞不泄。

时代：西汉中晚期

著录：《广陵》图43。

简注：据此镜可发现从“昭明”铭到“日月”铭的变化轨迹。

编号：0470

释文：日月之忽（昒）光，毋之忠，勿相忘。

时代：西汉中晚期

---

① 此镜出土于西汉中期偏晚墓（M18），应为西汉中期之物。

② 此镜出土于西汉中期墓（M65），应为西汉中期之物。

著录：《广陵》图35；/《文物》1985（10）第85页图二：3。

编号：0471
释文：日月之勿（昒）光，毋之忠，勿相。
时代：西汉中晚期
著录：《齐鲁》图175—3。

编号：0472
释文：日月之勿（昒）光，之忠，日勿相。
时代：西汉中晚期
著录：《齐鲁》图166—1。

编号：0473
释文：日月之勿（昒）光，毋勿相，世（泄）。
时代：西汉中晚期
著录：《齐鲁》图176—3。
简注：据此镜铭文推断，疑此式镜之产生与“昭明”镜关系密切。

编号：0474
释文：日月之忽（昒）光，毋勿相忘。
时代：西汉中晚期
著录：《小檀》卷三26a；《拓影》图140；/《善斋》卷二42a、42b；《小校》卷十六32b左下；《志稿》第3210页；《志稿》第3211页；/《小校》卷十六33a右中；/《小校》卷十六33a左上。

编号：0475
释文：日月之忽（昒）光，毋勿相。
时代：西汉中晚期
著录：《齐鲁》图167—4；/《齐鲁》图176—5。

编号：0476
释文：日月之勿（昒）光，毋勿相。
时代：西汉中晚期
著录：《考古学报》2018（3）第355页图三二：2、第356页图三三：7。

编号：0477
释文：日月之忽（昒）光，毋勿忘。
时代：西汉中晚期
著录：《齐鲁》图181—1。

编号：0478
释文：日月之忘勿（昒）光，日相，日月之忘。
时代：西汉中晚期
著录：《齐鲁》图161—1。

编号：0479
释文：日月之勿（昒）光，相。
时代：西汉中晚期
著录：《齐鲁》图182—3。

38.“镜以此行”铭

“镜以此行”铭，传世较少，内容不出“日光”铭常见套语，疑由“日光”铭减省、变化而来。

在形制、纹饰方面，“镜以此行”铭皆伏兽钮，方框铭文带，主纹分四区，内置带座乳钉，纹饰多为草叶纹、麦穗纹、带苞花枝纹等，内向连弧纹配素卷缘，或内向连弧纹缘。从时代上看，应是西汉早期后段到西汉中期前段之物。

编号：0480
释文：镜以此行，服者君卿，所言必当，千秋万岁，长毋相忘。
时代：西汉早中期
著录：《考古》2008（10）第37页图六；《南阳》图九三、图版四〇：1；《龙纹》图78；《文化》图91；《图集》图179；《图典》B图3.67；/《汉铭斋》图56；《文化》图61；《图集》图99；《清艺》第118页；《书法》图63；《拓片》图210。

编号：0481
释文：镜以此行，所言必当，千秋万岁，长毋相忘。
时代：西汉早中期

著录：《止水阁》图71；《图集》图100；《书法》图64。

编号：0482
释文：镜以此行，千秋万岁，长毋相忘。
时代：西汉早中期
著录：《图典》A图187。

39.“清明”铭

“清明”铭，常含有“清明”“精明”等套语，常见文句有：

A.镜气精（清）明，服者君卿，安乐未央。

B.镜气错（清）明，服者君卿，延年益寿，安乐未央。

C.镜气精（清）明，服者君卿，千秋万岁，常乐未央。

D.阪（版）锡有齐（剂），与众异容，为静精实，谓质清明。

E.【外】镜气精（清）明，见日之光，用者君卿，长毋相忘。君乐有它，忘故谓何？宜酒食，日得所喜。【内】家常贵富。

内容不仅有吉语，还包含对铜镜质量或工艺的夸赞。

山东省临淄地区出土的“日光”铭镜中层出现“镜生清明”[1]之语，“清明”铭主要套语亦多见于“日光”铭，故疑两类镜之间关系密切。

“清明”铭镜皆为方格铭文带，内向连弧纹缘，流行时间大约在西汉早期后段到西汉中期。

为便于检索，本节暂按A—E型先后顺序排序，有些文句不在上述型式之内，暂据铭文相似性排序。

编号：0483
释文：镜气精（清）明，服者君卿，安乐未央。
时代：西汉早期
著录：《宝鸡》第36页上。

编号：0484
释文：镜气错（清）明，服者君卿，延年益寿，安乐未央。
时代：西汉早期
著录：《文物》1982（9）第88页图四。

编号：0485
释文：镜气精（清）明，服者君卿，千秋万岁，常乐未央。
时代：西汉早期
著录：《淮与汉》图K1。

编号：0486
释文：阪（版）锡有齐（剂），与众异容，为静精实，谓质清明。
时代：西汉早期
著录：《长安》图十一：3、图版十：2；《收藏家》2003（4）第45页图右下；《文化》图81；《图集》图154；《书法》图100。
简注：西汉早期墓出土。“阪”，疑读为“版”或“钣”，《周礼·秋官·职金》：“旅于上帝，则共其金版。飨诸侯亦如之。”注曰：“鉼金谓之版。”《韵会》通作“钣”。《尔雅·释器》“鉼金谓之钣（《释文》亦作版）。镜铭中“版”，指铸镜所用原料铜饼。

编号：0487
释文：镜清明，铜必良，宜大王，毋相忘。
时代：西汉早中期
著录：《图集》图175；《文化》图89。

编号：0488
释文：【外】镜气精（清）明，见日之光，用者君

① 山东省淄博市临淄东孙墓地博物院工地（M440）出土之镜铭曰：“镜生清明，如日之光，服者君卿，幸至未央，长毋相忘。”淄博市临淄区文物管理局：《山东临淄战国汉代墓葬与出土铜镜研究》图59，文物出版社2017年版，第170页。

卿，长毋相忘。君乐有它，忘故谓何？宜酒食，日得所喜。【内】家常贵富。

时代： 西汉中期

著录： 北京金懋2011春拍：1186。

简注： 此条重出，亦列于本书“家常贵富”铭一节。

编号： 0489

释文： 【外】镜气精（清）明，说（悦）貌孝光，昭察万物，不以匿容，结言缪心，唯（虽）远何伤，服者君卿，【内】宜坐高堂，葆（保）德有礼，子孙潘（蕃）昌，延年富贵，安乐未央。

时代： 西汉早中期

著录： 《拓片》图19。

简注： 《礼·祭统》“孝者，畜也，顺于道不逆于伦，之谓畜。”

40. “心思”铭

“心思”铭镜，即套语中包含短语“心思”的镜种。

“心思”铭镜常见的文句有：

A.见日之光，心思君王。

B.心思君王，太上见长。

C.畜思君王，心思不忘。

D.心思美人，毋忘大王。

E.君王美人，心思可忘。

F.久不见君，心思不忘。

在形制、纹饰方面，“心思”铭镜多为三弦钮或圆钮，方框铭文带，素卷缘或内向十六连弧纹缘，主要纹饰有桃形花苞、麦穗纹、草叶纹、龙纹等，具有西汉早中期铜镜的典型特征，故其流行时代亦当为西汉早中期。

由于本节所列之镜较多，为便于检索，暂按A—F型先后顺序排序。

编号： 0490

释文： 见日之光，心思君王。

时代： 西汉早中期

著录： 《止水阁》图79；《图集》图120；《书法》图80。

简注： 此条重出，亦列于“日光”铭（综合）一节。

编号： 0491

释文： 心思君王，太上见长。

时代： 西汉早中期

著录： 《故宫》A图25；《故宫》C图17；《故宫》I图30；/《清华》图24；《三槐堂》图34、图35；《图集》图133；/《国博》1992（18—19）第223页图42；/《考古》1994（6）第565页图一：1；/《淮与汉》图K8；/《尊古斋》第98页；《岩窟》二上第16图；《簠斋》第29页；《国图》第16页；《陈介祺》图1；/《镜录》卷下16b上；《国图》第15页；《陈介祺》图2；/《阳羡》图20；/《书法》图89；《汉铭斋》图64；《图集》图134；《复旦》图48；/《汉铭斋》图65；《文化》图75；《书法》图90；《图集》图135。

简注： “心”字前常有起止符号。

编号： 0492

释文： 畜思君王，心思不忘。

时代： 西汉早中期

著录： 《考古学报》1956（1）第28页图十四：2、图版三：1。

编号： 0493

释文： 心思美人，毋忘大王。

时代： 西汉早中期

著录： 《四川》图22；《图集》176；《书法》图118；《图典》A图206；《图典》B图3.79；/《镜录》下16a；《志稿》第3234页；《图集》图137；《书法》图92。

编号： 0494

释文： 君王美人，心思可忘。

时代： 西汉早中期

著录： 《汉铭斋》图66；《文化》图76；《图集》图138；《书法》图93；《复旦》图50。

简注：“君”字前有起止符号。

编号：0495
释文：久不见君，心思不忘。
时代：西汉早中期
著录：《图集》图164；《书法》图108。
简注：“久”字前有起止符号。

41．“久不相见”铭

“久不相见”，先秦以来习语。《史记·滑稽列传》：“若朋友交游，久不相见，卒然相覩，欢然道故，私情相语，饮可五六斗，径醉矣。”

与“久不相见”相组合的套语有：

A.长毋相忘。

B.长毋见忘。

皆为先秦以来习语。“久不相见”铭，句式结构工整，四字一句，叶阳部韵。表达了恋人、朋友、亲人之间的不舍之情。

为便于检索，本节暂按A、B两型先后顺序排序。

编号：0496
释文：久不相见，长毋相忘。
时代：西汉中晚期
著录：《寿县》图61；/《清华》图26；《文化》图101；《止水集》第30页图7—2；《图集》图201；/《南阳》图一七五、图版七七：2；/《文物》2014（3）第21页图一〇；/《考古》1966（5）第247页图八：1；/《文物》1981（11）第23页图四二；/《齐鲁》图167—2；/《华夏考古》2016（4）第48页图三二：2；/《陕历》第101页上；/《陕历》第112页上；/《石寨山》图二二：6、图版肆伍：6；/《小校》卷十六33a左下；《志稿》第3220页；/《三槐堂》图38、图39；/《拓片》图132。

编号：0497
释文：久不相见，长毋见忘。
时代：西汉中期
著录：《桃华盦》图4；《久保惣》A图10；《久保惣》B图10；《陈介祺》图14；《国图》第12—13页；《镜录》卷下15b；《志稿》第3207页①；《图典》A图195；《图集》图125；《书法》图84。

42．“昭明”铭（一）

“昭明”铭是西汉时期重要的镜类之一，根据考古资料其流行时间从汉武帝之前一直到西汉晚期。通过纹饰、镜铭用字特点（避讳）及书体风格可以进行简单的分期。

“昭明”铭镜以纹饰分，大致可以分为两大类：一类主纹为蟠螭纹，纹饰主要分三区或四区，以草叶纹进行间隔，可称之为蟠螭纹镜；一类以十二连珠纹居内（环绕镜钮），或另以内八连弧纹环绕之，可称之为连珠纹镜。前一类的铸造时间应早于后一类。本节先胪列前一类。

在铭文方面，蟠螭纹镜亦可分为两种。一种铭文书体严整，与长沙马王堆汉墓出土帛书文字、北大汉简《道德经》等文字风格相近，以“彻”字结尾，不避汉武帝讳，可称彻字镜；一种铭文书体简率，避汉武帝讳，改以“泄”字结尾，可称泄字镜。

完整的铭文辞例为：

A.内清质以昭明，光辉象夫日月，心忽穆而愿忠，然雍塞而不彻。

B.内清质以昭明，光辉象夫日月，心忽穆而愿忠，然雍塞而不泄。

在结构上，带有鲜明的楚辞特点。与《离骚》相比，只是省去“兮”字②。

① 与《镜录》卷下15b为同一器。
② 若镜铭中加“兮”字，为“内清质以昭明兮，光辉象夫日月，心忽穆而愿忠兮，然雍塞而不彻。”则与楚辞无二，而汉镜中确实也有不少铭文加“兮”的用例。

在文字方面，“清”镜铭常作“请”。“内”，李零先生读为“纳”[①]，是很好的意见，或可信从。“忽穆”，过去学者多误释为“忽扬”，裘锡圭先生认为实为“忽穆”，即贾谊《鹏鸟赋》的“沕穆”，《淮南子·原道》的“物穆”[②]，甚是。“光辉象夫日月”，即他镜所谓“光似日月”“如日月之光”者。此类镜李零先生有很好的释译[③]，学者可以参看。

一般认为“彻字镜”是武帝之前的器物，而“泄字镜”多在武帝及以后。“泄字镜”相较于“彻字镜”在铭文方面常常有误置、错乙、脱省等现象。或疑此类镜汉人早已对全铭烂熟于心，即便偶有省脱，亦不妨害当时之阅读。

编号：0498

释文：内清质以昭明，光辉象夫日月，心葱（沕）穆而顨（愿）忠，然壅塞而不㣤（彻）。

时代：西汉早期

著录：《国博》1992（18—19）第217页图7；《文化》图15；《图集》图20；《书法》图11。

简注：“忽”字上部从艹，作“葱”，汉镜文字中常喜加“艹”旁为饰，如殃咎之“咎”作“萏”。他镜或进一步讹作从艹从“忿”。“分”，疑为“勿”之误。月、㣤皆月部字，押韵。

编号：0499

释文：内请（清）质以昭明，光辉象夫日月，心葱（沕）穆而顨（愿）忠，然壅塞而不泄。

时代：西汉早期

著录：《中国文化》2012（1）第32页。

简注：铭文中改以“泄”字结尾。武帝时期多以“通”代“彻”避讳，如《史记》改“蒯彻”为“蒯通”[④]。此处用“泄”而不用“通”，大约是为了押韵之故。“泄”，月部字，与同为月部的“月”字押韵。

43.“昭明”铭（二）

以“泄”字结尾的“昭明”铭镜，从铭文书体方面看，大致有两种类型。

一种多为方隶篆，简笔字较多，字体略显粗率，而另一种则与西汉晚期的“日有”铭、“铜华”铭风格相近，字体方正规整。这种风格上的差异，在“明”字上表现更为明显，后一种仍然是“明”字常见的方块字写法，而前一种大部分则近似“昒”字[⑤]。

《洛阳烧沟汉墓》认为，前一种风格的铭文“在当时应是自成一体的”，而后一种“昭明镜铭文字体变成方形，是从西汉末开始的，到王莽时、东汉初都是如此。”[⑥]

《洛阳烧沟汉墓》的说法有一定道理，不过，方正字体的出现时间并非一定要晚到西汉末年。在西汉中期和晚期的墓葬里，这两种类型的铜镜都有出土，但西汉中期墓葬出土前一种铜镜的比例远高于后者，后一种铜镜的出土时代则以西汉晚期最为集中。

通过对墓葬同出器物的分析，目前出土前一种铜镜所在墓葬的时代上限为西汉中期偏早的武帝前期[⑦]，一直流行到西汉晚期至新莽前后，后一种的时

① 李零：《读梁鉴藏镜四篇——说汉镜铭文中女性赋体诗》，《中国文化》2012年第1期，第31页。
② 裘锡圭：《昭明镜铭文中的“忽穆”》，收入氏著《古文字论集》，中华书局1992年版，第633页。
③ 李零：《读梁鉴藏镜四篇——说汉镜铭文中女性赋体诗》，《中国文化》2012年第1期，第30—34页。
④ 陈垣：《史讳举例》第七十二“秦汉讳例”，中华书局2004年版，第130页。
⑤ 昒，旦明也。班固《幽通赋》：“昒昕寤而仰思。”注：“昒昕，晨旦明也。”可见，昒亦有明义。汉镜中使用“昒”字多集中在西汉中期的“日光”铭镜与“昭明”铭镜中，相同的位置其他时段则皆用“明”字，故疑这几类铜镜中的“昒”字为特殊的用字习惯。本节中径释作“明”字，而以下画线加以区别。
⑥ 中国科学院考古研究所：《洛阳烧沟汉墓》，科学出版社1959年版，第174页。
⑦ 江苏省徐州市南郊奎山汉墓（M11S：16）出土之镜。刘尊志等：《江苏徐州市奎山四座西汉墓葬》，《考古》2012年第2期。

代稍晚，墓葬上限为西汉中期偏晚的昭宣时期[①]，盛行于西汉晚期至新莽前后，东汉早期以后这两种铜镜皆基本消失。

需要指出的是，这两种类型的铜镜虽然仍继续沿用"彻"字镜的基本文句，但已皆将"彻"字换为"泄"字，并开始使用"而"字作为衬字，之所以称之为衬字，是因为其中的"而"字并不实义，与几何符号无二，增加或去除皆并不妨碍文义，且时代愈晚，衬字的使用愈频繁。

基于"昭明"铭字体方面的区别与时代方面的差异，本书暂将它们分两节胪列，本节所列者为前一种，即书体较为粗率的"昭明"铭镜。由于此类镜出土及传世数量较多，受篇幅所限，本节仅胪列各地区[②]较为典型者。为便于检索及分区比较，暂依铜镜出土地及现藏地首字音序排列，每地区中铭文较完整者靠前，减铭较多者靠后。

安徽

编号：0500

释文：内清质以昭明，光辉象夫日月，心忽（忽）穆而顥（愿）忠，然壅塞而不泄。

时代：西汉中晚期

著录：《六安》图52。

简注："塞"字减笔。

编号：0501

释文：内清质以昭明，光辉象夫日月，心忽（忽）而顥（愿）忠，然壅塞而不泄。

时代：西汉中晚期

著录：《六安》图55。

编号：0502

释文：内清质以昭明，光而夫日月，心忽（忽）而顥（愿）忠，壅塞而不泄。

时代：西汉中期

著录：《文物》2013（2）第88页图九。

编号：0503

释文：内□□以昭明，光而象夫日月，心忽（忽）穆而忠，然而不泄。

时代：西汉中期

著录：《江汉考古》2000（3）第64页图十一。

简注：西汉中期墓出土（99XZM16：1）。

编号：0504

释文：内清质以昭明，光日月，心忽（忽）而穆忠，然壅塞不泄。

时代：西汉中晚期

著录：《文物》1993（9）第11页图二五。

简注：西汉中晚期墓出土（M1：5）。起止符号误置于"日"字之前。

编号：0505

释文：内清之以昭明，光辉象夫日月，心忽（忽）穆而顥（愿）忠，然壅塞而不泄。

时代：西汉中晚期

著录：《广陵》图57。

简注：安徽省天长市城南乡祝涧村三角圩出土，现藏于安徽省天长市博物馆。

编号：0506

释文：内清之以昭明，光而象夫日月，心忽（忽）穆而忠，然壅塞不泄。

时代：西汉中期至新莽前后

著录：《考古》1979（4）第328页图一七：2。

编号：0507

释文：内清之以昭明，光之象而日月，心忽（忽）穆而忠，壅塞而不。

① 如河南省洛阳市卜千秋墓与江苏省泗阳县陈墩汉墓出土之镜。洛阳博物馆：《洛阳西汉卜千秋壁画墓发掘简报》，《文物》1977年第6期；江苏泗阳三庄联合考古队：《江苏泗阳陈墩汉墓》，《文物》2007年第7期。

② 本节所称的各地区，指该镜的出土地或馆藏地。

时代：西汉中晚期
著录：《六安》图126。
简注："内"字前有起止符号。

编号：0508
释文：内清之以昭明，光之象而日月，心忽（湣），而不泄。
时代：西汉中晚期
著录：《六安》图49。
简注："内"字前有起止符号。

编号：0509
释文：内清之以昭明，光而夫日月，心忽（湣）而忠，然壅塞而不世（泄）。
时代：西汉中期至新莽前后
著录：《考古》1979（4）第328页图一七：1。

编号：0510
释文：内清之以昭明，光之夫日月，心，而不泄。
时代：西汉中晚期
著录：《寿县》图62。

编号：0511
释文：内清之以昭明，光象夫日月，不泄。
时代：西汉中期至新莽
著录：《东南文化》2007（6）第32页图十七：2。
简注：铭文中衬以多个"而"字。

编号：0512
释文：内清以昭，日月，心忽（湣）而穆忠，然壅塞不泄。
时代：西汉中晚期
著录：《寿县》图70。
简注：起止符号误置于"日"字之前。

编号：0513
释文：内▱昭明，光而象夫日月，心忽（湣）穆而忠，然而不泄。
时代：西汉中期
著录：《萧县》图一九b：1、彩版六：1。
简注：西汉中期后段墓（XZM16）出土。

编号：0514
释文：内清以昭明，光象夫日月，心，不世（泄）。
时代：西汉中期
著录：《考古》1990（5）第475页图四①；/《淮南》第88页、第89页。
简注：铭文中衬以多个"而"字。

编号：0515
释文：内清以昭明，光象夫日月，心，不泄。
时代：西汉中晚期
著录：《东南文化》2009（4）第42页图十：4。
简注：西汉晚期偏早墓出土（M1：5）。铭文中衬以多个"而"字。

编号：0516
释文：内青（清）以昭明，光象夫日月。
时代：西汉中晚期
著录：《淮南》第97页。
简注：铭文中衬以多个"而"字。

编号：0517
释文：内清以昭明，光夫日月。
时代：西汉中晚期
著录：《蚌埠》第22页、第23页。
简注：铭文中衬以多个"而"字。

编号：0518
释文：内清以昭明，光日月，世（泄）。
时代：西汉中晚期
著录：《萧县》图七一：3、彩版一八，4。
简注：铭文中衬以多个"而"字。

① 此镜出土于西汉中期偏晚墓（M4），应为西汉中期之物。

编号： 0519

释文： 内清以昭日月，心忽（潒）而穆忠，然壅塞不泄。

时代： 西汉中晚期

著录： 《寿县》图63。

简注： 起止符号误置于“日”字之前。

编号： 0520

释文： 内青（清）以之召（昭）明，⍁夫日月，⍁忠，不。

时代： 西汉中期至新莽

著录： 《江汉考古》1992（4）第27页图四。

简注： 铭文中衬以多个“而”字。

编号： 0521

释文： 内清⍁光象⍁忠，然壅而不泄。

时代： 西汉中晚期

著录： 《考古学报》1983（3）第395页图一一：2。

简注： “内”字前有起止符号。铭文中衬以多个“而”字。

北京

编号： 0522

释文： 内清之以昭明，光而象夫日月，心忽（潒）穆而顯（愿）忠，然壅塞而不泄。

时代： 西汉中晚期

著录： 《国博》1992（18—19）第226页图60。

编号： 0523

释文： 内清之以昭明，光之象夫日月，心而穆之，不泄。

时代： 西汉中晚期

著录： 《唐宋》附图18。

编号： 0524

释文： 内清以昭明，光象夫日月，心忽（潒），不世（泄）。

时代： 西汉中晚期

著录： 《国博》1992（18—19）第226页图61。

简注： “内”字前有起止符号。铭文中衬以多个“而”字，“日月”之间置有几何符号。

编号： 0525

释文： 内清以昭明，光象夫日月，心，不。

时代： 西汉中晚期

著录： 《国博》1992（18—19）第226页图59；/《国博》1992（18—19）第225页图53。

简注： 铭文中衬以多个“而”字。

编号： 0526

释文： 内清昭明，光象日月，心忽（潒）忠，不。

时代： 西汉中晚期

著录： 《国博》1992（18—19）第224页图47。

简注： “内”字前有起止符号。铭文中衬以多个“而”字。

编号： 0527

释文： 内清以昭明，光象日月。

时代： 西汉中晚期

著录： 《清华》图28；《三槐堂》图42；《汉铭斋》附图17。

简注： 现藏于清华大学艺术博物馆。“内”字前有起止符号。铭文中衬以多个“而”字。

广西

编号： 0528

释文： 内清质以昭明，光而象夫日月，心而忽（潒）穆忠，然壅塞不泄。

时代： 西汉中晚期

著录： 《考古》2007（2）第34页图一九。

编号： 0529

释文： 内清以昭明之，光辉象日月，心忽（潒）穆而忠，塞不泄。

时代： 西汉中期

著录： 《考古学报》2006（1）第105页图一八：2。

简注： 西汉中期晚段墓出土（M2：18）。铭文中衬以多个“而”字。

贵州

编号： 0530

释文： 内清质以昭明，光辉夫日月，心忽（淴）然而忠穆，壅塞而不泄。

时代： 西汉中晚期

著录： 《考古学报》1986（2）第221页图二一：3。

简注： 西汉晚期（平帝前后）墓出土（23：17）。

编号： 0531

释文： 内清质以昭明，光象夫日月，心忽（淴）忠，□不泄。

时代： 西汉中晚期

著录： 《考古学报》1986（2）第221页图二一：4。

简注： 西汉晚期（平帝前后）墓出土（19：3）。铭文中衬以多个“而”字。

编号： 0532

释文： 内清以昭明，光象夫日月，心忽（淴）忠，⍁。

时代： 西汉中晚期

著录： 《考古学报》1986（2）第221页图二一：2。

简注： 西汉晚期（平帝前后）墓出土（23：13）。铭文中衬以多个“而”字。

编号： 0533

释文： 内清昭明，光象夫日月，心，不泄。

时代： 西汉中晚期

著录： 《考古学报》1986（2）第221页图二一：1。

简注： 西汉晚期（平帝前后）墓出土（22：10）。铭文中衬以多个“而”字。

河北

编号： 0534

释文： 内清质以昭明，光辉象夫日月，心忽（淴）穆而顨（愿）忠，然而不。

时代： 西汉中晚期

著录： 《历代》图34。

简注： “光”字前有起止符号。

编号： 0535

释文： 内清以昭明之，光而日月，心忽（淴）穆而顨（愿）忠，塞不泄。

时代： 西汉中期至新莽

著录： 《文物春秋》1998（4）第16页图三十一：3。

编号： 0536

释文： 内⍁以昭明，光象夫乎之兮⍁不⍁。

时代： 西汉中期

著录： 《考古》1990（4）第327页图八：5；《文物春秋》2015（3）第30页图三：5。

简注： 西汉中期（昭宣）墓出土（M2：12）。镜残缺。铭文中衬以多个“而”字。

河南

编号： 0537

释文： 内清质以昭明，光辉象夫日月，心忽（淴）穆而顨（愿）忠，然壅塞不而泄。

时代： 西汉中晚期

著录： 《江汉考古》1997（1）第28页图十四。

简注： “内”字前有起止符号。“不而”错乙。

编号： 0538

释文： 内清质以昭明，光辉而象日月，心忽（淴）穆而顨（愿）忠，然壅塞不泄。

时代： 西汉中晚期

著录： 《南阳》图一七三、图版八三：2。

编号： 0539

释文： 内清质以昭明，光辉象夫日月，心忽（淴）而穆忠，然壅塞不泄。

时代： 西汉中期

著录： 《南阳》第327页序号407。

简注： 西汉中期墓（WJAF M2）出土。“塞”字减笔。

编号：0540
释文：内清质以昭明，光辉象□穆而颙（愿）忠，然壅塞而不泄。
时代：西汉中晚期
著录：《南阳》第321页序号393。

编号：0541
释文：内清质以昭明，光辉象夫日月，心忽（潒）乎而颙（愿）忠，乎而泄。
时代：西汉中晚期
著录：《南阳》第297页序号350。
简注：“内”字前有起止符号。

编号：0542
释文：内清质以昭明，光辉象夫日月，心然忠忽（潒），壅塞泄。
时代：西汉中晚期
著录：《南阳》第309页序号374。
简注：铭文中衬以多个“而”字。

编号：0543
释文：内清质以昭明，光辉象夫日月，心而忠，然而不泄。
时代：西汉中晚期
著录：《考古学报》1959（2）第67页图八：3。

编号：0544
释文：内清质以昭明，光之象夫日月，心忽（潒）而颙（愿）忠，壅然塞不泄乎。
时代：西汉中晚期
著录：《中原文物》2011（4）第10页图六：1；《南阳》图版八一：1。
简注：“壅然”错乙，铭文中衬以多个“而”字。

编号：0545
释文：内清质以昭明，光之象夫日月，心忽（潒）穆，壅塞不世（泄）。
时代：西汉中晚期
著录：《南阳》第305页序号367。

编号：0546
释文：内清质以昭明，光之象夫日月，忽（潒）然心壅塞之不泄。
时代：西汉中晚期
著录：《华夏考古》2003（3）第23页图四：4。
简注：西汉中期或偏晚墓出土（M1：1）。“内”字前有起止符号。铭文中衬以多个“而”字。

编号：0547
释文：内清质以昭明，光象夫日月，心忽（潒）而颙（愿）忠，壅塞而不泄。
时代：西汉中晚期
著录：《南阳》第311页序号375。

编号：0548
释文：内清质以昭明，光象夫日而月，心忽（潒）穆而忠，而不泄。
时代：西汉中晚期
著录：《南阳》图版八二：1。

编号：0549
释文：内清质以昭明，光象夫日月，心忽（潒）穆忠，不。
时代：西汉中晚期
著录：《三门峡》第22页。

编号：0550
释文：内清质以昭明，光象夫日月，心忽（潒）□。
时代：西汉中晚期
著录：《南阳》第325页序号401。
简注：铭文中衬以多个“而”字。

编号：0551
释文：内清质以昭明，日月，心忽（潒）穆而忠颙（愿），然壅塞而不泄。
时代：西汉中晚期
著录：《南阳》图版八四：2。
简注：“忠愿”错乙。

编号：0552
释文：内清质以昭［明］，光日象夫日月，心忽（愬）；见日之日。
时代：西汉中晚期
著录：《洛古》图55。
简注："内"字前有起止符号。铭文中衬以多个"而"字。

编号：0553
释文：内清之以昭明，光之象夫日月，心忽（愬）穆而顠（愿）忠，然壅塞不泄。
时代：西汉中晚期
著录：《洛阳》图22；《洛古》图53；《洛华》图54。

编号：0554
释文：内清之以昭明，光之象而日月，心忽（愬）。
时代：西汉中晚期
著录：《南阳》第303页序号360。

编号：0555
释文：内清之以昭明，光之象夫日月，心，不。
时代：西汉中晚期
著录：《中原文物》2019（5）第33页图一四。
简注："内"字前有起止符号。

编号：0556
释文：内清之以昭明，光之象日月，心，不泄。
时代：西汉中晚期
著录：《南阳》第323页序号397。

编号：0557
释文：内清之以昭明，光之象日月，不泄。
时代：西汉中晚期
著录：《南阳》图一七四。

编号：0558
释文：内清之以昭明，光而象夫日月，心忽（愬）穆而顠（愿）忠，然壅塞而不泄。
时代：西汉中期
著录：《洛古》图49。
简注：西汉中期墓（M65）出土。"内"字前有起止符号。铭文中衬以多个"而"字。

编号：0559
释文：内清之以昭明，光而象夫日月，心忽（愬）穆而忠，然壅塞而不泄。
时代：西汉中晚期
著录：《三门峡》第38页。

编号：0560
释文：内清之以昭明，⧄夫日月，心忽（愬）穆而忠，然壅塞□。
时代：西汉中晚期
著录：《洛古》图54。
简注："内"字前有起止符号。

编号：0561
释文：内清之以昭明，光而象夫日月，心忽（愬）而忠，然而不泄。
时代：西汉中晚期
著录：《南阳》第295页序号344。

编号：0562
释文：内清之以昭明，光而象夫日月，心忽（愬）。
时代：西汉中期
著录：《南阳》图一六九、图版八〇：1。
简注：西汉中期墓（NSJ M103）出土。

编号：0563
释文：内清之以昭明，光象夫日月，心忽（愬）壅穆忠，塞不泄。
时代：西汉中晚期
著录：《南阳》图一七二。

编号：0564
释文：内清之以昭明，光象夫日月，心忽（愬），不。
时代：西汉中晚期

著录：《南阳》第317页序号387。
简注：铭文中衬以多个“而”字。

编号：0565
释文：内清以而昭明之，光象日月，心忽（愡）穆而忠，塞不泄。
时代：西汉中晚期
著录：《南阳》图版七八：1。

编号：0566
释文：内清以昭明之，光象辉之夫而日月，心忽（愡）而顚（愿）忠，塞不泄。
时代：西汉中晚期
著录：《三门峡》第43页。

编号：0567
释文：内清以昭明，光象夫日月，心忽（愡）穆而忠，壅而不泄。
时代：西汉中期至新莽前后
著录：《洛华》图64。
简注：铭文中衬以多个“而”字。

编号：0568
释文：内清以昭明，光象夫日月，心忽（愡）穆而忠，而不世（泄）。
时代：西汉中晚期
著录：《南阳》第313页序号379；《中原文物》2011（4）第10页图六：2。
简注：“内”字前有起止符号。铭文中衬以多个“而”字。

编号：0569
释文：内清以昭明，光象夫日月，心忽（愡）穆而忠，而不。
时代：西汉中晚期
著录：《南阳》第321页序号394。
简注：铭文中衬以多个“而”字。

编号：0570
释文：内清以昭明，光象夫日月，心忽（愡）忠，而不世（泄）。
时代：西汉中晚期
著录：《南阳》图一六六。
简注：铭文中衬以多个“而”字。

编号：0571
释文：内清以昭明，光象夫日月，心忽（愡）忠，不泄。
时代：西汉中期
著录：《南阳》图版七九：1。
简注：西汉中期墓（WJCY M65）出土。铭文中衬以多个“而”字。

编号：0572
释文：内清以昭明，光象夫日月，心忽（愡）忠，不。
时代：西汉中晚期
著录：《南阳》第327页序号408。
简注：“内”字前有起止符号。铭文中衬以多个“而”字。

编号：0573
释文：内清以昭明，光象夫日月，心忽（愡），不泄。
时代：西汉中期
著录：《中原文物》2017（4）第14页图八。
简注：西汉中期偏晚墓出土（M317：16）。铭文中衬以多个“而”字。

编号：0574
释文：内清以昭明，光象夫日月，心忽（愡），不世（泄）。
时代：西汉中晚期
著录：《南阳》图一六五、图版七八：2；/《南阳》图版八三：1；/《南阳》第303页序号363；/《洛古》图51；/《烧沟》图六九：6；《洛华》图61。
简注：铭文中衬以多个“而”字。

编号：0575
释文：□象夫日月，心忽（淴），而不□。
时代：西汉中晚期
著录：《考古》1964（8）第392页图一二：2。

编号：0576
释文：内清以昭□日月，心忽（淴）。
时代：西汉中晚期
著录：《南阳》第317页序号385。
简注：镜残缺。铭文中衬以多个“而”字。

编号：0577
释文：内清以昭明，光象夫日月，心，不泄。
时代：西汉中晚期
著录：《南阳》图一七一。
简注：铭文中衬以多个“而”字。

编号：0578
释文：内清以昭明，光象夫日月，心，不世（泄）。
时代：西汉中晚期
著录：《南阳》图一六三；/《华夏考古》2005（3）第33页图一五：12。
简注：铭文中衬以多个“而”字。

编号：0579
释文：内清以昭明，光象夫日月，心夫日月，不。
时代：西汉中晚期
著录：《南阳》图版八一：2。
简注：“内”字前有起止符号。铭文中衬以多个“而”字。

编号：0580
释文：内清以昭明，光象夫日月，心，不。
时代：西汉中期
著录：《南阳》第295页序号346[1]；/《南阳》图一七〇；/《江汉考古》2017（2）第75页图一〇：1、图一〇：2。
简注：铭文中衬以多个“而”字。

编号：0581
释文：内清以昭明，光象夫日月，心，世（泄）。
时代：西汉中晚期
著录：《南阳》第299页序号353。
简注：铭文中衬以多个“而”字。

编号：0582
释文：内清以昭明，光象夫日月，不泄。
时代：西汉中晚期
著录：《南阳》第315页序号382。
简注：铭文中衬以多个“而”字。

编号：0583
释文：内清以昭明，光象夫日月，不世（泄）。
时代：西汉中期
著录：《南阳》第305页序号366[2]；/《南阳》第323页序号400；/《三门峡》第37页。
简注：铭文中衬以多个“而”字。

编号：0584
释文：内清以昭明，光象夫日月之。
时代：西汉中晚期
著录：《南阳》第297页序号351。
简注：铭文中衬以多个“而”字。

编号：0585
释文：内清以昭明，光象夫日月。
时代：西汉中期至新莽
著录：《南阳》图版八〇：2[3]；/《南阳》第307页序号371[4]；/《南阳》第311页序号376；/《南阳》第315页序号384。

---

① 此镜出土于西汉中期墓（FHC M69），应为西汉中期之物。
② 此镜出土于西汉中期墓（NYZ M158），应为西汉中期之物。
③ “内”字前有起止符号。
④ “内”字前有起止符号。

简注：铭文中衬以多个“而”字。

编号：0586

释文：内清以昭明，光□日月，心忽（沕）穆忠，□不世（泄）。

时代：西汉中期至新莽

著录：《洛古》图61。

编号：0587

释文：内清以昭明，光象日月，心忽（沕）忠，壅塞而不泄。

时代：西汉中期

著录：《南阳》图一六四、图版七九：2。

简注：西汉中期墓（NSJ M103）出土。铭文中衬以多个“而”字。

编号：0588

释文：内清之以昭明，光象日月，心忽（沕），不泄夫。

时代：西汉中期

著录：《洛古》图49。

简注：西汉中期墓（M65）出土。“内”字前有起止符号。铭文中衬以多个“而”字。

编号：0589

释文：内清以昭明，光象日月，不世（泄）。

时代：西汉中期至新莽

著录：《洛古》图63。

简注：铭文中衬以多个“而”字。

编号：0590

释文：内清以昭明，光象日月。

时代：西汉中晚期

著录：《三门峡》第52页。

简注：铭文中衬以多个“而”字。

编号：0591

释文：内清以昭明，光而日月，不泄。

时代：西汉中晚期

著录：《南阳》第297页序号348。

简注：铭文中衬以多个“而”字。

编号：0592

释文：内清以昭明，光而日月，不。

时代：西汉中晚期

著录：《南阳》图版八二：2；/《洛古》图52。

简注：“内”字前有起止符号。铭文中衬以多个“而”字。

编号：0593

释文：内清以昭明，光象日月。

时代：西汉中晚期

著录：《洛古》图56；《洛华》图65。

简注：铭文中衬以多个“而”字。

编号：0594

释文：内清以昭明，之日□。

时代：西汉中期

著录：《南阳》第295页序号345。

简注：西汉中期墓（FHC M11）出土。“内”字前有起止符号。铭文中衬以多个“而”字。

编号：0595

释文：内之以昭明，光象夫日月，心忽（沕）穆忠，不泄。

时代：西汉中晚期

著录：《洛华》图55。

简注：“忠而”错乙，铭文中衬以多个“而”字。

湖北

编号：0596

释文：内清质以明昭，象之夫□□日月，心忽（沕）穆而颞（愿）忠，然塞而不泄。

时代：西汉中晚期

著录：《考古学报》1976（2）第159页图八：5。

简注：“昭明”错乙，铭文中衬以多个“而”字。

编号：0597
释文：内清之以昭明，光而象夫日月，心忽（淴）穆而顣（愿）忠，然壅塞不。
时代：西汉中晚期
著录：《考古学报》1976（2）第159页图八：2。
简注："内"字前有起止符号。

编号：0598
释文：内清以昭明，光象□日月，心，不世（泄）。
时代：西汉中晚期
著录：《江汉考古》1985（2）第32页图八：1。
简注：铭文中衬以多个"而"字。

编号：0599
释文：内清以昭明，光象日。
时代：西汉中晚期
著录：《考古》1999（5）第26页图一〇。

湖南

编号：0600
释文：内清质以昭明，光辉象夫日月，心忽（淴）穆而顣（愿）忠，然壅塞而不泄；日得。
时代：西汉中期
著录：《湖研》图二五。
简注："内"字前有起止符号。

编号：0601
释文：内清质以昭明，光辉象夫日月，忽（淴）穆，壅塞不泄。
时代：西汉中期
著录：《湖研》图二三。
简注：铭文中衬以多个"而"字。

编号：0602
释文：内清质以昭明，光日月，心忽（淴）穆而顣（愿）忠，然而不泄。
时代：西汉中期
著录：《湖南》图55；《湖研》图二六。

编号：0603
释文：内清之以昭明，光而象夫日月，心忽（淴）穆而顣（愿）忠，然而不泄。
时代：西汉中晚期
著录：《考古学报》1957（4）图版捌：3；《湖研》图二七。

编号：0604
释文：内清之以昭明，光象夫日月，心忽（淴）穆而忠，然壅塞乎而不泄。
时代：西汉中期
著录：《湖研》图二四。

编号：0605
释文：内清之以昭明，光象夫日月，心忽（淴）穆，不泄。
时代：西汉中期
著录：《长沙》图56。
简注：博山钮。铭文中衬以多个"而"字。

编号：0606
释文：内之清以昭明，光象夫日月，心忽（淴）忠，不。
时代：西汉中晚期
著录：《常德》图36。
简注："内"字前有起止符号。铭文中衬以多个"而"字。

编号：0607
释文：内清之以昭明，光象夫日月，心忽（淴）。
时代：西汉中期
著录：《湖研》图三十。
简注：M66：1。铭文中衬有"而"字。

编号：0608
释文：内清以昭明，光象夫日之月兮，不泄。
时代：西汉中晚期
著录：《长沙》图55。
简注：铭文中衬以多个"而"字。

编号：0609
释文：内清以昭明，光象夫日月，心忽（淴）。
时代：西汉中晚期
著录：《常德》图43。
简注：铭文中衬以多个“而”字。

编号：0610
释文：内清以昭明，光象夫日月，心。
时代：西汉中期
著录：《湖研》图二九。
简注：铭文中衬以多个“而”字。

编号：0611
释文：内清以昭明，光象夫日月，不世（泄）。
时代：西汉中期
著录：《湖研》图二八。
简注：铭文中衬以多个“而”字。

编号：0612
释文：内清以昭明，光象日月，心忽（淴），泄。
时代：西汉中晚期
著录：《考古》1966（5）第247页图八：3。
简注：“内”字前有起止符号。铭文中衬以多个“而”字。

吉林

编号：0613
释文：内清质以昭明，光而象夫日月，心忽（淴），而不。
时代：西汉中晚期
著录：《北方文物》1997（3）封二：4。

编号：0614
释文：内清以召（昭）明，光辉象夫日月，心忽（淴）穆而忠，雍（壅）塞而不世（泄）。
时代：西汉中晚期
著录：《北方文物》1997（3）第13页图二：2。
简注：“内”字前有起止符号。铭文中衬以多个“而”字。

编号：0615
释文：内清以昭明，光日月。
时代：西汉中晚期
著录：《北方文物》1997（3）第11页图一：5。
简注：铭文中衬以多个“而”字。

江苏

编号：0616
释文：内清质以昭明，光辉象夫日月，心忽（淴）穆而顣（愿）忠，然壅塞而不［泄］。
时代：西汉中晚期
著录：《广陵》图37。
简注：“内”字前有起止符号。铭文中衬以多个“而”字。

编号：0617
释文：内清质以昭明，光辉象夫日月，心忽（淴）而顣（愿）忠，然壅不泄。
时代：西汉中期后段
著录：《文物》2007（7）第42页图六。
简注：西汉中期（昭宣时期）墓出土（M1棺：8—1）。

编号：0618
释文：内清质以昭明，光辉象夫日月，心忽（淴）而，壅塞而不泄。
时代：西汉中期
著录：《东南文化》2003（7）第30页图五。
简注：西汉中期偏晚（宣帝时期）墓出土（M3：1），墓主为楚王刘延寿王后。“夫”字后衍一“而”字。

编号：0619
释文：内清之以昭明，光辉象而日月，心忽（淴）穆而忠，壅塞泄。
时代：西汉中晚期

著录：《东南文化》2013（6）第37页图五：1、彩插三：2。
简注："内"字前有起止符号。

编号：0620
释文：内清质以昭明，光而象夫日月，心忽（沕）穆而顯（愿）忠，然壅塞而不泄。
时代：西汉中期前段
著录：《考古》2012（2）第26页图一一：2、图版肆：6。
简注：西汉中期偏早（武帝早期）墓（M11S：16）出土。

编号：0621
释文：内清之以昭明，光而象夫日月，心忽（沕）穆而顯（愿）忠，然壅塞而不泄。
时代：西汉中晚期
著录：《仪征》第51页。
简注："内"字前有起止符号。

编号：0622
释文：内清之以昭明，光而象夫日月，心忽（沕）穆忠，而不泄。
时代：西汉中晚期
著录：《文物》1985（10）第93页图一四。

编号：0623
释文：内清之以昭明，光之象夫日月，心忽（沕）穆，然而泄。
时代：西汉中晚期
著录：《东南文化》2014（4）第49页图十八：2。
简注："内"字前有起止符号。

编号：0624
释文：内清之以昭明，光之象而日月，心，不。
时代：西汉中期
著录：《东南文化》2002（5）第39页图七：1。
简注：西汉中期（武帝后期—昭帝前期）墓出土（M1：27）。

编号：0625
释文：内清以昭明之，光象日月。
时代：西汉中晚期
著录：《仪征》第50页。
简注：铭文中衬以多个"而"字。

编号：0626
释文：内清以昭明，光象夫日月，心忽（沕），不泄。
时代：西汉中晚期
著录：《文物》1985（10）第93页图一三。
简注：铭文中衬以多个"而"字。

编号：0627
释文：内清以昭明，光象夫日月，心。
时代：西汉中晚期
著录：《广陵》图36。
简注："内"字前有起止符号。铭文中衬以多个"而"字。

编号：0628
释文：内清以昭明，光象夫日月，世（泄）。
时代：西汉中晚期
著录：《东南文化》2014（4）第49页图十八：1。

编号：0629
释文：内清以昭明，光象日月，心忽（沕），不世（泄）。
时代：西汉晚期
著录：《考古》1979（5）第423页图一三：4。
简注：起止符号误置于"日"字之后。铭文中衬以多个"而"字。

编号：0630
释文：内清昭，光日月，心忽（沕）而穆，然壅忠塞泄。
时代：西汉中晚期
著录：《华夏考古》2019（5）第48页图六：6、第55页图一四：1。

编号：0631
释文：内清明，光不象辉忠日月心忽（浥）穆雍（壅）。
时代：西汉中期
著录：《考古》1992（12）第1096页图五：2。
简注：西汉中期偏晚（宣帝或稍晚）墓出土（TJM1：1）。起止符号误置于“日”字之前。铭文错乱，并衬以多个“而”字。

编号：0632
释文：内，日月，心忽（浥）而忠，然壅塞而不泄。
时代：西汉中晚期
著录：《仪征》第46页。
简注：起止符号误置于“内”字之后。

编号：0633
释文：日月，心忽（浥）不穆忠，然壅塞而。
时代：西汉中晚期
著录：《仪征》第47页。

江西

编号：0634
释文：内清质之昭明，光辉之象夫日月，心忽（浥）而忠，塞不世（泄）。
时代：西汉中期
著录：《考古》1965（6）第271页图七。
简注：铭文中衬以多个“而”字。

编号：0635
释文：内清质以昭明，光而象夫日月，心忽（浥）穆忠，然而不泄。
时代：西汉晚期后段至新莽前后
著录：《南方文物》2005（4）彩版二：2。

辽宁

编号：0636
释文：内清质以昭明，光辉象夫日月，心忽（浥）而顯（愿）忠，然壅塞而不泄兮乎。
时代：西汉中晚期
著录：《考古学报》1958（4）第86页图十七：2；《旅顺》图19；《收藏家》2014（6）第44页图1。
简注：“内”字前有起止符号。“象”字后衍一“而”字。

编号：0637
释文：内清以昭明，光日月，心忽（浥）而穆忠，然壅塞而不泄。
时代：西汉中晚期
著录：《旅顺》图18；《收藏家》2014（6）第44页图2。

宁夏

编号：0638
释文：内清质以昭明，光辉象日月，心忽（浥）穆而顯（愿）忠，然壅塞而不泄。
时代：西汉中晚期
著录：《固原》图72。

编号：0639
释文：内清质以昭明，光之象夫日月，心忽（浥）穆而忠，壅而不。
时代：西汉中晚期
著录：《固原》图66。
简注：“内”字前有起止符号。

编号：0640
释文：内清质昭明，光象夫日月，心忽（浥），而不泄。
时代：西汉中晚期
著录：《固原》图55。
简注：铭文中衬以多个“而”字。

编号：0641
释文：内清以昭明，光象夫日月，心忽（浥）穆而，壅塞而不泄。

时代：西汉中晚期
著录：《固原》图49。

编号：0642
释文：内清以昭明，光象夫日月，心忽（愬），而不泄。
时代：西汉中晚期
著录：《固原》图57。
简注：铭文中衬以多个“而”字。

编号：0643
释文：内清以昭明，光象夫日月，心，不。
时代：西汉中晚期
著录：《固原》图69。
简注：“内”字前有起止符号。铭文中衬以多个“而”字。

编号：0644
释文：内清昭以明，光象日月，心忽（愬），不。
时代：西汉中晚期
著录：《固原》图65。
简注：“内”字前有起止符号。铭文中衬以多个“而”字。“昭以”错乙。

日本

编号：0645
释文：内清以昭明，光象夫日月。
时代：西汉中晚期
著录：《泉屋》图28。
简注：疑中国出土，现藏于日本泉屋博物馆。铭文中衬以多个“而”字。

山东

编号：0646
释文：内清质以昭明之，光象日月，心忽（愬）穆而忠，壅塞不泄。
时代：西汉中晚期
著录：《齐鲁》图152—4。
简注：铭文中衬以多个“而”字。

编号：0647
释文：内清质以昭明，光辉象夫日月，心忽（愬）穆而顥（愿）忠，壅塞而不泄。
时代：西汉中晚期
著录：《考古》1999（8）第50页图五：2。
简注：起止符号误置于“日”字之前。

编号：0648
释文：内清质以昭明，光辉象夫日月，心忽（愬）穆顥（愿）［忠］，然壅塞不泄。
时代：西汉中晚期
著录：《考古》1988（5）第446页图一〇：左、图版柒：5。
简注：西汉晚期偏早墓（M1）出土。

编号：0649
释文：内清质以昭明，光辉象而日月，心忽（愬）穆而质〈愿〉忠，壅塞而不泄。
时代：西汉中晚期
著录：《考古》1998（2）第30页图八。
简注：两个“而”字写法不同，前一个疑是“夫”字缺笔。

编号：0650
释文：内清质以昭明，光辉日月，心忽（愬）而穆忠，然壅塞而不泄。
时代：西汉中晚期
著录：《齐鲁》图147—2。

编号：0651
释文：内清质以昭明，光而法乎夫日月，忽（愬），而不泄。
时代：西汉中晚期
著录：《考古》1999（5）第34页图一一、图版陆：2。
简注：西汉中期（武帝或稍后）墓出土（M5：1）。“内”字前有起止符号。一部分书体粗率，一部分书体方正。

编号：0652
释文：内清质以昭明，光乎象夫日月，心忽（浥）穆而顾（愿）忠，然壅塞而不泄。
时代：西汉中晚期
著录：《考古》2014（1）第60页图一二：2。

编号：0653
释文：内清质以昭明，光象夫日月，心忽（浥）穆而顾（愿）忠，然壅塞而不泄。
时代：西汉中晚期
著录：《文物》1987（6）图版贰：4、第30页图六三：4。
简注："光"字后衬一"而"字。

编号：0654
释文：内清质以昭明，光象夫日月，心忽（浥）而顾（愿）忠，壅塞而不泄。
时代：西汉中晚期
著录：《考古》1988（5）第446页图一〇：右、图一一。
简注：西汉晚期偏早墓（M1）出土。起止符号误置于"日"字之前。

编号：0655
释文：内清质昭明之，光象夫日月，忽（浥）忠，之不泄。
时代：西汉中晚期
著录：《齐鲁》图152—2。

编号：0656
释文：内清以明昭明，光象辉日月，心忽（浥）而穆忠，然壅塞不泄。
时代：西汉中期
著录：《考古》1994（12）第1073页图八。
简注：西汉中期墓（M2）出土。"象辉"错乙，"而穆"错乙。

编号：0657
释文：内清以昭明，光质而辉象乎日月，心忽（浥）而顾（愿）穆忠，然壅塞而不泄。
时代：西汉中晚期
著录：《齐鲁》图143。

编号：0658
释文：内清以昭明，光象辉日月，心忽（浥）而忠，然壅塞泄。
时代：西汉中晚期
著录：《文物》1980（12）第9页图六。
简注：铭文中衬以多个"而"字。"象辉"错乙。

编号：0659
释文：内清以昭明，光象夫日月，心忽（浥）而穆忠，然壅塞泄。
时代：西汉中晚期
著录：《齐鲁》图151—2。
简注：起止符号误置于"日"字之前。铭文中衬以多个"而"字。

编号：0660
释文：内清以昭明，光象夫日月，心忽（浥）忠，不泄。
时代：西汉中晚期
著录：《齐鲁》图153—3。
简注："光"字后衬一"而"字。

编号：0661
释文：内清以昭明，光象夫日月，不。
时代：西汉中晚期
著录：《考古》2001（7）第95页图二：2；/《齐鲁》图152—3。
简注：铭文间衬以多个"而"字。

编号：0662
释文：内清以昭明，光象日月，心忽（浥）而穆忠，然壅塞泄。
时代：西汉中晚期

著录：《齐鲁》图150—2。
简注：起止符号误置于“日”字之前。

编号：0663
释文：内清以昭明，光象夫日，心忽（淴），世（泄）。
时代：西汉中晚期
著录：《齐鲁》图152—1。

编号：0664
释文：内清以昭明，光夫日月，心忽（淴）夫穆忠，然壅塞不泄。
时代：西汉中晚期
著录：《齐鲁》图144。

编号：0665
释文：内清以昭明，光日月，心忽（淴）而穆忠，然壅塞而不泄。
时代：西汉中晚期
著录：《齐鲁》图153—1。

编号：0666
释文：内清以昭明，光日月，心忽（淴）而忠，然壅塞而不泄。
时代：西汉中晚期
著录：《齐鲁》图148—1。

编号：0667
释文：内清以昭明，日月，心忽（淴）而穆忠，然壅塞而不泄。
时代：西汉中晚期
著录：《齐鲁》图147—1。
简注：起止符号误置于“日”字之前。

编号：0668
释文：内清以昭明，日月，心忽（淴）而穆忠，然壅塞泄。
时代：西汉中晚期
著录：《考古》2006（12）第89页图一：2。

编号：0669
释文：内清［以］昭明，光象日月，忽（淴），不泄。
时代：西汉中晚期
著录：《齐鲁》图148—4。
简注：铭文中衬以多个“而”字。

编号：0670
释文：内清之以昭，光象日月，心忽（淴），不泄。
时代：西汉中晚期
著录：《齐鲁》图148—2。
简注：“光”字后衬一“而”字。

编号：0671
释文：内清明，昭（照）察衣服，见日而光，长毋相忘，以为信，光。
时代：西汉中晚期
著录：《临淄》图618。
简注：“昭明”铭中混入“日光”铭及“铜华”铭套语。

编号：0672
释文：内清以，日月，心而穆忠，然壅塞而不泄。
时代：西汉中晚期
著录：《齐鲁》图148—3。

编号：0673
释文：内清，光日月，心忽（淴）而忠，然壅塞而不泄。
时代：西汉中晚期
著录：《齐鲁》图153—2。

编号：0674
释文：内清，日月，心忽（淴）而穆忠，然壅塞泄。
时代：西汉中晚期
著录：《齐鲁》图175—2。
简注：起止符号误置“日”字之前。

编号：0675
释文：内清□质忠，象日月，心忽（淴）而穆兮忠，然瘗塞不泄。
时代：西汉中晚期
著录：《齐鲁》图145。

编号：0676
释文：内以昭明，光日月，心忽（淴）而穆忠，然瘗塞而不泄。
时代：西汉中晚期
著录：《齐鲁》图150—1。
简注：起止符号误置于“日”字之前。

编号：0677
释文：内以，日月，心忽（淴）而穆忠，然瘗塞而不泄。
时代：西汉中晚期
著录：《齐鲁》图175—1。
简注：起止符号误置“日”字之前。

编号：0678
释文：内，日月，心忽（淴），而不泄。
时代：西汉中晚期
著录：《齐鲁》图149—2。
简注：铭文中衬以多个几何纹。

陕西

编号：0679
释文：内清质以昭明，光辉象夫乎日月，心忽（淴）而顥（愿）忠，瘗塞而不泄。
时代：西汉中晚期
著录：《考古与文物》2006（1）第9页图一一。
简注：“象”字后衍一“而”字。

编号：0680
释文：内清质以昭明，光辉象夫日月，心忽（淴）穆而顥（愿）忠，然瘗塞而不［泄］。
时代：西汉中晚期
著录：《陕历》第120页下。

编号：0681
释文：内清质以昭明，光辉象夫日月，心忽（淴）而顥（愿）忠，瘗塞而不泄。
时代：西汉中晚期
著录：《陕历》第119页下。
简注：起止符号误置于“日”字之前。铭文中衬以多个“而”字。

编号：0682
释文：内清质以昭明，光辉象夫日月，心忽（淴）穆而顥（愿）忠，然不泄。
时代：西汉中晚期
著录：《陕西》图25；/《陕历》第128页。

编号：0683
释文：内清质以昭明，光辉象夫日月，心忽（淴）穆而顥（愿）忠。
时代：西汉中晚期
著录：《长安》图三十：9。
简注：“内”字前有起止符号。

编号：0684
释文：内清质以昭明，光辉象夫日月，心忽（淴）夫顥（愿）忠，瘗泄。
时代：西汉中晚期
著录：《考古与文物》1993（6）第42页图一：4。
简注：“日”字前衬一“而”字。

编号：0685
释文：内清质以昭明，光辉象夫日月，心忽（淴）而顥（愿），不泄。
时代：西汉中期
著录：《考古与文物》1986（5）第34页图九：1。
简注：西汉中期墓（M10）出土。

编号：0686
释文：内清质以昭明，光之象夫日月，心忽（淴）穆而顥（愿）忠，然瘗而不泄。
时代：西汉中期

著录：《长安》图二十九：1、图版四十二：2。
简注：西汉中期墓出土（M205：1）。

编号：0687
释文：内清质以昭明，光之象夫日月，心忽（淴）穆，壅塞而不泄。
时代：西汉中晚期
著录：《陕历》第124页上。

编号：0688
释文：内清质以昭明，光之象夫日月，心忽（淴）忠，然壅塞不泄。
时代：西汉中期
著录：《长安》图二十九：3。
简注：西汉中期墓出土（M35：14）。"象"字后衍一"而"字。

编号：0689
释文：内清质以昭明，光兮象夫日月，忽（淴）而顯（愿）忠，壅塞不泄。
时代：西汉中期
著录：《长安》图二十八：3、图版四十二：1。
简注：西汉中期墓出土（M36：15）。

编号：0690
释文：内清质以昭明，光象夫日月，心忽（淴）穆而忠，然壅塞而不泄。
时代：西汉中晚期
著录：《陕西》图27。
简注："光"字后衬一"而"字。

编号：0691
释文：内清质以昭明，光象夫日月，心忽（淴）而顯（愿），塞泄。
时代：西汉中晚期
著录：《长安》图二十九：2、图版四十三：1。
简注："象"字后衬一"而"字。

编号：0692
释文：内清质以昭明，光象夫日月，心忽（淴）。
时代：西汉中晚期
著录：《扶风》图32。
简注："光"字后衬一"而"字。

编号：0693
释文：内清以质昭明之，光壅辉日月，心忽（淴）穆而象顯（愿）忠，塞不泄。
时代：西汉中晚期
著录：《长安》图三十：2、图版四十三：2。
简注：铭文错乱。

编号：0694
释文：内清质而明，光辉象夫日月，而壅塞不□。
时代：西汉中晚期
著录：《扶风》图34。
简注：铭文中衬以涡云纹。

编号：0695
释文：内清之以昭明，光而象夫日月，心忽（淴）穆而顯（愿）忠，然壅塞而不泄乎。
时代：西汉中晚期
著录：《考古》1979（2）第131页图八：4。
简注："内"字前有起止符号。

编号：0696
释文：内清之以昭明，光之象日月，心忽（淴）穆而忠，然壅塞而不泄。
时代：西汉中晚期
著录：《陕历》第122页下。
简注："内"字前有起止符号。

编号：0697
释文：内清之以昭明，光之象日月，心忽（淴）穆，而不泄。
时代：西汉中期至晚期前段
著录：《考古与文物》2013（6）图版八：4、第17页图二〇：2。

简注： 西汉中期偏晚至晚期早段墓出土（M3：4）。

编号： 0698
释文： 内清之以昭明，光之象日月，心，不泄。
时代： 西汉中晚期
著录： 《考古与文物》1993（6）第42页图一：10。
简注： “象”字后衬一“而”字。

编号： 0699
释文： 内清之以昭明，光象夫日月，□塞不泄。
时代： 西汉中晚期
著录： 《陕历》第134页上。
简注： 铭文中衬以多个“而”字。

编号： 0700
释文： 内清之以昭明，光象夫日月，心忽（愬）。
时代： 西汉中晚期
著录： 《陕历》第133页下。
简注： “光”字后衬一“而”字。

编号： 0701
释文： 内清之以昭明，光象日月，心忽（愬）穆，而不世（泄）。
时代： 西汉中晚期
著录： 《考古与文物》1993（6）第42页图一：3。
简注： 铭文中衬以多个“而”字。

编号： 0702
释文： 内清之以昭明，光象日月，心，不泄。
时代： 西汉中晚期
著录： 《长安》图二十六：1。
简注： “内”字前有起止符号。镜残缺。“光”字后衍一“而”字。

编号： 0703
释文： 内清之以昭明，光日月，心忽（愬）穆而忠，然塞壅而不泄。
时代： 西汉中期
著录： 《考古与文物》2012（1）第10页图一〇。
简注： 西汉中期前段墓出土（M5：16）[①]。

编号： 0704
释文： 内清以昭明之，光军（辉）象心之壅日月，心忽（愬）穆而顧（愿）忠，塞不泄。
时代： 西汉中晚期
著录： 《陕历》第125页上。
简注： 起止符号误置于“日”字之前。铭文中衬以多个“而”字。

编号： 0705
释文： 内清以昭明之，光军（辉）象之壅日月，心忽（愬）穆而忠，塞不泄。
时代： 西汉中期
著录： 《考古与文物》2006（4）第20页图一八。
简注： 西汉中期偏晚墓出土（M10：16）。铭文中衬以多个“而”字。

编号： 0706
释文： 内清以昭明，光象夫日月，心忽（愬）穆而忠，壅塞不世（泄）。
时代： 西汉中晚期
著录： 《陕历》第130页。
简注： 起止符号误置于“月”字之前。铭文中衬以多个“而”字。

编号： 0707
释文： 内清以昭明，光象夫日月，心忽（愬）穆而忠，然壅塞不。
时代： 西汉中晚期
著录： 《扶风》图52。
简注： “内”字前有起止符号。铭文中衬以多个“而”字。

---

① 《发掘简报》将此墓时代定为西汉早期，根据同出器物及判断标准，相当于本书的西汉中期前段。陕西省考古研究院，宝鸡市考古研究所：《陕西宝鸡茍家岭西汉墓葬发掘简报》，《考古与文物》2012年第1期，第11页。

编号：0708

释文：内清以昭明，光象夫日月，心忽（㳷）穆而忠，不世（泄）。

时代：西汉中晚期

著录：《陕历》第134页下。

简注：“内”字前有起止符号。铭文中衬以多个“而”字。

编号：0709

释文：内清以昭明，光象夫日月，心忽（㳷）□穆乎，不世（泄）。

时代：西汉中晚期

著录：《宝鸡》第47页。

简注：铭文中衬以多个“而”字。

编号：0710

释文：内清以昭明，光象夫日月，心忽（㳷）忠，然壅不泄。

时代：西汉中晚期

著录：《陕历》第138页下。

编号：0711

释文：内清以昭明，光象夫日月，心忽（㳷）忠，壅不泄。

时代：西汉中晚期

著录：《陕历》第132页下。

简注：铭文中衬以多个“而”字。

编号：0712

释文：内清以昭明，光象夫日月，心忽（㳷）忠，不泄。

时代：西汉中晚期

著录：《陕历》第141页。

简注：铭文中衬以多个“而”字。

编号：0713

释文：内清以昭明，光象夫日月，心忽（㳷）忠，不世（泄）。

时代：西汉中晚期

著录：《考古与文物》1986（6）第37页图九：1。

简注：“内”字前有起止符号。铭文中衬以多个“而”字。

编号：0714

释文：内清以昭明，光象夫日月，心忽（㳷），不世（泄）。

时代：西汉中晚期

著录：《陕历》第126页上[①]；/《陕历》第135页；/《陕历》第140页下[②]；/《陕历》第146页下；/《长安》图三十：3。

简注：铭文中衬以多个“而”字。

编号：0715

释文：内清以昭明，光象夫日月，心忽（㳷），不。

时代：西汉中晚期

著录：《长安》图二十六：4、图版四十：1。

简注：“内”字前有起止符号。铭文中衬以多个“而”字。

编号：0716

释文：内清以昭明，光象夫日月，心，不世（泄）。

时代：西汉中晚期

著录：《扶风》图33。

简注：起止符号误置于“月”字之前。铭文中衬以多个“而”字。

编号：0717

释文：内清以昭明，光象夫日月，心，不。

时代：西汉中晚期

著录：《宝鸡》第46页。

简注：“内”字前有起止符号。铭文中衬以多个“而”字。

① 此镜起止符号误置于“月”字之前。
② 此镜起止符号误置于“月”字之前。

编号：0718
释文：内清以昭明，光象夫日月，心。
时代：西汉中晚期
著录：《长安》图二十七：1、图版四十：2。
简注：“内”字前有起止符号。铭文中衬以多个“而”字。

编号：0719
释文：内清以昭明，光象夫日月，不泄。
时代：西汉中晚期
著录：《长安》图三十：10。
简注：铭文中衬以多个“而”字。

编号：0720
释文：内清以昭明，光象夫日月，不世（泄）。
时代：西汉中晚期
著录：《陕历》第131页下[①]；/《考古学报》1991（2）第253页图一五：8。

编号：0721
释文：内清以昭明，光象夫日月，不。
时代：西汉中晚期
著录：《陕历》第131页上。
简注：铭文中衬以多个“而”字。

编号：0722
释文：内清以昭明，光象夫日月。
时代：西汉中期至新莽
著录：《考古与文物》2006（4）第20页图一九：2。
简注：铭文中衬以多个“而”字。

编号：0723
释文：内清以昭明，光象日月，心忽（潩）忠，不世（泄）。
时代：西汉中晚期
著录：《考古》1959（12）第665页图二：3。
简注：“内”字前有起止符号。铭文中衬以多个“而”字。

编号：0724
释文：内清以昭明，光象日月，心忽（潩），不世（泄）。
时代：西汉中晚期
著录：《长安》图三十：1。
简注：铭文中衬以多个“而”字。

编号：0725
释文：内清以昭明，光象日月，不。
时代：西汉中期至新莽前后
著录：《四川文物》2012（5）第24页图一一：2。
简注：“内”字前有起止符号。铭文中衬以多个“而”字。

编号：0726
释文：内清以昭明，光象日月。
时代：西汉中晚期至东汉早期
著录：《长安》图二十六：3；/《长安》图二十七：2。
简注：“内”字前有起止符号。铭文中衬以多个“而”字。

编号：0727
释文：内清以昭明，光象夫日。
时代：西汉中晚期
著录：《陕历》第143页上。

编号：0728
释文：内清以昭明，光日月，心□，不泄。
时代：西汉中晚期
著录：《宝鸡》第45页。
简注：起止符号误置于“日”字之前。铭文中衬以多个“而”字。

编号：0729
释文：内清以昭明，光日月，不。

① 此镜铭文中衬以多个“而”字。

时代：西汉中晚期

著录：《考古》1979（2）第131页图八：1；/《长安》图二十六：5[①]。

简注：铭文中衬以多个“而”字。

编号：0730

释文：内清以昭明，光日，不世（泄）。

时代：西汉中晚期

著录：《陕历》第145页下。

简注：铭文中衬以多个“而”字。

编号：0731

释文：内清以昭明，日月，心忽（淴）穆而忠，然壅塞而不泄。

时代：西汉中晚期

著录：《考古》1959（12）第667页图三：2；《陕历》第123页。

简注：“内”字前有起止符号。铭文中衬以多个“而”字。

编号：0732

释文：内□以明，光之象夫日月，心忽（淴）而忠，塞而不泄。

时代：西汉中晚期

著录：《长安》图二十六：2。

简注：镜残缺。

四川

编号：0733

释文：内清质以昭，光辉象夫日月，心忽（淴）穆而顾（愿）忠，然壅塞而不泄。

时代：西汉中期至新莽

著录：《文物》1999（8）第34页图三五。

简注：“内”字前有起止符号。“忽（淴）”字后衍一“而”字。

编号：0734

释文：内清质以昭明，光辉象夫日月，心忽（淴）而忠，壅塞不泄。

时代：西汉中晚期

著录：《四川》图24；《图典》A图234；《图典》B图3.116。

浙江

编号：0735

释文：内清质以昭明，光辉象夫日月，心忽（淴）而顾（愿）忠。

时代：西汉中晚期

著录：《考古》1988（9）第854页图四：左。

编号：0736

释文：内清之以昭明，光之象而日月，心忽（淴），壅塞不。

时代：西汉中期

著录：《考古》1993（4）第338页图一一：6。

简注：西汉中期墓出土（M27：1）。

编号：0737

释文：内清□光而象夫日月，心忽（淴）穆忠，塞而不泄。

时代：西汉中期至新莽

著录：《东南文化》1989（2）第123页图十二：6。

简注：镜残缺。“内”字前有起止符号。

编号：0738

释文：内清之以昭明，光象日月，心忽（淴），不乎泄。

时代：西汉中晚期

著录：《收藏家》2018（8）第28页图19。

简注：铭文中衬以多个“而”字

---

① 此镜“内”字前有起止符号。

编号：0739
释文：内清已（以）昭明，光象日月。
时代：西汉中期
著录：《考古》1993（4）第338页图一一：4。
简注：铭文中衬以多个“而”字，“已”字摹本形似“世”。

其他

编号：0740
释文：内清质以昭明，光辉象夫日月，心忽（淴）穆而顯（愿）忠，然壅塞而不泄。
时代：西汉中晚期
著录：《陈介祺》图21；/《小檀》卷三15b；《拓影》图120；《小校》卷十六38b下；/《汉铭斋》图87；《文化》图102；《拓片》图52；《图集》图206。

编号：0741
释文：内清质以昭明，光辉象夫日月，心忽（淴）穆而忠，然塞而不泄。
时代：西汉中晚期
著录：《岩窟》二上第56图。
简注：“内”字前有起止符号。

编号：0742
释文：内清质以昭明，光辉象夫日月，心忽（淴）穆顯（愿）忠，然壅塞。
时代：西汉中晚期
著录：《古竟景》图23。

编号：0743
释文：内清质以昭明，光辉象夫日月，心忽（淴）穆而顯（愿），然壅塞泄。
时代：西汉中晚期
著录：《小校》卷十六39a上；《志稿》第3340页。

编号：0744
释文：内清质以昭明，光辉夫象日月，心忽（淴）穆而顯（愿）忠，然壅。
时代：西汉中晚期
著录：《小檀》卷三17a；《拓影》图139；《小校》卷十六40a上。

编号：0745
释文：内清质以昭明，光而象夫日月，心忽（淴），而不。
时代：西汉中晚期
著录：《小校》卷十六39b下。

编号：0746
释文：内清之以昭明，光辉象夫日月，心忽（淴）穆而忠，然壅。
时代：西汉中晚期
著录：《小檀》卷三16b；《小校》卷十六40b中。
简注：“象”字后衍一“而”字。

编号：0747
释文：内清以昭明，光辉象夫日月，心忽（淴），而不世（泄）。
时代：西汉中晚期
著录：《岩窟》二上第54图。
简注：铭文中衬以多个“而”字。

编号：0748
释文：内清以昭明，光象夫日月，心忽（淴）忠，不世（泄）。
时代：西汉中晚期
著录：《小檀》卷三17b；《拓影》图130；《小校》卷十六40b上。
简注：铭文中衬以多个“而”字。

编号：0749
释文：内清以昭明，光象夫日月，心忽（淴），不泄。
时代：西汉中晚期
著录：《岩窟》二上第35图。
简注：传安徽寿县出土。铭文中衬以多个“而”字。

编号：0750
释文：内清以昭明，光象夫日月，心。
时代：西汉中晚期
著录：《桃阴庐》图5上左。
简注：“内”字前有起止符号。铭文中衬以多个“而”字。

编号：0751
释文：内清以□明，光象夫日月，世（泄）。
时代：西汉中晚期
著录：《小校》卷十六41a上。
简注：铭文中衬以多个“而”字。

编号：0752
释文：内清以昭明，光象夫日月，大。
时代：西汉中晚期
著录：《古竟景》图24。
简注：铭文中衬以多个“而”字。

编号：0753
释文：内清以昭明，光象日月，不。
时代：西汉中晚期
著录：《小檀》卷三18a；《拓影》图135；《小校》卷十六40b下。
简注：铭文中衬以多个“而”字。

编号：0754
释文：内清以昭明，光日月，心忽（怱）忠，然壅塞而不世（泄）。
时代：西汉中晚期
著录：《小校》卷十六40a下。
简注：铭文中衬以多个“而”字。

编号：0755
释文：内清以昭明，光日月，不世（泄）。
时代：西汉中晚期
著录：《岩窟》二上第55图。
简注：传安徽寿县出土。铭文中衬以多个“而”字。

编号：0756
释文：内清以，日月，心忽（怱）夫穆忠，然壅塞而不泄。
时代：西汉中晚期。
著录：《善斋》镜录卷二44b；《小校》卷十六39b上。

编号：0757
释文：内质以昭明，光辉象夫日月，心忽（怱）穆顯（愿）忠，然壅塞而不泄。
时代：西汉中晚期
著录：《岩窟》二上第37图。
简注：传陕北出土。

编号：0758
释文：内清以昭，光象夫日月，不世（泄）。
时代：西汉中晚期
著录：《拓影》图141。
简注：“以”字后有铭文起止符号。

44. “昭明”铭（三）

本节所列者为书体方正规整的“昭明”铭镜。其盛行时代主要为西汉晚期，上限大约为昭宣之间，下限为东汉早期或更后。由于此类镜出土及传世数量较多，受篇幅所限，本节仅胪列各地区较为典型者。为便于检索及分区比较，暂依铜镜出土地及现藏地首字音序排列，每地区中铭文较完整者靠前，减铭较多者靠后。

安徽

编号：0759
释文：内清质以昭明，光象夫日之月，心，不。
时代：西汉中晚期
著录：《六安》图124。
简注：“内”字前有起止符号。铭文中衬以多个“而”字。

编号：0760
释文：内清质以昭明，光象夫日月，心忽（浥），而不世（泄）。
时代：西汉中期至新莽
著录：《东南文化》2007（6）第32页图十七：2。
简注：“光”后衍一“而”字。

编号：0761
释文：内清质以昭明，光象夫日月，不泄世（泄）。
时代：西汉中晚期
著录：《考古学报》1983（3）第395页图一一：1、图版贰三：1。
简注：铭文中衬以多个“而”字，“泄”字后衍一“世”字。

编号：0762
释文：内清质以昭明，光而忽（浥）夫日月，心，不。
时代：西汉中晚期
著录：《六安》图48。
简注：“内”字前有起止符号。

编号：0763
释文：内清质以昭明，象夫日月，不泄，□之。
时代：西汉中期
著录：《萧县》图一四八b：1、彩版六一：1。
简注：西汉中期墓（XCM11）出土。铭文中衬以多个“而”字。

编号：0764
释文：内清质以昭明，光象日月。
时代：西汉中晚期
著录：《蚌埠》第32页。
简注：“内”字前有起止符号。铭文中衬以多个“而”字。

编号：0765
释文：内清质以昭明，象光日月。
时代：西汉中晚期
著录：《蚌埠》第24页、第25页。
简注：“内”字前有起止符号。铭文中衬以多个“而”字。“象光”错乙。

编号：0766
释文：内清质以明，光日月。
时代：西汉中晚期
著录：《六安》图125。
简注：铭文中衬以多个“而”字。

编号：0767
释文：内清质以昭明，象日月。
时代：西汉中晚期
著录：《淮南》第94页、第95页。
简注：“内”字前有起止符号。铭文中衬以多个“而”字。

编号：0768
释文：内清以昭明，光象夫日月，心忽（浥）穆顯（愿）忠，然壅塞而不泄。
时代：西汉中晚期至新莽
著录：《收藏家》2020（2）第33页图7；/《六安》图53[①]。

编号：0769
释文：内清以昭明，光象夫日之月，心忽（浥）忠，然不泄。
时代：西汉中晚期
著录：《寿县》图63。
简注：“内”字前有起止符号。铭文中衬以多个“而”字。

编号：0770
释文：内清以昭明，光象夫日之月，心忽（浥）忠，不泄兮。
时代：西汉中晚期
著录：《蚌埠》第40页、第41页。
简注：铭文中衬以多个“而”字。

---

① 此镜铭文中衬以多个“而”字。

编号：0771
释文：内清以昭明，光象夫日之月，心忽（淴），不泄。
时代：西汉中晚期
著录：《蚌埠》第31页。
简注：铭文中衬以多个“而”字。

编号：0772
释文：内清以昭明，光象夫日之月兮，不。
时代：西汉中晚期
著录：《华夏考古》2012（4）彩版一〇：2；《收藏》2011（2）第109页图二。
简注：“内”字前有起止符号。铭文中衬以多个“而”字。

编号：0773
释文：内清以昭明，光象夫日月，心。
时代：西汉中晚期
著录：《蚌埠》第28页、第29页。
简注：铭文中衬以多个“而”字。

编号：0774
释文：内清以昭明，光象夫日月，不兮泄。
时代：西汉中晚期
著录：《东南文化》2016（1）第52页图八：1、彩插一：4。
简注：铭文中衬以多个“而”字。

编号：0775
释文：内清以昭明，光象夫日月，不泄。
时代：西汉中晚期
著录：《蚌埠》第26页、第27页。
简注：铭文中衬以多个“而”字。

编号：0776
释文：内清以昭明，光象夫日月，不世（泄）。
时代：西汉中晚期
著录：《文物》1991（1）第93页图三；/《寿县》图65。
简注：铭文中衬以多个“而”字。

编号：0777
释文：内青（清）以召（昭）明，光象夫日月，不泄。
时代：西汉中期至新莽
著录：《江汉考古》1992（4）第27页图五。
简注：铭文中衬以多个“而”字。

编号：0778
释文：内清已（以）昭明，光象夫日月，不。
时代：西汉中晚期
著录：《六安》图51。
简注：铭文中衬以多个“而”字。

编号：0779
释文：内清以昭明，光象日月，不。
时代：西汉中晚期
著录：《六安》图54。
简注：“内”字前有起止符号。铭文中衬以多个“而”字。“光”“象”“不”较为粗率，其余诸字方正，疑为两种书体的混合，亦有可能是两种型式过渡期间之物。

编号：0780
释文：内清以召（昭）明，光象夫日月，泄。
时代：西汉中期至新莽
著录：《宣城》第24页、第25页。
简注：“内”字前有起止符号。铭文中衬以多个“而”字。

编号：0781
释文：内清以昭明，光象夫日月。
时代：西汉中期至新莽
著录：《宣城》第26页、第27页。
简注：“内”字前有起止符号。铭文中衬以多个“而”字。

编号：0782
释文：内清以昭明，象光日之月。
时代：西汉中晚期

著录：《收藏家》2020（2）第31页图3。
简注："内"字前有起止符号。"象光"错乙，铭文中衬以多个"而"字。

编号：0783
释文：内清以召（昭）明，光象日月。
时代：西汉中期至新莽
著录：《宣城》第28页。
简注："内"字前有起止符号。铭文中衬以多个"而"字。

编号：0784
释文：内清以昭明，光夫日月，不世（泄）。
时代：西汉中期至东汉早期
著录：《考古》1979（4）第328页图一七：4。
简注：铭文中衬以多个"而"字。

编号：0785
释文：内清以昭明，光夫日月，不。
时代：西汉中晚期前段
著录：《东南文化》2009（4）第42页图十：2。
简注：西汉晚期偏早墓出土（M1：4）。铭文中衬以多个"而"字。"光"字减笔较多，疑为部分笔画脱铸。

编号：0786
释文：内清以昭明，光夫日月，世（泄）。
时代：西汉中晚期
著录：《六安》图50。
简注：铭文中衬以多个"而"字。

编号：0787
释文：内青（清）以召（昭）明，夫光日月光。
时代：西汉晚期
著录：《萧县》图九一b：1、彩版二七：2。
简注：铭文中衬以多个"而"字。

编号：0788
释文：内清以昭明，光象夫日月。
时代：西汉中期至新莽
著录：《东南文化》2013（1）第38页图十四：1[①]；/《文物》2010（12）封二：2；第23页图一七：1[②]。
简注：铭文中衬以多个"而"字。

编号：0789
释文：内青（清）以召（昭）明，光象夫日月。
时代：西汉中晚期
著录：《东南文化》2005（2）第43页图二十六：3。
简注：西汉晚期偏早墓出土（M3：3）。铭文中衬以多个"而"字。

编号：0790
释文：内清以昭明，光象日月。
时代：西汉中晚期
著录：《寿县》图64[③]；/《文物》1991（1）第93页图四[④]；/《淮南》第100页、第101页。
简注：铭文中衬以多个"而"字。

编号：0791
释文：内清以明昭，光日象月。
时代：西汉中期至新莽
著录：《萧县》图一四二：10、彩版五八：2。
简注："内"字前有起止符号。铭文中衬以多个"而"字，"明昭"错乙，"日象"错乙。

编号：0792
释文：内清以昭明，光象夫日。
时代：西汉中期
著录：《萧县》图五五：1、彩版一二：2。

① 此镜"内"字前有起止符号。
② 此镜出土于西汉中期偏晚墓（M27）。应为西汉中期之物。
③ 此镜"内"字前有起止符号。
④ 此镜"内"字前有起止符号。

简注： 西汉中期墓（XFM85）出土。“内”字前有起止符号。铭文中衬以多个“而”字。

编号： 0793

释文： 内清以昭明，光夫日月。

时代： 西汉中期

著录：《萧县》图一三一b：13、彩版四九：4。

简注： 西汉中期墓（XPM163）出土。“内”字前有起止符号。铭文中衬以多个“而”字。

编号： 0794

释文： 内清以召（昭）明，光夫日月。

时代： 西汉中晚期

著录：《淮南》第92页、第93页。

简注： “内”字前有起止符号。铭文中衬以多个“而”字。

编号： 0795

释文： 内清以昭明，光日月。

时代： 西汉中晚期

著录：《文物》1993（4）第88页图七；《淮南》第86页、第87页；/《蚌埠》第30页[①]。

简注： 铭文中衬以多个“而”字。

编号： 0796

释文： 内清以昭明，光日。

时代： 西汉中晚期

著录：《淮南》第84页、第85页。

简注： “内”字前有起止符号。铭文中衬以多个“而”字。

编号： 0797

释文： 内清以明，光象夫日月。

时代： 西汉中晚期

著录：《东南文化》2012（5）第38页图五：1。

简注： 铭文中衬以多个“而”字。

北京

编号： 0798

释文： 内清质以昭明，光象夫日月，不世（泄）。

时代： 西汉中晚期

著录：《国博》1992（18—19）第225页图56。

简注： “内”字前有起止符号。铭文中衬以多个“而”字。

编号： 0799

释文： 内青（清）以召（昭）明，光象天〈夫〉日月。

时代： 西汉中期至东汉早期

著录：《考古》1963（3）第133页图五。

简注： 铭文中衬以多个“而”字。

编号： 0800

释文： 内清以昭明，光象日月，心。

时代： 西汉中晚期

著录：《国博》1992（18—19）第225页图54。

简注： 铭文中衬以多个“而”字。

编号： 0801

释文： 内清昭以明，日光月之。

时代： 西汉中晚期

著录：《国博》1992（18—19）第226页图57。

简注： 铭文中衬以多个“而”字，“昭以”错乙，“之”字倒置。

编号： 0802

释文： 内清以昭象，光明日月夫。

时代： 西汉中晚期

著录：《国博》1992（18—19）第226页图58。

简注： “内”字前有起止符号。铭文中衬以多个“而”字。

编号： 0803

释文： 内清以明，光象夫日月。

① 此镜“内”字前有起止符号。

时代：西汉中晚期
著录：《国博》1992（18—19）第225页图55。
简注：铭文中衬以多个“而”字。

甘肃

编号：0804
释文：内清质以昭明，光象夫日月，心忽（淴）穆而忠，然不心世（泄）。
时代：西汉中晚期
著录：《考古与文物》1994（2）第40页图一：4。
简注：铭文中衬以多个“而”字。

编号：0805
释文：内青（清）质以召（昭）明，象夫日月光夫。
时代：西汉晚期至东汉早期
著录：《考古》1994（6）第566页图四：1。
简注：“内”字前有起止符号。铭文中衬以多个“而”字。

编号：0806
释文：内清以召（昭）明，光象夫日之月，不。
时代：西汉中晚期
著录：《考古》1960（9）第21页图五：5、第24页图七：2。
简注：“内”字前有起止符号。铭文中衬以多个“而”字。

广东

编号：0807
释文：内清以昭明，光象夫日月，心忽（淴），不。
时代：西汉中期至东汉早期
著录：《四川文物》2005（5）第8页图七：1、图版壹：1。
简注：“内”字前有起止符号。铭文中衬以多个“而”字。

编号：0808
释文：内清以昭明，光象夫日月，心，不世（泄）。
时代：西汉中晚期
著录：《考古》2000（6）第44页图一八：2。
简注：铭文间衬以多个“而”字。

编号：0809
释文：内清以召（昭）明，光夫日月，不世（泄）。
时代：西汉中晚期
著录：《广州》一七〇：3；《图典》A图231；《图典》B图3.114。
简注：“内”字前有起止符号。

广西

编号：0810
释文：内清质以昭明，光象夫日月，心忽（淴）穆忠，然壅塞不泄。
时代：西汉中晚期
著录：《考古》2007（2）第34页图一九。
简注：铭文间衬以多个“而”字。

编号：0811
释文：内清质以昭明，光象夫日月，心忽（淴）忠，然壅塞而不泄兮。
时代：西汉中晚期
著录：《考古学报》2006（1）第105页图一八：3。
简注：“内”字前有起止符号。铭文间衬以多个“而”字。

编号：0812
释文：内清质以昭明，光象夫日月，心忽（淴）忠，不泄已（矣）。
时代：西汉中晚期
著录：《广西》图10。
简注：铭文中衬以多个“而”字。

编号：0813
释文：内清质以昭明，光象夫日月，心□□。

时代：西汉中晚期
著录：《考古》1986（9）第798页图七：4。
简注："光"字后衬以"而"字。

编号：0814
释文：内清质以昭明，光象日。
时代：西汉中晚期
著录：《考古学报》2006（1）第105页图一八：1。
简注："内"字前有起止符号。铭文中衬以多个"而"字。

编号：0815
释文：内青（清）以召（昭）明，光象夫日之月兮，心，日不世（泄）兮。
时代：西汉中晚期
著录：《考古》1985（9）第791页图七：右。
简注："内"字前有起止符号。铭文中衬以多个"而"字。

编号：0816
释文：内清以昭明，光象夫日之月，心忽（潒）忠，不泄。
时代：西汉中晚期
著录：《考古学报》2006（1）第105页图一八：5。
简注："内"字前有起止符号。铭文中衬以多个"而"字。

编号：0817
释文：内清以昭明，光象夫日之月，心忽（潒），不泄。
时代：西汉中晚期
著录：《考古》2013（9）第63页图三九：6。
简注：铭文中衬以多个"而"字。

编号：0818
释文：内清以昭明，光象夫日月，心忽（潒），不泄兮。
时代：西汉中期至东汉早期
著录：《文物》1990（1）图版肆：5；《广西》图74。
简注：铭文中衬以多个"而"字。

编号：0819
释文：内清以昭明，光象夫日月，心忽（潒），不世（泄）。
时代：西汉中晚期
著录：《考古》1985（9）第791页图七：左。
简注："内"字前有起止符号。铭文中衬以多个"而"字。

编号：0820
释文：内清以昭明，光象夫日月，不世（泄）。
时代：西汉中期至东汉
著录：《考古》2003（10）第72页图一五：2。
简注：铭文中衬以多个"而"字。

编号：0821
释文：内清以昭明，光象夫日月，不。
时代：西汉中晚期
著录：《考古》1985（3）第211页图一八：1[①]；/《考古》2003（10）第72页图一五：1。
简注：铭文中衬以多个"而"字。

编号：0822
释文：内清以召（昭）明，光□日月，光。
时代：西汉中期至东汉早期
著录：《考古》1995（3）第229页图四：2。
简注："内"字前有起止符号。铭文中衬以多个"而"字。

编号：0823
释文：内青（清）以召（昭）明，光象日月。
时代：西汉中晚期
著录：《广西》图11；/《广西》图28。
简注："内"字前有起止符号。铭文中衬以多个"而"字。

① 此镜"内"字前有起止符号。

编号：0824
释文：内清以昭明，光日月。
时代：西汉中晚期
著录：《文物》1984（4）第52页图八；/《考古》1985（9）第791页图七：中；《广西》图75。
简注：“内”字前有起止符号。铭文中衬以多个“而”字。

河北

编号：0825
释文：内清质以昭明，光象夫日之月，心忽（淴），而毋世（泄）兮。
时代：西汉中晚期
著录：《历代》图32。
简注：铭文中衬以多个“而”字。

编号：0826
释文：内清质以昭明，光象夫日月，心忽（淴）忠，而不泄兮。
时代：西汉中晚期
著录：《文物春秋》2015（4）第52页图一；/《文物春秋》2003（6）第73页图一：1。
简注：铭文中衬以多个“而”字。

编号：0827
释文：内清质以昭明，光象夫日月。
时代：西汉中晚期
著录：《文物春秋》2014（2）封二：1。

编号：0828
释文：内青（清）质昭以明，日月。
时代：西汉中晚期
著录：《文物春秋》2015（3）第30页图三：1。
简注：“内”字前有起止符号。“昭以”二字错乙，铭文中衬以多个“而”字。

编号：0829
释文：内清以昭明，光象夫日之月，心忽（淴），而不泄兮。
时代：西汉中晚期
著录：《历代》图33。
简注：“内”字前有起止符号。铭文中衬以多个“而”字。

编号：0830
释文：内清以昭明，光象夫日月，不世（泄）。
时代：西汉中晚期
著录：《文物春秋》2003（6）第73页图一：2；/《文物》1990（1）第12页图二一：1；《文物春秋》2015（3）第30页图三：6；《历代》图31。
简注：铭文中衬以多个“而”字。

编号：0831
释文：内清□明，光象夫日月，不世（泄）。
时代：西汉中晚期
著录：《考古》1980（5）第403页图一：右。
简注：铭文中衬以多个“而”字。

编号：0832
释文：内青（清）以召（昭）明，光象夫日月已（矣）。
时代：西汉晚期至东汉早期
著录：《文物春秋》1998（4）第16页图三十一：4；《文物春秋》2015（3）第30页图三：7。
简注：铭文中衬以多个“而”字。“已”字亦可能是“世（泄）”字误置或笔划脱铸。

编号：0833
释文：内清以昭明，光象夫日月。
时代：西汉中晚期
著录：《文物春秋》2012（4）封三：2。
简注：铭文中衬以多个“而”字。

编号：0834
释文：内清以昭明，光象日月，忽（淴）。
时代：西汉中期至东汉
著录：《文物》1973（11）第30页图三。

简注：北齐墓出土。铭文中衬以多个“而”字。

编号：0835
释文：内青（清）以昭明，光夫日之月，不泄。
时代：西汉中晚期
著录：《文物春秋》1991（1）第91页图三。
简注：铭文中衬以多个“而”字。

编号：0836
释文：内清以昭明，光日月。
时代：西汉中期至新莽
著录：《文物春秋》1998（4）第16页图三十一：1；《文物春秋》2015（3）第30页图三：3。
简注：“内”字前有起止符号。铭文中衬以多个“而”字。

编号：0837
释文：内青（清）以□日。
时代：西汉晚期至东汉早期
著录：《文物春秋》1998（4）第16页图三十一：2；《文物春秋》2015（3）第30页图三：4。
简注：“内”字前有起止符号。铭文中衬以多个“而”字。

河南

编号：0838
释文：内清质以昭明，光象夫日月，心忽（淴）穆忠，然壅塞而不泄。
时代：西汉中晚期
著录：《洛华》图62。
简注：“内”字前有起止符号。铭文中衬以多个“而”字。此镜中大部分铭文字体方正，但也有个别铭文略显粗率，如“以”“泄”的写法与“昭明”铭镜（二）中相类。

编号：0839
释文：内清质以昭明，光象夫日月，心忽（淴），而不泄。
时代：西汉中晚期
著录：《南阳》第317页序号386。

编号：0840
释文：内清质以昭明，光象夫日月，不泄。
时代：西汉中晚期
著录：《三门峡》第42页。

编号：0841
释文：内清质以召（昭）明，光夫象日月，不可世（泄）。
时代：西汉中期至新莽
著录：《南阳》图一六七。
简注：“内”字前有起止符号。铭文中衬以多个“而”字。

编号：0842
释文：内青（清）质以召（昭）明，光夫象日月，不可世（泄）。
时代：西汉中期至东汉早期
著录：《考古》2005（8）第31页图八。
简注：“内”字前有起止符号。铭文中衬以多个“而”字。

编号：0843
释文：内清质以昭明，光象之日月，不世（泄）。
时代：西汉中期至新莽
著录：《南阳》第323页序号399。
简注：铭文中衬以多个“而”字。

编号：0844
释文：内清质以昭明，光象日月，泄。
时代：西汉中期至新莽
著录：《考古》1974（2）第134页图四。
简注：铭文中衬以多个“而”字。

编号：0845
释文：内青（清）以召（昭）明，光兮象夫日月之光，而不世（泄）。

时代： 西汉中晚期

著录：《南阳》第319页序号390。

简注： 铭文中衬以多个“而”字。

编号： 0846

释文： 内青（清）以召（昭）明，光象夫日之月兮，心忽（懑），不世（泄）。

时代： 西汉中晚期

著录：《文物》1994（7）第32页图二一[①]；/《三门峡》第26页。

简注： “内”字前有起止符号。

编号： 0847

释文： 内青（清）以召（昭）明，光象夫日之月兮，心，日不世（泄）。

时代： 西汉中晚期

著录：《南阳》第305页序号364。

简注： 铭文中衬以多个“而”字。

编号： 0848

释文： 内清以昭明，光象夫日之月兮，不。

时代： 西汉中期至东汉早期

著录：《南阳》第303页序号361。

简注： “内”字前有起止符号。铭文中衬以多个“而”字。

编号： 0849

释文： 内清以昭明，光象夫日之月，心忽（懑）忠，然壅塞而不泄。

时代： 西汉中期至新莽

著录：《南阳》第307页序号369。

简注： “内”字前有起止符号。铭文中衬以多个“而”字。

编号： 0850

释文： 内清以昭明，光象夫日之月，心忽（懑）忠，而不泄兮。

时代： 西汉中晚期

著录：《考古学报》2015（3）第404页图四二：2、图版贰拾壹：2。

简注： 西汉晚期墓出土（M40：9）。铭文中衬以多个“而”字。

编号： 0851

释文： 内清以昭明，光象夫日之月，心忽（懑），而不泄已（矣）。

时代： 西汉中晚期

著录：《南阳》第299页序号355。

简注： “内”字前有起止符号。铭文中衬以多个“而”字。“已”字亦可能是“世（泄）”字误置或笔画脱铸。

编号： 0852

释文： 内清以昭明，光象夫日之月，心忽（懑），不泄，日。

时代： 西汉中期

著录：《文物》1977（6）第7页图二七：1。

简注： 西汉中期（昭宣之间）墓出土。镜残缺。铭文中衬以多个“而”字。

编号： 0853

释文： 内清以昭明，光象夫日之月，心忽（懑）兮。

时代： 西汉中期至东汉

著录：《考古学报》1959（1）第75页图十：1。

简注： 铭文中衬以多个“而”字。

编号： 0854

释文： 内清以召（昭）明，光象夫日之月，心，不世（泄）。

时代： 西汉中晚期

著录：《江汉考古》1997（1）第28页图十五。

简注： 铭文中衬以多个“而”字。

---

① 此镜铭文中衬以多个“而”字。

编号：0855

释文：内清以昭明，光象夫日之月，不。

时代：西汉中晚期

著录：《华夏考古》1989（4）第82页图七、图八：1[①]；/《华夏考古》2012（1）第33页图一二：2、图版一四：3。

简注：铭文中衬以多个“而”字。

编号：0856

释文：内清以昭明，光□日之月，心忽（浌），日不世（泄）兮。

时代：西汉中晚期

著录：《文物》1973（2）第47页图三。

简注：镜残缺。铭文中衬以多个“而”字。

编号：0857

释文：内清以昭明之，光象夫日月，忽（浌），泄。

时代：西汉晚期至东汉

著录：《文物》1991（8）第53页图一五。

简注：西晋时期墓（M21：10）出土。铭文中衬以多个“而”字。

编号：0858

释文：内清以昭明，光象夫日月，心忠忽（浌），不。

时代：西汉中晚期

著录：《洛华》图63。

简注：西汉墓（M1）出土。铭文中衬以多个“而”字。

编号：0859

释文：内清以昭明，光象夫日月，心忽（浌），不泄。

时代：西汉中晚期

著录：《考古》2010（9）图版拾：1、第29页图四；《江汉考古》2017（2）第75页图一〇：3。

简注：新莽及稍后时期墓（M10：52）出土。铭文中衬以多个“而”字。

编号：0860

释文：内清以昭明，光象夫日月，不世（泄）。

时代：西汉中晚期

著录：《华夏考古》1991（4）第34页图八：6、第35页图九：1[②]；/《洛华》图57[③]；/《洛华》图58[④]。

编号：0861

释文：内清以昭明，光象夫日月，□泄。

时代：西汉中晚期

著录：《南阳》第315页序号383。

简注：镜残缺。铭文中衬以多个“而”字。

编号：0862

释文：内清以之昭之明，光象夫日月，不。

时代：西汉中期至东汉早期

著录：《华夏考古》2010（2）第33页图四：2。

简注：“内”字前有起止符号。铭文中衬以多个“而”字。

编号：0863

释文：内清以昭明，光象夫日月，不。

时代：西汉中晚期

著录：《中原文物》2009（3）第102页图二。

简注：“内”字前有起止符号。铭文中衬以多个“而”字。

编号：0864

释文：内青（清）以召（昭）明，光夫象日月，不。

时代：西汉中晚期

著录：《南阳》第307页序号371。

简注：“内”字前有起止符号。铭文中衬以多个“而”字。

---

① 此镜“内”字前有起止符号。
② 西汉中期或偏晚墓出土（M1：29）。
③ 铭文中衬以多个“而”字。
④ 铭文中衬以多个“而”字。

编号：0865
释文：内清以召（昭）明，□日象夫日月兮。
时代：西汉中晚期
著录：《考古学报》1990（4）第497页图一六。
简注：铭文中衬以多个“而”字。

编号：0866
释文：内清以昭明，光象夫兮日月。
时代：西汉中晚期
著录：《考古学报》1959（2）第67页图八：4。
简注：铭文中衬以多个“而”字。

编号：0867
释文：内清以昭明，光象夫日月。
时代：西汉中晚期
著录：《考古》1964（8）第405页图三：1①；/《南阳》图一六八。
简注：铭文中衬以多个“而”字。

编号：0868
释文：内清以召（昭）明，光象夫日月。
时代：西汉中期至东汉早期
著录：《华夏考古》1987（1）第93页图八四：3。
简注：铭文中衬以多个“而”字。

编号：0869
释文：内清⧄光象日月，心⧄，不世（泄）兮。
时代：西汉中期至新莽
著录：《洛古》图64。
简注：铭文中衬以多个“而”字。

编号：0870
释文：内清以昭明，光象日月，不世（泄）。
时代：西汉中晚期
著录：《考古》1963（2）第76页图一一：6。
简注：铭文中衬以多个“而”字。

编号：0871
释文：内清以昭明，光象日月。
时代：西汉中期至新莽
著录：《文物》1993（5）第8页图一七：1；/《烧沟》图七一：2；/《洛古》图57；/《洛华》图56②。
简注：铭文中衬以多个“而”字。

编号：0872
释文：内清以昭明，光夫日月，不。
时代：西汉中晚期
著录：《考古》1964（8）第392页图一二：1。
简注：“内”字前有起止符号。铭文中衬以多个“而”字。

编号：0873
释文：内清以昭明，光夫日月。
时代：西汉中晚期
著录：《洛古》图58③；/《南阳》第309页序号372；/《中原文物》2013（2）第10页图八。
简注：铭文中衬以多个“而”字。

编号：0874
释文：内清以召（昭）明，光夫日月。
时代：西汉中晚期
著录：《南阳》第303页序号362。
简注：铭文中衬以多个“而”字。

编号：0875
释文：内清以昭明，光日月明。
时代：西汉中晚期
著录：《烧沟》图七一：1、图版肆贰：2；《洛古》图60；《洛华》图60。
简注：“内”字前有起止符号。铭文中衬以多个“而”字。

---

① 此镜“内”字前有起止符号。
② 此镜“内”字前有起止符号。
③ 此镜“内”字前有起止符号。

编号：0876
释文：内清以昭明，光日月，心忽（沕）忠，然不泄。
时代：西汉中晚期
著录：《洛华》图59。
简注：“内”字前有起止符号。铭文中衬以多个“而”字。

编号：0877
释文：内青（清）以召（昭）明，光日月。
时代：西汉中晚期
著录：《华夏考古》1993（1）第23页图一五：1、第24页图一六：1。
简注：铭文中衬以多个“而”字。

编号：0878
释文：内清以昭明，□月。
时代：西汉中期至东汉
著录：《考古学报》1957（1）第179页图十：3。
简注：西晋墓出土。镜残缺。铭文中衬以多个“而”字。

编号：0879
释文：内青（清）日以明，光象日月兮。
时代：西汉中晚期
著录：《洛古》图59。
简注：“内”字前有起止符号。铭文中衬以多个“而”字。

编号：0880
释文：内召（昭）日以昭明，光象日月光。
时代：西汉中晚期
著录：《华夏考古》2016（3）第35页图四：3、第36页图五：1。
简注：铭文中衬以多个“而”字。

编号：0881
释文：内象以昭明，光日月，心。
时代：西汉晚期至东汉早期
著录：《文物》2006（3）第56页图二一。
简注：“内”字前有起止符号。铭文中衬以多个“而”字。

湖北

编号：0882
释文：内清质以昭明，光象夫日月，不泄。
时代：西汉中晚期
著录：《孝感》图24。
简注：“内”字前有起止符号。铭文中衬以多个“而”字。

编号：0883
释文：内清以昭明，光象夫日之月，心忽（沕）忠，然不世（泄）。
时代：西汉中期至东汉早期
著录：《国博》2017（10）第18页图三五：9、第20页图四三。
简注：铭文中衬以多个“而”字。

编号：0884
释文：内清以昭明，光象夫日月，心忽（沕），不世（泄）兮，不□。
时代：西汉中晚期
著录：《文物》1989（5）第86页图三。
简注：“内”字前有起止符号。铭文中衬以多个“而”字，“世”字反书。

编号：0885
释文：内青（清）以召（昭）明，光象夫日之月，不世（泄）。
时代：西汉中晚期
著录：《孝感》图22。
简注：铭文中衬以多个“而”字。

编号：0886
释文：内清以昭明，光象夫日月。
时代：西汉中晚期

著录：《国博》2017（10）第18页图三五：10、第21页图四四。

简注：铭文中衬以多个“而”字。

编号：0887

释文：内清以召（昭）明，光象夫日月。

时代：西汉中晚期

著录：《鄂州》图10；《鄂城》图3。

简注：“内”字前有起止符号。铭文中衬以多个“而”字。

编号：0888

释文：内青（清）以召（昭）明，光象夫日☐。

时代：西汉中期至新莽

著录：《江汉考古》1980（2）第22页图三。

简注：西汉末王莽时期窖藏出土。镜残缺。铭文中衬以多个“而”字。

编号：0889

释文：内清以昭明，光夫日月。

时代：西汉中晚期

著录：《鄂城》图2。

简注：铭文中衬以多个“而”字。

编号：0890

释文：内清昭以明，光明日月。

时代：西汉中晚期

著录：《孝感》图25。

简注：铭文中衬以多个“而”字。

编号：0891

释文：内清以☐日月，不世（泄）。

时代：西汉中晚期

著录：《孝感》图23。

简注：铭文中衬以多个“而”字。

湖南

编号：0892

释文：内清以昭明，光象夫日之月，心忽（潒）穆忠，然塞之而不泄。

时代：西汉中晚期

著录：《常德》图40。

简注：“内”字前有起止符号。铭文中衬以多个“而”字。

编号：0893

释文：内清质以昭明，光而象夫日月，☐忽（潒）穆忠，而不泄。

时代：西汉中期至新莽

著录：《南方文物》2003（4）第98页图四。

编号：0894

释文：内清质以昭明，光象夫日月，心忽（潒），而不泄。

时代：西汉中晚期

著录：《考古》1999（8）第43页图一八：2。

编号：0895

释文：内清质以昭明，光象夫日月，心，不世（泄）。

时代：西汉中晚期

著录：《常德》图35。

简注：铭文中衬以多个“而”字。

编号：0896

释文：内清质以昭明，光象夫日月，不泄。

时代：西汉中期

著录：《考古学报》1984（1）第96页图四二：1。

简注：西汉中期墓出土（296：4）。“内”字前有起止符号。铭文中衬以多个“而”字。

编号：0897

释文：内清质以昭，象明夫日月。

时代：西汉中晚期

著录：《湖研》图四一。

简注：“内”字前有起止符号。铭文中衬以多个“而”字。

编号：0898
释文：内青（清）质以召（昭），光而〈夫〉日。
时代：西汉中晚期
著录：《考古》2001（4）第55页图一五：2、图版捌：5。
简注：“内”字前有起止符号。铭文中衬以多个“而”字。

编号：0899
释文：内清以昭明，光辉象夫日月，心忽（愬），而不世（泄）。
时代：西汉中晚期
著录：《湖研》图四九。
简注：起止符号误置于“光”字之后。铭文中衬以多个“而”字。

编号：0900
释文：内青（清）以召（昭）明，光象夫日之月兮，心忽（愬），日兮不世（泄）。
时代：西汉中晚期
著录：《常德》图39。
简注：铭文中衬以多个“而”字。

编号：0901
释文：内清以昭明，光象夫日之日〈月〉，心忽（愬）忠，然而不泄。
时代：西汉中晚期
著录：《湖研》图三五。
简注：“内”字前有起止符号。铭文中衬以多个“而”字。

编号：0902
释文：内清以昭明，光象夫日之月，心，不世（泄）。
时代：西汉中期
著录：《考古》1990（11）第1008页图五：右[①]；《湖研》图三七。
简注：铭文中衬以多个“而”字。

编号：0903
释文：内清以昭明，光象夫日月，心忽（愬）穆忠，不泄。
时代：西汉中晚期
著录：《长沙》图54。
简注：铭文中衬以多个“而”字。

编号：0904
释文：内清以昭明，光象夫日月，心，不泄。
时代：西汉中晚期
著录：《湖研》图三九。
简注：铭文中衬以多个“而”字。

编号：0905
释文：内清以昭明，光象日月兮，不。
时代：西汉中晚期
著录：《湖研》图三六。
简注：“内”字前有起止符号。铭文中衬以多个“而”字。

编号：0906
释文：内青（清）以召（昭）明，光象夫日之月。
时代：西汉中晚期
著录：《湖研》图四十。
简注：“内”字前有起止符号。铭文中衬以多个“而”字。

编号：0907
释文：内清以昭明，光象夫日月。
时代：西汉中晚期
著录：《湖研》图三四。
简注：“内”字前有起止符号。铭文中衬以多个“而”字。

① 此镜“内”字前有起止符号。

编号：0908
释文：内清以召（昭）明，光象日月。
时代：西汉中晚期
著录：《常德》图41。
简注：铭文中衬以多个“而”字。

编号：0909
释文：内清以召（昭）明，光夫日月，世（泄）。
时代：西汉中晚期
著录：《郴州》第20页、第21页。
简注：铭文中衬以多个“而”字。

编号：0910
释文：内清以昭明，光夫日月。
时代：西汉中晚期
著录：《常德》图38；/《湖研》图四八；/《东南文化》1994（5）第111页图二。
简注：“内”字前有起止符号。铭文中衬以多个“而”字。

编号：0911
释文：内清以召（昭）明，光夫日月。
时代：西汉中晚期
著录：《湖研》图三八。
简注：“内”字前有起止符号。铭文中衬以多个“而”字。

编号：0912
释文：内清以昭明，光月。
时代：西汉中晚期
著录：《常德》图37。
简注：“内”字前有起止符号。铭文中衬以多个“而”字。

吉林

编号：0913
释文：内清以昭明，光象日之月，心忽（忽）忠穆，而不泄。
时代：西汉中晚期
著录：《北方文物》1997（3）第11页图一：8。
简注：铭文中衬以多个“而”字。

编号：0914
释文：清而以昭明，光象夫日月，不。
时代：西汉中晚期
著录：《北方文物》1997（3）封二：3。
简注：铭文中衬以多个“而”字。

编号：0915
释文：内清以昭明，光日月。
时代：西汉中晚期
著录：《北方文物》1997（3）第11页图一：1。
简注：铭文中衬以多个“而”字。

江苏

编号：0916
释文：内清质以昭明，光而象夫日月，心忽（忽）穆而顚（愿）忠，然而不泄乎。
时代：西汉中晚期
著录：《文物》1980（12）第3页图六；《文物》1985（10）第92页图六；《广陵》图39；《图典》A图230；《图典》B图3.113。
简注：铭文中衬以多个“而”字。铭文书体整体方正，但个别字较粗率。

编号：0917
释文：内清质以昭明，光象夫日月，心忽（忽）忠，而不泄兮。
时代：西汉中晚期
著录：《文物》1985（10）第92页图八；《广陵》图38。
简注：铭文中衬以多个“而”字。

编号：0918
释文：内清质以昭明，光象夫日月，心忽（忽）忠，不世（泄）。
时代：西汉中晚期

著录：《文物》1985（10）第92页图一一；《图典》A图232。

简注：铭文中衬以多个“而”字。

编号：0919

释文：内清质以昭明，光象夫日之月。

时代：西汉中晚期

著录：《东南文化》2003（3）第47页图七。

简注：铭文中衬以多个“而”字。

编号：0920

释文：内清质以昭明，光象日月。

时代：西汉中晚期

著录：《东南文化》2016（5）第69页图二：4、彩插三：6。

简注：新莽至东汉早期墓出土（M92：3）。铭文中衬以多个“而”字。

编号：0921

释文：内清质［以］昭明，光象日月。

时代：西汉中晚期

著录：《文物》1957（8）第34页图8。

简注：“内”字前有起止符号。铭文中衬以多个“而”字。

编号：0922

释文：内清质以昭明，日月。

时代：西汉中晚期

著录：《考古学报》2016（2）第275页图一四：1。

简注：铭文中衬以多个“而”字。

编号：0923

释文：内清以日之光以昭明，光象日月，心，不。

时代：西汉中期至新莽

著录：《考古》1982（3）第241页图九：1。

简注：铭文中衬以多个“而”字。

编号：0924

释文：内清以之昭明，光象夫日月，不已。

时代：西汉中晚期

著录：《文物》1985（10）第92页图七。

简注：“内”字前有起止符号。铭文中衬以多个“而”字。“已”字亦可能是“世（泄）”字误置或笔划脱铸。

编号：0925

释文：内清以昭明，光象夫日之月，心忽（淴）穆忠，然而不泄兮。

时代：西汉中晚期

著录：《仪征》第49页。

简注：“内”字前有起止符号。铭文中衬以多个“而”字。

编号：0926

释文：内清以昭明，光象夫日之月，心忽（淴）忠，然而不泄兮。

时代：西汉中期至新莽

著录：《广陵》图40；/《东南文化》2013（6）第37页图五：2、彩插三：3。

简注：“内”字前有起止符号。铭文中衬以多个“而”字。

编号：0927

释文：内清以昭明，光象夫日之月，心忽（淴）忠，不泄。

时代：西汉中晚期

著录：《考古》1986（11）第1042页图一：2。

简注：西汉中后期墓出土。铭文中衬以多个“而”字。

编号：0928

释文：内清以昭明，光象夫日月，心，不泄。

时代：西汉中晚期

著录：《文物》1985（10）第91页图五。

简注：铭文中衬以多个“而”字。

编号：0929

释文：内清以昭明，光象夫日月，心，不世（泄）。

时代：西汉中晚期

著录：《文物》1955（6）图版伍：8。

简注：M2。铭文中衬以多个“而”字。

编号：0930

释文：内青（清）以召（昭）明，光象夫日月之光兮。

时代：西汉晚期至东汉早期

著录：《文物》1980（3）第7页图五；《文物》1985（10）第93页图一五；《广陵》图88。

简注：铭文中衬以多个“而”字。

编号：0931

释文：内清以昭明，光象夫日之月，不泄兮。

时代：西汉中晚期

著录：《考古》2004（5）第36页图八、图版贰：6。

简注：铭文中衬以多个“而”字。

编号：0932

释文：内青（清）以召（昭）明，光象夫日月之，世（泄）不。

时代：西汉中期至东汉

著录：《考古》1966（3）第152页图一。

简注：“内”字前有起止符号。铭文中衬以多个“而”字。“世不”错乙。

编号：0933

释文：内青（清）以召（昭）明，光象日月之。

时代：西汉中晚期

著录：《文物》1957（8）第34页图10。

简注：铭文中衬以多个“而”字。

编号：0934

释文：内青（清）以召（昭）明，光夫象日月，不可以世（泄）。

时代：西汉中晚期

著录：《广陵》图42。

简注：“内”字前有起止符号。铭文中衬以多个“而”字。

编号：0935

释文：内清以昭明，光象夫日月，不世（泄）。

时代：西汉中期至新莽

著录：《考古》1979（5）第423页图一三：2。

简注：“内”字前有起止符号。铭文中衬以多个“而”字。

编号：0936

释文：内清以昭明，光象夫日月。

时代：西汉中期至东汉

著录：《考古与文物》2019（2）第38页图一〇：5；/《文物》1985（10）第92页图一〇①；/《广陵》图45。

简注：铭文中衬以多个“而”字。

编号：0937

释文：内清以昭明，光象日月。

时代：西汉中晚期

著录：《文物》1985（10）第92页图九；《广陵》图46。

简注：“内”字前有起止符号。铭文中衬以多个“而”字。

编号：0938

释文：内青（清）以召（昭）明，光夫日月，不世（泄）。

时代：西汉中晚期

著录：《文物》1985（10）第91页图四；《图典》A图233。

简注：“内”字前有起止符号。铭文中衬以多个“而”字。

编号：0939

释文：内清以昭明，光日月。

时代：西汉中晚期

---

① 此镜“内”字前有起止符号。

著录：《文物》1957（8）第34页图9。
简注：“内”字前有起止符号。铭文中衬以多个“而”字。

编号：0940
释文：内清以昭明，光象夫日。
时代：西汉中晚期
著录：《东南文化》2016（5）第69页图二：5。
简注：“内”字前有起止符号。铭文中衬以多个“而”字。

编号：0941
释文：内清以之昭，日月明光象。
时代：西汉中晚期
著录：《仪征》第48页。
简注：“内”字前有起止符号。铭文中衬以多个“而”字。

编号：0942
释文：内清以之昭，日月明光。
时代：西汉中晚期
著录：《广陵》图44。
简注：铭文中衬以多个“而”字。

编号：0943
释文：内清以，日月之以象。
时代：西汉晚期至东汉早期
著录：《仪征》第52页。
简注：铭文错乱，并衬以多个“而”字。

编号：0944
释文：内青（清）明以召（昭），象而日月光夫。
时代：西汉中晚期
著录：《广陵》图41。
简注：铭文衬以多个“而”字。

编号：0945
释文：内清明以昭明，光日月。
时代：西汉中晚期
著录：《广陵》图47。
简注：铭文衬以多个“而”字。

编号：0946
释文：内日以昭明，光日月，工。
时代：西汉中期至新莽
著录：《考古》1982（3）第241页图九：2。
简注：“内”字前有起止符号。铭文中衬以多个“而”字。

江西

编号：0947
释文：内清以昭明，光象夫日月，心忽（淴）之。
时代：西汉中晚期
著录：《九江》图3。
简注：铭文中衬以多个“而”字。

辽宁

编号：0948
释文：内清质以昭明，光象日月。
时代：西汉中晚期
著录：《朝阳》第17页。
简注：“内”字前有工字形起止符号。铭文中衬以多个“而”字。

编号：0949
释文：内清以昭明，光象夫日之月，心忽（淴）忠，而不泄兮。
时代：西汉中晚期
著录：《辽宁》第106页。
简注：铭文中衬以多个“而”字。

编号：0950
释文：内清以昭明，光象夫日之月，心，不世（泄）。
时代：西汉中晚期
著录：《旅顺》图21。

简注：铭文中衬以多个“而”字。

编号：0951
释文：内清以昭明，光象夫日月，不。
时代：西汉中晚期
著录：《考古学报》1958（4）第86页图十七：3；《旅顺》图17；《收藏家》2014（6）第44页图3。
简注：“内”字前有起止符号。铭文中衬以多个“而”字。

编号：0952
释文：内清以昭明，光象夫日月。
时代：西汉中晚期
著录：《考古》1990（8）第708页图九：1①；/《朝阳》第18页。
简注：铭文中衬以多个“而”字。

编号：0953
释文：内清以昭明，光象日月。
时代：西汉中晚期
著录：《考古》1990（8）第708页图九：2。
简注：“内”字前有起止符号。铭文中衬以多个“而”字。

编号：0954
释文：内青（清）以昭，光明日月。
时代：西汉晚期至东汉早期
著录：《朝阳》第19页。
简注：起止符号误置于“明”字之前。铭文中衬以多个“而”字。

编号：0955
释文：内青（清）明，日月，心，光宜。
时代：西汉晚期至东汉早期
著录：《旅顺》图20。
简注：铭文中衬以多个“而”字，“明”字有减笔。

内蒙古

编号：0956
释文：内清以昭明，光象夫日月，心忽（沕），而不泄已。
时代：西汉中晚期
著录：《考古》1965（7）第349页图五：1、图版陆：7。
简注：内蒙古磴口县陶生井附近东汉墓初期出土。“内”字前有起止符号。铭文中衬以多个“而”字。

编号：0957
释文：内清以召（昭）明，光象日。
时代：西汉中晚期
著录：《考古》1977（2）第140页图五：1。
简注：内蒙古察右后旗原江格尔图公社赵家房村匈奴墓出土。“内”字前有起止符号。铭文中衬以多个“而”字。

宁夏

编号：0958
释文：内清质以昭明，光而象夫日月，心忽（沕）穆忠，而不泄兮。
时代：西汉中晚期
著录：《固原》图62。
简注：“内”字前有起止符号。

编号：0959
释文：内清质以昭明，光而象日月，心忽（沕），而不泄。
时代：西汉中晚期
著录：《固原》图68。
简注：“内”字前有起止符号。

① 此镜“内”字前有起止符号。

编号：0960
释文：内清以昭明，光象夫日之月，心忽（淴），而不世（泄）。
时代：西汉中晚期
著录：《固原》图71。
简注：铭文中衬以多个“而”字。

编号：0961
释文：内青（清）以召（昭）明，光象夫日之月，不泄。
时代：西汉晚期至东汉
著录：《考古与文物》1984（3）第34页图九。
简注：铭文中衬以多个“而”字。

编号：0962
释文：内清以昭明，光象夫日月，心忽（淴）而忠，不泄兮。
时代：西汉中晚期
著录：《固原》图67。
简注：“内”字前有起止符号。铭文中衬以多个“而”字。

编号：0963
释文：内清以昭明，光象夫日月，不兮世（泄）。
时代：西汉中晚期
著录：《固原》图64。
简注：“内”字前有起止符号。铭文中衬以多个“而”字。

编号：0964
释文：内清以昭明，光象夫日月，不泄。
时代：西汉中晚期
著录：《文博》2018（4）第9页图八：3。
简注：“内”字前有起止符号。铭文中衬以多个“而”字。

编号：0965
释文：内青（清）以召（昭）明，光象夫日月之，不兮。
时代：西汉晚期至东汉早期
著录：《华夏考古》1995（2）第35页图八：2；《固原》图54。
简注：铭文中衬以多个“而”字。

编号：0966
释文：内清以昭明，光夫日月，不。
时代：西汉中晚期
著录：《固原》图70。
简注：铭文中衬以多个“而”字。

编号：0967
释文：内青（清）以召（昭）明，光夫日月，不。
时代：西汉中晚期
著录：《固原》图59。
简注：铭文中衬以多个“而”字。

编号：0968
释文：内青（清）以召（昭）明，光象夫日之月，世（泄）。
时代：西汉中期至新莽
著录：《华夏考古》1995（2）第35页图八：1；《固原》图60。
简注：铭文中衬以多个“而”字。

编号：0969
释文：内青（清）以昭明，光象夫日之月，世（泄）。
时代：西汉中晚期
著录：《固原》图53。
简注：铭文中衬以多个“而”字。

编号：0970
释文：内清以昭，日月之光象夫，泄。
时代：西汉中晚期
著录：《固原》图61。
简注：铭文中衬以多个“而”字。

青海

编号： 0971
释文： 内清以昭明，光象夫日之月，不世（泄）。
时代： 西汉中期至新莽
著录：《文物》2015（9）第45页图二〇。
简注： 青海省西宁市北郊二十里铺陶家寨村新莽时期墓出土（M2：1）。“内”字前有起止符号。铭文中衬以多个“而”字。

日本

编号： 0972
释文： 内清以昭明，光象夫日月，不。
时代： 西汉中晚期
著录：《久保惣》A图7；《久保惣》B图7。
简注： 现藏于日本和泉市久保惣记念美术馆。“内”字前有起止符号。铭文中衬以多个“而”字。

编号： 0973
释文： 内清以昭明，光象夫日月，忽（淴）。
时代： 西汉中晚期
著录：《泉屋》图29。
简注： 现藏于日本京都泉屋博物馆。“内”字前有起止符号。铭文中衬以多个“而”字。

编号： 0974
释文： 内清以昭明，光象，心忽（淴）。
时代： 西汉中晚期
著录：《泉屋》图32。
简注： 现藏于日本京都泉屋博物馆。“内”字前有起止符号。铭文中衬以多个“而”字。

编号： 0975
释文： 内清以召（昭）明，光夫象日。
时代： 西汉中晚期
著录：《泉屋》图31。
简注： 现藏于日本京都泉屋博物馆。“内”字前有起止符号。铭文中衬以多个“而”字。

编号： 0976
释文： 内质以召（昭）明，象日月。
时代： 西汉中晚期
著录：《泉屋》图30。
简注： 现藏于日本京都泉屋博物馆。“内”字前有起止符号。铭文中衬以多个“而”字。

山东

编号： 0977
释文： 内青（清）质以召（昭）明，象日月，光夫日月。
时代： 西汉中晚期
著录：《齐鲁》图149—1。
简注：“内”字前有起止符号。铭文中衬以多个“而”字。

编号： 0978
释文： 内青（清）质以召（昭）日月，光日月。
时代： 西汉中晚期
著录：《中原文物》2001（3）第72页图四。
简注： 铭文中衬以多个“而”字。

编号： 0979
释文： 内清质以昭明，日月象明。
时代： 西汉中晚期
著录：《齐鲁》图156—3。
简注：“内”字前有起止符号。铭文中衬以多个“而”字。

编号： 0980
释文： 内青（清）以召（昭）明，光象夫日月之光，不世（泄）。
时代： 西汉中晚期
著录：《齐鲁》图158—1。
简注：“内”字前有起止符号。铭文中衬以多个“而”字。

编号： 0981
释文： 内青（清）以召（昭）明，光象夫日之月兮，心忽（愬），不日兮，不世（泄）。
时代： 西汉中晚期
著录： 《考古》2006（12）第89页图一：3。

编号： 0982
释文： 内青（清）以昭明，光象夫日之月兮，心忽（愬），日不世（泄）。
时代： 西汉中晚期
著录： 《齐鲁》图155—2。
简注： 铭文中衬以多个“而”字。

编号： 0983
释文： 内清以昭明，光象夫日之月，心忽（愬）忠，然不泄。
时代： 西汉中晚期
著录： 《齐鲁》图157—1。
简注： “内”字前有起止符号。铭文中衬以多个“而”字。

编号： 0984
释文： 内清以昭明，光象夫日之月，心忽（愬）忠，不泄兮。
时代： 西汉中期
著录： 《文物》1987（9）第80页图一三。
简注： 西汉中期偏晚墓出土（M1：3）。铭文中衬以多个“而”字。

编号： 0985
释文： 内清以昭明，光象天〈夫〉日之月，心忽（愬）而忠，而不世（泄）。
时代： 西汉中晚期
著录： 《文物》1993（4）第91页图一。
简注： 铭文中衬以多个“而”字。

编号： 0986
释文： 内清以昭明，光象而日之月，心忽（愬），不世（泄）。
时代： 西汉中晚期
著录： 《齐鲁》图160—2。
简注： 铭文中衬以多个“而”字。

编号： 0987
释文： 内青（清）以召（昭）明，光象夫日之月，不世（泄）兮。
时代： 西汉中晚期
著录： 《东南文化》2006（4）第26页图四十一。
简注： “内”字前有起止符号。铭文中衬以多个“而”字。

编号： 0988
释文： 内青（清）以召（昭）明，光兮象夫日之月兮，不世（泄）。
时代： 西汉中晚期
著录： 《文物》1985（10）第86页图三：3。
简注： 铭文中衬以多个“而”字。

编号： 0989
释文： 内青（清）以召（昭）明，光象夫日之月，不世（泄）。
时代： 西汉中晚期
著录： 《文物》1985（10）第87页图四：1；/《考古》2017（10）第40页图二四：2。
简注： “内”字前有起止符号。铭文中衬以多个“而”字。

编号： 0990
释文： 内清以召（昭）明，光象天〈夫〉日之月兮，不兮。
时代： 西汉中晚期
著录： 《文物》1985（10）第87页图四：3。
简注： 铭文中衬以多个“而”字。

编号： 0991
释文： 内青（清）以召（昭）明，光象夫日之月，不。
时代： 西汉中晚期

著录：《齐鲁》图157—2。
简注："内"字前有起止符号。铭文中衬以多个"而"字。

编号：0992
释文：内青（清）以召（昭）明，光象夫日之月，世（泄）。
时代：西汉中晚期
著录：《文物》1985（10）第86页图三：6。
简注：铭文中衬以多个"而"字。

编号：0993
释文：内清以昭明，光象夫日月，心忽（潩）忠，然不。
时代：西汉中晚期
著录：《齐鲁》图155—1。
简注："内"字前有起止符号。铭文中衬以多个"而"字。

编号：0994
释文：内清以昭明，光象夫日月，心忽（潩），不泄兮。
时代：西汉中晚期
著录：《齐鲁》图160—1。
简注："内"字前有起止符号。铭文中衬以多个"而"字。

编号：0995
释文：内清以昭明，光象夫日月，不世（泄）。
时代：西汉中晚期
著录：《考古》2017（10）第35页图六。
简注：铭文中衬以多个"而"字。

编号：0996
释文：内清以召（昭）明，光象夫日月，不。
时代：西汉中晚期
著录：《文物》1985（10）第86页图三：1。
简注："内"字前有起止符号。铭文中衬以多个"而"字。

编号：0997
释文：内清以昭明，光象夫日月，世（泄）。
时代：西汉中晚期
著录：《考古》2010（11）图版陆：2、第22页图二五。
简注：起止符号误置于"明"字之前。铭文中衬以多个"而"字。

编号：0998
释文：内青（清）以召（昭）明，光象日月之。
时代：西汉中期
著录：《考古》1986（10）图版贰：3、第956页图一：1。
简注："内"字前有起止符号。铭文中衬以多个"而"字。

编号：0999
释文：内清以昭明，光象夫日月。
时代：西汉中晚期
著录：《文物》1985（10）第86页图三：4；/《齐鲁》图158—2。
简注："内"字前有起止符号。铭文中衬以多个"而"字。

编号：1000
释文：内清以昭明，象光夫日月。
时代：西汉中晚期
著录：《文物》1985（10）第87页图四：5。
简注：铭文中衬以多个"而"字。"象光"错乙。

编号：1001
释文：内清以昭明，光象日月。
时代：西汉中晚期
著录：《文物》1985（10）第86页图三：5。
简注：铭文中衬以多个"而"字。

编号：1002
释文：内清以召（昭）明，光象夫月。
时代：西汉中晚期

著录：《文物》1985（10）第86页图三：2。

简注：铭文中衬以多个“而”字。

编号：1003

释文：内清以昭明，光夫日月。

时代：西汉中晚期

著录：《齐鲁》图159—2。

简注：铭文中衬以多个“而”字。

编号：1004

释文：内清以召（昭）明，光夫日月。

时代：西汉中晚期

著录：《齐鲁》图156—2；/《考古》1996（10）第93页图二：1[①]。

简注：铭文中衬以多个“而”字。

编号：1005

释文：内清以昭明，象日月。

时代：西汉中晚期

著录：《考古》1999（4）第28页图一二。

简注：“内”字前有起止符号。铭文中衬以多个“而”字。

编号：1006

释文：内清□以召（昭），象夫日月光，不。

时代：西汉中晚期

著录：《齐鲁》图174。

简注：“内”字前有起止符号。铭文中衬以多个“而”字。

编号：1007

释文：内清明以召（昭），光日月。

时代：西汉中晚期

著录：《考古》1990（9）第830页图一。

简注：铭文中衬以多个“而”字。

编号：1008

释文：内清昭以明，光日月。

时代：西汉中晚期

著录：《齐鲁》图159—1。

简注：“内”字前有起止符号。铭文中衬以多个“而”字。

编号：1009

释文：内清以昭，光象夫日之月，心忽（潒）忠，不泄。

时代：西汉中晚期

著录：《考古》1995（2）第186页图三。

简注：“内”字前有起止符号。铭文中衬以多个“而”字。

编号：1010

释文：内清以明，光日月象昭。

时代：西汉中晚期

著录：《齐鲁》图156—1。

简注：铭文中衬以多个“而”字。

编号：1011

释文：内青（清）光明以召（昭）象夫日月之光。

时代：西汉晚期至东汉早期

著录：《齐鲁》图149—3。

简注：铭文错乱，并衬以多个“而”字。

编号：1012

释文：内□夫光人月日毋夫乎兮不。

时代：西汉中期

著录：《文物》1987（9）第80页图一五：3。

简注：西汉中期偏晚墓出土（M1：1）。

编号：1013

释文：⧄月兮，心忽（潒）⧄。

时代：西汉晚期

著录：《华夏考古》2016（4）第36页图一八：10。

---

① 此镜“内”字前有起止符号。

简注：镜残缺，仅剩约1/3。铭文中衬以多个“而”字。

山西

编号：1014

释文：内清以昭明，光象夫日之月，心忽忠，然不泄。

时代：西汉中晚期

著录：《大同》第6页、第7页。

简注：铭文中衬以多个“而”字。

编号：1015

释文：内质以昭明，光日月夫之兮。

时代：西汉中期至东汉早期

著录：《文物》2001（7）第15页图二二：2。

简注：铭文中衬以多个“而”字。

编号：1016

释文：内青（清）以召（昭）明，光日月。

时代：西汉中期至新莽

著录：《文物》1987（6）第42页图八五、第44页图九〇：1。

简注：铭文中衬以多个“而”字。

陕西

编号：1017

释文：内清质以昭明，光象夫日之月，不。

时代：西汉中晚期

著录：《陕历》第124页下。

简注：“内”字前有起止符号。铭文中衬以多个“而”字。

编号：1018

释文：内清质以昭明，光象夫日月，心忽（淴）穆而忠，不。

时代：西汉中晚期

著录：《陕历》第121页下。

简注：“内”字前有起止符号。“光”字后衬一“而”字。

编号：1019

释文：内清质以昭明，光象夫日月，心忽（淴）而忠，然壅塞穆而不泄。

时代：西汉中期至新莽前后

著录：《考古》1995（11）第1048页图三。

简注：“内”字前有起止符号。“光”字后衬一“而”字。

编号：1020

释文：内清质以昭明，光象夫日月，心忽（淴）兮忠，然壅不世（泄），可。

时代：西汉中晚期

著录：《陕历》第125页下。

简注：“内”字前有起止符号。铭文中衬以多个“而”字。

编号：1021

释文：内清质以昭明，光象夫日月，心忽（淴）而忠，而不泄。

时代：西汉中晚期

著录：《陕西》图26。

简注：“内”字前有起止符号。“光”字后衬一“而”字。

编号：1022

释文：内清质以昭明，光象夫日月，心忽（淴）而忠，而不世（泄）。

时代：西汉中晚期

著录：《全集》图四七。

简注：铭文中衬以多个“而”字。“光”字后衬一“而”字。

编号：1023

释文：内清质以昭明，光象夫日月，心忽（淴）忠，然不泄。

时代：西汉中晚期

著录：《陕历》第140页上。
简注：铭文中衬以多个“而”字。

编号：1024
释文：内清质以昭明，光象夫日月，心忽（淴）忠，不世（泄）。
时代：西汉中晚期
著录：《陕历》第138页上。
简注：“内”字前有起止符号。铭文中衬以多个“而”字。

编号：1025
释文：内清质以昭明，光象夫日月，心忽（淴），而不泄兮。
时代：西汉中晚期
著录：《考古与文物》1984（5）第15页图三。
简注：“光”字后衬一“而”字。

编号：1026
释文：内清质以昭明，光象夫日月，心忽（淴），而不泄。
时代：西汉中晚期
著录：《长安》图二十七：4、图版四十一：1。
简注：“光”字后衬一“而”字。

编号：1027
释文：内清质以昭明，光象夫日月，心忽（淴）忠，不泄。
时代：西汉中晚期
著录：《陕历》第143页下。
简注：“内”字前有起止符号。铭文中衬以多个“而”字。

编号：1028
释文：内清质以昭明，光象夫日月，心忽（淴）忠，不。
时代：西汉中晚期
著录：《陕西》图28。
简注：“内”字前有起止符号。铭文中衬以多个“而”字。

编号：1029
释文：内清质以昭明，光象夫日月，心忽（淴），而不。
时代：西汉中晚期前段
著录：《考古与文物》2013（6）图版八：3、第17页图二〇：4。
简注：西汉中期偏晚至晚期早段墓出土（M8：4）。“光”字后衬一“而”字。

编号：1030
释文：内清质以昭明，光象夫日月，心，不泄。
时代：西汉中晚期
著录：《长安》图二十八：1、图版四十一：2；/《文物》1989（6）第32页图二六[①]。
简注：铭文中衬以多个“而”字。

编号：1031
释文：内清质以昭明，光象夫日月，不世（泄）。
时代：西汉中晚期
著录：《陕历》第139页下。
简注：铭文中衬以多个“而”字。

编号：1032
释文：内清质以昭明，光象夫日月，已。
时代：西汉中晚期
著录：《长安》图三十：7、图版四十四：2。
简注：铭文中衬以多个“而”字。末一字亦有可能是“世（泄）”字错讹。

编号：1033
释文：内清质以召（昭）明，光之日月。
时代：西汉中晚期
著录：《长安》图三十：6。

① 此镜“内”字前有起止符号。

简注：“内”字前有起止符号。铭文中衬以多个“而”字。

编号：1034

释文：内清之以昭明，光象夫日月，心而忽（愬）穆忠，而不世（泄）。

时代：西汉中期

著录：《考古与文物》2019（3）第36页图四四：9。

简注：西汉中期墓出土（M116：4）。“光”字后衬一“而”字。

编号：1035

释文：内青（清）以日昭明，光象夫日月，不泄兮，忽（愬）。

时代：西汉中晚期

著录：《陕历》第121页上。

简注：“内”字前有起止符号。铭文中衬以多个“而”字。

编号：1036

释文：内青（清）以召（昭）明，光辉象夫日之月，夫忽（愬）心，不。

时代：西汉晚期至东汉早期

著录：《考古》1983（9）第852页图二：5；《图典》A图249；《图典》B图3.154。

简注：“内”字前有起止符号。铭文中衬以多个“而”字。

编号：1037

释文：内青（清）以召（昭）明，光象夫日月之光，不。

时代：西汉中晚期

著录：《陕历》第137页上。

简注：“内”字前有起止符号。铭文中衬以多个“而”字。

编号：1038

释文：内青（清）以召（昭）明，光象夫日月之兮。

时代：西汉中晚期

著录：《扶风》图25。

简注：“内”字前有起止符号。铭文中衬以多个“而”字。

编号：1039

释文：内青（清）以召（昭）明，光象日月之口。

时代：西汉晚期

著录：《长安》图三十：11、图版四十五：2。

简注：铭文中衬以多个“而”字。

编号：1040

释文：内清以昭明，光象夫日月之，心忽（愬）。

时代：西汉中晚期

著录：《宝鸡》第50页上。

简注：铭文中衬以多个“而”字。

编号：1041

释文：内青（清）以召（昭）明，光象夫日之月兮，不世（泄）兮。

时代：西汉中晚期

著录：《扶风》图30。

简注：铭文中衬以多个“而”字。

编号：1042

释文：内青（清）以召（昭）明，光象夫日之月兮，不世（泄）。

时代：西汉中期至新莽

著录：《长安》图三十：5。

简注：铭文中衬以多个“而”字。

编号：1043

释文：内清以昭明，光象夫日之月，心忽（愬），而不泄。

时代：西汉中晚期

著录：《长安》图二十七：5。

简注：“内”字前有起止符号。铭文中衬以多个“而”字。

编号：1044
释文：内清以昭明，光象夫日之月，心忽（淴）忠，然壅而不泄已（矣）。
时代：西汉中晚期
著录：《陕历》第118页。
简注：铭文中衬以多个“而”字。

编号：1045
释文：内清以昭明，光象夫日之月，心忽（淴）忠，然而不泄。
时代：西汉中晚期
著录：《陕历》第120页上。
简注：“内”字前有起止符号。铭文中衬以多个“而”字。

编号：1046
释文：内清以昭明，光象夫日之月，心忽（淴）□泄。
时代：西汉中晚期
著录：《陕历》第144页下。
简注：铭文中衬以多个“而”字。

编号：1047
释文：内青（清）以召（昭）明，光象夫日之月，不世（泄）。
时代：西汉中晚期
著录：《陕历》第136页下。
简注：“内”字前有起止符号。铭文中衬以多个“而”字。

编号：1048
释文：内清以召（昭）明，光象夫日之月。
时代：西汉中期至新莽
著录：《考古学报》1991（2）第253页图一五：9。
简注：“内”字前有起止符号。铭文中衬以多个“而”字。

编号：1049
释文：内青（清）以召（昭）明乎，夫象日月光。
时代：西汉中晚期
著录：《陕西》图30。
简注：“内”字前有起止符号。铭文中衬以多个“而”字。

编号：1050
释文：内清以昭明，光象夫日月，心忽（淴），不。
时代：西汉中晚期
著录：《长安》图二十八：2。
简注：“内”字前有起止符号。铭文中衬以多个“而”字。

编号：1051
释文：内清以昭明，光象夫日月，心忠，不泄。
时代：西汉中晚期
著录：《陕历》第136页上。
简注：铭文中衬以多个“而”字。

编号：1052
释文：内清以昭明，光象夫日月，心，不兮。
时代：西汉中期至东汉
著录：《文物》2010（9）第25页图二〇、图二三。
简注：西晋墓出土（M1：20）。铭文中衬以多个“而”字。

编号：1053
释文：内清以召（昭）明，光象夫日月兮，心可。
时代：西汉中晚期
著录：《西安》图22。
简注：铭文中衬以多个“而”字。

编号：1054
释文：内清以昭明，光象夫日月，不世（泄）。
时代：西汉中晚期
著录：《陕历》第119页上；/《扶风》图18。
简注：铭文中衬以多个“而”字。

编号：1055
释文：内清以昭明，光象夫日月，不。

时代：西汉中晚期
著录：《陕历》第137页下；/《陕历》第142页。
简注：铭文中衬以多个“而”字。

编号：1056
释文：内清以召（昭）明，光象夫日月兮。
时代：西汉中晚期
著录：《陕历》第133页上。
简注：“内”字前有起止符号。铭文中衬以多个“而”字。

编号：1057
释文：内清以昭明，光象夫日月。
时代：西汉中晚期
著录：《考古与文物》1990（4）第60页图三：5；/《考古与文物》1991（1）第44页图三：右；/《陕历》第122页上。
简注：“内”字前有起止符号。铭文中衬以多个“而”字。

编号：1058
释文：内清以召（昭）明，光象夫日月。
时代：西汉中晚期
著录：《长安》图三十：4、图版四十四：1。
简注：“内”字前有起止符号。铭文中衬以多个“而”字。

编号：1059
释文：内清以昭明，光夫日月。
时代：西汉中晚期
著录：《考古与文物》2007（2）第24页图四：2①；/《长安》图二十七：3；/《陕历》第129页②；/《陕历》第139页上③；/《考古学报》1991（2）第253页图一五：6④。
简注：铭文中衬以多个“而”字。

编号：1060
释文：内青（清）以召（昭）明，光日月乎。
时代：西汉中期至东汉
著录：《考古》2005（4）第59页图二九：3。
简注：前秦时期墓出土（M61：3）。

编号：1061
释文：内清以昭明，光日月。
时代：西汉中晚期
著录：《陕历》第144页上。
简注：“内”字前有起止符号。铭文中衬以多个“而”字。

编号：1062
释文：内青（清）以昭明，光日月。
时代：西汉晚期至东汉早期
著录：《宝鸡》第51页。
简注：铭文中衬以多个“而”字。

编号：1063
释文：内清以明，光象夫日之月，不泄兮。
时代：西汉中期至新莽
著录：《考古与文物》1995（4）第24页图十七：2。
简注：铭文中衬以多个“而”字。

编号：1064
释文：内青（清）召（昭）明，光日。
时代：西汉中晚期
著录：《陕西》图29。
简注：“内”字前有起止符号。铭文中衬以多个“而”字。

编号：1065
释文：内清明以之召（昭），光象夫日月光，不。
时代：西汉中晚期
著录：《陕历》第126页下。

① 此镜出土于曹魏时期墓（M13）。“内”字前有起止符号。
② 此镜“内”字前有起止符号。
③ 此镜“内”字前有起止符号。
④ 此镜“内”字前有起止符号。

简注：“内”字前有起止符号。铭文中衬以多个“而”字。

编号：1066
释文：内青（清）明以召（昭），象夫日月光，夫羊（祥）。
时代：西汉晚期至东汉早期
著录：《陕西》图60。
简注：“内”字前有起止符号。铭文中衬以多个“而”字。

编号：1067
释文：内青（清）明以召（昭），光夫象日月明。
时代：西汉晚期至东汉早期
著录：《陕历》第188页。
简注：“内”字前有起止符号。铭文中衬以多个“而”字。

上海

编号：1068
释文：内青（清）以召（昭）明，光象夫日之月兮，不世（泄）。
时代：西汉中晚期
著录：《上博》A彩图33、拓片33；《上博》B图36；《辞典》第1422页左图。
简注：铭文中衬以多个“而”字。

编号：1069
释文：内青（清）以召（昭）明，光象夫日月，世（泄）召（昭）不。
时代：西汉晚期至东汉早期
著录：《上博》A彩图36、拓片36；《上博》B图39；《图典》A图248；《图典》B图3.153。
简注：铭文中衬以多个“而”字，末句铭文错乱。

编号：1070
释文：内清以召（昭）明，光象夫日月，世（泄）。
时代：西汉中晚期
著录：《东南文化》2005（6）第17页图十六。
简注：铭文中衬以多个“而”字。

四川

编号：1071
释文：内青（清）日以昭明，光象夫日月，不世（泄）日。
时代：西汉中期至东汉
著录：《考古》1955（6）图版柒：5；《四川》图34。
简注：“内”字前有起止符号。铭文中衬以多个“而”字。

编号：1072
释文：内清以昭明，光象夫日月乎。
时代：西汉中期至东汉
著录：《考古学报》1959（2）第119页图十一：1。
简注：南北朝时期墓出土（M28：10）。铭文中衬以多个“而”字。

台湾

编号：1073
释文：内清以昭明，光象日月，已。
时代：西汉中晚期
著录：《故宫》G图一七。
简注：大陆出土。铭文中衬以多个“而”字。“已”字亦有可能是“世”字误置。

天津

编号：1074
释文：内清以昭明，光而日月。
时代：西汉中晚期
著录：《北方文物》2006（1）第54页图二：9。
简注：铭文中衬以多个“而”字。

浙江

编号： 1075
释文： 内青（清）质可以召（昭）明，光夫象日月，不世（泄）。
时代： 西汉晚期
著录： 《浙江》A图3；《浙江》B图6。
简注： 铭文中衬以多个“而”字。

编号： 1076
释文： 内清以昭日月明，光日。
时代： 西汉中晚期
著录： 《安吉》第46页、第47页；《图典》B图3.115。
简注： “内”字前有起止符号。铭文中衬以多个“而”字。

编号： 1077
释文： 内清以昭明，光象夫日之月，心忽（潒）忠，然壅塞忠不泄。
时代： 西汉中晚期
著录： 《南方文物》1994（3）第82页图一：4；《浙江》A图1；《浙江》B图1。
简注： “内”字前有起止符号。铭文衬以多个“而”字，“不”字前衍一“忠”字。

编号： 1078
释文： 内青（清）以召（昭）明，光象夫日之月，而不世（泄）。
时代： 西汉中晚期
著录： 《考古学报》1957（1）第138页图四：11。
简注： 铭文中衬以多个“而”字。

编号： 1079
释文： 内清以昭明，光象夫日月，心志忽（潒）。
时代： 西汉中晚期
著录： 《安吉》第48页、第49页。
简注： “内”字前有起止符号。铭文中衬以多个“而”字。

编号： 1080
释文： 内清以昭明，光象夫日月，不。
时代： 西汉中晚期
著录： 《越地》第126页右[①]；/《考古》1959（3）第152页图五。
简注： 铭文中衬以多个“而”字。

编号： 1081
释文： 内清以昭明，光象夫日月。
时代： 西汉中期至东汉早期
著录： 《东南文化》1989（2）第123页图十二：7。
简注： “内”字前有起止符号。铭文中衬以多个“而”字。

编号： 1082
释文： 内青（清）以召（昭）明，光象夫日月。
时代： 西汉中晚期
著录： 《考古学报》2018（3）图版捌：6、第355页图三二：4、第358页图三四：7。
简注： “内”字前有起止符号。铭文中衬以多个“而”字。

编号： 1083
释文： 内清以昭明，光日月。
时代： 西汉中晚期
著录： 《收藏家》2018（8）第26页图13。
简注： “内”字前有起止符号。铭文中衬以多个“而”字。

编号： 1084
释文： 内青（清）以召（昭）明，☐夫日月。
时代： 西汉中晚期
著录： 《考古学报》1957（1）第138页图四：10。
简注： “内”字前有起止符号。铭文中衬以多个

---

① 此镜“内”字前有起止符号。

“而”字。

编号：1085

释文：内清昭兮，日月光以象。

时代：西汉晚期至东汉早期

著录：《考古》1993（4）第338页图一一：3。

简注：铭文中衬以多个“而”字。

编号：1086

释文：内以昭明，光象夫之日月兮，心忽（愬）而忠，然兮不泄兮，日。

时代：西汉晚期至东汉早期

著录：《文物》2011（1）第77页图六。

简注：铭文中衬以多个“而”字。

编号：1087

释文：内召（昭）日以昭明，光日。

时代：西汉中期至东汉

著录：《考古学报》2018（3）图版捌：5、第355页图三二：3、第356页图三三：5。

简注：“内”字前有起止符号。铭文中衬以多个“而”字。

其他

编号：1088

释文：内清质以昭明，光辉象夫日月，心穆而顧（愿）忠，然壅塞而不忽（愬）泄。

时代：西汉中晚期

著录：《西甲》卷十九19a。

简注：“忽（愬）”字错置于“泄”字之前。

编号：1089

释文：内清质以昭明，光象夫日月，心忽（愬）穆而顧（愿）忠，然而不泄。

时代：西汉中晚期

著录：《小校》卷十六39a下。

简注：铭文中衬以多个“而”字。“光”字后衬一“而”字。

编号：1090

释文：内清质以□明，光象夫日月，心忽（愬）而忠，然壅塞穆而不泄已。

时代：西汉中晚期

著录：《西甲》卷十九21a。

简注：“内”字前有起止符号。“光”字后衬一“而”字。“穆”字错置于“塞”字之后。

编号：1091

释文：内清质以昭明，光象夫日月，心，不泄。

时代：西汉中晚期

著录：《西清》卷三十九17a。

简注：铭文中衬以多个“而”字。

编号：1092

释文：内清质以昭明，光象夫日月，不泄。

时代：西汉中晚期

著录：《小校》卷十六43a下。

简注：“内”字前有起止符号。铭文中衬以多个“而”字。

编号：1093

释文：内青（清）质以召（昭）明，光夫象日月，不泄。

时代：西汉中晚期

著录：《小校》卷十六42b下。

编号：1094

释文：内清之以昭明，光而象夫日月，心忽（愬），不。

时代：西汉中晚期

著录：《小校》卷十六40a中；《志稿》第3338页。

编号：1095

释文：内青（清）日以昭明，光象日之月，不泄。

时代：西汉中晚期

著录：《西清》卷三十九19a。

简注：铭文中衬以多个“而”字。

编号：1096
释文：内召（昭）日以昭明，光日月。
时代：西汉中晚期
著录：《善斋》镜录卷二49b；《小校》卷十六47b中。
简注：铭文中衬以多个“而”字。

编号：1097
释文：内青（清）以召（昭）明，光兮象夫日月之光，世（泄）。
时代：西汉中晚期
著录：《善斋》镜录卷二46b。
简注：铭文中衬以多个“而”字。

编号：1098
释文：内清以昭明，光象夫日之月，心忽（淴）兮而忠，然而不泄兮。
时代：西汉中晚期
著录：《小校》卷十六41b上。
简注：“内”字前有起止符号。铭文中衬以多个“而”字。

编号：1099
释文：内青（清）以召（昭）兮明，光象夫日之月兮，心忽（淴），而不世（泄）兮。
时代：西汉中晚期
著录：《西乙》卷十九31a。
简注：“内”字前有起止符号。铭文中衬以多个“而”字。

编号：1100
释文：内清以昭明，光象夫日之月，心忽（淴）忠，然而不泄。
时代：西汉中晚期
著录：《小校》卷十六45a中；《拓影》图134。
简注：“内”字前有起止符号。铭文中衬以多个“而”字。

编号：1101
释文：内清以昭明，光象夫日之月，心忽（淴）忠，不泄兮。
时代：西汉中晚期
著录：《小校》卷十六45b下。
简注：铭文中衬以多个“而”字。

编号：1102
释文：内清以昭明，光象天〈夫〉日之月，心忽（淴）忠，不泄。
时代：西汉中晚期
著录：《小校》卷十六41b下。
简注：“内”字前有起止符号。铭文中衬以多个“而”字。

编号：1103
释文：内清以昭明，光象夫日之月，心忽（淴），泄。
时代：西汉中晚期
著录：《岩窟》二上第59图。
简注：传豫北出土。“内”字前有起止符号。铭文中衬以多个“而”字。

编号：1104
释文：内清以召（昭）明，光象夫日之月兮，心，不世（泄）。
时代：西汉中晚期
著录：《小校》卷十六43b下。
简注：铭文中衬以多个“而”字。

编号：1105
释文：内清以昭明，光象夫日月，心忽（淴）兮忠，然而不已。
时代：西汉中晚期
著录：《桃阴庐》图5下。
简注：铭文中衬以多个“而”字。

编号：1106
释文：内清以昭明，光象夫日月，心，不泄已。
时代：西汉中晚期

著录：《西甲》卷十九17a。

简注：铭文中衬以多个“而”字。

编号：1107

释文：内清以昭明，光象夫日月，心，不泄。

时代：西汉中晚期

著录：《小校》卷十六45a上；《小檀》卷三18b；《拓影》图133。

简注：铭文中衬以多个“而”字。

编号：1108

释文：内清以召（昭）明，光象光日月之，不泄兮。

时代：西汉中晚期

著录：《西甲》卷十九53a。

简注：铭文中衬以多个“而”字，疑第二个“光”字为“夫”字误置或误摹。

编号：1109

释文：内清以昭明，光象夫日月，不泄。

时代：西汉中晚期

著录：《小校》卷十六43b上。

简注：“内”字前有起止符号。铭文中衬以多个“而”字。

编号：1110

释文：内清以召（昭）明，光象夫日月，不泄。

时代：西汉中晚期

著录：《善斋》镜录卷二45b；《小校》卷十六43a上。

简注：“内”字前有起止符号。铭文中衬以多个“而”字。

编号：1111

释文：内清以昭明，光象夫日月，不已。

时代：西汉中晚期

著录：《小校》卷十六42a下；《小檀》卷三19b；《拓影》图131。

简注：“内”字前有起止符号。铭文中衬以多个“而”字。

编号：1112

释文：内青（清）以召（昭）明，光夫象日月，去不羊（祥），世（泄）。

时代：西汉晚期至东汉早期

著录：《宁寿》卷十五17a。

简注：铭文中衬以多个“而”字。

编号：1113

释文：内清以昭明，光象日夫日月，不。

时代：西汉中晚期

著录：《小校》卷十六42a上。

简注：“内”字前有起止符号。铭文中衬以多个“而”字。

编号：1114

释文：内清以昭明，光象夫日月，不。

时代：西汉中晚期

著录：《小校》卷十六44a上；/《拓影》图136；《小校》卷十六46b下[①]；/《拓影》图137。

简注：铭文中衬以多个“而”字。

编号：1115

释文：内清以召（昭）明，光象夫日月。

时代：西汉中晚期

著录：《簠斋》第148页；《国图》第39页；《陈介祺》图30。

简注：铭文中衬以多个“而”字。

编号：1116

释文：内清以昭明，光夫象日月。

时代：西汉中晚期

著录：《岩窟》二上第58图。

简注：传豫北出土。铭文中衬以多个“而”字。

---

① 此镜“明”字前有起止符号。

编号：1117
释文：内清以昭明，光夫日月，世（泄）。
时代：西汉中晚期
著录：《善斋》镜录卷二50b。
简注：铭文中衬以多个“而”字。

编号：1118
释文：内清以昭明，光夫日月。
时代：西汉中晚期
著录：《善斋》镜录卷二48b；《小校》卷十六47a中；/《小校》卷十六44b下。

编号：1119
释文：内清以昭明，光象日月。
时代：西汉中晚期
著录：《小校》卷十六44a下；/《拓影》图138；/《岩窟》二上第57图[1]。
简注：“内”字前有起止符号。铭文中衬以多个“而”字。

编号：1120
释文：内清以昭明，光日月象。
时代：西汉中晚期
著录：《小校》卷十六46b上。
简注：“内”字前有起止符号。铭文中衬以多个“而”字。

编号：1121
释文：内清以召（昭）明，象夫日月。
时代：西汉中晚期
著录：《陈介祺》图29；《国图》第38页。
简注：“内”字前有起止符号。铭文中衬以多个“而”字。

编号：1122
释文：内清以昭明，光日日月。
时代：西汉中晚期
著录：《小校》卷十六44b上。
简注：“内”字前有起止符号。铭文中衬以多个“而”字。

编号：1123
释文：内清以昭明，光日月，不。
时代：西汉中晚期
著录：《小校》卷十六46b中。
简注：铭文中衬以多个“而”字。

编号：1124
释文：内青（清）以昭明，光日月，不。
时代：西汉中晚期
著录：《小校》卷十六45b上。
简注：“内”字前有起止符号。铭文中衬以多个“而”字。

编号：1125
释文：内清以昭明，光日月兮。
时代：西汉中晚期
著录：《小校》卷十六47a上；《志稿》第3337页。
简注：铭文中衬以多个“而”字。

编号：1126
释文：内清以昭明，光日月。
时代：西汉晚期至东汉早期
著录：《小檀》卷三19a；《拓影》图132；《小校》卷十六45a下；《志稿》第3339页。
简注：“内”字前有起止符号。铭文中衬以多个“而”字。

编号：1127
释文：内青（清）以召（昭）明，光日月。
时代：西汉中晚期
著录：《小校》卷十六46a上。
简注：铭文中衬以多个“而”字。

---
① 传淮河流域出土。

编号： 1128
释文： 内清以昭明，日月。
时代： 西汉中晚期
著录： 《小校》卷十六47b上；《志稿》第3336页。
简注： “内”字前有起止符号。铭文中衬以多个“而”字。

编号： 1129
释文： 内清以昭昭明明，光象日月日。
时代： 西汉中晚期
著录： 《小檀》卷三20a。
简注： 铭文中衬以多个“而”字。

编号： 1130
释文： 内清以，光象夫日月。
时代： 西汉中晚期
著录： 《小校》卷十六47b上。
简注： 铭文中衬以多个“而”字。

编号： 1131
释文： 内青（清）明以召（昭），象天〈夫〉日月光夫，不。
时代： 西汉中晚期
著录： 《尊古斋》第135页；《小校》卷十六42b上。
简注： “内”字前有起止符号。铭文中衬以多个“而”字。

编号： 1132
释文： 内清明以昭，象日月光，□。
时代： 西汉中晚期
著录： 《岩窟》二上第60图。
简注： 传陕西出土。铭文中衬以多个“而”字。

编号： 1133
释文： 内清明以召（昭），日月光。
时代： 西汉中晚期
著录： 《善斋》镜录卷二47b。
简注： “内”字前有起止符号。铭文中衬以多个“而”字。

编号： 1134
释文： 内清明昭明，光象日月。
时代： 西汉中晚期
著录： 《小校》卷十六47a下；/《善斋》镜录卷二51b；《小校》卷十六43b中。

编号： 1135
释文： 内金清明昭以，日月。
时代： 西汉晚期至东汉早期
著录： 《金石索》卷六第106页右。
简注： 铭文中衬以多个“而”字。也可能读为“内金清明，昭以日月。”

编号： 1136
释文： 内日以清昭⍁。
时代： 西汉中晚期
著录： 《小校》卷十六46a下。
简注： 铭文中衬以多个“而”字。

编号： 1137
释文： ⍁清⍁明，光象夫日之月，⍁。
时代： 西汉中晚期
著录： 《西清》卷三十九15a。
简注： 铭文中衬以多个“而”字。

45.“昭明”“昭明”铭

本节所列者为内外圈皆为“昭明”铭的重圈铭文镜。

此类镜存世较少，在形制、纹饰方面，皆为圆钮，并蒂十二连珠纹钮座，素缘。铭文有减字现象，但尚不严重，而起止符号则多有误置。

从形制、纹饰及铭文书体风格上看，此类镜的主要流行时代应为西汉中晚期。

编号： 1138
释文： 【外】内清质以昭明，光辉象夫日月，心忽（㴚）穆而顯（愿）忠，然壅塞而不泄。【内】内清质以昭明，光夫日月，心忽（㴚）

而顲（愿）忠，然壅塞而不泄。

时代：西汉中晚期

著录：《清爱堂》图50。

编号：1139

释文：【外】内清质以昭明，光辉象日月，心忽（淴）穆而顲（愿）忠，然壅塞而不泄。【内】内清质以昭明，日月，心忽（淴）而顲（愿）忠，然壅塞而不泄。

时代：西汉中晚期

著录：《陕历》第173页。

简注：内外圈“日”字前皆置以十字形符号。

编号：1140

释文：【外】内清质以昭明，光辉象而夫日月，心忽（淴）穆而顲（愿）忠，然壅塞而不泄。【内】内清质以昭明，光□夫日月，心忽（淴）而忠，壅塞而不泄。

时代：西汉中晚期

著录：《东南文化》1989（2）图版一：2。

简注：西汉中晚期墓出土（M1）。“象”字后衍一“而”字。

编号：1141

释文：【外】内清质以昭明，光象而夫日月，心忽（淴）穆顲（愿）忠，然壅塞而不泄。【内】内清质以昭明，光而夫日月，心忽（淴）而忠，壅塞而不泄。

时代：西汉中期

著录：《考古》1994（12）第1073页图七。

简注：西汉中期墓（M2）出土。

编号：1142

释文：【外】内清质以昭明，光而不象忠信何日月，心忽（淴）而顲（愿）忠，然壅塞而不泄。【内】内清质昭，日月，心忽（淴）而顲（愿）穆忠，然壅塞而不泄。

时代：西汉中晚期

著录：《文物》2017（4）第75页图四一、图四二；《临淄》图630。

简注：外圈铭文错乱严重。

编号：1143

释文：【外】内清之以昭明，光而象辉夫，乎思□□事君，怨，日月，心忽（淴）而顲（愿）穆忠，然壅塞而不泄。【内】内清以昭明，光象日月，心忽（淴）而穆忠，然壅塞而不泄。

时代：西汉中晚期

著录：《考古》1984（11）第1041页图一。

简注：外圈铭文错乱，并混入部分“精白”铭镜中常见词语。

编号：1144

释文：【外】内清以昭明，光辉而象不质日月，心忽（淴）而穆忠，然壅塞泄。【内】内清以昭，日月，心忽（淴）而穆忠，然壅塞泄。

时代：西汉中晚期

著录：《临淄》图629。

简注：内外圈起止符号皆误置于“日”字之前。外圈铭文错乱。

编号：1145

释文：【外】内清以昭明，光象而，不泄，象质乎，象而日月，心忽（淴）而穆忠，然壅塞泄。【内】内清以昭明，而日月，心忽（淴）而穆忠，然壅塞泄。

时代：西汉中晚期

著录：《齐鲁》图169。

简注：外圈铭文错乱严重。

编号：1146

释文：【外】内清以昭明，光象而顲（愿）辉不日月，心忽（淴）而穆忠，然壅塞泄。【内】内清以，日月，心忽（淴）而穆忠，然壅塞泄。

时代：西汉中晚期

著录：《临淄》图631。

简注：外圈铭文错乱。

编号：1147

释文：【外】内清以昭明，光而象不日月，心忽（浌）而穆忠，然壅塞泄。【内】内清以，日月，心忽（浌）而穆忠，然壅塞泄。

时代：西汉中晚期

著录：《临淄》图637。

编号：1148

释文：【外】内清以昭明，光而象不日月，心忽（浌）而顯（愿）忠，然壅塞泄。【内】内清，日月，心忽（浌）而顯（愿）忠，然壅塞泄。

时代：西汉中晚期

著录：《临淄》图635。

简注：外圈铭文错乱。

编号：1149

释文：【外】内清以昭明，光而象不日月，心忽（浌）而穆忠，然壅塞泄。【内】内，日月，心忽（浌）而穆忠，然壅塞泄。

时代：西汉中晚期

著录：《临淄》图634。

简注：内圈"日"字前有起止符号。

编号：1150

释文：【外】内清以昭明，光日月，心忽（浌）而顯（愿）穆忠，然塞壅泄。【内】内清，日月，心忽（浌）顯（愿）忠，然壅塞泄。

时代：西汉中晚期

著录：《齐鲁》图173—2。

简注：外圈铭文错乱。

编号：1151

释文：【外】内清以昭明，光日月，心忽（浌）而穆忠，然壅塞而不泄。【内】日月，心忽（浌）而穆忠，然壅塞而不泄。

时代：西汉中晚期

著录：《文物》2017（4）第81页图六一；《临淄》图633。

简注：外圈"日"字前有起止符号。

编号：1152

释文：【外】内清以昭明，日月，心忽（浌）夫穆忠，然壅塞不泄。【内】日月，心忽（浌）光穆忠，然壅塞不泄。

时代：西汉中晚期

著录：《临淄》图632。

简注：外圈"日"字前有起止符号。

编号：1153

释文：【外】内清以昭明，日月，心忽（浌）而穆忠，然壅塞泄。【内】日月，心忽（浌）而穆忠，然壅塞泄。

时代：西汉中晚期

著录：《临淄》图638。

编号：1154

释文：【外】内清以，象而日月，心忽（浌）而穆忠，然壅塞泄。【内】日月，心忽（浌）而穆忠，然壅塞。

时代：西汉中晚期

著录：《临淄》图636。

46."昭明""日光"铭

"昭明""日光"铭，即由"昭明"铭与"日光"铭组合而成的新的重圈铭文镜类型。

在形制、纹饰方面，"昭明""日光"铭镜多为圆钮，偶为博山钮，钮座以并蒂十二连珠纹居多，其次为圆钮座，镜缘皆为素缘，仅宽窄有别。

在铭文方面，"昭明"铭皆置于外圈，减铭现象较为常见，虽有错乙或衬字现象，但比重较小。

内区的"日光"铭主要有四种类型，按数量多寡分别为：

A.见日之光，长毋相忘。

B.见日之光，长不相忘。

C.见日之光，天下大明。

D.见日之光。

E.长毋相忘。

之所以出现这种现象，大约是因为A、B两型的内容与外圈“昭明”铭的主旨最为相称。

从出土区域看，北方以河南、山东、陕西、山西等省出土最多，南方则以长江、淮河流域的湖南、湖北、安徽、江苏等地出土较为密集。不过，一些在当时较为偏远的地区，如幽州辽东郡的沓氏（旅顺）也有此类镜出土，说明此类镜的流行程度。

在时代方面，“昭明”“日光”铭镜多出于西汉中期或晚期墓，个别出于新莽或稍后墓，而从不见于西汉早期墓，说明此类镜的时代上限大约在西汉中期，主要流行时段为西汉武帝以后到西汉晚期，个别镜的时代下限也许能到新莽或稍后，东汉时不再流行。

由于此类镜存世较多，受篇幅所限，本节仅能胪列各地区较为典型者。为便于检索，暂按上述内圈型式先后顺序排序，个别文句不在上述型式之内，则据铭文相似性排序。

编号：1155

释文：【外】内清质以昭明，光辉象夫乎兮日月，心忽（沕）[穆]而顯（愿）忠，然壅塞而不泄。【内】见日之光，长毋相忘。

时代：西汉中晚期

著录：《考古》1959（12）第665页图二：5；《图典》A图242；《图典》B图3.133。

编号：1156

释文：【外】内清质以昭明，光辉象乎夫日月，心忽（沕）穆而顯（愿）忠，然[壅]塞而不泄。【内】见日之光，长毋相忘。

时代：西汉中晚期

著录：《清华》图37；《汉铭斋》附图18；《三槐堂》图40、图41；《文化》图122；《图集》图240；《书法》图147；《拓片》图65。

编号：1157

释文：【外】内清质以昭明，光辉象夫日月，心忽（沕）穆而顯（愿）忠，然壅塞而不泄乎而。【内】见日之光，长毋相忘。

时代：西汉中晚期

著录：《尊古斋》第134页。

编号：1158

释文：【外】内清质以昭明，光辉象夫日月，心忽（沕）穆而顯（愿）忠，然壅塞而不泄。【内】见日之光，长毋相忘。

时代：西汉中期

著录：《文物》2010（12）封二：1、第23页图一七：2[①]；/《考古与文物》1994（2）第42页图三：3；/《考古学报》2015（3）第405页图四三：3、图版贰拾壹：6[②]；/《考古学报》1976（2）第180页图一一：左[③]；/《泉屋》图18；/《文物》1996（4）第87页图一；/《三门峡》第41页；/《考古学报》1976（2）第180页图一一：左[④]；/《湖南》图54；/《考古》1983（9）第852页图二：4；《图典》A图245；/《小校》卷十六36b[⑤]；/《岩窟》二上第38图[⑥]；/《善斋》镜录卷二43b；《小校》卷十六37a上；/《小檀》卷三15a；《拓影》图119；《小校》卷十六37b上；/《止水阁》图88。

编号：1159

释文：【外】内清质以昭明，光辉象夫日月，心忽（沕）穆而顯（愿）忠，然壅塞而不泄。【内】光见日之，长毋相忘。

时代：西汉中晚期

著录：《长安》图三十五、图版四十八：2。

---

① 西汉中期偏晚墓出土（M27：4）。“象”字之后衍一“而”字。
② 西汉中期墓出土（M35：21）。
③ 西汉中期墓出土（M14：12）。
④ 西汉中期墓出土（M14：12）。
⑤ “象”字之后衍一“而”字。
⑥ 传淮河流域出土。

简注：内圈“光”字误置于“见”字之前。

编号：1160

释文：【外】内清质以昭明，光晖（辉）象夫日月，心忽（淴）穆而顳（愿）忠，然壅塞而不泄。【内】见日之光，长毋相忘。

时代：西汉中晚期

著录：《汉铭斋》图83；《文化》图123；《图集》图241。

编号：1161

释文：【外】内清质以昭明，光辉象夫日月，心忽（淴）穆而顳（愿）忠，然壅塞［而］不泄。【内】见日之光，长毋相忘。

时代：西汉中晚期

著录：《岩窟》二上第36图①；/《清仪阁》图9。

编号：1162

释文：【外】内清质以昭明，光辉象夫日月，心忽（淴）而穆顳（愿）忠，然壅塞［而］不泄。【内】见日之光，长毋相忘。

时代：西汉中期

著录：《湖研》图二二。

简注：“清”字反书。“而穆”错乙。

编号：1163

释文：【外】内清质以昭明，光辉象夫日月，心忽（淴）穆而顳（愿）忠，然壅塞而而［不］泄。【内】见日之光，长毋相忘。

时代：西汉中期

著录：《南阳》图一七八。

简注：西汉中期墓（NFBC M275）出土。“象”字之后衍一“而”字。

编号：1164

释文：【外】内清质以昭明，光□象夫日月，心忽（淴）穆而兮顳（愿）忠，［然］壅塞而不泄。【内】见日之光，长毋相忘。

时代：西汉中晚期

著录：《文物》1987（6）第58页图一一、第59页图一二：2。

编号：1165

释文：【外】内清质以昭明，光辉象夫日月，心忽（淴）穆而顳（愿）［忠］，然壅塞而不泄。【内】见日之光，长毋相忘。

时代：西汉中期

著录：《华夏考古》1999（3）第51页图一〇②；/《文物》1989（1）第43页图四九：4。

编号：1166

释文：【外】内清质以昭明，光辉象夫日月，心忽（淴）穆而顳（愿）［忠］，然壅塞而不世（泄）。【内】见日之光，长毋相忘。

时代：西汉中晚期

著录：《收藏》2011（2）第98页图9。

编号：1167

释文：【外】内清质以昭明，光辉象夫日月，心忽（淴）穆而顳（愿）［忠］，然壅塞而不泄。【内】见日之［光］，长毋相忘乎。

时代：西汉中期

著录：《湖研》图一九。

编号：1168

释文：【外】内清质以昭明，光辉象夫日月，心忽（淴）穆而顳（愿）［忠］，然壅塞［而］不泄。【内】见日之光，长毋相忘。

时代：西汉中晚期

著录：《澄秋馆》73a。

编号：1169

释文：【外】内清质以昭明，光辉象夫日月，心忽（淴）［穆］而顳（愿）忠，然壅塞兮而不

① 传淮河流域出土。
② 西汉中期前段墓（武帝时期）出土（M1：9）。

泄。【内】见日之光，长毋相忘。

时代：西汉中晚期

著录：《小校》卷十六37a下。

编号：1170

释文：【外】内清质以昭明，光辉象夫日月，心忽（㣻）［穆］而顯（愿）忠，然壅塞而不泄。【内】见日之光，长毋相忘。

时代：西汉中晚期

著录：《文物春秋》2015（3）第33页图五：2；《历代》图35；/《文物》1986（7）图版捌：1。

编号：1171

释文：【外】内清质以昭明，光象辉夫日月，心忽（㣻）［穆］而顯（愿）忠，然壅塞而不泄。【内】见日之光，长毋相忘。

时代：西汉中晚期

著录：《考古》1988（5）第447页图一二。

简注："内"在前有起止符号。"长"字减笔。"象辉"错乙，且"辉"字后衬一"而"字。

编号：1172

释文：【外】内清质以昭明，光辉象夫日月，心忽（㣻）穆而顯（愿）忠，然不泄乎。【内】见日之光，长毋相忘。

时代：西汉中晚期

著录：《临淄》图625。

简注："内"在前有起止符号。

编号：1173

释文：【外】内清质以昭明，光辉象夫日月，心忽（㣻）［穆］而顯（愿）忠，然［壅塞］而不泄。【内】见日之光，长毋相忘。

时代：西汉中晚期

著录：《淮南》第80页、第81页；/《广陵》图58。

编号：1174

释文：【外】内清质以昭明，光辉象夫乎日月，心忽（㣻）［穆］而顯（愿）忠，［然］壅塞而不泄。【内】见日之光，长毋相忘。

时代：西汉中晚期

著录：《南阳》第331页序号414。

简注："内"字前有起止符号。"象"字之后衍一"而"字。

编号：1175

释文：【外】内清质以昭明，光辉象日月，心忽（㣻）穆而顯（愿）忠，然壅塞乎不泄，佳君。【内】见日之光，长毋相忘。

时代：西汉中晚期

著录：《南阳》图版八六：1。

简注：外圈衬以"而"字。

编号：1176

释文：【外】内清质以昭明，光辉象日月，心忽（㣻）［穆］而顯（愿）忠，然壅塞而不泄。【内】见日之光，长毋相忘。

时代：西汉中晚期

著录：《旅顺》图26；《旅粹》图108。

编号：1177

释文：【外】内清质以昭明，光辉象日月，心忽（㣻）［穆］而顯（愿）忠，然壅塞不泄。【内】见日之光，长毋相忘。

时代：西汉中晚期

著录：《临淄》图619。

编号：1178

释文：【外】内清质以昭明，光辉象夫日月，心［忽（㣻）］穆顯（愿）忠，然壅塞而不泄。【内】见日之光，长毋相忘。

时代：西汉中期

著录：《湖研》图二〇；《湖历》图39。

编号：1179

释文：【外】内清质以昭明，光辉夫日月，心忽（㣻）穆而顯（愿）忠，然象壅塞而不泄。

【内】见日忘之光长毋相。
时代：西汉中晚期
著录：《陕历》第174页。
简注：内圈铭文“忘”字误置于“日”字之后，外圈“象”字误置于“然”字之后。

编号：1180
释文：【外】内清质以昭明，光辉［象］夫日月，心忽（沕）穆而顥（愿）忠，然壅塞而不泄。【内】见日之光，长毋相忘。
时代：西汉中期
著录：《湖研》图二一。

编号：1181
释文：【外】内清质以昭明，光辉［象］夫日月，心忠而穆忽（沕）顥（愿），而不世（泄）。【内】见日之光，长毋相忘。
时代：西汉中晚期
著录：《尊古斋》第136页。
简注：“内”字前有起止符号。“见”字倒置，外圈第三句铭文多错乙。

编号：1182
释文：【外】内清质以昭明，［光］辉象夫日月，心忽（沕）穆而顥（愿）忠，然壅塞而不泄。【内】见日之光，长毋相忘。
时代：西汉中期
著录：《文物》2010（1）第8页图一二。
简注：西汉中期墓（武帝末年或昭帝时期，M106）出土。“长”字减笔，“愿”字从二页。

编号：1183
释文：【外】内清质以昭明，光之象夫日月，心忽（沕）穆而忠，然壅塞而不泄。【内】见日之光，长毋相忘。
时代：西汉中期
著录：《文物》1990（1）第31页图一[①]；/《考古》2014（1）第59页图一一、第60页图一二：1[②]。

编号：1184
释文：【外】内清之以昭明，光之象而日月，心忽（沕）穆而忠，壅塞而不泄。【内】见日之光，长毋相忘。
时代：西汉中晚期
著录：《小檀》卷三16a；《拓影》图121；《小校》卷十六38a下。

编号：1185
释文：【外】内清质以昭明，光象夫日月，心忽（沕）穆而顥（愿）忠，而不。【内】见日之光，长毋相忘。
时代：西汉中期
著录：《长沙》图52。
简注：“内”在前有起止符号。“光”字后衬一“而”字。

编号：1186
释文：【外】内清质以昭明，光象夫日月，心忽（沕）穆而［顥（愿）］忠，然壅塞而不泄。【内】见日之光，长毋相忘。
时代：西汉中晚期
著录：《临淄》图623[③]；/《陕西》图24[④]。

编号：1187
释文：【外】内清质以昭明，光象夫日月，心忽（沕）穆而［顥（愿）］忠，然壅塞［而］不泄。【内】见日之光，长毋相忘。
时代：西汉中晚期

① “长”字减笔，外圈铭文衬以多个“而”字。
② “内”在前有起止符号。
③ “泄”字最后一笔美化，具有起止符号的区分作用。
④ “内”在前有起止符号。“长”字减笔。

著录：《南阳》图一七七。

编号： 1188

释文：【外】内清质以昭明，□穆，然塞不泄。【内】见日之光，长毋相忘。

时代： 西汉中期前段

著录：《考古》1996（7）第56页图一二：左下。

简注： 西汉中期（武帝时期）墓出土（M10：38）。外圈铭文衬以多个“而”字。

编号： 1189

释文：【外】内清质以昭［明］，光辉象夫日月，心忽（忽）忠顨（愿），日塞而不［泄］。【内】见日之光，长毋相忘。

时代： 西汉中晚期

著录：《南阳》图一八〇；《图典》B图3.134。

简注：“忠愿”错乙。

编号： 1190

释文：【外】内清质明昭，明象象夫日月，心忽（忽）穆夫，然不世（泄）。【内】见日之光，长毋相君〈忘〉。

时代： 西汉中晚期

著录：《六安》图129。

简注： 外圈铭文间衬以“而”字。

编号： 1191

释文：【外】内清以昭明，光辉而象日月，心忽（忽）穆［而］顨（愿）忠，然壅塞而不泄。【内】见日之光，长毋相忘。

时代： 西汉中晚期

著录：《考古》1979（4）第328页图一七：5。

编号： 1192

释文：【外】内清以昭明，光而象以夫旦日月，心忽（忽）而顨（愿）穆忠，□塞而不泄。【内】见日之光，长毋相忘。

时代： 西汉中晚期

著录：《齐鲁》图171。

简注： 镜残缺。

编号： 1193

释文：【外】内清以昭明，光而日月，心忽（忽）而穆忠，然塞壅泄。【内】见日之光，长毋相忘。

时代： 西汉中晚期

著录：《临淄》图627。

编号： 1194

释文：【外】内清以昭明，光日月，心忽（忽）而穆忠，然壅塞而不泄。【内】见日之光，长毋相忘。

时代： 西汉中晚期

著录：《临淄》图624。

编号： 1195

释文：【外】内清以昭明兮，日月，心忽（忽）而顨（愿）穆忠，然壅塞不泄，光。【内】见日之光，长毋相忘。

时代： 西汉中晚期

著录：《文物》2017（4）第75页图三九、图四〇；《临淄》图620。

编号： 1196

释文：【外】内清□夫日月，心忽（忽），不泄。【内】见日之光，长毋相忘。

时代： 西汉中晚期

著录：《考古》1985（3）第214页。

编号： 1197

释文：【外】内清，日月，心忽（忽）而穆忠，然穆塞泄。【内】见日之光，长毋相忘。

时代： 西汉中晚期

著录：《齐鲁》图173—1；/《文物》2017（4）第81页图六〇；《临淄》图626。

简注： 疑同模。起止符号误置于“日”字之前。

编号：1198

释文：【外】内清质以昭明，光辉象夫日月，心忽（澄）穆而顾（愿）忠，然壅塞而不泄。【内】见日之光，长不相忘。

时代：西汉中晚期

著录：《南阳》图一七六。

编号：1199

释文：【外】内清质以昭明，光辉象夫兮日月，心忽（澄）[穆]而顾（愿）穆忠，然壅塞而不泄。【内】见日之光，长不相忘。

时代：西汉中晚期

著录：《临淄》图621；/《临淄》图622。

简注：疑两镜同模。

编号：1200

释文：【外】内清质以昭明，光辉象夫日月，心忽（澄）[穆]而顾（愿）忠，然壅塞而不泄。【内】见日之光，长不相忘。

时代：西汉中晚期

著录：《六安》图57。

简注："内"字前有起止符号。

编号：1201

释文：【外】内清之以昭明，光之象而日月，心忽（澄）穆而忠，然壅不泄。【内】见日之光，长不相忘。

时代：西汉中晚期

著录：《国博》1992（18—19）第223页图43。

编号：1202

释文：【外】内清之以昭明，光象夫日月，心忽（澄）穆而顾（愿）忠，然壅塞而不泄。【内】见日之光，长不相忘。

时代：西汉中晚期

著录：《南阳》图一七九、图版八五：2。

简注："内"字前有起止符号。"光"字后衬一"而"字。

编号：1203

释文：【外】内清之以昭明，光象夫日月，心忽（澄）穆忠，然壅塞不泄。【内】见日之光，长不相忘。

时代：西汉中晚期

著录：《长沙》图51。

简注："光"字后衬一"而"字。

编号：1204

释文：【外】内清之以昭明，光象夫日月，心忽（澄）而忠，然而不泄。【内】见日之光，长不相忘。

时代：西汉中晚期

著录：《考古学报》1995（4）第486页图三二：1。

简注："光"字后衬一"而"字。

编号：1205

释文：【外】内清之以昭明，光象夫日月，心忽（澄），不乎泄。【内】见日之光，长不相忘。

时代：西汉中晚期

著录：《考古》1979（5）第423页图一三：2。

简注：外圈铭文中衬以多个"而"字。

编号：1206

释文：【外】内清以昭明，光象夫日月，心忽（澄）穆而忠，然壅塞不世（泄）。【内】见日之光，长不而忘。

时代：西汉中晚期至新莽

著录：《考古学报》1963（2）图版捌：2、第23页图二〇：1。

编号：1207

释文：【外】内清以昭，日月，心忽（澄）而忠，然壅塞而不泄。【内】见日之[光]，长不相忘。

时代：西汉中晚期

著录：《文物》2017（4）第81页图五九；《临淄》图628。

简注：“相”字减笔仅剩木旁，且一分为二，分置两处。

编号：1208
释文：【外】内清之以昭明，光象夫日月，心忽（淴）穆而忠，然壅塞不。【内】见日之光，天下大明。
时代：西汉中晚期
著录：《拓影》图122；《小校》卷十六37b下；/《小校》卷十六38a上。
简注：“内”字前有起止符号。“光”字后衬一“而”字。

编号：1209
释文：【外】内清之以昭明，光象夫日月，心忽（淴）而忠，然而不泄。【内】见日之光，天下大明。
时代：西汉中期
著录：《洛古》图50。
简注：西汉中期墓（M35）出土。“内”字前有起止符号。“光”字后衬一“而”字。

编号：1210
释文：【外】内清而以昭明，光象日月，心忽（淴）穆而忠，世（泄）。【内】见日之光。
时代：西汉中晚期至新莽
著录：《洛古》图62。
简注：铭文中衬以多个“而”字。

编号：1211
释文：【外】内清而以昭［明］，光象夫日月，心忽（淴）忠，而不泄。【内】见日之光。
时代：西汉中晚期
著录：《岩窟》二上第53图。

编号：1212
释文：【外】内清以昭，日月，心忽（淴）而忠，然壅塞而不泄。【内】见日之光。
时代：西汉中晚期
著录：《齐鲁》图154—1。

编号：1213
释文：【外】内清质以昭明，光夫日月，心忽（淴）夫穆忠，然壅塞不泄。【内】长毋相忘。
时代：西汉中晚期
著录：《临淄》图639。

47.“昭明”“日有”铭

“昭明”“日有”重圈铭文镜，存世较少，根据形制、纹饰可知，应是西汉中晚期之物，其中以中期可能性较大。

编号：1214
释文：【外】内清质以昭明，光辉象而生日月，心忽（淴）穆而顯（愿）［忠］，然壅塞而不泄。【内】见日有喜，宜酒食，长贵富，乐毋事。
时代：西汉中晚期
著录：《深圳》图50。

编号：1215
释文：【内】内质以昭明，光辉象日月，心忽（淴）穆顯（愿）忠，塞不泄。【外】日有喜，月有富，乐毋事，常得兮意，美人会，芋（竽）瑟侍，贾市程（赢），万物平，老复丁，死复生。
时代：西汉中晚期
著录：《古今》图59。
简注：内圈铭文中衬以“夫”字。此条重出，亦列于“日有”铭（二）一节。

编号：1216
释文：【内】内清质以昭明，光辉象□，心忽（淴）［穆］而顯（愿）忠，［然］雍（壅）塞不泄。【外】日□事，常得意，美人会，芋（竽）瑟［侍］，贾市程（赢），万物平，老复丁，［死］复生。
时代：西汉中晚期

著录：《古竟景》图25。

简注： 镜残缺。此条重出，亦列于“日有”铭（二）一节。

48.“精白”铭

本节所列者为“精白”铭单圈铭文镜。与“昭明”“精白”铭重圈铭文镜相比，此类镜存世数量较多，受篇幅所限，本节仅胪列各地区较为典型者。但即便如此，本节所列之镜仍然数量较多，且许多铜镜存在着严重的减铭现象，为便于检索及分区比较，暂依铜镜出土地及现藏地首字音序排列[①]。每地区中铭文较完整者靠前，减铭较多者靠后。

在形制、纹饰方面，“精白”铭镜皆圆钮，并蒂十二连珠纹钮座，外围以内向八连弧纹，素缘。故而，也被学界称为“精白”铭连弧镜。这种连弧纹形似帷幕，内常饰各种绳结形纹饰及柱础形纹饰，并伴有细线云纹或星云纹。《乐府诗集·杂歌谣辞四·敕勒歌》云：“天似穹庐，笼盖四野。”此类镜纹饰颇似此景。绳结、柱础等纹饰疑与古人心中的天柱、地维等相关。

《淮南子·天文训》：“昔者共工与颛顼争为帝，怒而触不周之山，天柱折，地维绝。”《楚辞·天问》云：“八柱何当？东南何亏？”王逸注：“言天有八山为柱，皆何当值。”洪兴祖补注：“《河图》言，昆仑者，地之中也，地下有八柱，柱广十万里，有三千六百轴，互相牵制，名山大川，孔穴相通。”《神异经·中荒经》亦云：“昆仑之山，有铜柱焉，其高入天，所谓天柱也，围三千里周圆如削。”

此类镜中连弧纹数以八为度，连珠纹数以十二为度，在中国古代，数字八与十二常用于天文地理，反映了古人的宇宙观、时空观，如八极、八荒、八方、十二月、十二时辰等等，联系西汉中期流行的博山钮（亦称博山钮）、星云纹，疑此类镜中所用纹饰亦有较深的寓意。

这种纹饰从西汉中期开始出现，到西汉晚期仍然流行，除“精白”铭外，西汉中晚期的“昭明”铭、“日有”铭、“铜华”铭、“君忘忘”铭、“皎白”铭等铜镜上亦常置有此类纹饰，可见其盛行程度。

在用字方面，多用“清白”，而罕见“精白”，且常减铭、减笔，有时又衍字，或衬以多个“而”字。本节在隶写释文时，以“精白”铭基本套语为据，多余的衬字径略不计，每条注中予以标明，但因受篇幅所限，不作详述。

安徽

编号： 1217

释文： 絜（洁）精白而事君，怨污之弇明之，玄锡之，恐疏而日忘，槩（厥）美之，外承之可，慕景（影）兮，顑（愿）永思而毋绝。

时代： 西汉中晚期

著录：《六安》图138；《皖西》图75。

简注：“怨”字从宀。

编号： 1218

释文： 絜（洁）清白而事君，怨污之弇明光，玄锡之文泽，而日忘，而不绝。

时代： 西汉中晚期

著录：《六安》图136；《寿县》图66。

简注：“怨”字从宀，铭文间衬以多个“而”字。

编号： 1219

释文： 絜（洁）清白之事君，怨污弇明光，玄之流泽，日忘，不。

时代： 西汉中晚期

著录：《文物春秋》2017（6）第69页图一。

简注：“絜”字前有起止符号。“怨”字从宀，铭文间衬以多个“而”字。

编号： 1220

释文： 絜（洁）清白而事君，志污之弇明，玄锡之泽流，恐疏而日忘，美人，外承可兑（悦），灵，毋绝。

---

① 同一地区中，按第二句铭文中“怨污”“志污”“志驩”型式先后顺序排序。

时代：西汉中晚期

著录：《六安》图137；《寿县》图68。

简注：“泽流”错乙。

编号：1221

释文：絜（洁）精白而事君，志驩（获）之合（弇）明，微玄锡而泽，恐疏远日忘，怀而美之穷（躬）（体），承之可说（悦），而顟（愿）毋绝。

时代：西汉中晚期

著录：《考古》1979（4）第328页图一七：6。

编号：1222

释文：白而事君，志驩（获）之合（弇）明，微玄锡之流泽，恐疏远而日忘，怀美之礼（体），而可说（悦）。

时代：西汉晚期

著录：《六安》图66。

简注：“白”字前有起止符号。

北京

编号：1223

释文：絜（洁）清白而事君，志污之弇明，微玄锡之流泽，恐疏而日忘，美人，外，永思毋绝。

时代：西汉中晚期

著录：《故宫》E图96。

简注：“絜”字前有起止符号。

编号：1224

释文：絜（洁）清白而事君，志污之弇明，玄锡之流泽，恐疏而日忘，美之可兑（悦），令景（影），顟（愿）永而思毋绝。

时代：西汉中晚期

著录：《国博》1992（18—19）第226页图62。

简注：“絜”字前有起止符号。

编号：1225

释文：絜（洁）清白而事君，志污之弇明，玄锡之泽流，恐疏而日忘，美人，外承可兑（悦），灵，顟（愿）思毋绝。

时代：西汉中晚期

著录：《清华》图29；《三槐堂》图44、图45。

简注：“泽流”错乙，“可”字反书。

编号：1226

释文：絜（洁）清而白事君，志污之弇明，玄锡之泽流，疏日忘，美人，外承可兑（悦），灵京（影），永绝。

时代：西汉中晚期

著录：《国博》1992（18—19）第227页图63。

简注：“絜”字前有起止符号。“泽流”错乙，“疏”字减笔作“㐬”，“可”字反书。

编号：1227

释文：絜（洁）清白而事君，志驩（获）之合（弇）明，微玄穆〈锡〉之流，恐疏远而日忘，而可说（悦）兮。

时代：西汉中晚期

著录：《清华》图30；《三槐堂》图48、图49。

简注：“锡”字误置作“穆”，“远”字受“疏”字影响所从之“袁”字类化为“㐬”。

广西

编号：1228

释文：絜（洁）清白之事君，怨污之▢流▢日忘，美。

时代：西汉中晚期

著录：《考古》1986（9）第798页图七：3。

简注：镜残破。“絜”字前有起止符号。“怨”字从宀，铭文中衬以多个“而”字。

河北

编号：1229

释文：絜（洁）清白而事君，志污之合（弇）明，微玄锡而流泽，恐疏而日忘，美人，外承可兑（悦），永思而毋绝。

时代：西汉中晚期

著录：《文物春秋》2015（3）第33页图五：4；《历代》图36。

河南

编号：1230

释文：絜（洁）清白而事君，怨污驩（获）之弇明，玄锡之泽流，恐疏远而日忘，外承之可兑（悦），令京（影），顨（愿）永思而毋绝。

时代：西汉中期

著录：《三门峡》第39页。

简注：“絜”字前有起止符号。“怨”字从宀。

编号：1231

释文：絜（洁）清白而事君，怨污驩（获）之合（弇）明，锡之流泽，恐疏而日恐〈忘〉，槩（厥）之美（体），外穷（躬），毋之可。

时代：西汉中期

著录：《考古学报》2015（3）第405页图四三：2、图版贰拾壹：5。

简注：西汉中期墓出土（M28：32）。“絜”字前有起止符号。“怨”字从宀。

编号：1232

释文：絜（洁）清白而事君，怨污志（之）弇明光，玄穆〈锡〉之泽流，恐远而日忘。

时代：西汉中晚期

著录：《南阳》第271页序号299。

简注：“絜”字前有起止符号。“怨”字从宀，“锡”字误置为“穆”，铭文中衬以多个“而”字。

编号：1233

释文：絜（洁）清白而事君，怨污之弇明光，玄穆〈锡〉泽，日忘，不世（泄）。

时代：西汉中晚期

著录：《南阳》图版七二：2。

简注：“怨”字从宀，“锡”字误置为“穆”，铭文中衬以多个“而”字。

编号：1234

释文：絜（洁）清白而事君，志清污之弇明，玄锡，而日忘，外承，令景（影），永思之毋绝，而之。

时代：西汉中晚期

著录：《南阳》图一四六、图版七一：2。

编号：1235

释文：絜（洁）清白而事君，志污之合（弇）明，微玄而流泽，恐疏而日忘，美人，外可兑（悦），永思毋绝。

时代：西汉中晚期

著录：《洛华》图71。

编号：1236

释文：絜（洁）清白而事君，志驩（获）之合（弇）明，微玄锡之泽，恐疏远日忘，怀美之穷（躬）礼（体），承驩（欢）之可。

时代：西汉中晚期

著录：《中原文物》2011（4）第10页图六：3；《南阳》图一四七、图版七二：1。

编号：1237

释文：絜（洁）清白而事君，志驩（获）之合（弇）明，微玄锡之泽，恐疏日忘，槩（厥）美之穷（躬），而忘绝。

时代：西汉中晚期

著录：《中原文物》2011（3）第22页图五：1；《南阳》第269页序号294。

编号：1238

释文：絜（洁）精白而事君，志驩（获）之合（弇）明，微玄锡之，恐疏远日忘，怀美之穷（躬）礼（体），承驩（欢）之可说（悦），莫（慕）而兮，绝。

时代：西汉中晚期

著录：《洛华》图72。

简注：“可”“兮”反书。

编号：1239

释文：絜（洁）清白而事君，志驩（获）之合（弇）明，微玄锡泽，恐远疏日忘，心怀美之穷（躬），之可，毋绝。

时代：西汉中晚期

著录：《南阳》第271页序号298。

简注：“合”“锡”“怀”三字后皆衬以“而”字。

湖北

编号：1240

释文：絜（洁）清白而事君，志污之弇明，玄锡之泽流，恐疏而日忘，美人，外承可，灵景（影），顯（愿）永思毋绝。

时代：西汉中晚期

著录：《考古学报》1976（2）第159页图八：3。

简注：“泽流”错乙。

编号：1241

释文：絜（洁）清白而事君，志污之弇明，玄锡之流泽，恐疏而日忘，美人，外承可兑（悦），毋。

时代：西汉中晚期

著录：《考古》1994（1）第96页图一：1。

湖南

编号：1242

释文：絜（洁）精白之事君，怨污之弇明光，玄穆〈锡〉之流泽，恐而□忘，美，永思不绝。

时代：西汉中晚期

著录：《常德》图30。

简注：“怨”字从宀，“锡”字误置为“穆”，铭文中衬以多个“而”字。

编号：1243

释文：絜（洁）清白而事君，志污之合（弇）明光，玄穆〈锡〉流泽，恐而日忘，□。

时代：西汉中晚期

著录：《长沙》图53。

简注：“锡”字误置为“穆”，铭文中衬以多个“而”字。

编号：1244

释文：絜（洁）清白而事君，志污之弇明，微玄锡夫流泽，恐疏日忘，美人，外可弇，永。

时代：西汉中晚期

著录：《长沙》图48。

编号：1245

释文：絜（洁）清白而事君，志〈怨〉污弇明，微玄锡流泽，恐而日忘，而毋绝。

时代：西汉中晚期

著录：《文物》2007（12）第32页图二四：1。

简注：铭文中衬以多个“而”字。

江苏

编号：1246

释文：絜（洁）清白而事君，怨污之合（弇）明光，玄穆〈锡〉而流泽，而日忘，美，而不世（泄）。

时代：西汉中晚期

著录：《文物》1980（3）第7页图六；《文物》1985（10）第91页图二；《全集》图五〇；《广陵》图54；《图典》B图3.126。

简注：“怨”字从宀，“锡”字误置为“穆”，铭文中衬以多个“而”字。直径18.9厘米，缘厚0.7厘米。

编号：1247

释文：絜（洁）清白而事君，志清污之弇明，玄锡之流泽，恐而日忘，美，外承可兑（悦），令景（影），□思毋绝。

时代：西汉中晚期

著录：《东南文化》1989（2）图版一：3。

简注：“污”字前衍一“清”字。

编号：1248

释文：絜（洁）清白而事君，志污之弇明，玄锡之泽流，恐流〈疏〉而日忘，美人□而，外承可兑（悦），灵景（影），顯（愿）而毋绝。

时代：西汉中期

著录：《文物》1984（11）第31页图二八、图四四：中；《文物天地》2019（5）第62页图四。

简注：西汉中期（宣帝前后）墓出土（M2：7）。“泽流”错乙，“可”字反书。

编号：1249

释文：絜（洁）清白而事君，志污之弇，玄锡之明流泽，恐而日忘，美之，外承可兑（悦），灵景（影），顯（愿）永思而毋绝。

时代：西汉中晚期

著录：《考古》1964（8）第398页图八：1。

简注：镜铭“明”字作“眀”，错置于“之”字之后。

编号：1250

释文：絜（洁）精［白］而事君，志驩（获）之合（弇）明，微玄锡之泽，恐疏远日忘，怀美之穷（躬）澧（体），承驩（欢）之可说（悦），慕窔（窈）之灵景（影），顯（愿）毋绝。

时代：西汉中晚期

著录：《考古》1963（6）第289页图四：1；《图典》A图240；《图典》B图3.124。

简注：“可”字反书。

编号：1251

释文：絜（洁）精白而事君，志驩（获）之合（弇）明，微玄锡之泽，恐远日忘，怀美之穷（躬），承驩（欢）可，莫（慕）之景（影），毋绝。

时代：西汉中晚期

著录：《文物》2012（3）第8页图七、第9页图一一。

简注：“可”字反书。

编号：1252

释文：絜（洁）清白而事君，志之弇明，玄□锡流泽，疏而忘日，美，外可，景（影），思毋绝。

时代：西汉中晚期

著录：《文物》1987（1）第30页图一一；《广陵》图53。

简注：铭文中衬以多个“而”字。

江西

编号：1253

释文：絜（洁）精白而事君，志驩（获）之合（弇）明，微玄锡之泽，恐疏远而日忘，怀美之穷（躬）（体），承驩（欢）之。

时代：西汉中期

著录：《文物》2018（11）第23页图三二。

简注：海昏侯刘贺墓出土。

辽宁

编号：1254

释文：絜（洁）清白而事君，怨志污而弇明光，玄穆〈锡〉之流泽，恐疏而日忘，美，外，而不绝。

时代：西汉中晚期

著录：《旅顺》图22。

简注：“怨”字从宀，“锡”字误置为“穆”，铭文中衬以多个“而”字。

编号：1255

释文：絜（洁）清白而事君，志污之合（弇）明，微玄锡而流泽，恐疏而日忘，美人，外丞（承）可兑（悦），而毋绝。

时代：西汉中晚期

著录：《旅顺》图23；《收藏家》2014（6）第44页图4。

简注：“絜”字前有起止符号。

宁夏

编号： 1256
释文： 絜（洁）清白而事君，怨污之弇明光，玄穆〈锡〉流泽，恐而日忘，美，而不世（泄）。
时代： 西汉中晚期
著录：《固原》图63。
简注：“怨”字从宀，“锡”字误置作“穆”，铭文中衬以多个“而”字。

编号： 1257
释文： 絜（洁）清白而事君，志驩（获）之合（弇）明，微玄锡而流泽，恐疏而日忘，美人，外承可兑（悦），永思而毋绝。
时代： 西汉中晚期
著录：《固原》图56。

日本

编号： 1258
释文： 絜（洁）清白而事君，志污之合（弇）明，微玄而流泽，恐疏而日忘，美人，外承可兑（悦），永思而毋绝。
时代： 西汉中晚期
著录：《泉屋》图25。

山东

编号： 1259
释文： 絜（洁）清白而事君，志污之弇明，□锡之泽流，恐疏而日忘，怀美〼灵景（影），顯（愿）永思而毋绝已。
时代： 西汉中晚期
著录：《考古》2006（12）第90页图二。
简注： 镜残破。“泽流”错乙。

编号： 1260
释文： 絜（洁）清白而事君，志驩（获）之合（弇）明，微玄锡，而日忘，怀美之穷（躬），而忠，然壅塞而，顯（愿）不绝。
时代： 西汉中晚期
著录：《临淄》图617。
简注：“精白”铭中混入“昭明”铭。

山西

编号： 1261
释文： 絜（洁）精白而事君，怨驩（获）之弇明，微玄锡之流泽，恐疏而日忘，怀槩（厥）美之穷（躬）（体），外丞（承）驩（欢）之可说（悦），窔（窈）佻（窕）景（影），顯（愿）永思而［毋］绝。
时代： 西汉中晚期
著录：《三槐堂》图46、图47；《汉铭斋》图89；《后沟》图38。
简注：“怨”字从宀。

陕西

编号： 1262
释文： 絜（洁）清白而事君，怨污之弇明光，玄穆〈锡〉之流泽，恐而日忘，美，永思而不绝。
时代： 西汉中晚期
著录：《陕历》第165页下。
简注：“絜”字前有起止符号。“怨”字从宀，铭文中衬以多个“而”字。

编号： 1263
释文： 絜（洁）清白而事君，怨污之弇明光，玄穆〈锡〉而流泽，日忘，美，永思而毋绝。
时代： 西汉中晚期
著录：《陕历》第162页上。
简注：“怨”字从宀，铭文中衬以多个“而”字。

编号： 1264
释文： 絜（洁）清白而事君，怨污之合（弇）明光，玄穆〈锡〉流泽，恐而日忘，美，而不世（泄）。

时代： 西汉中晚期

著录：《宝鸡》第44页下。

简注：“怨”字从宀，“锡”字误置为“穆”，铭文中衬以多个“而”字。

编号： 1265

释文： 絜（洁）清白之事君，怨污之合（弇）明光，玄穆〈锡〉而流泽，疏日忘，美，丞（承）。

时代： 西汉中晚期

著录：《陕历》第163页。

简注：“怨”字从宀，铭文中衬以多个“而”字。

编号： 1266

释文： 絜（洁）清白之事君，怨污之弇明光，玄穆〈锡〉之流泽，而日忘，思不。

时代： 西汉中晚期

著录：《陕西》图32。

简注：“怨”字从宀，“锡”字误置为“穆”，铭文中衬以多个“而”字。

编号： 1267

释文： 絜（洁）清白之事君，怨污弇明光，玄穆〈锡〉之流泽，而日忘，不。

时代： 西汉中晚期

著录：《长安》图三十一：2、图版四十六：1。

简注：“絜”字前有起止符号。“怨”字从宀，“锡”字误置为“穆”，铭文中衬以多个“而”字。

编号： 1268

释文： 絜（洁）清白而事君，怨而弇明，玄穆〈锡〉之泽流，恐疏而日忘，美，外承兑（悦），永毋绝。

时代： 西汉中晚期

著录：《陕西》图33。

简注：“怨”字从宀，“泽流”错乙，“锡”字误置为“穆”，“疏”字减笔。铭文中衬以多个“而”字。

编号： 1269

释文： 絜（洁）清白而事君，志污之弇明，微玄而流泽，恐疏而日忘，美人，外承可兑（悦），永思而毋绝。

时代： 西汉中晚期

著录：《陕历》第166页。

编号： 1270

释文： 絜（洁）清白而事君，志污之弇明，微玄而流泽，恐疏而日忘，美人，外承可兑（悦），思而毋绝。

时代： 西汉中晚期

著录：《陕西》图31。

编号： 1271

释文： 絜（洁）清白而事君，志污之弇明，玄锡之泽流，恐疏而日忘，美人，外承可兑（悦），思而毋绝。

时代： 西汉中晚期

著录：《陕历》第165页上。

简注：“絜”字前有起止符号。“泽流”错乙。

编号： 1272

释文： 絜（洁）清白而事君，志污之弇明，玄锡之流泽，恐疏而日忘，美人，外承可兑（悦），绝。

时代： 西汉中晚期

著录：《陕历》第164页下。

编号： 1273

释文： 絜（洁）清白而事君，志污之弇明，玄锡之流泽，恐疏而日忘，美怀，外承可兑（悦），毋。

时代： 西汉中晚期

著录：《陕历》第164页上。

编号： 1274

释文： 絜（洁）清白而事君，志污之合（弇）明，玄锡而流泽，恐疏日忘，美人，外承可兑

（悦），灵京（影），永思毋绝。

时代：西汉中晚期

著录：《扶风》图17。

编号：1275

释文：絜（洁）清白而［事］君，志污之弇明，玄锡之泽流，恐日忘，美人，外承可兑（悦），灵顾（愿）京（影），永思绝。

时代：西汉中晚期

著录：《考古》1979（2）第131页图八：3。

简注：“泽流”错乙，“可”字反书。铭文中衬以多个“而”字。

编号：1276

释文：絜（洁）清白［而］事君，志污之弇明，玄锡之泽流，日忘，美人，外承可兑（悦），灵景（影），思绝。

时代：西汉中晚期

著录：《陕历》第167页上。

简注：“泽流”错乙。

编号：1277

释文：絜（洁）清白事君，志污之弇明，玄锡之泽流，日忘，美人，外承可兑（悦），灵，而思绝。

时代：西汉中晚期

著录：《考古》1959（12）第665页图二：4。

简注：“絜”字前有起止符号。“泽流”错乙，“可”字反书。

编号：1278

释文：絜（洁）清而白事君，志污之弇明，玄锡而泽流，日忘，美人，外丞（承）可兑（悦），灵。

时代：西汉中期

著录：《长安》图三十一：1。

简注：西汉中期（宣帝前后）墓出土（M4：5）。“絜”字前有起止符号。“而白”错乙、“泽流”错乙，“可”字反书。

编号：1279

释文：絜（洁）精白而事君，志驩（获）之合（弇）明，微玄锡之泽，而恐疏远日忘，怀美之穷（躬）礼（体），承之覌（欢）可说（悦），莫（慕）景（影），之乎而毋绝□□。

时代：西汉中期

著录：《考古与文物》2006（1）第9页图一二。

简注：西汉中期墓出土（M9：1）。“絜”字前有起止符号。“可”字反书。

编号：1280

释文：絜（洁）精白而事君，志驩（获）之合（弇）明，微玄锡之泽，而恐疏远而日忘，怀美之穷（躬）礼（体），承之覌（欢）可说（悦），莫（慕）景（影）乎兮，绝。

时代：西汉中晚期

著录：《陕历》第167页下。

简注：“可”字反书，“说”字减笔。

编号：1281

释文：絜（洁）清白而事君，志驩（获）［之］弇明光，微玄锡流泽，恐疏而日忘，美人，外承可兑（悦），毋绝。

时代：西汉中晚期

著录：《长安》图三十一：3、图版四十六：2。

简注：铭文中衬以多个“而”字。

编号：1282

释文：絜（洁）清白而事君，志驩（获）之合（弇）明，微玄锡而流泽，恐疏而日忘，美人，外承可兑（悦），永思而毋绝。

时代：西汉中期至晚期前段

著录：《考古与文物》2012（1）图版七：2、第10页图一〇：1。

简注：西汉中期偏晚至晚期早段墓出土（M3：3）。

编号：1283

释文：絜（洁）清白而事君，志驩（获）之合（弇）明，玄泽，恐疏日忘，怀美之穷（躬），而承驩（欢）可，顯（愿）毋绝。
时代：西汉中晚期
著录：《考古与文物》1991（6）第10页图十：1。
简注：“絜”字前有起止符号。“可”字反书。

编号：1284
释文：絜（洁）清白而事君，志驩（获）而合（弇）明，玄之泽流，恐疏而日忘，美，外承可，景（影），而毋绝。
时代：西汉中晚期
著录：《陕历》第162页下。
简注：“泽流”错乙，铭文中衬以多个“而”字。

编号：1285
释文：絜（洁）清白而事君，志之弇明，玄锡之流泽，恐疏而日忘，美，外承之，京（影），思而毋绝。
时代：西汉中晚期
著录：《考古》1979（2）第131页图八：2。
简注：“玄”字后衍一“而”字。

浙江

编号：1286
释文：絜（洁）清白而事君，志污之弇明而，微玄兮（锡）流泽，恐疏怨日忘，美人，外可兑（悦），永思而毋绝。
时代：西汉中晚期
著录：《安吉》第44页、第45页；《浙江》B彩图2；《图典》B图3.125。
简注：“怨”字从宀。

其他

编号：1287
释文：絜（洁）清白而事君，怨污之弇明光，玄穆〈锡〉而流泽，而日忘，不世（泄）。
时代：西汉中晚期
著录：《小校》卷十六34b上；《志稿》第3386页。
简注：“怨”字从宀，“锡”字误置为“穆”，铭文中衬以多个“而”字。

编号：1288
释文：絜（洁）精白而事君，怨污之弇明，玄锡之泽流，恐疏远而日忘，而美，外承之可兑（悦），令京（影），顯（愿）永思而毋绝。
时代：西汉中晚期
著录：《宁寿》卷十五23a。
简注：“怨”字从宀，“泽流”错乙。

编号：1289
释文：絜（洁）清白而事君，志污之合（弇）明，微玄锡而流泽，恐疏而日忘，美人，外承可兑（悦），灵京（影），永思而顯（愿）毋绝兮。
时代：西汉中晚期
著录：《清爱堂》图49。

编号：1290
释文：絜（洁）清白而事君，志污之合（弇）明，微玄锡流泽，恐疏而日忘，美，外兑（悦），而毋绝。
时代：西汉中晚期
著录：《西清》卷三十九23a。

编号：1291
释文：絜（洁）清白而事君，志污之弇明，微玄之流泽，恐疏而日忘，美人，外，永思毋绝。
时代：西汉中晚期
著录：《岩窟》二上第63图。
简注：“絜”字前有起止符号。

编号：1292
释文：絜（洁）清白而事君，志污之弇明，玄锡之泽流，恐疏而日志，美人，外承驩（欢）而可兑（悦），毋。
时代：西汉中晚期
著录：《西清》卷三十九21a。

简注：“絜”字前有起止符号。“泽流”错乙，“日志”疑为“日忘”误摹。

编号：1293
释文：絜（洁）清而白事君，志污之弇明，玄锡之泽流，日忘，美[/]永毋绝，□而。
时代：西汉中晚期
著录：《宁寿》卷十五19a。

编号：1294
释文：絜（洁）清白而事君，志污之弇明，玄锡之泽流，恐疏而日忘，美人，外承可兑（悦），灵景（影），毋绝。
时代：西汉中晚期
著录：《止水阁》图83。
简注：“泽流”错乙。

编号：1295
释文：絜（洁）清而白事君，志污之弇明，玄锡之泽流，疏日忘，美人，外承可兑（悦），灵京（影），永绝。
时代：西汉中晚期
著录：《宁寿》卷十五25a。
简注：“絜”字前有起止符号。“泽流”错乙，“疏”字减笔作“充”，“可”字反书。

编号：1296
释文：絜（洁）清白而事君，志污之弇，玄锡之物（昒）流泽，恐而日忘，美之，外承可兑（悦），灵景（影），顯（愿）永思而毋绝。
时代：西汉中晚期
著录：《博古图》卷二十八36a。

编号：1297
释文：絜（洁）清白而事君，志驩（获）之合（弇）明，微玄锡而泽，疏而日忘，怀美，顯（愿）忠，不绝。
时代：西汉中晚期
著录：《陈介祺》图42；《国图》第32页、第33页。
简注：疑为一器多拓。

编号：1298
释文：絜（洁）清白之事君，怨污志［之］弇明光，玄穆〈锡〉之流泽，而日忘，美，顯（愿）思。
时代：西汉中晚期
著录：《小校》卷十六34a；《志稿》第3387页。
简注：“怨”字从宀，“锡”字误置为“穆”，铭文中衬以多个“而”字。

编号：1299
释文：絜（洁）清白之事君，怨污弇明光，玄穆〈锡〉流泽，日。
时代：西汉中晚期
著录：《小校》卷十六34b下；《志稿》第3385页。
简注：“怨”字从宀，“锡”字误置为“穆”，铭文中衬以多个“而”字。

编号：1300
释文：絜（洁）清白事君，志污之弇明，玄锡之泽流，疏而日忘，美人，外承可兑（悦），灵顯（愿）京（影），永思绝。
时代：西汉中晚期
著录：《宁寿》卷十五21a。
简注：“泽流”错乙，“愿京”错乙，“疏”字减笔，“可”字反书。

编号：1301
释文：絜（洁）精白事君，志驩（获）之合（弇）明，微玄锡之泽，而恐疏远日忘，怀美之穷（躬）礼（体），承驩（欢）之可说（悦），莫（慕）景（影）之兮，而毋绝。
时代：西汉中晚期
著录：《古今》图56。
简注：“絜”字前有起止符号，“可”字反书。

编号：1302
释文：絜（洁）清白事君，志而弇明，玄锡之流泽，恐疏而日忘，美人，外承可兑（悦），永思而顯（愿）毋绝。

时代：西汉中晚期

著录：《宁寿》卷十五27a。

编号：1303

释文：絜（洁）清白事，怨污之弇明光，玄穆〈锡〉之流泽，恐而日忘，美，而毋绝。

时代：西汉中晚期

著录：《岩窟》二上第64图。

简注：“怨”字从宀，“锡”字误置为“穆”，铭文中衬以多个“而”字。

编号：1304

释文：絜（洁）精（清）而事君，志驩（获）之合（弇）明，微玄锡之泽，恐疏远日忘，怀美之穷（躬）礼（体），承覞（欢）之可说（悦），之绝。

时代：西汉中晚期

著录：《止水集》第33页图8—1。

49.“昭明”“精白”铭（一）

“昭明”“精白”铭，即由“昭明”铭和“精白”铭组合而成的镜铭类型。在铭文摆放位置上，一般都是“昭明”铭在内圈，“精白”铭在外圈，因而有学者认为它们是属同一文句的前、后两段，而将它们组合的称为“全铭镜”，把独立出现的“昭明”铭称为“半铭镜”，有错字漏字现象的称为“残铭镜”①。

从铭文的语法结构及用韵上看②，确实不能排除这种可能。但在更多其他汉镜的案例中，“昭明”铭常常独立出现，或与其他镜种的铭文搭配而组成新式的重圈铭文镜。这又说明“昭明”铭汉镜在内容上似乎是完整的。在本书中，我们暂采用学界常见的做法，仍将他们作为两种辞例看待。

对于“昭明”铭的内容前文已叙，此不赘述。而“清白”铭，则是西汉时期另一重要的镜类，根据考古资料，其流行时间大约与“昭明”铭镜同时，即从汉武帝之前一直到西汉晚期。纹饰、书体风格也与同时期的“昭明”铭一致。

完整而成熟的铭文辞例为：

絜（洁）精白而事君兮，怨污獾（获）之弇明，微玄锡之流泽兮，恐疏远而日忘，怀槼（厥）美之穷（躬）礼（体）兮，外承驩（观）之可说（悦），慕窔（窈）佻（窕）之灵景（影）兮，顯（愿）九（久）思而毋绝。

在结构上，亦带有鲜明的楚辞特点。

在文字方面，因“精”字镜铭常作“清”，故而也被称为“清白镜”。需要指出的是，实际上“精白”一词亦常见于汉人文献，表示精诚、纯洁之意，如《汉书·贾山传》：“天下之士莫不精白以承休德。”在西汉早期的“昭明”“精白”铭镜中，“精白”从不作“清白”，“久思”亦从不作“永思”，疑为当时的固定组合。西汉中期以后，改“彻”为“泄”，改“久思”为“永思”，“精白”“清白”并用，文法亦通，故本书皆按其铭文本字隶写释文，不按通假字处理③。

当然，在具体的铭文释读及翻译方面，李零先生与陈剑先生都有很好的意见④，学者可以参看。

需要引起注意的是，从各类数据看，在“清白”铭成熟之前，似乎有一个从出现到逐步探索的发展过程。这一点在本节重圈铭文镜中有较为显著的表现。如果将“清白”铭中的八句话，按韵脚分类的话，可每四句划为一节，暂将从“絜”到“忘”命名为a，叶阳部韵；将从“怀”到“绝”命名为b，叶月部

① 李零：《读梁鉴藏镜四篇——说汉镜铭文中女性赋体诗》，《中国文化》2012年第1期，第31页。
② 清白镜中，“明”“忘”为阳部字，“说”“绝”为月部字，这点与昭明镜中用阳、月两韵的情况相同。
③ 本书在隶写释文时，若原铭文文通字顺，则尽可能不按通假现象处理。
④ 李零：《读梁鉴藏镜四篇——说汉镜铭文中女性赋体诗》，《中国文化》2012年第1期，第30—34页；陈剑：《几种汉代镜铭补说》，台湾政大中文系：《第十届汉代文学与思想国际学术研讨会论文集》，2016年版。

韵。此时期的重圈铭文镜在搭配上，有三类纹饰、两种铭文搭配。

A.“昭明”铭+a

B.“昭明”铭+b+a

与A型铭文相配的纹饰皆可分为四区，而B型铭文则与三区纹饰或博局纹相配。这显然不是偶然。

这一时期重圈铭文镜制作精美极少有铭文脱漏、错乙现象，所以这两种搭配反映的应是早期“精白”铭辞例的原貌。

A型相较于B型，在押韵方面显然做得更好[①]。很可能是从“昭明”铭慢慢发展出了A型。等到了B型的时候，多出一个了阳韵部的韵脚。在由内圈旋读入外圈时，为什么是b+a，而不是a+b？主要基于两点证据：

1. 从起始位置看，A、B两型内圈从“内”字开始[②]，外圈与内圈“内”字相应位置的铭文皆是“怀”字。

2. 从接续位置看，A型镜中，“怀”字在外圈紧接在“泄”字之后。B型博局纹镜中，“怀”字在内圈亦紧接在“彻”字之后。

当然，这样的辞例读起来，并不十分完美，所以，不久镜师们又调整出了C型“昭明”“精白”铭重圈铭文镜[③]。即

C.“昭明”铭+a+b

不过，这已是西汉中期的镜式了。此时“昭明”“精白”铭镜的形制、纹饰、书体皆与前期有显著不同。为保证新的排序不会出错，这一时期的铭文镜常常在“内”“絜”二字之前增加起止符号。

这样的“精白”铭，已经十分完善，无论从用韵[④]还是语义的完整性都足以与“昭明”铭分庭抗礼，所以不久就与“昭明”铭分道扬镳独自置于铜镜之中。

本节所列者为带有地纹的“昭明”“精白”铭镜，此类镜主要流行于西汉早期。在本节中昭明镜中“辉”字皆从火作“煇”，为异体字。依本书体例，在释文中直接释作通用字，以下不再出注，特此说明。

编号：1305

释文：【内】内请（清）质以昭明兮，光辉象夫日月，心葱（濦）穆而顳（愿）忠兮，然雍（壅）塞而不㵐（彻）。怀槩（厥）【外】美之穷（躬）噎（体）兮，外承蘿（观）之可说（悦），慕窔（窈）佻（窕）之灵景（影）兮，顳（愿）九（久）思而毋绝，絜（洁）精白而事君兮，怨污獾（获）之弇明，微玄锡之流泽兮，恐疏远而日忘。

时代：西汉早期

著录：《淮与汉》图F19；《文化》图19；《图集》图25。

简注：“内”字前有隔梁起止符号。这样的曲道与河北满城窦绾墓出土所出“大乐贵富”铭博局纹镜相似[⑤]，时代应相去不远。“清白”铭辞例的“怀槩”二字置于内圈“㵐”字之后，“兮”字形似“丁”。

编号：1306

释文：【内】内请（清）质以昭明，光辉象夫日月，心葱（濦）穆而顳（愿）忠，然壅塞而不㵐。【外】怀槩（厥）美之穷（躬）噎（体），外承驩（观）之可说（悦），慕窔（窈）佻（窕）之灵景（影），顳（愿）九（久）思而毋绝。絜（洁）精白而事君，怨污獾（获）之弇明，微玄锡之流泽，恐疏远而日忘。

时代：西汉早期

著录：《长安》图版六：2、图七：2[⑥]；《文化》图

① 昭明镜“明”“彻”“泄”与清白镜的“说”“绝”皆为月部字。
② 从“内”字开始读，不仅文通字顺，而且稍晚一点的昭明镜中在“内”字前有大量的起止符合加以标识。
③ 详见本书“昭明”“清白”铭（二）。
④ 都含有阳、月部字。
⑤ 窦绾葬于武帝太初元年（前104年）前。
⑥ 此镜出土于西汉早期墓（M9），当为西汉早期之物。

17；《图集》图22；《图典》B图3.10；/《淮与汉》图F8；/《千镜堂》图20；《大观》第64页；《图集》图23；/《汉铭斋》图15；《文化》图16；《图集》图21；/《文化》图18；《古今》图44；《书法》图12；《图集》图24；/《拓片》图32。

简注：“忽”字上部从艹，作“葱”。

编号：1307

释文：【内】内请（清）质以昭明，光辉象夫日月，心葱（㴢）【外】穆而顥（愿）忠，然壅塞而不泄。怀糜（厥）美之穷（躬）體（体），外承驩（观）之可说（悦），慕窔（窈）佻（窕）之灵景（影），顥（愿）九（久）思而毋绝。

时代：西汉早期

著录：《故宫》A图22；《故宫》I图31；《中国文化》2012（1）第33页；《图典》B图3.18；/《泉屋》图16；《新修》图2；/《泉屋》图17；/《淮与汉》图F7；/《尊古斋》第92页；/《岩窟》一第76图；/《岩窟》一第77图；/《志稿》第3157页；/《汉铭斋》图16；《文化》图20；《书法》图32；《图集》图56。

编号：1308

释文：【内】内请（清）质以昭明，光辉象夫日月，心葱（㴢）穆而顥（愿）忠，然壅塞而不泄。【外】絜（洁）精白而事君，怨污獾（获）之弇明，微玄锡之流泽，恐疏远而日忘，怀糜（厥）美之穷（躬）體（体），外承驩（观）之可说（悦），慕窔（窈）佻（窕）之灵景（影），顥（愿）九（久）思而毋绝。

时代：西汉早期

著录：《拓片》图33。

简注：“怨”字从宀。“泄”字在外圈的接续位置已变为“絜”。

50.“昭明”“精白”铭（二）

本节所列者为“昭明”“清白”重圈铭文镜，此类镜主要流行于西汉中晚期。在本节昭明镜中，“辉”字皆从火作“烨”，为异体字[①]。依本书体例，在释文中直接释作通用字，以下不再出注，特此说明。

由于此类常常镜减铭较多，为便于检索，本节暂依第二句“怨污驩”“志污”“志驩”顺序罗列，其中铭文较完整者靠前，减铭较多者靠后。个别文句不在上述型式之内，则据铭文相似性排序。

编号：1309

释文：【外】絜（洁）精白而事君，怨污驩（获）之弇明，微玄锡之流泽，恐疏远而日忘，怀糜（厥）美之穷（躬）□（体），外丞（承）驩（欢）之可说（悦），慕窔（窈）佻（窕）之灵景（影），顥（愿）永思而毋绝。【内】内请（清）质以昭明，光辉象夫日月，心忽（㴢）穆而顥（愿）忠，然壅塞而不泄。

时代：西汉中晚期

著录：《石寨山》图二二：4、图版肆伍：4[②]；/《止水集》第42页图9—6；《中国文化》2012（1）第30页图一；/《汉铭斋》图84；《文化》图127；《拓片》图67；《图集》图247；《止水集》第42页图9—7[③]。

简注：“怨”字从宀。内外圈文句齐全。

编号：1310

释文：【外】絜（洁）精白而事君，怨污驩（获）之弇明，微玄锡之流泽，恐疏远而日忘，慎糜（厥）美之穷（躬）□（体），外丞（承）驩（欢）之可说（悦），慕窔（窈）佻（窕）［之］灵景（影），顥（愿）永思而毋绝。【内】内清硕以昭明，光辉象夫日月，心忽（㴢）穆而顥（愿）忠，然壅塞而不泄。

---

① 本节中“明”字镜铭皆作“眀”，统一释作“明”。
② 此镜出土于西汉中期墓（M20），当为西汉中期之物。
③ “絜”字前有起止符号。内圈铭文左旋，外圈铭文右旋。

时代：西汉中晚期

著录：《浣花》卷一3b—4a。

简注："怨"字从宀。疑"慎""硕"二字摹误。

编号：1311

释文：【外】絜（洁）精白而事君，怨污驩（获）之弇明，微玄锡之流泽，恐疏远而日忘，怀槩（厥）美之穷（躬）□（体），外丞（承）[欢]之可说（悦），慕窔（窈）佻（窕）之而灵景（影），顨（愿）永思而毋绝。【内】内清质以昭明，光辉象夫日月，心忽（滺）穆而顨（愿）忠，然壅塞而不泄。

时代：西汉中晚期

著录：《汉雅堂》图29。

简注："絜"字前有起止符号。"怨"字从宀。

编号：1312

释文：【外】絜（洁）精白而事君，怨污驩（获）之弇明，微玄锡之流泽，恐疏远而日忘，怀槩（厥）美之穷（躬）□（体），外丞（承）驩（欢）之可说（悦），慕窔（窈）佻（窕）之灵景（影），顨（愿）永思而毋绝。【内】内清质以昭明，光辉象夫日月，心忽（滺）穆而顨（愿）[忠]，然壅塞而不泄。

时代：西汉中晚期

著录：《考古学报》1991（2）第253页图一五：10。

简注："怨"字从宀。

编号：1313

释文：【外】絜（洁）精白而事君，怨污驩（获）之弇明，微玄锡之流泽，恐[疏]远而日忘，怀槩（厥）美之穷（躬）□（体），外丞（承）驩（欢）之可说（悦），慕窔（窈）佻（窕）之灵景（影），顨（愿）永思而毋绝。【内】内清质以昭明，光辉象夫日月，心忽（滺）穆而顨（愿）[忠]，然壅塞而不泄。

时代：西汉中晚期

著录：《古镜》图57。

简注："怨"字从宀。

编号：1314

释文：【外】絜（洁）精白而事君，怨[污]驩（获）之弇明，微玄锡之流泽，恐疏远而日忘，怀槩（厥）美之穷（躬）□（体），外丞（承）驩（欢）之可说（悦），慕窔（窈）佻（窕）之灵景（影），顨（愿）永思而毋绝。【内】内清质以昭明，光辉象夫日月，心忽（滺）穆而顨（愿）[忠]，然壅塞而不泄。

时代：西汉中晚期

著录：《小校》卷十六33b；《志稿》第3388页。

简注："怨"字从宀。

编号：1315

释文：【外】絜（洁）精白而事君，怨[污]驩（获）之弇明，微玄锡之流泽，恐疏[远]而日忘，怀槩（厥）美之□（体），外丞（承）驩（欢）之可说（悦），慕窔（窈）之灵景（影），顨（愿）永思而毋绝。【内】内清质以昭明，光辉象夫日月，心忽（滺）穆而顨（愿）[忠]，然壅塞而不泄。

时代：西汉中晚期

著录：《中古》第30页。

简注："絜"字笔划脱漏，"怨"字从宀，"可"字反书。

编号：1316

释文：【外】絜（洁）精白而事君，怨污驩（获）之弇明，微玄锡之流泽，恐疏远之日忘，怀槩（厥）美之穷（躬）□（体），外丞（承）驩（欢）之可说（悦），慕窔（窈）佻（窕）之灵景（影），顨（愿）永思而纟〈毋〉绝。【内】内请（清）质以昭[明]，光辉象夫乎多日月，心忽（滺）穆而顨（愿）沓，然壅塞而不泄。

时代：西汉中晚期

著录：《深圳》图52。

简注："絜"字前有起止符号。"怨"字从宀，"锡"字从米，铜华铭中的"沓"字误置于昭明铭之中。

编号：1317

释文：【外】絜（洁）精白而事君，怨污驩（获）［之］弃明，微玄锡之流泽，恐疏远而日忘，怀槩（厥）美之穷（躬）□（体），外丞（承）驩（欢）之可说（悦），慕窔（窈）佻（窕）而灵景（影），顣（愿）永思而毋绝。【内】内清质以昭明，光辉象夫日月，心忽（淴）穆而顣（愿）忠，然壅塞而不泄。

时代：西汉中晚期

著录：《镜录》卷中4b；《国图》第18页；《陈介祺》图56。

简注：“怨”字从宀。

编号：1318

释文：【外】絜（洁）精白而事君，怨污驩（获）之弃明，微玄锡［之］流泽，恐疏远而日忘，怀美之穷（躬）□（体），外承驩（欢）之可说（悦），慕窔（窈）佻（窕）之灵景（影），顣（愿）永思而毋绝。【内】内清质以昭明，光辉象夫日月，心忽（淴）穆而顣（愿）忠，然壅塞而不泄。

时代：西汉中晚期

著录：《陕历》第175页上；《辞典》第1422页右图。

简注：“怨”字从宀。

编号：1319

释文：【外】絜（洁）精白而事君，怨［污］驩（获）之弃明，微玄锡之流泽，恐疏远而日忘，怀槩（厥）美之［穷（躬）］□（体），外丞（承）驩（欢）之可说（悦），慕窔（窈）佻（窕）之灵景（影），顣（愿）永思而毋绝。【内】内清质以昭明，光辉象而日月，心忽（淴）穆而顣（愿）［忠］，然壅塞而不泄。

时代：西汉中晚期

著录：《中原文物》2011（3）第22页图五：2；《南阳》图一八三、图版八六：2；《图典》B图3.139。

简注：“怨”字从宀。

编号：1320

释文：【外】絜（洁）精白而事君，怨污驩（获）之弃明，微玄锡之流泽，恐疏远而日忘，怀槩（厥）美之穷（躬）□（体），外丞（承）驩（欢）之可说（悦），慕窔（窈）佻（窕）之灵景（影），顣（愿）永思而三。【内】内清质以昭明，光辉象夫日月，心忽（淴）穆而顣（愿）忠，然壅塞而不泄。

时代：西汉中晚期

著录：《深圳》图51。

简注：“怨”字从宀。

编号：1321

释文：【外】絜（洁）精白而事君，怨污驩（获）之弃明，微玄锡之流泽，忘，怀槩（厥）美之穷（躬）□（体），外丞（承）驩（欢）之可说（悦），慕窔（窈）兆（窕）之灵京（影），顣（愿）永思，日远之，而毋绝。【内】内清质以昭明，光辉象而日月，心忽（淴）穆而顣（愿）［忠］，然壅塞而不泄。

时代：西汉中晚期

著录：《东南文化》1994（5）第111页图一。

简注：“怨”字从宀。

编号：1322

释文：【外】絜（洁）清白而事君，怨污驩（获）之弃明，微玄锡之流泽，忘，怀槩（厥）美而之穷（躬）□（体），外丞（承）驩（欢）之可说（悦），思窔（窈）佻（窕）之灵京（影），顣（愿）永思［而毋绝］。【内】内清质以昭明，光辉夫象日月，心忽（淴）穆而顣（愿）［忠］，然壅塞而不泄。

时代：西汉中晚期

著录：《六安》图56；《皖西》图77。

简注：“怨”字从宀。

编号：1323

释文：【外】絜（洁）清而事君，怨［污］驩（获）沓（弇）明，微玄锡之泽，迢疏远日忘，怀美之穷（躬）礼（体），承驩（欢）之可说（悦），莫（慕）窔（窈）之灵景（影），顯（愿）思毋。【内】内清质以昭明，光辉象日月，心穆而顯（愿），然壅塞而忽（澹）泄。

时代：西汉中晚期

著录：《考古》2017（10）第54页图六一：1、第55页图六二。

编号：1324

释文：【外】絜（洁）精白而事君，怨驩（获）污之弇明，微玄锡之［泽］流，恐疏□远而日忘，怀糜（厥）美之穷（躬）□（体），承之可说（悦），而顯（愿）毋绝，思□□□。【内】内清质以昭明，光辉象夫日月，心忽（澹）穆而忠，然壅塞而不泄。

时代：西汉中晚期

著录：《文物春秋》1991（1）第91页。

编号：1325

释文：【外】絜（洁）清白而事君，怨污驩（获）之合（弇）明，微玄锡之流泽，忘〈恐〉疏而日忘，糜（厥）美之　（愿）穷（躬）□（体），可毋兮之女〈毋〉绝。【内】内清质以昭明，光辉象夫日月，心忽（澹）穆而顯（愿）忠，然壅塞而不泄，大。

时代：西汉中晚期

著录：《尊古斋》第133页。

简注："絜"字前有起止符号。"怨"字从宀。

编号：1326

释文：【外】絜（洁）精白而事君，怨污驩（获）之弇明，微玄锡之流泽，忘〈恐〉疏［远］而日忘，［怀］糜（厥）美之穷（躬）□（体），外丞（承）驩（欢）之可说（悦），慕窔（窈）［佻（窕）］之佳卲（昭）明之。【内】内清质以昭明，光辉夫象日月，心忽（澹）穆而顯（愿）忠，然壅塞而不泄。

时代：西汉中晚期

著录：《清华》图40。

简注："絜"字前有起止符号。"怨"字从宀，"恐"字误置为"忘"。

编号：1327

释文：【外】絜（洁）清白而事君，怨污驩（获）之弇明，微玄锡之泽流，忘〈恐〉［疏］远而日忘，［怀］糜（厥）美之穷（躬）□（体），外丞（承）驩（欢）之可说（悦）。【内】内清质以昭明，光辉［象］夫日月，心忽（澹）穆而顯（愿）忠，然壅塞而乎不泄。

时代：西汉中晚期

著录：《考古》1986（3）第237页图八：2、第238页图九。

简注："内""絜"二字皆前有起止符号。"怨"字从宀，"恐"字误置为"忘"，"泽流"错乙。

编号：1328

释文：【外】絜（洁）清白而事君，怨污驩（获）之合（弇）明，之玄锡之流泽，恐疏而日忘，糜（厥）美之穷（躬）□（体），外丞（承）驩（欢）可。【内】内清质以昭明，光辉象夫日月，心忽（澹）穆而顯（愿）忠，然壅塞而不泄。

时代：西汉中晚期

著录：《考古学报》1983（3）第398页图一五、图版贰伍：5；《收藏家》2020（2）第34页图4。

简注："絜"字前有起止符号。"怨"字从宀，"穆"字前衬一"而"字。

编号：1329

释文：【外】絜（洁）清白而事君，怨污驩（获）之合（弇）明，微玄之流泽，忘〈恐〉疏而日忘，糜（厥）美之穷（躬）□，外丞（承）。【内】内清质以昭明，光辉夫象日月，心忽（澹）穆忠，然不泄。

时代：西汉中晚期
著录：《考古学报》1976（2）第159页图八：4、图版肆：2。
简注："怨"字从宀。

编号：1330
释文：【外】絜（洁）□白而事君，怨［污］驩（获）之合（弇）明，微玄锡之▯。【内】内清▯不泄。
时代：西汉中晚期
著录：《考古学报》2010（1）第119页图二六：1、图版陆：4。
简注：镜残破。"内"字前有起止符号。

编号：1331
释文：【外】絜（洁）清白而事君，志污之合（弇）明，微玄锡而流泽，恐疏日忘，美佳人，外承可兑（悦），灵京（影），永思兮而顾（愿）毋绝见。【内】内清之以昭明，光而象夫日月，心忽（淴）穆而顾（愿）忠，然壅塞而不泄。
时代：西汉中晚期
著录：《阳羡》图35；/《清爱堂》图48。

编号：1332
释文：【外】絜（洁）清白而事君，志污之合（弇）明，微玄锡而流泽，恐远而日忘，美人，外承可兑（悦），闾（灵）之京（影），永思而佳毋绝。【内】内清之以昭明，光而象夫日月，心忽（淴）穆而顾（愿）忠，然雍（壅）塞而不泄。
时代：西汉中晚期
著录：《湖研》图四五。

编号：1333
释文：【外】絜（洁）清白而事君，志污而弇明，之泽流，恐疏日忘，美人，外承可兑（悦），灵之京（影），顾（愿）忠毋绝。【内】内清质以昭明，光之象夫日月，心忽（淴）而顾（愿）忠，壅然塞不泄。
时代：西汉中晚期
著录：《西甲》卷十九23a。
简注："可"字反书。"恐"字仅摹出所从之心，"泽流"错乙。

编号：1334
释文：【外】絜（洁）清白而事君，志污之弇明，玄锡之泽流，恐疏而日忘，美人，外承可兑（悦），灵景（影），毋绝。【内】内清之以昭明，光辉象而日月，心忽（淴）穆而忠，壅塞不泄。
时代：西汉中晚期
著录：《扶风》图19。
简注："絜"字前有起止符号。"泽流"错乙，"可"字反书。

编号：1335
释文：【外】絜（洁）精白而事君，志污之合（弇）明，微玄锡而流泽，恐疏而日忘，美人，外承可兑（悦），顾（愿）永思而毋绝。【内】内清之以昭明，光而象夫日月，心忽（淴）穆而忠，然壅塞不泄。
时代：西汉中晚期
著录：《扶风》图36。

编号：1336
释文：【外】絜（洁）清白而事君，志污之弇明，微玄而流泽，恐疏而日忘，美人，外承可兑（悦），永思而毋绝而。【内】内清以昭明，光象夫日月，心忽（淴）穆忠，然壅塞不。
时代：西汉中晚期
著录：《广西》图13。
简注："内"字前有起止符号。内圈多衬以"而"字。

编号：1337
释文：【外】絜（洁）精（清）而事君，志驩（获）之合（弇）明，微玄锡之泽，恐疏远日忘，怀美之穷（躬）礼（体），承驩（欢）之可说

（悦），莫（慕）窔（窈）之灵景（影），顯（愿）［永思］而毋绝。【内】内清质以昭明，光辉象而夫日月，心忽（滖）而顯（愿）忠，然壅塞而不泄。

时代：西汉中晚期

著录：《古今》图62；《汉雅堂》图30。

简注："絜"字前有起止符号。"可"字反书。

编号：1338

释文：【外】絜（洁）精白而事君，志驩（荻）而合（弇）明，微玄锡之泽，恐疏远日忘，怀美之穷（躬）澧（体），承驩（欢），灵京（影），毋绝。【内】内清质以昭明，光象夫日月，心忽（滖）穆而忠，然壅塞不泄。

时代：西汉中晚期

著录：《清华》图39。

简注："絜"字前有起止符号。"澧"字减笔作"澧"。

编号：1339

释文：絜（洁）清而事君，志驩（荻）合（弇）明，微玄锡之泽，□疏远日忘，□而之产（彦）礼（体），承驩（欢）之可说（悦），莫（慕）景（影），顯（愿）思毋［绝］。【内】内清以昭明，光辉象而日月，心忽（滖）穆而顯（愿）忠，然壅塞泄。

时代：西汉中晚期

著录：《古今》图60。

简注："志""微"字有减笔，"合"字从中。

编号：1340

释文：【外】絜（洁）清而事君，志驩（荻）合（弇）明，微玄锡之流，恐疏远日忘，而之槷（厥）□（体），丞（承）驩（欢）说（悦）而可。【内】内清质以昭明，光辉而象日月，心忽（滖）穆而忠，然不泄。

时代：西汉中晚期

著录：《文物》1987（1）第30页图九；《广陵》图60。

简注："合"字从中。

编号：1341

释文：【外】絜（洁）清白而事君，志驩（荻）弇明，微玄锡之泽，恐日忘，怀美穷（躬），承驩（欢）之可说（悦），莫（慕），顯（愿）之。【内】内清质以昭明，光辉象夫日月，心忽（滖）穆而顯（愿）忠，不。

时代：西汉中晚期

著录：《开明堂》图24。

编号：1342

释文：【外】絜（洁）精白事君，志驩（荻）之合（弇）明，微▨，恐日忘，美之穷（躬），承之可，顯（愿）毋绝。【内】内清□以昭明，光而日月，心忽（滖）而忠，壅塞而不世（泄）。

时代：西汉中晚期

著录：《考古学报》1957（4）图版捌：4；《湖研》图四六。

简注：镜残破。

编号：1343

释文：【外】絜（洁）精白而事君，志驩（荻）之▨美之穷（躬）（体），承之景（影）说（悦），窔（窈）莫（慕），绝。【内】内清质▨而不泄。

时代：西汉中期

著录：《文物》1984（11）第31页图四四：左。

简注：西汉中期（宣帝前后）墓出土（M2：6）。镜残破。"内"字前有起止符号。

编号：1344

释文：【外】［絜（洁）］精白而事君，志驩（荻）之合（弇）明，微玄锡之泽，恐疏远日忘，怀美之穷（躬），而。【内】内清质以昭明，光象而夫日月，心忽（滖）而忠，不泄。

时代：西汉中晚期

著录：《齐鲁》图172。

编号：1345

释文：【外】絜（洁）清白事君，志之合（弇）明，微玄锡之泽，恐疏远日忘，怀美之穷（躬）礼（体），承驩（欢）之可说（悦），莫（慕）窔（窈）之灵景（影），绝而。【内】内清质以昭明，光象而日月，心忽（揔）穆而顯（愿）忠，然壅塞而不泄。

时代：西汉中晚期

著录：《考古》1979（5）第423页图一四：1；《图典》A图243；《图典》B图3.138。

简注：“可”字反书。

编号：1346

释文：【外】絜（洁）清白而事君，志之合（弇）明，微玄锡之泽，恐日忘，怀美之穷（躬）礼（体），承驩（欢）之说（悦），莫（慕）窔（窈）之灵景（影），而绝。【内】内清质以昭明，光辉象日月，心忽（揔）而顯（愿）忠，然壅塞而不泄。

时代：西汉中晚期

著录：《国博》1992（18—19）第223页图44。

简注：“锡”字从米。

51.“精白”“日光”铭

“精白”“日光”铭，即由“精白”铭与“日光”铭组合而成的重圈铭文镜，其主要流行时代为西汉中晚期。在组合时，大约是由于字数多寡之故，“精白”铭皆置于外，而“日光”铭皆置于内，从不紊乱。

编号：1347

释文：【外】絜（洁）精［白］而事君，志驩（获）之合（弇）明，微玄锡之泽，恐疏远日忘，怀美之穷（躬）噎（体），承驩（欢）之可说（悦），莫（慕）窔（窈）之灵景（影），毋绝。【内】见日之光，长毋相忘。

时代：西汉中晚期

著录：《郴州》第24页、第25页。

简注：“絜”字前有起止符号。“可”字反书。

编号：1348

释文：【外】絜（洁）精白而事君，惌驩（获）弇明，微玄锡之流泽，恐疏而日忘，怀槩（厥）美之穷（躬）噎（体），外丞（承）驩（欢）之可说（悦），灵景（影），顯（愿）永思□绝。【内】见日之光，长不相忘。

时代：西汉中晚期

著录：《陕历》第172页上。

简注：“惌”字从宀。

编号：1349

释文：【外】絜（洁）清而白事君，志污之弇明，玄锡之泽流，疏而恐日忘，美人，外承可兑（悦），灵，顯（愿）永绝毋。【内】□日之光，心□象□。

时代：西汉中晚期

著录：《文物》1987（9）第80页图一五：1。

简注：西汉中期偏晚墓（M1）出土。“疏”字减笔作“疏”。

编号：1350

释文：【外】絜（洁）清而白事君，志污之弇明，玄锡之流泽，疏而日忘，美人，外承可兑（悦），灵，顯（愿）永思绝□。【内】□日之光，□□□□。

时代：西汉中晚期

著录：《中原文物》2001（3）第72页图五。

简注：“絜”字前有起止符号。

编号：1351

释文：【外】絜（洁）清白之事君，惌污志弇明，玄锡流泽，恐疏远而日忘，丞（承）而可兑（悦）。【内】见日之光，长不相忘。

时代：西汉中晚期

著录：《仪征》第53页。

简注：“絜”字前有起止符号。“惌”字从宀。外圈铭文中衬以多个“而”字。

52. “君忘忘”铭

“君忘忘”铭，即铭文中含有“君忘忘”铭文的镜种，一般多置于句首，过去或称“君忘镜”“先志镜”[①]。

“忘忘”，传世文献或作“芒芒”或“茫茫”，如汉武帝《悼李夫人赋》“驩接狎以离别兮，宵寤梦之芒芒”，在镜铭中是对照镜人精神状态或心理的一种描述。

“君忘忘”铭镜常见而完整的文句有：

A.君忘［忘］而失志兮，爱使心欲视（嗜），欲不可尽行，心宽（冤）结而独愁，明知非不可久处兮，君志所驩（欢）而不能已兮，如山之坏不可备兮，僄（飘）风起而不可止兮。

B.君忘忘（芒芒/茫茫）而失志兮，爱使心臾（欲）耆（嗜），臾（欲）不可尽行，心污（纡）结而独愁，明知非不可久处兮，而志（或作“心”）所驩（欢）不能已之。

过去，李学勤师[②]及林素清[③]、马良民[④]、李零[⑤]、张宏林、蒋文[⑥]、陈剑[⑦]等先生都曾有专文对此类镜铭进行研究，读者可以参看。本书主要采用蒋文、陈剑两位先生的释法，并参考其他先生的意见。

蒋文先生对B型镜的主旨阐述得较为明晰，择其要点，摘录于下：

“君芒芒而失志”是总说照镜之人的精神状态，下三句是解释其原因：“爱使心欲嗜”是一般的主观的自然情形；“欲不可尽行”是客观的现实情况；遂使照镜人“心纡结而独愁”。末句“明知非不可久处，而志所欢不能已之”是矛盾的自我反省，明知道这样子是不对的，不可以长久沉溺，但是因为心里喜欢所以无法停止。全铭以镜子的口吻娓娓道来，先描写照镜人，又替照镜人表达了对沉迷物欲不能自拔的自警和无可奈何的自嘲。

在形制、纹饰方面，“君忘忘”铭镜多为圆钮，并蒂十二连珠纹钮座，外围以内向八连弧纹，偶有博局纹，宽素缘。流行时代主要为西汉中晚期，个别镜的时代也许能到新莽前后。

在铭文方面，“已”字作“巳”形、“失”字作“夫”形，这样的情况亦见于其他系列的汉镜。在汉镜中，形似之字常形混，如“朱”与“未”、“冶”与“治”、“在”与“左”等等，往往需根据上下文方能确定释文。对于这一类的情况，显然不能当作通假字处理，只能视作讹混或汉人的书写习惯，因为严格隶定时极易产生问题；本书采用宽式隶定，遇到这一类的字，在释文中直接释作上下文义所需之字，不再另注。

为便于检索，暂按A、B两型顺序罗列，有些文句不在上述型式之内，暂据铭文相似性排序。

编号：1352

释文：【外】君忘［忘］而失志兮，爱使心欲视（嗜），欲不可尽行，心宽（冤）结而独愁，

---

① 此命名源于有研究者将镜铭之“失志”误释为“先志”。

② 李学勤：《阿富汗席巴尔甘出土的一面汉镜》，《文博》1992年第5期。收入氏著《走出疑古时代》，辽宁大学出版社1994年版，第296页；李学勤：《比较考古学续笔》四，《阿富汗席巴尔甘出土汉镜》，《山西师范大学学报》2003年第3期。收入氏著《中国古代文明研究》，华东师范大学出版社2005年版，第157页；李学勤：《重论阿富汗席巴尔甘出土的汉镜》，《祝贺朱绍侯先生八十寿诞：史学新论》，河南大学出版社2005年版，第3页。收入氏著《文物中的古文明》，商务印书馆2008年版，第284页。

③ 林素清：《十二种镜录释文校补》，《王叔岷先生八十寿庆论文集》，（台湾）大安出版社1993年版。

④ 马良民：《西汉先志镜浅识》，《东方考古》第2集，科学出版社2006年版。

⑤ 李零：《读梁鉴藏镜四篇——说汉镜铭文中的女性赋体诗》，《中国文化》2012年第35期，第34—35页。

⑥ 蒋文：《汉君忘忘镜铭新研》，复旦大学出土文献与古文字研究中心编：《出土文献与古文字研究（第五辑）》，上海古籍出版社2013年版，第568—582页。

⑦ 陈剑：《几种汉代镜铭补说》，台湾政大中文系：《第十届汉代文学与思想国际学术研讨会论文集》2016年版。

明知非不可久处兮，志。【内】君志所驩（欢）而不能已兮，如山之坏不可备兮，僄（飘）风起而不可止兮。

时代：西汉中晚期

著录：《绍兴》第41页。

简注：外圈“君”字前有起止符号。“失志”，意为愿望得不到满足。宋玉《高唐赋》：“贤士失志，愁思无已，叹息垂泪。”“欲嗜”，即嗜欲，《云笈七签·秘要诀法部·卷一》：“故君子黜嗜欲，隳聪明，视无色，听无声，恬淡纯粹，体和神清，希夷忘身，乃合至真，所谓返我之宗，复与道同。”

编号：1353

释文：君忘（芒）忘（芒）而失志兮，爱使心臾（欲）者（嗜），臾（欲）不可尽行，心污（纡）结而独愁，明知非不可久处，志所驩（欢）不能已。

时代：西汉中晚期

著录：《宁寿》卷十五15a。

编号：1354

释文：君忘（芒）忘（芒）而失志兮，爱使心臾（欲）者（嗜），臾（欲）不可尽［行］兮，心污（纡）结而独愁，明知非不可久处，志所驩（欢）不能已。

时代：西汉中晚期

著录：《止水集》第35页图8—7；《中国文化》2012（1）第34页。

简注：“君”字前有起止符号。

编号：1355

释文：君忘（芒）忘（芒）而失志兮，爱使心臾（欲）者（嗜），臾（欲）不可尽行，心污（纡）结而独愁，明知非不可［久］处，志所驩（欢）不能已。

时代：西汉中晚期

著录：《齐鲁》图142；/《考古》2000（4）第55页图七；《广陵》图55；《图典》B图3.127。

编号：1356

释文：君忘（芒）忘（芒）而失志兮，爱而使心臾（欲）者（嗜），臾（欲）不可尽行，心污（纡）结而独愁，明知非不可［久］处，志所驩（欢）不能已。

时代：西汉晚期

著录：《陕历》第170页。

简注：第二句比常见铭文多一“而”字。

编号：1357

释文：君忘（芒）忘（芒）而失志兮，爱使心臾（欲）者（嗜），臾（欲）不可尽行，心污（纡）结而独愁，明知非不可［久］处，志而所驩（欢）不能已。

时代：西汉晚期

著录：《陕历》第169页上。

简注：末句比常见铭文多一“而”字。

编号：1358

释文：君忘（芒）忘（芒）而失志兮，爱使心臾（欲）者（嗜），臾（欲）不可尽行，心污（纡）结而独愁，明知非不可［久］处，志所驩（欢）不能已之。

时代：西汉晚期至东汉早期

著录：《止水集》第46页图10—1；《阳羡》图60。

简注：末句比常见铭文多一“之”字。

编号：1359

释文：君忘（芒）忘（芒）而失志兮，爱使心臾（欲）者（嗜），臾（欲）不可尽行，心污（纡）结而独愁，明知非不可［久］处，志而所驩（欢）不能［已］。

时代：西汉晚期

著录：《陕历》第169页下。

简注：“君”字前有起止符号。

编号：1360

释文：君忘（芒）忘（芒）而失志，爱使心臾（欲）者（嗜），臾（欲）不可尽行，心污（纡）结而独愁，明知非不可［久］处，志所驩（欢）不能已。
时代：西汉中晚期
著录：《齐鲁》图141；/《汉铭斋》图99；《文化》图114；《书法》图141。

编号：1361
释文：君忘（芒）忘（芒）而失志兮，爱使心［臾（欲）者（嗜）］，臾（欲）不可尽行，心污（纡）结而独愁，明知非不可久处，之（志）所［欢］不能已。
时代：西汉中晚期
著录：《扶风》图24。
简注："君"字前有起止符号。

编号：1362
释文：君忘（芒）忘（芒）而失之（志）兮，爱使心臾（欲）者（嗜），臾（欲）不可尽行，心污（纡）结而独愁，明知非不可久处，之（志）所□已。
时代：西汉中晚期
著录：《桃阴庐》图4。

编号：1363
释文：君忘（芒）忘（芒）而失志兮，爱使心臾（欲）者（嗜），臾（欲）不可尽行，心污（纡）结而独愁，明知非不可久处，志所不已。
时代：西汉晚期
著录：《陕历》第171页。
简注："君"字前有起止符号。

编号：1364
释文：君忘（芒）忘（芒）而失志兮，爱使心臾（欲）者（嗜），臾（欲）不可尽行，心污（纡）结而［独］愁，明知非不可久处，志所［不］已。
时代：西汉中晚期
著录：《常德》图34。

编号：1365
释文：君忘（芒）忘（芒）而失志兮，爱使心臾（欲）者（嗜），臾（欲）不可尽行，心污（纡）结而独愁，明知非不可久处，所不能已。
时代：西汉中晚期
著录：《文物》2010（1）第80页图二。
简注：阿富汗希比尔甘柿蒂利亚山墓地出土。据学者研究可能是贵霜初期或大月氏的墓葬[①]。

编号：1366
释文：君忘（芒）忘（芒）而失志，爱使心臾（欲）者（嗜），臾（欲）不可尽行，心污（纡）结而独［愁］，明知非不可久处，之（志）所不。
时代：西汉中晚期
著录：《汉铭斋》图98；《文化》图113；《拓片》图59；《图集》图221。

编号：1367
释文：君忘（芒）忘（芒）而失志兮，爱使心臾（欲）者（嗜），臾（欲）不可尽行，心污（纡）结而独愁，明知非不可久处，所不已。
时代：西汉中晚期

① 吴焯：《西伯尔罕的宝藏及其在中亚史研究中的地位》，《考古与文物》1987年第4期；梅村：《大夏黄金宝藏的发现》，《文物天地》1991年第6期；樋口隆康：《出土中国文物的西域遗迹》，《考古》1992年第12期；李学勤：《阿富汗席巴尔甘出土的一面汉镜》，《文博》1992年第5期。收入氏著《走出疑古时代》，辽宁大学出版社1994年版；李学勤：《比较考古学续笔》四，《阿富汗席巴尔甘出土汉镜》，《山西师范大学学报》2003年第3期；收入氏著《中国古代文明研究》，华东师范大学出版社2005年版，第157页；李学勤：《重论阿富汗席巴尔甘出土的汉镜》，《祝贺朱绍侯先生八十寿诞：史学新论》，河南大学出版社2005年版，第3页。收入氏著《文物中的古文明》，商务印书馆2008年版，第284页。

著录：《阳羡》图32。

编号：1368

释文：君忘（芒）忘（芒）而失志兮，爱使心臾（欲）者（嗜），臾（欲）不可尽行，心污（纡）结而独愁，［明］知非不可［久处］，日已毋。

时代：西汉中晚期

著录：《华夏考古》1994（1）第20页图九；《三门峡》第40页。

简注：“已毋”错乙。

编号：1369

释文：君忘（芒）忘（芒）而失志兮，爱使心臾（欲）者（嗜），臾（欲）不可尽行，心污（纡）结而独愁，明知非不可久处，已。

时代：西汉晚期

著录：《陕历》第168页；/《清华》图35；《清艺》第86页；《三槐堂》图56、图57；《拓片》图60。

简注：“君”字前有起止符号。

编号：1370

释文：君忘（芒）忘（芒）而失志兮，爱使心臾（欲）者（嗜），臾（欲）不可尽行，心污（纡）结而独愁，处明知非不可久，已。

时代：西汉中晚期

著录：《奇觚室》卷十五35a—35b。

简注：“君”字前有起止符号。“处”字误置于“明”字之前。

编号：1371

释文：君忘（芒）忘（芒）而失志兮，爱使心臾（欲）者（嗜），臾（欲）不可尽行，心污（纡）结而独［愁］，明知非不可久处。

时代：西汉中晚期

著录：《扶风》图35。

编号：1372

释文：日有憙（喜），月有富，乐毋有事，宜酒食，居而必安，苌（长）毋有忧患，芋（竽）瑟侍，心志驩（欢），乐已哉，固常然；君忘（芒）忘（芒）兮。

时代：西汉中晚期

著录：《阳羡》图29。

简注：据此镜可推知，“君忘忘”铭与“日有”铭（二）与时代相去不远，故而书体相同且能置于同一镜之中。此条重出，亦列于“日有”铭（二）一节。

53.“皎光”铭

“皎光”铭，即铭文首句中含有套语“皎光”一词的镜铭类型。“皎光”铭句式较为稳定，基本句型为六字一句，两句一组，有时会在前一句增加“兮”字，而近似骚体。

常见而完整的文句为：

姚皎光而耀美，挟佳都而承闲，怀驩（观）察而恚（窥）予，爱存神而不迁，得并埶（设）而不衰，精昭折（哲）而侍君。

“闲”“迁”韵在元部，与文部之“君”押韵。耀，铭文中皆作“燿”[①]。

主旨与“清白”铭相似。在铭文释读方面，李零先生与陈剑先生都有很好的意见[②]，学者可以参看，本书主要采用陈剑先生的意见，并赞同其对于句意的阐释[③]：

首句“姚”即“姚冶”之“姚”。“姚/皎光”既可用于描述铜镜，亦可用于形容女子。镜铭言“姚/皎光”“精/昭哲”“絜/精白”“精/皎白”，皆节奏相

① 依本书处理异体字的体例，在释文中“燿”“煇”直接释作“耀”“辉”。
② 李零：《读梁鉴藏镜四篇——说汉镜铭文中女性赋体诗》，《中国文化》2012年第1期，第35—36页；陈剑：《几种汉代镜铭补说》，台湾政大中文系：《第十届汉代文学与思想国际学术研讨会论文集》，2016年版。
③ 陈剑先生文章较长，受篇幅所限，此处仅节选主要观点及论据。

同，其首字较虚、较笼统，后两字双音词是对首字的进一步具体说明。“姚皎光……挟佳都……”，与清白镜“絜（洁）清白……怨污获……”，亦正可对比联系，二者结构相类。末句“精昭折（晢）而侍君”，亦与“絜（洁）清白而事君”正相类。“姚皎光而曜美”“挟佳都而承闲”，皆可通就、双关镜子本身与赠镜之女子的口吻而言，谓其自身之美好，怀挟此美好而承候对方闲暇以顾己。

“怀观察而窥予”，既是以铜镜的口吻讲照镜人“窥镜”，又是以女子的身份讲照镜人（亦即女子将此镜所送之人）窥视、观察自己；自然，其下句“爱存神而不迁”也就应该还有双关的这两方面的意思。其中，后一层即女子讲自己存有不变的对对方的爱，自是容易理解的。而前一层，即从铜镜的角度讲，“存神而不迁”之“爱”，就只能理解为镜中所现之“影”，即镜铭中所谓“外光内景（影）”（“鉴物象状”铭花瓣镜）、“慕窔（窈）兆（窕）之靈（灵）景（影）”（清白镜）之“景（影）”。“爱”字可以用来指代镜中所照出的影子……镜中照物照人忠实反映，镜影之“不迁”，亦即其他镜铭中多见的谓镜子“可取信诚”一类义。

“埶”字，所见引用者或已括注“设”，正确可从。就镜子的口吻而言，自可言“设”，即器主陈设而用之；就女子之口吻而言，亦可言“设”。对此类“设人”之“设”字，裘锡圭先生论之已详，谓“‘设’有‘置’、‘立’等义，古书中说到置立官职爵位或任人以职等事时，往往用‘设’字”，如《荀子·君道》数见言“（君主）显设人”……给人以相当地位，即可叫“设”。因此，镜铭所谓人之“并设”，即希望对方将自己与对方常放在一起。

在文句使用上，“皎光”铭较为自由，除单用外，亦可置于重圈铭文镜中，与其他类型的镜铭组合使用，主要流行时代为西汉中晚期。

由于“皎光”铭与“铜华”铭搭配使用的镜铭已单列一节，本节主要胪列除此以外的“皎光”铭铭文。

编号：1373

释文：【外】姚皎（皎）光而耀美兮，挟佳都而承闲乎，怀驩（观）察而恚（窥）兮予，爱存神而不迁兮，得并埶（设）而不衰兮，精照（昭）折（晢）兮而侍君。【内】见日之光，长毋相忘。

时代：西汉中期

著录：《阳羡》图30；《图集》图218；《书法》图138。

简注：“姚”字前有起止符号。

编号：1374

释文：【外】姚皎（皎）光而耀美兮，挟佳都而承闲，怀驩（观）察而恚（窥）予兮，爱存神而不迁，得并埶（设）而不衰兮，精照（昭）折（晢）而侍君。【内】内清质以昭明，光辉象夫日月，心忽（淴）穆而顯（愿）忠，然壅塞而不泄。

时代：西汉中晚期

著录：《中国文化》2012（1）第35页图九。

简注：“姚”字前有起止符号。

编号：1375

释文：姚皎（皎）光而喻（耀）美兮，挟佳都而承闲，怀驩（观）察而恚（窥）予兮，爱存神而不僊（迁），得并埶（设）而不衰兮，精怊（昭）喇（晢）而侍君。

时代：西汉中晚期

著录：《中国文化》2012（1）第36页图十；《汉铭斋》图95；《文化》图109；《图集》图217；《拓片》图63；《书法》图137。

简注：字体方正。“姚”字前有起止符号。“喻”字减笔作“喻”。

编号：1376

释文：【外】姚皎（皎）光而喻（耀）类〈美〉兮，挟佳都而承闲，怀驩（观）察而恚（窥）予兮，爱存神而不迁，得并埶（设）而不衰兮，精照（昭）晰而侍君。【内】内请（清）质以昭明，光辉象夫日月，心忽（淴）穆而顯（愿）忠，然壅塞而不泄。

时代：西汉中期

著录：《华夏考古》2016（4）第48页图三二：1。

简注：西汉中期墓出土（M97：5）。“姚”字前有起止符号。“喻”字减笔作“喻”。

编号：1377

释文：【外】姚皎（皎）光而耀美，挟佳都而承闲，怀驩（观）察而恚（窥）予，爱存神而不迁，得并執（设）而不衰，精照（昭）折（哲）而以侍君乎止。【内】内清质以昭明，光辉象夫日月，心忽（懔）穆［而］顾（愿）忠，然壅塞［而］不［泄］。

时代：西汉中晚期

著录：《小校》卷十六35a；《志稿》第3440页；/《小校》卷十六35b。

编号：1378

释文：【外】姚皎（皎）光而耀美，挟佳都而承闲，怀驩（观）察而恚（窥）予，爱存神而不迁，得并執（设）而不衰，精昭折（哲）而侍君。【内】内清质以昭明，光辉象夫日月，心忽（懔）穆而顾（愿）忠，然壅塞而不泄。

时代：西汉中晚期

著录：《文物》2011（1）第77页图七①；/《文物》1987（6）第30页图六三：5、第42页图八四；《全集》图49；《文化》图125；《图典》A图244；《图典》B图3.141。

编号：1379

释文：【外】姚皎（皎）光而耀美，挟佳都而承闲，怀驩（观）察而恚（窥）予，爱存神而不迁，得并執（设）而不衰，精照（昭）折（哲）而侍君。【内】内清质以昭明，光辉象夫日月，心忽（懔）穆而顾（愿）忠，然壅塞而不泄。

时代：西汉中晚期

著录：《陕西》图23。

简注：“姚”字竖笔作卷云形，类似的风格又见于“铜华”铭“清”字，“昭明”铭“内”字，皆为首句首字所特有，大约是为了标识意义所作的美化处理。

编号：1380

释文：【外】姚皎（皎）光而耀美，挟佳都而丞（承）闲，怀驩（观）察而恚（窥）予，爱存神而不迁，得并執（设）而不衰，精昭折（哲）而侍君。【内】内清质以昭明，光辉象夫日月，心忽（懔）穆而顾（愿）忠，然壅塞而不泄。

时代：西汉中晚期

著录：《清爱堂》图51。

编号：1381

释文：【外】姚皎（皎）光而耀美，挟佳都而承闲，怀驩（观）察而恚（窥）予，爱存神而［不］迁，得并執（设）而不衰，精昭折（哲）而侍君。【内】内清质以昭明，光辉象夫日月，心忽（懔）穆［而］顾（愿）忠，然壅塞而不泄。

时代：西汉中晚期

著录：《千镜堂》图146；《大观》第99页。

编号：1382

释文：【外】姚皎（皎）光而耀美，挟佳都而承闲，怀患（观）［察］而恚（窥）予，爱存神而不迁，得并執（设）而不衰，精昭折（哲）而侍君。【内】内清质以昭明，光辉象夫日月，心忽（懔）穆而顾（愿）忠，然壅塞而不泄。

时代：西汉中晚期

著录：《文物》2005（2）第39页图一〇：1②；/《阳羡》图34；《图集》图245。

简注：“姚”“内”二字前有起止符号。

编号：1383

释文：【外】姚皎（皎）光而耀美，挟佳都而顾闲，

---

① “存”“都”倾轧。

② 江苏徐州碧螺山西汉中期偏晚墓（M5）出土。

怀驩（观）察而恚（窥）［予］，挟佳都，［爱］存神而不迁，得并执（设）而不衰，精昭折（哲）而侍君。【内】内清质以昭明，光辉象夫日月，心忽（潒）穆而顯（愿）忠，然壅塞而不泄。

时代：西汉中晚期

著录：《安吉》第50页、第51页；《图典》B图3.142。

编号：1384

释文：【外】姚晈（皎）光而耀美，挟佳都而［承］闲，怀驩（观）察而恚（窥）予，爱存神而不迁，得并执（设）而不衰，精昭折（哲）而侍君。【内】见日之光，长毋相忘。

时代：西汉中晚期

著录：《西安》图29；《图典》B图3.137。

编号：1385

释文：【外】姚晈（皎）光而耀美，挟佳都而承闲，怀驩（观）察而恚（窥）予，爱存神而不迁，得并执（设）而不衰，精照（昭）折（哲）。【内】见日之光，长毋相忘。

时代：西汉中晚期

著录：《考古》1998（2）第28页图五；/《清华》图38；《文化》图124；《图集》图243；《清艺》第100页；《止水集》第42页图9—5；《书法》图148；《拓片》图66。

编号：1386

释文：【外】姚晈（皎）光而耀美，挟佳都而承闲，怀驩（观）察而恚（窥）予，爱存神而不迁，得并执（设）而不衰，精。【内】内清质以昭明，光日月，心忽（潒）穆而顯（愿）忠，然壅塞而不泄。

时代：西汉中晚期

著录：《湖研》图三二；/《小校》卷十六36a上；《志稿》第3439页；/《小校》卷十六36a下。

简注："姚"字前有起止符号。"晈"字从目交声。

编号：1387

释文：姚晈（皎）光而见美，挟佳都而［承］闲，怀驩（观）［察］而恚（窥）［予］，爱存神而不［迁］，忽（潒）穆，君。

时代：西汉中晚期

著录：《考古学报》1986（2）第221页图二一：5。

简注：铭文减字较多，第五句混入"昭明"铭套语，末句仅剩结尾的"君"字。

编号：1388

释文：【内】姚晈（皎）光而耀美，得并执（设）而不衰，精照（昭）折（哲）而侍君。【外】内清质以昭明，光辉象夫日月，心忽（潒）穆而顯（愿）忠，然壅塞而不泄。

时代：西汉中晚期

著录：《汉铭斋》图85；《文化》图131；《图集》图251；《复旦》图62。

简注："内"字前有起止符号。

编号：1389

释文：【外】姚晈（皎）光而⁄并执而不衰，精照（昭）折（哲）而侍君。【内】见日之光，长毋相忘。

时代：西汉中期

著录：《南阳》图一八四。

简注：西汉中期墓（FHC M93）出土。镜残缺。

54. "晈白"铭

"晈白"，指明亮洁白，与"晈光"之义相类。"晈白"铭句式结构较为稳定，基本为三字一句，两句一组，多置于重圈铭文镜之中，与其他类型的镜铭搭配使用。

常见而完整的文句为：

冶清华，精晈（皎）白，奄惠（蕙）芳，丞（承）加（嘉）泽，结微（徽）颜，安佼（姣）信，耀流光，似佳人。

前四句中，“白”字形似“日”[①]，与同属铎韵的“泽”字押韵；后四句中，“信”“人”二字，同属真韵，押韵；此外，“华”字韵在鱼部，与阳部之“芳”“光”二字亦可押韵。

“精/皎白”与“姚/皎光”“精/昭哲”“絜/精白”等套语节奏相同，对此陈剑先生已指出，“其首字较虚、较笼统，后两字双音词是对首字的进一步具体说明。”[②]其说甚是。这几种类型的汉镜除部分套语节奏外，主旨亦相似，流行时代大约也较为相近，为西汉中晚期之物。

编号：1390

释文：【外】冶清华，精晈（皎）白，奄惠（蕙）芳，丞（承）加（嘉）泽，结微（徽）颜，安佼（姣）信，耀流光[③]，似佳人。【内】见日之光，长毋相忘。

时代：西汉中晚期

著录：《考古学报》1976（2）第160页图九：1、图版肆：1。

简注：“加”字反书，“奄”，《诗·周颂·臣工》：“奄观铚艾。”郑玄笺：“奄，久。”《正韵》：“久观也。”疑“奄”字义为久，并有久观之意。

编号：1391

释文：【内】冶清华，精晈（皎）白，奄惠（蕙）芳，丞（承）加（嘉）泽，结微（徽）颜，安佼（姣）信，耀流光，似佳人。【外】絜（洁）精白而事君，怨污驩（获）之弇明，微玄锡之流泽，恐疏远而日忘，怀槩（厥）美之穷（躬）体，外丞（承）驩（观）之可说（悦），慕窔（窈）佼（窈）之灵景（影），顣（愿）永思而毋绝。

时代：西汉中晚期

著录：《古今》图61；《文化》图133；《图集》图253。

简注：“怨”字从宀，“加”字反书，“绝”字减笔，“体”字从口豊声。

编号：1392

释文：冶清华兮，精晈白，奄惠（蕙）防（芳）兮，宣加（嘉）泽，结微（徽）颜兮，似佳人。

时代：西汉中晚期

著录：《汉铭斋》图100；《文化》图116；《图集》图228。

55.“金清”铭

“金清”铭，是汉代较为少见的镜铭之一，“金”指铸镜原料，“金清”是对原料质地的描述，以凸显质量之优。

常见的文句有：

A.玄金之清，可取信诚。

B.玄金之清，可以取诚。

C.金清阴光，可以取信。

A—C型形制、纹饰相同，皆为三弦钮，方钮座，座外置凹面方框，框外分四区，每区正中置一带座乳钉，乳钉两侧各置一铭文，四角置桃形花苞，近缘处置一圈弦纹，素卷缘。这样的形制纹饰又常见于“长乐”铭及“何伤”铭等镜，是西汉早期后段流行的形制之一。在内容上，B、C两型显然与A型一脉相承。

为便于检索，本节暂按A—C型式先后顺序排序。

编号：1393

释文：玄金之清，可取信诚。

时代：西汉早期

著录：《考古与文物》2006（6）第19页图一七：3；《图集》图74。

---

① 此读法系蔡伟先生承告。此类镜铭中“晈”字所从之“日”也有可能为“白”字，而可直接释为“皎”字。不过，为谨慎起见，在无确凿材料支撑之前，本书暂按“晈”字处理。

② 陈剑：《几种汉代镜铭补说》，台湾政大中文系：《第十届汉代文学与思想国际学术研讨会论文集》，2016年版。

③ 此类镜中“耀”字皆从火作“燿”，本书按异体字处理方案，释文中径作“耀”，下文不再赘注。

简注：“清”“诚”，叶耕部韵。

编号：1394
释文：玄金之清，可以取诚。
时代：西汉早期
著录：《止水阁》图68；《图集》图73；《清艺》第80页；《书法》图42；《拓片》图219；/《汉铭斋》图36；《文化》图47。

编号：1395
释文：金清阴光，可以取信。
时代：西汉早期
著录：《止水阁》图69；《文化》图48；《图集》图71；《清艺》第81页；《书法》图41；《拓片》图220；/《陕历》第43页下；《图集》图72；/《清爱堂》图42。

56.“金英”铭

“英”，义为菁华，“金英”之意，大约相当于铜镜中所说“湅石华，取其菁”。

“金英”铭常见且完整的文句为：

D.金英/阴光/宜美人，以察衣服/无私亲。

在套语方面上，显然与“金清”铭镜、“金华”铭镜、“铜华”铭镜皆有交涉。

“阴光”，在“金清”铭镜中已见，并见于“金华”铭镜。

“察衣服”，见于“金华”铭镜、“铜华”铭镜。

“无私亲”，见于“金华”铭镜，并见于同时期其他铜镜[①]。

“宜美人”，“金华”铭镜、“铜华”铭镜常作“宜佳人”。

在形制、纹饰上，“金清”铭镜皆素卷缘，“金华”铭镜皆内向连弧纹缘，而“金英”铭镜为内向连弧纹外配素卷缘，介于两者之间。

根据形制、纹饰及套语组合型式，这几类铜镜的出现顺序很可能是从“金清”铭镜到“金英”铭镜，再到“金华”铭镜与“铜华”铭镜。

值得一提的是，清华大学艺术博物馆藏有一镜，铭文曰：“结以组，昭美人，无私亲，可取信。”[②]在套语上与“金清”铭镜、“金英”铭镜、“金华”铭镜皆有关联，似亦可略窥此类镜的变化。

编号：1396
释文：金英阴光宜美人，以察衣服无私亲。
时代：西汉早期
著录：《故宫》G图一〇；/《善斋》镜录卷一87b；《小校》卷十五100b下；《志稿》第3335页；《尊古斋》第101页；《汉铭斋》附图16；《图集》图53；《书法》图29。

57.“金华”铭

金，既可作为铜锡等金属的总称，亦可专指铜。如青铜，古代常被称为吉金。《书·禹贡》：“惟金三品。”。注：“铜三色也。”

在铭文内容上，“金华”铭与“金清”铭、“铜华”铭皆有交涉。“阴光”“无私”“可取信”等词语是“金清”铭常见的套语，而“清冶……华以为……，昭察衣服观容貌……光宜美人”，则已完全是“铜华”铭中的固定组合。

在形制、纹饰上，“金华”铭皆为圆钮，四叶纹钮座，方框铭文带，内向十六连弧纹缘，主题纹饰多为草叶纹，尚未使用麦穗纹，这样的形制、纹饰组合开始出现于西汉早期后段，而与西汉中期的有所区别，说明此类镜的铸造时代上限大约在西汉晚期后段，下限至迟到中期前段。几乎是上承“金清”铭，下启“铜华”铭，而其书体风格，在文字发展上的时段上确实也是处于两者之间。

① 清华大学艺术博物馆编：《必忠必信：清华大学艺术博物馆藏铜镜》，上海书画出版社2017年版，第82—83页及第150—151页。
② 清华大学艺术博物馆编：《必忠必信：清华大学艺术博物馆藏铜镜》，上海书画出版社2017年版，第82—83页。

编号：1397

释文：清涙（冶）金华以为蓝（鉴），昭（照）察衣服观容貌，结组中身，于勿（物）毋私可取信，遂阴光宜佳人。

时代：西汉早中期

著录：《汉铭斋》图53；《文化》图56；《图集》图90；《书法》图54；《拓片》图217。

简注：“取”字反书，“遂”字所从两点被移于右方。

编号：1398

释文：清涙（冶）金华以为蓝（鉴），昭（照）察衣服观容貌，结组中身可取信，光宜美人。

时代：西汉早中期

著录：《广州》图一三九：1、图版六五：1；《图典》A图190；《图典》B图3.46。

编号：1399

释文：请（清）涙（冶）金华以为蓝（鉴），昭（照）察衣服观容貌，结组中身可取信，光宜美人。

时代：西汉早中期

著录：《汉铭斋》图52；《止水集》第12页图3—4；《文化》图55；《图集》图89；《复旦》图35。

编号：1400

释文：请（清）涙（冶）金华以为镜，昭（照）察衣服观容貌，结组中身可取信，遂［阴］光宜佳人。

时代：西汉早中期

著录：《清爱堂》图34。

58. “石华”铭

“石华”铭，即铭文中包含“炼石华，下（获）之菁”一类镜铭类型。“石华”即石之精华，此处指铸镜所用的金属原料。常见而完整的文句有：

A.内而光，明而清，湅石华，下（获）之菁，见弓（躬）己，知人情，心意得，毕长生。

B.内而光，明而清，湅石华，下（获）之菁，见弓（躬）己，知人情，心意得，乐长生。

“湅”，可读为“炼”。“情”，或作“清”“请”，通假。“知人情”，或作“圭（窥）人情”，语义相近。“心意”，或作“心志”，《说文》“意，志也”。

有时会在铭文中加入兮字，文句稍加改变而近似骚体，如：

C1.内而光兮，明而清，湅（炼）石华兮，下（获）之菁，见弓（躬）己兮，知人刑（形），心志得兮，毕长生。

C2.谁（唯）内而光兮，精（清）而明，湅（炼）石华兮，下（获）之清（菁），昭（照）己弓（躬）兮，知人刑（形），心志得兮，乐长生，受天保兮，永安宁。

有时则会根据铜镜尺寸，对铭文加以减省，合并，如：

D.湅石华，下（获）之菁，见弓（躬）己，知人清（情），心志得，乐长生兮。

E.内而明，湅石华，下（获）之菁，见弓（躬）己，知人清（情），心志得，乐长生。

F.内而明而光，湅石华，下（获）之清（菁），见弓（躬）己，知人菁（情），心志得，乐长生。赵。

句式多为三字一句，“清”“菁”“请”“情”“生”，叶耕部韵。“明”字韵在阳部，耕阳旁转押韵。

在形制、纹饰上，皆为圆钮，多置灵兽纹饰，以带座乳钉将铜镜四等分。主要流行于西汉晚期至新莽时期。

为便于检索，暂按首句“内而光”“内而明”，尾句“毕长生”“乐长生”顺序罗列，有些文句不在上述型式之内，暂据铭文相似性排序。

编号：1401

释文：内而光，明而清，湅（炼）石华，下（获）之菁，见弓（躬）己，知人请（情），心志得，毕长生。

时代：西汉晚期至新莽

著录：《考古》1975（3）第179页图二：1；《宝

鸡》第69页；/《岩窟》二中第96图①。
简注：“内”字前有起止符号。

编号：1402
释文：内而光，明而清，涑（炼）石华，下（获）之菁，见弓（躬）已，知人清（情），心志得，毕长生。
时代：西汉晚期至新莽
著录：《西乙》卷十九39a；《故宫》G图二七。

编号：1403
释文：内而光兮，明而清，涑（炼）石华兮，下（获）之菁，见弓（躬）已兮，知人刑（形），心志得兮，毕长生。
时代：西汉晚期至东汉早期
著录：《越地》第132页。
简注：“内”字前有起止符号。

编号：1404
释文：【外】谁（唯）内而光兮，精（清）而明，涑（炼）石华兮，下（获）之清（菁），昭（照）已弓（躬）兮，知人刑（形），心志得兮，乐长生，受天保兮，永安宁。【内】子丑寅卯辰巳午未申酉戌亥。
时代：西汉晚期至东汉早期
著录：《图集》图259。

编号：1405
释文：涑（炼）石华，下（获）之菁，见弓（躬）已，知人清（情），心志得，乐长生兮。
时代：西汉晚期至东汉早期
著录：《簠斋》第92—93页；《陈介祺》图147；《国图》第139页；《小校》卷十五93a下；《图典》A图356；《图典》B图3.290。
简注：“涑”字前有起止符号。

编号：1406
释文：【内】内而光，明而清，涑（炼）石华，下（获）之菁，见弓（躬）已，知人清（情），心志得，乐长生。【外】长宜子孙。
时代：西汉晚期至新莽
著录：《湖南》图63 。
简注：镜背鎏金。

编号：1407
释文：内而光，明而清，涑（炼）石华，下（获）之菁，见弓（躬）已，知人请（情），心志得，乐长生。
时代：西汉晚期至新莽
著录：《收藏家》2005（9）第12页图1；/《图集》图258；《书法》图151。

编号：1408
释文：【外】内而光，明而清，涑（炼）石华，下（获）之青（菁），见弓（躬）已，知人菁（情），心意得，乐长生。【内】大呈（赢）巨万（万）。
时代：西汉晚期至东汉早期
著录：《汉铭斋》图101；《文化》图117；《图集》图231；《书法》图144；《拓片》图69。
简注：“内”字前有起止符号。

编号：1409
释文：内而光，明而青（清），東（炼）石华，下（获）之菁，见弓（躬）已，圭（知）②人青（情），而长生，心中兮。
时代：西汉晚期至东汉早期
著录：《古今》图111。

编号：1410
释文：【外】内而光，明而清，涑（炼）石华，下

① 传陕西出土。
② 承蔡伟先生告知“圭”可读作“窥”或“知”。“窥”古音在溪母支部，声在一系，韵又相同，于音可通。“圭”古音在见母支部，“知”，古音在端母支部，文献中见系、端系相通之例极多。《淮南子·主术》“若欲规之，乃是离之”，《庄子·在宥》作“若彼〈欲〉知之，乃是离之”。

（获）之青（菁），见弓（躬）已，知人刑（形），心意☐。【内】长宜子孙。

时代：西汉晚期至东汉早期

著录：《阳羡》图116。

简注："内"字前有起止符号。

编号：1411

释文：【外】内而明，湅（炼）石华，下（获）之菁，见弓（躬）已，知人清（情），心志得，乐长生。【内】宜子孙。

时代：西汉晚期至东汉早期

著录：《古今》图100；《绍兴》第61页。

简注："内"字前有起止符号。

编号：1412

释文：【外】内而明而兮，湅（炼）石华，下（获）之清（菁），见已弓（躬），知人请（情），心志得，乐长生。【内】宜子孙。

时代：西汉晚期至新莽

著录：《宝鸡》第70页上。

简注："内"字前有起止符号。

编号：1413

释文：【外】内而明而光，湅（炼）石华，下（获）之清（精），见弓（躬）已，知人菁（情），心志得，乐长生。赵。【内】宜子孙。

时代：西汉晚期至东汉早期

著录：《浙江》A图22；《浙江》B图18。

简注："赵"，疑为镜师姓氏。"内"字前有起止符号。

编号：1414

释文：【外】湅（炼）石华，下（获）之清（菁），见弓（躬）已，知人菁（情），心志得兮，乐长生。【内】宜子孙。

时代：西汉晚期至新莽

著录：《长安》图四十一：3、图版五十四。

简注：该镜出土于新莽时期墓葬（M29），时代下限当为新莽时期。"湅"字前有起止符号。

59."铜华"铭（一）

"铜华"铭，即铭文中包含"铜华"套语的汉镜。"铜华"即铜之精华，为铸镜所用的主要金属原料。

"铜华"铭常见又完整的文句有：

A1.清冶铜华以为镜（或作"鉴"），昭（照）察衣服观容貌，丝组杂沓以为信，清光乎（或作"兮"）诚宜佳人。

B1.湅（炼）冶铜华清而明，以之为镜宜文章，延（或作"长"）年益寿去不羊（祥），与天毋极如日光。

C1.湅（炼）冶铜华得其清，以之为镜昭（照）身刑（形），五色尽具正赤青，与天（或作"君"）无亟（极）毕长生。

"冶"常从水旁，与"治"字同形，"丝"省减作"纟"①。句式多为七字一句，末句常略作变化，A型末句常省作"清光宜佳人"，B型末句或作"与天毋极而日月之光"，C型末句常省作"与天毋极"等。A型"信""人"，叶真部韵。B型"明""章""羊""光"，叶阳部韵。C型"清""刑""青""生"，叶耕部韵。

王莽居摄年间有完全七言者，如：

D.令名之纪七言止（始），湅（炼）冶铜华去恶宰（滓），铸成错刀天下喜，安汉保（宝）货世毋有，长乐日进宜孙子。

"止""宰""喜""有""子"，叶之部韵。

有时也会在加入一些三字句、四字句及虚词衍字，如：

A2.清冶铜华以为镜，丝组为纽以信，清光明乎，服者富贵番（蕃）昌，辟不羊（祥），长相思，毋相忘。

A3.清冶铜华以为镜，丝组为纽以为信，清光明，服者富贵番（蕃）昌，乐未央，千秋万世，长毋

① 为行文方便，本书采用宽氏隶定，在释文中直接隶作"冶""丝"，文中不再特别说明。

相忘，时来何伤。

A4.清冶铜华以为鉴乎，照（照）察衣服观容貌乎，丝组纽。秋风起，心甚悲，时念君，立辈（徘）徊，常客居，思不可为，游中国，时来归。

B2.湅（炼）冶铜华清而明，以之为镜宜文章，延（或作“长”）年益寿去不羊（祥），与天毋极而日月之光。千秋万岁，长乐未央，可为君王。

B3.湅（炼）冶铜华清而明，以之为镜宜文章，延年益寿去不羊（祥），与天毋极而日光。千秋万岁，长乐未央，长毋相忘。

B4.湅（炼）冶铜华清而明，以之为镜宜文章，长年益寿去不羊（祥），与天长久，而日月光，千万旦来，乐未央。

B5.湅（炼）冶铜华清而明，以之为镜因宜文章，延年益寿去不羊（祥），与天毋极如日光，千秋万岁，乐未央，善哉乎。

C2.湅（炼）冶铜华得其清（精），以之为镜昭（照）身刑（形），五色尽具正赤青，与君无亟（极）毕长生，如日月光兮。

此外，“铜华”铭也有完全四字一句的，如：

E.清练（炼）铜华，杂锡银黄，以成明镜，令名文章，延年益寿，长乐未央，寿敝金石，与天为常，善哉毋伤。

在形制、纹饰方面，“铜华”铭镜皆为圆钮，以连珠纹钮座居多，另有圆钮座、四叶纹钮座。镜缘以宽素平者居多。结合纹饰，“铜华”铭镜铭文的放置方式主要有连弧铭带、云雷纹铭带、重圈带铭带三种，其中尤以连弧铭带最为常见。

在铭文书体，“铜华”铭多书体方正，云雷纹铭带镜中有部分篆隶变体，《洛阳烧沟汉墓》认为：“日光镜、昭明镜铭文字体变成方形，是从西汉末开始的，到王莽时、东汉初都是如此。”[①]《长安汉镜》也作此判断[②]。

不过，根据考古墓葬信息，大量的A型“铜华”铭镜出现在西汉中期墓中，部分B型书体方正的铭文在西汉中期偏晚墓中也已出现，说明A、B两型的时代上限也许能到西汉中期，其中A型与“金华”铭镜套语有所交涉，时代可能略早于B型。

综合并参考其他书体风格相同或相似的汉镜，本书认为A型的流行时代大约在西汉中期前段到晚期，其中中期较多；B型的流行时代大约在西汉中期后段到新莽，其中西汉晚期最为集中。C、E两型的流行时代大约在西汉晚期到新莽，D型作于西汉晚期王莽执政期间，具体为居摄二年之后，新朝建立之前。

本节主要A型单圈“铜华”铭镜及其变体。此型镜中大多数铭文与铭文圈两侧弦纹迭压，存在借笔现象。

为便于检索，本节暂按“以为镜”“以为鉴”先后顺序排序。个别文句不在上述型式之内，则据铭文相似性排序。

编号：1415

释文：清冶铜华以为镜，昭（照）察衣服观容貌，丝组杂沓以为信，清光乎成（诚）宜佳人。

时代：西汉中期

著录：《文物》1984（11）第31页图四四：右[③]；/《中古》第22页[④]。

编号：1416

释文：清冶铜华以为镜，昭（照）察衣服观容貌，丝组杂沓以为信，清光乎宜佳人。

时代：西汉中期

著录：《国博》1992（18—19）第224页图46[⑤]；/《长安》图三十二、图版四十七：1；《图

① 中国社会科学院考古研究所：《洛阳烧沟汉墓》，科学出版社1959年版，第174页。
② 《长安汉镜》认为“铜华镜的时代多在西汉晚期”，程林泉，韩国河：《长安汉镜》，陕西人民出版社2002年版，第121页。
③ 西汉中期（宣帝前后）墓出土。镜残缺。“杂”字受“丝组”二字影响，类化从“纟”。
④ “丝”字减笔。
⑤ 铭文与铭文圈两侧弦纹迭压，借笔。“丝”字减笔。

典》B图3.121[①]；/《石寨山》图二二：5、图版肆伍：5[②]；/《古今》图51；《图集》图232[③]；/《汉铭斋》图102；《拓片》图64；《文化》图119；《图集》图233[④]。

编号：1417

释文：清冶铜华兮以为镜，昭（照）察衣服兮观容貌，丝组维〈杂〉沓兮以为信，精（清）光兮宜佳人。

时代：西汉中期

著录：《湖研》图三一。

简注："杂"字受"丝组"二字影响，类化从"纟"。

编号：1418

释文：清冶铜华以为镜，昭（照）察衣服观容貌，丝组杂沓以为信，清光兮宜佳人。

时代：西汉中期

著录：《考古学报》1963（2）图版八：5、第25页图二一：2；《洛华》图66；《图典》A图239；《图典》B图3.123。

简注：西汉中期墓出土（M3206：3）。铭文与铭文圈两侧弦纹迭压，借笔。

编号：1419

释文：清冶铜华以为镜，昭（照）察衣服观容貌，丝组杂沓以为信，清光宜佳人。

时代：西汉中晚期

著录：《东南文化》2002（11）第18页图五：4[⑤]；/《岩窟》二上第45图；《簠斋》第96页；《国图》第48页、第49页[⑥]；《陈介祺》图50[⑦]；/《簠斋》第97页；《国图》第50页；《陈介祺》图55[⑧]；/《桃华盦》图8上；《久保惣》A图4；《久保惣》B图4[⑨]。

编号：1420

释文：清冶铜［华］以为镜，昭（照）察衣服观容貌，丝组杂沓以为信，清光宜佳人。

时代：西汉中晚期

著录：《湖南》图53。

简注："丝"字减笔。

编号：1421

释文：清冶铜华以为镜，昭（照）察衣服观容貌，丝组杂沓以为信，成（诚）宜佳人。

时代：西汉中期

著录：《西安》图27；《图典》B图3.120。

简注："清"字前有起止符号。

编号：1422

释文：清冶铜华以为镜，昭（照）察衣服观容貌，丝组杂沓，清光宜佳人。

时代：西汉中期

著录：《清华》图33。

简注：铭文与铭文圈两侧弦纹迭压，借笔。铭文有减字。

编号：1423

释文：清冶铜华以为镜，昭（照）察衣服观容貌，清光宜佳人。

时代：西汉中期

著录：《陕历》第161页下[⑩]；/《深圳》图46；/《深

① 铭文与铭文圈两侧弦纹迭压，借笔。"丝"字减笔。
② 西汉中期墓（M6）出土。
③ "清"字前有起止符号。
④ "清"字前有起止符号，铭文与铭文圈两侧弦纹迭压，借笔。
⑤ 西汉中期墓（M6）出土。
⑥ 一器两拓。
⑦ 传山东出土，陈介祺、梁上椿旧藏。铭文与铭文圈两侧弦纹迭压，借笔。"丝"字减笔。
⑧ "清"字前有起止符号。铭文与铭文圈两侧弦纹迭压，借笔。
⑨ "清"字前有起止符号。
⑩ 铭文与铭文圈两侧弦纹迭压，借笔。

圳》图47。

简注：《深圳》图46与图47为同模镜。

编号：1424

释文：清冶铜华以为镜，昭（照）察衣服观容貌，宜佳人。

时代：西汉中晚期

著录：《长获》卷二28a。

简注：铭文与铭文圈两侧弦纹迭压，借笔。

编号：1425

释文：内清冶铜华以为镜，昭（照）察衣服常以为宜。

时代：西汉中晚期

著录：《文物》1985（5）第50页图一八、图版捌：3。

简注：铭文减字较多。

编号：1426

释文：清冶同（铜）华以为竟（镜），丝组杂沓以为信，清光乎宜佳人。

时代：西汉中期

著录：《岩窟》二上第44图。

简注：传山东鲁南出土。铭文与铭文圈两侧弦纹迭压，借笔。"清"字前有起止符号。

编号：1427

释文：清冶铜华以为镜，丝组杂沓以为信，清光乎宜佳人。

时代：西汉中期

著录：《陈介祺》图五二；《国图》第51页、第52页①；《镜录》卷中5b。

简注：铭文与铭文圈两侧弦纹迭压，借笔。"清"字前有起止符号。

编号：1428

释文：清冶铜华以为竟（镜），丝组为钮以为信。

时代：西汉中晚期

著录：《国图》第22页、第23页。

简注：陈介祺旧藏。拓片完全相同，疑为一镜两拓。

编号：1429

释文：涷（炼）铜华，以为镜，召（照）衣服，视容貌，好美服之以为信，清光宜佳人，之而兮。

时代：西汉晚期至东汉早期

著录：《西甲》卷十九51a。

简注 "服"字误摹作"明"，"佳"字反书。

编号：1430

释文：涷（炼）铜华，以为镜，召（照）衣服，视容貌，好美服之以为信，清光乎宜佳人。

时代：西汉中晚期

著录：《六安》图63 。

编号：1431

释文：请（清）冶华，以为竟（镜），召（照）衣服，视容貌，好美服之以为信，清光乎宜珪（佳）人。

时代：西汉晚期至东汉早期

著录：《博古图》卷二十八33a。

编号：1432

释文：清冶铜华兮以为监（鉴），照（照）察衣服兮观傛（容）貌，丝组缙沓兮以为信，清光兮宜佳人。

时代：西汉中期

著录：《图集》图199 。

简注：疑中国出土。现藏于日本药照寺。

编号：1433

释文：清冶铜华以为盐（鉴），照（照）察衣服矔（观）容貌，丝组杂沓以为信，精（清）光宜佳人。

时代：西汉中期

著录：《考古与文物》1982（2）第19页图四、图五。

---

① 从形制、纹饰及锈蚀位置看，应为一镜两拓。

简注：“湅”字前有起止符号。

编号：1434

释文：清冶铜华以为鉴乎，照（照）察衣服观容貌乎，丝组组。秋风起，心甚悲，侍（时）念君，立辈（徘）佪（徊），常客居思不可为，游中国，侍（时）来归。

时代：西汉中期

著录：《千石》图83；《文化》图107；《图集》图214。

简注：“悲”“佪”“归”韵在微部，与歌部之“为”押韵。此条重出，亦列于“心悲”“志悲”铭一节。

60.“铜华”铭（二）

本节主要A型之外的单圈“铜华”铭镜及其变体，其流行时代与A型相当或稍晚，大约为西汉中晚期，个别铜镜的时代下限也许能到新莽或稍后。

由于此类镜出土数量较多，为便于检索及分区比较，暂依铜镜出土地及现藏地首字音序排列，每地区中铭文较完整者靠前，减铭较多者靠后。

安徽

编号：1435

释文：湅（炼）冶铜华清而明，以之为镜因宜文章，延年益寿去不羊（祥），与天毋极而日月光。

时代：西汉中晚期

著录：《六安》图140。

简注：“而”可训为“如”，《诗·都人士》：“彼都人士，垂带而厉。”郑笺：“而，亦如也。”《左传》“星陨如雨”，《汉书·五行志》注：“如，而也，星陨而且雨。”《史记·曹相国世家》“如齐故俗诸儒以百数”，《汉书》“如”作“而”。《管子·水地》“三月如咀”，《太平御览·人事部一》引“如”作“而”。

编号：1436

释文：湅（炼）铜冶华青（清）而明，以之为镜宜文章，延年益寿去不羊（祥），而日月光。

时代：西汉晚期至新莽

著录：《六安》图118；《皖西》图79。

简注：“铜冶”错乙。

编号：1437

释文：湅（炼）冶铜华清而明，以之为镜宜文章，延年益寿去不羊（祥），与天毋极如日之月光，长不可。

时代：西汉中晚期

著录：《文物春秋》2017（6）第69页图二。

简注：“之月”错乙。

编号：1438

释文：湅（炼）冶铜华清而明，以之为镜宜文章，延年益寿辟不羊（祥），与天毋极如日光，千秋万［岁］。

时代：西汉中晚期

著录：《淮南》第142页、143页。

简注：“湅”字前有起止符号。

编号：1439

释文：湅（炼）冶铜华清而明，以之为镜宜文章，延年益寿去不羊（祥），与天毋极而日光，长乐未［央］。

时代：西汉中晚期

著录：《六安》图62；《皖西》图78。

编号：1440

释文：湅（炼）冶铜华清而明，以之为镜宜文章，以延年益寿去不羊（祥），与天毋极［如］日光。

时代：西汉中晚期至新莽

著录：《寿县》图67。

简注：“湅”字前有起止符号。

编号：1441

释文：湅（炼）冶铜华以为［镜］，明光如，员（圆）象天，中有文章，富贵。

时代：西汉中晚期

著录：《六安》图69 。

北京

编号：1442

释文：湅（炼）冶铜华青（清）而明，以之为镜宜文章，延年益寿而去不羊（祥），与天毋极而日月之光，年（千）秋万岁，长乐未央。

时代：西汉晚期至东汉早期

著录：《清华》图31；《图集》图208；《拓片》图53。

编号：1443

释文：湅（炼）冶铜华清而明，以之为镜宜文章，延年益寿辟不羊（祥），与天毋极如日光，千秋万岁，长乐未央，长毋相忘。

时代：西汉中晚期

著录：《清华》图32；《图集》图210；《三槐堂》图52、图53；《拓片》图54；《书法》图134。

编号：1444

释文：湅（炼）冶铜华治〈清〉而明，以之为铜〈镜〉宜文章，以延年益寿去不羊（祥），而日光。

时代：西汉中晚期

著录：《国博》1992（18—19） 第227页图64 。

简注：铭文中衬以多个“而”字。

重庆

编号：1445

释文：湅（炼）冶铜华清而明，以之为铜〈镜〉而宜文章，以延年而益寿去不羊（祥），与天毋极而日光。

时代：西汉中晚期

著录：《四川》图27 。

简注：镜铭中多衍字。“镜”字误置作“铜”字。

甘肃

编号：1446

释文：湅（炼）冶铜华清而明，以之为镜宜文章，延年益寿去不羊（祥），与天毋极如日月光。

时代：西汉中晚期

著录：《考古》1994（6）第566页图四：2。

广西

编号：1447

释文：湅（炼）冶铜华清而明，以之为镜宜文章，延年益寿辟不羊（祥），与天毋极，长［乐］未央。

时代：西汉中晚期

著录：《广西》图9。

河北

编号：1448

释文：湅（炼）冶铜华清而明，以之为镜因宜文章，延年益寿去不羊（祥），与天毋极如日月之光，千秋万岁。

时代：西汉中晚期

著录：《文物》1990（1）第12页图二二：1；《文物春秋》2015（3）第33页图五：3；《历代》图37。

编号：1449

释文：【外】湅（炼）冶铜华清而明，以之为镜因宜文章，长年益寿去不羊（祥），与天毋极而日月［光］。【内】长宜子孙。

时代：西汉中晚期

著录：《历代》图38。

编号：1450

释文：湅（炼）冶铜华清而明，以之为镜因宜文章，延年益寿去不羊（祥），与天。

时代：西汉晚期至东汉早期

著录：《文物春秋》2015（3）第34页图六：3；《历代》图49；《图典》B图3.195。

河南

编号：1451

释文：湅（炼）冶铜华清而明，以之为镜宜文章，延年益寿去不羊（祥），与天毋极如日月之光，千秋万岁，长乐未央。

时代：西汉中晚期

著录：《洛华》图69 。

简注："湅"字前有起止符号。"镜"字减笔。

编号：1452

释文：湅（炼）冶铜华清而明，以之为铜〈镜〉而宜文章，以延年而益寿而去不羊（祥），而日月之光兮。

时代：西汉中晚期

著录：《洛华》图67 。

简注：起止符号误置于"湅"字之后。"镜"字误置作"铜"字，"延"字大部分笔划脱铸。

编号：1453

释文：湅（炼）冶铜华清而明，以之为镜宜文章，延年益寿辟不羊（祥），与天毋极如日月。

时代：西汉中晚期至新莽

著录：《华夏考古》1994（2）第39页图五。

编号：1454

释文：湅（炼）冶铜华清而明，以之为镜因宜文章，延年益寿去不羊（祥），与天毋极如日光，千秋万岁乐未央，善哉乎。

时代：西汉中晚期

著录：《中原文物》1994（1）第104页；《江汉考古》1997（1）第28页图十七。

编号：1455

释文：湅（炼）冶铜华清而明，以之为镜宜文章，延年益寿去不羊（祥），与天毋极如日光，千秋万岁乐未央。

时代：西汉中晚期

著录：《洛华》图70 。

编号：1456

释文：湅（炼）冶铜华清而明，以之为铜〈镜〉而宜文章，以延年而益寿去不羊（祥），而日光。

时代：西汉中晚期至新莽

著录：《烧沟》图七〇：2、《烧沟》图版肆贰：4；《洛古》图66；《洛华》图68。

简注："镜"字误置作"铜"字。

湖北

编号：1457

释文：湅（炼）清而明，以之为镜而而文章，去不羊（祥），与天无亟（极）如日月之光，长乐未央兮。

时代：西汉晚期至东汉早期

著录：《文物》1986（7）图版捌：4 。

简注：铭文减字较多。

湖南

编号：1458

释文：湅（炼）冶铜华清而明，以之为镜而宜文章，延年益寿而去不▯而日月之光，长乐未央。

时代：西汉中晚期

著录：《湖研》图一〇九。

简注："湅"字前有起止符号。镜残缺。

编号：1459

释文：湅（炼）冶铜华清而明，以之为铜〈镜〉因宜文章，长年益寿去不羊（祥），与天毋极如日月之光。

时代：西汉中晚期至新莽

著录：《文物》1960（3）第44页图29；《湖研》图五〇。

简注：“镜”字误置作“铜”字。

编号： 1460

释文： 湅（炼）冶铜华清而明，以之为铜〈镜〉而宜文章，以延年益寿去不羊（祥），而日月之光兮。

时代： 西汉中晚期

著录：《长沙》图49。

简注：“镜”字误置为“铜”字。

编号： 1461

释文： 湅（炼）冶铜华清而明，以之为镜宜文章，延年益寿辟不羊（祥），与天毋极如日光，长乐未央。

时代： 西汉中晚期

著录：《湖研》图四四。

吉林

编号： 1462

释文： 湅（炼）冶铜华清而明，以之为铜〈镜〉而宜文章，以延年益寿去不羊（祥），与天毋［极］。

时代： 西汉中晚期

著录：《北方文物》1997（3）第13页图二：5。

简注：“湅”字前有起止符号。“镜”字误置为“铜”字。

编号： 1463

释文： 湅（炼）冶同（铜）华清而明，以之为竟（镜）宜文章，长年益寿去不羊（祥），与天无亟（极）。

时代： 西汉中晚期

著录：《北方文物》1997（3）第14页图三：8。

简注：“湅”字前有起止符号。

江苏

编号： 1464

释文： 湅（炼）冶铜华清而明，以之为镜宜文章，延年益寿去不羊（祥），与天毋极如日月之光，千秋万岁。

时代： 西汉中晚期

著录：《广陵》图52。

简注：“如”“秋”反书，“岁”字减笔形似“端”字。

编号： 1465

释文： 湅（炼）冶铜华清而明，以之为铜〈镜〉而宜文章，延年益寿而去不羊（祥），与天毋极而日月之光，长乐未央。

时代： 西汉中晚期

著录：《文物》1988（2）第28页图一四：2。

简注：“湅”字前有起止符号。“镜”字误置作“铜”字，“乐”字后有“工”形几何符号。

编号： 1466

释文： 湅（炼）冶铜华清而明，以之为镜因宜文章，延年益寿而去不羊（祥），与天毋极而日月之光，乐央未。

时代： 西汉中晚期

著录：《考古》1980（5）第424页图八：1；《文物》1985（10）第91页图三；《广陵》图49；《图典》A图235；《图典》B图3.117。

简注：“湅”字前有起止符号。“央未”错乙。

编号： 1467

释文： 湅（炼）冶铜华清而明，以之为镜因宜文章，延年而益寿去不羊（祥），而日月之光。

时代： 西汉中晚期

著录：《文物》1988（2）第28页图一四：1；《广陵》图48。

简注：“湅”字前有起止符号。

编号： 1468

释文： 湅（炼）冶铜华清而明，以之为镜因文章，长年益寿去不羊（祥），与天毋极而日月光。

时代： 西汉中晚期

著录： 《全集》图五一。

编号： 1469

释文： 湅（炼）冶铜华清而明，以之为镜宜文章，延年益寿辟不羊（祥），与天毋极如日光，千秋万岁乐未央。

时代： 西汉中晚期

著录： 《考古》2000（4）第55页图六；《广陵》图51；《图典》B图3.118。

编号： 1470

释文： 湅（炼）冶铜华清而明，以之为镜宜文章，延年益寿辟不羊（祥），与天毋［极］如日而光，千而秋□□。

时代： 西汉中晚期至新莽

著录： 《考古》1979（5）第423页图一四：2。

辽宁

编号： 1471

释文： 湅（炼）冶铜华清而明，以之为镜宜文章，延年益寿辟不羊（祥），与天毋极如日光，千［秋］万［岁］，长乐未央。

时代： 西汉中晚期

著录： 《辽宁》第108页。

宁夏

编号： 1472

释文： 湅（炼）冶铜华清而明，以之为铜〈镜〉而宜文章，以延年益寿去不羊（祥），与天毋极而日月之光，毋相忘。

时代： 西汉中晚期

著录： 《固原》图75。

简注： “镜”字误置作“铜”字。

编号： 1473

释文： 湅（炼）冶铜华清而明，以之为镜宜文章，延年益寿去不羊（祥），与天毋极如日光，千万岁，乐未央。

时代： 西汉中晚期

著录： 《固原》图74。

编号： 1474

释文： 湅（炼）冶铜华清而明，以之为镜而宜文章，延年益寿而辟不羊（祥），与天毋极如日之光兮。

时代： 西汉中晚期

著录： 《文博》2018（4）第9页图八：1。

山东

编号： 1475

释文： 湅（炼）冶铜华清而明，以之为铜〈镜〉而宜文章，延年而益寿去不羊（祥），与天毋极而日月之光。

时代： 西汉中晚期

著录： 《文物》1991（7）第88页图一。

简注： “镜”字误置作“铜”字。

编号： 1476

释文： 湅（炼）冶铜华清而明，以之为镜宜文章，延年益寿去不羊（祥），与天毋亟（极）而日光，千秋万岁，长乐［未央］。

时代： 西汉中晚期

著录： 《考古》2006（12）第89页。

编号： 1477

释文： 湅（炼）冶同（铜）华清而明，以之为竟（镜）宜文章，延年益寿去不羊（祥），与天毋极。

时代： 西汉中晚期

著录： 《考古》2006（12）第89页图一：1。

简注： “湅”字前有起止符号。“羊”字拓本形似“王”字，疑为字形未拓全之故。

编号： 1478

释文： 湅（炼）冶铜华青（清）而明，以之为［镜］而宜文章，延年不〈而〉去不羊（祥）。

时代： 西汉晚期至东汉早期

著录： 《考古》1964（9）第480页图四；《图典》A图280；《图典》B图3.194。

简注： 铭文减字较多，“而”字误置为“不”字。

陕西

编号： 1479

释文： 湅（炼）冶铜华清而明，以之为镜宜文章，延年益寿去不羊（祥），与天毋极如日月之光，千秋万岁乐未央。

时代： 西汉中晚期

著录： 《陕历》第149页上。

简注： “湅”字前有起止符号。

编号： 1480

释文： 湅（炼）冶铜华清而明，以之为镜宜文章，延年益寿去不羊（祥），与天毋极如日月之光，千秋万［岁］于〈兮〉。

时代： 西汉中晚期

著录： 《西安》图26 。

编号： 1481

释文： 湅（炼）冶铜华清而明，以之为镜宜文章，延年益寿去不羊（祥），与天毋极如日月之光，千秋。

时代： 西汉中晚期

著录： 《陕历》第153页。

简注： “湅”字前有起止符号。铭文中衬以多个“而”字。

编号： 1482

释文： 湅（炼）冶铜华清而明，以之为镜因宜文章，延年而益寿去不羊（祥），与天毋极而日月之光，长乐未央兮。

时代： 西汉中晚期

著录： 《西安》图23 。

简注： “湅”字前有起止符号。

编号： 1483

释文： 湅（炼）冶铜华清而明，以之为镜而宜文章，延年益寿而去不羊（祥），与天毋极而日月之光，长乐。

时代： 西汉中晚期

著录： 《陕历》第152页。

简注： “湅”字前有起止符号。

编号： 1484

释文： 湅（炼）冶铜华清而明，以之为铜〈镜〉而宜文章，以延年而益寿去不羊（祥），与天毋极而日月之光明。

时代： 西汉中晚期

著录： 《陕历》第160页上。

简注： “湅”字前有起止符号。

编号： 1485

释文： 湅（炼）冶［铜］华清而明，以之为镜宜文章，延年益寿去不羊（祥），与天毋极如日月光，千秋万岁，长乐未央兮。

时代： 西汉中晚期

著录： 《陕历》第160页下。

简注： “湅”字前有起止符号。

编号： 1486

释文： 湅（炼）冶铜华清而明，以之为镜宜文章，延年益寿去不羊（祥），与天毋极如日月光，千秋万岁乐［未央］。

时代： 西汉晚期至东汉早期

著录： 《考古与文物》1988（4）封二：4 。

编号： 1487

释文： 湅（炼）冶铜华清而明，以之为镜因宜文章，延年益寿去不羊（祥），与天毋极而日月光，未。

时代：西汉中晚期
著录：《陕历》第149页下。
简注：“湅”字前有起止符号。

编号：1488
释文：湅（炼）冶铜华清而明，以之为铜〈镜〉宜文章，延年益寿而去不羊（祥），与天毋极而日月光。
时代：西汉中晚期
著录：《陕历》第154页。
简注：“湅”字前有起止符号。

编号：1489
释文：湅（炼）冶铜华清而明，以之为镜因文章，长年益寿去不羊（祥），与天毋极而日月光。
时代：西汉中晚期
著录：《西安》图25 。

编号：1490
释文：湅（炼）冶铜华清而明，以之为镜宜文章，延年益寿去不羊（祥），与天毋极如日之光，千秋万岁，长不。
时代：西汉中晚期
著录：《扶风》图20 。
简注：“湅”字前有起止符号。

编号：1491
释文：湅（炼）冶铜华清而明光，以之为镜宜文章，延年益寿辟不羊（祥），与天毋极如日之光，千秋万岁，长未。
时代：西汉中晚期
著录：《扶风》图26 。
简注：“明”字后衍一“光”字。

编号：1492
释文：湅（炼）冶铜华清而明，以之为镜宜文章，延年益寿辟不羊（祥），与天毋极如日之光，已（矣）。
时代：西汉中晚期
著录：《陕历》第157页上。

编号：1493
释文：湅（炼）冶［铜］华清而明，以之为镜宜文章，延年益寿辟不羊（祥），与天毋极如日光，千秋万岁，长乐未央，宜君王。
时代：西汉中晚期
著录：《陕历》第150页。
简注：“湅”字前有起止符号。

编号：1494
释文：湅（炼）冶铜华清而明，以之为镜宜□□，□年益寿辟不羊（祥），与天毋极如日光，千秋万岁，长乐未央，而日。
时代：西汉中晚期
著录：《考古》1983（9）第852页图二：7 。
简注：镜残缺。

编号：1495
释文：湅（炼）冶铜华清而明，以之为镜宜文章，延年益寿辟不羊（祥），与天毋极如日光，千秋万岁，田。
时代：西汉中晚期
著录：《陕历》第156页。

编号：1496
释文：湅（炼）冶铜华清而明，以之为镜宜文章，延年益寿辟不羊（祥），与［天］毋极如日光，千兮。
时代：西汉中晚期
著录：《陕历》第161页上。
简注：“益”字脱笔，仅存两横画。

编号：1497
释文：湅（炼）冶铜华清而明，以之为镜宜文章，延年益寿辟不羊（祥），与天毋亟（极）如日光，长乐未已。
时代：西汉中晚期
著录：《宝鸡》第48页。

编号：1498
释文：湅（炼）冶铜华清而明，以之为铜〈镜〉宜文章，延年益寿去不羊（祥），与天毋极而日光，长［乐］未央。
时代：西汉中晚期
著录：《扶风》图16 。

编号：1499
释文：湅（炼）冶铜华清而明，以之为镜宜文章，延年益寿辟不羊（祥），与天毋亟（极）［如］日光，长乐未央。
时代：西汉中晚期
著录：《考古》1983（9）第852页图二：8 。
简注："湅"字前有起止符号。

编号：1500
释文：湅（炼）冶铜华清而明，以之为铜〈镜〉而宜文章，以延年益寿去不羊（祥），与天毋极而日光。
时代：西汉中晚期
著录：《陕历》第151页下；/《陕历》第158页下。

编号：1501
释文：湅（炼）冶铜华清而明，以之为铜〈镜〉而宜文章，延年益寿去不羊（祥），与天毋极而日光。
时代：西汉中晚期
著录：《陕历》第148页下。

编号：1502
释文：湅（炼）冶铜华清而明，以之为镜宜文章，延年益寿去不羊（祥），与天毋亟（极）好〈如〉日。
时代：西汉中晚期
著录：《西安》图24 。
简注："湅"字前有起止符号。

编号：1503
释文：湅（炼）冶铜华清而明，以之为镜宜文章，延年益寿去不□长乐兮。
时代：西汉中晚期
著录：《考古与文物》1983（1）第13页图四。
简注："湅"字前有起止符号。

编号：1504
释文：湅（炼）冶铜华清而明，以之为镜因宜文章，延年益寿去不羊（祥），与天毋极。
时代：西汉中晚期
著录：《陕历》第158页上。
简注："延"字反书。

编号：1505
释文：湅（炼）冶同（铜）华清而明，以之为竟（镜）宜文章，长年益寿去不羊（祥），与天无亟（极）。
时代：西汉晚期
著录：《扶风》图23；/《陕历》第148页上；/《陕历》第151页上；/《陕历》第157页下；/《陕西》图36；《陕历》第155页下；/《陕历》第155页上。
简注："湅"字前有起止符号。

编号：1506
释文：湅（炼）冶铜华清而明，以延年益寿辟不羊（祥），与天毋极如日光，千秋万岁，长乐未央。
时代：西汉中晚期
著录：《陕历》第159页。

编号：1507
释文：湅（炼）冶铜华清而，以明之为铜〈镜〉而宜文章，以延年而益寿辟不羊（祥），而日月之光明。
时代：西汉中晚期
著录：《陕历》第147页。
简注："湅"字前有起止符号。"以明"错乙。

四川

编号：1508
释文：湅（炼）冶铜华清而明，以之为镜宜文章，延年益寿辟不羊（祥），与天毋极如日光，长乐未央。
时代：西汉中晚期
著录：《四川文物》1990（1）封二：2。

台湾

编号：1509
释文：湅（炼）冶同（铜）华清而明，以之为竟（镜）宜文章，长年益寿去不羊（祥），与天无亟（极）。
时代：西汉晚期至东汉早期
著录：《西乙》卷十九33a；《故宫》G图二三。
简注：清宫旧藏。“湅”字前有起止符号。《故宫铜镜特展图录》云此镜“系《宁寿续鉴》镜匣第四册中展出，原称‘益寿镜’”；然查《宁寿鉴古》图录并无此镜，而《西清续鉴乙编》中著有同铭镜三件，原称为“汉益寿鉴”，疑此为其中一件。根据纹饰，此镜与“汉益寿鉴一”相近，然尺寸略异，疑测量有误。

编号：1510
释文：湅（炼）冶同（铜）华清而明，以之为竟（镜）宜文章，长年益寿去不羊（祥），与天无亟（极）。
时代：西汉晚期至东汉早期
著录：《西乙》卷十九35a；《故宫》G图二二。
简注：清宫旧藏，原名“汉益寿鉴二”。“湅”字前有起止符号。

编号：1511
释文：湅（炼）冶同（铜）华清而明，以之为竟（镜）宜文章，长年益寿去不羊（祥），与天无亟（极）。
时代：西汉晚期至东汉早期
著录：《西乙》卷十九37a；《故宫》G图二一。
简注：清宫旧藏，原名“汉益寿鉴三”。“湅”字前有起止符号。

浙江

编号：1512
释文：湅（炼）冶同（铜）华清而明，以之为竟（镜）宜文章，长年益寿去不羊（祥），与天无亟（极）。
时代：西汉晚期至东汉早期
著录：《考古》1989（2）第183页图一。
简注：“湅”字前有起止符号。

其他

编号：1513
释文：湅（炼）冶铜华清而明，以之为镜宜文章，延年益寿辟不羊（祥），与天毋极如日光，千秋万岁，长乐未央，可为君王。
时代：西汉中晚期
著录：《小檀》卷二37b；《拓影》图118；《志稿》第3404页；/《守屋》B图版第2页。
简注：“湅”字前有起止符号。

编号：1514
释文：湅（炼）冶铜华清而明，以之为镜因宜文章，延年益寿辟去不羊（祥），与天毋极如日之光，千秋万岁，长乐未央而兮。
时代：西汉中晚期
著录：《阳羡》图31。

编号：1515
释文：湅（炼）冶铜华清而明，以之为镜因宜文章，延年益［寿］去不羊（祥），与天毋极如日月之光，千秋万岁，长乐未央。
时代：西汉中晚期
著录：《澄秋馆》69a。

编号：1516
释文：湅（炼）冶铜华清而明，以之为镜宜文章，延年益寿去不羊（祥）天毋极而日月之光，千秋万岁，长乐未央。
时代：西汉中晚期
著录：《宁寿》卷十五29a。
简注："与"字减省似"见"字。

编号：1517
释文：湅（炼）冶铜华清而明，以之为镜宜文章，延年益寿辟不羊（祥），与天毋极如日光，千秋万而岁，长乐未央。
时代：西汉中晚期
著录：《宁寿》卷十五31a。
简注："湅"字前有"已"形起止符号。

编号：1518
释文：湅（炼）冶铜华清而明，以之为镜宜文章，延年益寿辟不羊（祥），与天毋极如日光，千[秋万岁]，长乐未已。
时代：西汉中晚期
著录：《宁寿》卷十五37a。

编号：1519
释文：湅（炼）冶铜华清而明，以之为镜宜文章，延年益寿去不羊（祥），与天毋极如日月之光，千秋万岁，长乐。
时代：西汉中晚期
著录：《三槐堂》图50、图51。
简注："湅"字前有起止符号，"长"字反书。"日"字前亦有一小圆点，结合这一时期"昭明"镜的"日"字前亦常置几何符号的现象，颇疑这一做法有特殊含义。

编号：1520
释文：湅（炼）冶铜[华]清而明，以之为[镜]宜文章，延年益寿去不羊（祥），与天毋极如日之光，千秋万岁，长乐。
时代：西汉中晚期
著录：《小檀》卷二37a；《拓影》图113[①]；《簠斋》第90—91页；《陈介祺》图31、图32；《国图》第35页；《图典》A图236。
简注："湅"字前有起止符号。疑有同模镜或同器者。

编号：1521
释文：湅（炼）冶铜华清而明，以之为镜宜文章，延年益寿辟不羊（祥），与天毋极如日光，千秋万岁，长未。
时代：西汉中晚期
著录：《宁寿》卷十五39a。

编号：1522
释文：湅（炼）冶铜锡清而明，以之为镜因宜文章，延年益寿去不羊（祥），与天毋极如日光，千秋万岁，长。
时代：西汉中晚期
著录：《金石索》卷六第63页。
简注："湅"字前有起止符号，"宜"字上部形似"皿"。

编号：1523
释文：湅（炼）冶铜华清而明，以之为镜宜文章，延年益寿去不羊（祥），与天毋极如日光，千万岁，乐未央。
时代：西汉中晚期
著录：《尊古斋》第130页；/《善斋》镜录卷一83a、83b—84a；《小校》卷十五94a；《志稿》第3402页；/《冠斝楼》下15a；/《开明堂》图27。

编号：1524
释文：湅（炼）冶铜华青（清）而明，以之为镜因宜文章，延年益寿去不羊（祥），与天毋极而日

① 与《小檀》卷二37a为同一器。

月光，千秋万岁，可。
时代：西汉中晚期
著录：《冠斝楼》下16a。
简注："可"字后疑缺"为君王"之语。

编号：1525
释文：湅（炼）冶铜华清而明，以之为镜而宜文章，延年益寿去不羊（祥），与天毋极如日月之光，千秋万岁而兮。
时代：西汉中晚期
著录：《古今》图57。

编号：1526
释文：湅（炼）冶铜华清而明，以之为镜宜文章，延年益寿去不羊（祥），与天毋极如日之光，千秋万岁兮。
时代：西汉中晚期
著录：《奇觚室》卷十五31b—32a。

编号：1527
释文：湅（炼）冶铜华清而明，以之为镜宜文章，延年益寿去不羊（祥），与天毋极如日月光，千秋万［岁］兮。
时代：西汉晚期至东汉早期
著录：《止水集》第46页图10—2。
简注：传河南出土。

编号：1528
释文：湅（炼）冶铜华清而明，以之为镜宜文章，延年益寿辟不羊（祥），与天毋极如日光，千秋。
时代：西汉中晚期至新莽
著录：《深圳》图45。
简注："湅"字前有起止符号。

编号：1529
释文：湅（炼）冶铜华清而明，以［之］为镜宜文章，延年益寿辟不羊（祥），与天毋极如日月之光，长乐未央。
时代：西汉晚期至东汉早期
著录：《未名斋》第69页。
简注："湅"字前有细线云纹起止符号。

编号：1530
释文：湅（炼）冶铜华清而明，以之为镜宜文章，延年益寿去不羊（祥），与天毋极，如日之光，长乐未央。
时代：西汉晚期至东汉早期
著录：《图集》图264。
简注："与"字上部简化为三横。

编号：1531
释文：湅（炼）冶铜华而清明，以［之］为镜而宜文章，延年益寿而去不羊（祥），与天毋极，而日月之光，长［乐］未央。
时代：西汉中晚期
著录：《小校》卷十五96b；《国图》第36页、第37页。

编号：1532
释文：湅（炼）冶铜华清而明，以之为镜而宜文章，延年益寿而辟不羊（祥），与天毋极如日之光，长［乐］未央。
时代：西汉中晚期
著录：《岩窟》二上第65图。

编号：1533
释文：湅（炼）冶铜华清而明，以之为镜宜文章，延年益寿辟不羊（祥），与天毋亟（极）如日之光，长乐未。
时代：西汉晚期至东汉早期
著录：《止水集》第46页图10—3。
简注：传河南出土。

编号：1534
释文：湅（炼）冶铜华清而明，以之为镜因宜文章，延年益寿而去不羊（祥），与天毋极，而日月光，长乐。

时代：西汉中晚期
著录：《尊古斋》第129页。
简注："湅"字前有起止符号。

编号：1535
释文：湅（炼）冶铜华清而明，以之为镜宜文章，延年益寿去不羊（祥），与天毋极如日之光，长不可。
时代：西汉中晚期
著录：《宁寿》卷十五35a。
简注："湅"字前有起止符号。

编号：1536
释文：湅（炼）冶铜华清而明，以之为镜宜文章，长年益寿去不羊（祥），与天毋阳如日月之光兮。
时代：西汉中晚期
著录：《深圳》图44。

编号：1537
释文：湅（炼）冶铜华清而明，以之为镜宜文章，长年益寿去不羊（祥），与天毋极而日月之光。
时代：西汉中晚期
著录：《小校》卷十五95b；《志稿》第3400页。
简注："湅"字前有起止符号。

编号：1538
释文：湅（炼）冶铜华清而明，以之为铜〈镜〉而宜文章，延年益寿而去不羊（祥），与天毋极而日月之光兮而。
时代：西汉中晚期
著录：《善斋》镜录卷一82a、82b；《小校》卷十五95a；《志稿》第3401页。
简注："镜"字误置作"铜"字。

编号：1539
释文：湅（炼）冶铜华清而明，以之为治而宜文章，延年益寿去不羊（祥），与天毋极而日光。
时代：西汉中晚期
著录：《清爱堂》图43。

编号：1540
释文：湅（炼）冶铜华清而明，以之为镜宜文章，延年益寿去不羊（祥），与天毋极如日光。
时代：西汉晚期至东汉早期
著录：《守屋》A图版第9页。

编号：1541
释文：湅（炼）冶铜华清而明，以之为镜而宜文章，延年益寿去不羊（祥），与天毋极［如］日光。
时代：西汉中晚期
著录：《西甲》卷十九9a。

编号：1542
释文：湅（炼）［冶］铜［华］清［而］明，以［之］为镜宜文章，延年益寿去不羊（祥），与天毋极如日光。
时代：西汉晚期至东汉早期
著录：《岩窟》二中第35图。
简注：传河南出土。"湅"字前有起止符号。

编号：1543
释文：湅（炼）冶铜华清如明，以之为镜宜文章，延年益寿去不羊（祥），与天毋极而日光。
时代：西汉中晚期
著录：《古竟景》图20。

编号：1544
释文：湅（炼）［冶］铜［华］青（清）［而］明，以［之］为镜宜文章，延年益寿去不羊（祥），与天毋极而日光。
时代：西汉晚期至东汉早期
著录：《开明堂》图28；《图集》图265。

编号：1545
释文：湅（炼）冶铜华清明而，以之为镜因宜文章，长年益寿而去不羊（祥），与天毋极而。

时代：西汉中晚期至新莽
著录：《汉铭斋》图93。
简注："湅"字前有起止符号。

编号：1546
释文：湅（炼）冶同（铜）华清而明，以之为竟（镜）宜文章，长年益寿去不羊（祥），与天无亟（极）。
时代：西汉晚期至东汉早期
著录：《澄秋馆》68b；/《善斋》镜录卷一81a、81b；《小校》卷十五97a；《志稿》第3398页；《国图》第34页；《图典》A图237；《图典》B图3.122；/《岩窟》二上第66图；《陈介祺》图33。
简注："湅"字前有起止符号。

编号：1547
释文：湅（炼）冶铜华清而明，以之为镜宜文章，延年益寿去不羊（祥），与天毋，而长乐未央，而日月光。
时代：西汉中晚期
著录：《西甲》卷十九5a。

编号：1548
释文：湅（炼）冶铜华清而明，以之为镜宜文章，延年益寿辟不羊（祥），与天毋极，长乐未央。
时代：西汉中晚期
著录：《小校》卷十五94b；《志稿》第3399页。

编号：1549
释文：湅（炼）冶铜华清而明，以之为镜宜文章，长年益寿去不羊（祥），与天长久而日月光，千万旦来乐未央。
时代：西汉中晚期
著录：《奇觚室》卷十五30b—31a。

编号：1550
释文：湅（炼）冶铜华清而明，以之为镜宜文章，长年益寿去不羊（祥），与天长久而日月之光，千万旦而［乐］未央。
时代：西汉晚期至东汉早期
著录：《汉铭斋》图91；《文化》图105；《拓片》图56；《图集》图212。

编号：1551
释文：湅（炼）冶铜华清而明，以［之］为镜宜文章，延年益寿去不羊（祥）。
时代：西汉晚期至东汉早期
著录：《阳羡》图59。

编号：1552
释文：练（炼）冶铜华清而明，以之为镜而宜文章，与天毋极心不忘，义思平回仁集常，天理增秩寿日光，福嗣未央。
时代：西汉晚期至新莽
著录：《汉铭斋》图92；《文化》图106；《拓片》图57；《图集》图213。

编号：1553
释文：湅（炼）冶同（铜）华清而明，以之［为］竟（镜）宜文章，延年益寿去不羊（祥），内明光，口昌，贵侯王，子孙吉昌。
时代：西汉中晚期
著录：《桃阴庐》图10。
简注：铭文中衬以多个"而"字。

编号：1554
释文：清练（炼）铜华，杂锡银黄，以成明镜，令名文章，延年益寿，长乐未央，寿敝金石，与天为常，善哉毋伤。
时代：西汉中晚期
著录：《汉铭斋》图90；《文化》图104；《图集》图211；《拓片》图55；《书法》图135。

编号：1555
释文：桼（七）言之纪从竟（镜）始，练（炼）冶同（铜）华去恶宰（滓），长葆（保）二亲利孙子。

时代：西汉晚期至东汉早期

著录：《小校》卷十五65a上。

简注："桼"字前有起止符号，"恶"字从艹，"二"字符号化。此条重出，亦列于"桼言"铭（一）一节。

编号：1556

释文：新有善同（铜）出丹阳，湅（炼）冶铜华清而明，以之为镜成文章，左龙右虎辟不羊（祥），乐哉巨央。

时代：新莽

著录：《陶斋》卷七31b。

简注："新"字前有起止符号。此条重出，亦列于"新有"铭一节。

61."铜华""家常贵富"铭

"铜华""家常贵富"铭，即由"铜华"铭与"家常贵富"铭两种镜式搭配而成的镜铭类型，主要流行于西汉中晚期。

编号：1557

释文：【内】清冶铜华以为镜，昭（照）察衣服观容貌，丝组杂沓以为信，清光乎宜佳人。【外】家常贵富。

时代：西汉中晚期

著录：《临淄》图20 。

编号：1558

释文：【内】清冶铜华以为镜，昭（照）察衣服观容貌，丝组杂沓以为信，清光宜佳人。【外】家常贵富。

时代：西汉中晚期

著录：《陕西》图37；/《西乙》卷十九29a、29b；《故宫》G图一八；/《镜录》卷中5a；《国图》第55页；《陈介祺》图34；《图典》A图238。

简注："清"字前有起止符号。

编号：1559

释文：【内】清冶铜华以为镜，昭（照）察衣服观容貌，丝组杂沓以为信，清光宜佳人。【外】家常贵富。

时代：西汉中晚期

著录：《文物》1987（6）图版贰：5 。

简注："清"字前有起止符号。

编号：1560

释文：【内】清冶铜华以为镜，丝组杂［沓］以为信，清光宜佳人。【外】家常贵富。

时代：西汉中晚期

著录：《湖研》图四二；《湖历》图40。

简注："清"字前有起止符号。

62."铜华""日光"铭

"铜华""日光"铭，即由"铜华"铭与"日光"铭两种镜式组合而成的镜铭类型，主要流行于西汉中晚期。

编号：1561

释文：【外】清冶铜华以为镜，昭（照）察衣服观容貌，清光乎宜佳人。【内】见日之光，长毋相忘。

时代：西汉中晚期

著录：《南阳》图一八二、图版八五：1；《图典》B图3.135。

编号：1562

释文：【外】清冶铜华以为镜，丝组为纽以为信，清光明乎，服者富贵番（蕃）昌，良江。【内】见日之光，天下大明。

时代：西汉中晚期

著录：《止水集》第41页图9—4；《复旦》图63。

编号：1563

释文：【外】清冶铜华以为镜，丝组为纽以为信，清光明乎，服者富贵番（蕃）昌，镜辟不羊

（祥）。【内】见日之光，天下大明，千秋万世，长毋相忘，宜侯王。

时代：西汉中晚期

著录：《文物》1985（10）第95页图二四；《广陵》图59；《图典》B图3.136。

简注：“见”“清”二字前有起止符号。

编号：1564

释文：【外】清冶铜华以为镜，丝组为纽以［为］信，清光明乎，服者富贵番（蕃）昌，辟不羊（祥），长相思，毋相忘。【内】见日之光，［天下］大明，镜辟不羊（祥），宜侯王，千秋万世，长乐未央。

时代：西汉中晚期

著录：《北方文物》1997（3）第14页图三：5、封二：5。

编号：1565

释文：【外】清冶铜华以为镜，丝组为纽以为信，清光明，服者富贵番（蕃）昌，［长］乐未央，千秋万世，长毋相巟（忘），时来何伤。【内】见日之光，天下大明，服者君卿，镜辟不羊（祥），富于侯王，钱金满堂。

时代：西汉中晚期

著录：《岩窟》二上第39图；《止水集》第41页图9—2；《图集》图242。

简注：“见”“清”二字前有起止符号。此镜重出，亦列于“日光”铭（大明）（二）一节。

编号：1566

释文：【外】清冶铜华以为镜，丝组为纽以为信，清光明，服者富贵番（蕃）昌，镜辟不羊（祥），千秋万世，长乐未央。【内】见日之光，天［下］大明，服者君卿，宜侯王，千秋万世，长毋相忘，时来何伤。

时代：西汉中晚期

著录：《尊古斋》第128页；《止水集》第41页图9—3。

简注：“见”“清”二字前有起止符号。

63.“铜华”“昭明”铭

“铜华”“昭明”铭，即由“铜华”铭与“昭明”铭组合而成的镜铭类型。从铭文位置上看，“铜华”铭皆置于外圈，而“昭明”铭皆置于内圈，格式固定，从不错乱。流行时代为西汉中晚期。

编号：1567

释文：【外】湅（炼）冶铜华清而明，以之为镜宜文章，延年益寿辟不羊（祥），与天毋亟（极）日月之光，千秋万岁，长乐未央。【内】内清以昭明，光象之日月，心□忠兮。

时代：西汉中晚期

著录：《西甲》卷十九7a。

简注：“湅”“内”二字前有“丁”字形起止符号。“昭明”铭内衬以多个“而”字，“忠”字摹本仅存“中”形。

编号：1568

释文：【外】湅（炼）冶铜华清而明，以之为镜宜文章，延年益寿辟不羊（祥），与天毋极而日光，千秋万岁，长乐未央。【内】内清质以昭明，光象夫日月，心忽（浌），不泄。

时代：西汉中晚期

著录：《考古与文物》2013（6）第10页图一〇：2、图版七：1。

简注：“昭明”铭内衬以多个“而”字。

编号：1569

释文：【外】湅（炼）冶铜华清而明，以之为镜宜文章，延年益寿去不羊（祥），与天毋极而日月光，千秋万世，长［乐］未央。【内】内青（清）质可以召（昭）明，光夫象日月，不世（泄），日。

时代：西汉中晚期

著录：《尊古斋》第131页。

简注：“湅”字前有起止符号。“昭明”铭内衬以多个“而”字。

编号：1570

释文：【外】湅（炼）冶铜华清而明，以之为镜宜文章，延年益寿去不羊（祥），与天毋极如日月之光，千秋万岁乐未央兮。【内】内清以召（昭）明，光象夫日月，□不泄兮，可于心。

时代：西汉中晚期

著录：《宁寿》卷十五33a。

简注：“湅”“央”“内”三字前有起止符号。“昭明”铭内衬以多个“而”字。

编号：1571

释文：【外】湅（炼）冶铜华清而明，以之为镜宜文章，长年益寿去不羊（祥），与天毋极而日月光，千秋万世而长乐未央。【内】内青（清）以召（昭）明，光夫象日月，不世（泄），去不羊（祥），日。

时代：西汉中晚期

著录：《深圳》图49。

简注：“湅”“内”二字前有起止符号。“昭明”铭内衬以多个“而”字。

编号：1572

释文：【外】湅（炼）冶铜华清而明，以之为镜宜文章，延年益寿去不羊（祥），与天毋极而日月之光，千秋万岁乐未［央］。【内】内青（清）以召（昭）明，光象夫日月，不泄，可兮兮，昭明。

时代：西汉中晚期

著录：《陕历》第172页下。

简注：“湅”“内”二字前有起止符号。“昭明”铭内衬以多个“而”字。

编号：1573

释文：【外】湅（炼）冶铜华清而明，以之为镜宜文章，延年益寿辟不羊（祥），与天毋极如日光，千万岁，乐未央。【内】内清以昭明，光象夫日之月，心忽（淴）忠，而不泄兮。

时代：西汉中晚期

著录：《首师大》图86 。

简注：“昭明”铭内衬以多个“而”字。

编号：1574

释文：【外】湅（炼）冶铜华清而明，以之为镜宜文章，延年益寿辟不羊（祥），与天毋极如日光，千万岁，乐未央。【内】内清以昭明，光象夫日之月，心忽（淴）忠，而不泄兮。

时代：西汉中晚期

著录：《西安》图28 。

简注：“昭明”铭内衬以多个“而”字。

编号：1575

释文：【外】湅（炼）冶铜华清而明，以之为镜因宜文章，延年益寿去不羊（祥），与天毋亟（极）而日月之光，长乐未央兮。【内】内清质以召（昭）明，光象夫日月，心不泄，昌富。

时代：西汉中晚期

著录：《长安》图三十四、图版四十八：1；《止水集》第43页图9—9；《图典》B图3.140。

简注：“湅”“内”二字前有起止符号。“昭明”铭内衬以多个“而”字。

编号：1576

释文：【外】湅（炼）冶铜华青（清）而明，以之冶镜而因宜文章，延年益寿去不羊（祥），与天［无极］，而日月之光。【内】内青（清）可以昭明，光象日月，之。

时代：西汉中晚期

著录：《小校》卷十五96a；《志稿》第3405页。

简注：“湅”“内”二字前有起止符号。“昭明”铭内衬以多个“而”字。

编号：1577

释文：【外】清冶铜华以为镜，昭（照）察衣服观容貌，丝组杂沓以为信，清光乎宜佳人。【内】内请（清）质以昭［明］，光辉象而日月，心忽（淴）穆而顲（愿）忠，然壅塞而不泄。

时代：西汉中晚期

著录：《止水集》第43页图9—10。
简注："清"字前有起止符号。

编号：1578
释文：【外】清冶铜华以为镜，昭（照）察衣服观容貌，丝组杂沓以为信，清光乎宜佳人。【内】内请（清）质以昭［明］，光辉象而日月，心忽（淴）穆而顯（愿）［忠］，然壅塞而不泄。
时代：西汉中晚期
著录：《湖研》图43 。
简注："清"字前有起止符号。"昭明"铭有减字。

编号：1579
释文：【外】清冶铜华以为镜，丝组为钮以为信，清光明乎，服者富贵番（蕃）昌，镜辟不羊（祥）。【内】内清质以昭明，光象夫日月，心忽（淴）而忠，不泄。
时代：西汉中晚期
著录：《朝阳》第20页。

64."铜华""皎光"铭

"铜华""皎光"铭，即由"铜华"铭（A型）与"皎光"铭组合而成的镜铭类型。从铭文位置上看，"铜华"铭皆置于内圈，而"皎光"铭皆置于外圈，格式固定，从不错乱。在形制、纹饰方面，皆为圆形，圆钮，十二连珠纹钮座，素窄缘。主要流行于西汉中晚期。

编号：1580
释文：【外】姚皎（皎）光而耀美，挟佳都而承闲，怀驩（观）察而恚（窥）予，爱存神而不迁，得并埶（设）而不衰，精照（昭）折（哲）而侍君。【内】清冶铜华以为镜，昭（照）察衣服观容貌，清光乎宜佳人。
时代：西汉中晚期
著录：《考古》1989（11）第982页图二：左。

编号：1581
释文：【外】姚皎（皎）光而耀美兮，挟佳都而承闲，怀驩（观）察而恚（窥）予兮，爱存神而不迁，得并埶（设）而不衰，精照（昭）折（哲）［而］侍君。【内】清冶铜华以为镜，昭（照）察衣服观容貌，丝组杂沓以为信，宜佳人。
时代：西汉中晚期
著录：《止水集》第43页图9—12；《文化》图129；《图集》图249。

编号：1582
释文：【外】姚皎（皎）光而耀美兮，挟佳都而承闲，怀驩（观）察而恚（窥）予兮，爱存神而不迁，得并埶（设）而不衰，清（精）昭折（哲）［而］侍君。【内】清冶铜华以为镜，昭（照）察衣服观容貌，清光乎宜佳人。
时代：西汉中晚期
著录：《止水集》第44页图9—13；《文化》图130；《图集》图250。

65."铜华"地支铭

"铜华"地支铭，即"铜华"铭与地支铭组合而成的镜铭类型，存世较少；主要流行于西汉晚期至新莽时期，个别镜的时代也许能到东汉早期。

编号：1583
释文：【外】湅（炼）冶铜华清而明，以之为镜宜文章，延年益寿辟去羊（祥），与天毋极如日月之光，长乐未央。【内】子丑寅卯辰巳午未申酉戌亥。
时代：西汉晚期至东汉早期
著录：《文物》1985（10）第93页图一六；《广陵》图108；《图典》B图3.183。

编号：1584
释文：【外】令名之纪七言止（始），湅（炼）冶铜华去恶宰（滓），铸成错刀天下喜，安汉保

（宝）货世毋有，长乐日进宜孙子。【内】子丑寅卯辰巳午未申酉戌亥。

时代：西汉晚期

著录：《文物》1985（10）第94页图一八；/《止水集》第56页图一、第102页图二；《中国文物报》2008.12.17；《文化》图141；《图集》图277；《书法》图156。

简注：“令”字前有起止符号。安汉，即安汉公王莽，“铸成错刀”指居摄二年的币制改革，《汉书·王莽传》：“五月，更造货：错刀，一直五千；契刀，一直五百；大钱，一直五十，与五铢钱并行。”据此可知此镜铸于王莽居摄年间。此镜重出，亦列于“桼言”铭（二）一节。

编号：1585

释文：【外】新家作竟（镜）出尚方，鲁般刻画成文章，湅（炼）冶铜華（华）清而明，长保二亲利弟兄，为吏高迁乐未央，富如侯王。【中】子丑寅卯辰巳午未申酉戌亥。【内】尚（常）宜子孙。

时代：新莽

著录：《绍兴》第105页。

简注：“新”字前有起止符号。鲁般，典籍又称“公输般”“公输盘”“班输”“鲁盘”，民间多称“鲁班”，春秋时期鲁国人，姬姓，中国古代著名的建筑大师，发明家。此条重出，亦列于“新家”一节。

66.“铜华”“长宜子孙”铭

“铜华”“长宜子孙”铭，即由“铜华”铭与“长宜子孙”铭组合而成的镜铭类型。从形制上看，皆为圆钮，四叶纹钮座，四叶间置铭文“长宜子孙”，外为“铜华”铭圈带。主要流行于西汉晚期至新莽时期，个别镜的时代下限也许能到东汉早期。

编号：1586

释文：【外】湅（炼）冶铜华得其清，以之为镜昭（照）身刑（形），五色尽具正赤青，与君无亟（极）毕长生，如日月光兮。【内】长宜子孙。

时代：西汉晚期至东汉早期

著录：《故宫》G图二〇；《图集》图215/《尊古斋》第132页；《善斋》镜录卷一85a、85b—86a；《小校》卷十五97b；《志稿》第3403页。

简注：“湅”字前有起止符号。

编号：1587

释文：【外】湅（炼）冶铜华尽具清，以之为镜昭（照）身刑（形），五色尽具正赤青，与君无亟（极）毕长生。【内】长宜子孙。

时代：西汉晚期至东汉早期

著录：《汉铭斋》图94；《文化》图108；《图集》图216；《拓片》图58；《书法》图136。

简注：“得其”误置为“尽具”。

编号：1588

释文：【外】湅（炼）冶铜华清而明，以之为镜宜文章，长年益寿去不羊（祥），与天毋极而日月光。【内】长宜子孙。

时代：西汉中晚期

著录：《故宫》I图34。

简注：“湅”字前有起止符号。

编号：1589

释文：【外】湅（炼）冶铜华清而明，以之为镜宜文章，延年益寿去不羊（祥），与天毋极好〈如〉日月光，千秋万岁，长乐未央；以为信，清光乎宜佳人。【内】长宜子孙。

时代：西汉中期至东汉早期

著录：《千镜堂》图67；《图集》图209；《大观》第27页。

简注：“湅”字前有起止符号。

编号：1590

释文：【外】湅（炼）冶铜华清而明，以之为镜宜文章，延年益寿去不羊（祥），与天毋亟（极）好日月光，千秋万岁，长乐未央，宜。【内】长宜子孙。

时代：西汉晚期至东汉早期

著录：《古今》图58；《汉雅堂》图28。

简注：“镜”字减笔。

编号：1591

释文：【外】湅（炼）冶铜华清而明，以之为镜宜文章，延年益寿去不羊（祥），与天毋极而日光，长乐未央。【内】长宜子孙。

时代：西汉中期至东汉早期

著录：《长沙》图50；《图典》B图3.119。

编号：1592

释文：【外】湅（炼）冶铜华清而明，以之为镜因宜文章，延年益寿去不羊（祥），与天毋极日月光，长乐。【内】长宜子孙。

时代：西汉晚期至东汉早期

著录：《上博》A图37 。

简注：“湅”字前有禽鸟纹起止符号。

编号：1593

释文：【外】湅（炼）冶铜华清而明，以［之］为镜宜文章，延年益寿辟去不羊（祥），与天无亟（极），长乐未英（央）。【内】长宜子孙。

时代：西汉晚期至东汉早期

著录：《古今》图88。

简注：“湅”字前有起止符号。

编号：1594

释文：【外】湅（炼）冶铜华青（清）［而］明，以之冶镜而宜文章，延年益寿而去不羊（祥），与天毋极。【内】长宜子孙。

时代：西汉晚期至东汉早期

著录：《湖研》图五一；《湖历》图45。

简注：“湅”字前有起止符号。

67.“铜华”“宜子孙”铭

“铜华”“宜子孙”铭，即由“铜华”铭与“宜子孙”铭组合而成的镜铭类型。目前仅一见。从形制、纹饰上看，该镜圆形，圆钮，外置九乳，乳钉间置“长宜孙”三字铭文。外为八乳博局纹，乳钉外置几何纹底座，曲道间饰羽状纹，镜缘饰一周龙纹。根据形制、纹饰判断，应为西汉晚期至东汉早期之物。

编号：1595

释文：【外】湅（炼）冶同（铜）华清而明，以之为竟（镜）宜文章，延年益寿去不阳，予（与）天毋亟（极）如日光，千秋万世乐未央。【内】宜子孙。

时代：西汉晚期至东汉早期

著录：《图集》图266；《书法》图155。

简注：“湅”字前有起止符号。“如”字减笔。

68.“铜华”铭（其他）

本节主要胪列前几种铭文组合之外的“铜华”铭汉镜。流行时代与前几类“铜华”铭重圈铭文镜相当。

为便于检索，本节暂按首句“清冶铜华以为镜”“湅（炼）冶铜华清而明”先后顺序排序，每型式中则据镜铭完整性排序。个别文句不在上述型式之内，则据铭文相似性排序。

编号：1596

释文：【外】清冶铜华以为镜，昭（照）察衣服观容貌，丝组杂沓以为信，清光乎成（诚）宜佳人。【内】清冶铜华以为镜，昭（照）察衣服观容貌，丝组杂沓以为信，清光乎成（诚）宜佳人。

时代：西汉中期

著录：《六安》图65 。

编号：1597

释文：【外】清冶铜华以为镜，昭（照）察衣服观容貌，丝组杂沓以为信，清光乎宜佳人。【内】千秋万岁，长乐未央。

时代：西汉中晚期

著录：《汉铭斋》图86；《文化》图132；《图集》图252；《书法》图149；《复旦》图61。

编号：1598

释文：【内】清冶铜华以为镜，昭（照）察衣服观容［貌］，丝维〈组〉维〈杂〉沓以为信，请（清）［光］乎宜佳人。【外】絜（洁）精白而事君，怨污驩（获）之弇明，微玄锡［之］流泽，［恐疏］远而日忘，怀槊（厥）美之穷（躬）（体），外丞（承）驩（观）之可说（悦），慕窔（窈）佻（窕）之灵［景（影）］，顯（愿）永思［而］毋绝。

时代：西汉中期

著录：《尊古斋》第127页；《文化》图128；《古镜》图58；《图集》图248。

简注：内外圈铭文皆有与铭文圈两侧弦纹迭压、借笔情况。“怨”字从宀。

编号：1599

释文：【内】清冶铜华以为镜，昭（照）察衣服观容貌，丝组杂［沓］以为信，宜佳人。【外】絜（洁）精白而事君，怨污驩（获）之弇明，微玄锡之流泽，恐疏远而日忘，怀槊（厥）美之穷（躬）（体），外丞（承）驩（观）之可说（悦），慕窔（窈）佻（窕）之灵景（影），顯（愿）永思［而］毋绝。

时代：西汉中期

著录：《陕历》第175页下；《中镜》图57；《图典》B图3.143。

简注：内圈“清”字前有禽鸟纹起止符号。铭文与两侧弦纹迭压、借笔。外圈“怨”字从宀。

编号：1600

释文：【外】清冶铜华以为镜，昭（照）察衣服观容貌，丝组杂沓，光宜佳人。【内】君乐有它，忘故谓何？

时代：西汉中晚期

著录：《国博》1992（18—19）第224页图45 。

编号：1601

释文：【外】清冶铜华以为镜，丝组为纽以为信，清光明乎，服［者］君卿，千秋万世，长毋相忘，镜辟［不］羊（祥）。【内】居必忠必信，久而益亲；而不信不忠，久而自穷。

时代：西汉中晚期

著录：《三槐堂》图58、图59；《止水集》第44页图9—14、第110页图2；《收藏家》2007（7）第46页图2；《清华》图41；《文化》图135；《图集》图255。

简注：“居”“清”字前有起止符号。此条重出，亦列于“格言”铭一节。

编号：1602

释文：【外】湅（炼）冶铜华清而明，以之为镜宜文章，延年益寿去不羊（祥），与天毋极如日光，千秋万岁，长乐未央。【内】长乐未央，利于亲，宜弟兄，寿万年，长相葆（保）兮，宜子孙，乐已哉乎，而固常然。

时代：西汉中晚期至东汉早期

著录：《考古与文物》1996（2）第94页图一：4 。

简注：“湅”“长”二字前有起止符号。

编号：1603

释文：【外】湅（炼）冶铜华清而明，以之为镜宜文章，延年益寿辟不羊（祥），与天毋极如日光，千秋万岁，乐未央，日。【内】长乐未央，利贰（二）亲，宜弟兄，寿万年，长相葆（保），宜子孙，乐已哉，固常然兮。

时代：西汉中晚期至东汉早期

著录：《止水阁》图87；《文化》图126；《图集》图246。

简注：“长”字前有起止符号。

编号：1604

释文：【外】湅（炼）冶铜华清而明，以之为镜宜文章，延年益寿辟不羊（祥），与天毋极如日光，千秋万岁，乐未央。【内】长乐未央，利贰（二）亲，宜弟兄，寿万年，长相葆（保），宜子孙，乐已哉，固常然。

时代：西汉中晚期至东汉早期

著录：《奇觚室》卷十五32b—33a。

简注：“湅”“长”二字前有起止符号。

编号：1605

释文：【外】湅（炼）冶铜华清而明，以之为镜因宜文章，延年而益寿去不羊（祥），与天毋极而日月之光，长乐未［央］。【内】长乐未央。

时代：西汉中晚期

著录：《广陵》图50 。

简注：“湅”字前有起止符号。

编号：1606

释文：【外】湅（炼）冶铜华清而明，以之为镜宜文章，长年益寿去不羊（祥），与天毋极而日月光。【内】长生未央。

时代：西汉中晚期至东汉

著录：《西清》卷三十九11a；《故宫》A图30；《故宫》B图13；《故宫》C图21；《故宫》D图47。

简注：“湅”字前有起止符号。

编号：1607

释文：新有善同（铜）出丹阳，湅（炼）冶铜华清而明，以之为镜成文章，左龙右虎辟不羊（祥），乐哉巨央。

时代：新莽

著录：《陶斋》卷七31b。

简注：“新”字前有起止符号。此条重出，亦列于“新有”铭一节。

69.“上太山”铭（一）

“上太山”铭，是西汉晚期新流行的一种镜铭类型，因含有“上太山”铭文而被学界习称为“上太山镜”。其实，这种称呼清代以来便已流行，如刘体智《小校金阁金石拓本》著录此类铜镜时便成为“汉上太山镜”。

“上太山”之太山，铭文中多写作“大”，过去或认为是泛指，意为高大雄伟之山，也有学者认为应指太（泰）山，但缺乏有效论证。现在看来，将铭文中的“大山”，隶作“太山”，意指泰山，而非泛指的“大山”应该是正确的。之所以这么说，是基于以下几方面的证据。

首先，古文字中“大”“太”本一字之分化，传世文献中“太”常作“大”，如《尚书·禹贡》“大行、恒山”，《史记·夏本纪》《汉书·地理志》作“太山”，《礼记·月令》“律中大蔟”，《吕氏春秋·孟春纪》《淮南子·时则》并引“大”作“太”。①

其次，传世文献中泰山常作“大山”。《礼记·礼器》：“齐人将有事于泰山。”《经典释文》：“泰，或作大。”《公羊传·成公十七年》何休注引“泰山”作“大山”。《穀梁传·桓公元年》：“而祭泰山之邑也。”《经典释文》“泰”作“大”，并云“本亦作泰。”②

汉人文献中泰山即常作“大山”。《史记·司马相如列传》：“登泰山。”在《汉书·司马相如传》中，“泰”作“大”。《说文》：“岱，大山也。从山，代声。”段玉裁注：“大作太者，俗改也。域中最大之山，故曰大山。作太、作泰皆俗。”

此外，“太”读作“泰”，亦见于汉镜。如《古镜图录》（卷中第26页a）“边则太一”，《岩窟藏镜》（第二集上第84图）作“边则泰一”。

不少“上太山”铭镜中“太”字从二大作形，与一般所见的“大”字区别显著，显然不能再隶作“大”字，而只能视为“太”字异体。这种异体又见于汉代出土文物（骀荡宫壶）、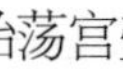（衡方碑）、（武威汉简·泰射六九）。《说文》：“，古文泰。”

因此，“上太山”铭中所指之山，皆为今山东境内的泰山，为便于与“大”字区分，本书直接将铭文

① “大”读为“太”这一类的例子甚多，可参见高亨《古字通假汇典》，齐鲁书社1997年版，第632页。
② 高亨：《古字通假汇典》，齐鲁书社1997年版，第632—634页。

释作“太”字，读为“泰”。

“上太山”铭镜句式较为规整，基本句式为三字一句，两句一组，颇具画面感。之所以“上太山”，是为了“见神人（或作仙人、神仙）”寻求长生不老升仙之道，镜铭中“食玉英，饮醴泉”“驾蛟龙（或飞龙），乘浮云”“白虎引”“凤凰集”显然也都与这个美好的愿景密切相关。

玉英，即玉之精英。《楚辞·涉江》：“登昆仑兮食玉英，与天地兮同寿，与日月兮同光。”《楚辞补注》：“玉英，玉有英蕊之色也。”古代有食玉英之说，谓能长生。醴泉，即甘甜的泉水。《礼记·礼运》：“天降膏露，地出醴泉。”《雅俗稽言》：“醴泉有正味，甘而饮之，可愈痼疾。”

除此之外，“上太山”铭镜中还含有“寿万年”“宜官秩”“保子孙”“贵富昌”“乐未央”“福禄兮”“无忧”“去不祥”一类的套语，显然除了升仙的追求外，也并没有放弃对现世的美好要求。

之所以选择泰山升仙，大约与汉代“生属长安，死归泰山”的思想有关。

汉代镇墓文常见“生属长安，死属东太（泰）山”一类的句子[①]：

“生人属西长安，死人属东泰山。”（《古器物识小录·辽居杂着丙篇》）

“生属长安，死属大山，死生异处，不得相防（妨）。”（刘伯平镇墓文）

“生人属西长安，死人属太山。”（《贞松堂集古遗文》残镇墓券）

“上天仓（苍）仓（苍），地下芒芒。死人归阴，生人归阳。□□□里，死人有乡[②]。生人属西长安，死人属东大山。乐无相□，□无相思。”（《古器物识小录》）

西汉时以长安为帝国首都，统辖全国臣民，故称“生属长安”。长安在西，故称“西长安”，泰山在东，故称“东泰山”。

西汉以后，东汉及魏首都虽已不在长安，但泰山仍在首都之东，加上用语习惯，时人仍称东到泰山。如曹操《气出唱》：

驾六龙，乘风而行。行四海，路下之八邦。历登高山临溪谷，乘云而行。行四海外，东到泰山。仙人玉女，下来翱游。骖驾六龙饮玉浆。……。玉阙下，引见得入，赤松相对，四面顾望，视正焜煌。……。传告无穷闭其口，但当爱气寿万年。……欲闭门坐自守，天与期气。愿得神之人，乘驾云车，骖驾白鹿，上到天之门，来赐神之药。跪受之，敬神齐。当如此，道自来。

曹植《飞龙篇》：

晨游泰山，云雾窈窕。忽逢二童，颜色鲜好。乘彼白鹿，手翳芝草。我知真人，长跪问道。西登玉台，金楼复道。授我仙药，神皇所造。教我服食，还精补脑。寿同金石，永世难老。

其中，画线词语亦皆为汉代镜铭常见词语或纹饰所绘之景。

在形制、纹饰方面，“上太山”铭镜以八乳博局纹居多，除四神外，还常置有羽人、九尾狐、三足乌及各种瑞兽，书体以悬针篆为主。在镜缘上尤其值得一提的是云虡纹的出现。这种纹饰《续汉书·礼仪志》称之为“虡纹”，据孙机先生考证为“包含着多种动物形象的较复杂的云气禽兽纹”[③]。马王堆1号墓

① 以下几条镇墓文引自吕志峰《早期买地券镇墓文整理与研究》，华东师范大学博士学位论文，2004年，第285页。

② 疑为“生人有里，死人有乡”。

③ 孙机：“《续汉书·礼仪志》下：‘东园匠、考工令奏东园秘器，表里洞赤，虡纹画日月、鸟龟、龙虎、连壁、偃月。’同书《舆服志》：‘乘舆金银……〔木虡〕文画辀。’晋崔豹《古今注》卷上：‘汉成帝顾成庙……槐树悉为扶老拘栏，画飞云、龙、角虚于其上。’所谓‘虡纹’或‘云龙角虚纹’（简称‘云虡纹’）的具体形象是怎样的，前人未作说明。然而在汉代它既然施于棺具、车辆以及建筑物，应用范围还相当宽，应该是不太罕见的。……汉代文物中常见的那类以各种灵禽异兽穿插奔驰于云气中的图案，原来就是所谓云虡纹或虡纹。而旧史中‘画……（车）牙、箱、轼以虡纹，虡内画以杂兽’这种似乎迭沓费解的句子，也就豁然而理顺了。什么叫作在‘虡内画以杂兽’呢？看来就是指包含着多种动物形象的较复杂的云气禽兽纹而言。”详见孙机：《几种汉代的图案纹饰》，《文物》1982年第3期；张宏林：《鉴影觅韵——铜镜中的文化与故事》，文物出版社2015年版，第48页。

所出黑地彩绘外棺、中国国家博物馆鎏金中国大宁博局纹镜上都曾绘有这种纹饰，是一种绘制难度较大、使用级别较高的纹饰。而本书所列《小校经阁金文拓本》（卷十五90b上）所载之镜，镜缘上所饰的日、月及变体云气纹的四神无疑就是对史书所谓“虡纹画日月、乌龟、龙虎”最为有力的证明。

在制作、使用方面，“上太山”铭的时代上限大约在西汉晚期，以新莽时期最为精美，个别镜的铸造时代也许能到东汉时期。

“上太山”铭除单独使用外，亦常与十二地支铭、“宜子孙”铭搭配，而使内容更加丰富。本节先胪列“上太山”铭单圈铭文镜，与其他镜式搭配者见于下一节。

由于此类镜存世较多，本节只能选择部分镜铭胪列于下，在选择时，尽量照顾到出土地域，尽可能选择各地较为典型者，即便如此，本节所列之镜仍然较多，为便于检索，本节暂依“见神人”“见仙人”“见神仙”型式先后顺序排序。个别文句不在上述型式之内，则据铭文相似性排序。

编号：1608

释文：上太（泰）山兮，见神人，食玉央（英），饮澧（醴）泉，驾非（飞）龙兮，乘浮云，白虎引，直上天，赐长命，保子孙。

时代：西汉晚期至东汉早期

著录：《泉屋》图38 。

简注：“上”字前有起止符号。《云笈七签》：“乘龙驾云，浮游太清。”《太平御览》引《风俗通》：“虎者，阳物，百兽之长，能噬食鬼魅。”

编号：1609

释文：上太（泰）山，见神人，食玉英，飲澧（醴）泉，驾蜚（飞）龙，乘浮云，白虎引，直上天。

时代：西汉晚期至东汉早期

著录：《中古》第35页。

简注：“上”字前有起止符号。“山”字繁化。

编号：1610

释文：上太（泰）山，见申（神）人，驾交（蛟）龙，乘浮云（雲），食玉英，饮澧（醴）湶（泉），寿命长，宜侯王，服此竟（镜）者，为吏升，受（绶）青黄。

时代：西汉晚期至东汉早期

著录：《绍兴》第119页；《未名斋》第203页。

简注：“饮”字从水。《文选·〈七发〉》：“六驾蛟龙，附从太白。”李善注：“以蛟龙若马而驾之，其数六也。”“绶青黄”，指官印上的青绶、黄绶。《后汉书·舆服下》有“九卿、中二千石、二千石，青绶”，“四百石、三百石、二百石，黄绶”。

编号：1611

释文：上太（泰）山，见神人，食玉央（英），饮澧（醴）泉，驾蜚（飞）龙，乘浮云，宜官秩，保子孙，得天道，物自然。

时代：西汉晚期至东汉早期

著录：《未名斋》第99页。

编号：1612

释文：上太（泰）山，见神人，食玉英，饮礼（醴）全（泉），宜官秩，葆（保）子孙，长乐未央，富贵昌，予（与）天毋亟（极），驾非（飞）龙，乘孚（浮）云。

时代：西汉晚期至东汉早期

著录：《图案》第29页；《湖历》图50；《湖研》图五五；《图典》A图298；《图典》B图3.219。

编号：1613

释文：上太（泰）山，见神人，食玉央（英），饮澧（醴）泉，驾交（蛟）龙，乘浮云，宜官秩，乐未央，贵富昌，保子孙兮。

时代：西汉晚期至东汉早期

著录：《国博》1993（1）第120页图76 。

简注：“上”字前有起止符号。

编号： 1614
释文： 上太（泰）山，见神人，食玉央（英），饮澧（醴）泉，驾交（蛟）龙，乘浮云，宜官秩，保子孙，贵富昌，乐未央兮。
时代： 西汉晚期至东汉早期
著录： 《小校》卷十五90a上。

编号： 1615
释文： 上太（泰）山，见神人，食玉央（英），饮澧（醴）泉，驾交（蛟）龙，乘浮云，宜官秩，保子孙，贵富昌，乐未央。
时代： 新莽至东汉
著录： 《考古》1990（11）图版柒：1 。
简注： “上”字前有起止符号。

编号： 1616
释文： 上太（泰）山，见神人，食玉央（英），饮［醴］泉，驾交（蛟）龙，乘浮云，宜官□〖秩，保〗子孙，贵富昌，乐未央。
时代： 西汉晚期至东汉早期
著录： 《陕历》第94页下。
简注： “上”字前有起止符号。“秩保”合铸。

编号： 1617
释文： 上太（泰）山，见神人，食玉央（英），饮玉泉，驾交（蛟）龙，乘浮云，宜官秩，保子孙，乐未央。
时代： 西汉晚期至东汉早期
著录： 《绍兴》第75页。

编号： 1618
释文： 上太（泰）山，见神人，食玉央（英），饮澧（醴）泉，驾交（蛟）龙，乘浮云，宜官秩，保子孙，寿万（万）年。
时代： 西汉晚期至东汉早期
著录： 《小校》卷十五90a下；/《清爱堂》图75。

编号： 1619
释文： 上太（泰）山，见神人，食玉央（英），饮澧（醴）泉，驾交（蛟）龙，乘浮云，宜官秩，保子孙，［寿］万（万）［年］。
时代： 西汉晚期至东汉早期
著录： 《镜录》卷中1a。

编号： 1620
释文： 上太（泰）山，见神人，食玉央（英），饮澧（醴）泉，驾交（蛟）龙，乘浮云，宜官［秩］，保子孙，长宜子孙去不羊（祥）。
时代： 新莽至东汉早期
著录： 《镜录》卷中1b；《国图》第106页；《陈介祺》图98；《志稿》第3371页。
简注： “上”字前有起止符号。

编号： 1621
释文： 上太（泰）山，见神人，食玉英，饮澧（醴）泉，驾交（蛟）龙，乘浮云，长宜子孙。
时代： 西汉晚期至东汉早期
著录： 《未名斋》第151页。

编号： 1622
释文： 上太（泰）山，见神人，食玉央（英），饮澧（醴）泉，驾交（蛟）龙，乘浮云，长宜［子孙］。
时代： 西汉晚期后段至东汉
著录： 《浙选》图4。
简注： “龙”字前有起止符号。

编号： 1623
释文： 上太（泰）山，见神人，食玉央（英），饮澧（醴）泉，驾交（蛟）龙，乘浮云（云），宜子［孙］。
时代： 西汉晚期至东汉早期
著录： 《文物》1990（1）第37页图八；《广西》图72。
简注： “上”字前有起止符号。

编号： 1624
释文： 自上太（泰）山，见神人，食玉央（英），饮泉澧（醴），驾交（蛟）龙，乘浮云，宜官秩，葆（保）子孙兮。

时代：西汉晚期至东汉早期

著录：《考古》1986（10）第957页图二：4、图版贰：4。

简注：“自”字前有起止符号。“泉澧”错乙。

编号：1625

释文：上太（泰）山，见神人，食玉央（英）兮，饮澧（醴）泉，驾非（飞）龙兮，乘浮云，宜官秩，保子孙。

时代：西汉晚期至东汉早期

著录：《寿县》图45 。

简注：“上”字前有起止符号。

编号：1626

释文：上太（泰）山，见神人，食玉央（英），饮澧（醴）泉，驾交（蛟）龙，乘浮云，宜官秩，保子孙。

时代：西汉晚期至东汉早期

著录：《宝鸡》第58页。

简注：“上”字前有起止符号。

编号：1627

释文：上太（泰）山，见神人，食玉央（英），饮澧（醴）泉，驾蜚（飞）龙，乘浮云，宜官秩，葆（保）子孙。

时代：西汉晚期至东汉早期

著录：《小校》卷十五90b上；《志稿》第3369页。

简注：“上”字前有起止符号。

编号：1628

释文：驾非（飞）龙，无〈乘〉浮云，上太（泰）山，见神人，食玉英，饮礼（醴）全（泉），宜官秩，葆（保）子孙。

时代：西汉晚期至东汉早期

著录：《汉铭斋》图114；《三槐堂》图82、图83；《文化》图170；《图集》图346；《复旦》图24。

简注：“驾”字前有起止符号。

编号：1629

释文：上太（泰）山，见神人，食玉央（英），饮澧（醴）泉，驾交（蛟）龙，乘浮云，君宜官秩，保子［孙］。

时代：西汉晚期至东汉早期

著录：《岩窟》二中第13图。

简注：“上”字前有起止符号。

编号：1630

释文：上太（泰）山，见神人，食玉英，饮澧（醴）泉，驾交（蛟）龙，乘浮云，宜官秩，保子［孙］。

时代：西汉晚期至新莽

著录：《文物》2014（9）第36页图六：1、第39页图一五 。

简注：“上”字前有起止符号。

编号：1631

释文：上太（泰）山，见神人，食玉央（英），饮澧（醴）泉，驾交（蛟）龙，乘浮云，宜官秩，保子［孙］。

时代：西汉晚期至东汉早期

著录：《绍兴》第89页。

简注：“上”字前有起止符号。

编号：1632

释文：上太（泰）山，见神人，食玉央（英），饮澧（醴）泉，驾交（蛟）龙，乘浮云，宜官［秩］。

时代：西汉晚期至东汉早期

著录：《小校》卷十五91a；《志稿》第3366页。

编号：1633

释文：上太（泰）山，见神人，食玉央（英），饮澧（醴）泉，驾交（蛟）龙，乘浮云，宜［官秩］。

时代：西汉晚期至东汉早期

著录：《绍兴》第91页；《未名斋》第145页。

编号：1634
释文：上太（泰）山，见神人，食玉英，饮礼（醴）泉，参驾蜚（飞）龙，乘浮云（云）。
时代：西汉晚期至东汉早期
著录：《守屋》A图版第20页。
简注：“上”字前有起止符号。

编号：1635
释文：上太（泰）山，见神人，食玉英，饮豊（醴）全（泉），驾非（飞）龙，乘浮云。
时代：西汉晚期至东汉
著录：《考古》2006（11）图版叁：3、第30页图一九。

编号：1636
释文：上太（泰）山，见神人，食玉英，饮澧（醴）泉，驾交（蛟）龙，乘浮云。
时代：新莽晚期至东汉
著录：《蚌埠》第74页、第75页。

编号：1637
释文：上太（泰）山，见神人，食玉英，饮澧（醴）□泉，驾交（蛟）龙，乘浮［云］。
时代：西汉晚期至东汉早期
著录：《未名斋》第141页。
简注：“上”字前有起止符号。

编号：1638
释文：上太（泰）山，见神人，食玉央（英），饮［醴］泉，驾交（蛟）龙，乘。
时代：西汉晚期至东汉早期
著录：《清华》图60；《清艺》第64页；《拓片》图75。

编号：1639
释文：上太（泰）山，见神［人］，食玉英，饮礼（醴）泉，驾交（蛟）龙，乘。
时代：西汉晚期至东汉早期
著录：《国博》1993（1）第120页图78 。

编号：1640
释文：上太（泰）山，见神人，食玉英，饮澧（醴）泉，驾交（蛟）龙。
时代：新莽至东汉
著录：《清爱堂》第148页；/《清爱堂》第149页。
简注：共两器，且同模。

编号：1641
释文：上太（泰）山，见神人，食玉英，饮礼（醴）泉，驾交（蛟）龙。
时代：西汉晚期至东汉早期
著录：《收藏家》2012（8）第84页图10 。

编号：1642
释文：上太（泰）之〈山〉，见神人，食玉英，饮澧（醴）泉，驾交（蛟）龙。
时代：西汉晚期至东汉早期
著录：《辽宁》第126页。

编号：1643
释文：上太（泰）［山］，见［神］人，食玉英，饮澧（醴）泉，驾交（蛟）龙。
时代：西汉晚期至东汉早期
著录：《广陵》图123 。

编号：1644
释文：上太（泰）山，见神人，食玉英，饮澧（醴）泉，驾。
时代：西汉晚期至东汉早期
著录：《考古》2001（7）第94页图一：2；/《未名斋》第147页。
简注：“上”字前有起止符号。

编号：1645
释文：上太（泰）山，见神人，食玉英，饮澧（醴）泉。
时代：西汉晚期至东汉早期
著录：《国博》1993（1）第121页图81；/《清爱堂》图69。

编号：1646

释文：上太（泰）山，见神人，驾交（蛟）龙，乘浮云，食玉英，饮澧（醴）泉，大吉昌兮。

时代：西汉晚期至东汉早期

著录：《东南文化》1994（5）第113页。

编号：1647

释文：上太（泰）山，见申（神）人，驾交（蛟）龙，乘浮云，食玉田，乐未央，宜侯王。

时代：西汉晚期至东汉早期

著录：《寿县》图46 。

简注："交""云"上部皆从中，"玉"字出笔。

编号：1648

释文：上太（泰）山，见神人，食玉央（英），驾蜚（飞）龙，乘浮云（云）。

时代：西汉晚期至东汉早期

著录：《文物》1985（10）第94页图一七；《广陵》图117；《图典》B图3.245。

编号：1649

释文：上太（泰）山，见神人，食玉央（英），驾非（飞）龙，乘浮云（雲）。

时代：西汉晚期至东汉早期

著录：《南方文物》2005（4）彩版二：4 。

编号：1650

释文：上太（泰）［山］，驾蜚（飞）龙，乘浮云。

时代：西汉晚期至东汉早期

著录：《广西》图53 。

编号：1651

释文：汉有名铜出丹阳，杂以银锡清且明，左龙右虎主四彭（方），朱爵（雀）玄武顺阴阳，八子九孙治中央，东上太（泰）山，见神人，食如（而）玉央（英），饮礼（醴）全（泉），堂（长）宜官秩。

时代：西汉晚期后段

著录：《汉雅堂》图69。

简注："四"字作"三"，"九""治"二字反书，"银"字受"锡"字影响类化为从易、真声。此条重出，亦列于"汉有"铭一节。

编号：1652

释文：汉有名铜出丹阳，入〈以〉之为镜宜文章，左龙右虎主四旁（方），朱爵（雀）玄武顺阴阳，八子九孙治中央，上太（泰）山，见神人，食玉央（英），饮［醴泉］。

时代：西汉晚期后段

著录：《绍兴》第67页。

简注："汉"字前有起止符号。"以"减笔为"入"。此条重出，亦列于"汉有"铭一节。

编号：1653

释文：上太（泰）山兮，见仙人，食玉央（英）兮，饮澧（醴）泉，驾交（蛟）龙兮，乘浮云，宜官秩，保子孙。

时代：西汉晚期至东汉早期

著录：《收藏家》2007（8）第66页图4、第68页图8；《未名斋》第143页。

简注："上"字前有起止符号。"山"字繁化。

编号：1654

释文：铜盘为竟（镜），上太（泰）山，见仙人，驾交（蛟）龙，乘浮［云］，食玉央（英），饮澧（醴）泉。

时代：西汉晚期后段至东汉

著录：《湖研》图七四；《湖历》图67。

简注："饮"字从水。

编号：1655

释文：福憙（喜）进兮日以前，食玉英兮饮礼（澧）泉，驾蜚（飞）龙兮乘浮云，白虎引兮上泰山，凤皇（凰）集兮见神鲜（仙），葆（保）长命兮寿万（萬）年，周复始兮八子十二孙。

时代：西汉晚期至东汉早期

著录：《考古学报》1963（2）图版捌：4、第25页

图二一：1；《图典》A图293；《图典》B图3.209。

简注：“福”字前有起止符号。

编号：1656

释文：上太（泰）山，见神鲜（仙），食玉▢子孙，乐未央，贵富昌。

时代：西汉晚期至东汉早期

著录：《善斋》镜录卷一79b；《小校》卷十五91b；《志稿》第3368页；《尊古斋》第54页。

简注：“上”字前有起止符号。“山”字繁化。

编号：1657

释文：汉有善铜出丹阳，用之为镜青（清）如［明］，八子治孙治中央，千秋万岁去不阳（祥），上太（泰）山，寺（食）玉央（英）。

时代：西汉晚期或东汉早期

著录：《小校》卷十五17b；《志稿》第3319页上。

简注：“汉”字前有起止符号。此条重出，亦列于”汉有”铭。

70.“上太山”铭（二）

本节主要胪列“上太山”铭重圈铭文镜，在形制、纹饰方面多为八乳博局纹，曲道间多置四神、瑞兽等纹饰，书体以悬针篆为主。其流行时代上限为西汉晚期，下限为东汉，其中尤以新莽时期最为流行。

为便于检索，本节亦暂依“见神人”“见仙人”“见神仙”型式先后顺序排序。个别文句不在上述型式之内，则据铭文相似性排序。

编号：1658

释文：【外】福禄进兮，日以前，天道得，物自然，参（骖）驾蜚（飞）龙，乘浮云，白虎先，上大（泰）山，凤皇（凰）下，见神人。【内】子丑寅卯辰巳午未申酉戌亥。

时代：西汉晚期至东汉早期

著录：《烧沟》图七三：1；《图典》A图273；《图典》B图3.187。

简注：东汉早期墓出土。“福”字前有起止符号。“物自然”，即顺物自然，《庄子·内篇·应帝王》：“游心于淡，合气于漠，顺物自然而无容私焉，而天下治矣。”先，即先驱、先导之意，贾谊《惜誓》：“飞朱鸟使先驱兮，驾太一之象舆。苍龙蚴虬于左骖兮，白虎骋而为右騑。”《楚辞·严忌〈哀时命〉》：“使枭羊先导兮，白虎为之前后。”

编号：1659

释文：【外】上太（泰）山，见神人，食玉央（英），饮澧（醴）泉，驾蜚（飞）龙，乘浮云，得天道，物自然，宜官秩，保子孙，贵［富］昌，乐未央。【内】子丑寅卯辰巳午未申酉戌亥。

时代：西汉晚期至东汉早期

著录：《守屋》A图版第19页。

简注：“上”字前有起止符号。与前几器相比，改“蛟龙”为“飞龙”。

编号：1660

释文：【外】上于太（泰）山，见神人，食玉央（英）兮，饮澧（醴）泉，驾交（蛟）龙，乘浮云，宜官秩，保子孙，寿万（萬）年，贵富昌，乐未央。【内】子丑寅卯辰巳午未申酉戌亥。

时代：西汉晚期至新莽

著录：《东南文化》2013（6）第37页图四、彩插三：1。

简注：“上”字前有起止符号。《焦氏易林》：“驾龙骑虎，周游天下”。

编号：1661

释文：【外】上太（泰）山，见神人，食玉央（英），饮澧（醴）泉，驾交（蛟）龙，乘浮云，宜官秩，保子孙，寿万（萬）年，贵富昌，乐未央。【内】子丑寅卯辰巳午未申酉戌亥。
时代：西汉晚期至东汉早期
著录：《小校》卷十五88b；《志稿》第3372页下。
简注："上"字前有起止符号。

编号：1662
释文：【外】上太（泰）山，见神人，食玉央（英），饮礼（醴）全（泉），驾交（蛟）龙，乘浮云，宜官秩，保子孙，富贵［昌］，大乐未央。【内】朱师作。
时代：新莽至东汉早期
著录：《龙虎》图9。
简注："上"字前有起止符号，此镜重出，亦列于"朱氏"铭一节。

编号：1663
释文：【外】上太（泰）山，见神人，食玉央（英），饮澧（醴）泉，驾交（蛟）龙，乘浮云，宜官秩，保子孙，富贵昌，乐未央兮。【内】子丑寅卯辰巳午未申酉戌亥。
时代：西汉晚期至东汉早期
著录：《金石索》卷六第20页；/《奇觚室》卷十五19a。
简注："上"字前有起止符号。

编号：1664
释文：【外】上太（泰）山，见神人，食玉央（英），饮澧（醴）泉，参（骖）驾交（蛟）龙，乘浮云，宜官秩，保子孙，贵富昌，多吉羊（祥）。【内】子丑寅卯辰巳午未申酉戌亥。
时代：西汉晚期至东汉早期
著录：《收藏家》2012（8）第83页图6。
简注："上"字前有起止符号。

编号：1665
释文：【外】上太（泰）山，见神人，食玉英，饮澧（醴）泉，驾交（蛟）龙，乘浮云，宜官秩，保子孙，贵富昌，乐未央。【内】子丑寅卯辰巳午未申酉戌亥。
时代：西汉晚期至新莽
著录：《东南文化》1994（5）第119页。
简注：新莽时期墓出土。"上"字前有起止符号。

编号：1666
释文：【外】上太（泰）山，见神人，食玉央（英），饮澧（醴）泉，驾交（蛟）龙，乘浮云，宜官秩，保子孙，贵富昌，乐未央。【内】子丑寅卯辰巳午未申酉戌亥。
时代：西汉晚期至东汉早期
著录：《扶风》图29；/《西甲》卷十九35a；/《小校》卷十五89a；/《小校》卷十五89b；《志稿》第3372页上。
简注："上"字前有起止符号。

编号：1667
释文：【外】上太（泰）山，见神人，食玉央（英），饮澧（醴）泉，驾交（蛟）龙，乘浮云，宜［官］秩，保子孙，贵富昌，乐未央。【内】子丑寅卯辰巳午未申酉戌亥。
时代：西汉晚期至东汉早期
著录：《旅顺》图33。
简注："上"字前有起止符号。

编号：1668
释文：【外】上太（泰）山，见神人，食玉央（英），饮澧（醴）泉，驾蜚（飞）龙，乘浮云，宜官秩，保子孙，贵富昌，乐未央，人。【内】子丑寅卯辰巳午未申酉戌亥。
时代：西汉晚期至东汉早期
著录：《陕历》第66页下。
简注："上"字前有起止符号。

编号：1669
释文：【外】上太（泰）山，见神人，食玉央（英），饮澧（醴）泉，驾蜚（飞）龙，乘浮云，宜官秩，保子孙，贵富昌，乐未央。【内】子丑寅卯辰巳午未申酉戌亥。
时代：西汉晚期至东汉早期

著录：《绍兴》第79页；《未名斋》第95页。

编号： 1670

释文：【外】上太（泰）山，见神人，食玉央（英），饮澧（醴）泉，驾蜚（飞）龙，乘浮云，宜官秩，保子孙，乐未央，贵富昌。【内】子丑寅卯辰巳午未申酉戌亥。

时代： 西汉晚期至东汉早期

著录：《浙江》A图12；《浙江》B图11。

简注："上"字前有起止符号。

编号： 1671

释文：【外】上太（泰）山，见神人，食玉央（英），莭〈饮〉澧（醴）泉，宜官秩，保子孙，乐未央，贵富昌。【内】子丑寅卯辰巳午未申酉戌亥。

时代： 西汉晚期至东汉早期

著录：《阳羡》图76。

简注："上"字前有起止符号。

编号： 1672

释文：【外】上太（泰）山，见神人，食玉英，饮澧（醴）泉，驾交（蛟）龙，乘浮云，君宜官秩，保子孙，大富昌，宣。【内】子丑寅卯辰巳午未申酉戌亥。

时代： 西汉晚期至东汉早期

著录：《未名斋》第115页。

简注："上"字前有起止符号。

编号： 1673

释文：【外】上太（泰）山，见神人，食玉英，饮澧（醴）泉，驾交（蛟）龙，乘浮云，宜官秩，保子孙。【内】子丑寅卯辰巳午未申酉戌亥。

时代： 西汉晚期至东汉早期

著录：《故宫》G图四五。

编号： 1674

释文：【外】上太（泰）山，见神人，食玉英，饮澧（醴）泉，驾交（蛟）龙，乘浮云，宜官秩，保子［孙］。【内】长宜子孙。

时代： 西汉晚期至东汉早期

著录：《首师大》图83 。

编号： 1675

释文： 上太（泰）山，见神人，食玉央（英），饮澧（醴）泉，驾交（蛟）龙，乘浮云，宜官秩，保子［孙］。【内】长宜子孙。

时代： 西汉晚期至东汉早期

著录：《小檀》卷二34a；《小校》卷十五90b下；《志稿》第3367页、第3370页。

简注："神"字所从之礻讹作中。

编号： 1676

释文：【外】上太（泰）山，见神人，食玉英，饮澧（醴）泉，驾交（蛟）龙，乘浮云，宜子孙，长［万岁］。【内】子丑寅卯辰巳午未申酉戌亥。

时代： 西汉晚期至东汉早期

著录：《清爱堂》图76。

简注："上"字前有起止符号。"神"字减笔。

编号： 1677

释文：【外】上太（泰）山，见神人，食玉英，饮澧（醴）泉，参（骖）驾蜚（飞）龙，乘浮云，长万（万）岁，宜子孙，日富贵，无忧。【内】子丑寅卯辰巳午未申酉戌亥。

时代： 西汉晚期后段至东汉早期

著录：《北方文物》1997（3）封三：3 。

编号： 1678

释文：【外】上太（泰）山，见神人，食玉央（英），饮礼（醴）泉，参（骖）驾蜚（飞）龙，乘浮云（云），长万岁，宜［子孙］。【内】子丑寅卯辰巳午未申酉戌亥。

时代： 西汉晚期至东汉早期

著录：《汉铭斋》图107；《拓片》图76。

简注："上"字前有起止符号。

编号：1679
释文：上此夳（泰）山见神人，久宜官秩葆（保）子孙，君食玉英饮礼（醴）泉，参（骖）驾蜚（飞）龙乘浮云。
时代：西汉晚期至东汉早期
著录：《汉铭斋》附图28；《图集》图321；《书法》图169。

编号：1680
释文：【外】驾蜚（飞）龙，乘浮云，上太（泰）山，见神人，食玉英，饮豊（醴）全（泉），宜官秩，葆（保）子孙，长乐未央，富贵昌。【内】子丑寅卯辰巳午未申酉戌亥。
时代：西汉晚期后段至东汉早期
著录：《小校》卷十五88a；《志稿》第3373页。
简注："驾"字前有起止符号。

编号：1681
释文：【外】驾蜚（飞）龙，乘浮云，上太（泰）山，见神人，食玉英，饮豊（醴）全（泉），宜官秩，葆（保）子孙，长乐未央，大富昌。【内】子丑寅卯辰巳午未申酉戌亥。
时代：西汉晚期至东汉早期
著录：《金石索》卷六第21页；/《小檀》卷二34b；《拓影》图27。
简注："驾"字前有起止符号。"饮豊全"，《金石索》（卷六第21页）摹本误作"饵黄金"，"英"字摹作"央"。

编号：1682
释文：【外】驾蜚（飞）龙，乘浮云，上太（泰）山，见神人，食玉央（英），饮澧（醴）全（泉），宜官秩，葆（保）子孙，乐未央，大富昌。【内】子丑寅卯辰巳午未申酉戌亥。
时代：西汉晚期至新莽
著录：《历代》图51。
简注："驾"字前有起止符号。

编号：1683
释文：【外】驾蜚（飞）龙，乘浮云，上太（泰）山，见神人，食玉英，饮澧（醴）全（泉），宜官秩，保子孙，乐未央，大富倡（昌）。【内】子丑寅卯辰巳午未申酉戌亥。
时代：西汉晚期至东汉早期
著录：《文物》1986（7）图版捌：3 。

编号：1684
释文：【外】尚方作竟（镜）佳栽（哉）纯，巧工刻陋（镂）成雕文，请备说之告诸君：上太（泰）山，见神人，骖驾交（蛟）龙，乘浮云，□□前引，大风□，去名山，登昆仑，过玉阙，入金门，上玉堂，何□□，佳哉□，传子孙。【内】子丑寅卯辰巳午未申酉戌亥。
时代：西汉晚期至东汉早期
著录：《陈介祺》图87；《簠斋》第4—7页；《国图》第86页；《图集》图288。
简注：昆仑，传说中西王母居所，进入天界之阶。"登昆仑"，典籍习见，《楚辞·涉江》："登昆仑兮食玉英，与天地兮同寿，与日月兮同光。"傅玄《拟楚篇》："登昆仑，漱玉池。"玉阙，传说中天帝、仙人所居宫阙。《十洲记·昆仑》："上有金台玉阙，亦元气之所含，天帝居治处也。"金门，饰以黄金的门，与玉堂相对。此为汉人想象中的天上宫阙，在人间亦有缩影。扬雄《解嘲》："今吾子幸得遭明盛之世，处不讳之朝，与群贤同行，历金门，上玉堂，有日矣。"此镜制作精良，铭文少见，极有可能是新莽时期之物。

编号：1685
释文：【外】下除作竟（镜）真大巧，上太（泰）山，见神人，食玉英，饮澧（醴）泉，驾交（蛟）龙，乘浮云（雲），君宜官，保子孙兮云。【内】子丑寅卯辰巳午未申酉戌亥。
时代：西汉晚期至东汉早期
著录：《上博》A图45；《上博》B图45。
简注："下"字前有起止符号。"饮"字从水。此条重出，亦列于“下除”铭一节。

编号：1686

释文：【外】下除作竟（镜）真大巧，上大山，见神人，食玉英，饮玉泉，驾交（蛟）龙，乘浮云（雲），君宜官，保子孙兮云。【内】子丑寅卯辰巳午未申酉戌亥。

著录：北京中嘉2010春拍：2196。

简注：镜背鎏金。“下”字前有起止符号。“饮”字从水。此条重出，亦列于“下除”铭一节。

编号：1687

释文：【外】下除作竟（镜）真大巧，上太（泰）山，见神人，食玉英，饮泉，驾交（蛟）龙，乘浮云（雲），宜官，保子孙兮云。【内】子丑寅卯辰巳午未申酉戌亥。

著录：北京荣海嘉2007秋拍：569。

简注：“下”字前有起止符号。“饮”字从水，“饮泉”之间，漏铸一“玉”或“澧”字。此条重出，亦列于“下除”铭一节。

编号：1688

释文：【外】汉有名铜出丹羊（阳），杂以银锡清而明，朱爵（雀）玄武顺阴阳，八子九孙治中央；东上太（泰）山，见神人，食而玉央（英），饮澧（醴）泉，堂（长）宜官秩，葆（保）子孙。【内】子丑寅卯辰巳午未申酉戌亥。

时代：西汉晚期或东汉早期

著录：《小校》卷十五21b上。

简注：“食”字讹似“身”字，“太”字上下结构，从二大。此条重出，亦列于“汉有”铭一节。

编号：1689

释文：【外】上太（泰）山，见仙人，食玉央（英），饮澧（醴）泉，驾交（蛟）龙，乘浮云，白虎引兮，直上天，受长命，寿万（萬）年，宜官秩，保子孙。【内】子丑寅卯辰巳午未申酉戌亥。

时代：西汉晚期至东汉早期

著录：《金石索》卷六第19页；/《镜鉴》图9；《泉屋》图36。

简注：“上”字前有起止符号。

编号：1690

释文：【外】上太（泰）讪（山），见仙人，食玉央（英），饮澧（醴）泉，驾交（蛟）龙，乘浮云，白虎引，直上天，受长命，寿万（萬）年，宜官秩，保子孙。【内】子丑寅卯辰巳午未申酉戌亥。

时代：西汉晚期至东汉早期

著录：《千镜堂》图91；《大观》第161页。

简注：“上”字前有起止符号。

编号：1691

释文：【外】上太（泰）山兮，见仙人，食玉央（英），饮澧（醴）泉，驾交（蛟）龙兮，乘浮云，白虎引，直上天，宜官秩，保子孙。【内】子丑寅卯辰巳午未申酉戌亥。

时代：西汉晚期至东汉早期

著录：《桃阴庐》图14。

简注：“上”字前有起止符号。

编号：1692

释文：【外】上太（泰）山，见仙人，食玉央（英），饮澧（醴）泉，驾交（蛟）龙，乘浮云，白虎引，直上天，宜官秩，保子孙。【内】子丑寅卯辰巳午未申酉戌亥。

时代：西汉晚期至东汉早期

著录：《簠斋》第30—31页；《陈介祺》图93；《国图》第108页；/《古今》第174页；/《古今》第175页。

编号：1693

释文：【外】上太（泰）山兮，见仙人，食玉央（英）兮，饮澧（醴）泉，驾交（蛟）龙兮，乘浮云，宜官秩，保子孙。【内】子丑寅卯辰巳午未申酉戌亥。

时代：西汉晚期至东汉早期

著录：《清华》图59；《汉铭斋》附图24；《文化》图165；《图集》图319；《书法》图167；《拓片》图74。

简注："上"字前有起止符号。

编号：1694

释文：【外】上太（泰）山兮，见仙人，食玉央（英），饮澧（醴）泉，驾交（蛟）龙兮，乘浮云，宜官秩，保子孙。【内】子丑寅卯辰巳午未申酉戌亥。

时代：西汉晚期至东汉早期

著录：《淮南》第108页、第109页。

简注："上"字前有起止符号。

编号：1695

释文：【外】福禄进兮，日以前，食玉英兮，饮礼（醴）泉，驾蜚（飞）龙兮，乘粰（浮）云，白虎引兮，上泰山，凤皇（凰）集兮，见神鲜（仙），葆（保）长命，寿万（萬）年，传子孙兮。【内】上泰山，见侯王，左龙右虎辟不羊（祥），昭（朱）爵（雀）玄武利阴阳，八子九孙治中央，法如天地，而日月光，千秋万（萬）岁，长乐未央。

时代：西汉晚期后段至东汉早期

著录：《尊古斋》第55页。

简注：外圈"福"字及内圈"上"字前皆有起止符号。"乘"字从艹繁化。

编号：1696

释文：【外】福禄进，日以前，食玉央（英），饮澧（醴）泉，驾非（飞）龙，乘浮云，白虎引，上太（泰）山，凤皇（凰）集，见神鲜（仙），保长命，传子孙。【内】子丑寅卯辰巳午未申酉戌亥。

时代：西汉晚期至东汉早期

著录：《清爱堂》图73。

简注："福"字前有起止符号。

编号：1697

释文：【外】得天道，物自然，食玉央（英），饮澧（醴）泉，驾非（飞）龙，乘浮云，白虎引，上太（泰）山，凤皇（凰）集，见神鲜（仙），赐长命，寿万（萬）年，宜官秩，保子孙。【内】子丑寅卯辰巳午未申酉戌亥。

时代：西汉晚期后段至东汉早期

著录：《阳羡》图63；《图集》图308。

简注："得"字前有起止符号。"山"字繁化。

编号：1698

释文：【外】上太（泰）山，见神鲜（仙），食玉央（英），饮澧（醴）泉，宜官秩，保子孙，得天道，物自然，贵富昌，乐未央载（哉）。【内】子丑寅卯辰巳午未申酉戌亥。

时代：西汉晚期至东汉早期

著录：《清华》图61；《图集》图320；《书法》图168；《拓片》图77。

简注："上"字前有起止符号。

编号：1699

释文：【外】上太（泰）山，见神鲜（仙），食玉央（英），饮澧（醴）泉，驾蜚（飞）龙，乘浮云，宜官秩，保子孙，贵富昌，宜侯[王]。【内】子丑寅卯辰巳午未申酉戌亥。

时代：西汉晚期至东汉早期

著录：《清爱堂》图77。

71．"上华山"铭

"上华山"铭套语内容与"上太山"铭基本相同，基本句型为三字一句、两句一组，有时会在前一句上加"兮"字，而近似骚体。

在形制与纹饰方面，两者也相差无几，不由得让人怀疑，这种镜式就是将"上太山"铭中的"太"字替换为"华"字而成。不过，在汉人心中大约华山的地位不如泰山，出土"上华山"铭镜的数量远少于"上太山"铭镜。主要流行于西汉晚期偏晚至东汉早期，尤以王莽执政时期最为盛行。

为便于检索，本节亦暂依“见神仙”“见神人”型式先后顺序排序，每型式中则依镜铭完整性排序。

编号：1700

释文：【外】上华山，凤皇（凰）集，见神鲜（仙），保长久，寿万（萬）年，周复始，传子孙，福禄祚，日以前，食玉央（英），饮澧（醴）泉，驾青龙，乘浮云，白虎引。【内】子丑寅卯辰巳午未申酉戌亥。

时代：西汉晚期至东汉早期

著录：《簠斋》第32—33页；《小校》卷十五92a；《志稿》第3391页；《陈介祺》图103；/《三槐堂》图68、图69；《清华》图58；《文化》图164；《图集》图317。

编号：1701

释文：【外】上华山，见神人，食玉英，饮礼（醴）全（泉），驾蜚（飞）龙，乘浮云，宜官秩，保子孙，贵富昌，乐未央。【内】子丑寅卯辰巳午未申酉戌亥。

时代：西汉晚期至东汉早期

著录：《桃华龕》图16；《久保惣》A图21；《久保惣》B图21。

编号：1702

释文：【外】上华山，见神人，食玉央（英），饮澧（醴）泉，驾蜚（飞）龙，乘浮云，宜官秩，保子孙，贵富昌，乐未央。【内】子丑寅卯辰巳午未申酉戌亥。

时代：西汉晚期至东汉早期

著录：《国图》第109页；《镜录》卷中2a；《志稿》第3390页。

简注：“上”字前有起止符号。

编号：1703

释文：【外】上华山，见神人，食玉央（英），饮澧（醴）泉，驾青龙，乘浮云，宜官秩，保子孙，乐未央，贵富昌。【内】子丑寅卯辰巳午未申酉戌亥。

时代：西汉晚期至东汉早期

著录：《金石索》卷六第22页；/《西清》卷三十九29a。

简注：“上”字前有起止符号。

编号：1704

释文：上华山，见神人，乘浮云，驾非（飞）龙，食玉英，饮礼（醴）全（泉），宜官秩，葆（保）子孙，大。

时代：西汉晚期至东汉早期

著录：《未名斋》第105页。

编号：1705

释文：上华山，见神人，宜官秩，葆（保）子孙，食玉英，饮礼（醴）泉，驾非（飞）龙，乘浮云（雲）。

时代：西汉晚期至东汉早期

著录：《小校》卷十五92b；《志稿》第3389页；/《小校》卷十五93a上；《图典》A图284；《图典》B图3.200。

编号：1706

释文：上此华山见神人，长宜官秩葆（保）子孙，君食玉英饮豊（醴）泉，参（骖）驾非（飞）龙乘浮云（云）。

时代：西汉晚期至东汉早期

著录：《阳羡》图73。

简注：“神”字从水，铭文每句之间以凹陷乳钉相隔。

编号：1707

释文：【外】驾非（飞）龙，乘浮云（雲），上华山，见神人，食玉英，饮礼（醴）全（泉），宜官秩，葆（保）子孙，长乐未央，［贵］富昌。【内】子丑寅卯辰巳午未申酉戌亥。

时代：西汉晚期至东汉早期

著录：《中原文物》2011（4）第108页；《文物春秋》2011（4）第43页图一；/《汉雅堂》图89。

简注：“驾”字前有起止符号。

编号：1708

释文：长宜官，葆（保）子孙，君食玉英，饮礼（醴）泉，参（骖）驾非（飞）龙，乘浮云（雲），白虎引，上华山，见神人，得天道，物自然，葆（保）长命，寿万年。

时代：西汉晚期至东汉早期

著录：《绍兴》第45页；《未名斋》第37页。

简注：“年”字后有起止符号。

编号：1709

释文：【外】昭（照）容貌，身万全，常衣服，好可观，驾（佳）宜人，心自雚（欢），□虞［志］，上华山，见神人，食玉英兮，饮礼（醴）泉，可日以［前］。【内】子丑寅卯辰巳午未申酉戌亥。

时代：西汉晚期至东汉早期

著录：《汉雅堂》图71。

简注：“好”减笔作“子”，“观”字减笔类化，“昭”“礼”皆减笔。虞，乐也。《逸周书》“三虞”，注：“虞，乐也。”《国语·周语》：“虞于湛乐。”《汉书·礼乐志》：“合好效欢虞泰一。”此条重出，亦列于“身万全”铭一节。

编号：1710

释文：【外】召（照）容貌，身万全，常衣服，好可雚（观），宜佳人，心意驩（欢），长虞志，固常然，食玉英，饮礼（醴）泉，驾蜚（飞）龙，无〈乘〉浮云，上华山，见神人。【内】子丑寅卯辰巳午未申酉戌亥。

时代：西汉晚期至东汉早期

著录：《深圳》图65。

简注：“召”字前有起止符号。此条重出，亦列于“身万全”铭一节。

编号：1711

释文：【外】☐好可雚（观），［宜］佳［人］，心意驩（欢），长虞（娱）志，固常然，食玉英，饮澧（醴）［泉］，上华山，见神人，宜官秩，葆（保）子孙。【内】子丑寅卯辰巳午未申酉戌亥。

时代：西汉晚期至东汉早期

著录：《文物》1991（1）第93页图一。

编号：1712

释文：【外】汉有名同（铜）出丹阳，和已（以）银锡青（清）明，左龙左〈右〉虎主四彭（方），朱鸟玄武顺阴阳，八子廿二孙治中央，东上华山，见神人耳。【内】子丑寅卯辰巳午未申酉戌亥。

时代：西汉晚期或东汉早期

著录：《考古》1966（4）第195页图四。

简注：“四”字作“三”。此条重出，亦列于”汉有”铭一节。

72.“桼言”铭（一）

“桼言”，即七言，在西汉早期的镜铭中曾有“大乐贵富得所喜”“大乐贵富得所好”“延年益寿宜酒食”一类的七言文句，但皆为零散的单句，从西汉中期开始出现的“铜华”铭系列中曾有完整七言句的尝试［参见“铜华”铭（一）］，但七言成为潮流，规整的七言句式在镜铭中盛行开来，则是从西汉晚期开始的。“桼言”铭便是对这一潮流的如实反映。

“桼言”铭的首句称：

A.桼（七）言之始自有纪

B.桼（七）言之纪从镜起

C.桼（七）言之纪从镜始

D.桼（七）言之纪镜先始

可见在传世文献七言诗流行之前，西汉晚期的铜镜上便已经开始大量使用七言韵文了。

从形制、纹饰上看，“桼言”铭镜有单圈，有重圈，皆圆钮，钮座有圆钮座与四叶纹钮座两种，主题纹饰多为四乳或八乳博局纹，乳钉多带底座，或围以内连弧纹，或饰以四叶纹，镜缘常饰锯齿纹、云气纹，有时则会使用S形变体云气（亦像仙草）纹或云虡纹。

本节主要胪列“桼言”铭单圈铭文镜，其流行时代为西汉晚期至东汉早期，尤以新莽时期制作最为精美。

由于“桼言”系列铜镜数量较多，受篇幅所限，本节只能胪列各地区较为典型者，即便如此，本节所列之镜仍然较多，为方便比较，暂以A—D型式先后为序，每型式中按镜铭完整度排序，铭文较完整者靠前，减铭较多者靠后。个别文句不在上述型式之内，则据铭文相似性排序。

编号：1713

释文：桼（七）言之始自有纪，湅（炼）冶铜锡去其宰（滓），辟除不详（祥）宜古（贾）市，长葆（保）二亲利孙子，辟如韩众乐无已，寿敝金石先（西）王母。

时代：西汉晚期至东汉早期

著录：《古今》图74；《图集》图344。

简注：“桼”字前有起止符号。“冶”字从水，为便于与“治”字区分，本书中将铭文直接释作“冶”，并加双下画线以标识，下文不再另注说明。

编号：1714

释文：桼（七）言之始自有纪，湅（炼）冶铜锡去其宰（滓），辟除不羊（祥）宜古（贾）市，长保二亲利孙子。

时代：西汉晚期至东汉早期

著录：《小校》卷十五第64b下；《志稿》第3334页。

简注：“桼”字前有起止符号。

编号：1715

释文：桼（七）言之始自有纪，湅（炼）冶铜锡去其宰（滓），辟除不羊（祥）宜古（贾）市，长葆（保）二亲利孙子。

时代：西汉晚期至东汉早期

著录：《金石索》卷六第50页；/《守屋》A图版第17页；/《深圳》图68。

简注：“桼”字前有起止符号。

编号：1716

释文：桼（七）言之始自有纪，练（炼）冶同（铜）锡去真〈其〉宰（滓），辟除不阳（祥）宜古（贾）市。

时代：西汉晚期至东汉早期

著录：《岩窟》二中第32图。

编号：1717

释文：桼（七）言之始自有纪，湅（炼）冶同（铜）锡去其宰（滓），辟余（除）不羊（祥）宜古（贾）市。

时代：西汉晚期至东汉早期

著录：《清爱堂》图68。

简注：“桼”字前有起止符号。

编号：1718

释文：桼（七）言之始自有纪，湅（炼）冶铜锡去其宰（滓），辟除不详（祥）宜古（贾）市。

时代：西汉晚期至东汉早期

著录：《文物》1985（10）第95页图二二；《广陵》图113；《图典》A图308；《图典》B图3.234①；/《小檀》卷二22a；《小校》卷十五65b上；《志稿》第3329页；《拓影》图42；《图典》A图330；《图典》B图3.260。

编号：1719

释文：桼（七）言之始自有纪，湅（炼）冶锡铜去其宰（滓），长葆（保）二亲利孙子。

时代：西汉晚期至东汉早期

著录：《小檀》卷二22b；《拓影》图116；《小校》卷十五65a下；《志稿》第3330页；《图典》A图307；《图典》B图3.233。

简注：“葆”字从禾。

① “桼”字前有起止符号。

编号：1720

释文：桼（七）言之始自有纪，练（炼）冶同（铜）阳〈锡〉去真〈其〉宰（滓）。

时代：西汉晚期至东汉早期

著录：《小校》卷十五66a上；《志稿》第3326页。

编号：1721

释文：桼（七）言［之］纪从［镜］起，长葆（保）二亲利孙子，辟去不羊（祥）宜古（贾）市已（矣）。

时代：西汉晚期至东汉早期

著录：《未名斋》第117页。

编号：1722

释文：桼（七）言之纪从镜始，调（雕）冶佳镜子孙憙（喜），常刻镂均好宜孙子，长保二亲乐毋已，辟如韩终周复始，寿敝金石先（西）王母。

时代：西汉晚期至东汉早期

著录：《阳羡》图103。

简注："冶"字从水。

编号：1723

释文：桼（七）言之纪从镜始，长葆（保）二亲利孙子，辟去不羊（祥）宜古（贾）市，寿如金石先（西）王母，乐乃始。

时代：西汉晚期至东汉早期

著录：《浙江》A图11；《浙江》B彩图5。

编号：1724

释文：桼（七）言之纪从镜始，长保二亲利孙子，辟去不羊（祥）宜古（贾）市，从金（今）以往乐乃始。

时代：西汉晚期至东汉早期

著录：《考古学报》1963（2）第25页图二一：4、图版玖：1；《洛华》图108。

简注："桼"字前有起止符号。新莽或稍后墓出土（3014：9）。

编号：1725

释文：桼（七）言之纪从镜（镜）始，长葆（保）二亲利孙子，辟去不羊（祥）宜古（贾）市，□兮。

时代：西汉晚期至东汉早期

著录：《东南文化》1993（4）图版叁：8 。

编号：1726

释文：桼（七）言之纪从竟（镜）始，长葆（保）二亲利孙子，辟去不羊（祥）宜市古（贾）。

时代：西汉晚期至东汉早期

著录：《善斋》镜录卷一61a、61b；《小校》卷十五65b下；《志稿》第3331页。

编号：1727

释文：桼（七）言之纪从竟（镜）始，湅（炼）冶同（铜）华去恶宰（滓），长葆（保）二亲利孙子。

时代：西汉晚期至东汉早期

著录：《小校》卷十五65a上；《志稿》第3332页。

简注："桼"字前有起止符号。"恶"字从艹，"二"字符号化。此条重出，亦列于"铜华"铭（二）一节。

编号：1728

释文：桼（七）言上〈之〉纪从竟（镜）始，湅（炼）冶同（铜）易（锡）去恶宰（滓），长葆（保）二亲利孙子。

时代：西汉晚期至东汉早期

著录：《绍兴》第93页；《阳羡》图96。

简注："桼"字前有起止符号。

编号：1729

释文：桼（七）言上〈之〉纪从竟（镜）始，湅（炼）冶同（铜）易（锡）去其宰（滓）。

时代：西汉晚期至东汉早期

著录：《古今》图95。

简注："桼"字前有起止符号。"之"字误置为"上"字。

编号：1730
释文：桼（七）言之纪从镜始，苍龙居左，白虎居右，长葆（保）孙子宜君子。
时代：新莽至东汉
著录：《小校》卷十五66a下；《志稿》第3333页。
简注："桼"字前有起止符号。

编号：1731
释文：［桼（七）］言之纪［从］竟（镜）始，青［龙］居左，白虎居右，长葆（保）［二］亲。
时代：西汉晚期至东汉早期
著录：《博古图》卷二十八35a。

编号：1732
释文：桼（七）言之纪从竟（镜）始，苍龙在左，白虎□右，长［宜］官秩利孙子。
时代：西汉晚期至东汉早期
著录：《国博》1992（18—19）第228页图73。
简注："桼"字前有起止符号。

编号：1733
释文：桼（七）言之纪从镜始，苍龙在左，白虎居右，长。
时代：新莽至东汉早中期
著录：《未名斋》第179页。

编号：1734
释文：桼（七）言之纪从镜始，苍龙在左，白虎□，孙子。
时代：西汉晚期至东汉早期
著录：《文物》1991（5）第63页图八；/《小校》卷十五66b下；《志稿》第3327页。

编号：1735
释文：桼（七）言之纪从竟（镜）始，苍龙在左，白虎□。
时代：西汉晚期至东汉早期
著录：《长沙》图92。
简注："桼"字前有起止符号。

编号：1736
释文：桼（七）言之纪从竟（镜）始，仓（苍）龙在左，白虎在［右］。
时代：西汉晚期至东汉早期
著录：《湖研》图一〇八。
简注："桼"字前有起止符号。

编号：1737
释文：桼（七）言之纪从镜始，苍龙在左，白虎在局〈右〉。
时代：西汉晚期至东汉早期
著录：《尊古斋》第83页；/《岩窟》二中第33图。
简注：形制、纹饰完全相同。"桼"字前有起止符号。"始"字减笔作"如"。

编号：1738
释文：桼（七）言之纪从竟（镜）始，苍龙左〈在〉左，白虎左〈在〉［右］。
时代：西汉晚期至东汉早期
著录：《小校》卷十五63a；《小檀》卷二20b；《拓影》图69。
简注："桼"字前有起止符号。"始"字减笔作"如"，"在"字误置为"左"。

编号：1739
释文：桼（七）言之纪从竟（镜）始，青龙右在，白虎在。
时代：西汉晚期至东汉早期
著录：《宝鸡》第61页。
简注："左"与"在"形似，唯笔划略异。"右在"错乙。

编号：1740
释文：桼（七）言之纪从竟（镜）始，青龙右在，白虎。
时代：西汉晚期至东汉早期
著录：《齐鲁》图186。

编号： 1741

释文： 桼（七）言之纪从镜始，左青龙，右白虎，前朱爵（雀）。

时代： 西汉晚期至东汉早期

著录： 《宣城》第56页、第57页。

简注： “桼”字前有起止符号。

编号： 1742

释文： 桼（七）言之止（始）镜，青龙居左虎居右，辟去不详（祥）宜。

时代： 西汉晚期至东汉早期

著录： 《浙江》A图18；《浙江》B图15。

简注： “桼”字前有起止符号。

编号： 1743

释文： 桼（七）言之纪镜先始，青龙居左，白虎居右，辟。

时代： 西汉晚期至东汉早期

著录： 《文物》1996（6）第89页图八。

编号： 1744

释文： 桼（七）言之纪竟（镜）先始，青龙居左，白虎在右，长葆（保）子。

时代： 西汉晚期至东汉早期

著录： 《善斋》镜录卷一62a、62b；《小校》卷十五66b上；《尊古斋》第82页；《志稿》第3328页。

编号： 1745

释文： 桼（七）言之纪竟（镜）先始，青龙居左，白虎。

时代： 西汉晚期至东汉早期

著录： 《未名斋》第177页。

编号： 1746

释文： 桼（七）言之纪镜先始，青龙居左，白［虎］。

时代： 西汉晚期至东汉早期

著录： 《仪征》第104页；《广陵》图120。

简注： “龙”字右部笔画减省。

编号： 1747

释文： 桼（七）言之始孝为右，古有便父又利母，鲜（仙）人王侨赤甬（松）子，乘云因露越江海，俳（徘）洄（徊）名山。

时代： 西汉晚期后段至东汉早期

著录： 《清华》图62；《收藏家》2007（7）第48页图6；《清艺》第71页；《图集》图345；《书法》图178。

简注： “桼”字前有起止符号。“甬”字从艹。此条重出，亦列于格言铭一节。

73.“桼言”铭（二）

本节主要胪列“桼言”铭重圈铭文镜，其流行时代与“桼言”铭单圈铭文镜相当，主要流行于西汉晚期至东汉早期，尤以新莽时期制作最为精美。

由于本节所列之镜较多，在排列上暂以“自有纪”“从镜始”“七言止（始）”型式先后为序，每一型式中铭文较完整者靠前，减铭较多者靠后。个别文句不在上述型式之内，则据铭文相似性排序。

编号： 1748

释文： 【外】桼（七）言之始自有纪，湅（炼）冶铜锡去其宰（滓），辟除不羊（祥）宜古（贾）市，长葆（保）二亲利孙子，辟如韩众乐无已，寿敝金石西王母，□。【内】子丑寅卯辰巳午未申酉戌亥。

时代： 西汉晚期至东汉早期

著录： 《博古图》卷二十八8a。

简注： “韩众”，古代传说中的仙人，也作“韩终”。《楚辞·远游》：“奇傅说之托辰星兮，羡韩众之得一。”王逸注：“众，一作‘终’。”洪兴祖补注引《列仙传》：“齐人韩终，为王采药，王不肯服，终自服之，遂得仙也。”

编号： 1749

释文： 【外】桼（七）言之始自有纪，湅（炼）冶铜锡去其宰（滓），辟除不详（祥）宜古（贾）

市，长葆（保）二亲利孙子，浮游（游）天下为身宝，寿敝金石西王母。【内】子丑寅卯辰巳午未申。
时代：西汉晚期至东汉早期
著录：《阳羡》图83。

编号：1750
释文：【外】桼（七）言之始自有纪，湅（炼）冶铜锡去其宰（滓），辟除不详（祥）宜古（贾）市，长葆（保）二亲利孙子。【内】君宜官秩。
时代：西汉晚期至东汉早期
著录：《蚌埠》第57页。
简注："桼"字前有起止符号。"葆"字从禾。

编号：1751
释文：【外】桼（七）言之始自有纪，湅（炼）冶铜锡去其宰（滓），辟除不羊（祥）宜古（贾）市，长葆（保）二亲利孙子。【内】君宜官秩。
时代：西汉晚期至东汉早期
著录：《簠斋》第98—99页；《国图》第110页；《陈介祺》图89。
简注："桼"字前有起止符号。

编号：1752
释文：【外】作佳铜〈镜〉才（哉）真大兰（闲），桼（七）言之始自有纪，湅（炼）冶铜锡去其宰（滓），辟去不详（祥）宜古（贾）市，长。【中】君宜官秩。【内】子丑寅卯辰巳午未申。
时代：西汉晚期至东汉早期
著录：《未名斋》第153页 。
简注："作"字前有起止符号。此条重出，亦列于"作佳镜"铭一节。

编号：1753
释文：【内】桼（七）言之始自有纪，湅（炼）冶同（铜）锡去其宰（滓），辟除不羊（祥）宜古（贾）市，长。【外】子丑寅卯辰巳午未申酉戌亥。
时代：西汉晚期至东汉早期
著录：《阳羡》图77 。
简注："桼"字前有起止符号。

编号：1754
释文：【外】桼（七）言之始自有纪，柬（炼）台（冶）同（铜）昜〈易〉（锡）去其宰（滓），辟余（除）不羊（祥）。【内】君常宜官秩葆（保）子孙。
时代：西汉晚期至东汉早期
著录：《考古》2001（7）第94页图一：7 。
简注："桼"字前有起止符号。

编号：1755
释文：【外】桼（七）言之始自有纪，湅（炼）冶铜锡去其宰（滓），服阋（倪）氏明镜常宜孙子。【内】子丑寅卯辰巳午未申酉戌亥。
时代：新莽至东汉早期
著录：《未名斋》第201页。
简注：此镜重出，亦列于"阋氏"铭一节。

编号：1756
释文：【外】桼（七）言之纪从镜始，仓（苍）龙居左虎在右，辟去不羊（祥）宜古（贾）市，长保二亲利孙子，寿敝今（金）石先（西）王母，千秋万岁无时止。【内】子丑寅卯辰巳午未申酉戌亥。
时代：西汉晚期至东汉早期
著录：《陕历》第64页上。
简注："母""岁""止"反书。"先"，读为"西"，《文选·宋玉〈神女赋〉》"西施掩面，比之无色"，李善注："先施、西施，一也。"

编号：1757
释文：【外】桼（七）言之纪从镜始，仓（苍）龙居左虎在右，辟去不羊（祥）宜古（贾）市，长保二亲利孙子，寿敝金石先（西）王母，宜酒［食］。【内】子丑寅卯辰巳午未申酉戌亥。

时代： 西汉晚期至新莽

著录： 《江汉考古》1992（4）第27页图六；《六安》图112；《寿县》图39。

简注： 新莽时期墓出土（M1：6）。“桼”字前有起止符号。

编号： 1758

释文： 【外】桼（七）言之纪从镜始，仓（苍）龙在左虎在右，辟去不羊（祥）宜古（贾）市，长保二亲利孙子，寿敝金石先（西）王母。【内】子丑寅卯辰巳午未申酉戌亥。

时代： 西汉晚期至东汉早期

著录： 《三槐堂》图86、图87；《后沟》图47。

简注： “桼”字前有起止符号。部分铭文锈蚀严重。

编号： 1759

释文： 【外】桼（七）言之纪从竟（镜）始，长葆（保）二亲利孙子，辟去不羊（祥）宜古（贾）市，寿如［金］石西王母，从今以往乐乃始。【内】长宜子孙。

时代： 西汉晚期至东汉早期

著录： 《蚌埠》第56页。

简注： “桼”字前有起止符号。“从今以往”，汉人习语，如《有所思》：“从今以往，勿复相思，相思与君绝。”

编号： 1760

释文： 【外】桼（七）言之纪从竟（镜）始，长保二亲利孙子，辟去不羊（祥）宜贾市，寿而金石西王母，从今以往乐乃始。【内】子丑寅卯辰巳午未申酉戌亥。

时代： 西汉晚期至东汉早期

著录： 《岩窟》二中第3图。

简注： “桼”字前有起止符号。

编号： 1761

释文： 【外】桼（七）言之纪从竟（镜）始，长葆（保）二亲利孙子，辟去不羊（祥）宜古（贾）市，从今以往乐乃始，寿如金石西王母。【内】子丑寅卯辰巳午未申酉戌亥。

时代： 西汉晚期至新莽

著录： 《寿县》图43。

简注： “桼”字前有起止符号。

编号： 1762

释文： 【外】桼（七）言［之］纪从竟（镜）始，长葆（保）二亲利孙子，辟去不羊（祥）宜贾市。【内】长宜子孙。

时代： 西汉晚期至东汉早期

著录： 《鄂州》图20。

编号： 1763

释文： 【外】桼（七）言之纪从镜始，仓（苍）龙在左，白虎居右，长葆（保）。【内】长葆（保）二亲宜贾市，寿如今（金）石。

时代： 西汉晚期至东汉早期

著录： 《陈介祺》图143。

简注： 外圈“桼”字及内圈“长”字前有起止符号。

编号： 1764

释文： 【外】汉有善铜出丹阳，和用［银］锡清且明，左龙右虎主四彭（方），八子九孙治中央，朱爵（雀）［玄］武顺阴阳，千万（萬）岁长乐未央；桼（七）言之纪。【中】桼（七）言之纪从镜［始］，苍［龙］在左，白虎□局〈右〉，君宜官［秩］，长宝（保）二亲大孙子，竟（镜）。【内】子丑寅卯辰巳午未申酉戌亥。

时代： 西汉晚期

著录： 《文物》2005（12）第42页图二；《南阳》图一九六、图版九六：1；《图典》B图3.178。

简注： 新莽时期墓（WNWS M1）出土。中圈“桼”字前有起止符号。“四”字作“三”。此条重出，亦列于”汉有”铭一节。

编号： 1765

释文： 【外】桼（七）言之纪从镜如〈始〉，清

（青）龙在左，白虎局（居）左〈右〉，长保二亲利孙子。【内】子丑寅卯辰巳午未申酉戌亥。
时代：西汉晚期至东汉早期
著录：《汉雅堂》图86。
简注："始"减省作"如"。

编号：1766
释文：【外】桼（七）言之纪从镜始，苍龙左〈在〉左，白虎□局〈右〉，君官［官秩］，长宜孙子。【内】子丑寅卯辰巳午未申酉戌亥。
时代：西汉晚期至东汉早期
著录：《阳羡》图93。
简注："桼"字前有起止符号。

编号：1767
释文：【外】桼（七）言之纪从镜始，苍龙在左，白虎□局〈右〉，长宜孙子。【内】长宜子孙。
时代：西汉晚期至东汉早期
著录：《奇觚室》卷十五25b—26a；《守屋》A图版第18页。
简注：形制、纹饰皆同，不知是否为同一器。"桼"字前有起止符号。"始"减省作"如"，"博"字受"虎"字影响类化。

编号：1768
释文：【外】桼（七）言之纪从竟（镜）如〈始〉，青龙在左，白虎局（居）右，长宜孙子。【内】长宜子孙。
时代：西汉晚期至东汉早期
著录：《汉雅堂》图93。
简注："桼"字前有起止符号。"始"减省作"如"。

编号：1769
释文：【外】桼（七）言之纪从镜台（始），苍龙在左，白［虎］。【内】君宜子孙。
时代：西汉晚期至东汉早期
著录：《阳羡》图95。

编号：1770
释文：【外】桼（七）纪之纪从镜始，左青龙，右白虎，前朱雀，后玄武，君宜官秩，葆（保）子。【内】子丑寅卯辰巳午未申酉戌亥。
时代：西汉晚期至东汉早期
著录：《博古图》卷二十八9a。

编号：1771
释文：【外】桼（七）言上〈之〉纪从竟（镜）始，湅（炼）冶同（铜）易（锡）去恶宰（滓），长保二亲利孙子，仓（苍）龙白虎爵（雀）玄武，辟除不羊（祥）宜古（贾）市，予（与）天无亟（极）乐乃始。【内】子丑寅卯辰巳午未申酉戌亥。
时代：西汉晚期至东汉早期
著录：《文物》1991（1）第93页图二。
简注："桼"字前有起止符号。

编号：1772
释文：【外】桼（七）言上〈之〉纪从竟（镜）始，湅（炼）冶同（铜）易（锡）去恶宰（滓），长葆（保）二亲利孙子，州（周）留（流/游）天下游（游）四海。【内】子丑寅卯辰巳午未申酉戌亥。
时代：西汉晚期至东汉早期
著录：《萧县》图一二四：1、彩版四四：3。
简注："桼"字前有起止符号。留、游、流文献中常可相通，马王堆帛书《春秋事语·吴伐越章》"游其祸也"，"游"读为"留"。《脉书》"留水不腐"，传世文献作"流水不腐"。周流，即周游之意，《史记·货殖列传》："富商大贾，周流天下，交易之物莫不通。"《焦氏易林》："驾龙骑虎，周游天下，为神人使。"

编号：1773
释文：【外】桼（七）言之纪从竟（镜）始，湅（炼）冶同（铜）锡去恶宰（滓），长葆（保）二亲利孙子。【内】子丑寅卯辰巳午未申酉戌亥。

时代：西汉晚期至东汉早期

著录：《汉铭斋》图115；《文化》图171；《拓片》图82。

简注："桼"字前有起止符号。

编号：1774

释文：【外】桼（七）言之纪从竟（镜）始，湅（炼）以铜锡去恶宰（滓），以之为竟（镜）宜孙子，苌（长）葆（保）二亲乐毋以（已），寿币（敝）金石西王母，常安作。【内】子丑寅卯辰巳午未申酉戌亥。

时代：新莽

著录：《簠斋》第100—101页；《国图》第111页；《陈介祺》图90。

简注："桼"字前有起止符号。"常安"，疑指"长安"。《汉书·王莽传》王莽称帝后，定都长安，"长安曰常安"。汉瓦中"常安鹿氏爵"瓦及"常生无极"瓦，皆王莽时物。

编号：1775

释文：【外】桼（七）言之纪从镜始，调［以］铜锡去恶宰（滓），刻镂均好宜孙子，长保二亲乐毋已，辟如干（韩）终周复始，寿敝金石先（西）王母。【内】子丑寅卯辰巳午未申酉戌亥。

时代：西汉晚期至东汉早期

著录：《汉铭斋》附图23；《图集》图343；《书法》图177。

简注："桼"字前有禽鸟纹起止符号。

编号：1776

释文：【外】桼（七）言之纪从竟（镜）始，湅（炼）冶同（铜）易（锡）去恶宰（滓），上有仙人持之（芝）草，寿如山石不知老，八子十二孙有子丑，长葆（保）二亲利父母。【内】子丑寅卯辰巳午未申酉戌亥。

时代：西汉晚期至东汉早期

著录：《开明堂》图98。

简注："桼"字前有起止符号。

编号：1777

释文：【外】桼（七）言之纪镜孙（先）始，仓（苍）龙在左，白虎在右，辟去不阳（祥）宜古（贾）市，长宜弍（二）亲利孙子。【内】君宜孙子。

时代：西汉晚期至东汉早期

著录：《广州》图二七六：4；《图典》A图299；《图典》B图3.220。

简注："桼"字前有起止符号。

编号：1778

释文：【内】桼（七）言之作镜先始，青龙居左虎居右，辟。【外】作□真大巧，上右（有）山（仙）人不知老，渴饮［玉泉饥］食枣。

时代：新莽至东汉早期

著录：《大观》第193页。

编号：1779

释文：【外】令名之纪七言止（始），湅（炼）冶铜华去恶宰（滓），铸成错刀天下喜，安汉保（宝）货世毋有，长乐日进宜孙子。【内】子丑寅卯辰巳午未申酉戌亥。

时代：西汉晚期

著录：《文物》1985（10）第94页图一八；/《止水集》第56页图一、第102页图二；《中国文物报》2008.12.17；《文化》图141；《图集》图277；《书法》图156。

简注："令"字前有起止符号。此镜重出，亦列于"铜华"地支铭一节。

编号：1780

释文：【外】桼（七）言纪，富如江河及四海，寿如王乔赤松子，好▯。【内】子丑寅卯辰巳午未申酉戌亥。

时代：西汉晚期至东汉早期

著录：《岩窟》二中第30图。

74."角王巨虚"铭

"角王巨虚"铭，常见而又完整的文句类型有以下几种：

A.角王巨虚日有憙（喜），昭（照）此明镜诚快意，上有龙虎四时宜，长保二亲乐毋事，子孙烦（蕃）息家富炽，予（与）天毋极受大福。

B.角王巨虚日得憙（喜），延年益寿去忧事，长乐万世宜酒食，子孙备具家大富。

C.角王巨虚辟非羊（祥），赤鸟玄武法阴阳，仓（苍）龙白虎神而明，国实受福家富昌，与天毋极乐未央，如日月光。

D.角王巨虚辟不详（祥），仓（苍）龙白虎神而明，赤鸟玄武主阴阳，国实受富家富昌，长宜子孙乐未央。

"角王巨虚"，从镜铭内容上看疑为两种神兽，故能与龙虎等四神相配。

"巨虚"，典籍或作"岠虚""距虚"等，或以为即蛩蛩。《尔雅·释地》："邛邛岠虚"郭璞注："距虚即蛩蛩，变文互言耳。"

关于巨虚，过去多以为是形似骡马之兽，善走，《广雅·释嘼》："巨虚，马属。"《史记·司马相如列传》中《子虚赋》："蟒邛邛，蹵距虚。"张揖注："距虚，似骡而小。"裴骃集解："郭璞曰：'邛邛，似马而色青。距虚即邛邛，变文互言之。'《穆天子传》曰：'邛邛距虚，日走五百里。'"

角王，不详，但以"角"为名，似为某种带角神兽。在西汉晚期至东汉早期的博局纹镜与禽兽纹镜中，常置有多种带角神兽，疑角王即其中之一。

"角王巨虚"铭镜存世较少，但纹饰大多较为精美，形制、纹饰与铭文书体皆带有典型新莽时期铜镜特征；不少铜镜出自西汉晚期墓葬，或带有纪年性质的"汉""新"铭文[①]，故疑此类镜出现于西汉晚期的王莽执政阶段，流行时代于西汉晚期至东汉早期。

为便于检索，本节暂依上述型式先后顺序排序，每型式中按镜铭完整度排序，铭文较完整者靠前、减铭较多者靠后。个别文句不在上述型式之内，则据铭文相似性排序。

编号：1781

释文：【外】角王巨虚日得喜，昭（照）此明镜诚快意，上有龙虎四时宜，长保二亲乐毋事，子孙烦（蕃）息家富炽，予（与）天无极受大福，向。【内】子丑寅卯辰巳午未申酉戌亥。

时代：西汉晚期至东汉早期

著录：《图集》图323。

简注："角"字前有起止符号。"四"字作"三"，"宜"字上部作罒形。

编号：1782

释文：【外】角王巨虚日有憙（喜），昭（照）此明镜诚快意，上有龙虎四时宜，长保二亲乐毋事，子孙烦（蕃）息家富炽，予（与）天无极受大福。【中】子丑寅卯辰巳午未申酉戌亥。【内】君宜官秩。

时代：西汉晚期至东汉早期

著录：《小校》卷十五64a。

简注："四"字作"三"。快意，即称心适意。《史记·李斯列传》："快意当前，适观而已矣。"《汉书·王莽传》："承顺天心，快百姓意。"

编号：1783

释文：【外】角王巨虚日得憙（喜），昭（照）是明镜诚快意，上有龙虎四时宜，长保二亲乐毋事，子孙烦（蕃）息家富炽，予（与）天无极受大视〈福〉。【内】子丑寅卯辰巳午未申酉戌亥。

时代：西汉晚期至东汉早期

著录：《长获》卷二十五。

简注："四"字作"三"。

编号：1784

释文：【外】角王巨虚日有憙（喜），昭（照）此明

① 虽年号不同，但形制、纹饰与铭文风格一脉相承。

镜成（诚）快意，上有龙虎四时宜，长保二亲乐毋事，子孙烦（蕃）息家富炽，予（与）天毋极受大福。【中】子丑寅卯辰巳午未申酉戌亥。【内】君宜官秩。
时代：西汉晚期至东汉早期
著录：《小校》卷十五63b；《志稿》第3376页。
简注：“四”字作“三”。

编号：1785
释文：【外】角王巨虚日有憙（喜），昭（照）此明镜成（诚）快意，上有龙虎四时宜，长保二亲乐毋事，子孙相〈烦〉（蕃）息家富炽，予（与）天毋极受大福。【内】子丑寅卯辰巳午未申酉戌亥。
时代：西汉晚期至东汉早期
著录：《金石索》卷六第70页；《收藏家》2009（1）第39页图5。
简注：“四”字作“三”。

编号：1786
释文：【外】角王巨虚日得憙（喜），昭（照）此明镜诚快意，上有龙虎四时宜，长保二亲乐毋事，子孙顺〈烦〉（蕃）息家富炽，予（与）天无极受大福。【内】宜子孙。
时代：西汉晚期至东汉早期
著录：《古今》图110。
简注：“角”字前有起止符号。“四”字作“三”，“宜”字上部作罒形。

编号：1787
释文：角王巨虚日得憙（喜），上有龙虎四时宜，长保二亲乐毋事，子孙顺〈烦〉（蕃）息家大富。
时代：西汉晚期至东汉早期
著录：《未名斋》第175页。
简注：“角”字前有仙草纹起止符号。“四”字作“三”。

编号：1788
释文：【外】角王巨虚日得憙（喜），上有龙虎四时宜，长保二亲乐毋事兮。【内】长宜官秩，子孙大吉昌。
时代：西汉晚期至东汉早期
著录：《图集》图373。
简注：“角”字前有起止符号。“四”字作“三”。

编号：1789
释文：【外】角王巨虚日有憙（喜），上有龙虎四时宜，长保二亲乐毋事。【内】□宜子孙。
时代：西汉晚期
著录：《南阳》图一九四、图版八九：1。
简注：西汉晚期墓出土（GLJX M2）。镜残缺。“四”字作“三”。

编号：1790
释文：角王巨虚日得憙（喜），上有龙虎四时宜，长保二亲乐毋［事］。
时代：西汉晚期至东汉早期
著录：《考古与文物》1996（2）第94页图一：3；/《小校》卷十五64b上；《小檀》卷二16b；《拓影》图129；《志稿》第3374页。
简注：“四”字作“三”。

编号：1791
释文：角王巨虚日得憙（喜），上有龙虎四时宜。
时代：西汉晚期至东汉早期
著录：《清爱堂》图104。
简注：“上”字反书，“四”字作“三”。

编号：1792
释文：【外】汉有善铜出丹阳，湅（炼）冶银锡清而明，巧工刻之成文章，左龙右虎辟不羊（祥），朱鸟玄武顺阴阳，子孙服（备）具居中央，长保二亲乐富昌，寿如金石之侯王。【中】角王巨虚日得憙（喜），延年益寿去忧事，长乐万世宜酒食，子孙［备］具家大富。【内】宜子孙。

时代：西汉晚期
著录：《金石索》卷六第69页；《收藏家》2009（1）第39页图3。
简注：外圈“汉”字、中圈“角”字前皆有起止符号。此条重出，亦列于“汉有”铭一节。

编号：1793
释文：【外】新有善同（铜）出丹阳，湅（炼）冶银锡清而明，巧工刻之成文章，左龙右虎辟不羊（祥），朱鸟玄武顺阴阳，子孙服（备）具居中央，长保二［亲］乐富昌，寿如金石之侯王。【中】角王巨虚日得憙（喜），延年益寿去忧事，长乐万世宜酒食，子孙［备］具家大富。【内】宜子孙。
时代：新莽
著录：《小校》卷十六66b；《志稿》第3467页；/《小校》卷十六67a；《小檀》卷二17a—17b；《拓影》图21；《图典》A图355；《图典》B图3.289；/《收藏家》2009（1）第38页图2；《绍兴》第101页；《未名斋》第173页。
简注：外圈“新”字、中圈“角”字前皆有起止符号。此条重出，亦列于“新有”铭一节。

编号：1794
释文：角王巨虚辟非羊（祥），赤鸟玄武法阴阳，仓（苍）龙白虎神而明，国实受福家富昌，与天毋极乐未央，如日月光。
时代：西汉晚期至东汉早期
著录：《古今》图90；《收藏家》2009（1）第37页图1；《图集》图234。
简注：“角”字前有起止符号。“赤鸟”，即朱鸟，亦即朱雀。《三辅黄图·未央宫》：“苍龙、白虎、朱雀、玄武，天之四灵，以正四方，王者制宫阙殿阁取法焉。”

编号：1795
释文：【外】角王巨虚辟不详（祥），仓（苍）龙白虎神而明，赤鸟玄武主阴阳，国实受富家富昌，长宜子孙乐未央。【内】长宜子孙。
时代：西汉晚期至东汉早期
著录：《镜录》卷中3a；《志稿》第3375页；《图集》图235。
简注：“角”字前有起止符号。

编号：1796
释文：【外】角王鉅（巨）虚辟不详（祥），七子九孙治中英（央），仓（苍）龙白虎神而明，赤爵（雀）玄武顺阴阳。【内】子丑寅卯辰巳午未申酉戌亥。
时代：西汉晚期至东汉早期
著录：《止水集》第89页图22；《收藏家》2009（1）第40页图6；《绍兴》第63页；《未名斋》第65页；/《汉铭斋》附图21；《图集》图322；《书法》图170。
简注：“赤雀”，即朱雀。

75.“照明镜”铭

“照明镜”铭，即句首含有“照明镜”铭文的镜铭类型。从套语组合来看，常见主以下几种类型：

A.昭（照）是明镜知人情

B.昭（照）是明镜诚快意

C.昭（照）此明镜诚快意

其中，B型最为流行。

在套语内容方面，A型镜中的“知人情”“乐长生”，又见于“石华”铭镜，B、C型镜中的“诚快意”“家大富”“与天毋极”“上有龙虎四时宜”“长保二亲乐毋事”“子孙烦（蕃）息家富炽”，则多见于“角王巨虚”铭镜，说明这几类铜镜的流行时代相近。

在形制、纹饰方面，“照明镜”铭镜与“角王巨虚”铭镜、“上太山”铭镜等基本相同，具有西汉晚期至东汉早期，尤其为新莽时期铜镜的典型特征，因此，在没有明确墓葬信息可供参考的情况下，本书暂将此类镜的流行时代定在距离新莽不远的西汉晚期至东汉早期。

为便于检索，本节暂按上述型式先后顺序排序，个别文句不在上述型式之内，则据铭文相似性排序。

编号：1797
释文：【外】昭（照）是明镜知人请（情），左龙右虎得天菁，朱爵（雀）玄武法列星，八子十二孙居安宁，常宜酒食乐长生，非有鬼神物自成。【内】子丑寅卯辰巳午未申酉戌亥。
时代：西汉晚期至东汉早期
著录：《图集》图327；《汉铭斋》附图22；《书法》图172；《未名斋》第103页。
简注："有"字缺笔似"右"字，铭文中已有"右"字与其形体不同。"是"，此也。"知人情"，又见于"石华"铭镜。"物自成"，见于传世文献，《云笈七签·秘要诀法部》："夫道与神，无为而气自化，无虑而物自成。"《论衡·自然》："阳气自出，物自生长；阴气自起，物自成藏。"

编号：1798
释文：【外】昭（照）是明镜知人请（情），左龙右虎得天菁，朱爵（雀）玄武法列星，八子十二孙居安宁，常宜酒食乐长生，物自成兮。【内】子丑寅卯辰巳午未申酉戌亥。
时代：西汉晚期至东汉早期
著录：《唐宋》附图25 。
简注："昭"字前有起止符号。

编号：1799
释文：【外】昭（照）是明镜知人请（情），左龙有（右）虎得天菁，朱爵（雀）玄武法列星，八子十二孙居安宁，常宜酒食乐长生兮。【内】子丑寅卯辰巳午未申酉戌亥。
时代：西汉晚期至东汉早期
著录：《守屋》A图版第24页。
简注："昭"字前有起止符号。"左"字出笔形似"在"字，"星"字讹似"皇"字。

编号：1800
释文：【外】昭（照）是明镜成（诚）快意，上有龙虎四时宜，长葆（保）二亲乐毋事，子孙众多皆为吏，出入连奇（骑）人所喜，与天毋亟（极）家大富。【内】长宜子孙。
时代：西汉晚期至东汉早期
著录：盛世收藏论坛。
简注："昭"字前有起止符号。"四"字作"亖"。"出入连骑"，指出入皆有众多护卫，《汉书·王莽传》："入有门卫，出有骑士，所以重国也。"

编号：1801
释文：【外】昭（照）是明镜诚快意，上有龙虎四时宜，长保二亲乐毋事，子孙众多皆为吏，与天毋亟（极）家大富。【内】长宜子孙。
时代：西汉晚期至东汉早期
著录：《千镜堂》图96；《大观》第181页。
简注："昭"字前有起止符号。"四"字作"亖"，"吏"字缺笔。

编号：1802
释文：【外】昭（照）是明竟（镜）成（诚）快意，上有龙虎四时宜，长葆（保）二亲乐无事，子孙众多皆为吏，与天毋亟（极）家大富。【内】子丑寅卯辰巳午未申酉戌亥。
时代：西汉晚期至东汉早期
著录：《图集》图339。
简注："昭"字前有起止符号。"四"字作"亖"。

编号：1803
释文：【外】昭（照）是明竟（镜）成（诚）快意，上有龙虎四时宜，长葆（保）二亲乐毋事，子孙众多皆为吏。【内】子丑寅卯辰巳午未申酉戌亥。
时代：西汉晚期至东汉早期
著录：中鸿信2005秋拍：348。
简注："四"字作"亖"。

编号：1804
释文：【外】昭（照）是明镜诚快意，上有龙虎四时宜，长保二亲乐毋事，子孙烦（蕃）息家富炽，予（与）天无极受大福兮。【中】子丑寅卯辰巳午未申酉戌亥。【内】长宜子孙。

时代：西汉晚期至东汉早期

著录：《汉雅堂》图85；《图集》图331。

简注：“昭”字前有起止符号。“四”字作“三”。“蕃息”，孳生众多之意。《淮南子·泛论》：“当此之时，阴阳和平，风雨时节，万物蕃息。”

编号：1805

释文：【外】昭（照）是明竟（镜）成（诚）快意，左龙右虎四时宜，常保二亲乐毋事，长宜子孙家大富，与君相保常相意（忆）。【内】子丑寅卯辰巳午未申酉戌亥。

时代：西汉晚期至东汉早期

著录：《拓影》图83。

简注：“四”字作“三”。“明”“时”“亲”字反书。

编号：1806

释文：【外】昭（照）此明镜成（诚）快意，上有龙虎四时宜，长保二亲乐毋事，子孙烦（蕃）息家富炽，予（与）天毋极，宜君王，辟不羊（祥）。【内】长宜子孙。

时代：西汉晚期至东汉早期

著录：《尊古斋》第81页。

简注：“昭”字前有起止符号。“四”字作“三”，前一个“毋”字缺笔。

编号：1807

释文：心相思，长毋绝，昭（照）明镜，好如月，进朱颜，得所欲，象日月，金为局。

时代：西汉晚期至东汉

著录：《止水集》第64页图六；《图集》326。

简注：“心”字前有起上符号。

76.“身万全”铭

“身万全”铭，即含有“身万全”套语的一类镜铭。常见的套语组合有：

A.照胸胁

B.照容貌

C.照面目

主要内容为对铜镜功用的称赞，有时也会搭配“驾飞龙，乘浮云”“食玉英，饮醴泉”一类的套语，这些套语常见于“上太山”铭镜与“上华山”铭镜，可以作为“身万全”铭分期断代的重要参考之一。

在形制、纹饰方面：“身万全”铭镜皆圆钮，钮座以圆形居多，偶有四叶纹；主题纹饰为禽兽博局纹，多置八乳，曲道间饰以四神、羽人、带角神兽及各类云纹等纹饰；镜缘以锯齿纹、云气纹居多，偶有云虞纹、双线水波纹，具有西汉晚期至新莽时期铜镜的典型特征。

在铭文书体风格方面，多为新莽及前稍后流行的悬针篆；据此，在没有明确墓葬信息可供参考的情况下，本书暂将此类铜镜的流行时代定为西汉晚期至东汉早期，至迟不会晚至东汉中期。

由于本节所列之镜较多，为便于检索，暂按A—C型先后顺序排序，每型中依铭文完整性排序。

编号：1808

释文：【外】昭（照）匈（胸）胁，身万全，象衣服，好可观，宜街（佳）人，心意驩（欢），长虞志，固常然，食玉英，饮体（醴）泉，驾蜚（飞）龙，乘浮云（雲），周复始，传子孙。【内】长宜子孙。

时代：西汉晚期至东汉早期

著录：《南方文物》1994（3）第82页图一：9；《浙江》A图17；《浙江》B图14；/《三槐堂》图80；《汉铭斋》图106；《文化》图168；《图集》图332；《复旦》图69。

简注：“体”字从肉，“乘”字从艹。“虞”，安也，乐也。《国语·周语》：“虞于湛乐。”《逸周书·丰谋》：“三虞。”注：“虞，乐也。”《汉书·王褒传》：“虞说耳目。”这种义项的“虞”，后世多用“娱”字表示。

编号：1809

释文：【内】昭（照）匈（胸）胁，身万全，象衣服，好可观，宜佳人，心意驩（欢），长于（娱）志，固常然，食玉英，饮礼（醴）全（泉），驾蜚（飞）龙，乘浮云（雲）。【外】汉有善铜出丹［阳］，和已（以）银锡清且明，左龙右虎主四彭（方），八［子］九孙治中央，朱爵（雀）玄武顺阴阳，居毋耆（嗜）欲（欲）［起］南阳，千秋万岁，长乐未央。

时代：西汉晚期或东汉早期

著录：《图集》图355；《开明堂》图29。

简注：“银”字从玉。此条重出，亦列于“汉有”铭一节。

编号：1810

释文：【外】昭（照）匈（胸）胁，身万全，象衣服，好可雚（观），宜佳人，心意驩（欢），周复始，传子孙。【内】长宜子孙。

时代：西汉晚期至东汉早期

著录：《汉雅堂》图90。

编号：1811

释文：昭（照）匈（胸）胁，身万全，象衣服，好可观，宜街（佳）人，心意驩（欢），长虞志。

时代：西汉晚期至东汉早期

著录：《广州》图二〇九：3；《图典》A图291；《图典》B图3.207。

编号：1812

释文：服此镜，甚大神，便其身，□四陈，长富贵，无忧患，镜清明，传子孙，昭（照）匈（胸）胁，身［万］金〈全〉，象衣［服］。

时代：西汉晚期至东汉早期

著录：《阳羡》图75；《图集》图357。

简注：“服”字前有起止符号。“四”字作“三”。

编号：1813

释文：【外】召（照）容貌，身万全，常衣服，好可雚（观），宜佳人，心意驩（欢），长虞志，固常然，食玉英，饮礼（醴）泉，驾蜚（飞）龙，无〈乘〉浮云，上华山，见神人。【内】子丑寅卯辰巳午未申酉戌亥。

时代：西汉晚期至东汉早期

著录：《深圳》图65。

简注：“召”字前有起止符号。此条重出，亦列于“上华山”铭一节。

编号：1814

释文：【外】昭（照）容貌，身万全，常衣服，好可观，驾（佳）宜人，心自雚（欢），□虞［志］，上崋山，见神人，食玉英兮，饮礼（醴）泉，可日以［前］。【内】子丑寅卯辰巳午未申酉戌亥。

时代：西汉晚期至东汉早期

著录：《汉雅堂》图71。

简注：“好”减笔作“子”，“观”字减笔类化，“昭”“礼”皆减笔，“驾宜”错乙。此条重出，亦列于“上华山”铭一节。

编号：1815

释文：【外】昭（照）容貌，身万全，常衣服，好可雚（观），宜佳人，心意驩（欢），长虞志，固常然，食玉英，饮礼（醴）全（泉），长宜子孙。【中】子丑寅卯辰巳午未申酉戌亥。【内】长宜子孙。

时代：西汉晚期至东汉早期

著录：《寿县》图44 。

简注：“佳”字反书。

编号：1816

释文：【外】昭（照）容貌，身万泉（全），常衣服，好可孙〈观〉，宜佳人，心意驩（欢），长虞志，固常然，食玉英，饮［醴］泉。【内】子丑寅卯辰巳午未申酉戌亥。

时代：西汉晚期至东汉早期

著录：《未名斋》第67页。

简注：“可”字反书。

编号：1817

释文：昭（照）容貌，身万全，常衣服，好可观，宜佳人，心意驩（欢），长虞志，固常然。
时代：西汉晚期至东汉早期
著录：《未名斋》第101页。
简注："昭"字前有起止符号。

编号：1818
释文：【外】昭（照）容貌，身万全，见衣服，察非凡，宜佳人，心意讙（欢），驾菲（飞）龙，乘浮云（雲），食玉央（英），饮澧（醴）泉，长虞志，固常然。【内】子丑寅卯辰巳午未申酉戌亥。
时代：西汉晚期至东汉早期
著录：《图集》328。
简注："召"字前有起止符号。"饮"字从水。

编号：1819
释文：【外】召（照）容貌，身万泉（全），见衣服，好可讙（观），宜佳人，心意雚（欢），长吴（虞/娱）志，固常然。【内】子丑寅卯辰巳午未申酉戌亥。
时代：西汉晚期至东汉早期
著录：《古今》图67。
简注："召"字前有起止符号。"佳"字减笔。

编号：1820
释文：召（照）容貌，身万（万）泉（全），见衣服，好可讙（观），宜佳人，心意雚（欢）。
时代：西汉晚期至东汉早期
著录：《三槐堂》图90。
简注："召"字前有起止符号。

编号：1821
释文：昭（照）见容貌身万全，视察衣服好可观，长宜佳人心意驩（欢），常乐毋极寿万年，君宜官秩葆（保）子［孙］。
时代：西汉晚期至东汉早期
著录：《图集》图372。

编号：1822
释文：昭（照）见容貌身万全，视察衣服好可观，长宜佳人心意驩（欢），葆（保）子孙。
时代：西汉晚期至东汉早期
著录：《阳羡》图117。

编号：1823
释文：【外】昭（照）容貌，身万全，象衣服，好可雚（观），宜佳人，心意驩（欢），长虞志，固常然，葆（保）子孙。【内】长宜子孙。
时代：西汉晚期至东汉早期
著录：《古今》图71；《文化》图167。
简注："昭"字前有起止符号。"驩"字从马雚声，马置于雚下，共享部分笔划。

编号：1824
释文：【内】昭（照）面目，身万全，向（象）衣服，好可雚（观），君宜官秩，葆（保）子孙。【外】新有善同（铜）出丹阳，和已（以）［银］锡清且明，左龙右虎主四方，朱爵（雀）玄武循阴阳，子孙［备］具治中央。
时代：新莽
著录：《汉铭斋》图112；《文化》图169；《图集》图335；《书法》图173；《拓片》图80。
简注："万"字从中，汉代镜铭中，作为义符时，从中与从艹常无别。"向"字繁化多一"口"形。此条重出，亦列于"新有"铭一节。

编号：1825
释文：昭（照）面目，身万全，象衣服，好可观，君宜官秩，葆（保）子［孙］。
时代：新莽至东汉早期
著录：《汉铭斋》图113；《图集》图333；《后沟》图49。
简注："昭"字前有起止符号。"观"字缺笔，除剩"见"旁外，还保留"雚"字上部（形似中），故不能按释"见"字处理。

编号：1826

释文：朱爵（雀）玄武顺阴阳，八子九孙治中央，照面目，身万全，象衣服，好可观，君宜官秩，葆（保）子［孙］。

时代：西汉晚期至东汉早中期

著录：《奇觚室》卷十五5a—5b；/《长获》卷二26；/《小校》卷十六69b；《图集》图334；/ *ARTIBUS ASIAE*第54页；/《拓片》图79；/《镜录》卷中6a；《图典》A图314；《图典》B图3.243。

简注：几件拓本所载之镜形制、纹饰完全相同，不知是否有同器者。“朱”字前有起止符号。“顺”字从水。

77.“汉有”铭

“汉有”铭，即含有“汉有”二字铭文的镜铭类型。但镜铭中的“汉”字，所指具体为西汉还是东汉较难分辨。

从铭文套语来看，“汉有”铭镜的首句常有以下几种：

A.汉有名铜出丹阳

B.汉有佳铜出丹阳

C.汉有善铜出丹阳

D.汉有善铜出丹山

E.汉有善铜出堂浪

F.汉有善铜出桂阳

在流行程度上，C型最为普遍，多叶阳部韵。A型次之，其他诸型偶尔为之。在套语组合方面，“汉有”铭镜常配以下面几种文句：

Ⅰ.杂以银锡清而明

Ⅱ.湅冶银锡清且明

Ⅲ.湅以银锡清且明

Ⅳ.和以银锡清且明

Ⅴ.和用金锡上且明

Ⅵ.取之为镜清如明

Ⅶ.用之为镜清如明

Ⅷ.以之作镜清且明

Ⅸ.以之为镜宜文章

含有Ⅰ式的文句最为完整，且仅与A、C两型组合。含有Ⅱ、Ⅲ两式的文句仅有部分镜铭完整，仅与B、C两型组合。Ⅳ、Ⅵ两式最为普遍，组合也颇为自由。Ⅴ、Ⅶ、Ⅷ、Ⅸ四式最少，且Ⅷ式仅与A型组合。

在形制、纹饰及铭文书体风格方面，不少“汉有”铭镜带有典型的新莽时期铜镜特征尤以A、B两型最为明显，其时代当距新莽不远。如多乳博局纹、多乳禽兽纹的构图，四神与带角神兽的配置，镜缘饰云虡纹、云气纹、悬针篆等等。说明这些铜镜的铸造时间当距新莽不远。

另有一些铜镜，另辟蹊径开始使用浅浮雕、画像镜等等，为东汉中后期的浮雕神兽镜、人物故事画像镜开创了先河。

不过，相对于西汉晚期及新莽时期的“汉有”铭镜，东汉时期的“汉有”铭镜在铭文方面存在着大量的减铭、减笔、通假、反书现象，在纹饰方面则常常四神不全，或四神方位不够严谨，并大量使用简式博局纹，说明这一阶段对铜镜铸造方面的要求并不严格。

由于新莽一朝存时仅十几年，故西汉晚期与东汉早期的铜镜单从铭文上极难区分时代。即便是结合形制、纹饰及铭文的书体风格，在没有办法测知镜面弧度、单位面积重量、铜质配比与铜镜金相的情况下，也仅能将一部分属于东汉时期的铜镜区分开来，因此，本书采用较为传统的办法，对难以细分时代的铜镜暂标以“西汉晚期或东汉早期”，而将能明确定为东汉时期的“汉有”铭镜标为东汉。

为便于检索，本节按上述型式的先后顺序排序，每种型式中铭文较完整者靠前，减铭较多者靠后。个别文句不在上述型式之内，则据铭文相似性排序。

编号：1827

释文：汉有名铜出丹阳，杂以银锡清且明，左龙右虎主四彭（方），朱爵（雀）玄武顺阴阳，八子九孙治中央，东上太（泰）山见神人，食如玉央（英）饮礼（醴）全（泉），堂（长）宜官秩。

时代：西汉晚期或东汉早期
著录：《汉雅堂》图69。
简注：“而”，如也。“四”字作“三”，“九”“治”二字反书，“银”字受“锡”字影响类化为从易、真声。此条重出，亦列于“上太山”铭（一）一节。

编号：1828
释文：【外】汉有名铜出丹羊（阳），杂以银锡清而明，朱爵（雀）玄武顺阴阳，八子九孙治中央，东上太（泰）山见神人，食而玉央（英）饮澧（醴）泉，堂（长）宜官秩葆（保）子孙。【内】子丑寅卯辰巳午未申酉戌亥。
时代：西汉晚期或东汉早期
著录：《小校》卷十五21b上。
简注：“食”字讹似“身”字，“太”字上下结构，从二大。此条重出，亦列于“上太山”铭（二）一节。

编号：1829
释文：【外】汉有名铜出丹阳，杂以银锡清如明，左龙右虎主四彭（方），朱爵（雀）玄武顺阴阳，八子九孙治中央，□□银锡成文章。【内】子丑寅卯辰巳午未申酉戌亥。
时代：西汉晚期或东汉早期
著录：《国博》1993（1）第120页图75。
简注：“如”，而也。

编号：1830
释文：汉有名铜出丹阳，杂以银锡清具〈且〉明，左龙右虎主四彭（方），朱爵（雀）玄武顺阴阳，八子九孙治中央。
时代：西汉晚期或东汉早期
著录：《小校》卷十五21b下；《簠斋》第82—83页；《国图》第94页；《陈介祺》图95；《镜录》卷中2b；《桃华盦》图17；《久保惣》A图25；《久保惣》B图25。
简注：“银”从真从艮，“四”字作“三”，“九”“治”字反书，“央”字减笔。

编号：1831
释文：【外】汉有名同（铜）出丹阳，和已（以）银锡青（清）明，左龙左〈右〉虎主四彭（方），朱鸟玄武顺阴阳，八子廿二孙治中央，东上崋（华）山，见神人耳。【内】子丑寅卯辰巳午未申酉戌亥。
时代：西汉晚期或东汉早期
著录：《考古》1966（4）第195页图四。
简注：“四”字作“三”。此条重出，亦列于“上华山”铭一节。

编号：1832
释文：【外】汉有名铜出丹阳，和以银锡青（清）且明，左龙右虎主四彭（方），朱爵（雀）玄武顺阴阳，八子九孙治中［央］。【内】子丑寅卯辰巳午未申酉戌亥。
时代：西汉晚期或东汉早期
著录：《汉雅堂》图72。
简注：“四”字作“三”，“彭”字减笔，“顺阴阳”“子九孙”皆反书。

编号：1833
释文：汉有名同（铜）出丹阳，用之为镜青（清）而明，八子九孙治中央。
时代：西汉晚期或东汉早期
著录：《清爱堂》图78。

编号：1834
释文：汉有名铜出丹阳，用之为镜青（清）而明，八子九孙。
时代：西汉晚期或东汉早期
著录：《未名斋》第79页。
简注：“汉”字前有起止符号。“明”字反书。

编号：1835
释文：汉有名铜出丹阳，以之为镜宜文章，左龙右虎主四旁（方），朱爵（雀）玄武顺阴阳，八子九孙治中央，上太（泰）山，见神人，食玉央（英），饮。

时代：西汉晚期或东汉早期
著录：《绍兴》第67页。
简注："汉"字前有起止符号。"以"字缺笔，仅存"人"形。此条重出，亦列于"上太山"铭（一）一节。

编号：1836
释文：【外】上质。汉有名同（铜）出丹阳，以之为竟（镜）宜文章，右〈左〉龙右虎主四旁（方），朱爵（雀）玄武顺阴阳，八子九孙治中央。【内】长宜子孙。
时代：西汉晚期或东汉早期
著录：《古今》图73。
简注："上"字前有起止符号。

编号：1837
释文：【外】汉有名同（铜）出丹阳，以之为竟（镜）宜文章，左龙右虎主四旁（方），朱爵（雀）玄武顺阴阳，八子九孙治中央。【内】子丑寅卯辰巳午未申酉戌亥。
时代：西汉晚期或东汉早期
著录：《未名斋》第89页。
简注："汉"字前有起止符号。

编号：1838
释文：【外】汉有名同（铜）出丹阳，以之为竟（镜）宜文章，左龙右虎主四旁（方），朱爵（雀）玄武顺阴［阳］，八子九孙治中央。【内】子丑寅卯辰巳午未申酉戌亥。
时代：西汉晚期或东汉早期
著录：《阳羡》图71；《图集》图356；/《阳羡》图72。
简注：两镜尺寸、重量完全相同，形制、纹饰几乎完全相同。

编号：1839
释文：【外】汉有名同（铜）出丹阳，以之为竟（镜）宜文章，左龙右虎主四旁（方），朱爵（雀）玄武顺阴阳。【内】子丑寅卯辰巳午未申酉戌亥。
时代：西汉晚期或东汉早期
著录：《书法》图180。

编号：1840
释文：【外】汉有同（铜）名出丹阳，以之为竟（镜）宜文章，左龙右虎主四［方］。【内】子丑寅卯辰巳午未申酉戌亥。
时代：西汉晚期或东汉早期
著录：《守屋》A图版第7页。
简注："同名"错乙。

编号：1841
释文：【外】汉有名铜宜为镜，王侯夫人乃〈及〉汉相，时时东出民所乡（飨），邦职玄寔（菟）案郡督，张官置吏趣不止，从此知。【内】子丑寅卯辰巳午未申酉戌亥。
时代：西汉晚期或东汉早期
著录：《阳羡》图85。

编号：1842
释文：【外】荐刚［作镜］大毋伤，汉有名铜出丹阳，和用金锡上且明，左龙右虎主四方，朱爵（雀）玄武顺阴阳，八子九孙治中央。【内】子丑寅卯辰巳午未申酉戌亥。
时代：西汉晚期或东汉早期
著录：《未名斋》第91页。

编号：1843
释文：【外】汉有佳铜出丹扬（阳），荐刚作镜真毋伤，湅（炼）冶银锡清且明，昭（照）于宫室日月光，左龙右虎主四方，八子十二孙治中央。【内】子丑寅卯辰巳午未申酉戌亥。
时代：西汉晚期或东汉早期
著录：《簠斋》第84—85页；《陈介祺》图106；《国图》第91页；《图集》图348。
简注："汉"字前有起止符号。

编号：1844
释文：【外】汉有善铜出丹阳，左龙右虎僻（辟）不羊（祥），昭（朱）爵（雀）玄武利阴阳，八子十二孙治中央，法象天地，如日月之光，千秋万（萬）岁，长乐未央兮。【内】子丑寅卯辰巳午未申酉戌亥。

时代：西汉晚期或东汉早期

著录：《考古》1957（1）图版玖：6；《湖研》图七三。

编号：1845

释文：汉有善铜出丹阳，卒（杂）以银锡清而明，刻治六博中栔方，左龙右虎游四彭（方），朱爵（雀）玄武顺阴阳，八子九孙治中英（央），常葆（保）父母利弟兄，应随四时合五行，法象天地日月光，昭神明镜相侯王，众妻美好如玉英，千秋万世长乐未央兮。

时代：西汉晚期

著录：《文物》1996（8）第8页图一三、第9页图一四；《图集》图273；《图典》B图3.216。

简注：江苏省连云港市东海县温泉镇尹湾村新莽时期或稍晚墓出土（M4：1）。"汉"字前有起止符号。"栔"即"矩"，屈原《离骚》："勉升降以上下兮，求栔彟之所同。"宋玉《九辨》："何时俗之工巧兮？灭规栔而改凿。"

编号：1846

释文：【外】汉有善铜出丹阳，卒（杂）以银锡青（清）而明，刻治六博显（显）文章，左龙右虎去不羊（祥），千秋万世长乐未央。【内】长宜子孙。

时代：西汉晚期或东汉

著录：《图集》图274。

编号：1847

释文：【外】汉有善同（铜）出丹阳，杂用银锡清而明，左龙右虎主四彭（方），朱爵（雀）玄武顺阴阳，法象天地合五行，昭（照）见佳人。【内】长宜子孙。

时代：东汉早期

著录：北京保利2019秋拍：5221。

简注：丹阳的"阳"字从巾，"银"字从玉，"杂""爵"减笔。

编号：1848

释文：【外】汉有善铜出丹阳，湅（炼）冶成银锡清而且明，尚方御竟（镜）大毋伤，巧工刻之成文章，左龙右虎辟不羊（祥），朱鸟玄［武］顺阴阳，子孙备具居中央，长保二亲乐富昌，寿敝金石如侯王，四夷来服国家强。【内】子丑寅卯辰巳午未申酉戌亥。

时代：西汉晚期或东汉早期

著录：《绍兴》第81页。

简注："汉"字前有起止符号。此条重出，亦列于"尚方御镜"铭一节。

编号：1849

释文：【外】汉有善铜出丹阳，湅（炼）冶银锡清而明，巧工刻之成文章，左龙右虎辟不羊（祥），朱鸟玄武顺阴阳，子孙服（备）具居中央，长保二亲乐富昌，寿如金石之侯王。【中】角王巨虚日得憙（喜），延年益寿去忧事，长乐万世宜酒食，子孙［备］具家大富。【内】宜子孙。

时代：西汉晚期

著录：《金石索》卷六第69页；《收藏家》2009（1）第39页图3。

简注：外圈"汉"字、中圈"角"字前皆有起止符号。此条重出，亦列于"角王巨虚"铭一节。

编号：1850

释文：汉有善同（铜）出丹杨（阳），湅（炼）已（以）锡银青（清）且明，名工刻之成文章，青龙。

时代：东汉早中期

著录：《六安》图40。

简注：铭文书体纤细，大部分字反书。

编号：1851

释文：杨充作竟（镜）大毋伤，汉有善同（铜）出丹杨（阳），湅（炼）冶银锡清如明，巧工刻之成。
时代：东汉
著录：《古今》图133；《绍兴》第147页。
简注："杨"字前有起止符号。此条重出，亦列于"杨氏"铭一节。

编号：1852
释文：杨充作竟（镜）大毋伤，汉有善同（铜）出丹杨（阳），湅（炼）冶银锡如〖日月〗明。
时代：东汉
著录：《阳羡》图124。
简注："杨"字前有起止符号。"日月"合铸。亦有可能隶定为"且"，如此则"如"字为"清"字误置。此条重出，亦列于"杨氏"铭一节。

编号：1853
释文：【外】汉有善铜出丹［阳］，和已（以）银锡清且明，左龙右虎主四彭（方），八［子］九孙治中央，朱爵（雀）玄武顺阴阳，居毋耆（嗜）欲［起］南阳，千秋万岁，长乐未央。【内】昭（照）匈（胸）胁，身万全，象衣服，好可观，宜佳人，心意驩（欢），长于（娱）志，固常然，食玉英，饮礼（醴）全（泉），驾蜚（飞）龙，乘浮云（云）。
时代：西汉晚期或东汉早期
著录：《图集》图355；《开明堂》图29。
简注："银"字从玉。此条重出，亦列于"身万全"铭一节。

编号：1854
释文：【外】汉有善铜出丹阳，和以银锡清且明，左龙右虎主四彭（方），朱爵（雀）玄武顺阴阳，八子九孙治中央，居无耆（嗜）欲起雒阳，家常（当）大富宜君王，千秋万岁乐未央。【内】子丑寅卯辰巳午未申酉戌亥。
时代：西汉晚期或东汉早期
著录：《小校》卷十五17a；《志稿》第3321页序号215；/《清爱堂》图79—2。

编号：1855
释文：【外】汉有善铜出丹阳，和以铜锡清且明，左龙右虎主四彭（方），朱爵（雀）玄武顺阴阳，八子九孙治中央，居毋耆（嗜）欲（欲）起雒阳，家常（当）大宜君王富，千秋万岁。【内】长宜子孙。
时代：西汉晚期或东汉早期
著录：《未名斋》第87页。
简注："汉"字前有起止符号。"富"字错置于"王"字之后。

编号：1856
释文：【外】汉有善铜出丹阳，和以银锡清且明，左龙右虎主四彭（方），朱爵（雀）玄武顺阴阳，八子九孙治中央，居无耆（嗜）欲（欲）起雒阳。【内】子丑寅卯辰巳午未申酉戌亥。
时代：西汉晚期或东汉早期
著录：《图集》图351；《清爱堂》图79—1。
简注："四"字作"三"。

编号：1857
释文：【外】汉有善铜出丹阳，和以银锡清且明，左龙右虎主四彭（方），朱爵（雀）玄武顺阴阳，八子九孙治中央，居毋耆（嗜）欲（欲）起义阳，家常（当）大富宜侯［王］。【内】子丑寅卯辰巳午未申酉戌亥。
时代：西汉晚期或东汉早期
著录：《全集》图70；《辞典》第1433页左图。
简注：安徽省寿县牛尾岗出土，现藏于安徽省博物馆。"汉"字前有起止符号。

编号：1858
释文：【外】汉有善铜出丹阳，和已（以）银锡清且明，左龙右虎主四彭（方），朱爵（雀）玄武顺阴阳，居毋耆（嗜）欲（欲）起义阳。【内】长宜子孙。
时代：西汉晚期或东汉早期
著录：《未名斋》第85页。
简注："出"字简化似"之"，"四"字作"三"。

编号：1859

释文：汉有善铜出丹阳，已（以）和银锡青（清）且明，左龙右虎主四彭（方），八子九孙治中英（央），置之镜上宜文章，千秋万岁宜。

时代：西汉晚期或东汉早期

著录：《清爱堂》图81。

简注："汉"字前有起止符号。"四"字作"三"。

编号：1860

释文：汉出善铜出丹阳，和已（以）银锡清且明，左龙右虎主四彭（方），朱爵（雀）玄武顺阴阳，八子九孙治中央，千秋万岁乐未央。

时代：西汉晚期或东汉早期

著录：《旅顺》图54 。

简注："汉"字前有起止符号。"银"字从玉。

编号：1861

释文：汉有善铜出丹阳，和已（以）艮（银）锡青（清）且明，左龙右虎主四彭（方），八子九孙治中央，千秋万岁。

时代：西汉晚期或东汉早期

著录：《广西》图66 。

简注：起止符号误置于"丹"字之前。"四"字作"三"，"秋"字反书。

编号：1862

释文：【外】汉有善铜出丹阳，和以银锡清且明，左龙右虎主四彭（方），朱爵（雀）玄武顺阴阳，八子九孙治中央。【内】子丑寅卯辰巳午未申酉戌亥。

时代：西汉晚期或东汉早期

著录：《金石索》卷六第65页。

简注："汉"字前有起止符号。"四"字作"三"。

编号：1863

释文：汉有善铜出丹阳，和已（以）银锡清且明，左龙右虎游四彭（方），八子九孙治中央，朱爵（雀）玄武顺阴阳。

时代：西汉晚期或东汉早期

著录：《九江》图7 。

简注："汉"字前有起止符号。"四"字作"三"。

编号：1864

释文：【外】汉有善铜出丹阳，和已（以）银锡青（清）且明，左龙右虎主四彭（方），八子九孙治中央，朱爵（雀）玄武。【内】子丑寅卯辰巳午未申酉戌亥。

时代：西汉晚期或东汉早期

著录：《止水阁》图93；《图集》图354；《书法》图179。

简注："汉"字减笔，省去水旁，字前有起止符号。"和""彭"反书，"银"字从玉，"四"字作"三"。

编号：1865

释文：【外】汉有善铜出丹阳，和以银锡清且明，左龙右虎尚（掌）三光，朱爵（雀）玄武顺阴阳，□。【内】子丑寅卯辰巳午未申酉戌亥。

时代：西汉晚期或东汉早期

著录：《博古图》卷二十八37a。

简注：此类镜中"三光"之语少见，不排除为"三旁"误摹的可能。

编号：1866

释文：【外】汉有善铜出丹阳，和以锖〖银清〗且明，在〈左〉龙右虎掌四彭（方），朱爵（雀）玄［武］顺阴阳，家。【内】子丑寅卯辰巳午未申酉戌亥。

时代：西汉晚期或东汉早期

著录：《守屋》A图版第6页。

简注："汉"字前有兽纹起止符号，"银清"合铸，"四"字作"三"。

编号：1867

释文：陈氏作竟（镜）大毋伤，汉有善铜出丹阳，和以银锡清且明，左龙右虎主四彭（方），朱爵（雀）玄武顺阴阳。

时代：西汉晚期或东汉早期

著录：《鄂州》图63。

简注：“陈”字前有起止符号。此镜重出，亦列于“陈氏”铭一节。

编号：1868

释文：汉有善铜出丹阳，和已（以）银锡清且明，左龙右虎主四彭（方）。

时代：西汉晚期或东汉早期

著录：《未名斋》第75页①；/《未名斋》第93页②；《岩窟》二中第22图③。

编号：1869

释文：【外】汉有善铜出丹阳，和已（以）银锡清且明，左龙右虎主［四］彭（方）。【内】昭（照）匈（胸）胁，身万全，象衣服，好可雚（观）。

时代：西汉晚期或东汉早期

著录：《未名斋》第77页。

简注：“汉”字前有起止符号。“彭”字减笔反书。此条重出，亦列于“身万全”铭一节。

编号：1870

释文：汉有善铜出丹阳，和已（以）银锡清且明，左龙右虎主［四］彭（方）。

时代：西汉晚期或东汉早期

著录：《岩窟》二中第19图。

简注：传鲁南出土。“银”字从玉，“彭”字减笔反书。

编号：1871

释文：汉有善铜出丹阳，和已（以）银锡青（清）且明，左龙右虎主［四］彭（方）。

时代：西汉晚期或东汉早期

著录：《岩窟》二中第18图。

简注：传陕西出土。“银”字从玉，“彭”字减笔反书。

编号：1872

释文：汉有善铜出丹阳，和已（以）银锡清且明，左龙右虎辟不洋（祥）。

时代：西汉晚期或东汉早期

著录：《善斋》镜录卷一32a、32b；《小校》卷十五20a上；《志稿》第3317页。

编号：1873

释文：汉有善铜出丹阳，和已（以）银锡清且明，左龙右虎，竟（镜）。

时代：西汉晚期或东汉早期

著录：《金石索》卷六第66页；/《小檀》卷二24a。

简注：形制、纹饰皆同，但并非同一器。《金石索》之镜“银”字反书，《小檀》之镜“银”字反书，并从水。

编号：1874

释文：汉有善铜出丹阳，和已（以）银锡清且明，左龙右虎。

时代：西汉晚期或东汉

著录：《金石索》卷六第68页；/《小檀》卷二23b；《拓影》图73；《小校》卷十五19b上；《志稿》第3316页；/《小校》卷十五19b下④；/《汉雅堂》图91。

简注：“汉”字皆前有起止符号。

编号：1875

释文：汉有善铜出丹阳，和已（以）银锡清且明，左龙。

时代：西汉晚期或东汉早期

著录：《深圳》图67。

简注：“银”字从玉。

---

① “汉”字前有起止符号，“银”字从玉，“四”字作“三”，“彭”字反书。
② “汉”字前有起止符号，“银”字从玉，“四”字作“三”，“彭”字反书。
③ 传淮河流域上游出土。“汉”字前有起止符号，“彭”字减笔反书。
④ “汉”字前有禽鸟纹起止符号，“银”字从水反书。

编号：1876
释文：【外】汉有善铜出丹阳，和已（以）银锡青（清）且明，左龙。【内】子丑寅卯巳午未申酉辰戌亥。
时代：东汉早期
著录：《中原》图44。
简注："汉"字前有起止符号，"银"字从玉。镜缘饰带小圆点的云虡纹（内含大泉五十、货泉、羽人、神鹿、带角神兽及变体云纹等纹饰）一周。王莽执政时多次货币改革，据文献，大泉五十始铸于西汉居摄年间，而货泉则始铸于新莽天凤元年，此镜既含有此两种货币纹饰，其时代上限必在新莽天凤元年之后，故此镜铭文所称之"汉"只能为东汉。此镜形制、纹饰皆具新莽时期铜镜典型特征，当为距新莽不远的东汉初年之物，此时大泉五十早已废止，故疑此镜的形制、纹饰皆为新莽模范，铸造时仅调整铭文而成。

编号：1877
释文：【中】汉有善同（铜）出丹阳，和已（以）银锡青（清）且明，左。【外】宜子孙。【内】子丑寅卯辰巳午未申酉戌亥。
时代：西汉晚期或东汉早期
著录：《汉铭斋》图104；《后沟》图51。
简注："汉"字前有起止符号。"银锡"二字皆从水。

编号：1878
释文：汉有善铜出丹阳，和已（以）银锡清且明，左。
时代：西汉晚期或东汉早期
著录：《武汉》第51页。
简注："银"字从玉。

编号：1879
释文：汉有善铜出丹阳，和已（以）银锡清且明，竟（镜）。
时代：西汉晚期或东汉早期
著录：《陈介祺》图99；《国图》第93页；《岩窟》二中第20图。
简注：传鲁东南出土。"汉"字前有起止符号。"银"字从玉。

编号：1880
释文：汉有善同（铜）出丹阳，和已（以）银锡青（清）且明，竟（镜）。
时代：西汉晚期或东汉之前
著录：《陈介祺》图110 。
简注："汉"字减笔省去水旁。"银"字从玉。

编号：1881
释文：汉有善铜出丹阳，和已（以）眼〈银〉锡青（清）且明，□。
时代：西汉晚期或东汉
著录：《陈介祺》图94；《国图》第92页。

编号：1882
释文：汉有善铜出丹阳，和已（以）银锡清且明。
时代：西汉晚期或东汉早期
著录：《广陵》图116。
简注："银"字从玉。

编号：1883
释文：汉有善铜出丹阳，和已（以）银锡青（清）且明。
时代：西汉晚期或东汉早期
著录：《宣城》第44页、第45页[①]；/《江汉考古》1992（2）第90页图五。

编号：1884
释文：汉有善同（铜）出丹阳，和已（以）锡银青（清）且明。
时代：西汉晚期或东汉

① "银"字从玉。

著录：《陈介祺》图108。
简注：“汉”字前有起止符号。“银”字从玉。

编号：1885
释文：汉有善铜出丹阳，和以银锡清且［明］。
时代：东汉早期
著录：《小檀》卷二24b；《拓影》图72。
简注：“汉”字减笔，且字前有起止符号。

编号：1886
释文：汉有善铜出丹阳，和已（以）银锡青（清）。
时代：西汉晚期或东汉
著录：《小校》卷十五20b；《志稿》第3314页。
简注：“汉”字前有起止符号。“银”字从玉。

编号：1887
释文：汉有善铜出丹阳，和已（以）银锡。
时代：西汉晚期或东汉早期
著录：《淮南》第136页、第137页。
简注：“银”字从水。

编号：1888
释文：【外】汉有善铜出丹阳，和用［银］锡清且明，左龙右虎主四彭（方），八子九孙治中央，朱爵（雀）［玄］武顺阴阳，千万（万）岁长乐未央；桼（七）言之纪。【中】桼（七）言之纪从镜［始］，苍［龙］在左，白虎□局〈右〉，君宜官，长宝（保）二亲大孙子，竟（镜）。【内】子丑寅卯辰巳午未申酉戌亥。
时代：西汉晚期
著录：《文物》2005（12）第42页图二；《南阳》图一九六、图版九六：1；《图典》B图3.178。
简注：新莽时期墓（WNWS M1）出土。“四”字作“亖”，中圈“桼”字前有起止符号。此条重出，亦列于“桼言”铭（二）一节。

编号：1889
释文：尚方作竟（镜）大毋伤，汉有善铜出丹杨（阳），和之银锡清且明，左龙右虎主四彭（方），玄［武］朱爵（雀）顺阴［阳］，浮游（游）天下敖（遨）四方，寿如金石乐未央兮。
时代：东汉早中期
著录：《深圳》图92；《龙虎》图23。
简注：“尚”字前有禽鸟纹起止符号。此条重出，亦列于“尚方作镜铭”（毋伤）铭一节。

编号：1890
释文：汉有善铜出丹阳，清且明，左龙右虎主四彭（方），八子［九孙］居中央，朱爵（雀）玄武顺［阴阳］。
时代：西汉晚期或东汉早期
著录：《湖研》图五九。
简注：“四”字作“亖”。

编号：1891
释文：汉有善铜出丹阳，青（清）且明，左龙右虎主四彭（方），八子［九孙］居中央，朱爵（雀）玄武顺［阴阳］。
时代：东汉
著录：《图案》第31页；《图典》A图278；《图典》B图3.191。
简注：“四”字作“亖”。

编号：1892
释文：【外】汉有善铜出丹杨（阳），取之为镜清且明，左龙右虎备四旁（方），朱爵（雀）玄武顺阴阳，八子。【内】长宜子孙。
时代：西汉晚期或东汉
著录：《浙选》图1；《越地》第131页；《收藏家》2003（7）第35页图10。
简注：“四”字作“亖”。

编号：1893
释文：汉有善铜出丹阳，取之为镜清如明，左龙右虎备四旁（方），朱爵（雀）玄武顺阴阳。
时代：西汉晚期或东汉
著录：《广陵》图114；《图典》B图3.218。

简注：“汉”字前有起止符号。“四”字作“三”。

编号：1894

释文：汉有善铜出丹阳，取之为镜清如明，左龙右虎备四旁（方），朱爵（雀）玄武顺阴［阳］。

时代：西汉晚期或东汉早期

著录：《考古》1957（5）第72页图一；《湖南》图69；《图案》第30页；《湖研》图五八；《图典》A图297；《图典》B图3.215。

简注：“汉”字前有起止符号。“四”字作“三”。

编号：1895

释文：汉有善铜出丹阳，取之为镜清如明，左龙右虎备四旁（方），朱爵（雀）玄武。

时代：东汉早期

著录：《小檀》卷二25a—25b；《志稿》第3318页。

简注：“汉”字前有起止符号，“四”字作“三”。

编号：1896

释文：汉有善铜出丹阳，取之为镜清如明，左龙右虎除四旁（方），长寿宫寺（持）。

时代：东汉早期

著录：《金石索》卷六第67页。

简注：《三辅黄图》卷五：“元帝庙，号长寿。”《汉书·元后传》王莽改国号为新后，“改号太后为新室文母，绝之于汉……堕坏孝元庙，更为文母太后起庙，独置孝元庙故殿以为文母纂食堂，既成，名曰长寿宫，以太后在，故未谓之庙”。因此，长寿宫是王莽为姑母王政君所建陵庙，何清谷先生认为“因其利用了元帝庙的一部分，故后人把元帝庙亦号长寿庙”①。甚有可能。汉元帝及王皇后葬于渭陵，故长寿宫用器亦当出自渭陵。若典籍记载不误，长寿宫在新莽时修建完成，既成而得名，故此器时代不会早于新莽，为东汉的可能性较大。参照《小檀》所载之镜，此镜铭文亦有可能存在误摹，如将“备”字误摹作“除”、“朱”字增一横误摹作“长”、“武”字误摹作“寺”等。若如此，亦不排除此镜与《小檀》所载之镜为同一器的可能。

编号：1897

释文：汉有善铜出丹杨，取之为镜清且明，左［龙］右虎备四旁（方），朱。

时代：西汉晚期或东汉早期

著录：《辽宁》第128页。

简注：“汉”字前有起止符号。“四”字作“三”。

编号：1898

释文：汉有善铜出丹阳，取之为镜清如明，左龙右虎备四旁（方）。

时代：西汉晚期或东汉早期

著录：《小校》卷十六70a上；《小檀》卷二23a；《图典》B图3.244。

简注：“汉”字前有起止符号。“四”字作“三”。

编号：1899

释文：【外】汉有善铜出丹阳，取［之］为镜清如明，左龙右虎备之。【内】子丑寅卯辰巳午未申酉戌亥。

时代：西汉晚期或东汉早期

著录：《湖研》图六〇。

编号：1900

释文：汉［有］善同（同）出丹阳，取之为竟（镜）青（清）而明，左龙右虎主。

时代：西汉晚期或东汉

著录：《簠斋》第86页；《国图》第96页；《岩窟》二中第21图②；《尊古斋》第52页。

简注：“汉”字前有起止符号。

编号：1901

释文：汉有善铜出丹阳，取之为竟（镜）清且明，左龙右虎。

① 何清谷：《三辅黄图校注》，三秦出版社2006年版，第367—368页。
② 传陕豫之间出土。

时代：西汉晚期或东汉早期
著录：《古今》图77。
简注："铜"字借笔，"明"字反书。

编号：1902
释文：汉有善铜出丹阳，取之为镜清始〈如〉（而）明，左龙右。
时代：西汉晚期至东汉早期
著录：《小校》卷十五18a；《志稿》第3319页下；/《清仪阁》图2。
简注：《清仪阁》所刊之器形制、纹饰与《小校》皆同，不是是否为同一器。"汉"字前有起止符号。

编号：1903
释文：汉有善铜出丹阳，取之［为］竟（镜）清如明，左龙右［虎］。
时代：西汉晚期或东汉
著录：《长沙》图81；《图典》B图3.217。
简注："汉"字前有鱼纹起止符号。

编号：1904
释文：汉有善铜出丹阳，取之为镜清如明，左龙。
时代：西汉晚期或东汉
著录：《东南文化》2009（4）第57页图九。
简注："汉"字前有起止符号。

编号：1905
释文：汉有善同（铜）出丹阳，取之为竟（镜）清如明，有（右）龙。
时代：西汉晚期或东汉早期
著录：《未名斋》第83页。

编号：1906
释文：汉有善铜出丹阳，取之为镜清且明。
时代：西汉晚期或东汉
著录：《博古图》卷二十八38a。
简注："汉"字前有起止符号。

编号：1907
释文：汉有善同（铜）出丹阳，取之为竟（镜）青（清）且明。
时代：西汉晚期或东汉
著录：《小校》卷十五18b上。
简注："汉"减笔，"汉"字前有起止符号。

编号：1908
释文：汉有善同（铜）出丹阳，取已（以）为镜青（清）且明。
时代：西汉晚期至东汉早期
著录：《文博》2016（2）封三：2、第9页图二五：2。
简注："汉"字前有起止符号。

编号：1909
释文：汉有善同（铜）出［丹］阳，取之为竟（镜）青（清）如［明］。
时代：西汉晚期或东汉早期
著录：《小校》卷十五18b下；《志稿》第3315页。
简注："汉"字前有起止符号。

编号：1910
释文：汉有善铜出丹阳，取之为镜清［如/且］明。
时代：西汉晚期或东汉
著录：《尊古斋》第53页。
简注："汉"字前有起止符号。

编号：1911
释文：汉有善同（铜）出丹羊（阳），取之为竟（镜）。
时代：西汉晚期或东汉早期
著录：《岩窟》二中第23图。
简注：传豫皖间出土。"汉"字前有起止符号。

编号：1912
释文：汉有善铜出丹阳，取［之］为镜。
时代：西汉晚期或东汉早期
著录：《湖研》图六一。
简注：镜残缺。

编号：1913
释文：汉有善铜出丹阳，用之为镜青（清）如［明］，八子治〈九〉孙治中央，千秋万岁去不阳（祥），上太（泰）山，寺（食）玉央（英）。
时代：西汉晚期或东汉早期
著录：《小校》卷十五17b；《志稿》第3319页上。
简注：“汉”字前有起止符号。此条重出，亦列于“上太山”铭（一）。

编号：1914
释文：汉有善同（铜）出丹阳，以之作竟（镜）清且明，生长久。
时代：西汉晚期或东汉
著录：《小校》卷十五19a上。

编号：1915
释文：汉有善同（铜）出丹阳，以之为镜清照明。
时代：东汉至六朝
著录：《鄂城》图13。

编号：1916
释文：汉有善铜出丹阳，为镜青（清）而明，八子力〈九〉孙。
时代：西汉晚期或东汉
著录：《鄂州》图21 。
简注：“汉”字前有起止符号。“力”字疑为“九”字脱笔所致。

编号：1917
释文：杜氏作竟（镜）大无伤，汉有善同（铜）出丹杨（阳），家当大富乐未央，子孙备具居中央，长保二亲贵，为吏高迁，上有奇［兽］辟不羊（祥），长宜此竟（镜）得二。
时代：东汉
著录：《长沙》图108；《图典》B图3.273。
简注：铭文书体纤细，“汉”“杨”“居”“上”“有”“奇”“辟”“此”“得”诸字反书，“乐”字减笔。此条重出，亦列于“杜氏”铭一节。

编号：1918
释文：【外】杜氏作竟（镜）大无伤，汉有善同（铜）出丹杨（阳），家当大富乐未央，子孙备具。【内】长宜子孙。
时代：东汉
著录：《湖研》图一一九。
简注：此条重出，亦列于“杜氏”铭一节。

编号：1919
释文：杜氏作竟（镜）大无伤，汉有善同（铜）出丹杨（阳），家当大富乐未央，子孙备具。
时代：东汉
著录：《湖研》图八二。
简注：此条重出，亦列于“杜氏”铭一节。

编号：1920
释文：杜氏作竟（镜）大毋伤，汉有善铜出丹杨（阳），宜侯王，家当大富乐未央，子孙。
时代：东汉
著录：《湖研》图八四。
简注：此条重出，亦列于“杜氏”铭一节。

编号：1921
释文：杜氏作竟（镜）大毋伤，汉有善同（铜）出丹杨（阳）。
时代：东汉
著录：《郴州》第54页。
简注：此条重出，亦列于“杜氏”铭一节。

编号：1922
释文：杜氏作竟（镜）大毋伤，汉有善同（铜）。
时代：东汉
著录：《江汉考古》1991（4）图版四：1。
简注：此条重出，亦列于“杜氏”铭一节。

编号：1923
释文：宋氏作竟（镜）大毋伤，汉有善同（铜）出丹杨（阳），上右（有）白虎如侯王兮。
时代：东汉

著录：《寿县》图98。

简注：此条重出，亦列于“宋氏”铭一节。

编号：1924

释文：【内】汉有善同（铜）出丹阳，大师得同（铜）合湅（炼）五金成。【外】刘氏作明竟（镜），幽湅（炼）三商，调（雕）刻无极，配像万疆，天禽四守（兽），衔持维刚（纲），大吉，其师命长，服者，敬奉贤良，曾（增）年益寿，富贵。

时代：东汉中晚期

著录：《陈介祺》图156；《尊古斋》第62页；《国图》第155页；《镜录》卷中21b；《桃华盦》图30上；《志稿》第3345页；《久保惣》A图59；《久保惣》B图59。

简注：“刘”字前有起止符号。此条重出，亦见于“刘氏”铭一节。

编号：1925

释文：汉有善铜出丹山，刻者甚巧镜师神，左龙右虎拜鲜（仙）人，法而天地传子孙，葆（保）长命，寿万（万）年。

时代：西汉晚期或东汉

著录：《尊古斋》第51页；《善斋》镜录卷一34a、34b—35a；《小校》卷十五21a；《志稿》第3320页；《图集》图350；《图典》A图357；《图典》B图3.291。

简注：“汉”字前有起止符号。

编号：1926

释文：汉有善铜出堂浪（琅），和已（以）银锡清且明，左龙右虎主四彭（方），八［子］九孙治中央，朱爵（雀）玄武顺阴阳，□□兹（蚩）邮（尤）辟五兵，延年益寿乐未央，毋亟（极）之息辟不阳（祥）。

时代：西汉晚期或东汉早期

著录：《绍兴》第69页；/《深圳》图60；《图集》图347。

简注：两镜形制、纹饰、尺寸皆同，重量略为有别，疑同模。“汉”字前有起止符号。堂浪，汉洗作“堂狼”，传世文献作“堂琅”，据《汉书·地理志》汉武帝时犍为郡辖县十二，其中之一为堂琅，以产铜著称。

编号：1927

释文：汉有善铜出桂阳，取之为镜清如明，左龙右虎主。

时代：西汉晚期或东汉早期

著录：《未名斋》第81页；《绍兴》第71页。

78.“刘氏去，王氏持”铭

“刘氏去，王氏持”铭目前存世者仅见一面，外圈铭文作：

刘氏去，王氏持，天下安宁乐可喜，井田平贫广其志。

“刘氏”，代指汉朝，“刘氏去，王氏持”指新莽代汉的历史事件，《汉书·王莽传》：“顺符命，去汉号焉。”“皇天革汉而立新，废刘而兴王。”

“井田平贫广其志”，则是王莽时期田制改革的写照。据《汉书·王莽传》，始建国元年：

莽曰：“古者，设庐井八家，一夫一妇田百亩，什一而税，则国给民富而颂声作。此唐虞之道，三代所遵行也。秦为无道，厚赋税以自供奉，罢民力以极欲，坏圣制，废井田，是以兼并起，贪鄙生，强者规田以千数，弱者曾无立锥之居。……予前在大麓，始令天下公田口井，时则有嘉禾之祥，遭反虏逆贼且止。今更名天下田曰‘王田’，奴婢曰‘私属’，皆不得卖买。其男口不盈八，而田过一井者，分余田予九族邻里乡党。故无田，今当受田者，如制度。敢有非井田圣制，无法惑众者，投诸四裔，以御魑魅，如皇始祖考虞帝故事。”

不过由于改制导致社会经济日益恶化，并激化了阶级矛盾。因此，始建国四年，王莽下诏废除井田制，买卖王田及庶人者也不再绳之以法。

中郎区博谏莽曰：“井田虽圣王法，其废久矣。周道既衰，而民不从。秦知顺民之心，可以获大利也，故灭庐井而置阡陌，遂王诸夏，讫今海内未厌其敝。今欲违民心，追复千载绝迹，虽尧、舜复起，而无百年之渐，弗能行也。天下初定，万民新附，诚未可施行。”莽知民怨，乃下书曰：“诸名食王田，皆得卖之，勿拘以法。犯私买卖庶人者，且一切勿治。”

王田制改革遂告失败。

此镜出土地、铸造时间皆明确，在分期断代及证史等方面皆有重要的参考价值，对此学界已有不少研究成果，学者可以参看。兹择要略举几例：

1. 此镜出土于小型普通砖室墓，直径小，铸工并不精致，应系民间所铸。

2. 此镜内容反映了当时民间广泛流行的政治谣谚。

3. 在纹饰方面，制度严格的新莽时代所铸之镜四神中存在缺少玄武的现象。

4. “长宜子孙”铭套语的出现不晚于新莽。

5. 王田制改革确有其事，在民间或曾获得一定的支持。

编号：1928

释文：【外】刘氏去，王氏持，天下安宁乐可喜，井田平贫广其志。【内】长宜子孙。

时代：新莽

著录：《止水集》第88页图20；《文物》2011（1）第80页图一；《阜阳》彩图5、图3—1；《文化》图144；《图集》280。

简注：安徽省阜阳市出土。“持”“喜”“志”，叶之部韵。

79. “新兴辟雍”铭

“新兴辟雍”铭，即以“新兴辟雍”四字置于句首的镜铭类型。其较为完整的文句为：

A.新兴辟雍建明堂，然于举土列侯王，将军令尹民户行，胡虏真（殄）灭下（获）青黄，诸生万舍在北方，郊祀星宿并天皇，左龙右虎主四彭（方），子孙复（备）具治中央。

句式规整，七字一句，“堂”“王”“行”“黄”“方”“皇”“彭”“央”，皆为阳部韵，句句入韵。

有时也会加入一些吉语，如：

B.新兴辟雍建明堂，单于举土列侯王，将军大尹民户行，八子九孙治中央，常服此镜寿命长。

C.新兴辟雍建明堂，然于举土列侯王，将军大尹民户行，诸生万舍在北方，子孙复（备）具治中央，左龙右虎主四彭（方），家尚（当）大富宜君王。

“新”，即王莽所建立的新朝。“兴”，为兴办、创建之意，“兴/辟雍”与“建/明堂”句型相同，皆为动宾结构。辟雍，传世文献亦作“辟雝”、“辟廱”，本为周天子所设大学，是后世尊儒学、行典礼的重要场所。班固《白虎通·辟雍》：“天子立辟雍何？所以行礼乐宣德化也。辟者，璧也，象璧圆，又以法天，于雍水侧，象教化流行也。”

“明堂”，古代帝王宣明政教之处，凡朝会、祭祀、庆赏、选士等大典皆在此举行。《礼记·明堂位》：“昔者周公朝诸侯于明堂之位，天子负斧依南乡而立。”文献中“辟雍”“明堂”常并举，曹植《七启》：“赞典礼于辟雍，讲文德于明堂。”

“然于”，即单于，称单于为“然于”，属蔑称。《周礼·春官·巾车》：“駹车雚蔽，然複髹饰。”郑玄注：“然，果然也。”贾公彦疏：“云然，果然也者。果然，兽名。”《埤雅》作“猓”。“然于”之“然”，疑即此兽名。

“举土”，即献地，献上土地表示臣服之意。“单于举土列侯王”，指四夷内附，成为属臣。“将军”，武职，“令尹”“大尹”，文职，铭文中两者并举泛指文武官员。

“青黄”，即官印上的青绶、黄绶，《后汉书·舆服下》中的“九卿、中二千石、二千石，青绶”及“四百石、三百石、二百石，黄绶”，代指官爵。“胡虏殄灭下（获）青黄”，指平定四方，因功受封官爵。

“诸生”，指众儒生、学者。《史记·曹相国世家》：“参尽召长老诸生，问所以安集百姓。”《汉书·叔孙通传》：“臣愿征鲁诸生，与臣弟子共起朝仪。”

“天皇”，即天帝，典籍又谓之“上帝”。陆机《列仙赋》：“观百化天神区，觐天皇于紫微。”

上述铭文所述之事，皆见于《汉书·王莽传》：

是岁，莽奏起明堂、辟雍、灵台，为学者筑舍万区，作市、常满仓，制度甚盛。

群臣奏言："昔周公奉继体之嗣，据上公之尊，然犹七年制度乃定。夫明堂、辟雍，堕废千载莫能兴，今安汉公起于第家，辅翼陛下，四年于兹，功德烂然。公以八月载生魄庚子奉使，朝用书临赋营筑，越若翊辛丑，诸生、庶民大和会，十万众并集，平作二旬，大功毕成。"

莽既致太平，北化匈奴，东致海外，南怀黄支，唯西方未有加。乃遣中郎将平宪等多持金币诱塞外羌，使献地，愿内属。宪等奏言："羌豪良愿等种，人口可万二千人，愿为内臣，献鲜水海、允谷盐池，平地美草皆予汉民，自居险阻处为藩蔽。问良愿降意，对曰：'……从四岁以来，羌人无所疾苦，故思乐内属。'宜以时处业，置属国领护。"事下莽，莽复奏曰："……越裳氏重译献白雉，黄支自三万里贡生犀，东夷王渡大海奉国珍，匈奴单于顺制作，去二名，今西域良愿等复举地为臣妾，昔唐尧横被四表，亦亡以加之。今谨案已有东海、南海、北海郡，未有西海郡，请受良愿等所献地为西海郡。……"奏可。

居摄元年正月，莽祀上帝于南郊，迎春于东郊，行大射礼于明堂，养三老五更，成礼而去。

王邑等还京师，西与王级等合击明、鸿，皆破灭，语在《翟义传》。莽大置酒未央宫白虎殿，劳赐将帅。诏陈崇治校军功，第其高下。莽乃上奏曰："……羌寇害西海郡，反虏流言东郡，逆贼惑众西土，忠臣孝子莫不奋怒，所征殄灭，尽备厥辜，天下咸宁。……臣请诸将帅当受爵邑者爵五等，地四等。"奏可。于是封者高为侯伯，次为子男，当赐爵关内侯者更名曰附城，凡数百人。击西海者以"羌"为号，槐里以"武"为号，翟义以"虏"为号。

需要注意的是，上述之事皆发生在新朝建立之前，铭文之所以称"新"而不称"汉"，大约是新朝建立不久后，出于政治舆论宣传的需要，对王莽之前诸多善政的一种追述。"新兴辟雍"铭镜存世较少，但据上述铭文，已可见其在证史方面的重要价值[①]。

编号：1929

释文：【外】新兴辟雍建明堂，然于举土列侯王，将军大尹民户行，诸生万舍在北方，子孙复（备）具治中央，左龙右虎主四彭（方），家尚（当）大富宜君王。【中】大富昌，宜君王，乐未央，□□□。【内】大富昌，宜君王，乐未央。

时代：新莽

著录：《守屋》A彩图第2页。

简注："大尹"，新莽时对郡太守的改称。《汉书·王莽传》："莽以《周官》《王制》之文，置卒正、连率、大尹，职如太守。"

编号：1930

释文：【外】新兴辟雍建明堂，单于举土列侯王，将军大尹民户行，八子九孙治中央，常服此镜寿命长。【内】长宜子孙。

时代：新莽

著录：《清华》图54；《汉铭斋》附图20；《文化》图160；《图集》图306；《清艺》第61页；《书法》图162；《拓片》图115。

编号：1931

释文：【外】新兴辟雍建明堂，然于举土列侯王，将军令尹民户行，虏胡真（殄）灭（滅）下（获）青黄，诸生万舍在北方，郊祀星宿并天皇，左龙右虎主四彭（方），子孙复（备）具治中央。【内】子丑寅卯辰巳午未申酉戌亥。

时代：新莽

著录：《阳羡》图64。

简注："新"字前有起止符号。"天"字形似"共"字。"虏胡"错讹。

① 也有学者认为，此处的"新"义为"新旧"之"新"，文意亦通，我们更倾向于此处的"新"字指王莽国号。同时期，其他形制、纹饰相类的铜镜，在镜铭中位于句首的"新"字，皆为国号。历史上，王莽国号变名甚多。据陈直先生考证，有新室、黄室、新家、新成、新世等，新室、黄室见于《汉书》，其余皆散见于铜器印镜等。

编号：1932

释文：【外】新兴辟雍建明堂，虏胡真（殄）灭（滅）下（获）青黄，然于举土列侯王，将军令尹民户行，诸生万舍在北方，郊祀星宿□□□，子孙复（备）具治中央。【内】子丑寅卯辰巳午未申酉戌亥。

时代：新莽

著录：《未名斋》第183页。

简注："新"字前有起止符号。"户"字从艹，"下"讹作"卩"。

编号：1933

释文：［新兴辟雍建］明堂，虏胡真（殄）灭（滅）匹青黄，然于举土列侯王，将军令尹民户行，诸生万舍在北方，郊祀星宿并天皇，子孙复（备）有。

时代：新莽至东汉早期

著录：《大观》第139页。

编号：1934

释文：【外】新兴辟雍建明堂，左龙右虎辟不兮详（祥），诸□万（萬）舍在北方，虏胡真（殄）人〈灭〉（滅）下（获）［青黄］。【内】子丑寅卯辰巳午未申酉戌亥。

时代：新莽

著录：《未名斋》第187页。

简注："新"字前有起止符号。

编号：1935

释文：【外】新兴辟雍建明堂，然于举土列侯王，将军令尹民户行，诸生万舍在北方，郊祀星宿并天皇，子孙复（备）具治中央。【内】子丑寅卯辰巳午未申酉戌亥。

时代：新莽

著录：《止水集》第74页图一三；《清华》图53；《文化》图158；《图集》图305；《书法》图161；/《阳羡》图67；《图集》图304；/《清爱堂》图84。

简注："新"字前有起止符号。铭文多有讹变。

编号：1936

释文：【外】新兴辟雍建明堂，然于举土列侯王，将军令尹民户行，郊祀星宿并天皇。【内】子丑寅卯辰巳午未申酉戌亥。

时代：新莽

著录：《尊古斋》第80页。

简注："新"字前有起止符号。"天"字形似"共"字。

编号：1937

释文：新兴辟雍建明堂，然于举土列侯王，将军令尹民户行，郊祀星宿并天皇。

时代：新莽

著录：《收藏家》2009（1）第36页图4。

简注："新"字前有起止符号。"天"字形似"共"。

编号：1938

释文：【外】新兴辟雍建明堂，然于举土列侯王，将军令尹民户行，诸生万舍在北方，子孙复（备）具治中央。【内】子丑寅卯辰巳午未申酉戌亥。

时代：新莽

著录：《绍兴》第99页；《未名斋》第181页。

简注："新"字前有起止符号。

编号：1939

释文：【外】新兴辟雍建明堂，然于举土列侯王，将军令尹民户行，诸生万舍在北方，子孙复（备）具治中央。【内】长宜子孙。

时代：新莽

著录：《阜阳》彩图第3页下。

简注："新"字前有起止符号。

编号：1940

释文：新兴辟雍建明堂，然于举土列侯王，将军令尹民户行，诸生万舍在北方，乐未央。

时代：新莽

著录：《淮与汉》图L6；/《上博》A彩图39、拓片39；《上博》B图41；《辞典》第1428页右图；《图典》A图323；《图典》B图3.253。

编号：1941

释文：新兴辟雍建明堂，然于举土列侯王，将军令尹民户行，诸生万舍在北方。

时代：新莽

著录：《小檀》卷二28b；《拓影》图45；《小校》卷十六66a上；《志稿》第3455页；/《绍兴》第111页；《未名斋》第185页。

编号：1942

释文：新兴辟雍建明堂，然于举土列侯王，将军令尹民户行，八子九孙治中央。

时代：新莽

著录：《文化》图159。

简注：“新”字前有起止符号。

编号：1943

释文：新兴辟雍建明堂，然于举土列侯王，子孙复（备）具治中央。

时代：新莽

著录：《上博》A彩图40、拓片44；/《镜录》卷中6b；《志稿》第3454页；《图典》A图274；《图典》B图3.188。

简注：《上海博物馆藏青铜镜》一书中拓本图40与图44错置。

编号：1944

释文：新兴辟雍建明堂，然。

时代：新莽

著录：《阳羡》图65。

80.“新有”铭

“新有”铭，即以“新有”二字置于句首的镜铭种类。常见较为完整的首句为：

A.新有名铜出丹阳

B.新有名善铜出丹阳

C.新有善铜出丹阳

D.新有善铜出南乡

E.新有佳镜兮真大好

句式规整，多为七字一句。

在用韵方面，A、B、C、D四型属于同一系列，韵脚多属阳部；E型属于另一系列，韵脚属幽部。其中C型最为普遍，出土地区也最多。

在套语组合方面，“新有”铭镜常配以下面几种文句：

Ⅰ.调湅冶镜大毋伤

Ⅱ.湅冶铜华清且明

Ⅲ.湅冶银锡清且明

Ⅳ.湅冶银锡清如明

Ⅴ.和以银锡清且明

Ⅵ.取之为镜清且明

Ⅶ.取之为镜清如明

Ⅷ.用之为镜清且明

Ⅸ.用之为镜清而明

Ⅹ.以之作镜清且明

Ⅺ.以之作镜成文章

Ⅻ.巧工刻之成文章

其中与Ⅳ、Ⅴ两式的组合最为普遍。

“新”，即王莽所建立的新朝，铭文中常省去斤旁。从文句构成来看，此类镜的大部分套语亦见于“尚方”铭系列及“汉有”铭系列。C型镜中也有不少直接在文句中出现“尚方御镜”“尚方作镜”套句，说明这几种镜类关系密切。有的铜镜若将其中的“新”字改为“汉”字则与“汉有”铭系列之镜无二。

在形制、纹饰上，“新有”铭系列皆为圆钮，钮座有圆钮与四叶纹两种，主题纹饰以带乳钉的博局纹或简式博局纹为主，乳钉数量以四乳或八乳居多，乳钉外常饰以四叶纹，或围以内向连弧纹，镜缘常饰锯齿纹、双线水波纹、云气纹、变体云气纹及云虡纹。曲道间常置四神、羽人、带角神兽及细线云纹，有时也会置蟾蜍、禽鸟、仙草等纹饰，并存在四神不全，或配位随意的现象。

由于“新有”系列铜镜数量较多，受篇幅所限，本节只能胪列各地区较为典型者，即便如此，本节所列之镜仍然较多，为方便检索，本节暂按上述型式先后顺序排序，每种型式中铭文较完整者靠前，减铭较多者靠后。个别文句不在上述型式之内，则据铭文相似性排序。

编号：1945
释文：新有名铜出丹阳，用之为镜青（清）而明，八子九孙主治四彭（方），朱爵（雀）玄武。
时代：新莽
著录：《小校》卷十六68b下；《志稿》第3457页。
简注："新"字前有起止符号。"四"字作"三"。

编号：1946
释文：新有名铜出丹阳，用之为镜青（清）而明，八子九孙。
时代：东汉
著录：《浙江》B彩图6。
简注："新"字前有起止符号。

编号：1947
释文：【外】新有名善铜出丹阳，用之为镜清且明，八子九孙主四彭（方），朱爵（雀）玄武。【内】子丑寅卯辰巳午未申酉戌亥。
时代：新莽
著录：《岩窟》二中第14图。
简注："新"字前有起止符号。"四"字作"三"。

编号：1948
释文：【外】新有善同（铜）出丹阳，调湅（炼）冶竟（镜）大毋伤，左龙右虎掌四彭（方），朱鸟玄武顺阴阳，子孙备具居中央，长保二亲如侯王，千秋万岁乐未央。【内】子丑寅卯辰巳午未申酉戌亥。
时代：新莽
著录：《文物》1987（6）第93页。
简注："四"字作"三"。

编号：1949
释文：【外】田氏作竟（镜）大毋伤，新有善同（铜）出丹阳，湅（炼）冶铜锡清如明，得此竟（镜）者贾千万（萬）。【内】长宜子孙。
时代：新莽
著录：《考古》1957（6）第42页图一；《图典》A图358；《图典》B图3.293。
简注：此条重出，亦列于"田氏"铭一节。

编号：1950
释文：新有善同（铜）出丹阳，湅（炼）冶铜华清而明，以之为镜成文章，左龙右虎辟不羊（祥），乐哉巨央。
时代：新莽
著录：《陶斋》卷七31b。
简注："新"字前有起止符号。此条重出，亦列于"铜华"铭一节。

编号：1951
释文：【外】尚方作竟（镜）大毋伤，新有善同（铜）出丹杨（阳），湅（炼）冶银锡青（清）而明，巧工刻之成文章，左龙右虎辟不羊（祥），朱鸟玄武顺［阴］阳，子孙备具居［中央］。【内】子丑寅卯辰巳午未申酉戌亥。
时代：新莽
著录：《郴州》第30页、第31页。
简注："四"字作"三"。此条重出，亦列于"尚方作镜"铭（毋伤）一节。

编号：1952
释文：【外】作竟（镜）大毋伤，新有善同（铜）出丹阳，巧工刻之成文章，子孙大富▨。【内】长宜子孙。
时代：新莽
著录：《东南文化》1992（2）第169页图十八。

编号：1953
释文：杜氏作竟（镜）大毋伤，辛（新）有善铜出丹羊（阳），湅（炼）冶银锡清如明，左龙右虎辟不阳（祥），长富乐未央。
时代：新莽
著录：《武汉》第69页；/《湖南》图76；《湖历》图71；《湖研》图八〇；《图典》A图339；

《图典》B图3.272。

简注：“杜”字前有起止符号。“新”字省去斤旁。此条重出，又见于“杜氏”铭一节。

编号：1954

释文：【外】新有善铜出丹阳，湅（炼）冶银锡清而明，尚方刻娄（镂）善毋伤，［巧工］刻［之］成文章，左龙右虎辟不阳（祥），朱鸟玄武顺阴阳，子孙备具居中央，长保二亲乐未央，寿如今（金）吉石。【内】子丑寅卯辰巳午未申酉戌亥。

时代：新莽

著录：《宁寿》卷十五3a。

简注：“新”字前有禽鸟纹起止符号，“娄”误摹作“思”，“保”字漏摹人旁，“寿”误摹作“善”。

编号：1955

释文：【外】新有善铜出丹阳，湅（炼）冶银锡清而明，尚方御竟（镜）大毋伤，巧工刻之成文章，左龙右虎掌四彭（方），朱鸟玄武顺阴阳，子孙备具居中央，长保二亲如侯王，千秋万岁乐未央。【内】子丑寅卯辰巳午未申酉戌亥。

时代：新莽

著录：《考古》1992（9）第802页图一。

简注：“四”字作“三”。此条重出，亦列于“尚方御镜”铭一节。

编号：1956

释文：【外】新有善铜出丹阳，湅（炼）冶银锡清而明，巧工刻娄（镂）成文章，左龙右虎掌四彭（方），朱鸟玄武顺阴阳，子孙备具居中央，长保二亲如侯王，千秋万岁乐未央。【内】子丑寅卯辰巳午未申酉戌亥。

时代：新莽

著录：《守屋》A图版第4页；《止水集》第70页图10。

简注：“新”字前有起止符号。“四”字作“三”。

编号：1957

释文：【外】新有善铜出丹阳，湅（炼）冶银锡清而明，尚方御竟（镜）大毋伤，巧工刻之成文章，左龙右虎辟不羊（祥），朱鸟玄武顺阴阳，子孙备具居中央，长保二亲乐富昌，寿敝今（金）石如侯王兮。【内】子丑寅卯辰巳午未申酉戌亥。

时代：新莽

著录：《唐宋》附图21；《国博》1992（18—19）第228页图69；《辞典》第1428页左图。

简注：“新”字前有起止符号。此条重出，亦列于“尚方御镜”铭一节。

编号：1958

释文：【外】尚方作竟（镜）大毋伤，新有善铜出丹阳，湅（炼）冶银锡清而明，巧工刻之成文章，左龙右虎辟不羊（祥），朱鸟玄［武］顺阴阳，子孙备具居中央，长保二亲乐富昌，寿敝金石如侯王兮。【内】子丑寅卯辰巳午未申酉戌亥。

时代：新莽

著录：《淮与汉》图L1。

简注：“尚”字前有起止符号。此条重出，亦列于“尚方作镜”铭（毋伤）一节。

编号：1959

释文：【外】新有善同（铜）出丹阳，錬（炼）冶银锡清而明，尚方御竟（镜）大毋伤，巧工刻之成文章，左龙右虎辟不羊（祥），朱鸟玄武顺阴阳，子孙备具居中央，长保二亲乐富昌，寿敝今（金）石如侯王。【内】子丑寅卯辰巳午未申酉戌亥。

时代：新莽

著录：《图集》图298。

简注：“新”字前有起止符号。此条重出，亦列于“尚方御镜”铭一节。

编号：1960

释文：【外】新有善铜出丹阳，湅（炼）冶银锡清而明，尚方御竟（镜）大毋伤，巧工刻之成文章，左龙右虎辟不羊（祥），朱鸟玄武顺阴阳，子孙备具居中央，寿敝金［石］如侯王。【内】子丑寅卯辰巳午未申酉戌亥。

时代： 新莽

著录： 《开明堂》图97。

简注： 此条重出，亦列于“尚方御镜”铭一节。

编号： 1961

释文： 【外】新有善同（铜）出丹阳，湅（炼）冶银锡清而明，尚方御竟（镜）大毋伤，左龙右虎辟不羊（祥），朱鸟玄武顺阴阳，子孙备具居中央，寿敝今（金）石如侯王。【内】子丑寅卯辰巳午未申酉戌亥。

时代： 新莽

著录： 《守屋》A彩版第3页。

简注： “新”字前有起止符号。此条重出，亦列于“尚方御镜”铭一节。

编号： 1962

释文： 【外】新有善铜出丹阳，湅（炼）冶银锡清而明，尚方御竟（镜）大毋伤，巧工刻之成文章，子孙备具居中央，长保二亲乐富昌兮。【内】子丑寅卯辰巳午未申酉戌亥。

时代： 新莽

著录： 《簠斋》第14—15页、第88—89页；《国图》第90页；《陈介祺》图61；《桃阴庐》图13。

简注： 几件拓片所录之镜形制、纹饰完全相同，疑有相同之器。此条重出，亦列于“尚方御镜”铭一节。

编号： 1963

释文： 【外】新有善同（铜）出丹阳，湅（炼）冶银锡清而明，巧工刻之成文章，左龙右虎辟不羊（祥），朱鸟玄武顺阴阳，子孙服（备）具居中央，长保二［亲］乐富昌，寿如金石之侯王。【中】角王巨虚日得憙（喜），延年益寿去忧事，长乐万世宜酒食，子孙［备］具家大富。【内】宜子孙。

时代： 新莽

著录： 《小校》卷十六66b；《志稿》第3467页；/《小檀》卷二17a—17b；《拓影》图21；《小校》卷十六67a；《图典》A图355；《图典》B图3.289；/《收藏家》2009（1）第38页图2；《绍兴》第101页；《未名斋》第173页。

简注： 外圈“新”字、中圈“角”字前皆有起止符号。此条重出，亦列于“角王巨虚”铭一节。

编号： 1964

释文： 【外】新有善同（铜）出丹阳，湅（炼）冶银锡清而明，巧工刻之成文章，左龙右虎辟不羊（祥），朱鸟玄武顺阴阳，子孙备具居中央，长保二亲乐富昌，寿敝金石为国保（宝）。【内】子丑寅卯辰巳午未申酉戌亥。

时代： 新莽

著录： 《西安》图31 。

简注： “新”字前有起止符号。

编号： 1965

释文： 【外】新有善铜出丹阳，湅（炼）冶银锡清而明，左龙右虎掌四彭（方），朱鸟。【内】常宜子。

时代： 新莽

著录： 《清爱堂》图103。

简注： “四”字作“三”。据此镜纹饰可知，新莽时亦有四神纹饰不全的现象。

编号： 1966

释文： 【外】新有善铜出丹阳，和以银锡清且［明］，左龙右虎掌四彭（方），朱爵（雀）玄武顺阴阳，八子九孙治中央，真尚（常）安作出阳方，刻娄（镂）博局去不羊（祥）。【内】子丑寅卯辰巳午未申酉戌亥。

时代： 新莽

著录： 《止水集》第70页图12；《未名斋》第127页。

简注： “新”字前有起止符号。“四”字作“三”。“常安”疑指“长安”。据《汉书·王莽传》王莽称帝后，以长安为首都，“长安曰常安”。“常安作”又见于“桼言”铭镜，汉镜中常有“师出长安”之语，似天下工匠皆以长安者为荣，在汉人心中长安工匠所做器物是高质量的保证。

编号： 1967

释文：【外】新有善铜出丹阳，和以银锡清且明，左龙右虎掌四彭（方），朱爵（雀）玄武顺阴阳，八子九孙治中央，刻娄（镂）博局去不羊（祥），家常大富宜君王，千秋万岁乐未央。【内】子丑寅卯辰巳午未申酉戌亥。

时代： 新莽

著录：《清华》图55；《清艺》第62页；《三槐堂》图70、图71；《文化》图153；《图集》图297；《书法》图160；《拓片》图241①；/《止水集》第69页B—7②。

简注：“新”字前有起止符号。“四”字作“三”。

编号： 1968

释文：【外】新有善铜出丹阳，和以银锡清且明，左龙右虎掌四彭（方），朱爵（雀）玄武顺阴阳，八子九孙治中央，刻娄（镂）博局去不羊（祥），家常（当）大富宜君王。【内】子丑寅卯辰巳午未申酉戌亥。

时代： 新莽

著录：《考古》1987（12）第1117页图一；《图典》A图266；《图典》B图3.176。

简注：“新”字前有起止符号。“四”字作“三”。

编号： 1969

释文：【外】新有善铜出丹阳，和已（以）银锡清目〈且〉明，左龙右虎掌四彭（方），朱爵（雀）［玄武］顺［阴］阳，家常（当）大富宜君王，乐未央。【内】子丑寅卯辰巳午未申酉戌亥。

时代： 新莽

著录：《汉雅堂》图73。

简注：“新”字前有起止符号。“四”字作“三”，“顺”字减笔。

编号： 1970

释文：【外】新有善铜出丹阳，和以银锡清且明，左龙右虎掌四彭（方），朱爵（雀）玄［武］顺阴阳，家常（当）大富宜君王。【内】子丑寅卯辰巳午未申酉戌亥。

时代： 新莽

著录：《守屋》A图版第3页。

简注：“四”字作“三”。

编号： 1971

释文： 新有善铜出丹阳，和以银锡清且明，左龙右虎掌四彭（方），朱爵（雀）玄武［顺阴］阳，家常大富宜君王。

时代： 新莽

著录：《中原文物》2009（3）第103页图四。

简注：“新”字前有起止符号。“四”字作“三”。

编号： 1972

释文：【外】新有善同（铜）出丹阳，和已（以）［银］锡清且明，左龙右虎主四方，朱爵（雀）玄武循阴阳，子孙［备］具治中央。【内】昭（照）面目，身万全，向（象）衣服，好可雚（观），君宜官秩，葆（保）子孙。

时代： 新莽

著录：《汉铭斋》图112；《文化》图169；《图集》图335；《书法》图173；《拓片》图80；《复旦》图71。

简注：“万”字从中，汉代镜铭中，作为形符时，从中与从艹常无别。“向”字繁化多一“口”形。此条重出，亦列于“身万全”铭一节。

---

① 此镜现藏于清华大学艺术博物馆。
② 此镜现藏于河南博物院。

编号：1973
释文：【外】新有善铜出丹阳，和已（以）银锡清且明，左龙右虎主四彭（方），八子九孙治中央，朱爵（雀）玄武顺阴阳。【内】子丑寅卯辰巳午未申酉戌亥。
时代：新莽
著录：《绍兴》第95页；《未名斋》第131页。
简注："新"字前有起止符号。"四"字作"三"。

编号：1974
释文：【外】新有善铜出丹阳，和以银锡清且明，左龙右虎掌四彭（方），朱爵（雀）玄武顺阴阳，八子九孙治中央。【内】长宜子孙。
时代：新莽
著录：《阳羡》图66；《图集》图301；《书法》图159。
简注："新"字前有起止符号。"四"字作"三"。

编号：1975
释文：【外】新有善铜出丹阳，和以银锡清且明，左龙右虎掌四彭（方），朱爵（雀）玄武顺阴阳，八子九孙治中央。【内】子丑寅卯辰巳午未申酉戌亥。
时代：新莽
著录：《洛阳》图29；/《浙江》A图20；《浙江》B图17。
简注："新"字前有起止符号。"四"字作"三"。

编号：1976
释文：【外】新有善铜出丹阳，和以银锡清且明，左龙右虎主四彭（方），朱鸟玄武顺阴阳，八子九孙治［中央］。【内】子丑寅卯辰巳午未申酉戌亥。
时代：新莽
著录：《淮与汉》图L3。
简注："新"字前有起止符号。"彭"字减笔，"四"字作"三"，"清""孙"反书。

编号：1977
释文：【外】辛（新）有善铜出丹阳，和已（以）银锡青（清）且明，左龙右虎主四旁（方），八子九孙治中央，东上大（泰）［山］。【内】子丑寅卯辰巳午未申酉戌亥。
时代：新莽
著录：《奇觚室》卷十五39b—40a。
简注："新"字省去斤旁，前有起止符号，"四"字作"三"，"九"字反书。

编号：1978
释文：新有善铜出丹阳，和以银锡清而明，左龙右虎主四彭（方），八子九孙治中央。
时代：新莽
著录：《广西》彩图7、图65。
简注："银"皆从玉，"四"字作"三"，"彭"字反书。

编号：1979
释文：辛（新）有善同（铜）出丹阳，和已（以）银锡青（清）且明，左龙右虎掌四彭（方），八子九孙治［中央］。
时代：新莽
著录：《汉铭斋》图110；《文化》图155；《图集》图300；《拓片》图78；《拓片》图165。
简注："新"字减省斤旁，前有起止符号，"四"字作"三"。

编号：1980
释文：新有善同（铜）出丹阳，和已（以）银锡清且明，左龙右虎主四彭（方），八子［九孙］治中央。
时代：新莽
著录：《未名斋》第135页。
简注："四"字作"三"，"彭"字减笔反书。

编号：1981
释文：【外】辛（新）有善铜出丹阳，和已（以）银锡青（清）且明，左龙右虎主四彭（方），八子九孙。【内】子丑寅卯辰巳午未申酉戌亥。
时代：新莽
著录：《常德》图50 。
简注："新"字省去斤旁，"四"字作"三"。

编号：1982
释文：【外】新有善同（铜）出丹阳，和已（以）银锡青（清）且明，左龙右虎主四方，八子九［孙］。【内】长宜子孙。
时代：新莽
著录：《武汉》第66页。
简注："四"字作"三"，"银"字从玉。

编号：1983
释文：新有善铜出丹阳，和以银锡清且明，左龙右虎掌四彭（方），朱爵（雀）玄武顺阴阳，吉。
时代：新莽
著录：《未名斋》第129页。
简注："新"字前有起止符号。"清"字反书，"四"字作"三"。

编号：1984
释文：新有善铜出丹阳，和以银锡清且明，左龙右虎掌四彭（方），朱爵（雀）玄武顺阴阳。
时代：新莽
著录：《偃师》图22①；《洛华》图105；/《桃华龕》图12；《久保惣》A图28；《久保惣》B图28；/《未名斋》第137页②。
简注："四"字作"三"。

编号：1985
释文：【外】新有善铜出丹阳，和以银锡清且明，左龙右虎掌四彭（方），朱爵（雀）玄武顺阴阳。【内】子丑寅卯辰巳午未申酉戌亥。
时代：新莽
著录：《考古学报》1963（2）图版玖：3；/《善斋》镜录卷二68a、68b；《小校》卷十六68a上；《志稿》第3458页、第3459页③；/《淮与汉》图L4④。
简注："四"字作"三"。

编号：1986
释文：【外】新有善铜出丹阳，和已（以）银锡清且明，左龙右虎掌四彭（方），朱爵（雀）玄［武］顺阴阳。【内】子丑寅卯辰巳午未申酉戌亥。
时代：新莽
著录：《洛古》图78 。

编号：1987
释文：【外】新有善铜出丹阳，和已（以）银锡清且明，左龙有（右）虎主四彭（方），朱爵（雀）玄武顺［阴阳］。【内】子丑寅卯辰巳午未申酉戌亥。
时代：新莽
著录：《三槐堂》图81；《止水阁》图92；《复旦》图70。
简注："新""彭""武"反书，"银"字从水，"四"字作"三"。

编号：1988
释文：【外】新有善铜出丹阳，和以银锡清□明，左龙右虎掌四彭（方），朱爵（雀）玄武。【内】子丑寅卯辰巳午未申酉戌亥。
时代：新莽
著录：《小檀》卷二29a；《拓影》图43；《小校》卷十六68a下；《国图》第89页；《陈介祺》图六二。
简注："新"字前有起止符号。"四"字作"三"。

① 周剑曙，郭宏涛主编：《偃师文物精粹》，国家图书馆出版社2007年版。
② 此镜"新"字前有起止符号。
③ "新"字前有起止符号。
④ "新"字前有起止符号。

编号：1989

释文：【外】新有善铜出丹阳，和已（以）银锡清且明，左龙右虎主四彭（方），朱爵（雀）玄［武］。【内】子丑寅卯辰巳午未申酉戌亥。

时代：新莽

著录：《辽宁》第118页。

简注："新"字前有起止符号。"银"字从玉，"彭"字减笔反书，"四"字作"三"。

编号：1990

释文：新有善铜出丹阳，和已（以）银锡清且明，左龙右虎主四彭（方），朱爵（雀）玄［武］。

时代：新莽

著录：《岩窟》二中第17图。

简注："银"字从玉，"四"字作"三"。

编号：1991

释文：新有善铜出丹阳，和已（以）银锡清且明，左龙右虎掌四彭（方），朱爵（雀）。

时代：新莽

著录：《未名斋》第133页。

简注："清"字反书，"四"字作"三"。

编号：1992

释文：新有善铜出丹阳，和以银锡清且明，［左龙］右虎掌四彭（方），朱爵（雀）。

时代：新莽

著录：《金石索》卷六第85页；/《小檀》卷二29b；《拓影》图75；《小校》卷十六68b上。

简注："新"字前有起止符号。"四"字作"三"。

编号：1993

释文：新有善铜出丹阳，和以银锡青（清）明且，左龙右虎主四彭（方），朱。

时代：新莽

著录：《文物春秋》2015（3）第34页图六：5；《历代》图52。

简注："新"字前有起止符号。"明且"错乙，"四"字作"三"。

编号：1994

释文：辛（新）有善铜出丹阳，和已（以）银锡青（清）且明，左龙右虎主四彭（方），竟（镜）。

时代：新莽

著录：《中原文物》2005（4）第90页图四。

简注："新"字省去斤旁，"四"字作"三"。

编号：1995

释文：新有善铜出丹阳，和以银锡清且明，左龙右虎掌四彭（方）。

时代：新莽

著录：《洛华》图109；/《汉铭斋》附图25；《复旦》图73。

简注："新"字前有起止符号。"四"字作"三"。

编号：1996

释文：新有善铜出丹阳，和已（以）银锡清且明，左龙右虎主四彭（方）。

时代：新莽

著录：《淮南》第112页、第113页[①]；/《清爱堂》图65[②]。

简注："四"字作"三"。

编号：1997

释文：新有善铜出丹阳，和已（以）银锡清且明，左龙右虎［主］四彭（方）。

时代：新莽

著录：《考古》1964（9）第478页图三；《图典》A图277；《图典》B图3.190。

简注："银"字从玉旁，"四"字作"三"。

编号：1998

释文：新有善铜出丹阳，和已（以）清锡佳且明，左龙右虎。

① "新"字前有起止符号。
② "银"字从玉，"彭"字减笔反书。

时代：新莽
著录：《仪征》第102页；《广陵》图119。

编号：1999
释文：新有善铜出［丹］阳，和已（以）银锡清且明，左龙右虎。
时代：新莽
著录：《岩窟》二中第15图。
简注："银""锡"二字从玉。

编号：2000
释文：訢（新）有善同（铜）出丹阳，和已（以）银锡青（清）且明，左龙。
时代：新莽
著录：《武汉》第53页。
简注："银"字从玉。

编号：2001
释文：新有善同（铜）出丹阳，和已（以）银易（锡）青（清）目明，左龙。
时代：新莽
著录：《复旦》图72。

编号：2002
释文：辛（新）有善同（铜）出丹阳，和已（以）银锡清且明，左。
时代：新莽
著录：《桃华盦》图13；《久保惣》A图27；《久保惣》B图27。
简注："辛"字前有起止符号。

编号：2003
释文：【外】新有善同（铜）出丹阳，和已（以）银锡青（清）而明，竟（镜）。
时代：新莽
著录：《汉铭斋》图111；《后沟》图50。
简注："新"字前有起止符号。

编号：2004
释文：新有善同（铜）出丹阳，和［以］锡银青（清）而明，竟（镜）。
时代：新莽
著录：《蚌埠》第72页、第73页。
简注："新"字前有起止符号。

编号：2005
释文：新有善同（铜）出丹阳，和已（以）银锡青（清）且明。
时代：新莽
著录：《岩窟》二中第16图。
简注："银"字从玉。

编号：2006
释文：辛（新）有善同（铜）出丹阳，和已（以）锡银青（清）且明。
时代：新莽
著录：《淮南》第134页、第135页。
简注："锡""银"皆从玉，"新"字省去斤旁。

编号：2007
释文：新有善同（铜）出丹阳，和已（以）银锡青（清）。
时代：新莽
著录：《守屋》A图版第2页。
简注："新"字前有起止符号。"银"字从玉。

编号：2008
释文：辛（新）有善铜出丹阳，和已（以）银锡青（清）。
时代：新莽
著录：《江汉考古》1995（3）第38页图四。
简注："新"字省去斤旁，且字前有起止符号，"银"字从玉。

编号：2009
释文：杜氏作竟（镜）大无伤，亲（新）有善同（铜）出丹阳，和已（以）银锡清且明，朱鸟玄武顺阴阳，令人富贵乐未央兮。

时代： 新莽

著录： 《寿县》图99。

简注： 画像镜。此镜具有分期断代意义。“杜”字前有起止符号。此条重出，又见于“杜氏”铭一节。

编号： 2010

释文： 尚方作竟（镜）大毋伤，辛（新）有善同（铜）出丹羊（阳），和已（以）银锡。

时代： 新莽

著录： 《南阳》图二二一。

简注： “新”字省去斤旁。此镜具有分期断代的重要意义，据此镜可知早在新莽时期便已有画像镜出现。此条重出，亦列于“尚方作镜”铭（毋伤）一节。

编号： 2011

释文： 【外】新有善同（铜）出丹阳，取之为竟（镜）清如明，左龙右虎主。【内】长宜子孙。

时代： 西汉早中期

著录： 《中原文物》2001（3）第73页图九。

编号： 2012

释文： 新有善铜出丹阳，取之冶镜清且明，左龙。

时代： 新莽

著录： 《未名斋》第119页。

编号： 2013

释文： 辛（新）有善同（铜）出丹昜（阳），取之为竟（镜）清且明，左。

时代： 新莽

著录： 《广西》图38。

简注： “新”字前有起止符号。“新”字省去斤旁。

编号： 2014

释文： 【外】新有善铜出丹阳，以之为镜清且明，左龙右虎掌四彭（方），爵（雀）朱玄武顺阴阳。【内】君宜子孙。

时代： 新莽

著录： 《守屋》A图版第1页。

简注： “四”字作“三”，“彭”字反书，“爵朱”错乙，“顺”字从水作“湏”。

编号： 2015

释文： 【外】新有善同（铜）出丹阳，巧工刻娄（镂）宜文章，左龙右虎主四彭（方），朱鸟玄武顺阴阳，子孙备具居中央，长保二亲如侯王。【内】子丑寅卯辰巳午未申酉戌亥。

时代： 新莽

著录： 《小校》卷十六67b；《小檀》卷二30a；《志稿》第3460页。

简注： “新”字前有起止符号。“文”前之字，似“画”，又似“宜”。

编号： 2016

释文： 【外】新有善铜出丹阳，巧工刻娄（镂）宜文章，左龙右虎主四彭（方），朱鸟玄武顺阴阳，子孙备具居中央。【中】子丑寅卯辰巳午未申酉戌亥。【内】长宜子孙。

时代： 新莽

著录： 《未名斋》第139页。

简注： “新”字前有起止符号。

编号： 2017

释文： 新家右（有）善铜出［丹］阳，□之为镜清［且］明，少真名。

时代： 新莽

著录： 《湖研》图五三；《图典》A图337；《图典》B图3.269。

简注： “新”字前有起止符号。

编号： 2018

释文： 【外】新有善同（铜）出丹阳，湅（炼），尚方佳竟（镜）真大巧，上有仙人不知老，渴饮玉泉饥食枣，浮游（游）天下敖（遨）四［海］。【内】子丑寅卯辰巳午未申酉戌亥。

时代： 新莽

著录：《湖研》图五二；《图案》第27页；《收藏家》2011（1）第34页图九；《图典》A图267；《图典》B图3.177。

简注："新"字前有起止符号。"饮""饥"二字从水。"敖"有游玩之义。《说文》："敖，出游也。"《诗经·邶风·柏舟》："微我无酒，以敖以游。"此义后世通作"遨"。本书根据学界一般习惯，暂将按"敖—遨"按通假字处理。此条重出，亦列于"尚方佳镜"铭一节。

编号：2019

释文：【外】新有善铜出南乡（乡），巧工调涑（炼）清黄色，尚方用竟（镜）四夷服，多贺王氏天下复，官位尊显蒙禄食，幸逢时年五谷孰（熟），长保二亲子孙力，传之后世乐毋极。【内】子丑寅卯辰巳午未申酉戌亥。

时代： 新莽

著录：《绍兴》第107页；《文化》图154；《图集》图299；《汉雅堂》图76。

简注："新"字前有起止符号。"乡"字减省作"乡"，"四"字作"亖"，"复"字减省，部分套语亦见于"新家"铭镜。

编号：2020

释文：【外】新有佳镜兮真大好，上有仙人不知老。【内】子丑寅卯辰巳午未。

时代： 新莽

著录：《小校》卷十六69a上；《志稿》第3456页。

简注："新"字前有起止符号。

81．"新家"铭

"新家"，据陈直先生考证为王莽新朝别称[①]，《汉书》中多称"新室"。在铜镜中常见的包含"新家"的文句有：

A.唯始建国二年新家尊

B.新家有善铜出丹阳

C.新家作镜真毋伤

D.新家作镜出尚方

E.多贺新家人民息

F.新家安宁百姓喜

A型是有明确时间的纪年镜。B型首句八字，与后面七字文句不协，若省去"家"字则与"新有"铭系列无二，疑B型多减省而成为"新有"铭，或B型为"新有"铭（善铜）系列增一字而成。C型形制、纹饰，套语皆与"尚方"铭（作镜）系列相类，仅为年号上的区别。D型亦少见，与"尚方"铭、"铜华"铭皆有联系。

E型最为普遍。作镜者有王氏、庄氏、魏氏、杜氏、肖氏等，其中尤以王氏数量最多，大约并非偶然。F型较少，在证史方面却极为重要。

在形制、纹饰方面：皆圆钮，钮座有圆钮、四叶纹两种，其中尤以四叶纹钮座居多，座外多饰十二乳钉并配以篆书十二地支铭；主题纹饰为八乳博局纹，偶有多乳禽兽纹，乳钉外常饰以四叶纹或围以内向连弧纹，博局的曲道间多置有精美的日（内饰金乌）、月（内饰蟾蜍）、四神、禽鸟、羽人（或骑鹿、或持仙草、或饲鸟）、带角神兽、仙草及细线云纹等纹饰；镜缘则以锯齿纹、云气纹居多，偶有双线水波纹与云虡纹。

在用字方面，铭文中"节"字皆作"莭"，"熟"字皆作"孰"，"四"字多作"亖"，为汉人习惯。其中"节"与"莭"、"四"与"亖"可视为异体字，依本书体例，在本节释文中直接释作通用字，特此说明。

此外，值得一提的是，过去一般认为浮雕龙虎纹镜出现于东汉早期，盛行于东汉中期，但据《金石索》（卷六第83页）肖氏镜铭可知，这种类型的铜镜在新莽时期便已出现，以后再对浮雕龙虎纹镜分期断代时，不得不考虑到这一点。

为方便检索，本节暂以A—F型式先后为序，每一型式中铭文较完整者靠前，减铭较多者靠后，其中同

① 陈直：《汉书新证》，中华书局2008年版，第448页。

一家族者尽可能罗列在一起。含有“新家”铭文的王氏镜，因与“尚方”铭、“王氏”铭皆有交涉，若重复列出，则较为繁复，故仅列入“王氏”铭（四夷服/新家）一节。

编号：2021

释文：【外】唯始建国二年新家尊，诏书数下大多恩，贾人事市不躬啬田，更作辟雍治校官，五谷成孰（熟）天下安，有知之士得蒙恩，宜官秩，葆（保）子=（子子）孙。【内】宜子孙。

时代：新莽始建国二年

著录：《文物》1957（8）第36页；《尊古斋》第1页；《小校》卷十六65b；《汉唐》第2页、第3页；《图说》图版第二汉2；《镜录》卷上7a；《志稿》第3466页；《书道》卷二图29；《图典》A图313；《图典》B图3.242；《辞典》第1427页左图；《图集》图457；《纪年》图3；《全集》图五九。

简注：始建国二年，即公元10年。《汉书·王莽传》：“始建国元年正月朔，莽帅公侯卿士奉皇太后玺韨，上太皇太后，顺符命，去汉号焉。”此条重出，亦见于纪年镜一节。

编号：2022

释文：【外】新家有善铜出丹阳，取之为镜清如明，左龙右虎备四旁（方），朱爵（雀）玄武。【内】子丑寅卯辰巳午未申酉戌亥。

时代：新莽

著录：《千镜堂》图73；《大观》第190页。

简注：“新”字前有起止符号。“备”字减笔，“四”字作“三”。

编号：2023

释文：新家有善铜出丹阳，取之为镜清如明，左龙右虎备四旁（方）。

时代：新莽

著录：《未名斋》第125页。

简注：“新”字前有起止符号。“备”字减笔，“四”字作“三”，“左”字写法似“右”，略有区别。

编号：2024

释文：新家有善铜出［丹］阳，□之为镜清［且］明，□□□。

时代：新莽

著录：《湖研》图53。

简注：“新”字前有起止符号。“阳”后之字模糊难辨，整理者作“冶”，按汉镜套语格式，也有可能为“以”，因拓片模糊难辨，暂且存疑。

编号：2025

释文：【外】新家作竟（镜）真毋伤，巧工刻之成文章，左龙右虎辟不详（祥），朱鸟玄武顺阴阳，子孙备具居中央，上有仙人以为常，长保二亲乐富昌，寿敝今（金）石如侯王，宜马牛羊。【内】子丑寅卯辰巳午未申酉戌亥。

时代：新莽

著录：《古今》图68；《文化》图156；《图集》302；/《汉雅堂》图75。

简注：两器疑同模。“新”字前有起止符号。

编号：2026

释文：【外】新家作竟（镜）出尚方，鲁般刻画成文章，湅（炼）冶铜華（华）清而明，长保二亲利弟兄，为吏高迁乐未央，富如侯王。【中】子丑寅卯辰巳午未申酉戌亥。【内】尚（常）宜子孙。

时代：新莽

著录：《绍兴》第105页。

简注：“新”字前有起止符号。“冶”字从水。鲁般，典籍又称“公输般”“公输盘”“班输”“鲁盘”，民间多称“鲁班”，春秋时期鲁国人，姬姓，中国古代著名的建筑大师，发明家。此条重出，亦列于“铜华”地支铭一节。

编号：2027

释文：【外】黄帝冶竟（镜）四蔑（夷）服，多贺新家人民息，官位尊显天下复，幸逢时年五谷孰（熟），上有龙虎四时宜，长保二亲子孙力，传之后世乐毋极兮。【内】子丑寅卯辰巳午未申酉戌亥。

时代：新莽

著录：《古今》图69；《文化》图161；《图集》307。

简注："黄"字前有起止符号。"四"字作"亖"。黄帝铸镜之说文献有载。《格致镜原》引《稗史类编》："《黄帝内传》曰：'（黄帝）既与西王母会于王屋，乃铸大镜十二面，随月之用。'"王度《古镜记》："昔者吾闻黄帝铸十五镜，其第一横径一尺五寸，法满月之数也。以其相差，各校一寸。"《古今图书集成·山川典》引《述异记》："俗传轩辕铸镜于湖边，今有轩辕磨镜石，石上常洁，不生蔓草。"

编号：2028

释文：【外】魏氏作竟（镜）四夷服，多贺新家人民息，胡虏殄灭天下复，风雨时节五谷孰（熟），官位尊显蒙禄食，百姓宽憙（喜）得佳德，千秋万年受大福，长保二亲子孙力，传告后世乐毋极兮。【内】子丑寅卯辰巳午未申酉戌亥。

时代：新莽

著录：《中古》第37页；《图集》296。

简注："魏"字前有禽鸟纹起止符号，"四"字作"亖"，"节"字从艹。又见于"魏氏"铭一节。

编号：2029

释文：魏氏昭竟（镜）四夷服，多贺新家人民息，胡虏殄灭天下复，风雨时节五谷孰（熟），官位尊显蒙禄食，长保二亲子孙力，千秋万年受佳德，传告后世乐毋极。

时代：新莽至东汉早期

著录：《千秋》第217页下。

简注："魏"字前有禽鸟纹起止符号。"四"字作"亖"，"节"字从艹。又见于"魏氏"铭一节。

编号：2030

释文：【外】杜氏作竟（镜）四夷服，多贺新家人民息，胡虏殄威（灭）天下复，风雨时节五谷孰（熟），长保二亲受大福，传告后世子孙力，官位高。【内】子丑寅卯辰巳午未申酉戌亥。

时代：新莽

著录：《辽宁》第120页；/《陕西》图49；/《陕历》第88页下；/《陕历》第79页下。

简注："杜"字前有起止符号。"节"字从艹。"时"，应合于时宜之意，"风雨时""五谷孰"为先秦秦汉习语，《管子·禁藏》："顺天之时，约地之宜，忠人之和，故风雨时，五谷实，草木美多，六畜蕃息，国富兵强，民材而令行，内无烦扰之政，外无强敌之患也。"《汉书·董仲舒传》："是以阴阳调而风雨时，群生和而万民殖，五谷孰而草木茂。"《汉书·爰盎晁错传》："阴阳调，四时节，日月光，风雨时，膏露降，五谷熟，妖孽灭，贼气息，民不疾疫，河出图，洛出书，神龙至，凤鸟翔。"《汉书·元帝纪》："盖闻贤圣在位，阴阳和，风雨时，日月光，星辰静，黎庶康宁，考终厥命。"《汉书·王莽传》："间者风雨时，甘露降，神芝生，蓂荚、朱草、嘉禾、休征同时并至。"

"复"疑指免除赋税徭役。《汉书·高帝纪》："夏五月，兵皆罢归家。诏曰：'诸侯子在关中者，复之十二岁，其归者半之。民前或相聚保山泽，不书名数，今天下已定，令各归其县，复故爵田宅。'"

又见于"杜氏"铭一节。

编号：2031

释文：【外】杜氏作竟（镜）四夷服，多贺新家人民息，胡虏殄威（灭）天下复，风雨时节五谷孰（熟），长保二亲受大福，传告后世子孙力，官位。【内】子丑寅卯辰巳午未申酉戌亥。

时代：新莽

著录：《未名斋》第189页。

简注：“杜”字前有起止符号。“节”字从艹。形制、纹饰与陕西地区所出杜氏镜基本相同，唯尺寸小2厘米。又见于“杜氏”铭一节。

编号：2032

释文：【外】龙氏作竟（镜）四夷服，多贺新家人民息，胡虏殄灭天下复，风雨时节五谷孰（熟），长保二亲受大福，传告后世子孙力，寿如金。【内】子丑寅卯辰巳午未申酉戌亥。

时代：新莽

著录：《宝鸡》第57页。

简注：“龙”字前有起止符号。“四”字作“亖”，“节”字从艹，“金”字部分笔划脱铸似“田”。此条重出，亦列于“龙氏”铭一节。

编号：2033

释文：肖氏作竟（镜）四夷服，多贺新家人民息，胡虏殄威（灭）天下复，风雨时节五谷孰（熟），官位尊显蒙禄食，苌（长）葆（保）二亲子孙力，传之后世。

时代：新莽

著录：《金石索》卷六第83页。

简注：“肖”字前有起止符号。“节”字从艹。又见于“肖氏”铭一节。

编号：2034

释文：【外】庄是（氏）作竟（镜）四夷服，多贺新家人民息，胡虏殄灭天下复，风雨时节五谷孰（熟），长保二新（亲）子孙力，传告后世乐无极。【内】子丑寅卯辰巳午未申酉戌亥。

时代：新莽

著录：《中原》图40。

简注：“庄”字前有多个菱形起止符号，“四”字作“亖”，“节”字从艹。又见于“庄氏”铭一节。

编号：2035

释文：【外】从今以往乐乃始，新家安宁百姓喜，然于让地二万里，材官废休罢骑士，米斗两泉石十九已（矣）。【内】长宜子孙。

时代：新莽

著录：《绍兴》第97页；《未名斋》第169页。

简注：“从”字前起止符号。“材官”，指勇健的武卒，为秦汉时的地方兵种。《汉书·刑法志》：“天下既定，踵秦而置材官于郡国。”“废”字铭文中从艹，“废休”，即休废、休息之意，汉代称腊日为“休废日”，相当于今天的节假日，“材官废休罢骑士”承接上文，因匈奴已献地臣服，故而可废除军事上的徭役，与民休息。

82.“新雕冶”铭

“新雕冶”铭镜，即在以“新雕冶”三字为句首的镜种，数量较少，套语内容与“新家”铭相类。

常见的文句有：

A.新雕冶镜子孙息，多贺君家受大福，秩二千石蒙禄食，幸得时年获嘉德，桼（七）字为纪有法则，传之后世乐毋亟（极）已。

B.新錭（雕）冶竟（镜）子孙息，多贺君家受大福，位至公卿修禄食，幸得时年获嘉德，传之后世乐毋（或作“无”）亟（极），大吉。

其中，“雕”或从金作“錭”，“冶”或从水作“治”，或从金。

在形制、纹饰方面，“新雕冶”铭镜皆圆钮，圆钮座，座外多配以十二地支铭，外为八乳博局纹，乳钉外常置带短线的底座或围以内向连弧纹，曲道间常置有四神、羽人、带角神兽及细线云纹等纹饰，镜缘则以锯齿纹、云气纹居多，偶有云虡纹。

编号：2036

释文：【外】新雕冶镜子孙息，多贺君家受大福，秩二千石蒙禄食，幸得时年获嘉德，桼（七）

字为纪有法则，传之后世乐毋亟（极）已。【内】子丑寅卯辰巳午未申酉戌亥。

时代： 新莽

著录：《六安》图73 。

简注：“新”字前有起止符号。

编号： 2037

释文：【外】新錭（雕）冶竟（镜）子孙息，多贺君家受大福，位至公卿修禄食，幸得时年获嘉德，传之后世乐无亟（极），大吉。【内】子丑寅卯辰巳午未申酉戌亥。

时代： 新莽

著录：《文物》1985（10）第95页图二一；/《清华》图57；《文化》图157；《三槐堂》图84；《图集》图303；/《小檀》卷二28a；《拓影》图44；《小校》卷十六66a下；《志稿》第3465页；/《金石索》卷六第84页；/《绍兴》第83页；《未名斋》第123页。

简注：“新”字前有起止符号。

83.“雕冶”铭

本节所列者为内容上含有“雕冶”字样，但却无“新”字国号的铜镜。此类镜从形制、纹饰上看与“新雕冶”铭较为相近，疑时代亦相近或相去不远，故附之于“新雕冶”铭一节之后。

编号： 2038

释文：【外】调（雕）冶佳竟（镜）子孙息，左龙右虎城（成）羽翼，多贺君家受大福，官位尊显蒙禄食，幸得时年获嘉德，长保二亲得天力，传之后世乐毋极。【内】子丑寅卯辰巳午未申酉戌亥。

时代： 西汉晚期至东汉早期

著录：《图集》图313。

简注：“雕”字前有禽鸟纹起止符号。

编号： 2039

释文：【外】调（雕）冶佳竟（镜）子孙息，多贺君家受大福，官位尊显蒙禄食，长保二亲得天力，传之后世乐毋极。【内】子丑寅卯辰巳午未申酉戌亥。

时代： 西汉晚期至东汉早期

著录：《唐宋》附图23 。

简注：“调”字前有起止符号。

编号： 2040

释文：【外】调（雕）冶佳镜子孙息，多贺君家受大福，长保二亲得天力，传之后世乐毋极。【中】子丑寅卯辰巳午未申酉戌亥。【内】长宜子孙。

时代： 西汉晚期至东汉早期

著录：《深圳》图66。

简注：“调”字前有起止符号。

编号： 2041

释文： 调（雕）冶佳竟（镜）子孙息，多贺君家受大福，官位尊二。

时代： 西汉晚期至东汉早期

著录：《清爱堂》图74。

简注：“调”字前有起止符号。

编号： 2042

释文：【外】雕刻冶镜日月精，考于五德商羽声，天地合和子孙盈，寿主毋极永以宁，长相保有富贵荣。【内】子丑寅卯辰巳午未申酉戌亥。

时代： 新莽

著录：《止水集》第114页图5；《收藏家》2007（7）第48页图5。

简注：“雕”字前有起止符号。“商”字受“征”字影响，上部类化。

编号： 2043

释文：【外】雕刻冶镜日月精，考于五德征羽殸（声），天地合和子孙成，寿主毋极永以宁，长相保有富贵荣。【内】子丑寅卯辰巳午未申酉戌亥。

时代：新莽

著录：《古今》图80。

简注："雕"字前有起止符号。"天"字欠工整，讹似"夫"字。

编号：2044

释文：【外】调（雕）刻冶镜日月清（精），明于五得商羽声，天地和合子孙成，常保夫妇乐长生。【内】子丑寅卯辰巳午未申酉戌亥。

时代：新莽

著录：《博古图》卷二十八30a。

简注："雕"字前有起止符号。"羽"字反书。

84."中国宁"铭

出土器物上出现"中国"一词，最早见于西周何尊，文曰"宅兹中国，自之乂民"，其中"中国"即国中，当时指洛阳。汉镜中的"中国"显然非此古义。"中国"一词还见于武汉市博物馆所藏青盖镜、私人收藏之潘氏镜，在镜铭中与"四夷服""人民息"等套语搭配，《汉书·西南夷传》："圣王不以劳中国，宜罢郡，放弃其民，绝其王侯勿复通。"疑镜铭中的"中国"与之意同。

"中国宁"铭镜纹饰精美，存世较少，殊为珍贵。在形制、纹饰方面具有典型的新莽时期铜镜特征，且在文句方面多用经文。据《汉书·王莽传》，王莽执政时"制度甚盛""制礼作乐，讲合六经之说"，故疑此类镜为王莽执政时期之物，时代上限也许能到西汉晚期后段。

编号：2045

释文：圣人之作镜兮，取气于五行，生于道康兮，成有文章，光象日月，其质流刚，以视玉容兮，辟去不羊（祥），中国大宁，子孙益昌，黄常（裳）元吉有纪刚（纲）。

时代：西汉晚期至新莽

著录：《古镜》图71；《全集》图五八；《止水集》第87页图19；《收藏家》2009（3）第57页图13；《辞典》第1423页；《文化》图140；《图集》图275。

简注：湖南省长沙市出土，现藏于中国国家博物馆。鎏金工艺。古人以黄为贵色，《诗经·绿衣》"绿衣黄裳"。《周易·坤》六五："黄裳，元吉。"高亨注："黄裳者，吉祥之服也。元吉，犹言大吉也。此爻乃以黄裳示以吉祥之兆，故曰'黄裳元吉'。"[①]"纪纲"，典籍亦作"纲纪"，指典章法度。《左传·哀公六年》："今失其行，乱其纪纲，乃灭而亡。"纪纲乱是国家灭亡的前兆，反之，纪纲咸张则是国家安定太平的象征。《汉书·王莽传》太皇太后谓王莽"转漏之间，忠策辄建，纲纪咸张"，刘歆等则称赞王莽"纲纪咸张，成在一匮，此其所以保佑圣汉，安靖元元之效也"。

编号：2046

释文：视容正己镜为右，得气五行有冈（纲）纪，乃似于天终复始，中国大宁宜孙子。

时代：西汉晚期至新莽

著录：《广西》彩图9、图71；《图集》图276。

简注：广西梧州市低山出土，现藏于广西壮族自治区博物馆。鎏金工艺。

编号：2047

释文：【外】王氏作竟（镜）真大好，上有仙人不知老，渴饮玉泉饥食枣，浮游天下敖（遨）四海，俳（徘）洄（徊）名山采芝草，寿如王母家（贾）万倍，中国安宁兵不扰，乐未央兮为国保（宝）。【内】子丑寅卯辰巳午未申酉戌亥。

时代：新莽

著录：《图集》图292。

简注："王"字前有起止符号。"饮""饥"二字皆从水，"游"字减笔，"四"字作"三"。

① 高亨：《周易古今注》卷一，中华书局1990年版，第168页。

此条重出，亦列于“王氏”铭（大好/大巧）一节。

编号： 2048

释文： 尚方御竟（镜）知人情，道同巧异各有刑（形），维古今世天下平，四夷降服中国宁，人民安乐五谷成。

时代： 西汉晚期至新莽

著录： 《古今》图99；《图集》图369。

简注： “四”字作“三”。此条重出，亦列于“尚方御镜”铭一节。

85. “凤凰翼翼”铭

“凤凰翼翼”铭，即铭文中含有“凤凰翼翼”套语的镜类。“翼翼”，飞动之貌。《后汉书·张衡传》：“纷翼翼以徐戾兮，焱回回其扬灵。”李贤注：“翼翼，飞貌。”

“凤凰翼翼在镜侧”，既是吉语，亦是对汉镜中振翅类鸟纹的生动描述。

在古人心中，麒麟降生，凤凰来仪，都是盛世祥瑞。《尚书·益稷》：“《箫韶》九成，凤凰来仪。”《史记·夏本纪》：“祖考至，群后相让，鸟兽翔舞，《箫韶》九成，凤皇来仪，百兽率舞，百官信谐。”《啸赋》：“百兽率舞而抃足，凤皇来仪而拊翼。”

“凤凰”铭镜存世较少，在形制、纹饰及铭文书体方面，具有新莽时期铜镜的典型特征，故疑此类镜的铸造时间大约在新莽时期。

编号： 2049

释文：【外】凤皇（凰）翼翼在镜则（侧），到贺君家受大福，官位尊显蒙禄飤（食），幸达时年获嘉德，长保二亲得天力，传之后世乐毋已。【内】子丑寅卯辰巳午未申酉戌亥。

时代： 新莽

著录： 《清华》图52；《清艺》第59页；《文化》图162；《书法》图165；《图集》图311；《三槐堂》图66、图67；《收藏家》2007（7）第47页图4；《汉铭斋》附图19；《拓片》图72。

简注： “凤”字前有起止符号。“二”字作两条鱼形。“到贺”，即凤凰前来道贺之意。凤凰来仪是盛世征兆，《汉书·王莽》载汉元始五年，太皇太后临于前殿，亲自下诏表扬王莽的功绩，并予以封赏，“四海雍雍，万国慕义，蛮夷殊俗，不召自至……麟凤龟龙，众祥之瑞，七百有余。遂制礼作乐，有绥靖宗庙社稷之大勋。普天之下，惟公是赖，官在宰衡，位为上公。今加九命之锡，其以助祭，共文武之职，乃遂及厥祖”。

编号： 2050

释文：【外】作佳竟（镜）哉子孙息，凤皇（凰）翼翼在镜则（侧），官位尊显蒙禄食，幸达时年获嘉德，多贺君家受大福，长保二亲得天力，传之后世乐无极。【内】子丑寅卯辰巳午未申酉戌亥。

时代： 新莽

著录： 《文物》1992（1）第88页图一；/《华夏考古》1993（3）第27页图一。

简注： “作”字前有起止符号。此条重出，亦见于“作佳镜”铭一节。

编号： 2051

释文：【外】凤皇（凰）翼翼在镜则（侧），多贺君家受大福，幸达时年获嘉德，官位尊显蒙禄食，长保二亲得天力，传之后世乐无极。【内】子丑寅卯辰巳午未申酉戌亥。

时代： 新莽

著录： 《簠斋》第102—103页；《陈介祺》图27；《图集》图312。

简注： “凤”字前有起止符号。

86. “王氏”铭（四夷服/新家）

“王氏”铭镜，大约是从王莽执政时开始兴起的一种新的镜铭类型，在某氏作镜中属先驱者。

明确标明是“王氏”所铸之镜的文句有三类：

A.王氏昭镜

B.王氏作镜

C.王氏佳竟

昭镜，即“明镜”，《淮南子·俶真》：“莫窥形于生铁，而窥形于明镜者，以睹其易也。”东汉晚期镜铭已径改为“明镜”（“吾作明镜”）。“佳”在铜镜中亦为善、美一类的夸耀之辞。

A型所用套语组合为“王氏昭竟（镜）四夷服”，韵脚叶职部韵，且制作极为精美，在铭文中皆出现“新家”一词。

C型所用套语组合为“王氏佳竟（镜）真大好”，韵脚叶幽部韵，形制、纹饰皆与前一种相类，只是缺少标明时代的“新家”铭文，而且数量较少。

最常见的为B型，虽数量巨大，但在新莽时期所用的套语组合则较为固定，常见的有：

B1.王氏作“镜”四夷服

B2.王氏作“镜”真大好

B3.王氏作“镜”真大巧

B1与A型相类，韵脚叶职部韵，且常与“尚方御镜”系列组合，并在铭文中出现词语“新家”或“官家”，说明此类镜规格较高。B2与C型相差无几，韵脚叶幽部韵，从韵部看，B3似与B2属于同一系列。这三式铜镜的形制、纹饰都与新莽时期的“尚方”铭镜系列相类，时代应当相近。

从出土及传世铜镜数量方面看，“王氏”铭镜以新莽时期数量最多，制作也最为精美，主题纹饰也极为相近。这一时期，正是王莽执政，王氏家族侯王并起的时代。部分“王氏”铭镜竟能与尚方御镜相媲美，甚至形制、纹饰皆相差无二，这无疑说明铸造“王氏”铭镜的铸镜作坊内已完全了掌握了铸造尚方御镜的核心技术。在中国古代，这种级别的技术无疑应当是被严格保密，甚至是专为皇室所垄断的。

因此，不得不让人怀疑，能铸造出与尚方御镜同样质量铜镜的“王氏”在当时是拥有极大的特权。他们很可能是属于王莽的家族，或至少与王莽的家族关系密切。

这样的话就不难理解，为什么“尚方御镜”上会同时出现“王氏”铭文了，它们很可能尚方委托王氏所造，亦有可能是尚方此时已为王氏多把持，由为王氏监造。

东汉建立，王氏势衰，“王氏”铭镜也日渐式微。此时的王氏作坊（此王氏也许已非新莽时期的王氏），虽仍在坚持创新，但在激烈的市场竞争中已回天乏力，最终消失在历史的长河之中。

由于“王氏”铭数量较多，本书分两节进行叙述。本节仅胪列A、B1两种型式的铜镜，亦即铭文中含有“四夷服”“新家”等词语的“王氏”铭镜。为方便比较，暂以A、B1型式先后为序，每一型式中铭文较完整者靠前，减铭较多者靠后。

编号：2052

释文：【外】王氏昭竟（镜）四夷服，多贺新家人民息，胡虏殄灭天下复，风雨时节五谷孰（熟），百姓宽喜得佳德，长保二亲受大福，传告后世子孙力，千秋万年乐毋极。【内】子丑寅卯辰巳午未申酉戌亥。

时代：新莽

著录：《故宫》A图32；《故宫》B图14；《故宫》C图22、《故宫》D图48；《故宫》I图40；《图集》图289；《文化》图150。

简注：“王”字前有起止符号。每一句结束亦有句读符号（“·”）。“四”字作“亖”，“节”字从艹。“五谷孰”，亦即五谷成熟，《汉书·王莽传》：“太皇太后圣明，安汉公至仁，天下太平，五谷成孰，或禾长丈余，或一粟三米，或不种自生，或茧不蚕自成，甘露从天下，醴泉自地出，凤皇来仪，神爵降集。”

编号：2053

释文：【外】王氏昭竟（镜）四夷服，多贺新家人民息，官位尊显天下复，风雨常节五谷孰（熟），长保二亲子孙力，传告后世乐毋极。【内】子丑寅卯辰巳午未申酉戌亥。

时代：新莽

著录：《小檀》卷二26a—26b；《拓影》图28；《善斋》镜录卷二69b—70a；《志稿》第3462页；《小校》卷十六71b；/《小校》卷十六72a；/《小校》卷十六72b。

简注：“王”字前有禽鸟纹起止符号，“四”字作“三”，“节”字从艹。

编号：2054

释文：【外】王氏昭竟（镜）四夷服，多贺新家人民息，胡虏殄灭天下复，风雨时节五谷孰（熟），长保二亲子孙力，传告后世乐毋极，日月光大富贵昌兮。【内】子丑寅卯辰巳午未申酉戌亥。

时代：新莽

著录：《善斋》镜录卷二71a、71b—72a；《志稿》第3463页；《上博》A彩图41、拓片41；《上博》B图42；《辞典》第1429页上图；《文化》图151；《图集》图290。

简注：“王”字前有起止符号。“四”字作“三”，“节”字从艹，“极”字从水。

编号：2055

释文：【外】王氏昭竟（镜）四夷服，多贺新家人民息，胡虏殄威（灭）天下复，风雨时节五谷孰（熟），长保二亲子孙力，传告后世乐毋极兮。【内】子丑寅卯辰巳午未申酉戌亥。

时代：新莽

著录：《澄秋馆》66a；《志稿》第3424页。

简注：“王”字前有仙草形起止符号，“四”字作“三”，“节”字从艹。

编号：2056

释文：【外】王氏昭竟（镜）四夷服，多贺新［家］人［民］息，胡虏殄灭天下复，风雨时节五谷孰（熟），传告后世乐毋极兮。【内】子丑寅卯辰巳午未申酉戌亥。

时代：新莽

著录：《簠斋》第48—49页；《陈介祺》图60；《国图》第100页；《图集》图291。

简注：“王”字前有起止符号。“四”字作“三”，“胡”字反书，“节”字从艹，“乐”字减笔。

编号：2057

释文：【外】王氏昭竟（镜）四夷服，多贺新家人民息，风雨时节五谷孰（熟），长保二亲子孙力，传告后世乐毋极兮。【内】子丑寅卯辰巳午未申酉戌亥。

时代：新莽

著录：《簠斋》第44—45页；《国图》第102页；《陈介祺》图58；/《守屋》A图版第5页。

简注：“王”字前有起止符号，“四”字作“三”，“节”字从艹。

编号：2058

释文：【外】王氏昭竟（镜）四夷服，多贺官家人民息，长保二亲得天力，传之后世乐毋极兮。【内】子丑寅卯辰巳午未申酉戌亥。

时代：新莽

著录：《大观》第94页。

简注：“王”字前有起止符号。“四”字作“三”。

编号：2059

释文：【外】王氏作竟（镜）四夷服，多贺新家人民息，胡虏殄灭天下复，风雨时节五谷孰（熟），官位尊显蒙禄食，长保二亲子孙力，传告后世乐毋极，日月光大富昌。【内】子丑寅卯辰巳午未申酉戌亥。

时代：新莽

著录：《小校》卷十六70b。

简注：“王”字前有起止符号。“四”字作“三”，“节”字从艹，“极”字从水。

编号：2060

释文：【外】王氏作竟（镜）四夷服，多贺新家［人］民息，胡虏殄灭天下复，风雨时节五谷孰（熟），长保二亲子孙力，官位尊显蒙禄食，传告后世乐毋亟（极），大利兮。【内】

子丑寅卯辰巳午未申酉戌亥。

时代： 新莽

著录： 《淮与汉》图L2；/《镜录》卷中23a；《志稿》第3464页；《图集》图294；《图典》A图271；《图典》B图3.182；《桃华龛》图11；《久保惣》A图20；《久保惣》B图20。

简注： “王”字前有起止符号。“四”字作“三”，“节”字从艹，“乐”字减笔。

编号： 2061

释文： 【外】王氏作竟（镜）四夷服，多贺新家人民息，胡虏殄灭天下复，风雨时节五谷孰（熟），官位尊显蒙禄食，长保二亲得孙力，传告后世乐毋亟（极）。【内】子丑寅卯辰巳午未申酉戌亥。

时代： 新莽

著录： 《国博》1992（18—19）第227页图67 。

简注： “王”字前有起止符号。“四”字作“三”，“节”字从艹。

编号： 2062

释文： 【外】王氏作竟（镜）四夷服，多贺新家人民息，胡虏殄灭天下复，风雨时节五谷孰（熟），官位尊显蒙禄食，长保二亲子孙力，传告后世乐毋亟（极）。【内】子丑寅卯辰巳午未申酉戌亥。

时代： 新莽

著录： 《北方文物》1997（3）第14页图三：6 。

简注： “王”字前有起止符号。“四”字作“三”，“节”字从艹。

编号： 2063

释文： 【外】王氏作竟（镜）四夷服，多贺新家人民息，胡虏殄灭天下复，风雨时节五谷孰（熟），长保二亲子孙力，官位尊显蒙禄食，传告后世乐毋亟（极）。【内】子丑寅卯辰巳午未申酉戌亥。

时代： 新莽

著录： 《陕历》第96页上；/《清华》图50；《清艺》第60页；《拓片》图114。

简注： “王”字前有起止符号。“四”字作“三”，“节”字从艹。

编号： 2064

释文： 【外】王氏作竟（镜）四夷服，多贺新家人民息，胡虏殄灭天下复，风雨时节五谷孰（熟），长保二亲子孙力，官位尊显蒙禄食，传告后世［乐］毋亟（极）。【内】子丑寅卯辰巳午未申酉戌亥。

时代： 新莽

著录： 《三槐堂》图88；《清华》图51；《拓片》图240。

简注： “王”字前有起止符号。“四”字作“三”，“节”字从艹。

编号： 2065

释文： 【外】王氏作竟（镜）三〈四〉夷服，多贺新家人民息，胡虏殄灭天下复，风雨时节五谷孰（熟），长保二亲子孙力，官位尊显蒙禄食，传告后世［乐］毋亟（极）。【内】子丑寅卯辰巳午未申酉戌亥。

时代： 新莽

著录： 《千镜堂》图95；《大观》第162页。

简注： “王”字前有起止符号。“节”字从艹。

编号： 2066

释文： 【外】王氏作竟（镜）四夷服，多贺新家人民息，胡虏殄灭天下复，风雨时节五谷孰（熟），长保二亲受大福，传告后世子孙力，千秋万（万）岁乐毋亟（极）。【内】子丑寅卯辰巳午未申酉戌亥。

时代： 新莽

著录： 《簠斋》第50—51页；《陈介祺》图88；《国图》第99页；《小校》卷十六71a；《图集》图295。

简注： “王”字前有起止符号。“四”字作“三”，“节”字从艹。

编号：2067

释文：【外】王氏作竟（镜）四夷服，多贺新家人民息，胡虏殄灭天下复，风雨时节五谷孰（熟），长保二亲子孙力，传告后世乐［毋］亟（极）。【内】子丑寅卯辰巳午未申酉戌亥。

时代：新莽

著录：《尊古斋》第58页。

简注：“王”字前有起止符号。“四”字作“三”，“节”字从艹。

编号：2068

释文：王氏作竟（镜）四夷服，多贺新家人民息，胡虏殄灭天下复，风雨时节五谷孰（熟），长保二亲得天力，传告后世乐无亟（极）。

时代：东汉早中期

著录：《龙虎》图93。

简注：“王”字前有起止符号。“节”字从艹。

编号：2069

释文：王氏作竟（镜）四夷服，多贺新家人民息，胡虏殄灭天下复，风雨时节五谷孰（熟），长保二亲乐毋亟（极），大利兮。

时代：新莽

著录：《齐鲁》图188—2 。

简注：“王”字前有起止符号。“四”字作“三”，“节”字从艹。

编号：2070

释文：王氏作［镜］四夷服，多贺国家人民息，胡虏殄威（灭）天下复，风雨时节五谷孰（熟），长保二亲得天力兮。

时代：东汉早中期

著录：《越地》第157页左下；《浙江》B图90；《龙虎》图16。

简注：“王”字前有起止符号。“节”字从艹。

编号：2071

释文：【外】王氏作竟（镜）四夷服，多贺新家人民息，风雨时节五谷孰（熟），长保二亲子孙力，传告后世乐毋极。【内】子丑寅卯辰巳午未申酉戌亥。

时代：新莽

著录：《旅顺》图35；/《尊古斋》第57页。

简注：“王”字前有起止符号。“四”字作“三”，“节”字从艹。

编号：2072

释文：王氏作竟（镜）四夷服，丹〈多〉贺新家人民息，风雨时节五谷孰（熟），长保二亲天下力，传告后世乐［毋］亟（极），之国［保（宝）］。

时代：新莽

著录：《清爱堂》图107。

简注：“王”字前有起止符号。“四”字作“三”，“节”字从艹，“乐”字减笔。

编号：2073

释文：王氏作竟（镜）四夷服，多贺新家人息民，风雨时节五谷孰（熟），长保二亲天下力，传告世中乐毋亟（极）。

时代：新莽

著录：《镜录》卷中23b；《志稿》第3461页。

简注：“王”字前有起止符号。“四”字作“三”，“节”字从艹，“民息”错乙。

编号：2074

释文：王氏作竟（镜）四夷服，多贺新家人民息，风雨时节五谷孰（熟），长保二亲天下力。

时代：新莽

著录：《考古》2001（7）第96页图三：2。

简注：“四”字作“三”，“节”字从艹。

编号：2075

释文：王氏作竟（镜）四夷服，多贺新家人民息，风雨时节五谷孰（熟），长保二亲。

时代：新莽

著录：《清爱堂》第89页。

简注：共两器，且同模。“四”字作“三”，“节”字从艹。

编号：2076

释文：王氏作竟（镜）四夷服，多贺君家人民息，胡虏殄威（灭）天下复，风雨时节五谷［熟］。

时代：东汉

著录：《孝感》图55。

简注：“节”字从艹。

编号：2077

释文：王氏作竟（镜）四夷服，多贺君家人民息，胡虏殄威（灭）天下复，风雨时节。

时代：新莽至东汉

著录：《阳羡》图148。

简注：“节”字从艹。

编号：2078

释文：王氏作竟（镜）四夷服，多贺君家人民息，胡虏殄灭天下复，风雨时节。

时代：东汉早中期

著录：《龙虎》图95[①]；《龙虎》图96。

简注：“节”字从艹。

编号：2079

释文：【外】王氏作竟（镜）四夷服，多贺官家人民息，长保二亲得天力，传之后世乐毋极兮。【内】子丑寅卯辰巳午未申酉戌亥。

时代：新莽

著录：《中古》第36页。

简注：“王”字前有禽鸟形等起止符号，“四”字作“三”。“服”“息”“力”“极”，韵皆在职部，押韵。

编号：2080

释文：【中】王氏作竟（镜）四夷服，多贺官家人民息，长保二亲得天力，传之后世乐毋极。【外】尚方御竟（镜）大毋伤，巧工刻娄（镂）成文章，左龙右虎辟不详（祥），朱鸟玄武调阴阳，子孙备具居中央，长保二亲乐富昌，寿敝金石如侯王。【内】宜子孙。

时代：新莽

著录：《奇觚室》卷十五37b—38a；/《绍兴》第103页。

简注：“尚”字前有起止符号。“四”字作“三”。此条重出，亦列于“尚方御镜”铭一节。

编号：2081

释文：王氏作竟（镜）四夷服，多贺国家人民息，长保二亲得天力。

时代：东汉早中期

著录：《泉屋》图53。

简注：“王”字前有起止符号，“多”字反书，“保”字繁化，多两横画。

87.“王氏”铭（大好／巧）

本节所胪列者，为“王氏”铭B2、B3及C型铜镜，亦即铭文中含有“大好”“大巧”等套语的“王氏”铭镜。为方便比较，暂以上述型式先后顺序为序，每一型式中铭文较完整者靠前，减铭较多者靠后。

需要特别指出的是，文献中“游”有出游之义，“敖”亦有游玩之义。《说文》：“敖，出游也。”《诗经·邶风·柏舟》：“微我无酒，以敖以游。”此义后世通作“遨”。本书根据学界一般习惯，暂将按“游—游”“敖—遨”按通假字处理，后文不再出注。

编号：2082

释文：【外】王氏作竟（镜）真大好，上有仙人不知老，渴饮玉泉饥食枣，浮游天下敖（遨）四海，徘（徘）洄（徊）名山采芝草，寿如王母

① “王”字前有起止符号。

家（贾）万倍，中国安宁兵不扰，乐未央兮为国保（宝）。【内】子丑寅卯辰巳午未申酉戌亥。

时代：新莽

著录：《图集》图292。

简注：“王”字前有起止符号。“饮”“饥”二字从水，“四”字作“三”。此条重出，亦列于“中国宁”一节。

编号：2083

释文：【外】王氏作竟（镜）真大好，上有仙人不知老，渴饮玉泉饥食枣，浮游天下敖（遨）四海，俳（徘）回（徊）名山采芝草，寿如今（金）石之天保（宝）兮。【内】子丑寅卯辰巳午未申酉戌亥。

时代：西汉晚期至东汉早期

著录：《清华》图49；《文化》图152；《图集》图293；《拓片》图71。

简注：“王”字前有起止符号。“饮”“饥”二字从水，“四”字作“三”。

编号：2084

释文：【外】王氏作竟（镜）真大好，上有仙人不知老，渴饮玉泉饥食枣，浮游天下敖（遨）四海，俳（徘）佪（徊）名山采芝草，寿如今（金）石之天保（宝）。【内】子丑寅卯辰巳午未申酉戌亥。

时代：西汉晚期至东汉早期

著录：《小校》卷十五47b下；《志稿》第3423页。

简注：“王”字前有起止符号。“饮”“饥”二字从水，“四”字脱漏一横作“三”。

编号：2085

释文：【外】王氏作竟（镜）真大好，上有山（仙）人不知老，渴饮玉泉饥食枣，浮游天下敖（遨）四海，寿如金石为国保（宝），乐未央。【内】子丑寅卯辰巳午未申酉戌亥。

时代：西汉晚期至东汉早期

著录：《西甲》卷十九11a。

简注：“王”字前有起止符号。“饮”“饥”二字从水，“四”字作“三”。

编号：2086

释文：【外】王氏佳竟（镜）真大好，上有仙人不知老，渴饮玉泉饥食枣，浮游天下敖（遨）四海，寿如金石□国保（宝），左龙右虎。【内】子丑寅卯辰巳午未申酉戌亥。

时代：西汉晚期至东汉早期

著录：《小校》卷十五48a下；/《小校》卷十五48b上；《志稿》第3422页；/《簠斋》第46—47页；《国图》第101页；《陈介祺》图59。

简注：各书所录之镜形制，纹饰皆同，“王”字前有起止符号。“上”“有”“右”反书，“饮”“饥”二字从水，“四”字作“三”。

编号：2087

释文：王氏作竟（镜）真大好，上有仙人不知老，渴饮玉［泉］饥食枣，浮游天下敖（遨）四海，寿如今（金）石之天保（宝），大□兮。

时代：西汉晚期至东汉早期

著录：《小校》卷十五48a上；《志稿》第3421页。

简注：“王”字前有起止符号。“饮”“饥”二字从水，“四”字作“三”，“玉”字似“三”，疑为竖笔脱铸或漏摹所致。

编号：2088

释文：王氏作竟（镜）真大好，上有仙人不知老，渴饮玉泉饥食枣，浮游天下敖（遨）四海，寿如金石之天保（宝）兮。

时代：西汉晚期至东汉早期

著录：《宝鸡》第60页。

简注：“王”字前有起止符号。“饮”“饥”二字从水，“四”字作“三”。

编号：2089

释文：【外】王氏作竟（镜）真大好，上有山（仙）人不知老，渴饮玉泉饥食枣，浮游天下敖（遨）四海，寿如金石为国保（宝）。【内】

子丑寅卯辰巳午未申酉戌亥。
时代：西汉晚期至东汉早期
著录：《扶风》图44 。
简注："饮""饥"二字从水，"四"字作"三"。

编号：2090
释文：王氏作竟（镜）真大好，上有仙人不知老，渴饮玉泉饥食枣，浮游天下敖（遨）四海，寿如金石之国保（宝）。
时代：西汉晚期至东汉早期
著录：《岩窟》二中第25图。
简注："饮"字从水，"四"字作"三"。

编号：2091
释文：王氏作竟（镜）真大好，上有山（仙）人不知老，渴饮玉泉饥食枣，浮游天下敖（遨）四海，寿如金石。
时代：西汉晚期至东汉早期
著录：《宁寿》卷十五49a；/《泉屋》图39。
简注："王"字前有起止符号。"饮""饥"二字从水，"四"字作"三"。

编号：2092
释文：王氏乍（作）镜真大好，上有仙人不知老，曷（渴）饮玉泉饥炎（啖）枣。
时代：西汉晚期至东汉早期
著录：《广西》彩图6、图62。
简注："曷"字倒置，"饮"字从水。

编号：2093
释文：【外】王氏作竟（镜）真大好，[上有仙]人不知[老]，渴饮玉泉饥食枣。
时代：西汉晚期至东汉早期
著录：《九江》图8 。
简注："王"字前有起止符号。"饮"字从水。

编号：2094
释文：王氏作竟（镜）真大好，上有山（仙）人不知老，渴饮玉泉饥枣，浮游天下敖（遨）四海，为国保（宝）。
时代：西汉晚期至东汉早期
著录：《奇觚室》卷十五36b。
简注："王"字前有起止符号。"饮"字从水，"四"字作"三"。

编号：2095
释文：王氏作竟（镜）真大好，上有仙人不知老，渴饮玉泉饥食枣，浮游天下敖（遨）四[海]。
时代：西汉晚期至东汉早期
著录：《桃阴庐》图15上。
简注："王"字前有起止符号。"饮""饥"二字从水，"四"字作"三"。

编号：2096
释文：王氏作竟（镜）真大巧，上有山（仙）人不知老，曷（渴）饮玉泉饥食枣兮。
时代：西汉晚期至东汉早期
著录：《文物》1985（10）第95页图二三；《全集》图77；《广陵》图140；《图典》B图3.440。
简注："王"字前有起止符号。"饮""饥"二字皆从水。

编号：2097
释文：王氏作竟（镜）真[大]巧，五湅（炼）之同（铜）所作世少有，风雨时节五谷[熟]，长保二亲得天力兮。
时代：新莽至东汉早中期
著录：《龙虎》图28。

编号：2098
释文：王氏作竟（镜）真大巧，上。
时代：东汉
著录：《历代》图78。

88."王氏"铭（其他）

编号：2099
释文：王氏作竟（镜）大毋伤，白虎天禄居中央，昭

（照）此竟（镜）者位至公。
时代：东汉
著录：《中镜》图145。
简注：“王”字前有起止符号。

编号：2100
释文：王氏作竟（镜）大毋伤，巧工刻之成文章，令人富贵寿命长，乐未央。
时代：东汉早中期
著录：《竟景》图三。
简注：“王”字前有起止符号。据纹饰及书体，似为东汉之物。

编号：2101
释文：王氏作竟（镜），长宜子孙。
时代：东汉晚期至魏晋
著录：《文物》1996（6）第90页图一四。

编号：2102
释文：王氏作竟（镜），自宜古（贾）市，除去不羊（祥）。
时代：东汉
著录：《岩窟》二下第69图。

编号：2103
释文：王氏作竟（镜），自宜古（贾）市人。
时代：东汉早中期
著录：《长沙》图102。

编号：2104
释文：王氏作竟（镜）自有纪，湅（炼）冶同（铜）清去下土，除去不羊（祥）宜古（贾）市，长保二亲。
时代：东汉早中期
著录：《龙虎》图94。
简注：“冶”字从水。

89. “新佳镜”铭

“新佳镜”铭，即首句中含有“新佳镜”字样的镜铭类型，其形制、纹饰与主要套语亦见于“汉有”铭、“新有”铭、“作佳镜”铭及“尚方”铭系列等。虽存世不多，但在分期断代方面却有着重要的参考价值。

据此镜，并参较“新有”铭镜可知，新莽时期虽制度严格，但博局纹也存在简式现象，此外，四神中缺少玄武，书体纤细，多减笔，这些过去在东汉早期铜镜中常见的现象，时代上限至少可以提前至新莽时期。

新莽后期，政治、经济皆陷入混乱，战乱纷起，民不聊生，受此影响，器物质量良莠不齐，疑此类简式减铭之镜即铸于此时。

编号：2105
释文：新佳竟（镜）真大好，上有仙人不知老，渴飤澧（醴）泉饮食枣。
时代：新莽
著录：《长沙》图91 。
简注：“渴”字反书，“饮”为省去水旁且位置错乱。

90. “作佳镜”铭

“作佳镜”铭，即以“作佳镜”三字置于句首的镜类。

从套语组合看，“作佳镜”铭常见的套语有以下几种：

A.作佳镜，清且明
B.作佳镜哉真无伤
C.作佳镜哉子孙息
D.作佳镜哉真大好
E.作佳镜哉真大巧
F.作佳镜哉真大兰

其中A、B两型韵脚叶阳部韵，C型韵脚叶职部韵，D、E两型韵脚叶幽部韵，F型韵脚叶元部韵，除F型外都是西汉以来镜铭韵脚常用的韵部。

在形制、纹饰方面，皆圆钮，钮座有圆钮、四叶纹两种，钮座外置以十二地支铭，主题纹饰以八乳博局纹、简式博局纹居多，博局曲道间常置有四神、禽鸟、羽人、带角神兽、细线云纹等纹饰，但也存在着很多缺少玄武或玄武中龟蛇分置两处的现象①，镜缘则以锯齿纹、云气纹、双线水波纹居多，偶有云虡纹。根据考古出土资料，简式博局纹及玄武中龟蛇分置两处的现象在新莽时期墓葬出土的铜镜中就已经存在，因此不能像过去许多著作那样简单地将这一类铜镜全部定为东汉。

此外，上述各型铜镜中还有不少是西汉晚期王莽执政时便已开始出现并流行的形制与纹饰，因此，从学术的角度出发，考虑到各种可能因素，在分期断代时，暂将此类镜的流行时代定为西汉晚期至东汉早期是最为妥帖的。

由于“作佳镜”铭镜存世量较多，受篇幅所限，本节仅胪列各地区较为典型者。为便于检索，暂依A—F的型式顺序排序，每种型式中铭文较完整者靠前，减铭较多者靠后。

编号：2106

释文：【外】作佳镜，清且明，葆（保）子孙，乐未央，车当传驾骑趣庄，出乘四马自有行，男则□侯女嫁王，刻娄（镂）博局去不羊（祥），服此镜，为上卿。【内】子丑寅卯辰巳午未申酉戌亥。

时代：西汉晚期至东汉早期

著录：《三槐堂》图74；《清华》图56；《文化》图163；《清艺》第63页；《图集》图338；《书法》图176；《拓片》图242。

简注：“作”字前有起止符号。“四”字作“三”。“车传驾”“乘四马”，据文献载常为汉代丞相、御史等高官布诏时所用高规格车驾，《汉旧仪》：“初分十三州，假刺史，常以秋分行部，御史为驾四封乘传。”“践祚，改元，立皇后太子，赦天下。每赦，……，分遣丞相御史乘传驾行郡国，解囚徒，布诏书，郡国各分遣吏传厩车马行属县，解囚徒。”

编号：2107

释文：【外】诈（作）佳镜哉真无伤，左龙右虎卫四彭（方），朱爵（雀）玄武顺阴阳，子孙贵富为侯王，传称万岁乐未央。【内】子丑寅卯辰巳午未申酉戌亥。

时代：西汉晚期至东汉早期

著录：《唐宋》附图20；/《桃华盦》图14；《久保惣》A图22；《久保惣》B图22；《志稿》第3363页序号261。

简注：“诈”字前有鸟纹起止符号。“四”字作“三”，“爵”字减笔。“传称”，传扬而受到称许。曹操《短歌行》：“正而不谲，其德传称。”

编号：2108

释文：诈（作）佳［镜］哉大无伤，佐（左）龙右虎主两旁，朱爵（雀）玄武顺阴阳，子孙贵富为侯王，传称万岁乐未央。

时代：西汉晚期至东汉早期

著录：《开明堂》图30。

简注：“诈”字前有起止符号。

编号：2109

释文：【外】作佳竟（镜）哉子孙息，凤皇（凰）翼翼在镜则（侧），官位尊显蒙禄食，幸达时年获嘉德，多贺君家受大福，长保二亲得天力，传之后世乐无极。【内】子丑寅卯辰巳午未申酉戌亥。

时代：新莽

著录：《文物》1992（1）第88页图一；/《华夏考古》1993（3）第27页图一。

简注：“作”字前有起止符号。两镜形制、纹饰皆同，且尺寸亦同，疑同模。此条重出，亦见于“凤凰翼翼”铭一节。

① 如“新有”铭镜中，淮南市博物馆所藏之镜与保定市望都县张各庄出土之镜皆存在玄武中龟蛇分置两处的现象。

编号：2110
释文：【外】作佳镜哉真大好，君宜官秩长相葆（保），上有仙人不知老，渴饮礼（醴）泉饥食枣，浮游天下敖（遨）四海，寿敝金石为国葆（宝）。【内】子丑寅卯辰巳午未申酉戌亥。
时代：西汉晚期至东汉早期
著录：《汉铭斋》附图23；《图集》图336；《书法》图174；《汉雅堂》图70。
简注：“作”字前有起止符号。“上”字反书，“敖”字从力。

编号：2111
释文：【外】作佳竟（镜）哉真大好，上有仙人不知老，俳（徘）回（徊）名山采神草，渴饮玉泉饥食枣，浮游天下敖（遨）四海，寿如今（金）石之国保（宝）兮，大利。【内】子丑寅卯辰巳午未申酉戌亥。
时代：西汉晚期至东汉早期
著录：《西甲》卷十九27a。
简注：“饮”“饥”二字从水，“四”字作“三”。

编号：2112
释文：【外】作佳竟（镜）哉真大好，［上］有仙人不知老，俳（徘）回（徊）名山采神草，渴饮玉泉饥食枣，浮游天下敖（遨）四海，寿如今（金）石之国保（宝）兮。【内】子丑寅卯辰巳午未申酉戌亥。
时代：西汉晚期至东汉早期
著录：《小校》卷十五84a上。
简注：“饮”“饥”二字从水，“四”字作“三”。

编号：2113
释文：【外】作佳竟（镜）哉真大好，上有鲜（仙）人不知老，渴饮澧（醴）泉饥食枣，左龙右虎辟除道，游浮天下敖（遨）四海，寿敝金石为国保（宝）。【内】子丑寅卯辰巳午未申酉戌亥。
时代：西汉晚期至新莽
著录：《文物》2013（11）封底、第26页图二二。
简注：新莽时期墓出土（M1：39）。“作”字前有起止符号。“游浮”错乙，“四”字作“三”。

编号：2114
释文：【外】作佳竟（镜）哉真大好，上有仙人不知老，渴饮玉泉饥食枣，浮游天下敖（遨）四海，左龙右虎辟除道，寿敝金石为保（宝）。【内】子丑寅卯辰巳午未申酉戌亥。
时代：西汉晚期至东汉早期
著录：《小校》卷十五83b；《尊古斋》第66页。
简注：“饮”字从水，“四”字作“三”。

编号：2115
释文：【外】作佳竟（镜）哉真大好，上有仙人不知老，渴饮泉饥食枣，浮游天下敖（遨）四海，左龙右虎辟除道，寿如金石。【内】子丑寅卯辰巳午未申酉戌亥。
时代：西汉晚期至东汉早期
著录：《小檀》卷二31a—31b；《小校》卷十五83a；《志稿》第3364页。
简注：“饮”字从水，“四”字作“三”。

编号：2116
释文：【外】作佳竟（镜）哉真大好，左龙右虎先余（除）道，上有仙人不知老，渴饮玉泉饥食枣，浮游天下敖（遨）四海，寿如今（金）石之天保（宝）。【内】子丑寅卯辰巳午未申酉戌亥。
时代：西汉晚期至东汉早期
著录：《中原》图29。
简注：作”字前有起止符号。“饮”字从水，“四”字作“三”。

编号：2117
释文：【外】作佳镜哉真大好，上有仙人不知老，渴饮礼（醴）泉饥哈（含）枣，浮游天下敖（遨）四海，佰（柏）人王侨自有道，寿如金石为国葆（宝）。【内】长保二亲。

时代：西汉晚期至东汉初期

著录：《汉铭斋》附图29；《图集》图337；《书法》图175；《未名斋》第121页。

简注：“作”字前有起止符号。“敖”字从力，“四”字作“三”。《淮南子·齐俗训》：“今夫王乔、赤诵子，吹呕呼吸，吐故内新。”高诱注：“王乔，蜀武阳人也，为柏人令，得道而仙。”《王氏神仙传》：“益州北平山上有白虾蟇，谓之肉芝，非仙才灵骨，莫能致也。乔食之得道。”

编号：2118

释文：【外】作佳竟（镜）哉真大好，上有仙人不知老，渴饮澧（醴）泉饥食枣，浮游天下敖（遨）四海，寿如金石为国保（宝），千万岁生今在巍（魏）。【内】子丑寅卯辰巳午未申酉戌亥。

时代：汉至三国

著录：《西甲》卷十九29a。

简注：“饮”字从水，“四”字作“三”，“金”“为”未摹全。“巍”，《说文》：“高也。从嵬，委声。”徐铉等注曰：“今人省山从为魏国之魏。”不知此处“魏”字为镜师姓氏还是魏国，若是前者则为西汉晚期至东汉早期之器，若是后者则为东汉末或曹魏时之器。

编号：2119

释文：【外】作佳镜哉真大好，上有仙人不知老，渴饮澧（醴）泉饥飤枣，浮游天下敖（遨）四海，寿币（敝）金石为国保（宝），晨起壮（妆），朝兄嫂。【内】子丑寅卯辰巳午未申酉戌亥。

时代：西汉晚期至东汉早期

著录：《清爱堂》图72。

简注：“作”字前有起止符号。“四”字作“三”。

编号：2120

释文：【外】作佳竟（镜）哉真大好，上有仙人不知老，渴饮玉泉饥食枣，浮游天下敖（遨）四海，寿如金石之国保（宝），富贵昌，宜侯王，长乐未央兮。【内】子丑寅卯辰巳午未申酉戌亥。

时代：西汉晚期至东汉早期

著录：《金石索》卷六第16页。

简注：“作”字前有起止符号。“饮”字从水，“四”字作“三”。相同铭文亦见于《小校》卷十五81b（与《小檀》卷二32b—33a所载为同一器），除十二地支铭排布方向正好相反外，两镜形制、纹饰几乎完全相同。不过《小校》所载之镜上有楷书文字置于印格之内，疑为仿汉镜。

编号：2121

释文：【外】作佳竟（镜）［哉］真大好，上有仙人不知老，渴饮玉泉饥食枣，浮游天下敖（遨）四海，寿如金石之国保（宝），富贵昌兮。【内】子丑寅卯辰巳午未申酉戌亥。

时代：西汉晚期至东汉早期

著录：《阳羡》图81。

简注：“饮”字从水，“四”字作“三”。

编号：2122

释文：【外】作佳竟（镜）哉真大好，上有仙人不知老，渴饮玉泉饥食枣，浮游天下敖（遨）四海，寿如今（金）石为国保（宝）兮。【内】子丑寅卯辰巳午未申酉戌亥。

时代：西汉晚期至东汉早期

著录：《故宫》G图四四。

简注：“作”字前有起止符号。“饮”字从水，“四”字作“三”。

编号：2123

释文：【外】作佳竟（镜）哉真大好，上有仙人不知老，渴饮玉泉饥食枣，浮游天下敖（遨）四海，寿敝今（金）石为国保（宝）。【内】子丑寅卯辰巳午未申酉戌亥。

时代：西汉晚期至东汉早期

著录：《考古》1986（10）图版贰：5、第957页图二：1；/《东方收藏》2017（7）第40页图2[①]。

简注：“四”字作“三”。

编号：2124

释文：【外】作佳竟（镜）哉真大好，上有仙人不知老，渴饮澧（醴）泉饥食枣，游浮天下敖（遨）四海，寿敝金石为国保（宝）。【内】子丑寅卯辰巳午未申酉戌亥。

时代：西汉晚期至东汉早期

著录：《旅顺》图51；/《金石索》卷六第17页；/《小檀》卷二30b；《拓影》图46；《小校》卷十五84a下；《志稿》第3392页上。

简注：“饮”字从水，“游浮”错乙，“四”字作“三”。

编号：2125

释文：【外】作佳竟（镜）哉真大好，上有仙人不知老，渴饮玉池饥食枣，浮游天下敖（遨）四海，寿敝金石之国保（宝）兮。【内】子丑寅卯辰巳午未申酉戌亥。

时代：西汉晚期至新莽

著录：《收藏》2020（2）第95页图6。

简注：“饮”字从水，“四”字作“三”。“玉池”，意为仙池。傅玄《拟楚篇》：“登昆仑，漱玉池。”江淹《杂体诗·效嵇康》：“朝食琅玕实，夕饮玉池津。”

编号：2126

释文：【外】作佳竟（镜）哉真大好，上有仙人不知老，渴饮玉泉饥食枣，浮游天下敖（遨）四海，寿如今（金）石之天保（宝）兮哉。【内】子丑寅卯辰巳午未申酉戌亥。

时代：西汉晚期至东汉早期

著录：《守屋》A图版第21页。

简注：“作”字前有起止符号。“饮”“饥”二字从水，“四”字作“三”。

编号：2127

释文：【外】作佳竟（镜）哉真大好，上有仙人不知老，渴饮玉泉饥［食］枣，浮游天下敖（遨）四海，寿如金石之国保（宝）兮。【内】子丑寅卯辰巳午未申酉戌亥。

时代：西汉晚期至东汉早期

著录：《中原文物》2009（3）第103页图五。

简注：“作”字前有起止符号。“饮”字从水，“四”字作“三”。

编号：2128

释文：【外】作佳竟（镜）哉真大好，上有仙人不知老，渴饮玉泉饥食枣，浮游天下敖（遨）四海，寿如今（金）石之天保（宝）。【内】子丑寅卯辰巳午未申酉戌亥。

时代：西汉晚期至东汉早期

著录：《未名斋》第155页。

简注：“作”字前有起止符号。“饮”字从水，“四”字作“三”。

编号：2129

释文：【外】作佳竟（镜）哉真大好，上有仙人不知老，渴饮玉泉饥食枣，浮游天下敖（遨）四海，寿敝今（金）石如国保（宝）。【内】子丑寅卯辰巳午未申酉戌亥。

时代：西汉晚期至东汉早期

著录：《篁斋》第76—77页；《国图》第98页；《陈介祺》图105；/《篁斋》第74—75页；《陈介祺》图28。

简注：“作”字前有起止符号。“饮”字从水，“四”字作“三”。

编号：2130

释文：【外】作佳镜哉真大好，上有仙人不知老，渴饮礼（醴）泉饥食枣，浮游天下敖（遨）四

---

① 此镜“饮”“饥”二字从水。

海，寿币（敝）金石为国葆（宝）。【内】日有憙（喜），宜酒食，乐毋事，常大富。
时代：西汉晚期至东汉早期
著录：《阳羡》图70。
简注："作"字前有起止符号。"饮"字从水，"敖"字从力，"四"字作"三"，"好""上""知""石""为"反书。

编号：2131
释文：【外】作佳竟（镜）哉真大好，上有仙人不知老，渴饮玉泉饥食枣，浮游天下敖（遨）四海，寿□□石为国保（宝）。【内】子丑寅卯辰巳午未申酉戌亥。
时代：西汉晚期至东汉早期
著录：《洛华》图104。
简注：锈蚀严重。"饮"字从水，"四"字作"三"。

编号：2132
释文：作佳竟（镜）哉真大好，上有仙人不知老，渴饮玉泉饥食枣，浮游天下敖（遨）四海，寿如今（金）石之国保（宝）。
时代：西汉晚期至东汉早期
著录：《小校》卷十五85b上。
简注："饮""饥"二字从水，"四"字作"三"。

编号：2133
释文：【外】作佳竟（镜）哉真大好，上有仙人不知老，喝（渴）饮礼（醴）湶（泉）饥啖枣，浮游天下辟四海，寿敝金石国葆（宝）。【内】子丑寅卯辰巳午未申酉戌亥。
时代：西汉晚期至东汉早期
著录：中国嘉德2011春拍：1122。
简注："作"字前有起止符号。"四"字作"三"。

编号：2134
释文：【外】作佳竟（镜）哉真大好，上有仙人不知老，渴饮玉泉饥食枣，浮游天下敖（遨）四海，寿如今（金）石为［国］保（宝）。【内】子丑寅卯辰巳午未申酉戌亥。
时代：西汉晚期至东汉早期
著录：《阳羡》图87。
简注："饮"字从水，"四"字作"三"。

编号：2135
释文：作佳竟（镜）哉真大好，上有仙人不［知］老，渴饮玉泉，浮游天下敖（遨）四海，寿如今（金）石之国保（宝）。
时代：西汉晚期至东汉早期
著录：《考古与文物》1995（3）第28页图十三：1。
简注："作"字前有起止符号。"饮"字从水，"四"字作"三"。

编号：2136
释文：【外】作佳竟（镜）哉真大好，上有仙人不知老，渴饮玉池饥食枣，浮游天下敖（遨）四海，寿如今（金）石保（宝）。【内】子丑寅卯辰巳午未申酉戌亥。
时代：西汉晚期至新莽
著录：《长安》图三十八、图版五十一。
简注：新莽时期墓出土（M2：2）。"饮""饥"二字从水，"四"字作"三"。

编号：2137
释文：作佳竟（镜）［哉］真大好，上有仙人不知老，渴饮玉泉饥食枣，浮游天下敖（遨）四海，寿如今（金）石大王。
时代：西汉晚期至东汉早期
著录：《小校》卷十五85a上；《志稿》第3363页序号260。
简注："饮""饥"二字从水，"四"字作"三"。

编号：2138
释文：【外】作佳镜哉真大好，上有仙人不知老，渴饮礼（醴）泉饥食枣，浮游天下敖（遨）四海，寿如金石。【内】长宜子孙。
时代：西汉晚期至东汉早期
著录：《未名斋》第157页。

简注：“作”字前有起止符号。“敖”字从力，“四”字作“三”。

编号：2139

释文：作佳竟（镜）哉真大好，上有仙人不知老，渴饮玉泉饥食枣，浮游天下敖（遨）四海，寿如今（金）石。

时代：西汉晚期至东汉早期

著录：《小校》卷十五85a下；《志稿》第3362页。

简注：“作”字前有起止符号。“饮”字从水，“四”字作“三”。

编号：2140

释文：作佳竟（镜）[哉]真大好，上有仙人不知老，渴饮玉泉饥食枣，浮游天下敖（遨）四海，寿如国保（宝）。

时代：西汉晚期至东汉早期

著录：《固原》图85。

简注：“饮”字从水，“四”字作“三”。

编号：2141

释文：作佳竟（镜）[哉]真大好，上有仙人不知老，渴饮玉泉饥食枣，浮游天下敖（遨）四海，寿如保（宝）。

时代：西汉晚期至东汉早期

著录：《岩窟》二中第29图。

简注：“作”字前有起止符号。“饮”字从水，“四”字作“三”。

编号：2142

释文：【外】作佳竟（镜）哉真大好，上有仙人不[知]老，渴饮玉泉饥食枣，浮游天下敖（遨）四海，为国保（宝）。【内】子丑寅卯辰巳午未申酉戌亥。

时代：西汉晚期至东汉早期

著录：《西安》图41。

简注：“饮”字从水，“四”字作“三”。

编号：2143

释文：【外】作佳竟（镜）哉真大好，上有仙人不知老，渴饮玉泉饥食枣，浮游天下敖（遨）四海。【内】子丑寅卯辰巳午未申酉戌亥。

时代：西汉晚期至新莽

著录：《文物》1997（7）第65页图二。

简注：新莽时期墓出土。“饮”“饥”二字从水，“四”字作“三”。

编号：2144

释文：作佳竟（镜）哉真大好，上有仙人不知老，渴饮玉泉饥食枣，浮游天下敖（遨）四海。

时代：西汉晚期至东汉早期

著录：《岩窟》二中第28图。

简注：“作”字前有起止符号。“饮”字从水，“四”字作“三”。

编号：2145

释文：作佳竟（镜）哉真大好，上有仙人不知老，渴饮玉池饥食枣，浮游天下之保（宝）。

时代：西汉晚期至东汉早期

著录：《宝鸡》第59页。

简注：“作”字前有起止符号。“饮”字从水。“之”字后漏铸一“天”或“国”字。

编号：2146

释文：作佳竟（镜）哉真大好，上有仙人不知老，渴饮玉泉饥食枣，浮游天下。

时代：西汉晚期至东汉早期

著录：《守屋》A图版第22页。

简注：“作”字前有起止符号。“饮”字从水。

编号：2147

释文：【外】作佳镜哉真大好，上有仙人不知老，渴饮澧（醴）泉饥食枣，浮斿（游）天[下]。【内】子丑寅卯辰巳午未申酉戌亥。

时代：西汉晚期至新莽

著录：《考古学报》2007（2）图版玖：4、第242页图九；《南阳》图二〇一、图版九五：2；

《图典》B图3.222。

简注："作"字前有起止符号。"饮"字从水。

编号：2148

释文：作佳竟（镜）哉真大好，上有仙人不知老，渴饮玉泉饥食枣，寿而今（金）石为国保（宝）。

时代：西汉晚期至东汉早期

著录：《西安》图42[①]；/《小檀》卷二32a；《拓影》图47；《小校》卷十五84b上[②]；/《小校》卷十五84b下；《志稿》第3361页下[③]。

简注："作"字前有起止符号。

编号：2149

释文：作佳竟（镜）哉真大好，上有仙人不知老，渴饮玉泉饥食枣，寿敝金石保（宝）。

时代：西汉晚期至东汉早期

著录：《扶风》图40 。

简注："作"字前有起止符号。"饮"字从水。

编号：2150

释文：作佳镜哉真大好，上有仙人不知老，渴饮玉泉饥食枣，寿如金石。

时代：西汉晚期至新莽

著录：《考古学报》1963（2）第52页表三。

简注：新莽时期墓（M3021：42）出土。

编号：2151

释文：作佳竟（镜）[哉]真大好，上有仙人不知老，渴饮玉泉饥食枣，为国保（宝）。

时代：西汉晚期至东汉早期

著录：《镜录》卷中28a；《国图》第97页；《陈介祺》图107；《志稿》第3360页。

简注："作"字前有起止符号。"饮"字从水。

编号：2152

释文：【外】作佳竟（镜）哉真大好，上有仙人不知老，渴饮玉泉饥食枣。【中】子丑寅卯辰巳午未申酉戌亥。【内】长乐未央。

时代：西汉晚期至东汉早期

著录：《汉雅堂》图68。

简注："饮"字从水。

编号：2153

释文：作佳镜哉真大好，上有山（仙）人不知老，渴饮礼（醴）泉饥。

时代：西汉晚期至东汉早期

著录：《蚌埠》第68页、第69页。

简注："作"字前有起止符号。

编号：2154

释文：作佳竟（镜）真大巧，上有山（仙）人不知老，渴饮玉泉。

时代：西汉晚期至东汉早期

著录：《长沙》图82 。

简注："作"字前有起止符号。大部分铭文反书，"饮"字从水。

编号：2155

释文：作佳竟（镜）哉真大好，上有仙人不知老，渴饮饥食。

时代：西汉晚期至东汉早期

著录：《金石索》卷六第18页；/《西乙》卷十九27a；《故宫》G图五一；/《小檀》卷二33b；《善斋》镜录卷一77a、77b；《小校》卷十五85b下、86a上、86a下、86b上、86b下、87a上；《志稿》第3359页。

简注：上述著录中，除《金石索》所载之镜"饥"字从食外，其他诸镜"饥"字皆从禾，疑有同器者。

① "饮"字从水。
② "饮""饥"二字从水，"而"字出笔。
③ "饮""饥"二字从水，"而"字出笔。

编号： 2156

释文： 作佳竟（镜）哉真大好，上有仙人不知老，浮游天下敖（遨）四海，乐如侯王。

时代： 新莽至东汉早期

著录： 《长沙》图86 。

简注： “四”字作“三”。

编号： 2157

释文： 【外】作佳镜哉真大好，上有仙人不知老，明如日月昭（照）四海，寿敝金石为国葆（宝）。【内】子丑寅卯辰巳午未申酉戌亥。

时代： 西汉晚期至东汉早期

著录： 《图集》图330。

简注： “作”字前有起止符号。“四”字作“三”。

编号： 2158

释文： 【外】尚方乍（作）竟（镜）真大巧，上有山（仙）人不知老。【中】乍（作）佳竟（镜）兮真大巧，上有兮。【内】长宜子孙。

时代： 西汉晚期至东汉早期

著录： 《金石索》卷六第12页。

简注： “巧”字减笔。此条重出，亦列于“尚方”铭（作镜）一节。

编号： 2159

释文： 【外】作佳镜才（哉）真大好，上有芩（禽）守（兽）相因连，容貌甚好贵人观，练（炼）冶铜锡。【内】子丑寅卯辰巳午未申酉戌亥。

时代： 西汉晚期至东汉早期

著录： 中拍国际2011秋拍：5105。

简注： “作”字前有起止符号。“冶”字从水。

编号： 2160

释文： 【外】作佳镜才（哉）真大兰（闲），上有芩（禽）守（兽）相因连，练（炼）冶铜锡自生文，昭（照）君面目白黑分，大夫欲市入臣门，不争贾（价）直（值）贵其恩。【内】子丑寅卯辰巳午未申酉戌亥。

时代： 西汉晚期至东汉早期

著录： 《汉铭斋》图109；《文化》图166；《书法》图171；《图集》图325、彩版7上；《拓片》图243。

简注： “作”字前有起止符号。“冶”字从水。“市”，购买之意，《战国策·齐策》：“先生所为文市义者，乃今日见之。”《乐府诗集·木兰诗》“市鞍马”。“兰”疑读为“闲”，为美好之意。“阑”与“闲”音近，汉人以之声训，如《说文》云：“闲，阑也。”“闲”常用来形容事物美好，如《汉书·司马相如传》：“妖冶闲都。”曹植《美女篇》：“美女妖且闲，采桑歧路间。”疑此处“闲”字一语双关，既指铜镜，又指照镜之人。这样的话，“真大阑”，便与“真大好”“真大巧”等套语结构相同，语意相近。李学勤师认为“阑”可读为“难”，“真大难”在镜铭虽少见，但文意亦通，暂存两说。

编号： 2161

释文： 【外】作佳镜才（哉）真大兰（闲），容貌甚好贵人观，上有芩（禽）守（兽）相因连，练（炼）冶铜锡自生文。【内】子丑寅卯辰巳午未申酉戌亥。

时代： 西汉晚期至东汉早期

著录： 《图集》图340；《清爱堂》图70。

简注： “作”字前有起止符号。“冶”字从水。

编号： 2162

释文： 【外】作佳镜才（哉）真大兰（闲），容貌甚好贵人观，上有芩（禽）守（兽）相因连，练（炼）冶铜锡自生［文］。【内】子丑寅卯辰巳午未申酉戌亥。

时代： 西汉晚期至东汉早期

著录： 《图集》图339；《汉雅堂》图74。

简注： “冶”字从水。

编号： 2163

释文： 【外】作佳镜才（哉）真大兰（闲），上有芩

（禽）守（兽）相因连，练（炼）冶铜锡自生文。【内】子丑寅卯辰巳午未。

时代：西汉晚期至东汉早期

著录：《阳羡》图105。

简注：“作”字前有起止符号。“冶”字从水。

编号：2164

释文：作佳铜〈镜〉才（哉）真大阑（闲），容貌甚好贵人观，昭（照）君面目白黑分，侯王重□□宜子。

时代：西汉晚期至东汉早期

著录：《绍兴》第85页；《未名斋》第113页；/《图集》图341；/《清爱堂》图71。

简注：“作”字前有起止符号。

编号：2165

释文：【外】作佳铜〈镜〉才（哉）真大兰（闲），桼（七）言之始自有纪，湅（炼）冶铜锡去其宰（滓），辟去不详（祥）宜古（贾）市，长。【中】君宜官秩。【内】子丑寅卯辰巳午未申。

时代：西汉晚期至东汉早期

著录：《未名斋》第153页 。

简注：“作”字前有起止符号。此条重出，亦列于“桼言”铭（二）一节。

编号：2166

释文：【外】作佳镜才（哉），其文（纹）委沱（蛇），左龙右虎，朱爵（雀）龟蛇，清明丽好，长者所□，人主得志，何以侯力。【内】君宜官秩。

时代：西汉晚期至东汉早期

著录：中国嘉德2010秋拍：6798。

简注：“作”字前有起止符号。

91．“善佳镜”铭

“善佳镜”铭，即铭文中以“善佳镜”为句首的镜铭类型。“善佳镜”铭铜镜存世较少，形制、纹饰、套语内容及书体风格皆与“作佳镜”铭D型、“此有佳镜”铭C型相近，韵脚亦皆叶幽部韵，疑流行时代亦相近。

编号：2167

释文：【外】善佳竟（镜）哉真大好，渴饮礼（醴）泉饥谈（啖）枣，寿敝山石西王母，长葆（保）二亲利孙子，居如侯王乐毋以（已），州（周）留（流/游）天下游四海。【内】子丑寅卯辰巳午未申酉戌亥。

时代：西汉晚期至东汉早期

著录：《萧县》图五二：5、彩版一二：1。

简注：安徽省宿州市萧县白土镇冯楼新莽时期墓（XFM65）出土。“泉”字从水，“四”字作“亖”。文献中留、游、流常可相通，马王堆帛书《春秋事语·吴伐越章》“游其祸也”，“游”读为“留”。马王堆医简《合阴阳》“一曰虎游”，帛书《天下至道谈》“游”作“流”。《脉书》“留水不腐”，传世文献作“流水不腐”。周流，即周游之意，《焦氏易林》：“驾龙骑虎，周游天下，为神人使。”

编号：2168

释文：【外】善佳竟（镜）哉真大好，渴饮礼（醴）泉饥谈（啖）枣，寿敝山石西王母，州（周）留（流/游）天下游四海。【内】子丑寅卯辰巳午未申酉戌亥。

时代：西汉晚期至东汉早期

著录：《守屋》A图版第47页。

简注：“泉”字从水，“四”字作“亖”。

编号：2169

释文：【外】善佳竟（镜）哉真大好，上有仙人不知老，渴饮神泉饥谈（啖）枣，寿敝山石西王母，长葆（保）二亲利孙子。【内】子丑寅卯辰巳午未申酉戌亥。

时代：西汉晚期至东汉早期

著录：浙江中财2011秋拍：0136。

简注：“善”字前有起止符号。“泉”字从水。

编号： 2170
释文： 善佳竟（镜）哉真大好，上有仙人侍（持）之（芝）草，渴饮礼（醴）湶（泉）饥谈（啖）［枣］。
时代： 西汉晚期至东汉早期
著录： 北京歌德2011春拍：1147。

编号： 2171
释文： 【外】善佳竟（镜）哉真大好，上有仙人持之（芝）草，渴饮。【内】子丑寅卯辰巳午未申酉戌亥。
时代： 西汉晚期至东汉早期
著录： 中国嘉德2011春拍：832。

编号： 2172
释文： 善佳竟（镜）哉真大好，上有仙人持之（芝）草。
时代： 西汉晚期至东汉早期
著录： 《未名斋》第73页。

编号： 2173
释文： 善佳竟（镜）哉真大好，上有仙人持。
时代： 西汉晚期至东汉早期
著录： 《汉铭斋》图108；《拓片》图83。

92. "冶佳镜"铭

"冶佳镜"，即冶炼铜锡，制作佳镜之意。

"冶佳镜"铭铜镜存世较少，形制、纹饰、套语内容及书体风格皆与"作佳镜"铭D型相类，韵脚亦叶幽部韵，疑两类铜镜时代相近，或即更改铭文首字而成。

编号： 2174
释文： 【外】冶佳镜哉真大好，上有仙人不知老，渴饮澧（醴）泉饥食枣，浮游天下敖（遨）四海，寿敝金石为国保（宝）。【内】子丑寅卯辰巳午未申酉戌亥。
时代： 西汉晚期至新莽前后
著录： 《西甲》卷十九31a。
简注： "冶"字从水，"四"字作"亖"。

93. "此有佳镜"铭

"此有佳镜"铭，即将"此有佳镜"四字置于全文之首的一类镜铭。常见的套语组合有：

A.此有佳镜诚独好

B.此有佳镜真独好

C.此有佳镜真大好

韵脚皆以幽部字为主，押韵。

其中A型包含套语最多，B型目前存世最多，C型减铭、反书最普遍。

在形制、纹饰方面，目前所见到的"此有佳镜"铭镜皆圆钮，圆钮座或四叶纹钮座，主题纹饰皆为八乳博局纹，曲道间多置以四神、羽人、带角神兽及各类云纹纹饰，镜缘以锯齿纹、云气纹、双线水波纹居多，偶有云虡纹，具有西汉晚期至东汉早期铜镜的典型特征。

在铭文书体风格方面，较为粗率，与西汉晚期及新莽时期的主流书体有较为显著的区别，而与新莽后期出现的"新佳镜"铭、"作佳镜"铭（D、E两型）风格相近，这种书体在东汉早期曾流行甚广，因此，大致可以推测，此类铜镜的流行时代大约在新莽后期至东汉早期，至迟应该不会晚到东汉中期。

为便于检索，本节暂依A—C的型式顺序排序，每种型式中，铭文较完整者靠前，减铭较多者靠后。值得一提的是，目前所能见到的"此有"铭铜镜基本上皆为南方地区出土，尤以湖南地区称最，而黄河流域的广大地区则鲜有出土，这大概是需要特别留意的。

编号： 2175
释文： 【外】此有佳镜成（诚）独好，上有山（仙）人不知老，渴饮礼（醴）泉饥啖枣，浮游天下敖（遨）四海，寿敝金石为国保（宝），长生久视今常在，示何好？【中】服此镜，甚大神，便其身，□四陈，长富贵，无忧患，镜清明，传子孙。【内】常富贵，日月憙（喜），宜酒食。

时代： 新莽至东汉早期

著录： 《小校》卷十五82a；《志稿》第3365页；/《阳羡》图78；《图集》图342。

简注： 外圈“此”字前、中圈“服”字前、内圈“食”字后皆有起止符号，“饥”字从水，“四”字作“三”，“其”字减笔，“传”字反书。

编号： 2176

释文： 【外】此有佳镜成（诚）独好，上有山（仙）人不知老，渴饮玉泉饥食枣，［浮］游天下敖（遨）四海，寿如金石为国［保（宝）］。【内】此有佳镜成（诚）独好，上有山（仙）人不知老，渴饮玉泉饥［食枣］。

时代： 新莽至东汉早期

著录： 《考古》1979（5）第431页图六：1；《图典》A图300；《图典》B图3.221。

编号： 2177

释文： 【外】此有佳镜真独好，上有仙人不知老，渴饮玉泉饥啖枣，浮游天下熬（遨）四海，寿敝金石为国保（宝），长生久视今常在。【内】子丑寅卯辰巳午未申酉戌亥。

时代： 新莽至东汉早期

著录： 《考古》1992（7）第668页图二：1；/《湖研》图六二。

简注： “此”字前有起止符号。铭文多反书，“游”字减笔，“四”字作“三”，“海”字似从玉，“保”字从卩。

编号： 2178

释文： 【外】此有街（佳）镜真独好，上有仙人不知老，渴饮澧（醴）泉饥啖枣，浮游天下遨四海，寿敝金石为国葆（宝），长生久视今尚（常）在。【内】长宜子孙。

时代： 新莽至东汉早期

著录： 《湖研》图六三。

简注： “此”字前有起止符号。“啖”字减笔作“吙”，“遨”字从力，“四”字作“三”，“在”字减笔与“左”同形。

编号： 2179

释文： 【外】此有佳镜真独好，上有仙人不知老，渴饮礼（澧）泉饥啖枣，浮游天下留（流/游）四海。【内】长宜子孙。

时代： 新莽至东汉早期

著录： 《守屋》A图版第23页。

简注： “此”字前有起止符号。“四”字作“三”。

编号： 2180

释文： 【外】此有佳竟（镜）真独好，上有山（仙）人不知老，渴饮礼（醴）泉饥啖［枣］。【内】长宜子孙。

时代： 新莽至东汉早期

著录： 《广西》图64。

简注： 内圈“长”字与外圈“此”字前皆有起止符号。

编号： 2181

释文： 此有佳镜真大好，上有仙人不知老，曷（渴）饮玉泉饥食枣，孚（浮）游天下。

时代： 新莽至东汉早期

著录： 《湖研》图六四。

简注： “此”字前有起止符号。“上”“老”“下”诸字反书。

编号： 2182

释文： 此有佳镜真大好，上有仙人不知老，曷（渴）饮玉泉饥食枣，孚（浮）游。

时代： 新莽至东汉早期

著录： 《长沙》图39。

简注： “此”字前有起止符号。“好”“上”“老”“浮”等字反书。

94.“尚方御镜”铭

“尚方”，为少府属官，《后汉书·百官志》：“设少府……掌中服御诸物，衣服宝货珍膳之属”，另据《汉书·百官公卿表》“中书谒者、黄门、钩盾、尚方、御府”，颜师古注：“尚方主作禁器物”。《通典·职官典·诸卿下·少府监》：“秦置尚方令，汉因之，后汉掌上手工作御刀剑玩好器物”。为汉代最顶级的器物制作机构。

常见的包含“尚方御镜”的组合有：

A.尚方御“镜”大毋伤

B.尚方御“镜”真毋伤

C.尚方御“镜”真大好

D.尚方御“镜”真大巧

E.尚方御“镜”知人情

其中A、B两型所搭配套语为一类，叶阳部韵；C、D两型所搭配套语为一类，叶幽部韵；E型自为一类，叶耕部韵。从套语内容及用韵情况方面看，可将其略分为不同的类型。

其中，A型最为普遍，制作最为精美，并常与“新有善铜出丹阳”搭配，据此可知此类镜的流行时间主要在新莽时期，未带“新”字国号的“尚方御镜”铭镜亦当距新莽不远，时代上限为西汉晚期后段，下限最迟到东汉早期，这一点在正式考古发掘的墓葬时代上同样可以得到佐证。

另外，A型中有与包含国号“汉”字的铜镜，根据形制、纹饰及书体风格，这里的汉似乎为西汉的可能性较大，结合文献，在王莽正式称帝之前，曾有多年的执政、摄政期，此时虽国号仍为“汉”，但在许多方面已呈现出新的气象。包含国号“汉”字的“尚方御镜”很可能就铸造于这一时期。

在形制、纹饰方面：皆圆钮，钮座有圆钮、四叶纹两种，其中尤以四叶纹钮座居多；钮座外，常置八乳博局纹或七乳禽兽纹，乳钉外常饰四叶纹或围以内向连弧纹，乳钉间多置有精美的日（内饰金乌）、月（内饰蟾蜍）、四神、禽鸟、羽人、蟾蜍、带角神兽及细线云纹等纹饰；镜缘则以锯齿纹、云气纹居多，偶置有双线水波纹。

“尚方”铭系列镜中常云“上有仙人不知老”“徘徊名山采芝（或作‘神’）草”“渴饮玉泉饥食枣”“浮游天下遨四海”“寿敝金石”，上述纹饰中应有不少是对此类铭文的描绘。

其中，羽人为仙人，《拾遗记》载：“燕昭王梦有人衣服皆毛羽，因名羽人。梦中与语，问以上仙之术。”《楚辞·远游》：“仍羽人于丹丘兮，留不死之旧乡。”王逸注：“人得道身生毛羽也。”洪兴祖补注：“羽人，飞仙也。”秦汉以来，流行羽化登仙之说，《道虚》云：“好道学仙，中生毛羽，终以飞升。”“为道学仙之人，能先生数寸之毛羽，从地自奋，升楼台之陛，乃可谓升天。”

“玉泉”，据《本草经》：“一名玉澧，味平，生山谷，治藏百病，柔筋强骨，安魂长肌。久服能忍寒暑，不饥渴，不老神仙。人临死服五斤，死三年色不变。”因食之能不饥渴，故铭文云“渴饮玉泉”。

“饥食枣”之枣当为仙枣，《史记·封禅书》载：“汉武帝尊少君。少君言于上曰：‘臣尝游海上，见安期生。安期生食巨枣，大如瓜。安期生，仙者，通蓬莱中，合则见人，不合则隐。’”可见“巨枣”亦为仙人日常食品之一。

“浮游”，即遨游。《云笈七签》：“乘龙驾云，浮游太清。”《汉书·郊祀志下》：“浮游蓬莱，耕耘五德，朝种暮获，与山石无极。”

“遨四海”，亦见于文献，相传司马相如所作《凤求凰》云“凤兮凤兮归故乡，遨游四海求其凰”。

在用字方面，铭文中“镜”字皆作“竟”，“遊”字多作“游”，为汉人习惯。“御”，有进献之义，如《礼记·曲礼上》：“御食于君”，又为对帝王所用之物的敬称。“尚方御镜”，大约是尚方专门制作，以供皇室使用或赏赐之镜。故而，为“尚方”铭系列镜中之最为精美者。

由于“尚方御镜”系列铜镜数量较多，受篇幅所限，本节只能胪列各地区较为典型者，即便如此，本节所列之镜仍然较多，为方便检索，暂以A—E型式先后顺序排序，每型式中则铭文较完整者靠前，减铭较多者靠后。

编号： 2183

释文： 【外】汉有善铜出丹阳，湅（炼）冶成银锡清而且明，尚方御竟（镜）大毋伤，巧工刻之成文章，左龙右虎辟不羊（祥），朱鸟玄［武］顺阴阳，子孙备具居中央，长保二亲乐富昌，寿敝金石如侯王，四夷来服国家强。【内】子丑寅卯辰巳午未申酉戌亥。

时代： 西汉晚期

著录： 《绍兴》第81页。

简注： “汉”字前有起止符号。朱鸟，即朱雀，贾谊《惜誓》：“飞朱鸟使先驱兮，驾太一之象舆。苍龙蚴虬于左骖兮，白虎骋而为右騑。”《文选·鲁灵光殿赋》：“朱鸟舒翼。”注：“朱鸟，朱雀，南方神也。”此条重出，亦列于“新有”铭一节。此条重出，亦列于“汉有”铭一节。

编号： 2184

释文： 【外】新有善铜出丹阳，湅（炼）冶银锡清而明，尚方御竟（镜）大毋伤，巧工刻之成文章，左龙右虎辟不羊（祥），朱鸟玄武顺阴阳，子孙备具居中央，长保二亲乐富昌，寿敝今（金）石如侯王兮。【内】子丑寅卯辰巳午未申酉戌亥。

时代： 新莽

著录： 《唐宋》附图21；《国博》1992（18—19）第228页图69。

简注： “新”字前有起止符号。

编号： 2185

释文： 【外】新有善同（铜）出丹阳，錬（炼）冶银锡清而明，尚方御竟（镜）大毋伤，巧工刻之成文章，左龙右虎辟不羊（祥），朱鸟玄武顺阴阳，子孙备具居中央，长保二亲乐富昌，寿敝今（金）石如侯王。【内】子丑寅卯辰巳午未申酉戌亥。

时代： 新莽

著录： 《图集》图298。

简注： “新”字前有起止符号。此条重出，亦列于“新有”铭一节。

编号： 2186

释文： 【外】尚方御竟（镜）大毋伤，湅（炼）冶银锡清而明，巧工刻之成文章，左龙右虎辟不羊（祥），朱鸟玄武顺阴阳，子孙备具居中央，长保二亲乐富昌，寿敝今（金）石如侯王。【内】子丑寅卯辰巳午未申酉戌亥。

时代： 西汉晚期至东汉早期

著录： 《文物》2008（9）第95页图二；《洛华》图98。

简注： “尚”字前有起止符号。

编号： 2187

释文： 【外】新有善铜出丹阳，湅（炼）冶银锡清而明，尚方御竟（镜）大毋伤，巧工刻之成文章，左龙右虎掌四彭（方），朱鸟玄武顺阴阳，子孙备具居中央，长保二亲如侯王，千秋万岁乐未央。【内】子丑寅卯辰巳午未申酉戌亥。

时代： 新莽

著录： 《考古》1992（9）第802页图一。

简注： “四”字作“三”。此条重出，亦列于“新有”铭一节。

编号： 2188

释文： 【外】新有善铜出丹阳，湅（炼）冶银锡清而明，尚方御竟（镜）大毋伤，巧工刻之成文章，子孙备具居中央，长保二亲乐富昌兮。【内】子丑寅卯辰巳午未申酉戌亥。

时代： 新莽

著录： 《簠斋》第14—15页、第88—89页；《国图》第90页；《陈介祺》图61；《桃阴庐》图13。

简注： 几件拓片所录之镜形制、纹饰完全相同，疑有相同之器。此条重出，亦列于“新有”铭一节。

编号： 2189

释文： 【外】新有善铜出丹阳，湅（炼）冶银锡清而明，尚方御竟（镜）大毋伤，巧工刻之成文章，左龙右虎辟不羊（祥），朱鸟玄武顺阴阳，子孙备具居中央，寿敝金［石］如侯王。【内】子丑寅卯辰巳午未申酉戌亥。

时代：新莽

著录：《开明堂》图97。

简注：此条重出，亦列于"新有"铭一节。

编号：2190

释文：【外】新有善同（铜）出丹阳，湅（炼）冶银锡清而明，尚方御竟（镜）大毋伤，左龙右虎辟不羊（祥），朱鸟玄武顺阴阳，子孙备具居中央，寿敝今（金）石如侯王。【内】子丑寅卯辰巳午未申酉戌亥。

时代：新莽

著录：《守屋》A彩版第3页。

简注："新"字前有起止符号。此条重出，亦列于"新有"铭一节。

编号：2191

释文：【外】尚方御竟（镜）大毋伤，巧工刻娄（镂）成文章，左龙右虎辟不详（祥），朱鸟玄武调阴阳，子孙备具居中央，长保二亲乐富昌，寿敝金石如侯王。【中】王氏作竟（镜）四蕙（夷）服，多贺官家人民息，长保二亲得天力，传之后世乐毋极。【内】宜子孙。

时代：西汉晚期至东汉早期

著录：《奇觚室》卷十五37b—38a。

简注："尚"字前有起止符号。"四"字作"三"。此条重出，亦列于"王氏"铭（四夷服/新家）一节。

编号：2192

释文：【外】尚方御竟（镜）大毋伤，巧工刻娄（镂）成文章，左龙右虎辟不详（祥），朱鸟玄武调阴阳，子孙备具居中央，长保二亲乐富昌，寿敝金石如侯王。【中】王氏作竟（镜）四夷服，多贺官家人民息，长保二亲得天力，传之后世乐毋极。【内】宜子孙。

时代：西汉晚期至东汉早期

著录：《绍兴》第103页。

简注："尚"字前有起止符号。"四"字作"三"。此条重出，亦列于"王氏"铭（四夷服/新家）一节。

编号：2193

释文：【外】尚方御竟（镜）大毋伤，巧工刻娄（镂）成文章，左龙右虎辟不详（祥），朱鸟玄武调阴阳，子孙备具居中央，长保二亲乐富昌，寿敝今（金）石如侯王。【内】宜子孙。

时代：西汉晚期至东汉早期

著录：《清爱堂》图98。

简注："尚"字前有起止符号。

编号：2194

释文：【外】尚方御竟（镜）大毋伤，巧工刻娄（镂）成文章，左龙右虎辟不详（祥），朱鸟玄武调阴阳，子孙备具居中央，长保二亲［乐］富昌。【内】子丑寅卯辰巳午未申酉戌亥。

时代：西汉晚期至东汉早期

著录：《西清》卷三十九5a。

简注："尚"字前有起止符号。

编号：2195

释文：【外】尚方御竟（镜）大毋伤，巧工刻之成文章，左龙右虎辟不羊（祥），朱鸟玄武顺阴阳，子孙备具居中央，湅（炼）冶银锡清而明，长保二亲乐富昌，寿敝今（金）石如侯王。【内】子丑寅卯辰巳午未申酉戌亥。

时代：西汉晚期至东汉早期

著录：《金石索》卷六第5页。

简注："尚"字前有禽鸟纹起止符号。

编号：2196

释文：【外】尚方御竟（镜）大毋伤，巧工刻之成文章，左龙右虎辟不详（祥），朱鸟玄武调阴阳，子孙备具居中央，长保二亲乐富昌，寿敝今（金）石如侯王兮。【内】子丑寅卯辰巳午未申酉戌亥。
时代：西汉晚期至东汉早期
著录：《岩窟》二中第1图；《簠斋》第10—11页；《国图》第83页；《陈介祺》图86；《泉屋》图37。
简注："尚"字前有起止符号。

编号：2197
释文：【外】尚方御竟（镜）大毋伤，巧工刻之成文章，左龙有（右）虎辟不羊（祥），朱鸟玄武顺阴阳，子孙备具居中央，长保二亲乐富昌，寿敝金石如侯王。【内】子丑寅卯辰巳午未申酉戌亥。
时代：西汉晚期至东汉早期
著录：《汉雅堂》图79；/《中古》第48页；/《古今》图72。
简注："尚"字前有起止符号。

编号：2198
释文：【外】尚方御竟（镜）大毋伤，巧工刻之成文章，左龙右虎辟不羊（祥），朱鸟玄武顺阴阳，子孙备具居中央，长保二亲乐富昌，寿敝今（金）石如侯王。【内】子丑寅卯辰巳午未申酉戌亥。
时代：西汉晚期至东汉早期
著录：《齐鲁》图184；/《收藏家》2012（8）第83页图7；/《千镜堂》图77。
简注："尚"字前有起止符号。

编号：2199
释文：【外】尚方御竟（镜）大毋伤，巧工刻之成文章，左龙右虎辟不羊（祥），朱鸟玄武顺阴阳，八子九孙治中央，长保二亲乐未央，宜侯王。【内】子丑寅卯辰巳午未申酉戌亥。
时代：西汉晚期至东汉早期
著录：《善斋》镜录卷一45b；《小校》卷十五33a。
简注："尚"字前有起止符号。

编号：2200
释文：【外】尚方御竟（镜）大毋伤，巧工刻之成文章，左龙右虎主四方，朱鸟玄武顺阴阳，辟不羊（祥），大富［昌］。【内】子丑寅卯辰巳午未申酉戌亥。
时代：西汉晚期至东汉早期
著录：《奇觚室》卷十五17b—18a。
简注："尚"字前有起止符号，"富"字受"昌"字影响类化。

编号：2201
释文：尚方御竟（镜）大毋伤，巧工刻之文章，朱鸟玄武顺阴阳，子孙备具居中央，长保二亲乐富昌。
时代：西汉晚期至东汉早期
著录：《清华》图47；《文化》图147；《图集》287；《清艺》第69页；《书法》图158；《拓片》图191；/《守屋》A图版第26页。
简注："尚"字前有起止符号。

编号：2202
释文：尚方御竟（镜）大毋伤，巧工刻之成文章，左龙右虎辟不羊（祥），朱鸟玄武顺阴阳，子孙备。
时代：西汉晚期至东汉早期
著录：《金石索》卷六第4页。
简注："尚"字前有起止符号。

编号：2203
释文：【外】尚方御竟（镜）大毋伤，左龙右虎掌四旁（方），朱鸟玄武顺阴阳，上有仙人高敖（遨）羊（翔），子孙备具居中央，长保二亲乐富昌，寿敝今（金）石为侯王，宜牛羊兮。【内】子丑寅卯辰巳午未申酉戌亥。
时代：西汉晚期至东汉早期
著录：《阳羡》图68。
简注："尚"字前有鸟纹起止符号，"四"字作"三"。

编号：2204

释文：【外】尚方御竟（镜）大毋伤，左龙右虎辟不羊（祥），朱鸟玄武调阴阳，子孙备具居中央，长保二亲乐富昌，俳（徘）洄（徊）名山高敖（遨）详（翔），寿敝金石如侯［王］。【中】子丑寅卯辰巳午未申酉戌亥。【内】常宜官秩。

时代：西汉晚期至东汉早期

著录：《图集》图281。

简注："尚"字前有起止符号。"左""居""名"三字反书。

编号：2205

释文：【外】尚方御竟（镜）大毋伤，左龙右虎辟不羊（祥），朱鸟玄武顺阴阳，子孙备具居中央，长保二亲乐富昌，俳（徘）洄（徊）名山采神草，寿敝金石如侯王。【内】子丑寅卯辰巳午未申酉戌亥。

时代：西汉晚期至东汉早期

著录：《小校》卷十五31a。

简注："尚"字前有起止符号。

编号：2206

释文：【外】尚方御竟（镜）大毋伤，左龙右虎辟不羊（祥），朱鸟玄武顺阴阳，子孙备具居中央，长保二亲乐富昌，寿敝今（金）石如侯王，宜酒食，乐毋事。【内】子丑寅卯辰巳午未申酉戌亥。

时代：西汉晚期至东汉早期

著录：《文物春秋》2009（1）第70页图一；/《小校》卷十五32b上。

简注："尚"字前有起止符号。

编号：2207

释文：【外】尚方御竟（镜）大毋伤，左龙右虎辟不羊（祥），朱鸟玄武调阴阳，子孙备具居中央，上有仙人高敖（遨）详（翔），寿敝金石如侯王兮。【内】子丑寅卯辰巳午未申酉戌亥。

时代：西汉晚期至东汉早期

著录：《汉雅堂》图78；/《清华》图44；《文化》图146；《图集》284；《清艺》第68页；《书法》图157；《拓片》图187。

简注："阴"字右部减笔似"全"。

编号：2208

释文：【外】尚方御竟（镜）大毋伤，左龙右虎辟不羊（祥），朱鸟玄武顺阴阳，子孙备具居中央，长保二亲乐富昌，寿敝今（金）石如侯王兮。【内】子丑寅卯辰巳午未申酉戌亥。

时代：西汉晚期至东汉早期

著录：《宁寿》卷十五11a；/《汉雅堂》图80。

简注："尚"字前有起止符号。

编号：2209

释文：【外】尚方御竟（镜）大毋伤，左龙右虎辟不羊（祥），朱鸟玄武顺阴阳，子孙备具居中央，长保二亲乐富昌，寿敝今（金）石如侯王。【内】子丑寅卯辰巳午未申酉戌亥。

时代：西汉晚期至东汉早期

著录：《小校》卷十五31b；《国图》第77页。

编号：2210

释文：【外】尚方御竟（镜）大毋伤，左龙右虎辟不羊（祥），朱鸟玄武调阴阳，子孙备具居中央，长保二亲乐富昌，寿敝金石如侯王。【中】子丑寅卯辰巳午未申酉戌亥。【内】常宜官秩。

时代：西汉晚期至东汉早期

著录：《固原》图86 。

简注："尚"字前有起止符号。

编号：2211

释文：【外】尚方御竟（镜）大毋伤，左龙右虎辟不详（祥），朱鸟玄武调阴阳，子孙备具居中央，长保二亲乐富昌，寿敝今（金）石如侯王。【中】子丑寅卯辰巳午未申酉戌亥。【内】常宜。

时代：西汉晚期至东汉早期

著录：《千镜堂》图78；《大观》第155页。

简注：“尚”字前有起止符号。

编号：2212

释文：【外】尚方御竟（镜）大毋伤，左龙右虎辟不王，朱鸟玄武顺阴阳，子孙备具居中央，长保二亲乐富昌，寿如今（金）石宜侯王。【内】子丑寅卯辰巳午未申酉戌亥。

时代：西汉晚期至东汉早期

著录：《拓片》图190；《复旦》图68。

简注：“王”字疑为“羊”字脱笔。

编号：2213

释文：尚方御竟（镜）大毋伤，左龙右虎辟不羊（祥），朱鸟玄武顺阴阳，子孙备具居中央，长保二亲乐富昌，寿敝今（金）［石如侯］王。

时代：西汉晚期至东汉早期

著录：《澄秋馆》64a；《志稿》第3298页。

简注：“尚”字前有起止符号。“乐”字减笔。

编号：2214

释文：尚方御竟（镜）大毋伤，左龙右虎辟不羊（祥），朱鸟玄武顺阴阳，子孙二亲［备］具居中央，长保乐富昌，寿敝今（金）石如侯王。

时代：西汉晚期至东汉早期

著录：《宁寿》卷十五1a。

简注：“尚”字前有起止符号。“二亲”误置于“孙”字之后。

编号：2215

释文：【外】尚方御竟（镜）大毋伤，左龙右虎辟不羊（祥），朱鸟玄武顺阴阳，子孙备具居中央，寿敝今（金）石如侯王，富贵昌兮。【内】子丑寅卯辰巳午未申酉戌亥。

时代：西汉晚期至东汉早期

著录：《古今》图79。

简注：“尚”字前有禽鸟纹起止符号。

编号：2216

释文：尚方御竟（镜）大毋伤，左龙右虎辟不羊（祥），朱鸟玄武顺阴阳，子孙备具居中央，长保二亲乐富昌，□。

时代：西汉晚期至东汉早期

著录：《浣花》卷一1a。

编号：2217

释文：尚方御竟（镜）大毋伤，左龙右虎辟不羊（祥），朱鸟玄武顺阴阳，子孙备具居中央，长保二亲乐富昌。

时代：西汉晚期至东汉早期

著录：《小校》卷十五32b下；《志稿》第3300页；《岩窟》二中第7图；《尊古斋》第50页。

简注：“尚”字前有起止符号。

编号：2218

释文：【外】尚方御竟（镜）真毋伤，巧工刻之成文章，左龙右虎辟不详（祥），朱鸟玄武调阴阳，子孙备具居中央，上有仙人以为常，长保二亲乐富昌，寿敝今（金）石［如］侯王。【内】子丑寅卯辰巳午未申酉戌亥。

时代：西汉晚期至东汉早期

著录：《小校》卷十五32a；《尊古斋》第49页；《簠斋》第12—13页；《国图》第84页；《陈介祺》图80。

简注：“尚”字前有起止符号。

编号：2219

释文：【外】尚方御竟（镜）哉真大好，左龙右虎辟除道，上有神鲜（仙）不知老，渴饮玉泉饥食枣，浮游天下敖（遨）四海，寿如金石为国保（宝），传之后世乐毋［极］。【内】子丑寅卯辰巳午未申酉戌亥。

时代：西汉晚期至东汉早期

著录：《绍兴》第117页。

简注：“尚”字前有起止符号。“四”字作“三”，

"方""好"反书。

编号：2220

释文：【外】尚方御竟（镜）真大好，上有仙人不知老，渴饮玉泉饥食枣，洄（徊）浾（徘）名山采之（芝）草，浮游天下敖（遨）四海，寿如金石为国保（宝），大富昌，宜侯王，子孙复（备）具在中央，长保二亲乐毋极兮。【内】子丑寅卯辰巳午未申酉戌亥。

时代：西汉晚期至东汉早期

著录：《清爱堂》图66。

简注："尚"字前有起止符号。"饮"字从水，"游"字减笔，"四"字作"亖"，"之""为"反书，"在"字减笔反书。《云笈七签·二十八治》："神芝药草，食之，与天相久。昔越人王子乔得仙，治应室宿。"

编号：2221

释文：【外】尚方御竟（镜）真大好，上有仙人不知老，渴饮玉泉饥食枣，浮游天下敖（遨）四海，浾（徘）回（徊）名山采之（芝）草，寿如金石为国保（宝），乐未央，宜侯王兮。【内】宜子孙。

时代：西汉晚期至东汉早期

著录：《古今》图101。

简注："尚"字前有起止符号。"四"字作"亖"，"饮""饥"二字从水。

编号：2222

释文：【外】尚方御竟（镜）真大好，上有仙人不知老，渴饮玉泉饥食枣，浮游天下敖（遨）四海，俳（徘）洄（徊）名山采芝草，寿敝金石为国保（宝）兮。【内】子丑寅卯辰巳午未申酉戌亥。

时代：西汉晚期至东汉早期

著录：《清华》图46；《文化》图148；《图集》286；《清艺》第65页；《拓片》图189。

简注："尚"字前有起止符号。"四"字作"亖"，"饮""饥"二字从水。

编号：2223

释文：尚方御竟（镜）真大巧，上有［仙］人不知老，渴饮玉泉饥食枣。

时代：西汉晚期至东汉早期

著录：《华夏考古》2006（2）第76页图三：1。

简注："尚"字前有起止符号。"饮"字从水。

编号：2224

释文：尚方御竟（镜）知人情，道同巧异各有刑（形），维古今世天下平，四夷降服中国宁，人民安乐五谷成。

时代：西汉晚期至东汉早期

著录：《古今》图99；《图集》图369。

简注："四"字作"亖"。此条重出，亦列于"中国宁"铭一节。

95."尚方佳镜"铭

在铜镜中常见的包含"尚方佳镜"的文句有：

A.尚方佳"镜"大毋伤

B.尚方佳"镜"真大好

C.尚方佳"镜"真大巧

主要套语内容皆见于"御镜"铭系列，但亦呈现出一些新的特点。

在"御镜"铭系列中，套语中含有"毋伤"，叶阳部韵的铜镜较为普遍；但在"佳镜"铭系列中，此型镜的比重下降明显，而叶幽部韵的"大好""大巧"型镜比重则大幅度提升。

在文句完整度方面，A型镜尚为完整，B、C两型中存在大量的减铭现象，而且时代越晚，减字越多，字体越粗率。

在形制、纹饰方面，"佳镜"铭镜皆为圆钮，钮座有圆钮、四叶纹两种，其中仍以四叶纹钮座居多，外置八乳博局纹或七乳禽兽纹，前者多饰十二带座乳钉并配以十二地支铭。

主题纹饰仍然以日（内饰金乌）、月（内饰蟾蜍）、四神（青龙、白虎常演奏乐器，玄武常龟蛇分置两处）、禽鸟、羽人、蟾蜍、带角神兽及细线云纹等纹饰为主，配有这些纹饰的铜镜往往制作精美，但是也有不少铜镜仅使用四神、禽鸟纹饰等简单的纹饰。镜缘以锯齿纹、云气纹、双线水波纹居多，其中尤以两周锯齿纹夹一周双线水波纹的组合最为流行，似乎是一种新的审美潮流。

在时代方面，曾有少量A型镜出土于西汉晚期墓葬，而大量精美的“佳镜”铭镜则出土于新莽及东汉早期墓葬，纹饰简单、铭文减字较多的B、C型镜一直到魏晋六朝仍有出土，其中以东汉中晚期墓葬较为集中，这时的墓葬中已很难见到A型镜的踪迹。说明B、C两型镜的时代似乎略晚于A型镜，“佳镜”铭镜的时代上限应在西汉晚期，A型镜大约出现于西汉晚期，盛行于新莽，下限为新莽晚期或稍后，B、C两型镜在新莽时当已出现，一直流行到东汉中期，个别镜的时代下限可能更晚。

“尚方”，据《汉书·百官公卿表》颜师古注“主作禁器物”。但那些纹饰简率，减字严重的“佳镜”铭镜很难理解敢呈献于皇帝等人使用。

或认为此类制作粗劣者为民间所仿造，亦不确。东周以降，物勒工名，对器物的制作、流通，有严格的管理制度，尤其对铜器类的管理更为严苛，如汉鼎、汉钟等器不仅著名产地、重量、工匠，甚至连经手之家都记录详细，刻于器身。“尚方”为国家之官署，民间岂敢托名私造。

《史记·孝武本纪》：“其春，乐成侯上书言栾大。栾大，胶东宫人，故尝与文成将军同师，已而为胶东王尚方。”据此可知，除中央外，各诸侯国亦设有尚方。

《史记·绛侯周勃世家》：“条侯子为父买工官尚方甲楯五百被可以葬者。”司马贞索隐：“工官即尚方之工，所作物属尚方，故云工官尚方。”据此可知，尚方所造之物除供应禁中外，亦可售于民间。

因此，那些制作稍显粗劣的“尚方”铭铜镜极有可能为各诸侯国的尚方制作，或由中央及诸侯国的尚方制作，专以向民间售卖的铜镜。这样的镜子对质量的要求自然不会像供应皇室那般严格，即使如此，因挂着尚方的名号，有着皇家工匠制作班底的大力参与，这样的铜镜在市场上仍然有较强的竞争力。对皇室而言，这样的做法既不违反国家法制，又能为皇帝及诸侯王增加额外收入，因此在皇室及诸侯王的默许，甚至是参与、推动之下，“尚方”铭铜镜在民间流行开来，也就不足为奇了。

由于“尚方佳镜”系列铜镜数量较多，受篇幅所限，本节只能胪列各地区较为典型者，即便如此，本节所列之镜仍然较多，为方便检索，暂以A—C型式先后为序，每一型式中铭文较完整者靠前，减铭较多者靠后。

编号：2225

释文：【外】尚方佳竟（镜）大毋伤，巧工刻之成文章，左龙右虎辟不羊（祥），朱鸟玄武顺阴阳，子孙备具居中央，长保二亲乐富昌。【内】子丑寅卯辰巳午未申酉戌亥。

时代：西汉晚期至东汉早期

著录：《文物春秋》2006（1）封三：2；/《故宫》G图四三；/《深圳》图69。

简注：“尚”字前有起止符号。

编号：2226

释文：【外】尚方佳竟（镜）大毋伤，巧工刻之成文章，左龙右虎辟不羊（祥），朱鸟玄武顺阴阳，子孙备具居中央兮。【内】子丑寅卯辰巳午未申酉戌亥。

时代：西汉晚期至东汉早期

著录：《千镜堂》图80；《大观》第183页。

简注：“阴”“子”“居”反书，“备”字减笔缺省亻旁。

编号：2227

释文：【外】百氏之作清而明，尚方佳竟（镜）大毋伤，巧工刻之成文章，左龙右虎顺阴阳乎。【内】子丑寅卯辰巳午未申酉戌亥。

时代：西汉晚期至东汉早期

著录：《未名斋》第197页。

简注：“百”字前有起止符号。此条重出，又见“百氏”铭一节。

编号：2228

释文：【外】尚方佳竟（镜）大毋伤，左龙右虎辟不羊（祥），朱鸟玄武顺阴阳，子孙备具居中央，长保二亲乐富昌，寿敝今（金）石如侯王兮。【内】子丑寅卯辰巳午未申酉戌亥。
时代：西汉晚期至东汉早期
著录：《陕历》第92页下。
简注：“尚”字前有起止符号。“居”字反书。

编号：2229
释文：尚方佳竟（镜）大毋伤，左龙右虎辟不羊（祥），朱鸟玄武顺阴阳，子孙备具居中央，长保二亲乐富昌，寿敝今（金）石如侯王兮。
时代：西汉晚期至东汉早期
著录：《未名斋》第161页。
简注：“尚”字前有起止符号。

编号：2230
释文：【外】尚方佳竟（镜）大毋伤，左龙右虎辟不羊（祥），朱鸟玄武顺阴阳，子孙备具居中央，长保二亲乐富昌，寿如今（金）石为侯王兮。【内】子丑寅卯辰巳午未申酉戌亥。
时代：西汉晚期至东汉早期
著录：《宝鸡》第53页。
简注：“尚”字前有起止符号。“左”“居”反书。

编号：2231
释文：【外】尚方佳镜大毋伤，左龙右虎辟不羊（祥），朱鸟玄武顺阴阳，子孙备具居中央，长保二亲乐富昌，寿如今（金）石宜侯王兮。【内】子丑寅卯辰巳午未申酉戌亥。
时代：西汉晚期至东汉早期
著录：《守屋》A图版第25页。
简注：“尚”字前有起止符号。

编号：2232
释文：尚方佳竟（镜）大毋伤，左龙右虎掌四旁（方），朱鸟玄武利阴阳，子孙备具居中央，长保二亲□侯王兮。
时代：西汉晚期前段
著录：《江汉考古》2000（3）第64页图十；《萧县》图二一b：1。
简注：西汉晚期偏早墓出土（XZM18：1）。“尚”字前有起止符号。“四”字作“亖”。

编号：2233
释文：尚方佳竟（镜）大毋伤，左龙右虎辟不羊（祥），朱鸟玄武顺阴阳，子孙备具居中央，长保二亲乐富昌，寿敝今（金）石如侯王。
时代：西汉晚期至东汉早期
著录：《小校》卷十五33b上；《长获》卷二27a。
简注：“尚”字前有起止符号。

编号：2234
释文：尚方佳竟（镜）大毋伤，左龙右虎辟不羊（祥），朱鸟玄武［顺］阴阳，子孙备具居中央，长保二亲乐富昌，寿敝今（金）石如侯王。
时代：西汉晚期至东汉早期
著录：《岩窟》二中第10图。
简注：“尚”字前有起止符号。

编号：2235
释文：尚方佳竟（镜）大毋伤，左龙右虎辟不羊（祥），朱鸟玄武顺阴阳，子孙备具居中央，长保二亲乐富昌，寿敝今（金）石如□。
时代：西汉晚期至东汉早期
著录：《广州》图二〇八：5；《图典》A图344；《图典》B图3.278。
简注：东汉前期墓出土。

编号：2236
释文：尚方佳竟（镜）大毋伤，左龙右虎辟［不］羊（祥），朱鸟玄武顺阴阳，子孙备具居中央，长保二亲乐富昌兮。
时代：西汉晚期至东汉早期
著录：《金石索》卷六第15页。
简注：“尚”字前有起止符号。

编号：2237

释文：尚方佳竟（镜）大毋伤，左龙右白虎掌四旁（方），朱鸟玄武利阴阳，子孙备具居中央，长保二亲。

时代：西汉晚期至东汉早期

著录：《宝鸡》第54页。

简注："尚"字前有禽鸟纹等起止符号。"四"字作"亖"，"利"字右部类化成"子"，"备"字减笔。

编号：2238

释文：【外】尚方佳竟（镜）真大好，上有仙人不知老，徘（徘）回（徊）名山采神草，渴饮玉泉饥［食］枣，浮游天下敖（遨）四海，寿如今（金）石为国保（宝）兮。【内】子丑寅卯辰巳午未申酉戌亥。

时代：西汉晚期至东汉早期

著录：《考古》1993（4）第338页图一一：2。

简注：东汉早期墓出土（87龙东M13：1）。"尚"字前有起止符号。"四"字作"亖"，"饮"字从水。

编号：2239

释文：【外】尚方佳竟（镜）真大好，上有仙人不知老，渴饮玉泉饥食枣，浮游天下嗷（遨）四海，徘（徘）回（徊）名山采仙草，寿如今（金）石之天保（宝）兮。【内】子丑寅卯辰巳午未申酉戌亥。

时代：西汉晚期至东汉早期

著录：《宝鸡》第55页。

简注："尚"字前有起止符号。"有""名""之"反书，"饮""饥"二字从水，"四"字作"亖"，"嗷"字省攵，"徘"字减笔。

编号：2240

释文：【外】尚方佳竟（镜）真大好，上有仙人不知老，渴饮玉泉饥食枣，浮游天下敖（遨）四海，徘（徘）回（徊）名山采神草，寿如今（金）石之天保（宝）。【内】子丑寅卯辰巳午未申酉戌亥。

时代：西汉晚期至东汉早期

著录：《古竟景》图2。

简注："尚"字前有起止符号。"上""有""名""之"反书，"饮"字从水，"四"字作"亖"。

编号：2241

释文：【外】尚方佳竟（镜）真大好，上有仙人不知老，渴饮玉泉饥食枣，浮游天下敖（遨）四海，俳（徘）洄（徊）名山采神草，寿如今（金）石为国保（宝）。【内】宜子孙。

时代：西汉晚期至东汉早期

著录：《绍兴》第121页；《未名斋》第163页。

简注："尚"字前有起止符号。"饮"字从水，"四"字作"亖"。

编号：2242

释文：【外】尚方佳竟（镜）真大好，上有仙人不知老，渴饮玉泉饥食枣，浮游天下敖（遨）四海，俳（徘）洄（徊）名山采神草，寿敝今（金）石如国保（宝）。【内】宜子孙。

时代：西汉晚期至东汉早期

著录：《古今》图103；《深圳》图86。

简注："尚"字前有起止符号。"饮"字从水，"四"字作"亖"。

编号：2243

释文：【外】尚方佳竟（镜）真大好，上［有］仙人不知老，渴饮玉泉饥食枣，浮游天下敖（遨）四海，左龙右虎辟除道，寿如金石之国保（宝）。【内】子丑寅卯辰巳午未申酉戌亥。

时代：西汉晚期至东汉早期

著录：《小校》卷十五33b下。

简注："尚"字前有禽鸟纹起止符号，"饮"字从水，"四"字作"亖"。

编号：2244

释文：【外】尚方佳竟（镜）真大好，上有仙人不知老，渴饮玉泉饥食枣，浮游天下/之保（宝），长宜子孙□。【内】子丑寅卯辰巳午未申酉戌亥。
时代：西汉晚期至东汉早期
著录：《齐鲁》图183。
简注：锈蚀严重，许多铭文难以辨识。“饮”字从水。

编号：2245
释文：尚方佳竟（镜）真大好，上有仙人不知老，渴饮玉泉饥食枣，浮游天下敖（遨）四海，寿如今（金）石之国保（宝），日月明兮。
时代：西汉晚期至东汉早期
著录：《武汉》第65页。
简注：“尚”字前有起止符号。“四”字作“三”，“饮”字从水。

编号：2246
释文：尚方佳竟（镜）真大好，上有仙人不知老，渴饮玉泉饥食枣，浮［游］天下敖（遨）四海，寿如今（金）石之国保（宝），日月明兮。
时代：西汉晚期至东汉早期
著录：《簠斋》第22页；《国图》第74页；《陈介祺》图84；《镜录》卷中11a；《图典》A图276。
简注：“尚”字前有起止符号。“上”“有”“之”“兮”反书，“饮”字从水，“游”字漏铸，“四”字作“三”。

编号：2247
释文：尚方佳竟（镜）真大好，上有仙人不知老，渴饮玉泉饥食枣，浮游天下敖（遨）四海，寿如今（金）石之天保（宝），乐兮。
时代：西汉晚期至东汉早期
著录：《清爱堂》图82。
简注：“尚”字前有起止符号。“饮”“饥”二字从水，“四”字作“三”。

编号：2248
释文：【外】尚方佳竟（镜）真大好，上有仙人不［知］老，渴饮玉泉饥食枣，浮游天下敖（遨）四海，寿如今（金）石之国保（宝）。【内】子丑寅卯辰巳午未申酉戌亥。
时代：西汉晚期至东汉早期
著录：《华夏考古》1994（4）第35页图五；《江汉考古》1997（1）第30页图二十三。
简注：东汉前期墓出土（M6：17）。“四”字作“三”，“饮”字从水。

编号：2249
释文：尚方佳竟（镜）真大好，上有仙人不知老，渴饮玉泉饥食枣，浮游天下敖（遨）四海，寿比金石之国保（宝）。
时代：西汉晚期至东汉早期
著录：《博古图》卷二十八29a。
简注：“佳”字误摹为“信”，“敖”误摹为“放”，“四”字作“三”。

编号：2250
释文：尚方佳竟（镜）真大好，上有仙人不知老，渴饮玉泉饥食枣，浮游天下敖（遨）四海，寿如今（金）石国之保（宝）。
时代：西汉晚期至东汉早期
著录：《陕历》第68页上；/《宝鸡》第56页。
简注：“尚”字前有起止符号。“饮”“饥”二字从水。

编号：2251
释文：尚方佳竟（镜）真大好，上有仙人不知老，渴饮玉泉饥食枣，浮游天下敖（遨）四海，寿如今（金）石之天保（宝）兮。
时代：西汉晚期至东汉早期
著录：《旅顺》图36[①]；/《未名斋》第159页。
简注：“尚”字前有起止符号。“饮”字从水，“四”字作“三”。

① “饥”字亦从水。

编号：2252

释文：尚方佳竟（镜）真大好，上有仙人不知老，渴饮玉泉饥食枣，浮游天下敖（遨）四海，寿如今（金）石之天保（宝）。

时代：西汉晚期至东汉

著录：《四川文物》2012（5）第24页图一一：1[①]；/《陕历》第68页下[②]；/《陕历》第76页下[③]。

编号：2253

释文：尚方佳竟（镜）真大好，上有仙人不知老，渴饮玉泉饥食枣，浮游天下敖（遨）四海，寿敝今（金）石如天保（宝）。

时代：西汉晚期至东汉早期

著录：《清爱堂》图67。

简注：“尚”字前有起止符号。“饮”字从水，“四”字作“亖”。

编号：2254

释文：尚方佳竟（镜）真大好，上有仙人不知老，渴饮玉泉饥食枣，浮游天下敖（遨）四海，寿如今（金）石之保（宝）。

时代：西汉晚期至东汉早期

著录：《考古与文物》1981（4）封二：3、封三：2；《西安》图36；《图典》A图275；《图典》B图3.189。

简注：“尚”字前有起止符号。“饮”“饥”二字从水，“四”字作“亖”。

编号：2255

释文：【外】尚方佳竟（镜）真大好，上有仙人不知老，渴饮玉泉饥食枣，浮游天下敖（遨）四海，寿如今（金）石为国保（宝）兮。【内】子丑寅卯辰巳午未申酉戌亥。

时代：西汉晚期至东汉早期

著录：《文物春秋》2000（1）：封底、2015（3）第34页图六：4。

简注：“尚”字前有起止符号。“饮”字从水，“四”字作“亖”。

编号：2256

释文：尚方佳竟（镜）真大好，上有仙人不知老，渴饮玉泉饥食枣，浮游天下敖（遨）四海，寿如今（金）石为［国］保（宝）。

时代：西汉晚期至东汉早期

著录：《金石索》卷六第11页。

简注：“尚”字前有起止符号。“饮”字从水，“四”字作“亖”。

编号：2257

释文：【外】尚方佳竟（镜）真大好，渴饮玉泉饥食枣，浮游天下敖（遨）四海，上［有］仙［人］不知老，寿敝今（金）石为国葆（宝）。【内】子丑寅卯辰巳午未申酉戌亥。

时代：西汉晚期至东汉早期

著录：《大观》第174页。

简注：“尚”字前有禽鸟纹起止符号。“饮”“饥”字从水，“四”字作“亖”，“葆”字减省人旁。

编号：2258

释文：【外】尚方佳竟（镜）真大好，上有仙人不知老，渴饮玉泉饥食枣，浮游天下敖（遨）四海，寿如今（金）石。【内】子丑寅卯辰巳午未申酉戌亥。

时代：西汉晚期至东汉早期

著录：《宁寿》卷十五7a。

简注：“饮”字从水，“四”字作“亖”。

编号：2259

释文：尚方佳竟（镜）真大好，上有仙人不知老，渴饮玉泉饥食枣，浮游天下敖（遨）四海，寿今（金）石。

---

① “饮”字从水，“四”字作“亖”。
② “尚”字前有起止符号。“有”字反书，“饮”字从水，“四”字作“亖”。
③ “饮”字从水，“四”字作“亖”。

时代：西汉晚期至东汉早期
著录：《清华》图48。
简注：“尚”字前有起止符号。“饮”“饥”二字从水，“四”字作“三”。

编号：2260
释文：【外】尚方佳竟（镜）真大好，上有仙人不知老，［渴］饮玉泉饥食枣，浮游天下敖（遨）四海兮。【内】子丑寅卯辰巳午未申酉戌亥。
时代：西汉晚期至东汉早期
著录：《善斋》镜录卷一47b—48a；《小校》卷十五34a上。
简注：“尚”字前有起止符号。“上”字反书，“饮”“饥”二字从水，“四”字作“三”。

编号：2261
释文：尚方佳竟（镜）真大好，上有仙人不知老，渴饮玉泉饥食枣，浮游天下如国保（宝）兮。
时代：西汉晚期至东汉早期
著录：《小校》卷十五34a下；《志稿》第3292页。
简注：“尚”字前有起止符号。“饮”“饥”二字从水。

编号：2262
释文：尚方佳竟（镜）真大好，上有仙人不知老，渴饮玉泉饥食枣，寿如今（金）石之国保（宝）。
时代：西汉晚期至东汉早期
著录：《小校》卷十五34b上。
简注：“尚”字前有起止符号。“饮”字从水。

编号：2263
释文：【外】尚方佳竟（镜）真大好，上有仙人不知老，渴饮玉泉饥食枣，寿如今（金）石兮。【内】子丑寅卯辰巳午未申酉戌亥。
时代：西汉晚期至东汉早期
著录：《长沙》图75。
简注：“尚”字前有起止符号。“饮”“饥”二字从水。

编号：2264
释文：尚方佳竟（镜）真大好，上有仙人不知老，渴饮玉泉饥食枣，寿如今（金）石。
时代：西汉晚期至东汉
著录：《考古》1957（2）第10页图三：2。
简注：“饮”“饥”二字从水。

编号：2265
释文：【外】尚方佳竟（镜）真大好，上有仙人不知老，渴饮玉泉饥食枣，寿如今（金）石。【内】子丑寅卯辰巳午未申酉戌亥。
时代：西汉晚期至东汉早期
著录：《北方文物》1997（3）第14页图三：1；/《大观》第158页[①]。
简注：“饮”字从水。

编号：2266
释文：尚方佳竟（镜）真大好，上有仙人不知老，渴饮玉泉饥食枣，寿如今（金）［石］。
时代：西汉晚期至东汉
著录：《浙选》图5。
简注：“饮”字从水。

编号：2267
释文：尚方佳竟（镜）真大好，上有仙人不知老，渴饮玉泉饥食枣，寿如。
时代：西汉晚期至东汉早期
著录：《六安》图74。
简注：“尚”字前有起止符号。“饮”字从水，“上”字反书。

编号：2268
释文：尚方佳竟（镜）真大好，上有仙人不知老，渴饮玉泉饥食枣兮。

① “尚”字前有起止符号。

时代：西汉晚期至东汉早期

著录：《湖研》图六六[①]；/《岩窟》二中第9图[②]。

简注：“尚”字前有起止符号。

编号：2269

释文：尚方佳竟（镜）真大好，上有仙人［不］知老，渴饮玉泉饥食枣兮。

时代：西汉晚期至东汉早期

著录：《六安》图115 。

简注：“尚”字前有起止符号。“饮”字所从水旁脱落，“上”字反书。

编号：2270

释文：尚方佳竟（镜）真大好，上有［仙］人不知老，渴饮玉［泉］。

时代：西汉晚期至东汉

著录：《湖研》图一一〇。

简注：“饮”字从水。

编号：2271

释文：【外】新有善同（铜）出丹阳，湅（炼），尚方佳竟（镜）真大巧，上有仙人不知老，渴饮玉泉饥食枣，浮游天下敖（遨）四［海］。【内】子丑寅卯辰巳午未申酉戌亥。

时代：新莽

著录：《湖研》图五二；《收藏家》2011（1）第34页图九；《图典》A图267。

简注：“新”字前有起止符号。“饮”“饥”二字从水。此条重出，亦列于“新有”铭一节。

编号：2272

释文：【外】尚方佳竟（镜）真大巧，上有仙人不知老，渴饮玉泉饥食枣，浮游天下敖（遨）四海，俳（徘）徊（徊）名山采芝草，年比金石国之保（宝）兮。【内】子丑寅卯辰巳午未申酉戌亥。

时代：西汉晚期至东汉早期

著录：《守屋》B图版第7页。

简注：“尚”字前有起止符号。“饮”字从水。

编号：2273

释文：【外】尚方佳竟（镜）真大巧，上有仙人不知老，渴饮玉泉饥食枣，浮游天下敖（遨）四海，寿如金石国之保（宝），乐兮。【内】子丑寅卯辰巳午未申酉戌亥。

时代：西汉晚期至东汉早期

著录：《阳羡》图82。

简注：“尚”字前有起止符号。“饮”“饥”二字从水，“四”字作“亖”。

编号：2274

释文：【外】尚方佳竟（镜）真大巧，上有仙人不知老，渴饮玉泉饥食枣，□游天下敖（遨）四海，寿如今（金）石兮。【内】子丑寅卯辰巳午未申酉戌亥。

时代：西汉晚期至东汉早期

著录：《仪征》第99页。

简注：“饮”“饥”二字从水。

编号：2275

释文：【外】尚方佳竟（镜）真大巧，上有仙人不知老，渴饮玉［泉］饥食枣，浮游天下敖（遨）四海，寿而金石。【内】子丑寅卯辰巳午未申酉戌亥。

时代：西汉晚期

著录：《洛华》图97 。

简注：西汉墓（M004）出土。“饮”“饥”二字从水，“寿”字减笔反书。

编号：2276

释文：【外】尚方佳竟（镜）真大巧，上有仙人不知老，渴饮玉泉饥食枣，浮游天下敖（遨）四［海］兮。【内】子丑寅卯辰巳午未申酉戌亥。

---

① “饮”字从水。
② “上”“有”“兮”反书，“饮”“饥”二字从水。

时代：西汉晚期至东汉早期

著录：《文物》2008（9）第96页图三；《洛华》图99。

简注：“佳”字反书，“饮”“饥”二字从水，“四”字作“三”。

编号：2277

释文：【外】尚方佳竟（镜）真大巧，上有仙人不知老，渴饮玉泉饥食枣，浮游天下。【内】长宜子孙。

时代：西汉晚期至东汉早期

著录：《上博》A彩图44、拓片40；《图典》A图346；《图典》B图3.280。

简注：“尚”字前有起止符号。“佳”“上”两字反书，“仙”字所从之山旋置（右旋90度），“饮”“饥”二字从水。原书拓片40与拓片44错置。

编号：2278

释文：尚方佳竟真大巧，上有仙人不知老，渴饮玉泉饥食枣，浮由（游）天下。

时代：西汉晚期至东汉早期

著录：《守屋》A图版第32页。

简注：“饮”“饥”二字皆从水。

编号：2279

释文：【外】尚方佳镜真大巧，上有仙人不知老，渴饮玉泉饥食枣，乐未央。【内】子丑寅卯辰巳午未申酉戌亥。

时代：西汉晚期至东汉早期

著录：《考古学报》1963（2）第52页表三。

编号：2280

释文：尚方佳竟（镜）真大巧，上有仙人不知老，渴饮玉泉饥食枣，□。

时代：西汉晚期至东汉早期

著录：《湖研》图六五；《湖历》图55。

简注：“尚”字前有起止符号。“饮”“饥”二字从水。

编号：2281

释文：尚方佳竟（镜）真大巧，上有仙人不知老，渴饮玉泉饥食枣。

时代：西汉晚期至东汉早期

著录：《考古》1985（5）第443页图二一：左。

简注：“饮”“饥”二字从水。

编号：2282

释文：尚方佳竟（镜）真大巧，上有山（仙）人不知老，饮渴玉泉饥［食枣］。

时代：西汉晚期至东汉早期

著录：《大观》第200页。

简注：“饮”“饥”二字从水。“饮渴”错乙。

编号：2283

释文：尚方佳竟（镜）真大巧，上有山（仙）人不知老，渴饮玉泉饥食［枣］。

时代：西汉晚期至东汉早期

著录：《文物》2006（3）第56页图二二。

简注：“尚”字前有起止符号。“上”字反书，“饮”“饥”二字从水。

编号：2284

释文：尚方佳竟（镜）真大巧，上有仙人兮。

时代：新莽至东汉

著录：《长沙》图89。

96.“尚方作镜”铭（毋伤）

在铜镜中常见的包含“尚方作镜”的文句有：

A.尚方作镜大毋伤

B.尚方作镜真大好

C.尚方作镜真大巧[①]

D.尚方作镜四夷服

---

① 有时也作“诚大巧”。

E.尚方作镜自有纪

F.尚方作镜自有意

G.尚方作镜自有道

H.尚方作镜世未有

其中：A—D四种型式的主要套语内容则皆见于“御镜”铭或“王氏”铭系列，形制、纹饰亦与之相类，或加以减省但存世数量远远超过其他“尚方”铭系列的总和，流行时代也更为久远；而E—H四种型式则又开始出现一些新的套语组合，纹饰方面亦有新的发展。

从形制、纹饰及铭文风格来看，“尚方作镜”铭镜的时代上限大约能到西汉晚期，但下限则有可能到东汉中期甚至更晚。

此外，对“尚方作镜”铭镜的分期断代也比其他类型的铜镜要更为困难。一般来说，器物的审美变化常常滞后于朝代的更迭，对一些耐用器，或民间所作之器尤为如此。而铜镜的铸造与使用正具备这些特点。

由于新莽存在时间较短，在不到30年的时间里，西汉、新莽、东汉先后更迭，所以即便有明确的墓葬信息参考，有时也很难将这一时期的铜镜明确分期。因为在东汉早期的墓葬中出现新莽时期或西汉晚期的青铜器物，并不奇怪。

不过，从东汉开始，也有一些“尚方”铭系列的铜镜具有西汉或新莽时期尚未出现的特征，最显著的如浮雕纹饰。虽然新莽时期已出现浮雕纹饰，但这种纹饰的流行仍以东汉最为普遍。

由于此类镜存世较多，本节只能选择部分镜铭胪列于下，在选择时，尽量照顾到出土地域，尽可能选择各地较为典型者，即便如此，本节所列之镜仍然较多，为便于检索及比较，本书暂按上述型式先后顺序排序，其中A—D每型一节，E—H合为一节，每一型中铭文较完整者靠前，减铭较多者靠后。个别文句不在上述型式之内，则据铭文相似性排序。

编号：2285

释文：永平七年九月造，真尚方作竟（镜）大毋伤，巧工刻之成文章，左龙右虎辟不羊（祥），朱鸟玄武顺阴阳，上有仙（仙）人不知老，渴饮玉泉饥食枣。

时代：东汉永平七年

著录：《图说》图四汉5；《唐宋》附录图22；《汉唐》第8页。

简注：即公元64年。“饮”“饥”从水。此条重出，亦列于纪年镜一节。

编号：2286

释文：【外】尚方作竟（镜）大毋伤，新有善铜出丹阳，湅（炼）冶银锡清而明，巧工刻之成文章，左龙右虎辟不羊（祥），朱鸟玄［武］顺阴阳，子孙备具居中央，长保二亲乐富昌，寿敝金石如侯王兮。【内】子丑寅卯辰巳午未申酉戌亥。

时代：新莽

著录：《淮与汉》图L1 。

简注：“尚”字前有起止符号。此条重出，亦列于“新有”铭一节。

编号：2287

释文：【外】尚方作竟（镜）大毋伤，新有善同（铜）出丹杨（阳），湅（炼）冶银锡青（清）而明，巧工刻之成文章，左龙右虎辟不羊（祥），朱鸟玄武顺［阴］阳，子孙备具居［中央］。【内】子丑寅卯辰巳午未申酉戌亥。

时代：新莽

著录：《郴州》第30页、第31页。

简注：“四”字作“三”。此条重出，亦列于“新有”铭一节。

编号：2288

释文：尚方作竟（镜）大毋伤，辛（新）有善同（铜）出丹羊（阳），和已（以）银锡。

时代：新莽

著录：《南阳》图二二一。

简注：“新”字省去斤旁。此条重出，亦列于“新有”铭一节。

编号：2289

释文：尚方作竟（镜）大毋伤，汉有善铜出丹杨（阳），和之银锡清且明，左龙右虎主四彭（方），玄［武］朱爵（雀）顺阴［阳］，浮游天下敖（遨）四方，寿如金石乐未央兮。

时代：东汉早中期

著录：《深圳》图92；《龙虎》图23。

简注：“尚”字前有禽鸟纹起止符号。此条重出，亦列于“汉有”铭一节。

编号：2290

释文：尚方作竟（镜）大毋昌（伤），汉出善同（铜），涷（炼）银易（锡）清⍁富贵阳［遂］乐未央。

时代：西汉晚期或东汉早期

著录：《考古》1994（12）第1092页图一七。

编号：2291

释文：尚方作竟（镜）大毋伤，巧工刻之成文章，左龙右虎辟不佯（祥），朱雀玄武顺阴伤（阳），寿敝金石乐未央，长保二亲富贵昌，子孙备具居中央，女为夫人男为郎。

时代：东汉早中期

著录：《湖南》图60；《湖研》图七八；《图案》第36页；《图典》A图347；《图典》B图3.281。

简注：“阴”“男”“郎”反书。

编号：2292

释文：【外】尚方作竟（镜）大毋伤，巧工刻之成文章，左龙右虎辟非羊（祥），朱鸟玄武顺阴阳，子孙备具居中央，长保二亲乐富昌，寿敝金石如侯王。【内】子丑寅卯辰巳午未申酉戌亥。

时代：西汉晚期至东汉早期

著录：《陕历》第90页。

简注：“尚”字前有起止符号。“四”字作“三”。

编号：2293

释文：尚方作竟（镜）大毋伤，巧工刻之成文章，左龙［右］虎辟不羊（祥），朱鸟玄武顺阴阳，子孙备具居中央，长保二亲乐富昌，宜侯王兮。

时代：东汉

著录：《小校》卷十五28b。

简注：“尚”字前有起止符号。

编号：2294

释文：【外】尚方作竟（镜）大毋伤，巧工刻之成文章，左龙右虎辟非羊（祥），朱[鸟]玄武主四彭（方），子孙备具居中央，长保二亲乐富昌。【内】子丑寅卯辰巳午未申酉戌亥。

时代：西汉晚期至东汉早期

著录：《桃华盦》图18；《久保惣》A图24；《久保惣》B图24。

简注：“四”字作“三”。

编号：2295

释文：【外】尚方作竟（镜）大毋伤，巧工刻之成文章，左龙右虎去非羊（祥），朱鸟玄武顺阴阳，八子九孙居中央，长宜侯王。【内】子丑寅卯辰巳午未申酉戌亥。

时代：西汉晚期至东汉早期

著录：《考古》1978（3）第161页图五：2。

编号：2296

释文：尚方作竟（镜）大毋伤，巧工刻之成文章，左龙右虎辟不羊（祥），朱鸟玄武顺阴阳，子孙备具居中央，长保二亲乐富昌。

时代：西汉晚期至东汉早期

著录：《长沙》图106 。

简注：“尚”字前有起止符号。

编号：2297

释文：尚方作竟（镜）大毋伤，巧工刻之成文章，左龙右虎辟不羊（祥），朱鸟玄武顺阴阳，子孙备具居中央兮。

时代：西汉晚期至东汉

著录：《鄂州》图25 。

简注：“尚”字前有起止符号。

编号：2298
释文：【外】尚方作竟（镜）大毋伤，巧工刻之成文章，左龙右虎辟不羊（祥），朱鸟玄武顺阴阳，子孙备具居中央。【内】寿如金石，佳且好兮。
时代：西汉晚期至东汉
著录：《湖研》图七九；《图典》A图348。
简注："尚"字前有起止符号。此镜中有两种玄武纹饰，一种为龟蛇相绕，一种为两蛇相绕、龟蛇分离。

编号：2299
释文：【外】尚方作竟（镜）大毋伤，巧工刻之成文章，左右龙虎主四彭（方），朱爵（雀）玄武顺阴阳，子孙备具乐未央。【内】子丑寅卯辰巳午未申酉戌亥。
时代：西汉晚期至东汉早期
著录：《宣城》第48页、第49页。

编号：2300
释文：尚方作竟（镜）大毋伤，巧工所刻成文章，左龙右虎辟不羊（祥），朱鸟玄武顺阴阳，子孙备具兮。
时代：西汉晚期至东汉早期
著录：《郴州》第56页。
简注："尚"字前有起止符号。

编号：2301
释文：尚方作竟（镜）真大毋伤，巧工刻之成文章，左龙右虎辟不羊（祥），朱鸟玄武顺阴阳，长保二亲贵富昌，如王侯兮。
时代：东汉
著录：《金石索》卷六第6页；/《小檀》卷二3a—3b；《拓影》图50；《小校》卷十五29b；《志稿》第3299页。
简注："尚"字前有起止符号。

编号：2302
释文：【外】尚方作竟（镜）大毋伤，巧工作之成文章，左龙右虎去不羊（祥），朱鸟玄武顺［阴］阳，长保二亲。【内】长宜子孙。
时代：西汉晚期至东汉早中期
著录：《文博》2018（2）封三：1、第19页图七；/《澄秋馆》65a；《志稿》第3295页。
简注："尚"字前有起止符号。

编号：2303
释文：尚方作竟（镜）大毋伤，工冯刻之成文章，左龙右虎辟不羊（祥），朱鸟玄武顺阴羊（阳）。
时代：西汉晚期至东汉
著录：《宝鸡》第70页下；/《陈介祺》图146；《国图》第128页；《镜录》卷中10a；《志稿》第3289页。
简注："尚"字前有起止符号。

编号：2304
释文：尚方作竟（镜）大毋伤，巧工刻之成文章，左龙右虎辟不羊（祥），朱鸟玄武兮。
时代：西汉晚期至东汉
著录：《九江》图5；《江西文物》1990（1）第62页图三。
简注："尚"字前有起止符号。

编号：2305
释文：尚方作竟（镜）大毋伤，巧工刻之成文章，左龙右虎辟不羊（祥），朱鸟玄［武］。
时代：西汉晚期至东汉早期
著录：《郴州》第57页。
简注："尚"字前有起止符号。

编号：2306
释文：尚方作竟（镜）大毋伤，巧工刻之成文章，青龙白虎辟不羊（祥），朱鸟。
时代：西汉晚期至东汉早期
著录：《广西》图58 。

编号：2307
释文：尚方作竟（镜）大毋伤，巧工刻之成文章，左龙右［虎］辟不羊（祥），子孙。
时代： 东汉早中期
著录：《九江》图6。

编号： 2308
释文： 尚方作竟（镜）大毋伤，巧工刻之成文章，左龙右虎辟不羊（祥）。
时代： 西汉晚期至东汉
著录：《湖研》图一一一。
简注： "尚"字前有起止符号。

编号： 2309
释文： 尚方作竟（镜）大毋伤，巧工刻之成文章，白虎辟邪。
时代： 东汉
著录：《湖研》图一一二。

编号： 2310
释文： 尚方作竟（镜）大毋伤，巧工刻之成文章，子孙备具乐未央。
时代： 东汉
著录：《越地》第156页；《龙虎》图58。

编号： 2311
释文： 尚方作竟（镜）自毋伤，巧工刻之成文章，浮云连［出卫］四方，交（蛟）龙白虎居中央，子孙烦（蕃）息富贵寿。
时代： 东汉早中期
著录：《龙虎》图53。

编号： 2312
释文：【外】尚方作竟（镜）大毋伤，浮云连出伟（卫）四方，白虎辟邪居中英（央），子孙烦（蕃）息富贵昌，乐。【内】吉羊（祥）。
时代： 东汉
著录：《西安》图49；《龙虎》图54。
简注： "尚"字前有起止符号。

编号： 2313
释文： 尚方作竟（镜）大毋伤，商周连出违（卫）四方，交（蛟）龙辟邪居中央，子孙烦（蕃）息富贵昌，寿如金石。
时代： 东汉
著录：《故宫》A图41；《图典》B图3.471。
简注： "尚"字前有起止符号。相同的镜缘亦见于南阳市出土"巧工"铭镜。

编号： 2314
释文： 尚方作竟（镜）大毋伤，巧又〈工〉刻之成文章，人禽八守（兽）更为倡，寿如太（泰）山乐未央，浮游夫〈天〉下敖（遨）四方兮。
时代： 东汉早中期
著录：《六安》图99；《寿县》图93。
简注： "尚"字前有起止符号。

编号： 2315
释文： 尚方乍（作）竟（镜）大无伤，巧工刻之成文章，和以银锡青（清）且明，长保二亲得天［力］。
时代： 东汉
著录：《小檀》卷二4a。
简注： 铭文多反书。

编号： 2316
释文： 尚方作竟（镜）大毋伤，巧工刻之成文［章］兮。
时代： 东汉
著录：《小校》卷十五30a上；《小檀》卷二4b；《拓影》图52；《志稿》第3277页。

编号： 2317
释文：【外】尚方作镜大毋伤，巧工冶之成文［章］，左龙右虎辟不羊（祥），朱鸟玄武顺阴阳，宜侯王。【内】子丑寅卯辰巳午未申酉戌亥。
时代： 西汉晚期至东汉早期
著录：《汉雅堂》图77。

简注："尚"字前有起止符号。"冶"字从水。

编号：2318

释文：尚方作竟（镜）大真毋伤，巧工刻镂时大良，夫妻相重甚于威（鸳）央（鸯）。

时代：东汉

著录：《龙虎》图55。

编号：2319

释文：【外】尚方作竟（镜）大毋伤，左龙右虎辟不羊（祥），朱鸟玄武顺阴阳，子孙备具居中央，长保二亲乐富昌，如侯王。【内】子丑寅卯辰巳午未申酉戌亥。

时代：西汉晚期至东汉早期

著录：《鄂城》图6；《鄂州》图19；/《江汉考古》1993（3）第61页图一：4；《图典》A图268。

编号：2320

释文：【外】尚方作竟（镜）大毋伤，左龙右虎掌四旁（方），朱鸟玄武利阴阳，子孙备具居中央，长保二亲乐富昌兮，宜侯王兮。【内】子丑寅卯辰巳午未申酉戌亥。

时代：西汉晚期至东汉早期

著录：《博古图》卷二十八28a。

简注："尚"字前有起止符号。"四"字作"三"，"亲"字反书。

编号：2321

释文：尚方作竟（镜）大毋伤，左龙右虎辟不羊（祥），朱鸟玄武利阴阳，子孙备具居中央，长保二亲乐富昌兮。

时代：西汉晚期至东汉早期

著录：《西安》图37 。

编号：2322

释文：【外】尚方作竟（镜）大毋伤，左龙右虎辟不羊（祥），朱鸟玄武顺阴阳，子孙备具居中央，长保二亲乐富昌兮。【内】子丑寅卯辰巳午未申酉戌亥。

时代：西汉晚期至东汉早期

著录：《善斋》镜录卷一42b；《小校》卷十五29a。

简注："尚"字前有起止符号。

编号：2323

释文：尚方作竟（镜）大毋伤，左龙右虎辟不羊（祥），朱鸟玄武利阴阳，子孙备具居中央，［长］保二亲乐富昌。

时代：西汉晚期至东汉早期

著录：《清仪阁》图1。

编号：2324

释文：尚方作意〈竟〉（镜）大毋伤，左龙右虎辟不羊（祥），朱鸟玄武顺阴阳，子孙［备具贵富］昌，贾市万倍为吏公。

时代：东汉早中期

著录：《龙虎》图59。

简注："尚"字前有起止符号。

编号：2325

释文：尚方作竟（镜）大毋伤，左龙右虎居中央兮。

时代：东汉

著录：《镜鉴》图版30；《泉屋》图48。

编号：2326

释文：尚方作竟（镜）大无伤，［七］子九孙居中央，寿如金石宜侯王。

时代：东汉早中期

著录：《龙虎》图60。

编号：2327

释文：尚方乍（作）竟（镜）大毋伤，寿如今（金）石宜侯王。

时代：东汉早中期

著录：《辽宁》第134页。

简注："尚"字前有起止符号。

编号：2328

释文：尚方作竟（镜）大毋伤，巧，上有山（仙）人不知老，玉元。

时代：东汉早中期

著录：《文物》2011（10）第27页图八、图九。

简注：“尚”字前有起止符号。此镜应为“大毋伤”与“真大巧”系列糅杂。

编号：2329

释文：尚方乍（作）竟（镜）大毋伤，上有山（仙）人去不羊（祥）兮。

时代：西汉晚期至东汉早期

著录：《江汉考古》1993（3）第61页图一：2。

编号：2330

释文：尚［方］作竟（镜）大毋伤，上有仙人在兮。

时代：东汉

著录：《千秋》第252页。

编号：2331

释文：尚方作竟（镜）善无伤，六子九孙在中央，左龙右虎辟非阳（祥），巧工刻之成文章。

时代：西汉晚期至东汉

著录：《岩窟》二中第85图。

简注：“尚”字前有起止符号。“饮”字从水。

97. “尚方作镜”铭（大好 / 佳好）

编号：2332

释文：尚方作竟（镜）真大好，上有山（仙）人凤朱鸟，渴饮玉泉饥食枣，浮油（游）云中敖（遨）四海，长保二亲子孙复（备），寿如金石为国保（宝）。

时代：西汉晚期至东汉早期

著录：《岩窟》二中第90图。

简注：“尚”字前有起止符号。“饮”“饥”二字从水，“四”字作“三”，“复”字从扌，“保”字缺笔。

编号：2333

释文：【外】尚方作竟（镜）真大好，左龙右虎先余（除）道，上有仙人不知老，渴饮玉泉饥食枣，浮游天下敖（遨）四海，俳（徘）洄（徊）名山采芝草，寿如今（金）石之天保（宝）。【内】子丑寅卯辰巳午未申酉戌亥。

时代：西汉晚期至东汉早期

著录：《守屋》A图版第27页。

简注：“尚”字前有起止符号。“饮”“饥”二字从水，“四”字作“三”。

编号：2334

释文：【外】尚方作竟（镜）真大好，上有仙人不知老，渴饮玉泉饥食枣，浮游天下敖（遨）四海，俳（徘）洄（徊）名山采芝草，寿如今（金）石之天保（宝），大利八千万（万）兮。【内】子丑寅卯辰巳午未申酉戌亥。

时代：西汉晚期至东汉早期

著录：《小校》卷十五22a；《志稿》第3302页。

简注：“尚”字前有起止符号。“饮”“饥”二字从水，“四”字作“三”。

编号：2335

释文：【外】尚方作竟（镜）真大好，上有仙人不知老，渴饮玉泉饥食枣，浮游天下敖（遨）四海，徘（徘）回（徊）名山采之（芝）草，寿如金石为国保（宝），大富昌，子孙备具［居］中央。【内】子丑寅卯辰巳午未申酉戌亥。

时代：西汉晚期至东汉早期

著录：《清华》图45；《清艺》第67页；《三槐堂》图65；《文化》图149；《拓片》图188；《图集》图285。

简注：“饮”字从水，“四”字作“三”。

编号：2336

释文：【外】尚方作竟（镜）真大好，上有仙人不知老，渴饮玉泉饥食枣，浮游天下敖（遨）四海，俳（徘）洄（徊）名山采之（芝）草，寿如金石为国保（宝），长乐未央宜侯王。【内】子丑寅卯辰巳午未申酉戌亥。

时代：西汉晚期至东汉早期
著录：《守屋》A图版第28页。
简注："尚"字前有起止符号。"饮""饥"二字从水，"四"字作"三"。

编号：2337
释文：【外】尚方作竟（镜）真大好，上有仙人不知老，渴饮玉泉饥食枣，□□名山采之（芝）草，浮游天下敖（遨）四海，寿如金石为国保（宝），长乐未央宜侯王。【内】子丑寅卯辰巳午未申酉戌亥。
时代：西汉晚期至东汉早期
著录：《陕历》第76页上。
简注："尚"字前有起止符号。"饮""饥"二字从水，"四"字作"三"，"名"前两字锈蚀，据此类镜套语，疑读为"徘徊"。

编号：2338
释文：【外】尚方作竟（镜）真大好，上有仙人不知老，渴饮玉泉饥食枣，非（徘）回（徊）名山采芝草，浮游天下敖（遨）四海，寿如今（金）石之国保（宝）。【内】子丑寅卯辰巳午未申酉戌亥。
时代：西汉晚期至东汉早期
著录：《文物》1985（10）第94页图二〇。
简注："饮""饥"二字从水。

编号：2339
释文：【外】尚方作竟（镜）真大好，上有仙人不知老，渴饮玉泉饥食枣，俳（徘）回（徊）名山采芝草，浮游天下敖（遨）四海，寿如今（金）石之国保（宝）。【内】子丑寅卯辰巳午未申酉戌亥。
时代：西汉晚期至东汉早期
著录：《广陵》图112；《图典》B图3.186。
简注："饮""饥"二字从水。

编号：2340
释文：【外】尚方作竟（镜）真大好，上有僊（仙）人不知老，渴饮玉泉饥食枣，俳（徘）回（徊）名山采芝草，浮游天下敖（遨）四海，寿敝今（金）石为国保（宝）。【内】子丑寅卯辰巳午未申酉戌亥。
时代：西汉晚期至东汉早期
著录：《故宫》A图33；《故宫》B图15；《故宫》C图23；《故宫》I图43。
简注："尚"字前有起止符号。"僊"字减笔作"仙"，"饮""饥"二字从水，"四"字作"三"。

编号：2341
释文：【外】尚方作竟（镜）真大好，上有仙人不知老，渴饮玉泉饥食枣，浮游天下敖（遨）四海，非（徘）回（徊）名山采之（芝）草，寿如金石为国保（宝）。【内】子丑寅卯辰巳午未申酉戌亥。
时代：西汉晚期至东汉早期
著录：《簠斋》第16—17页；《国图》第81页；《陈介祺》图79；/《善斋》镜录卷一38a、38b—39a；《小校》卷十五22b；《志稿》第3301页。
简注："饮""饥"二字从水，"四"字作"三"。

编号：2342
释文：【外】尚方作竟（镜）真大好，上有仙人不知老，浮游天下敖（遨）四海，湃（徘）回（徊）名山采之（芝）草，寿如金石为国保（宝）。【内】子丑寅卯辰巳午未申酉戌亥。
时代：西汉晚期至东汉早期
著录：《固原》图87。
简注："尚"字前有起止符号。"四"字作"三"。

编号：2343
释文：【外】尚方作竟（镜）真大好，上有仙人不知老，渴饮玉泉饥食枣，俳（徘）佪（徊）神山采芝草，寿敝金石西王母。【内】子丑寅卯辰巳午未申酉戌亥。
时代：西汉晚期至东汉早期

著录：《守屋》A图版第30页。

简注："尚"字前有起止符号。"饮""饥"二字从水。

编号：2344

释文：【外】尚方作竟（镜）真大好，上有山（仙）人不知老，渴饮玉泉饥食枣，浮游天下敖（遨）四海，寿如金石为国保（宝），乐未央，贵富昌。【内】子丑寅卯辰巳午未申酉戌亥。

时代：西汉晚期至东汉早期

著录：《收藏家》2006（2）第62页图3。

简注："饮"字从水，"四"字作"三"。

编号：2345

释文：【外】尚方作竟（镜）真大好，上有仙人不知老，渴饮玉泉饥食枣，浮游天下敖（遨）四海，寿如今（金）石之天保（宝），大利兮。【内】子丑寅卯辰巳午未申酉戌亥。

时代：西汉晚期至东汉早期

著录：《陕西》图47；/《簠斋》第18—19页；《国图》第78页、第79页；《陈介祺》图24。

简注："尚"字前有起止符号。"饮""饥"二字从水，"四"字作"三"。

编号：2346

释文：尚方作竟（镜）真大好，上有仙人不知老，渴饮玉泉饥食枣，浮游天下敖（遨）四海，寿如今（金）石之天保（宝），大利。

时代：西汉晚期至东汉早期

著录：《金石索》卷六第10页。

简注："尚"字前有起止符号。"饮""饥"二字从水，"四"字作"三"。

编号：2347

释文：【外】尚方作竟（镜）真大好，上有仙人不知老，渴饮玉泉饥食枣，浮游天下敖（遨）四海，寿如金石为国保（宝）而兮。【内】子丑寅卯辰巳午未申酉戌亥。

时代：西汉晚期至东汉早期

著录：《文物》1986（9）第63页图一；/《小校》卷十五30b。

简注："饮""饥"二字从水，"四"字作"三"。

编号：2348

释文：尚方作竟（镜）真大好，上有仙人不知老，饮渴玉泉饥食枣，浮游天下敖（遨）四海，寿如金石为国保（宝）兮。

时代：新莽至东汉早期

著录：《大观》第178页。

简注："尚"字前有起止符号。"饮""饥"二字从水，"四"字作"三"。

编号：2349

释文：【外】尚方乍（作）竟（镜）真大好，上有仙人不知老，渴饮玉泉饥食枣，浮游天下敖（遨）四海，寿如今（金）石为国保（宝）兮。【内】子丑寅卯辰巳午未申酉戌亥。

时代：西汉晚期至东汉早期

著录：《六安》图114。

简注："竟"字减笔，"饮"字从水，"四"字作"三"，"真"字脱铸形似"亘"字。

编号：2350

释文：【外】尚方作竟（镜）哉真大好，上有仙人不知老，渴饮玉泉饥食枣，浮游天下敖（遨）四海，寿如今（金）石为国保（宝）。【内】子丑寅卯辰巳午未申酉戌亥。

时代：西汉晚期至东汉早期

著录：《后沟》图46；《汉铭斋》图105。

简注："尚"字前有起止符号。"饮"字从水，"四"字作"三"。

编号：2351

释文：【外】尚方作竟（镜）真大好，上有仙人不知老，渴饮玉泉饥食枣，浮游天下敖（遨）四海，寿如今（金）石为国保（宝）。【内】子丑寅卯辰巳午未申酉戌亥。

时代：西汉晚期至东汉早期
著录：《收藏家》2018（8）第27页图15 。
简注："饮"字从水，"四"字作"三"。

编号：2352
释文：尚方作竟（镜）真大好，上有仙人不知老，渴饮玉泉饥食枣，浮游天下敖（遨）四海，寿如今（金）石为国保（宝）。
时代：西汉晚期至东汉早期
著录：《未名斋》第167页。
简注："尚"字前有起止符号。"饮"字从水，"四"字作"三"。

编号：2353
释文：尚方作竟（镜）真大好，上有山（仙）人不知老，渴饮玉泉饥食枣，浮游天下敖（遨）四海，寿如金石为国保（宝）。
时代：西汉晚期至东汉早期
著录：《临淄》图673[①]；/《大观》第185页[②]。
简注："四"字作"三"。

编号：2354
释文：尚方作竟（镜）真大好，上有山（仙）人不知老，渴饮玉泉饥食枣，浮油天下敖（遨）四海，寿如金石为国保（宝）。
时代：西汉晚期至东汉早期
著录：《桃华龕》图21；《久保惣》A图32；《久保惣》B图32。
简注："尚"字前有起止符号。"饮""饥"二字从水，"四"字作"三"。

编号：2355
释文：【外】尚方作竟（镜）真大好，上有仙人不知老，渴饮玉泉饥食枣，浮游天下敖（遨）四海，寿如金石为国保（宝）。【内】子丑寅卯辰巳午未申酉戌亥。
时代：西汉中晚期
著录：《文物春秋》2015（4）封二：2[③]；/《金石索》卷六第9页[④]。

编号：2356
释文：尚方作竟（镜）真大好，上有仙人不知老，渴饮玉泉饥食枣，浮游天下敖（遨）四海，寿如今（金）石之国保（宝）。
时代：西汉晚期至东汉早期
著录：《长沙》图80；/《小校》卷十五23a[⑤]。
简注："尚"字前有起止符号。"四"字作"三"。

编号：2357
释文：【外】尚方作竟（镜）真大好，上有仙人不知老，渴饮玉泉饥食枣，浮游天下敖（遨）四海，寿如金石天之保（宝）兮。【内】子丑寅卯辰巳午未申酉戌亥。
时代：西汉晚期至东汉早期
著录：《华夏考古》2013（1）第19页图四：1、彩版六：6左。
简注：东汉早期墓出土（M79：19）。"饮""饥"二字从水。

编号：2358
释文：【外】尚方作竟（镜）真大好，上有仙人不知老，渴饮玉泉饥食枣，浮游天下敖（遨）四海，寿今（金）石之天保（宝）。【内】大泉宜利。
时代：西汉晚期至东汉早期
著录：《簠斋》第2—3页；《国图》第80页；《陈介祺》图85。
简注："尚"字前有起止符号。"饮""饥"二字从

① "尚"字前有起止符号。
② "饮"字从水。
③ 照片模糊，暂据整理者释文宽式隶定。
④ 铭文模糊不清，据是书释文隶定。
⑤ "饥"字从水。

水，“四”字作“三”。

编号：2359

释文：【外】尚方作竟（镜）佳大好，上有仙人不知老，渴饮玉泉饥食枣，浮游天下敖（遨）四海，寿如今（金）石之天保（宝）。【内】子丑寅卯辰巳午未申酉戌亥。

时代：西汉晚期至东汉早期

著录：《西清》卷三十九3a。

简注：“尚”字前有起止符号。“饮”“饥”二字从水，“四”字作“三”。

编号：2360

释文：尚方作竟（镜）真大好，上有仙人不知老，渴饮玉泉饥食枣，浮游天下敖（遨）四海，寿如今（金）石之天保（宝）。

时代：西汉晚期至东汉早期

著录：《陕历》第76页下。

简注：“饮”字从水，“四”字作“三”。

编号：2361

释文：【外】尚方作竟（镜）真大好，上有仙人不知老，渴饮玉泉饥食枣，浮游天下敖（遨）四海，寿如［金］石［为］国保（宝）。【内】长宜子孙。

时代：西汉晚期至东汉早期

著录：《千镜堂》图82；《大观》第184页。

简注：“尚”字前有起止符号。“饥”字从水，“四”字作“三”。

编号：2362

释文：【外】尚方作竟（镜）真大好，上有山（仙）人不知老，渴饮玉泉饥食枣，浮［游］天下敖（遨）四海，寿如今（金）石长相保。【内】子丑寅卯辰巳午未申酉戌亥。

时代：西汉晚期至东汉早期

著录：《宁寿》卷十5a。

简注：“尚”字前有起止符号。“饮”“饥”二字从水，“四”字作“三”。

编号：2363

释文：尚方作竟（镜）真大好，上有仙人不知老，浮游天下敖（遨）四海，长保二亲乐富昌，寿敝今（金）石之国保（宝）。

时代：西汉晚期至东汉早期

著录：《安吉》第94页。

简注：“四”字作“三”。

编号：2364

释文：尚方作竟（镜）真大好，上有仙人不知老，渴饮玉泉饥食枣，浮游天下敖（遨）四海，寿如今（金）石。

时代：西汉晚期至东汉早期

著录：《西甲》卷十九1a。

简注：“饮”“饥”二字从水，“四”字作“三”。

编号：2365

释文：尚方作竟（镜）真大好，上有山（仙）人不知老，渴饮玉泉饥食枣，浮游天下敖（遨）四海，寿如今（金）石。

时代：西汉晚期至东汉早期

著录：《湖南》图67 。

简注：“尚”字前有起止符号。“饮”“饥”二字从水，“四”字作“三”。

编号：2366

释文：尚方作竟（镜）真大好，上有神［人］不知老，渴饮玉泉饥食枣，浮游天下敖（遨）四海，寿敝今（金）。

时代：西汉晚期至东汉早期

著录：《岩窟》二中第11图。

简注：“四”字作“三”。

编号：2367

释文：尚方作竟（镜）真大好，上有山（仙）人不知老，渴饮玉泉饥食枣，浮游天下敖（遨）四海，为国保（宝）。

时代：西汉晚期至东汉早期

著录：《陕历》第70页下。

简注：“饮”字从水，“四”字作“三”。

编号：2368

释文：尚方作竟（镜）真大好，上有山（仙）人不知老，渴饮玉泉饥食枣，孚（浮）游天下敖（遨）四海，为国保（宝）。

时代：西汉晚期至东汉早期

著录：《四川》图32。

简注：“饮”字从水，“四”字作“三”。

编号：2369

释文：尚方作竟（镜）真大好，上有仙人不知老，渴饮玉泉饥食枣，浮游天下敖（遨）四海，宜侯王而兮。

时代：西汉晚期至东汉早期

著录：《奇觚室》卷十五8a。

简注：“饮”“饥”二字从水，“四”字作“三”。

编号：2370

释文：尚方作竟（镜）真大好，上有仙人不知老，渴饮玉泉饥食枣，浮游天下敖（遨）四海。

时代：西汉晚期至东汉早期

著录：《陈介祺》图83；《国图》第75页；《镜录》卷中10b；《志稿》第3291页。

简注：“饮”字从水，“饥”字从人作“仉”，“四”字作“三”。

编号：2371

释文：尚方作竟（镜）真大好，上有山（仙）人不知老，渴饮玉泉饥食枣，浮游天下敖（遨）四海。

时代：西汉晚期至东汉早期

著录：《陕历》第83页上。

简注：“饮”“饥”二字从水，“四”字作“三”。

编号：2372

释文：尚方作竟（镜）真大好，上有仙人不知老，渴饮玉泉饥食枣，浮游天下敖（遨）。

时代：西汉晚期至东汉早期

著录：《考古与文物》1995（5）第62页图二。

简注：“尚”字前有起止符号。“饮”“饥”二字从水。

编号：2373

释文：尚方作竟（镜）真大好，上有仙人不知老，渴饮玉泉饥食枣，浮游天下为国［保（宝）］。

时代：西汉晚期至东汉早期

著录：《未名斋》第165页。

简注：“饮”字从水，“竟”字形似“意”字。

编号：2374

释文：【外】尚方作竟（镜）真大好，上有仙人不知老，渴饮玉泉饥食枣，浮由（游）天下。【内】子丑寅卯辰巳午未申酉戌亥。

时代：西汉晚期至东汉早期

著录：《金石索》卷六第8页。

简注：“尚”字前有起止符号。“饮”“饥”二字从水。

编号：2375

释文：【外】尚方作竟（镜）真大好，上有仙人不知老，渴饮玉泉饥食枣，天下。【内】子丑寅卯辰巳午未申酉戌亥。

时代：西汉晚期至东汉早期

著录：《千镜堂》图84。

简注：“尚”字前有起止符号。“饮”“饥”二字从水。

编号：2376

释文：【外】尚方作竟（镜）真大好，上有仙人不知老，渴饮玉泉饥食枣，寿如金石为国保（宝），宜官。【内】子丑寅卯辰巳午未申酉戌亥。

时代：西汉晚期至东汉早期

著录：《岩窟》二中第3图。

简注：“尚”字前有起止符号。“饮”字从水。

编号：2377

释文：【外】尚方作竟（镜）真大好，上又（有）山

（仙）人不知老，曷（渴）饮玉泉饥食枣，寿如金石兮。【内】子丑寅卯辰巳午未申酉戌亥。
时代：西汉晚期至东汉早期
著录：《小校》卷十五25b。
简注：“饮”字从水。

编号：2378
释文：【外】尚方作竟（镜）真大好，上有仙人不知老，渴饮玉泉饥食枣，寿如今（金）石。【内】子丑寅卯辰巳午未申酉戌亥。
时代：西汉晚期至东汉早期
著录：《博古图》卷二十八31a。
简注：“饮”字从水。

编号：2379
释文：【外】尚方作竟（镜）真大好，上有仙人不知老，渴饮玉泉饥食枣，寿如。【内】子丑寅卯辰巳午未申酉戌亥。
时代：西汉晚期至东汉早期
著录：《文物春秋》2017（6）第70页图五。
简注：“尚”字前有起止符号。“饮”“饥”二字从水。

编号：2380
释文：【外】尚方作竟（镜）真大好，上有山（仙）人长不老，渴饮玉泉饥食枣兮。【内】子丑寅卯辰巳午未申酉戌亥。
时代：西汉晚期至东汉早期
著录：《奇觚室》卷十五20a。
简注：“尚”字前有起止符号。“饮”字从水。

编号：2381
释文：尚方作竟（镜）真大好，上有山（仙）人□不知老，渴饮玉泉饥食枣兮。
时代：西汉晚期至东汉早期
著录：《长沙》图83 。
简注：“尚”字前有起止符号。“饮”字从水。

编号：2382
释文：【外】尚方作竟（镜）真大好，上有山（仙）人不知老，曷（渴）饮玉泉饥兮食枣。【内】子丑寅卯辰巳午未申酉戌亥。
时代：西汉晚期至东汉早期
著录：《东南文化》2003（3）第47页图八。
简注：“饮”“饥”二字从水。

编号：2383
释文：尚方作竟（镜）真大好，上有仙人不知老，渴饮玉泉饥食枣兮。
时代：西汉晚期至东汉早期
著录：《长沙》图78 。
简注：“饮”“饥”二字从水。

编号：2384
释文：【外】尚方作竟（镜）真大好，上有仙人不知老，渴饮玉泉饥食枣。【内】子丑寅卯辰巳午未申酉戌亥。
时代：西汉晚期至东汉早期
著录：《北方文物》1997（3）第14页图三：7 。
简注：“饮”“饥”二字从水。

编号：2385
释文：尚方作竟（镜）真大好，上有仙人不知老，渴饮玉泉饥食枣。
时代：西汉晚期至东汉早期
著录：《考古与文物》1995（3）第49页附图一。
简注：“饮”“饥”二字从水。

编号：2386
释文：尚方作竟（镜）真大好，上有山（仙）人不知老，渴饮玉泉饥食枣。
时代：西汉晚期至东汉早期
著录：《安吉》第74页。
简注：“饮”“饥”二字从水。

编号：2387
释文：尚方作竟（镜）真大好，上有仙人不知老，渴饮玉泉饥［食］枣。
时代：西汉晚期至东汉
著录：《考古学报》2012（4）第527页图三九：2。
简注："尚"字前有起止符号。"饮"字从水。

编号：2388
释文：尚方作竟（镜）真大好，［上］有［仙］人不知老，渴［饮］三〈玉〉泉饥食枣兮。
时代：西汉晚期至东汉早中期
著录：《湖研》图七六。
简注："尚"字前有起止符号。"饮"字从水。

编号：2389
释文：尚方作竟（镜）真大好，上有山（仙）人不知老，渴饮玉泉。
时代：西汉晚期至东汉
著录：《郴州》第36页；/《安吉》第75页[1]。

编号：2390
释文：尚方作竟（镜）真大好，上有仙人不□老，渴玉泉□。
时代：西汉晚期至东汉早期
著录：《郴州》第34页。
简注："老"前之字似从水从几，疑为"饥"反书倒置，亦可能为"知"字减笔。

编号：2391
释文：尚方作竟（镜）真大好，上有山（仙）人不知老，渴饮玉［泉］。
时代：西汉晚期至东汉早中期
著录：《湖研》图七七。
简注："饮"字从水。

编号：2392
释文：【外】尚方乍（作）竟（镜）真大好，上有山（仙）人不知老，渴饮三〈玉〉。【内】子丑寅卯辰巳午未申酉戌亥。
时代：新莽至东汉早中期
著录：《东南文化》1992（5）第99页图十四。
简注："尚"字前有起止符号。"饮"字从水。

编号：2393
释文：尚方作竟（镜）真大好，上有仙人不知老，渴饮三〈玉〉。
时代：西汉晚期至东汉早期
著录：《考古》1985（8）第718页图一一：右。
简注："饮"字从水。

编号：2394
释文：尚方作竟（镜）真大好，夫有山（仙）人不知老，渴饮。
时代：西汉晚期至东汉早期
著录：《国图》第76页。
简注："尚"字前有起止符号。"饮"字从水。

编号：2395
释文：尚方作竟（镜）真大好，上有山（仙）人不知老，曷（渴）□枣。
时代：西汉晚期
著录：《考古学报》1957（4）图版捌：2。
简注：西汉时期墓葬（A·M15）出土。

编号：2396
释文：尚方作竟（镜）真大好，上有山（仙）人不知老，渴。
时代：西汉晚期至东汉早期
著录：《考古学报》1984（1）第99页图四四：1；《图典》A图264；《图典》B图3.173。

编号：2397
释文：尚方乍（作）竟（镜）真大好，宜子。
时代：东汉
著录：《拓影》图79。

① "饮"字从水。

编号：2398

释文：尚方作竟（镜）真大好。

时代：东汉

著录：《小校》卷十五28a上；《志稿》第3206页；《志稿》第3274页。

编号：2399

释文：【外】尚方作竟（镜）佳且好，子孙备［具］长相保，上有山（仙）人不知老兮。

时代：西汉晚期至东汉早期

著录：《大观》第128页。

编号：2400

释文：【外】尚方作竟（镜）佳且好，左有王父坐行道，右有王母，白虎芝草在其后，令人富贵不老，子孙满室，世。【内】东王父。西王［母］。［朱］爵（雀）。

时代：东汉早中期

著录：《六安》图122；《考古》1996（12）第85页图一：2；《皖西》图82。

简注：“尚”字前有起止符号。

编号：2401

释文：尚方作竟（镜）佳且好，左［有］龙交（蛟）右白虎，前有朱鸟后玄武，令人富贵宜孙子，山（仙）人王乔赤松子，千秋万世不知老。

时代：东汉早中期

著录：《文物》1998（10）第83页图五。

编号：2402

释文：尚方作竟（镜）佳且好，白虎辟邪居中道，家室富昌宜子孙，以为身保。

时代：东汉

著录：《金石索》卷六第7页。

简注：“尚”字前有起止符号。

编号：2403

释文：尚方作竟（镜）佳且好，［明］而日月世之保（宝），寿而东王公西王母，山（仙）人子高（乔）赤松［子］。

时代：东汉

著录：《寿县》图106。

简注：“尚”字前有起止符号。

编号：2404

释文：尚方作竟（镜）佳且好，明［而］日月世之保（宝），东王公西王母，山（仙）人子高（乔）赤松子，大吉昌。

时代：东汉

著录：《寿县》图107。

编号：2405

释文：尚方作竟（镜）佳且好，明而日月世少有，刻治今（禽）守（兽）悉皆在，长保二亲宜孙子，富至三公利古（贾）市，［传］告后（後）世。

时代：东汉

著录：《泉屋》图84。

简注：疑为日本工匠或在日中原工匠所铸。

编号：2406

释文：尚方作竟（镜）佳且好，明而日月世少有，刻治今（禽）守（兽）悉皆在，宜子。

时代：东汉

著录：《善斋》镜录卷一36b—37a；《小校》卷十五28a下；《志稿》第3287页。

编号：2407

释文：尚方作竟（镜）佳且好，明而日月世少有，刻治今（禽）守（兽），吉。

时代：东汉早中期

著录：《长沙》图115。

简注：“明”字减笔。

编号：2408

释文：尚方作竟（镜）佳且好，明而日月世少有。

时代：东汉

著录：《江汉考古》1985（2）封底。

98. “尚方作镜”铭（大巧）

“尚方作镜”（大巧）铭镜是尚方铭镜系列中出土及传世数量最多的一类铜镜，此类镜主要套语与“尚方作镜”（大好）铭镜相同，时代当亦相近。由于此类镜出土数量较多，为便于检索及分区比较，暂依铜镜出土地及现藏地首字音序排列，每地区中铭文较完整者靠前，减铭较多者靠后。

安徽

编号：2409

释文：【外】尚方作竟（镜）真大巧，上有仙人不知老，渴饮玉泉饥食枣，游〈浮〉由（游）天下敖（遨）四海，寿敝今（金）石为国保（宝），长宜子。【内】子丑寅卯辰巳午未申酉戌亥。

时代：西汉晚期至东汉早期

著录：《六安》图113 。

简注：“尚”字前有起止符号。“饮”“饥”二字从水，“四”字作“三”，“海”字减笔，“保”减笔缺人旁。

编号：2410

释文：【外】尚方作竟（镜）真大巧，上有山（仙）人不知老，渴饮玉泉饥食枣，浮由（游）天下敖（遨）四海，寿如金石未兮。【内】子丑寅卯辰巳午未申酉戌亥。

时代：西汉晚期至东汉早期

著录：《蚌埠》第54页、第55页。

简注：“尚”字前有起止符号。“饮”“饥”二字从水。

编号：2411

释文：【外】尚方作竟（镜）真大巧，上有仙人不知老，渴饮玉泉饥食枣，浮游天下敖（遨）四海，寿如今（金）石兮。【内】子丑寅卯辰巳午未申酉戌亥。

时代：西汉晚期至东汉早期

著录：《文物》2013（2）第90页图一七。

简注：“尚”字前有起止符号。“饮”“饥”二字从水，“四”字作“三”。

编号：2412

释文：【外】尚方作竟（镜）真大巧，上有仙人不知老，渴饮玉泉饥食枣，浮由（游）天下敖（遨）四海。【内】子丑寅卯辰巳午未申酉戌亥。

时代：西汉晚期至东汉早期

著录：《蚌埠》第52页、第53页。

简注：“饮”“饥”二字从水，“天”字出笔。

编号：2413

释文：【外】尚方作竟（镜）真大巧，上有山（仙）人不知老，渴饮玉泉饥食枣，浮由（游）天下。【内】子丑寅卯辰巳午未申酉戌亥。

时代：西汉晚期至东汉早期

著录：《宣城》第50页、第51页。

简注：“饮”“饥”二字从水。

编号：2414

释文：尚方作竟（镜）真大巧，上有山（仙）人不知老，渴饮玉泉［饥］食枣，浮［游天］下。

时代：西汉晚期至东汉早期

著录：《寿县》图42。

简注：“尚”字前有起止符号。“饮”字从水。

编号：2415

释文：【外】尚方作竟（镜）真大巧，上有山（仙）人不知老，渴饮玉泉饥食枣，寿。【内】子丑寅卯辰巳午未申酉戌亥。

时代：西汉晚期至东汉早期

著录：《宣城》第46页、第47页。

简注：“饮”“饥”二字从水。

编号： 2416
释文： 尚方作竟（镜）真大巧，上有山（仙）人不［知］老，曷（渴）饮三〈玉〉泉。
时代： 西汉晚期至东汉早期
著录： 《蚌埠》第60页、第61页。
简注： “饮”字减笔仅剩“欠”旁。

编号： 2417
释文： 【外】尚方作竟（镜）真大巧，上有山（仙）人不［知］老，［渴］饮玉泉。【内】子丑寅卯辰巳午未申酉戌亥。
时代： 西汉晚期至新莽
著录： 《东南文化》2009（4）第42页图十：1 。
简注： 西汉晚期至新莽时期墓出土（M2：1）。“饮”字从水。

编号： 2418
释文： 尚方作竟（镜）真大巧，上有山（仙）人不［知］老，曷（渴）玉泉。
时代： 西汉晚期至东汉早期
著录： 《淮南》第132页、第133页。
简注： “真”字脱笔形似“自”。

编号： 2419
释文： 尚方作竟（镜）真大巧，令人大寿不知老，渴饮玉泉饥［食］枣，敖（遨）由（游）天下长相保，左龙右虎为国保（宝），大吉。
时代： 东汉
著录： 《六安》图144。
简注： “尚”字前有起止符号。“饮”“饥”从水。

北京

编号： 2420
释文： 【外】尚方作竟（镜）真大巧，上有仙人不知老，渴饮玉泉饥食枣，非（徘）回（徊）名山采草，浮由（游）天下敖（遨）四海，寿如今（金）石得天道，子孙长相保兮。【内】子丑寅卯辰巳午未申酉戌亥。
时代： 西汉晚期至东汉早期
著录： 《清华》图43；《止水集》第66页图七；《文化》图145；《拓片》图186、图239；《图集》图282；《清艺》第66页。
简注： “饮”“饥”二字从水，“四”字作“三”。

编号： 2421
释文： 【外】尚方作竟（镜）真大巧，上有仙人不知老，非（徘）回（徊）名山采芝草，渴饮玉泉饥［食］枣，寿而今（金）石，由（游）天下敖（遨）四海。【内】子丑寅卯辰巳午未申酉戌亥。
时代： 西汉晚期至东汉早期
著录： 《西乙》卷十九5a；《故宫》G图41。
简注： “尚”字前有起止符号。“饮”“饥”二字从水，“四”字作“三”。《西乙》“寿而”误摹作“寿同”。

编号： 2422
释文： 【外】尚方作竟（镜）真大巧，上有仙人不知老，渴饮玉泉饥食枣，浮由（游）天下敖（遨）四海，佳兮。【内】子丑寅卯辰巳午未申酉戌亥。
时代： 西汉中晚期
著录： 《国博》1992（18—19）第227页图68 。
简注： “尚”字前有起止符号。“饮”“饥”二字从水，“四”字作“三”。

编号： 2423
释文： 【外】尚方作竟（镜）真大巧，上有仙人不知老，渴饮三〈玉〉泉饥食枣，寿而今（金）石天四保（宝）之兮，大。【内】子丑寅卯辰巳午未申酉戌亥。
时代： 西汉晚期至东汉早期
著录： 《唐宋》附图24 。
简注： “尚”字前有起止符号。“饮”“饥”二字从水，“四”字作“三”，“保之”错乙。

编号：2424
释文：尚方作竟（镜）兮真大巧，上有山（仙）人不知老，渴饮玉泉兮。
时代：西汉晚期至东汉早期
著录：《故宫》I图82。
简注："尚"字前有起止符号。"饮"字从水。

编号：2425
释文：尚方乍（作）竟（镜）真大巧，上有仙人不，枣。
时代：新莽至东汉早期
著录：《故宫》A图60 。
简注："竟""真"减笔，"巧"字从水。

编号：2426
释文：【外】尚方作竟（镜）真大巧，上有山（仙）人不知老，渴饮玉［泉］饥食枣，东王父西王母。【内】东王父。
时代：东汉
著录：《唐宋》附图34。
简注："作"字反书。"饮"字省作"欠"，"饥"字从水。

广东

编号：2427
释文：尚方作竟（镜）真大巧，上有仙人不知老，渴饮玉泉饥食枣，浮由（游）天下敖（遨）四海。
时代：西汉晚期至东汉早期
著录：《南方文物》2000（1）第4页图一。
简注："饮""饥"二字从水，"四"字作"亖"。

编号：2428
释文：尚方作竟（镜）真大巧，上有山（仙）人不知老，□云。
时代：西汉晚期至东汉早期
著录：《南方文物》2000（1）第4页。
简注：无图，据整理者介绍纹饰与前一器基本相同。

广西

编号：2429
释文：尚方作竟（镜）真大巧，上有山（仙）人不知老，渴饮玉泉饥□枣，浮□天下□四海兮。
时代：西汉晚期至东汉早期
著录：《广西》图50 。
简注："尚"字前有起止符号。"饮""饥"二字从水，"四"字作"亖"。

编号：2430
释文：尚方作竟（镜）真大巧，上又（有）山（仙）人不知老，曷（渴）饮玉泉饥食枣兮。
时代：西汉晚期至东汉早期
著录：《广西》图59 。
简注："尚"字前有起止符号。"饮""饥"二字从水，"食"字减笔。

编号：2431
释文：尚方作竟（镜）真大巧，上有山（仙）人不知老。
时代：西汉晚期至东汉早期
著录：《广西》图30。

贵州

编号：2432
释文：尚方作竟（镜）真大巧，上有仙人不知老，渴饮玉泉饥食枣，浮油（游）天下。
时代：西汉晚期至东汉早期
著录：《考古学报》1959（1）第96页图十一。
简注："尚"字前有起止符号。"饮""饥"二字从水。

编号：2433
释文：尚方作竟（镜）真大巧，上有仙人不知老，渴饮玉泉饥食枣，浮游天下敖（遨）四海，此竟（镜）宜古（贾）市，长相保兮。
时代：西汉晚期至东汉早中期

著录：《文物》1979（5）第28页图一三：右2。

简注：“饮”“饥”从水。

河北

编号：2434

释文：尚方作竟（镜）真大巧，上有山（仙）人不知老，渴饮玉泉饥食枣。

时代：西汉晚期至东汉

著录：《历代》图50。

简注：“饮”“饥”从水。

河南

编号：2435

释文：【外】尚方作竟（镜）真大巧，上有仙人不知老，渴饮玉泉饥食枣，寿而今（金）石天之保（宝），长乐未央如侯王，八子九孙居中央，富贵昌安四疆兮。【内】子丑寅卯辰巳午未申酉戌亥。

时代：西汉晚期至东汉早期

著录：《考古学报》1963（2）第25页图二一：3；《图典》A图270；《图典》B图3.181。

简注：“尚”字前有起止符号。“饮”“饥”二字从水，“四”字作“亖”。

编号：2436

释文：【外】尚方作竟（镜）真大巧，上有山（仙）人不知老，渴饮玉泉饥食枣，浮由（游）天下敖（遨）四海，生如金石国中保（宝），胡人贺兮天下力，子兮。【内】子丑寅卯辰巳午未申酉戌亥。

时代：西汉晚期至东汉早期

著录：《三门峡》第56页。

简注：“尚”字前有起止符号。“巧”字反书。“四”字作“亖”，“饮”“饥”从水。

编号：2437

释文：【外】尚方作竟（镜）真大巧，上有仙人不知老，渴饮玉泉饥食枣，浮由（游）天下游四海，宜子孙。【内】子丑寅卯辰巳午未申酉戌亥。

时代：西汉晚期至东汉早期

著录：《洛华》图101；《图典》B图3.179。

简注：“尚”字前有起止符号。“饮”“饥”二字从水。

编号：2438

释文：【外】尚方作竟（镜）真大巧，上有仙人不知老，渴饮玉泉饥食枣，寿而今（金）石天之保（宝）兮。【内】子丑寅卯辰巳午未申酉戌亥。

时代：西汉晚期至东汉早期

著录：《烧沟》图七三：2、图版肆肆：1；《洛华》图100；《图典》A图269；《图典》B图3.180①；/《全集》图61。

简注：“饮”“饥”二字从水。

编号：2439

释文：【外】尚方作竟（镜）真大巧，上有仙人不知老，渴饮玉泉饥食枣，浮游天下兮。【内】子丑寅卯辰巳午未申酉戌亥。

时代：西汉晚期至东汉早期

著录：《洛华》图102。

简注：“饮”“饥”二字从水。

编号：2440

释文：【外】尚方作竟（镜）真大巧，上有仙人不知老，渴饮玉泉饥食枣，［浮］由（游）天下。【内】子丑寅卯辰巳午未申酉戌亥。

时代：西汉晚期至东汉早期

著录：《考古》1963（2）第76页图一一：1；《洛华》图96。

简注：“尚”字前有起止符号。“饮”“饥”二字

① 东汉早期墓出土（1023：1）。

从水。

编号：2441

释文：【外】尚方作竟（镜）真大巧，上有仙人不知老，渴饮玉泉饥食枣，寿而今（金）石。【内】子丑寅卯辰巳午未申酉戌亥。

时代：西汉晚期至东汉早期

著录：《考古》2016（1）第65页图二一：1、第66页图二二。

简注："饮""饥"二字从水。

编号：2442

释文：【外】尚方作竟（镜）真大巧，上有山（仙）人不知老，渴饮玉泉饥食枣。【内】子丑寅卯辰巳午未申酉戌亥。

时代：西汉晚期至东汉早期

著录：《中原文物》1988（3）第89页图二。

简注："饮""饥"二字从水。

编号：2443

释文：尚方乍（作）竟（镜）真大巧，上［有］山（仙）人不饮老，曷（渴）玉泉饥食枣。

时代：西汉晚期至东汉早期

著录：《南阳》图一九七、图版九八：1。

简注：东汉早期墓（DFC M20）出土。"尚"字前有起止符号。"饮"字从水，且误置于"老"字之前，"饥"字从水，且横置（右旋90度）。

编号：2444

释文：尚方作竟（镜）大巧，上有山（仙）人不知老，饥饮玉兮。

时代：西汉晚期至东汉早期

著录：《南阳》图二〇四、图版九八：2。

简注：东汉早期墓（WSFJ M6）出土。"饮""饥"二字从水。

编号：2445

释文：尚方作竟（镜）真大巧，上有仙人不知老兮。

时代：东汉早中期

著录：《文物》1980（7）第41页；《图典》A图437；《图典》B图3.402。

编号：2446

释文：尚方作竟（镜）真大巧，上有仙人不知老。

时代：东汉

著录：《偃师》图25；《洛华》图141。

编号：2447

释文：尚方作竟（镜）真大巧，上有山（仙）人。

时代：西汉晚期至东汉

著录：《考古学报》1957（1）第179页图十：6。

编号：2448

释文：【外】尚方作竟（镜）真大巧，上有东王父西王母，与天相保不知老。【内】西王母。玉女。东王父。昌（倡）。

时代：东汉早中期

著录：《文物》1986（5）第30页；《图典》A图456；《图典》B图3.431。

简注："上"字反书。

编号：2449

释文：尚方乍（作）竟（镜）真大巧，大吉。

时代：东汉

著录：《三门峡》第74页。

湖北

编号：2450

释文：尚方作竟（镜）真大巧，上有仙人不知老，曷（渴）饮玉泉饥食枣，由（游）天。

时代：西汉晚期至东汉早期

著录：《考古学报》1999（2）第201页图二二：3。

简注：东汉早期墓葬（M3：23）出土。"饮""饥"二字从水。

编号：2451

释文：尚方作竟（镜）真大巧，上有仙人不知老，曷

（渴）饮玉泉饥食枣。
时代：西汉晚期至东汉
著录：《孝感》图40。
简注：“尚”字前有起止符号。“饮”字从水。

编号：2452
释文：尚方作竟（镜）真大巧，上有山（仙）人不知老，曷（渴）饮玉泉肌（饥）食枣。
时代：东汉早中期
著录：《江汉考古》1984（4）第56页图十二。
简注：“巧”字从人，“饮”字从水。

编号：2453
释文：尚方作竟（镜）真大巧，上有山（仙）人不知老，渴饮玉泉几（饥）食枣。
时代：西汉晚期至东汉早期
著录：《江汉考古》1983（3）封底。

编号：2454
释文：【外】尚方乍（作）竟（镜）真大巧，上有山（仙）［人］不矢（知）老，饥人（飤）枣渴自饮，下。【内】子丑寅卯辰巳午未申酉戌亥。
时代：西汉晚期至东汉
著录：《鄂城》图7；《图典》A图301。
简注：“尚”字前有起止符号。“巧”字反书，“饮”“饥”从水，“上”字倒置。

编号：2455
释文：【外】尚方作竟（镜）真大巧，上有山（仙）人不知老，渴饮玉泉。【内】子丑寅卯辰巳午未申酉戌亥。
时代：西汉晚期至东汉
著录：《鄂城》图5；《图典》A图272；《图典》B图3.184。
简注：“尚”字前有起止符号。“饮”字从水。

编号：2456
释文：尚方作竟（镜）真大巧，上有仙人不知老，渴饮玉泉。
时代：西汉晚期至东汉
著录：《江汉考古》1984（4）第56页。

编号：2457
释文：尚方作竟（镜）真大巧，上有山（仙）人不知老，渴饮玉泉。
时代：西汉晚期至东汉早期
著录：《江汉考古》1984（4）第54页；/《孝感》图33[①]。

编号：2458
释文：尚方作竟（镜）真大巧，上有仙人不知老，饮渴。
时代：西汉晚期至东汉早期
著录：《武汉》第68页下。
简注：“饮渴”错乙。

编号：2459
释文：【外】尚方作竟（镜）真大巧，上有山（仙）人不知老，▨下敖（遨）。【内】子丑寅卯□□□□□酉戌亥。
时代：西汉晚期至东汉早期
著录：《考古学报》1999（2）第201页图二二：8。
简注：东汉早期墓葬（M3：20）出土。镜残缺。

编号：2460
释文：尚方作竟（镜）真大巧，上有山（仙）人不知老兮。
时代：西汉晚期至东汉早期
著录：《孝感》图34。
简注：“尚”字前有起止符号。

编号：2461
释文：【外】尚方乍（作）竟（镜）真大巧，上有山

---
① “饮”字从水。

（仙）人不。【内】子丑寅卯辰□□□申酉戌亥。
时代：西汉晚期至东汉早期
著录：《考古学报》1999（2）图版拾贰：2、第201页图二二：7。
简注：东汉早期墓葬（M9：8）出土。镜残缺。

湖南

编号：2462
释文：【外】尚方作竟（镜）真大巧，上有仙人不知老，渴饮玉泉饥枣食枣，浮由（游）天下敖（遨）四海，翡（徘）回（徊）名山采之（芝）草。【内】子丑寅卯辰巳午未申酉戌亥。
时代：西汉晚期至东汉早期
著录：《湖研》图五四。
简注："尚"字前有起止符号。"饮""饥"二字从水，"四"字作"三"。

编号：2463
释文：【外】尚方作竟（镜）真大巧，上有山（仙）人不知老，曷（渴）饮玉泉饥食枣，浮游天下为国保（宝），□昌尹。【内】宜。
时代：西汉晚期至东汉早中期
著录：《长沙》图107；《图典》B图3.282。
简注："饮""饥"从水，"为"字反书，"保"字省作"呆"。

编号：2464
释文：【外】尚方作竟（镜）真大巧，上有仙人不知老，渴饮泉玉饥食枣，浮由（游）天下敖（遨）四海。【内】子丑寅卯辰巳午未申酉戌亥。
时代：西汉晚期至东汉早期
著录：《湖南》图68 。
简注："尚"字前有起止符号。"饮"字从水，"泉玉"错乙，"四"字作"三"。

编号：2465
释文：尚方作竟（镜）真大巧，上有仙人不知老，渴饮玉泉饥食枣，游（游）四海。
时代：西汉晚期至东汉早期
著录：《考古学报》1981（4）第546页图二三：2 。
简注："饮""饥"二字从水。

编号：2466
释文：【外】尚方作竟（镜）真大巧，上有山（仙）人不知老，渴饮玉泉饥食枣，由（游）天下。【内】子丑寅卯辰巳午未申酉戌亥。
时代：西汉晚期至东汉早期
著录：《考古》1980（4）第342页图五。
简注："饮""饥"二字从水。

编号：2467
释文：【外】尚方乍（作）竟（镜）亘（恒/极）大巧，上有山（仙）人不知老，渴饮玉泉饥［食］枣，由（游）□。【内】子丑寅卯辰巳午未申酉戌亥。
时代：西汉晚期至东汉早期
著录：《长沙》图76 。
简注："饮"字减笔仅剩欠旁，"饥"字从水。

编号：2468
释文：尚方乍（作）竟（镜）真大巧，上有山（仙）人不知老，渴饮玉泉饥食枣，寿万年。
时代：西汉晚期至东汉早期
著录：《湖研》图一一四；《图案》第32页；《图典》A图473；《图典》B图3.451。
简注："大"字反书。

编号：2469
释文：尚方作竟（镜）真大巧，上有山（仙）人不知老，渴饮玉泉饥食枣，吉羊（祥）兮。
时代：西汉晚期至东汉早期
著录：《湖研》图七〇。
简注："尚"字前有起止符号。"饮""饥"二字从水。

编号：2470
释文：尚方作竟（镜）真大巧，上有山（仙）人不知老，渴饮玉泉饥食枣兮。
时代：西汉晚期至东汉早期
著录：《湖研》图六九。
简注："饮""饥"二字从水。

编号：2471
释文：尚方作竟（镜）真大巧，老山（仙）人不矢（知）□，渴饮泉三〈玉〉枣，三〈玉〉不兮。
时代：西汉晚期至东汉早中期
著录：《湖研》图七五。
简注："尚"字前有起止符号。"饮"字从水，铭文错乱。

编号：2472
释文：尚方作竟（镜）真大巧，上有仙人不知老，渴饮玉泉饥食枣。
时代：西汉晚期至东汉早期
著录：《湖历》图68 。
简注："尚"字前有起止符号。"饮""饥"二字从水。

编号：2473
释文：【外】尚方作竟（镜）真大巧，上有山（仙）人不知老，曷（渴）饮玉泉饥食枣。【内】子丑寅卯辰巳午未申酉戌亥。
时代：西汉晚期至东汉早期
著录：《郴州》第33页。
简注："饮"字减笔仅剩欠旁。

编号：2474
释文：尚方作竟（镜）真大巧，上有山（仙）人不知老，渴饮玉泉饥食枣。
时代：西汉晚期至东汉早期
著录：《考古》1985（8）第719页图一三[①]；/《湖历》图55。
简注："饮"字从水。

编号：2475
释文：尚方作竟（镜）真大巧，上有山（仙）人不知老，渴饮玉泉几（饥）食［枣］。
时代：东汉
著录：《湖研》图一一三。
简注："饮"字从水。

编号：2476
释文：尚方作竟（镜）真大巧，上有山（仙）人不［知］老，饥食枣兮。
时代：西汉晚期至东汉早期
著录：《湖研》图六七。
简注："饮"字从水。从拓片上看，"作"字作"乍"，但是根据字形位置及比例，似为"作"字为拓全。

编号：2477
释文：尚方作竟（镜）真大巧，上有仙人不知老，渴。
时代：西汉晚期至东汉早期
著录：《考古学报》1984（1）第100页表一。

编号：2478
释文：尚方作竟（镜）真大巧，上有山（仙）人不知老兮。
时代：西汉晚期至东汉早期
著录：《湖研》图六八；/《图案》第44页；《湖历》图54；《图典》A图302；《图典》B图3.224。

编号：2479
释文：尚方作竟（镜）真大巧，上有山（仙）人不知［老］。
时代：西汉晚期至东汉早期
著录：《考古学报》1984（1）第96页图四二：6；

① 东汉早期墓出土（M6：24）。"饥"字亦从水。

《郴州》第35页；《图典》A图320；《图典》B图3.250。

编号：2480
释文：尚方乍（作）竟（镜）真大巧，上有山（仙）人。
时代：西汉晚期至东汉早期
著录：《考古》1986（12）第1091页图一九；《图典》A图322；《图典》B图3.252。
简注："尚"字前有起止符号。

吉林

编号：2481
释文：【外】尚方乍（作）竟（镜）真大巧，上有山（仙）人不知老，渴饮玉泉饥食[枣]。【内】子丑寅卯辰巳午未申酉戌亥。
时代：西汉晚期至东汉早期
著录：《北方文物》1997（3）封三：2。
简注："饮""饥"二字从水。

江苏

编号：2482
释文：尚方作竟（镜）真大巧，上有山（仙）人不知老，渴饮玉泉饥食枣兮。
时代：西汉晚期至东汉早期
著录：《考古与文物》2019（2）第38页图一〇：1。
简注：西汉至东汉早期墓出土（M8：1）。"饮""饥"二字从水。

编号：2483
释文：尚方作竟（镜）真大巧，上有山（仙）人不知老，渴饮玉泉饥食[枣]。
时代：西汉晚期至东汉早期
著录：《文物》1985（10）第94页图一九。
简注："饮"字从水。

编号：2484
释文：【内】尚方作竟（镜）而大工，【外】上有山（仙）大仙竟（镜）三〈玉〉饥人渴饮。
时代：东汉早中期
著录：《大观》第218页。
简注："尚"字前有起止符号，"饥""饮"从水，内圈旋读入外圈。

江西

编号：2485
释文：【外】尚方作竟（镜）真大巧，上有仙人不知老，渴饮玉泉饥食枣，浮由（游）天下敖（遨）于。【内】子丑寅卯辰巳午未申酉戌亥。
时代：西汉晚期至东汉早中期
著录：《文物》2011（4）第15页图三九：1。
简注："尚"字前有起止符号。"饮""饥"二字从水，"天"字出笔。地支铭未严格排位。

编号：2486
释文：【外】尚方作竟（镜）真大巧，上有山（仙）人不知老，渴饮玉泉饥食枣，子孙。【内】子丑寅卯辰巳午未申酉戌亥。
时代：西汉晚期至东汉早中期
著录：《文物》2011（4）第13页图三六、第15页图三九：2。
简注："饮""饥"二字从水。

编号：2487
释文：尚方作竟（镜）真大巧，上有山（仙）人不知老兮。
时代：西汉晚期至东汉早期
著录：《九江》图9。

辽宁

编号：2488
释文：【外】尚方作竟（镜）真大巧，上有仙人不知老，渴饮玉泉饥食枣，浮游天下敖（遨）四海，寿如金石兮。【内】子丑寅卯辰巳午未申酉戌亥。
时代：西汉晚期至东汉早期
著录：《旅顺》图37；《旅粹》图110。
简注：“尚”字前有起止符号。“饮”“饥”二字从水，“四”字作“亖”，“石”字反书。

编号：2489
释文：【外】尚方作竟（镜）真大巧，上有仙人不知老，渴饮玉泉饥食枣，中央，寿敝金石为侯王兮。【内】子丑寅卯辰巳午未申酉戌亥。
时代：西汉晚期至东汉早期
著录：《旅顺》图38 。
简注：“尚”字前有起止符号。“饮”“饥”二字从水。

编号：2490
释文：【外】尚方乍（作）竟（镜）真大巧，上有山（仙）人不知老，渴饮三〈玉〉泉［饥］食枣。【内】子丑寅卯辰巳午未申酉戌亥。
时代：西汉晚期至东汉早期
著录：《辽宁》第130页。
简注：“饮”字从水。

编号：2491
释文：【外】尚方作竟（镜）真大巧，上有山（仙）人不知老，渴饮玉泉。【内】子丑寅卯辰巳午未申酉戌亥。
时代：西汉晚期至东汉早期
著录：《辽宁》第132页。
简注：“尚”字前有起止符号。“饮”字从水。

编号：2492
释文：尚方作竟（镜）真大巧，上有仙人不知老，渴饮玉泉。
时代：西汉晚期至东汉早期
著录：《旅顺》图34 。
简注：“饮”字从水。

日本

编号：2493
释文：尚方作竟（镜）真大巧，上有仙人辟不羊（祥），巧师刻［之］成文章，和以铅锡清且明，买氏（是）竟（镜）者贵富昌，男为侯王女百子，三公九卿满朝堂，传付子孙乐未英（央），日饮酒，月作倡。
时代：东汉
著录：《岩窟》二上第83图；《泉屋》图55。
简注：传浙江杭州出土，现藏于日本京都泉屋博物馆。“巧”字减笔作“工”，“孙”字反书。

山东

编号：2494
释文：尚方作竟（镜）真大巧，寿如太（泰）山不知老，渴饮玉泉兮。
时代：西汉晚期至东汉早期
著录：《中原文物》2001（3）第73页图八。
简注：“饮”字从水。

编号：2495
释文：【外】尚方作竟（镜）真大巧，上有山（仙）人不知老，渴饮玉泉兮。【内】子丑寅卯辰巳午未申酉戌亥。
时代：西汉晚期至东汉早期
著录：《考古》1986（10）图版贰：4、第957页图二：2；《图典》A图328。
简注：“饮”字从水。

编号：2496
释文：尚方作竟（镜）真大巧，上有山（仙）人不知老，渴［饮］玉泉兮。
时代：西汉晚期至东汉早期
著录：《文物》1990（1）第32页图五。
简注：“尚”字前有起止符号。“饮”“饥”从水。

编号：2497

释文：【外】尚方作竟（镜）真大巧，上有山（仙）人。【内】宜子孙。

时代：西汉晚期至东汉

著录：《考古》2001（7）第96页图三：1 。

简注：“巧”字似脱落部分笔划，仅剩“工”形。

山西

编号：2498

释文：尚方作竟（镜）真甚大巧，□人不［知］老，［渴］饮玉泉饥食枣。

时代：西汉晚期至东汉早期

著录：《大同》第9页 。

简注：“尚”字前有起止符号。“饮”“饥”二字从水。

陕西

编号：2499

释文：尚方作竟（镜）真大巧，上有山（仙）人不知老，渴饮玉泉饥食枣，□四海。

时代：西汉晚期至东汉早期

著录：《陕历》第82页上。

简注：“尚”字前有起止符号。“饮”“饥”二字从水。

编号：2500

释文：【外】尚方作竟（镜）真大巧，上有仙人不知老，渴饮玉泉饥食枣，浮游天下敖（遨）四海。【内】子丑寅卯辰巳午未申酉戌亥。

时代：西汉晚期至东汉早期

著录：《陕历》第95页下。

简注：“尚”字前有起止符号。“饮”“饥”二字从水。

编号：2501

释文：【外】尚方作竟（镜）真大巧，上有仙人不知老，渴饮玉泉饥食枣，浮游天下敖（遨）四□。【内】子丑寅卯辰巳午未申酉戌亥。

时代：西汉晚期至东汉早期

著录：《陕历》第78页下。

简注：镜残缺。“饮”“饥”二字从水。

编号：2502

释文：【外】尚方作竟（镜）真大巧，上有仙人不知老，渴饮玉泉饥食枣，□。【内】子丑寅卯辰巳午未申酉戌亥。

时代：西汉晚期至东汉早期

著录：《陕历》第86页上。

简注：“饮”字从水。

编号：2503

释文：尚方作竟（镜）真大巧，上右（有）仙人不知老，渴饮玉泉饥食枣。

时代：新莽至东汉

著录：《陕历》第225页。

简注：“饮”“饥”二字从水。

编号：2504

释文：【外】尚方作竟（镜）真大巧，上有山（仙）人不知老，渴饮玉泉饥食［枣］。

【内】子丑寅卯辰巳午未申酉戌亥。

时代：西汉晚期至东汉早期

著录：《陕历》第92页上。

简注：“饮”“饥”二字从水。

编号：2505

释文：尚方作竟（镜）［真］大巧，二〈上〉有仙人不知老，渴饮三〈玉〉泉饥［食枣］。

时代：西汉晚期至东汉早期

著录：《宝鸡》第62页。

简注：“饮”“饥”二字从水。

编号：2506

释文：尚方作竟（镜）真大工，上有辟邪又交（蛟）龙，□兮。

时代：东汉

著录：《千秋》第223页上。

上海

编号：2507

释文：尚方作竟（镜）真大巧，上有仙人不知老，渴饮玉泉饥食枣，浮由（游）天下敖（遨）四海，乐兮。

时代：西汉晚期至东汉早期

著录：《乾坤》图26。

简注：“尚”字前有起止符号。“饮”“饥”从水，“四”字作“三”。

浙江

编号：2508

释文：尚方作竟（镜）真大巧，上有仙人不知老，渴饮玉泉饥食枣，浮游天下敖（遨）四海，寿如今（金）之国保（宝）。

时代：西汉晚期至东汉早期

著录：《考古学报》1957（1）第138页图四：3。

简注：“尚”字前有起止符号。“饮”“饥”二字从水，“四”字作“三”。

编号：2509

释文：【外】尚方作竟（镜）真大巧，上有山（仙）人不知老，渴饮玉泉饥食枣，浮由（游）天下敖（遨）四海，［寿］而今（金）之［国］葆（宝）。【内】子丑寅卯辰巳午未申酉戌亥。

时代：西汉晚期至东汉早期

著录：《全集》图71。

简注：“饮”“饥”二字从水，“四”字作“三”。直径18厘米。

编号：2510

释文：【外】尚方作竟（镜）真大巧，上有山（仙）人不知老，渴饮玉泉饥食枣，浮由（游）天下丁兮。【内】子丑寅卯辰巳午未申酉戌亥。

时代：西汉晚期至东汉早期

著录：《文物》2011（1）封二：2；《安吉》第72页；《图典》B图3.185。

简注：“尚”字前有起止符号。“饮”“饥”二字从水。

编号：2511

释文：尚方作竟（镜）真大巧，上有山（仙）人不知老，曷（渴）饮玉泉饥食枣，吉羊（祥）兮。

时代：西汉晚期至东汉早期

著录：《浙江》B图9。

简注：“尚”字前有起止符号。“饮”字减笔仅剩欠旁，“饥”字从水。

编号：2512

释文：【外】尚方乍（作）竟（镜）真大巧，上有山（仙）人不知老，渴饮玉泉饥食枣，浮由（游）。【内】子丑寅卯辰巳午未申酉戌亥。

时代：西汉晚期至东汉早期

著录：《浙江》A图15；《浙江》B彩图8。

简注：“尚”字前有起止符号。“饮”“饥”二字从水。

编号：2513

释文：【外】尚方作竟（镜）真大巧，上有仙人不知老，渴饮玉泉饥食枣，寿而金石之国保。

时代：西汉晚期至东汉早期

著录：《东南文化》2001（11）第35页图三：2。

简注：新莽至东汉早期墓出土（M10：11）。“尚”字前有起止符号。

编号：2514

释文：【外】尚方作竟（镜）真大巧，上有山（仙）人不知老，渴饮三〈玉〉泉饥食枣，天下兮。【内】午丑寅卯辰巳午未申酉戌亥。

时代：西汉晚期至东汉早期

著录：《浙江》A图14；《浙江》B图16。

简注：“尚”字前有起止符号。“饮”“饥”二字从水，“玉”字脱笔作“三”。地支铭中“子”字误作“午”。

编号：2515

释文：【外】尚方作竟（镜）真大巧，上有仙人不知老，渴饮玉泉饥食枣，天下。【内】子丑寅卯辰巳午未申酉戌亥。

时代：西汉晚期至东汉早期

著录：《考古学报》1957（1）第138页图四：1；《浙选》图2。

简注：“饮”“饥”二字从水。

编号：2516

释文：【外】尚方作竟（镜）真大巧，上有仙人不知老，渴饮玉泉饥食枣兮。【内】子丑寅卯辰巳午未申酉戌亥。

时代：西汉晚期至东汉早期

著录：《安吉》第76页。

简注：“饮”“饥”二字从水。

编号：2517

释文：【外】尚方乍（作）竟（镜）真大巧，上有山（仙）人不知葛〖老，曷（渴）〗饮三〈玉〉泉饥食枣。【内】子丑申酉戌巳午未寅午辰亥。

时代：西汉晚期至东汉早期

著录：《浙江》B图12 。

简注：“尚”字前有起止符号。“巧”字从水，“老”“曷”合铸（取“老”字上部与“曷”字下部），“饮”“饥”二字从水，“玉”字脱笔作“三”。地支铭错乱。

编号：2518

释文：尚方乍（作）竟（镜）真大巧，上有山（仙）人不知老，渴饮玉泉饥食枣。

时代：新莽至东汉早期

著录：《考古学报》2018（3）图版玖：1、第355页图三二：7、第356页图三三：6。

简注：新莽至东汉早期墓出土（M5：6）。“饮”“饥”二字从水。

编号：2519

释文：尚方乍（作）竟（镜）真大巧，上有山（仙）人不知老，渴饮玉泉食饥枣。

时代：新莽至东汉早期

著录：《考古学报》2018（3）图版玖：3、第355页图三二：9、第358页图三四：6。

简注：“尚”字前有起止符号。新莽至东汉早期墓出土（M42：4）。“饮”“饥”二字从水，“食饥”错乙。

编号：2520

释文：【外】尚方乍（作）竟（镜）真大巧，上有山（仙）人不知老，渴饮三〈玉〉泉食饥枣。【内】子丑寅卯辰巳午未申酉戌亥。

时代：西汉晚期至东汉早期

著录：《浙选》图3；《浙江》A图16；《浙江》B图13。

简注：“饮”“饥”二字从水，“玉”字脱笔作“三”，“食饥”错乙。

编号：2521

释文：【外】尚方乍（作）竟（镜）真大巧，上有山（仙）人不知老，曷（渴）饮玉泉饥食［枣］。【内】子丑寅卯辰巳午未申酉戌亥。

时代：西汉晚期至东汉早期

著录：《越地》第130页下。

简注：“尚”字前有起止符号。“真”字脱铸仅剩“亘”形，“饮”字减笔，仅存欠形，“饥”字从水。

编号：2522

释文：尚方乍（作）竟（镜）真大巧，上有山（仙）人不知老，渴饮玉泉饥食［枣］。

时代：西汉晚期至东汉早期

著录：《浙江》A图19；《浙江》B彩图7。

简注：“饮”“饥”二字从水。

编号：2523

释文：尚方作竟（镜）真大巧，上有山（仙）人不知老，渴饮玉泉饥食［枣］。
时代：西汉晚期至东汉早期
著录：《安吉》第78页；《图典》B图3.223；/《考古学报》2018（3）图版玖：9、第355页图三二：12、第358页图三四：9[①]。
简注：“饮”“饥”二字从水。

编号：2524
释文：尚方作竟（镜）真大巧，上有山（仙）人不知老，曷（渴）饮玉泉饥食［枣］。
时代：西汉晚期至东汉早期
著录：《浙江》A图23；《浙江》B彩图10；《图典》A图329；《图典》B图3.259。
简注：“饮”“饥”从水。

编号：2525
释文：【外】尚方乍（作）竟（镜）兮真大巧，上有山（仙）人不知老，渴三〈玉〉。【内】午丑未午巳寅卯戌申酉辰亥。
时代：西汉晚期至东汉早期
著录：《越地》第133页。
简注：“尚”字前有起止符号。“巧”字从水，“玉”字脱笔。地支铭错乱。

编号：2526
释文：尚方乍（作）竟（镜）真大巧，上有山（仙）人不知老，□□。
时代：新莽至东汉早期
著录：《考古学报》2018（3）图版玖：4、第355页图三二：10、第358页图三四：2。
简注：新莽至东汉早期墓出土（M42：8）。

编号：2527
释文：【外】尚方作竟（镜）真［大］巧，上有仙人不知老。
时代：西汉晚期至东汉
著录：《浙江》A图53；《浙江》B图21。

编号：2528
释文：尚方作竟（镜）真大巧，上有山（仙）人不，三〈玉〉。
时代：西汉晚期至东汉早中期
著录：《浙选》图26；《浙江》A图48；《浙江》B图41。
简注：“巧”字倒置，“上”字反书。

其他

编号：2529
释文：尚方山乍（作）竟（镜）真大巧，上有仙人不知老，渴饮玉泉饥食［枣］，长保二亲乐富昌，寿敝今（金）石如侯王也。
时代：东汉早中期
著录：《未名斋》第207页；《绍兴》第169页。
简注：“方”字后衍一“山”字，“饮”“泉”从水。

编号：2530
释文：【外】尚方作竟（镜）真大巧，上有仙人不知老，非（徘）回（徊）名山采芝草，渴饮玉泉饥食枣，浮由（游）天下敖（遨）四海，风雨和调子孙好，二亲具夫妻相保。【内】子丑寅卯辰巳午未申酉戌亥。
时代：西汉晚期至东汉早期
著录：《图集》图283。
简注：“尚”字前有起止符号。“饮”“饥”二字从水，“四”字作“三”。

编号：2531
释文：【外】尚方作竟（镜）真大巧，上有仙人不知老，渴饮玉泉饥食枣，浮由（游）天下敖（遨）四海，俳（徘）佪（徊）名山采芝草，寿如金石为国［宝］，乐未央，宜侯王，大昌兮。【内】子丑寅卯辰巳午未申酉戌亥。
时代：西汉晚期至东汉早期

---

① 新莽至东汉早期墓出土（M77：5）。

著录：《守屋》A图版第29页。

简注：“尚”字前有起止符号。“饮”“饥”二字从水，“四”字作“亖”。“乐”字减笔形似“呆”字，也有可能为“保”字减笔。

编号：2532

释文：【外】尚方作竟（镜）真大巧，上有山（仙）人不知老，左龙右虎辟除道，朱鸟玄武衔芝草，子孙备具长相保，寿如金石。【内】子丑寅卯辰巳午未申酉戌亥。

时代：西汉晚期至东汉早期

著录：《簠斋》第8—9页；《国图》第82页；《陈介祺》图81。

简注：“尚”字前有起止符号。

编号：2533

释文：尚方作竟（镜）真大巧，上有仙人不知老，渴饮玉泉饥食枣，浮游天下敖（遨）四海，左龙右虎辟不道，佳且好。

时代：东汉

著录：《阳羡》图150。

编号：2534

释文：【外】尚方作竟（镜）真大巧，上有山（仙）人不知老，渴饮玉泉饥食枣，浮由（游）天下敖（遨）四海，寿如金石国之保（宝）兮。【内】子丑寅卯辰巳午未申酉戌亥。

时代：西汉晚期至东汉早期

著录：《澄秋馆》64b 。

简注：“尚”字前有起止符号。“巧”字减笔作“工”，“饮”“饥”二字从水。相同的镜缘纹饰又见于陕西历史博物馆所藏之镜（《陕历》第78页下），唯五铢钱形制略有区别[①]。

编号：2535

释文：【外】尚方作竟（镜）真大巧，上有仙人不知老，渴饮玉泉饥食枣，浮由（游）天下敖（遨）四海，寿如金石为［国］葆（宝）。【内】子丑寅卯辰巳午未申酉戌亥。

时代：西汉晚期至东汉早期

著录：《千镜堂》图83。

简注：“尚”字前有起止符号。“饮”“饥”二字从水，“四”字作“亖”。

编号：2536

释文：【外】尚方作竟（镜）真大巧，上有仙人不知老，渴饮玉泉饥食枣，浮由（游）天下敖（遨）四海，寿如金石之［国］葆（宝）。【内】子丑寅卯辰巳午未申酉戌亥。

时代：东汉早期

著录：《大观》第171页。

简注：“饮”“饥”二字从水。

编号：2537

释文：【外】尚方作竟（镜）真大巧，上有仙人不知老，渴饮玉泉饥食枣，［浮］由（游）天下敖四海，寿而今（金）石兮。【内】子丑寅卯辰巳午未申酉戌亥。

时代：西汉晚期至东汉早期

著录：《守屋》A图版第31页。

简注：“尚”字前有起止符号。“饮”“饥”二字从水，“四”字作“亖”。

编号：2538

释文：【外】尚方作竟（镜）真大巧，上有仙人不知老，渴饮玉泉饥食枣，浮由（游）天下敖（遨）四海，为国保（宝）。【内】子丑寅卯辰巳午未申酉戌亥。

时代：西汉晚期至东汉早期

著录：《未名斋》第193页。

简注：“饮”“饥”二字从水，“四”字作“亖”。

编号：2539

释文：【外】尚方作竟（镜）兮真大巧，上有仙人兮

① 此镜钱纹内铭文作“五朱”，且饰以带钩纹饰；陕西历史博物馆所藏之镜钱文内铭文作“五金”，素面。

不知老，渴饮玉泉兮饥食枣，浮由（游）天下兮敖（遨）四海乎。【内】子丑寅卯辰巳午未申酉戌亥。

时代：西汉晚期至东汉早期

著录：《汉雅堂》图84。

简注：“饮”“饥”二字从水，“四”字作“三”。

编号：2540

释文：尚方作竟（镜）真大巧，上有山（仙）人不知老，渴饮玉泉饥食枣，寿如金石国之保（宝），长乐未央兮。

时代：西汉晚期至东汉早期

著录：《小校》卷十五25a下；《志稿》第3283页、第3294页。

简注：“尚”字前有起止符号。“饮”“饥”二字从水。

编号：2541

释文：【外】尚方作竟（镜）真大巧，上有仙人不知老，渴饮玉泉饥食枣，寿如今（金）石天之保（宝）。【内】子丑寅卯辰巳午未申酉戌亥。

时代：西汉晚期至东汉早期

著录：《簠斋》第20—21页；《陈介祺》图25。

简注：“尚”字前有起止符号。“饮”“饥”二字从水。

编号：2542

释文：【外】尚方作竟（镜）真大巧，上有仙人不知老，渴饮玉泉饥食枣，浮由（游）天下敖（遨）四海[1]。【内】子丑寅卯辰巳午未申酉戌亥。

时代：西汉晚期至东汉早期

著录：《岩窟》二中第2图；/《小校》卷十五23b。

简注：“饮”“饥”二字从水。

编号：2543

释文：【外】尚方作竟（镜）真大巧，上有山（仙）人兮不知老，渴饮玉泉兮饥食枣，浮由（游）天下兮敖（遨）四海。【内】子丑寅卯辰巳午未申酉戌亥。

时代：西汉晚期至东汉早期

著录：《大观》第166页。

简注：“尚”字前有起止符号。“饮”“饥”二字从水，“四”字从“三”。

编号：2544

释文：【外】尚方作竟（镜）兮真大巧，上有仙人兮不［知］老，渴饮［玉］泉兮饥食枣，浮由（游）天下兮［遨］三〈四〉海。【内】子丑寅卯辰巳午未申酉戌亥。

时代：西汉晚期至东汉早期

著录：《大观》第154页。

简注：“饮”“饥”二字从水。

编号：2545

释文：【外】尚方乍（作）竟（镜）真大巧，上有山（仙）人不知老，饥饮三〈玉〉泉曷（渴）食枣，泆（浮）由（游）天下敖（遨）四［海］。【内】子丑寅卯辰巳午未申酉戌亥。

时代：西汉晚期至东汉早期

著录：《大观》第188页。

简注：“饮”“饥”二字从水，“老”“敖”部分笔划脱铸。

编号：2546

释文：【外】尚方作竟（镜）真大巧，上有仙人不知老，渴饮玉泉饥食枣，［浮］由（游）天下敖四海。【内】子丑寅卯辰巳午未申酉戌亥。

时代：西汉晚期至东汉早期

著录：《岩窟》二中第4图。

简注：“饮”“饥”二字从水，“四”字作“三”。

编号：2547

释文：尚方作竟（镜）［真］大巧，上有［仙］人不

① “四”字作“三”。

知老，渴饮玉泉饥食枣，浮由（游）天下至四［海］。
时代：西汉晚期至东汉早期
著录：《中原》图142；《深圳》图82。

编号：2548
释文：【外】尚方作竟（镜）真大巧，上有仙人不知老，渴饮玉泉饥食枣，浮游天下。【内】子丑寅卯辰巳午未申酉戌亥。
时代：西汉晚期至东汉早期
著录：《大观》第177页。
简注：“饮”“饥”二字从水。

编号：2549
释文：【外】尚方作竟（镜）真大巧，上有仙人不知老，渴饮玉泉饥食枣，浮由（游）天下。【内】子丑寅卯辰巳午未申酉戌亥。
时代：西汉晚期至东汉早期
著录：《清爱堂》图83。
简注：“饮”“饥”二字从水。

编号：2550
释文：尚方作竟（镜）真大巧，上有仙人不知老，渴饮玉泉饥食枣，浮由（游）天下。
时代：西汉晚期至东汉早期
著录：《守屋》A图版第32页。
简注：“尚”字前有起止符号。“饮”“饥”二字从水。

编号：2551
释文：【外】尚方作竟（镜）真大巧，上有山（仙）人不知老，渴饮玉泉饥食枣，泆（浮）由（游）天下。【内】子丑寅卯辰巳午未申酉戌亥。
时代：西汉晚期至东汉早期
著录：《冠斝楼》下13a。
简注：“饮”“饥”二字从水。

编号：2552
释文：【外】尚方作竟（镜）真大巧，上有山（仙）人不知老，渴饮玉泉饥食枣，泆（浮）由（游）天［下］。【内】子丑寅卯辰巳午未申酉戌亥。
时代：西汉晚期至东汉早期
著录：《小檀》卷二2a；《拓影》图54；《小校》卷十五26a上。
简注：“饮”“饥”二字从水。

编号：2553
释文：尚方作竟（镜）真大巧，上有仙人不知老，渴饮玉泉饥食枣，浮由（游）天［下］。
时代：西汉晚期至东汉早期
著录：《千镜堂》图81；《大观》第176页。
简注：“尚”字前有起止符号。“饮”“饥”二字从水。

编号：2554
释文：【外】尚方作竟（镜）兮真大巧，上有仙人兮不知老，渴饮玉泉兮饥食枣，［浮］由（游）天下。【内】子丑寅卯辰巳午未申酉戌亥。
时代：西汉晚期至东汉早期
著录：《大观》第167页。
简注：“饮”“饥”二字从水。

编号：2555
释文：尚方作竟（镜）真大巧，上有仙人不［知］老，渴饮玉泉饥食枣，［浮］游天下。
时代：西汉晚期至东汉早期
著录：《大观》第206页。
简注：“饮”“饥”二字从水，“知”字被几何符号所替代。

编号：2556
释文：【外】尚方作竟（镜）［真］大巧，上有仙人不知老，渴饮玉泉饥食枣，［浮游］天下兮。【内】子丑寅卯辰巳午未申酉戌亥。
时代：西汉晚期至东汉早期
著录：《大观》第172页。

简注："尚"字前有起止符号。"饮""饥"二字从水。

编号：2557

释文：【外】尚方作竟（镜）真大巧，上有仙人不知老，渴饮玉泉饥食枣，［浮游］天下。【内】子丑寅卯辰巳午未申酉戌亥。

时代：西汉晚期至东汉早期

著录：《大观》第168页。

简注："尚"字前有起止符号。"饮""饥"二字从水。

编号：2558

释文：【外】尚方作竟（镜）真大巧，上又（有）山（仙）人不知老，曷（渴）饮玉泉几（饥）食枣，浮由（游）大吉。【内】宜子孙。

时代：东汉

著录：《深圳》图88。

简注："尚"字前有起止符号。"饮"字从水。

编号：2559

释文：【外】尚方乍（作）竟（镜）真大巧，上有山（仙）人不知老，渴饮玉泉饥食枣，浮。【内】子丑寅卯辰巳午未申酉戌亥。

时代：西汉晚期至东汉早期

著录：《大观》第153页。

简注："饮""饥"二字从水。

编号：2560

释文：【外】尚方乍（作）竟（镜）真大巧，上有山（仙）人不知［老］，渴饮三〈玉〉泉饥食枣，沃（浮）。【内】子丑寅卯辰巳午未申酉戌亥。

时代：西汉晚期至东汉早期

著录：《大观》第159页。

简注："尚"字前有起止符号。"饮""饥"二字从水。

编号：2561

释文：【外】尚方乍（作）竟（镜）真大巧，［上］有山（仙）人不知老，渴饮三〈玉〉泉饥食枣，沃（浮）。【内】子丑寅卯辰巳午未申酉戌亥。

时代：西汉晚期至东汉早期

著录：《大观》第187页。

简注："尚"字前有起止符号。"饮""饥"二字从水。

编号：2562

释文：【外】尚方乍（作）竟（镜）真大巧，上有山（仙）人不知老，渴饮三〈玉〉泉食饥枣，游。【内】子丑寅卯辰巳午未申酉戌亥。

时代：西汉晚期至东汉早期

著录：《千镜堂》图79。

简注："尚"字前有起止符号。"玉"字脱笔，"饮""饥"二字从水。

编号：2563

释文：尚方作竟（镜）真大巧，上有仙人不知老，渴饮玉泉饥食枣，寿而今（金）［石］。

时代：西汉晚期至东汉早期

著录：《宁寿》卷十13a。

简注："尚"字前有起止符号。"饮""饥"二字从水。

编号：2564

释文：【外】尚方作竟（镜）［真］大巧，上有山（仙）人不知老，渴饮玉泉饥食枣，今（金）石。【内】子丑寅卯辰巳午未申酉戌亥。

时代：西汉晚期至东汉早期

著录：《清爱堂》图80。

简注："尚"字前有起止符号。"饮""饥"二字从水。

编号：2565

释文：尚方作竟（镜）真大巧，上有仙人不知老，渴饮玉泉饥食枣，秩。

时代：西汉晚期至东汉早期
著录：《岩窟》二中第8图。
简注："尚"字前有起止符号。"饮"字从水。

编号：2566
释文：【外】尚方作竟（镜）真大巧，上又（有）山（仙）人不知老，［渴］饮玉泉仉（饥）食枣，天下太平。【内】宜子孙。
时代：东汉早中期
著录：《古今》图107。
简注："尚"字减笔，"饮"字从水。

编号：2567
释文：尚方作竟（镜）真大巧，上有山（仙）人不知老，曷（渴）饮玉泉几（饥）食枣，七子。
时代：东汉
著录：《桃阴庐》图21。
简注："饮"字减笔作"欠"。

编号：2568
释文：尚方作竟（镜）真大巧，上有山（仙）人不知老，曷（渴）饮玉泉饥食枣兮云。
时代：东汉
著录：《深圳》图75。
简注："饮"字减笔作"欠"。

编号：2569
释文：尚方作竟（镜）真大巧，上有仙人不知老，渴饮玉泉饥食岫（仙）枣兮。
时代：西汉晚期至东汉早期
著录：《大观》第175页。
简注："尚"字前有起止符号。"饮""饥"二字从水。

编号：2570
释文：尚方作竟（镜）真大巧，上有山（仙）人不知老，渴饮玉泉饥食枣兮。
时代：西汉晚期至东汉早期
著录：《小校》卷十五26a下；《志稿》第3286页。
简注："尚"字前有起止符号。"饮""饥"二字从水。

编号：2571
释文：【外】尚方作竟（镜）真大巧，上有仙人不知老，渴饮玉泉饥食枣，□。【内】子丑寅卯辰巳午未申酉戌亥。
时代：西汉晚期至东汉早期
著录：《小檀》卷二2b；《拓影》图53；《小校》卷十五24b上。
简注：锈蚀严重。"饮""饥"二字从水，且"饥"字反书倒置。

编号：2572
释文：【外】尚方作竟（镜）真大巧，上有仙人不知老，渴饮玉泉饥食枣。【内】子丑寅卯辰巳午未申酉戌亥。
时代：西汉晚期至东汉早期
著录：《冠斝楼》下12a[①]；/《小校》卷十五24b下；《志稿》第3284页[②]。
简注："饮""饥"二字从水。

编号：2573
释文：【外】尚方作竟（镜）真大巧，上有山（仙）人不知老，渴饮玉泉饥食枣。【内】子丑寅卯辰巳午未申酉戌亥。
时代：西汉晚期至东汉早期
著录：《大观》第157页；/《大观》第164页[③]；/《大观》第165页[④]。
简注："饮""饥"二字从水。

---
① "尚"字前有起止符号。
② 地支铭未严格按方位排序（皆右移一格）。
③ "尚"字前有起止符号。
④ "尚"字前有起止符号。

编号：2574

释文：【外】尚方乍（作）竟（镜）真大巧，上有山（仙）人不知老，曷（渴）饮玉泉饥食枣。【内】子丑寅卯辰巳午未申酉戌亥。

时代：西汉晚期至东汉早期

著录：《大观》第169页。

简注："巧"字减笔，"饮""饥"二字从水。

编号：2575

释文：尚方作竟（镜）真大巧，上有山（仙）人不知老，渴饮玉泉饥食枣。

时代：西汉晚期至东汉早中期

著录：《岩窟》二下第28图。

简注：传江苏出土。"尚"字前有起止符号，"饮"字减笔仅剩欠形，"饥"字从水。

编号：2576

释文：【外】尚方乍（作）竟（镜）真大巧，上有山（仙）人不渴老，饮玉泉饥食枣。【内】子丑申酉戌巳午未寅午辰亥。

时代：西汉晚期至东汉早期

著录：《岩窟》二中第5图。

简注："尚"字前有起止符号。"饮""饥"二字从水，"渴"字误置于"老"字之前。地支铭顺序错乱，且缺"卯"字。

编号：2577

释文：【外】尚方乍（作）竟（镜）真大巧，上有山（仙）人不知老，［渴］饮玉泉饥食枣。【内】子丑寅卯辰巳午未申酉戌亥。

时代：西汉晚期至东汉早期

著录：《大观》第192页。

简注："竟"字部分笔划脱铸。"饮""饥"二字从水。

编号：2578

释文：【外】尚方作竟（镜）真大巧，上有山（仙）人不知饮老，曷（渴）玉泉饥食枣。【内】子丑寅卯辰巳午未申酉戌亥。

时代：西汉晚期至东汉早期

著录：《大观》第208页。

简注："饮"字减笔，误置于"老"字之前，"饥"字从水且倒置。

编号：2579

释文：尚方作竟（镜）兮［真］大巧，上有山（仙）人不知老，渴饮玉泉饥食枣。

时代：西汉晚期至东汉早期

著录：《千镜堂》图102；《大观》第205页。

简注："尚"字前有起止符号。"竟"字减笔，"饮""饥"二字从水。

编号：2580

释文：【外】尚方作竟（镜）真大巧，上有山（仙）人不知老，渴饮玉泉食饥［枣］。【内】子丑寅卯辰巳午未申酉戌亥。

时代：西汉晚期至东汉早期

著录：《守屋》A图版第33页。

简注："饮""饥"二字从水，"饥"字所从之"几"加饰笔而形似"月"，"食饥"错乙，大部分铭文反书。

编号：2581

释文：尚方乍（作）竟（镜）真大巧，上有山（仙）人不知老，曷（渴）饮玉泉饥［食枣］。

时代：西汉晚期至东汉早期

著录：《大观》第202页。

简注："尚"字前有起止符号。"真"字脱铸形似"亘"字，"饮"字减笔作"欠"，"饥"字从水。

编号：2582

释文：【外】尚方作竟（镜）真大巧，上有山（仙）人不知老，曷（渴）饮玉泉饥［食枣］。【内】子丑寅卯辰巳午未申酉戌亥。

时代：西汉晚期至东汉早期

著录：《大观》第191页。

简注："尚"字前有起止符号。"真"字脱铸形似

"亘"字，"饮"字减笔作"欠"，"饥"字从水。

编号：2583

释文：【外】尚方乍（作）竟（镜）真大巧，上有山（仙）人不知老，曷（渴）饮玉泉几（饥）［食枣］。【内】子丑寅卯辰巳午未申酉戌亥。

时代：西汉晚期至东汉早期

著录：《大观》第189页。

简注："饮"字减笔作"欠"。

编号：2584

释文：【外】尚方乍（作）竟（镜）真大巧，上有山（仙）人不知老，曷（渴）饮三〈玉〉泉几（饥）［食枣］。【内】子丑寅卯辰巳午未申酉戌亥。

时代：西汉晚期至东汉早期

著录：《大观》第204页。

简注："尚"字前有起止符号。"真""饮"减笔，"山"字横置。

编号：2585

释文：尚方作竟（镜）真大巧，上有山（仙）人不知老，曷（渴）饮玉泉兮云。

时代：西汉晚期至东汉早期

著录：《岩窟》二中第6图；《国图》第88页；《陈介祺》图82。

简注："尚"字前有起止符号。"饮"字减笔仅剩"欠"旁。

编号：2586

释文：【外】尚方作竟（镜）真大巧，上有山（仙）人不知老，渴饮玉泉兮。【内】西王母。

时代：东汉早中期

著录：《金石索》卷六第24页；/《小校》卷十五26b下；《小檀》卷二15b；《拓影》图51。

简注："尚"字前有起止符号，"饮"字从水。

编号：2587

释文：【外】尚方作竟（镜）兮真大巧，上有山（仙）人不知老，渴饮玉泉兮。【内】长宜子孙。

时代：东汉早中期

著录：《岩窟》二下第42图。

简注：传浙江绍兴出土。"尚"字前有起止符号。"巧"字减笔作"工"，"饮"字从水。

编号：2588

释文：尚方作竟（镜）真大巧，上有仙人不知老，渴饮玉泉兮。

时代：西汉晚期至东汉早期

著录：《小校》卷十五25a上。

简注："尚"字前有起止符号。"饮"字从水。

编号：2589

释文：尚方作竟（镜）兮真大巧，上有山（仙）人不知老，渴饮玉泉。

时代：东汉早中期

著录：《岩窟》二中第79图。

简注：传浙江绍兴出土。"饮"字从水。

编号：2590

释文：【外】尚方作竟（镜）真大巧，上有□山（仙）人不洪（知）老，渴饮玉泉。【内】子丑寅卯辰巳午未申酉戌亥。

时代：西汉晚期至东汉早期

著录：《冠斝楼》下14a。

简注："饮"字从水。

编号：2591

释文：【外】尚方乍（作）竟（镜）真大巧，上有山（仙）人不知老，曷（渴）饮二〈玉〉泉。【内】子丑寅卯辰巳午未申酉戌亥。

时代：西汉晚期至东汉早期

著录：《大观》第201页。

简注："饮"字从水。

编号：2592

释文：【外】尚方作竟（镜）真大巧，上又（有）山（仙）人不知老，曷（渴）饮玉泉。【内】宜子孙。

时代：西汉晚期至东汉

著录：《收藏》2011（2）第99页图11。

简注：“尚”字前有起止符号。“巧”字减笔仅剩“工”旁[①]，“饮”字减笔，仅剩“欠”旁。

编号：2593

释文：尚方作竟（镜）真大巧，上有仙人知不老，渴饮玉泉。

时代：西汉晚期至东汉早期

著录：《大观》第173页。

简注：“尚”字前有起止符号。“饮”字从水。

编号：2594

释文：尚方作竟（镜）真大巧，上有山（仙）人知不老，渴饮玉泉。

时代：西汉晚期至东汉早期

著录：《千镜堂》图85。

简注：“尚”字前有起止符号。“饮”字从水，“知不”错乙。

编号：2595

释文：尚方作竟（镜）真大巧，上有山（仙）人知不老，曷（渴）饮玉［泉］。

时代：西汉晚期至东汉早期

著录：《大观》第199页。

简注：“尚”字前有起止符号。“真”“饮”减笔。

编号：2596

释文：【外】尚方作竟（镜）真大巧，上有山（仙）人知不老，渴饮三〈玉〉［泉］。【内】子丑寅卯辰巳午未申酉戌亥。

时代：西汉晚期至东汉早期

著录：《大观》第156页。

简注：“尚”字前有起止符号。“饮”字从水。

编号：2597

释文：【外】尚方作竟（镜）真大巧，上有山（仙）人不知老，饥饮玉泉。【内】长宜子孙。

时代：西汉晚期至东汉早期

著录：《善斋》卷一40a、40b；《志稿》第3285页。

编号：2598

释文：【外】尚方作竟（镜）真大巧，上有山（仙）人不知老，渴饮枣。【内】子丑寅卯辰巳午未申酉戌亥。

时代：西汉晚期至东汉早期

著录：《大观》第170页。

简注：“尚”字前有起止符号。“饮”字从水。

编号：2599

释文：尚方乍（作）竟（镜）真大巧，上有山（仙）人不知老，曷（渴）饮。

时代：新莽至东汉

著录：《千镜堂》图103；《大观》第203页；《善斋》镜录卷一41b；《小校》卷十五27a上。

简注：“尚”字前有起止符号。“饮”字减笔作“欠”。

编号：2600

释文：尚方作竟（镜）真大巧，上有山（仙）人不知老，饮渴。

时代：东汉早中期

著录：《龙虎》图50。

简注：“饮”字从水。“饮渴”错乙。

编号：2601

释文：【外】尚方作竟（镜）真大巧，上有山（仙）人不知老，渴兮。【内】子丑寅卯辰巳午未申酉戌亥。

时代：西汉晚期至东汉早期

---

① 从文意方面看，释作“工”亦通，但从镜铭习语及押韵方面考虑，按“巧”字减笔处理似更为合适。

著录：《小檀》卷二1a；《拓影》图56；《小校》卷十五27a下；《志稿》第3281页、第3290页。
简注："尚"字前有起止符号。

编号：2602
释文：【外】尚方作竟（镜）真大巧，上有山（仙）人知不老，渴，巧，上有。【内】子丑寅卯辰巳午未申酉戌亥。
时代：西汉晚期至东汉早期
著录：《大观》第179页。

编号：2603
释文：尚方作竟（镜）真大巧，上有山（仙）人不知老，渴。
时代：东汉早中期
著录：《龙虎》图39。
简注："尚"字前有起止符号。"饮"字从水。

编号：2604
释文：尚方作竟（镜）真大巧，上有山（仙）人不知老，大吉兮。
时代：西汉晚期至东汉早期
著录：《奇觚室》卷十五9a。

编号：2605
释文：尚方作竟（镜）真大巧，上有山（仙）人不知老兮。
时代：西汉晚期至东汉早期
著录：《小校》卷十五27b上；《志稿》第3279页。
简注："尚"字前有起止符号。

编号：2606
释文：尚方作竟（镜）真大巧，上有山（仙）人不知老乎。
时代：东汉至六朝
著录：《小校》卷十六79a上。
简注："尚"字前有起止符号。

编号：2607
释文：【外】尚方乍（作）竟（镜）真大巧，上有山（仙）人不知老。【中】乍（作）佳竟（镜）兮真大工，上有兮。【内】长宜子孙。
时代：西汉晚期至东汉早期
著录：《金石索》卷六第12页。
简注："巧"字减笔。此条重出，亦列于"作佳镜"铭一节。

编号：2608
释文：尚方作竟（镜）真大巧，上又（有）山（仙）人不［知老］。
时代：东汉早中期
著录：《古今》图94；《深圳》图79。
简注："尚"字前有禽鸟纹起止符号。

编号：2609
释文：尚方作竟（镜）真大巧，上有仙人不［知老］。
时代：东汉早中期
著录：《古今》图97。

编号：2610
释文：尚方乍（作）竟（镜）真大巧，上有山（仙）不人［知老］。
时代：东汉早中期
著录：《岩窟》二下第41图。
简注：传浙江绍兴出土。"竟"字减笔，亦有可能是笔画脱铸。"不人"错乙，铭文多反书。

编号：2611
释文：尚方乍（作）竟（镜）真大巧，上有天守（兽）不知［老］，王兮。
时代：东汉早中期
著录：《绍兴》第157页。

编号：2612
释文：尚方乍（作）竟（镜）真大巧，上又（有）。
时代：西汉晚期至东汉早期

著录：《小校》卷十五27b下；《图典》A图336；《图典》B图3.268。
简注："巧"字减笔作"工"。

编号：2613
释文：【外】尚竟（镜）真巧，上有仙人不知老，渴饮玉泉。
时代：西汉晚期至东汉早期
著录：《善斋》镜录卷一43a、43b；《小校》卷十五34b下；《志稿》第3278页。
简注："饮"字从水，铭文减铭较多。

编号：2614
释文：尚方作竟（镜）成（诚）大巧，上有山（仙）人不知老乎。
时代：东汉
著录：《岩窟》二中第12图。
简注：传日本仿作。"尚"字前有起止符号。"上""有"反书。

99. "尚方作镜"铭（四夷服）

编号：2615
释文：尚方作珍倚（奇）镜兮四夷服，官位尊显兮蒙禄食，风雨时节兮五谷孰（熟），多贺国家兮人民息，长保二亲子孙力，传之后世乐毋极。
时代：东汉
著录：《古今》图132。
简注："尚"字前有起止符号。"节"字从艹，"乐"字减笔。

编号：2616
释文：【外】尚方作镜四夷服，多贺国家人民息，胡虏殄威（灭）天下复，风雨时节五谷孰（熟），官位尊显蒙禄食，长保二亲子孙力，传告后世乐无亟（极），寿富贵。【内】子丑寅卯辰巳午未申酉戌亥。
时代：西汉晚期至东汉早期
著录：《守屋》A图版第34页。
简注："尚"字前有起止符号。"节"字从艹，"保"字减笔缺人旁。

编号：2617
释文：【外】尚方作竟（镜）四夷服，多贺国家人民息，胡虏殄灭天下复，风雨时节五谷孰（熟），长保二亲子孙力，传告后世乐毋极兮。【内】宜子孙。
时代：东汉
著录：《博古图》卷二十九6a。
简注："四"字作"三"，"节"字从艹。

编号：2618
释文：【外】尚方作竟（镜）四夷服，多贺国家人民息，胡虏殄威（灭）天下复，风雨时节五谷孰（熟），长保二亲得天力，传告后（後）世。【内】[东]王公。
时代：东汉
著录：《深圳》图99。
简注："节"字从艹，"孰"减省作"享"。

编号：2619
释文：【外】尚方作竟（镜）四夷服，多贺国家[人]民息，胡虏殄威（灭）天下复，风雨时节五谷孰（熟），长保二亲得天力，传告。【内】王母。
时代：东汉
著录：《越地》第140页；《浙选》图12；《浙江》B图24。
简注："尚"字前有起止符号，"节"字从艹，"殄"字减笔仅作"㐱"，"孰"字减笔仅作"享"。

编号：2620
释文：尚方乍（作）竟（镜）四夷服，多贺官家人民息，胡虏殄威（灭）天下复，风雨时节五[谷]孰（熟），长保二亲子孙力，传兮。
时代：新莽至东汉
著录：《鄂州》图71。

简注："尚"字前有起止符号，"节"字从艹。

编号：2621

释文：【外】尚方乍（作）竟（镜）四夷服，多贺官家人民息，与天相保无弓〈穷〉极，风雨时节五谷孰（熟），长保二亲子孙力兮，寿。【内】宜子孙。

时代：新莽至东汉

著录：《长沙》图96；《龙虎》图14；《图典》B图3.457。

简注："尚"字前有起止符号，"节"字从艹。

编号：2622

释文：尚方作竟（镜）四夷服，多［贺］国家人民息，胡虏殄威（灭）天下复，风雨时节五谷孰（熟），长保二亲得。

时代：东汉

著录：《故宫》A图50；《故宫》B图23；《故宫》C图41；《故宫》I图67。

简注："尚"字前有起止符号，"节"字从艹，"殄"字减笔仅作"㐱"，"孰"字减笔仅作"享"。

编号：2623

释文：尚方作竟（镜）四夷服，多贺国家人民［息］，胡虏殄威（灭）天下复，风雨时节五谷至善。

时代：东汉

著录：《龙虎》图183。

简注："尚"字前有起止符号。"节"字从艹。

编号：2624

释文：尚方作竟（镜）四夷服，多贺国家人民息，胡虏皆灭天下复，风雨时节五谷孰（熟）。

时代：东汉

著录：《龙虎》图188。

简注："节"字从艹。

编号：2625

释文：尚方作竟（镜）四夷复（服），多贺君家人民息，胡虏殄威（灭）天下复，风雨。

时代：东汉

著录：《阳羡》图113。

简注："尚"字前有起止符号。铭文多减笔，"贺""君""雨"反书。

100."尚方作镜"铭（其他）

编号：2626

释文：【外】尚方作竟（镜）自有纪冈（纲），左龙右虎辟非羊（祥），长保买者宜侯王，夫妻相宜，子孙满堂，寿如金石，延寿未央，多贺国家人民息，羌胡尽退四黄（夷）服，天下大明兮。【内】君宜高官。

时代：东汉

著录：*ARTIBUS ASIAE*图62；《图集》图402。

简注："保"字减省作"呆"，"明"字减省作"目"。

编号：2627

释文：【外】尚方作竟（镜）自有纪，辟去不羊（祥）宜古（贾）市，上有东王父西王母，令君阳遂多孙子兮。【内】西王母。玉女。

时代：东汉至六朝

著录：《久保惣》A图72；《久保惣》B图72[①]；/《阳羡》图135。

简注："尚"字前有起止符号。

编号：2628

释文：【外】尚方作竟（镜）自有已（纪），除去不阳（祥）宜古（贾）市，延年益寿宜孙子，□□□戴从是起，左有青龙，天禄，尚方自有，去凶，使君高迁，位至三公。【内】☐。

时代：东汉

著录：《开明堂》图37；《图集》图404。

① 日本河内国高安村郡川（今八尾市）出土，现藏于日本和泉市久保惣记念美术馆。形制纹饰相同，尺寸相近之镜在中国境内亦有出土。疑日本此镜系中国制造，后流至日本。

简注：“尚”字前有起止符号。“尚方自有”一句四字皆倒置，且将“天禄去凶”隔断。

编号：2629

释文：尚方作竟（镜）示（是）有己（纪），⧄宜古（贾）市，明哉日月世少有，利孙子，君宜高官⧄。

时代：东汉

著录：《考古》1966（3）第143页图八：2；《寿县》图76。

简注：镜残破。残缺部分疑为“除去不羊（祥）”。

编号：2630

释文：尚方作竟（镜）自有纪，羊（祥）吉清明保父母，长宜兄弟利孙子，为吏高官得天俚（理），寿如王乔赤［松子］。

时代：东汉

著录：《龙虎》图57。

编号：2631

释文：尚方作竟（镜）自有纪，羊（祥）吉〚青（清）明〛保父母，长宜兄弟夫〈利〉孙子，为吏高宜〈官〉导（得）天［理］。

时代：东汉

著录：《浙选》图38；《浙江》A彩图5；《浙江》B图88。

简注：“尚”字前有起止符号。“青明”合铸，共享“月”旁。

编号：2632

释文：尚方作竟（镜）自有纪，子孙千人保父母，家当大富乐不止兮。

时代：东汉

著录：《武汉》第56页。

编号：2633

释文：【外】尚方作竟（镜）自有［纪］，上多仙人不知老，东王公西王母，仙人子高（乔）赤松子。【内】大王。王侍。

时代：东汉

著录：《寿县》图97。

简注：铭文多反书。

编号：2634

释文：【外】尚方作竟（镜）自有意，良时日众大赏，七子九孙各有喜，官至乎仲（中）常侍，上有西王母东王父，山（仙）人子乔赤甬（诵）子乎。【内】西王母。东王父。

时代：东汉

著录：《奇觚室》卷十五10a—10b。

简注：“甬”字拓本仅存“用”形。

编号：2635

释文：尚方作竟（镜）自有道，上多圣人不知老，东王父西王母，山（仙）人子乔赤松子，令人大贵兮。

时代：东汉

著录：《孝感》图52。

编号：2636

释文：尚方作竟（镜）自有道，明而日月大□□。

时代：东汉

著录：《鄂州》图89。

编号：2637

释文：尚方作竟（镜）世少有，仓（苍）龙在左，白虎居右，为吏高升贾万倍，胡虏殄戚（灭）陆（去）万里，辟去不羊（祥）利孙子，长保二亲乐无已，□□万人兮。

时代：东汉早中期

著录：《考古学报》2006（1）第105页图一八：4。

简注：“尚”字前有起止符号。“万”前一字疑为“男女”合文，男女代指儿女。

编号：2638

释文：尚方作镜兮世之少有，仓（苍）龙在左，白虎在右，作吏高［升］沽（贾）万里，辟英（去）不羊（祥）利孙子兮。

时代：东汉
著录：《龙虎》图34。
简注："尚"字前有起止符号。

编号：2639
释文：【外】尚方作竟（镜）世未有，长宜子孙利父母，五男四女凡九子，位至三公交车生耳，君宜高官世少有兮。【内】位至三公。
时代：东汉至三国
著录：《洛华》图134。

编号：2640
释文：尚方作竟（镜）世未有，位至三公交车生耳，子。
时代：东汉早中期
著录：《中原文物》2016（1）封二：9、第9页图十三：1。
简注："尚"字前有起止符号。摹本部分铭文失真。

编号：2641
释文：尚方作竟（镜），明如日月不已，寿如东王父西王母，长宜子孙，位至三公，君宜高官。
时代：东汉
著录：《镜录》卷中9b；《志稿》第3293页。
简注："尚"字前有起止符号。

编号：2642
释文：右尚方师作竟（镜）清且明，君宜高官，位至三公，长宜子，五年二月四日。
时代：东汉
著录：《历代》图69。

编号：2643
释文：尚方作竟（镜），富贵益昌，其师命长，买者侯王。
时代：东汉中晚期
著录：《镜录》卷中9a；《志稿》第3280页；《国博》1993（1）第131页图142[1]；《图典》B图3.476；/《考古》1957（4）第40页图三[2]。

101."尚方明镜"铭

编号：2644
释文：尚方明镜，富昌益昌，长宜侯王，其师命长。
时代：东汉
著录：《考古》1957（4）第40页图三。
简注：东汉末年墓出土。

编号：2645
释文：尚方明竟（镜），服者富贵，长宜侯王，其师命长。
时代：东汉至三国
著录：《陕西》图74；《考古》1957（4）第40页图二；《千秋》第269页；《图典》A图491；《图典》B图3.477。

编号：2646
释文：【外】元兴元二年五月丙午日，天大赦，广汉西蜀造作尚方明竟（镜），幽湅（炼）三商，长乐未［央］，宜侯王，富且昌，位至三公位，师命长。【内】师命长，宜侯王，富〖且昌〗，乐未央。
时代：东汉元兴年间
著录：《中原文物》1982（1）封二：1；《江汉考古》1984（3）第110页；《文化》图175；《图集》图465；《纪年》图15；《图典》A图375；《图典》B图3.313。
简注：元兴，东汉和帝刘肇年号。东汉元兴元年即公元105年，元兴二年即公元106年。文中连用二年，疑其中之一为误置。此条重出，亦列于纪年镜一节。

编号：2647
释文：【外】元兴元年五月丙午日，天大赦，广汉

① 此镜现藏于中国国家博物馆。
② 此镜出土于陕西省西安市东郊十里铺东汉墓，现藏于陕西历史博物馆。

造作尚方明竟（镜），幽湅（炼）三商，周（雕）刻无极，世得光明，长乐未英（央），富且昌，宜侯王，师命长，生如石，位至三公，寿如东王父西王母，仙人子［侨］，位至公侯。【内】吾作明竟（镜），幽湅（炼）三商兮。

时代：东汉元兴元年

著录：《浣花》卷一14a；《陈介祺》图151；《国图》第156页；《陶斋》卷七29b、30b；《小校》卷十五10a下、10b、11a上、11a下；《拓影》图1；《善斋》镜录卷一24b；《镜录》卷上1a；《志稿》第3450页、第3451页；《图典》A图410；《图典》B图3.363。

简注：即公元105年。各书著录中当有重复，惜较难区分。此条重出，亦列于纪年镜一节。

编号：2648

释文：【外】永加（嘉）元年五月丙午，造作广汉西蜀尚方明竟（镜），和合三阳，幽湅（炼）白黄，明如日月，照见四方，师得延年，长乐未央，买此竟（镜）者家富昌，五男四女为侯王，若买此竟（镜）居大市，家□南佳（街）名都里，有小（孝）弟（悌），字九子。【内】长宜官位。

时代：东汉永嘉元年

著录：《国博》1993（2）第106页图26；《纪年》图146；/《尊古斋》第17页；《书道》卷二图37；《岩窟》二上，汉式镜第10页；《纪年》图145。

简注：即公元145年。此条重出，亦列于纪年镜一节。

编号：2649

释文：【外】元嘉三年正月丙午造作，尚方明竟（镜）兮，广汉西蜀兮，幽湅（炼）三商，周（雕）刻无亟（极）兮，世有光明兮，命师寿长兮。【内】长宜高官。

时代：东汉元嘉三年

著录：《图集》图466；《纪年》图19。

简注：即公元153年。“命师”二字错乙，“命师寿长”，即“师命寿长”。此条重出，亦列于纪年镜一节。

编号：2650

释文：【外】永寿二年正月丙午，广汉造作尚方明竟（镜），□□□，富且昌，宜侯王，师命长。【内】长宜官位。

时代：东汉永寿二年

著录：《图说》图八上汉10；《汉唐》第13页；《纪年》图20。

简注：即公元156年。此条重出，亦列于纪年镜一节。

编号：2651

释文：【外】永寿二年正月▨造□作尚方明竟（镜）▨。【内】长宜高官。

时代：东汉永寿二年

著录：《尊古斋》第2页；《图说》图七汉9；《汉唐》第12页；《文化》图176；《图集》图467；《纪年》图21。

简注：即公元156年。此条重出，亦列于纪年镜一节。

编号：2652

释文：【外】永寿三年正月丙午，造作尚方兮明竟（镜），广汉西蜀，幽湅（炼）三商兮，周（雕）刻无极，世得光明，贾人大富兮师命▨，长乐未英（央），宜侯王，富且昌兮。

时代：东汉永寿三年

著录：《纪年》图22。

简注：即公元157年。此条重出，亦列于纪年镜一节。

编号：2653

释文：【外】延熹三年五月丙午日，造作尚方明竟（镜），广汉西蜀，幽湅（炼）三商，天王日月，位至三公兮，山（仙）人。【内】长宜高官。

时代：东汉延熹三年

著录：《汉铭斋》图116；《文化》图177；《图集》图469、彩图13；《纪年》图24、彩图3；《书法》图197；《拓片》图146。

简注： 即公元160年。此条重出，亦列于纪年镜一节。

编号： 2654

释文： 【外】延熹三年十二月廿六日，广汉西蜀造作尚方明竟（镜），幽湅（炼）三冈（刚），巧工刻之成文章，上有四守（兽）辟不羊（祥），作吏升高，畐（福）录（禄）自从，夫妻相宜。【内】长宜子孙。

时代： 东汉延熹三年

著录： 《止水阁》图94；《图集》图470；《纪年》图25、彩图4；《书法》图198。

简注： 即公元160年。“辟”字减省。此条重出，亦列于纪年镜一节。

编号： 2655

释文： 【外】延熹七年正月壬午，吾造作尚方明竟（镜），幽湅（炼）三冈（刚），买人大富，师命长。【内】长宜官官。

时代： 东汉延熹七年

著录： 《图说》图一〇汉13；《唐宋》附录图28；《汉唐》第16页；《文化》图178；《图集》图471；《纪年》图28。

简注： 即公元164年。“长宜官官”，疑为“长宜高官”误置。此条重出，亦列于纪年镜一节。

编号： 2656

释文： 【外】永康元年正月丙午日，幽湅（炼）三商，早（造）作尚方明竟（镜），买者大富且昌，长宜子孙，延寿命长，上如东王父西王母，君宜高官，立（位）至公侯，大吉利。【内】吾作明竟（镜），幽湅（炼）三商，君宜侯王。

时代： 东汉永康元年

著录： 《尊古斋》第6页；《陈介祺》图154；《国图》第148页；《镜录》卷上13b；《选编》第148页；《图说》图一二上汉17；《汉唐》第20页；《纪年》图32；《志稿》第3449页；/《纪年》第170页序号39。

简注： 即公元167年。铭文中“正”“利”反书。此条重出，亦列于纪年镜一节。

编号： 2657

释文： 【外】永康元年正月丙午日，作尚方明竟（镜），买者长宜子孙，买者延寿万年，上有东王父西王母，生如山石，大吉。【内】长宜高官。

时代： 东汉永康元年

著录： 《图说》图一一下汉16；《书道》卷二第20页图28；《纪年》图33。

简注： 即公元167年。铭文中“正”字反书。此条重出，亦列于纪年镜一节。

编号： 2658

释文： 【外】永康元年六月八日庚申，天下大赦，吾造作尚方明竟（镜），合湅（炼）黄白，周（雕）刻兮。【内】长宜高官。

时代： 东汉永康元年

著录： 《鄂城》图33；《鄂州》图35；《汉唐》第22页；《图典》A图376；《图典》B图3.314。

简注： 即公元167年。此条重出，亦列于纪年镜一节。

编号： 2659

释文： 建宁元年九月九日丙午，吾造作尚方明镜，幽湅（炼）三商，上有东王父西王母，生如山石，长宜子孙，八千万里，富且昌，乐未央，宜侯王，师命长，买者大吉羊（祥），宜古（贾）市，君宜高官，位至三公，长乐［未］央兮。

时代： 东汉建宁元年

著录： 《中原文物》1982（1）封二：2；《汉唐》第23页；《图典》A图377；《图集》图474；《纪年》图34；《图典》B图3.315。

简注： 即公元168年。此条重出，亦列于纪年镜一节。

编号： 2660

释文： 【外】熹平元年正月丙午日，幽湅（炼）白同（铜），早（造）作尚方明竟（镜），买者大富且昌，延寿万年，上如东王父西王母，长生，大乐未英（央）兮。【内】君宜官位。
著录：《止水阁》图95；《图集》图476、彩图14；《纪年》图36、彩图6；《书法》图199。
时代：东汉熹平元年
简注：即公元172年。“平”字倒书。此条重出，亦列于纪年镜一节。

编号：2661
释文：熹平二年正月丙午，吾造作尚方明竟（镜），广汉西蜀，合湅（炼）白黄，舟（雕）刻无极，世得光明，买人大富，长［宜］子孙，延年益寿，长乐未央兮。
时代：东汉熹平二年
著录：《武汉》第47页。
简注：即公元173年。此条重出，亦列于纪年镜一节。

编号：2662
释文：【外】熹平二年正月丙午，吾造作尚方明竟（镜）兮，幽湅（炼）三商，州（周）刻无亟（极），世得光明，买人大富贵，长宜子孙，延年兮。【内】吾作明竟（镜）自有方，白同（铜）清明兮。
时代：东汉熹平二年
著录：《小校》卷十五12a下；《善斋》镜录卷一26a、26b；《图说》图一三上汉20；《汉唐》第24页；《前汉》图14；《图典》A图412；《图集》图477；《纪年》图38、图39；《志稿》第3437页；《图典》B图3.365。
简注：即公元173年。此条重出，亦列于纪年镜一节。

编号：2663
释文：熹平三年正月丙午，吾造作尚方明竟（镜），广汉西蜀，合湅（炼）白黄，舟（周）刻无亟（极），世得光明，买人大富贵，长［宜］子孙，延年益受（寿），长乐未央兮。
时代：东汉熹平三年
著录：《奇觚室》卷十五6b、7a；《镜录》卷上1下；《图说》图一四汉21；《汉唐》第25页；*ARTIBUS ASIAE*第76页；*CHINESE BRONZES*第72页；《图集》图478；《纪年》图40；《图典》A图378；《图典》B图3.316。
简注：即公元174年。此条重出，亦列于纪年镜一节。

编号：2664
释文：熹平四年正月丙午，吾造作尚方明竟（镜），广汉西蜀，合湅（炼）白黄，舟（周）刻无亟（极），世得光明，买人大富贵，长［宜］子孙，延年益受（寿），长乐未央兮。
时代：东汉熹平四年
著录：《辞典》第1431页上图；《全集》图63；《文化》图181；《图集》图479；《纪年》图41。
简注：即公元175年。铭文中“刻”字错讹近似“利”字。此条重出，亦列于纪年镜一节。

编号：2665
释文：【外】熹平七年正月廿五日丙午，暴氏作尚方明竟（镜），幽湅（炼）三商，天王日月，上有□，富且昌，长乐未央。【内】吾作明竟（镜），天王日月，士（仕）至三公。
时代：东汉熹平七年
著录：《鄂城》图43；《鄂州》图102。
简注：即公元178年。此条重出，亦列于“暴氏”铭及纪年镜一节。

编号：2666
释文：【外】熹平七年正月丙午，造作尚方明竟（镜），合湅（炼）白黄，舟（周）刻无亟（极），世得光明，买人大富，长宜子孙，□。【内】长宜高官。
时代：东汉熹平七年
著录：《图集》图480；《纪年》图42。
简注：即公元178年。外圈铭文“孙”字之后残泐，从镜铭行款判断，大约应有1—2字。此条重出，亦列于纪年镜一节。

编号：2667
释文：【外】光和元年五月，作尚方明竟（镜），幽湅（炼）白同（铜），买者长宜子孙，延年益寿，长乐未英（央），宜侯王，大吉羊（祥），宜古（贾）市。【内】君宜官位。
时代：东汉光和元年
著录：《图说》图十二页下汉22；《纪年》图43。
简注：即公元178年。此条重出，亦列于纪年镜一节。

编号：2668
释文：光和四年正月十三日丙午，广汉西蜀造作尚方明竟（镜），幽湅（炼）三商，周（雕）刻无亟（极），世得光明，天王日月，位至三公，长乐未英（央），富且昌，君宜侯王，生如金石，大吉。
时代：东汉光和四年
著录：《文物》2001（8）第71页图一；《考古》2004（7）第71页；《纪年》第171页序号51；《图典》B图3.317。
简注：即公元181年。此条重出，亦列于纪年镜一节。

编号：2669
释文：【外】光和五年正月十三日午丙，广汉西蜀造作尚方明竟（镜），世得光明，天王日月，位至三公，宜侯王，乐未央，生如山石富且昌，□□富贵受（寿）命长，受（寿）如东王父西王母，山（仙）人王乔赤松子。【内】吾作明竟（镜）自有□，□□□□□。
时代：东汉光和五年
著录：《止水阁》图96；《文化》图182；《图集》图481；《纪年》图44。
简注：即公元182年。“午丙”错乙，“山”字倒置。此条重出，亦列于纪年镜一节。

编号：2670
释文：中平二年正月十二壬午日，造作此尚方明竟（镜），士（仕）至公侯车生耳，五男四女长相守，黄贼波（破）尽汉家昌，长保二亲龙（宠）日进，受（寿）考，贾千钱兮。
时代：东汉中平二年
著录：《图集》图482；《纪年》图45、彩图7。
简注：即公元185年。此条重出，亦列于纪年镜一节。

编号：2671
释文：惟中平四年太岁在丁卯，吾造作尚方明竟（镜），广汉西蜀，合湅白黄，舟（周）刻无亟（极），世得光明，买此竟（镜）人尚（常）欢（欢）虞（娱），家当巨亿师列侯，大吉羊（祥）兮。
时代：东汉中平四年
著录：《中原文物》1982（1）封二：3；《纪年》图47。
简注：公元187年。此条重出，亦列于纪年镜一节。

102.“尚方”铭（其他）

除前面几种常见的“尚方”铭镜外，还有一些铭文稍有变化的“尚方”铭镜，不过其主要套语仍不出前面几种“尚方”铭镜，形制、纹饰亦与之相类，故时代亦应相去不远，兹胪列于下。

编号：2672
释文：【外】尚方之竟（镜）大佳好，上有山（仙）人不知老，渴饮玉泉饥食枣，浮游天下敖（遨）四海，俳（徘）回（徊）大山采之（芝）草，寿如今（金）石国〼央，宜牛羊。【内】子丑寅卯辰巳午未申酉戌亥。
时代：西汉晚期至东汉早期
著录：《华夏考古》1995（2）第35页图八：3 。
简注：王莽后期或稍后墓出土（M3：3）。镜残缺。“尚”字前有起止符号。“饮”“饥”二字从水。

编号：2673
释文：【外】尚方之竟（镜）真大好，上右（有）仙人不知老，渴饮玉泉饥食枣，浮游天下敖（遨）四海，俳（徘）回（徊）大山采之（芝）草，寿如今（金）石国保（宝），乐未央，宜二王。【内】子丑寅卯辰巳午未申酉戌亥。
时代：西汉晚期至东汉早期
著录：《陕历》第75页下。

简注：“尚”字前有起止符号。“饮”“饥”二字从水，“二王”疑有脱笔。

编号：2674

释文：【外】尚方冶竟（镜）佳且好，仓（苍）龙白虎辟除道，上有仙人不知老，渴饮玉泉饥食枣，寿如今（金）石天之保（宝）。【内】子丑寅卯辰巳午未申酉戌亥。

时代：西汉晚期至东汉早期

著录：《文物》1997（7）第65页图一。

简注：“尚”字前有起止符号。“冶”“饮”“饥”三字从水。

编号：2675

释文：尚方作巨（钜）文，长宜子孙。

时代：东汉至六朝

著录：《中原文物》1986（3）第123页图三。

103.“敖氏”铭

编号：2676

释文：【外】敖氏乍（作）竟（镜）世少有，服者男分封侯女王妇，长宜孙子乐无已。【内】子丑寅卯辰巳午未申酉戌亥。

时代：东汉

著录：《镜录》卷中16b。

简注：“已”字后有起止符号。“敖”字减笔。

104.“八子”铭

编号：2677

释文：八子明竟（镜），幽湅（炼）三冈（刚），巧工刻之成文［章］，上有四守（兽），吉昌。

时代：东汉至三国

著录：《上博》A彩图64、拓片64；《上博》B图63；《全集》图92；《辞典》第1440页左图；《图集》图438；《图典》A图433；《图典》B图3.392。

105.“白氏”铭

编号：2678

释文：白氏八子九孙，辟去不羊（祥），与天毋极，而日之光。

时代：西汉晚期至东汉早期

著录：《桃华盦》图20；《久保惣》A图31；《久保惣》B图31；《志稿》第3358页。

简注：疑中国所造，现藏于日本和泉市久保惣记念美术馆。

106.“白羊”铭

编号：2679

释文：【外】白羊作竟（镜）宜子孙，富贵昌，乐未央，宜侯王兮。【内】寿□今（金）石不知老兮，侯。

时代：东汉早中期

著录：《湖研》图一〇一。

简注：“白”字前有起止符号。

107.“百氏”铭

编号：2680

释文：【外】百氏之作清而明，尚方佳竟（镜）大毋伤，巧工刻之成文章，左龙右虎顺阴阳乎。【内】子丑寅卯辰巳午未申酉戌亥。

时代：西汉晚期至东汉早期

著录：《未名斋》第197页。

简注：“百”字前有起止符号。此条重出，又见“尚方佳镜”铭一节。

108.“柏氏”铭

编号：2681

释文：【外】吴向里栢（柏）氏作竟（镜）四夷服，多贺国家人民［息］，胡虏殄威（灭）天下复，风雨时节五谷孰（熟），长保二亲得天力，传告后（後）世乐无亟（极）兮。

【内】玉女二人。越王。范蠡。吴王。忠臣伍子胥。
时代： 东汉早中期
著录：《浙选》图9；《浙江》A图34；《浙江》B图26；《上博》A彩图51、拓本51；《上博》B图51；《东南文化》2001（2）第48页；《全集》图82；《辞典》第1437页；《图典》A图452；《图典》B图3.425。
简注： 传浙江绍兴出土，现藏于上海博物馆。“节”字从艹。此条重出，亦列于“伍子胥”榜题一节。

编号： 2682
释文：【外】吴向里栢（柏）氏作竟（镜）四夷服，多贺国家人民［息］，胡虏殄威（灭）天下复，风雨时节五谷孰（熟），长保二亲得天力，传告后（後）世乐无亟（极）兮。【内】东王公。西王母。
时代： 东汉早中期
著录：《全集》图83；《辞典》第1438页。
简注： 传浙江绍兴出土，现藏于中国国家博物馆。“节”字从艹。

编号： 2683
释文： 吴向里栢（柏）师作竟（镜）四夷服，多贺国家人民息，胡虏殄威（灭）天下复，风雨时莭（节）五谷孰（熟），长保二亲得天力兮。
时代： 东汉早中期
著录：《浙江》A图97；《浙江》B图93。
简注： 浙江绍兴出土。“节”字从艹。

编号： 2684
释文： 吴向里栢（柏）氏作竟（镜）四夷服，多贺国家人民息，胡虏殄威（灭）天下复，风雨时节五谷孰（熟），长保二亲得天力。
时代： 东汉
著录：《龙虎》图137。

简注：“吴”字前有起止符号。“节”字从艹。

编号： 2685
释文：【外】柏师作。辟邪。铜柱。赤诵马。王乔马。【内】富贵长寿，宜子孙，大吉。
时代： 东汉早中期
著录：《浙选》图27；《浙江》A图24；《浙江》B图20；《收藏家》2003（7）第35页图11；《图典》A图350；《图典》B图3.284①；/《中镜》图131②。

编号： 2686
释文：【外】柏氏之作。辟邪。辟邪。铜柱。熊戏虎。铜柱。孔子羊。大像（象）。胡人养之。【内】长宜子孙，富乐未英（央）兮。
时代： 东汉早中期
著录：《古今》图106；《绍兴》第123页。

109.“暴氏”铭

编号： 2687
释文：【外】熹平七年正月廿五日丙午，暴氏作尚方明竟（镜），幽湅（炼）三商，天王日月，上有▨，富且昌，长乐未央。【内】吾作明竟（镜），天王日月，士（仕）至三公。
时代： 东汉熹平七年
著录：《鄂城》图43；《鄂州》图102。
简注： 即公元178年。此条重出，亦列于“尚方明镜”铭及纪年镜一节。

110.“蔡氏”铭

编号： 2688
释文： 蔡氏作竟（镜）四夷服，多贺君家人民息，胡虏殄威（灭）天下复，大吉羊（祥），宜侯王。
时代： 东汉早中期

① 浙江绍兴漓渚出土，现下落不明。此镜于1949年前散失，仅剩拓本。
② 传陕西历史博物馆藏品。不知是否即浙江绍兴漓渚出土之镜，又或同模。

著录：《龙虎》图144。

简注：传江浙地区出土。

编号：2689

释文：蔡氏作竟（镜）自有意，良时日家大富，七子九孙各有喜，宦至三公中尚（常）侍，上有东王父、西王母，与天相保兮。

时代：东汉早期

著录：《镜录》卷中16a；《小校》卷十五56a；《志稿》第3431页；/《小校》卷十五56b上；《图典》A图454；《图典》B图3.427。

编号：2690

释文：蔡氏作竟（镜）佳且好，明而日月世之保（宝），上有辟邪白虎余（除）间道，长备子孙不知老。

时代：东汉早中期

著录：《文物》1998（10）第83页图四。

编号：2691

释文：【外】蔡氏作竟（镜）佳且好，明而［日］月世少有，刻治今（禽）守（兽）悉皆在，令人富贵宜孙子，寿而金石不知老兮，乐无亟（极）。【内】［东］王公。［西］王母。

时代：东汉早中期

著录：《文物》1960（8、9）第94页图2；《华夏考古》1994（3）第35页图四；《全集》图80；《洛阳》图57；《洛华》图143；《图典》A图435；《图典》B图3.400。

简注：疑为唐人收藏品。

编号：2692

释文：【外】蔡氏作竟（镜）佳且好，明而日月世少有，刻治今（禽）守（兽）悉皆在，长保二亲利孙子，传告后世乐无亟（极）兮。【内】东王公。西王［母］。

时代：东汉早中期

著录：《收藏家》2018（8）第27页图16。

编号：2693

释文：【外】蔡氏作竟（镜）佳且好，明而日月世少有，刻治今（禽）守（兽）悉皆在，令人富贵宜孙子。【内】东王公。［西王］母。

时代：东汉早中期

著录：《考古》1991（3）第214页图八：1；《浙江》B彩图18。

编号：2694

释文：蔡氏作竟（镜）佳且好，明而日月世少有，刻治今（禽）。

时代：东汉早中期

著录：《常德》图62；《南方文物》2003（4）第99页图九。

111.“朝和”铭

编号：2695

释文：朝和作竟（镜）大毋伤，令人富贵不知老兮。

时代：西汉晚期至东汉早期

著录：《泉屋》图45。

简注：出土地不详，现藏于日本京都泉屋博物馆。“朝”字前有起止符号。

编号：2696

释文：【外】朝和作竟（镜）大毋伤，中央富贵不知老兮。【内】朱［鸟］。

时代：西汉晚期至东汉早期

著录：《岩窟》二中第53图。

简注：传河南安阳附近出土。“朝”字前有起止符号。

112.“陈氏”铭

据铜镜铭文，东汉至三国时期吴地的镜师甚多。

据王仲殊先生考证，“仅就制作神兽镜的镜师而言，便有鲍氏、唐氏、陈氏、张氏、朱氏、郑氏、徐氏、刘氏、殷氏、卜氏等等。从当时中国的社会性质和手工业的传承关系等方面来看，他们应是代表许多制作铜镜的工匠家族。其中，最有名的应推鲍氏、唐氏和陈氏。他们号称‘大师’，在铜镜铸造业中有相当高的声望”①。

目前所见到的陈氏镜多具有典型的东汉时期特征，多为龙虎镜、神人神兽镜，工艺上以高浮雕居多，据此推断陈氏可能是从东汉时期方才兴起的一个重要铸镜家族，根据纪年镜铭文可知，该家族一直到三国时期仍然十分活跃②。

编号：2697

释文：陈氏作竟（镜）大毋伤，汉有善铜出丹阳，和以银锡清且明，左龙右虎主四彭（方），朱爵（雀）玄武顺阴阳。

时代：西汉晚期或东汉早期

著录：《鄂州》图63 。

简注：“陈”字前有起止符号。此镜重出，亦列于“汉有”铭一节。

编号：2698

释文：陈氏作竟（镜）大无伤，长保二亲乐未央，八子九孙居高堂，左龙右虎主四旁（方），朱鸟玄武仙人羊，为吏宜官至侯王，上有辟邪去不阳（祥），从今世昌。

时代：东汉

著录：*ARTIBUS ASIAE*图60；《图集》图384；《龙虎》图33。

简注：“陈”字前有起止符号，“乐”字减笔。

编号：2699

释文：陈氏作竟（镜）大毋伤，上有天守（兽）去不羊（祥），家当大富乐未央兮。

时代：东汉早中期

著录：《小校》卷十五42b上；《志稿》第3384页。

简注：“陈”字前有起止符号。

编号：2700

释文：陈氏作竟（镜）大毋伤，始□□时好大良，夫妻相重甚于威（鸳）央（鸯），五男三女富贵［昌］，胏（服）［此镜者］宜侯王兮。

时代：东汉

著录：《孝感》图41。

简注：“胏”字从肉市声。

编号：2701

释文：陈氏作竟（镜）真大巧，上有山（仙）人不知老，渴饮玉［泉］兮。

时代：新莽至东汉

著录：《阳羡》图134。

简注：“饮”字从水。

编号：2702

释文：陈氏作镜真大巧兮。

时代：东汉中期至魏晋

著录：《岩窟》二中第54图。

简注：传山东济南附近出土。

编号：2703

释文：陈氏作竟（镜）四夷服，多贺国家人民息，胡虏殄威（灭）天下复，风雨时节五谷孰（熟），长保二亲得天力，传告后（後）世乐无亟（极），其师焉命长。

时代：东汉

著录：《阳羡》图145；《龙虎》图18。

简注：“节”字从艹。“胡”字反书。“节”字从艹。

编号：2704

释文：陈氏作竟（镜）四夷服，多贺兮国家人民息，胡虏殄威（灭）天下服（复）兮，风雨时节五谷孰（熟），长服二亲得天力，宜子孙。

时代：东汉中晚期

著录：《湖研》图一一八；/《郴州》第26页、第27页。

简注：“节”字从艹，铭文多反书。

---

① 王仲殊：《吴镜师陈世所作神兽镜论考》，《考古》1986 年 11 期。
② 存世的有景初三年镜、正始元年镜、黄武七年镜、黄龙元年镜等。

编号： 2705

释文： 陈氏作竟（镜）四夷服，多贺国息〈家〉人民息，胡虏殄威（灭）天下复，风雨时节五谷孰（熟），长保二亲得天力。

时代： 东汉至六朝

著录： 《龙虎》图99。

简注： “陈”字前有起止符号。“胡”字反书。“节”字从艹。

编号： 2706

释文： 陈氏作竟（镜）四夷服，多［贺］国家人［民］息，胡虏殄威（灭）天下复，风雨时节五谷孰（熟），长保二亲得天力。

时代： 东汉至六朝

著录： 《龙虎》图100；/《龙虎》图201。

简注： “陈”字前有起止符号。“节”字从艹。

编号： 2707

释文： 陈萌作竟（镜）四夷服，多贺国家人民息，胡虏殄威（灭）天下复，风雨时节五谷孰（熟），长保二亲。

时代： 东汉

著录： 《龙虎》图102。

简注： “陈”字前有起止符号。“节”字从艹。

编号： 2708

释文： 陈氏作竟（镜）四夷服，多贺国家人民息，胡虏殄威（灭）天下服（复），风雨时节五谷孰（熟），宜。

时代： 东汉

著录： 《阳羡》图160。

简注： 铭文多反书，“节”字从艹。

编号： 2709

释文： 青盖陈［氏］作竟（镜）四夷服，多贺国家人民息，胡虏亡威（灭）天下复，风雨时即（节）五谷孰（熟），长保二亲得天力兮，寿未央。

时代： 东汉至三国

著录： 《龙虎》图67、图69。

简注： “青”字前有起止符号。此镜重出，亦见于“青盖”铭一节。

编号： 2710

释文： 青盖陈氏作竟（镜）四夷服，多贺国家人民息，胡虏殄威（灭）天下服（复），风雨时节五谷孰（熟），长保二亲得天力兮。

时代： 东汉早中期

著录： 《长沙》图95；《龙虎》图97；《图典》B图3.459。

简注： “青”字前有起止符号，“节”字从艹。此镜重出，亦见于“青盖”铭一节。

编号： 2711

释文： 青盖陈氏作竟（镜）四夷服，多贺国家人民息，胡虏名（泯）威（灭）天下服（复），风雨时节五谷孰（熟），长保二亲。

时代： 东汉早中期

著录： 《龙虎》图68、图72。

简注： “青”字前有起止符号，“节”字从艹，“保”字减省作“呆”。此镜重出，亦见于“青盖”铭一节。

编号： 2712

释文： 青盖陈氏作竟（镜）四夷服，多贺国家〖人民〗息，胡虏皆威（灭）天下服（复），风。

时代： 东汉早中期

著录： 《湖南》图80；《湖研》图一二二。

简注： 此镜重出，亦见于“青盖”铭一节。

编号： 2713

释文： 陈萌作竟（镜）四夷服，多贺国家人［民息］，仙人子侨在左［右］，赤子诵侍其［后］，白（伯）牙鼓琴，众神见（现）容，愿。

时代： 东汉

著录： 《龙虎》图98。

简注： “陈”字前有起止符号。“子诵”错乙。

编号：2714
释文：陈氏作竟（镜）日有憙，令人阳遂贵复富，六畜细（神）守（兽）各自治，左有神龙来福右（佑），白虎居前□白事，[/]。
时代：东汉
著录：《洛阳》图36；《洛华》图91；《图典》A图340；《图典》B图3.274。
简注："细"字可能是"绅"字之讹，也有可能是从纟从东从田的"绅"字之省。

编号：2715
释文：陈建作竟（镜）自有纪，辟去不羊（祥）宜古（贾）市，长保二亲[\]寿命[长]大吉[羊（祥）]。
时代：东汉至西晋
著录：《考古》1963（6）图版捌：3。
简注：六朝早期墓出土。据整理者介绍该墓时代至迟不会晚于西晋。

编号：2716
释文：陈建作竟（镜）自有纪，除去不羊（祥）宜古（贾）市，上有东。
时代：东汉
著录：《大观》第282页。

编号：2717
释文：陈家作镜，好絜（洁）寡无双，悉倚（奇）造众神，边则太一，乘云驾龙，选从群神，五帝三皇，［百精］并存，何邪［敢］当，道，遮（驺）呼（虞）除道，愿常服［之］，［宦］者公卿，［其］师命长。
时代：东汉
著录：《龙虎》图101。
简注："陈"字前有起止符号。"悉倚（奇）造众神"为"悉图万疆，更造众倚（奇），众神见容"减省错置。

编号：2718
释文：陈氏作竟（镜）与众异，左龙右虎四时宜，上有奇守（兽）各主事，好兮。
时代：东汉
著录：《古今》图92；《书法》图183；《图集》图363。
简注："氏""好"反书。

编号：2719
释文：陈氏作竟（镜），长宜子孙，大吉富昌，乐无极兮。
时代：东汉
著录：《阳羡》图162。
简注：铭文多反书。

编号：2720
释文：陈氏作竟（镜）上宜□□。
时代：东汉晚期
著录：《尊古斋》第74页。

编号：2721
释文：【内】陈氏钜文。【外】长宜子孙。
时代：东汉晚期至三国
著录：《湖研》图一三四。

113."池氏"铭

编号：2722
释文：【外】池氏作竟（镜）大毋伤，□□□上去不羊（祥），长保二亲宜侯王兮。【内】东王父。西王母。
时代：东汉早中期
著录：《汉雅堂》图116。

编号：2723
释文：池氏作竟（镜）大毋伤，宜侯王，长。
时代：东汉早中期
著录：《南阳》图二一八、图版一〇四：1。
简注："池"字前有起止符号。

编号：2724
释文：池氏作竟（镜）真大巧，上有仙人不知老，渴饮玉泉饥尚食枣兮。

时代：东汉

著录：《文物春秋》2017（6）第70页图六。

简注："池"字前有起止符号。"饮"字从水。

编号：2725

释文：池氏作竟（镜）[世]未有，位至三公交车生耳，令人长年宜古（贾）市。

时代：东汉

著录：《洛阳》彩图3；《洛华》图138。

编号：2726

释文：池氏作竟（镜）世未有，位至公卿中尚（常）侍，上有东王父西王母兮，大吉。

时代：东汉

著录：《龙虎》图31。

简注："池"字前有起止符号。"世"反书。

114．"大尹"铭

"大尹"，新莽时对郡太守的改称。《汉书·王莽传》："莽以《周官》《王制》之文，置卒正、连率、大尹，职如太守。"

"大尹"铭镜虽存世较少，但在铜镜的分期断代以及证史方面皆有重要作用，故列举一面于此。

编号：2727

释文：大尹佳镜真大巧，上有仙人不知老，渴饮玉泉饥食枣兮。

时代：新莽

著录：《守屋》A图版第36页。

简注："大"字前有起止符号。"饮""饥"二字从水，"四"字作"三"。

115．"第五氏"铭

编号：2728

释文：【外】弟（第）五作明竟（镜），子孙□。【内】□。

时代：东汉

著录：《拓影》图70。

116．"董氏"铭

编号：2729

释文：【外】正月丙午日，董氏造作尚方明竟（镜）自有纪，青龙白虎居左右，神鱼仙人赤松子，八爵（雀）相向法古始，长宜子孙。【内】君宜高官。

时代：东汉中期

著录：《华夏考古》2009（1）图版一六：2、第84页图一一：1。

简注：东汉中晚期之交汉墓出土（M47：2）。"正"字反书，"爵"字减笔。

117．"杜氏"铭

编号：2730

释文：杜氏作竟（镜）大毋伤，辛（新）有善铜出丹羊（阳），湅（炼）冶银锡清如明，左龙右虎辟不阳（祥），长富乐未央。

时代：新莽

著录：《武汉》第69页；/《图案》第92页；《湖南》图七六；《湖研》图八〇；《图典》A图339；《图典》B图3.272。

简注："杜"字前有起止符号，"新"字省去斤旁。又见于"新有"铭一节。

编号：2731

释文：杜氏作竟（镜）大无伤，亲（新）有善同（铜）出丹阳，和已（以）银锡清且明，朱鸟玄武顺阴阳，令人富贵乐未央兮。

时代：新莽

著录：《寿县》图99。

简注："杜"字前有起止符号。此条重出，又见于"新有"铭一节。

编号：2732

释文：杜氏作竟（镜）大无伤，汉有善同（铜）出丹杨（阳），家当大富乐未央，子孙备具居中央，长保二亲贵，为吏高迁，上有奇［兽］辟不羊（祥），长宜此竟（镜）得二。
时代： 东汉
著录：《长沙》图108；《图典》B图3.273。
简注： 铭文书体纤细，"汉""杨""居""上""有""奇""辟""此""得"诸字反书，"乐"字减笔。此条重出，又见于"汉有"铭一节。

编号： 2733
释文：【外】杜氏作竟（镜）大无伤，汉有善同（铜）出丹杨（阳），家当大富乐未央，子孙备具。【内】长宜子孙。
时代： 东汉
著录：《湖研》图一一九。
简注： 此条重出，又见于"汉有"铭一节。

编号： 2734
释文： 杜氏作竟（镜）大无伤，汉有善同（铜）出丹杨（阳），家当大富乐未央，子孙备具。
时代： 东汉
著录：《湖研》图八二。
简注： 此条重出，又见于"汉有"铭一节。

编号： 2735
释文： 杜氏作竟（镜）大毋伤，汉有善铜出丹杨（阳），宜侯王，家当大富乐未央，子孙。
时代： 东汉
著录：《湖研》图八四。
简注： 此条重出，又见于"汉有"铭一节。

编号： 2736
释文： 杜氏作竟（镜）大毋伤，汉有善同（铜）出丹杨（阳）。
时代： 东汉
著录：《郴州》第54页。
简注： 此条重出，又见于"汉有"铭一节。

编号： 2737
释文： 杜氏作竟（镜）大毋伤，汉有善同（铜）。
时代： 东汉
著录：《江汉考古》1991（4）图版四：1。
简注： 此条重出，又见于"汉有"铭一节。

编号： 2738
释文： 杜氏作镜善毋伤，和以银锡清且明，名工所造成文章，辟邪天禄居中央，十男五女乐富昌，居无忧兮如侯王。
时代： 东汉早中期
著录：《收藏家》2020（2）第34页图14[①]；/《浙江》B彩图54[②]。
简注： "杜"字前有起止符号。

编号： 2739
释文：【外】杜氏作竟（镜）四夷服，多贺新家人民息，胡虏殄威（灭）天下复，风雨时节五谷孰（熟），长保二亲受大福，传告后世子孙力，官位高。【内】子丑寅卯辰巳午未申酉戌亥。
时代： 新莽
著录：《辽宁》第120页；/《陕西》图49；/《陕历》第88页下；/《陕历》第79页下。
简注： "杜"字前有起止符号。"节"字从艹。又见于"新家"铭一节。

编号： 2740
释文：【外】杜氏作竟（镜）四夷服，多贺新家人民息，胡虏殄威（灭）天下复，风雨时节五谷孰（熟），长保二亲受大福，传告后世子孙力，官位。【内】子丑寅卯辰巳午未申酉戌亥。
时代： 新莽
著录：《未名斋》第189页。
简注： "杜"字前有起止符号。"节"字从艹。又见于"杜氏"铭一节。

---
① 直径14.5厘米，芜湖文物商店收购，现藏于安徽省芜湖市博物馆。
② 直径14.8厘米，浙江省绍兴市漓渚出土，现藏于浙江省绍兴县文物保护所。

编号：2741

释文： 维（唯）杜氏作明镜四夷服，风雨时节五谷孰（熟），多贺新家人民息，长保二亲与天无亟（极），杜帀（师）保。

时代： 新莽

著录： 《深圳》图128；《龙虎》图48。

简注： “维”字前有起止符号。“节”字从艹。铭文多反书。

编号：2742

释文： 杜氏作竟（镜）四夷服，多贺国家人民息，风雨时节五谷孰（熟），长保二亲，与天无极。杜帀（师）作竟（镜）。

时代： 新莽至东汉

著录： 《四川文物》1992（6）封三：5。

简注： “节”字从艹。

编号：2743

释文： 杜氏作竟（镜）四夷服，胡虏殄威（灭）人民息，风雨时节五谷孰（熟）。

时代： 东汉

著录： 《龙虎》图136。

简注： “杜”字前有起止符号。“节”字从艹。铭文多反书。

编号：2744

释文： 杜氏作竟（镜）四夷服，多贺国家人民［息］。

时代： 东汉

著录： 《武汉》第63页。

编号：2745

释文： 遗杜氏作镜兮四夷服，官位尊显蒙禄食，幸达时年兮五谷孰（熟），多贺名工刻画兮边则太一，参（骖）驾神龙，辟邪配天禄，奇守（兽）并来（来）出兮，三乌□兮，寿如金石兮，汉羽习兮。

时代： 东汉

著录： 《阳羡》图159；《图集》图428；《龙虎》图148。

简注： “遗”字前有起止符号。

编号：2746

释文： 遗杜氏造珍奇镜兮世之眇微，名工所刻画兮湅（炼）五抵（砥）之英华，罣=（绎绎）而无极兮辟邪配天禄，奇守（兽）并来出兮三乌□所欲，吏人服之曾（增）秩禄，大吉利。

时代： 东汉

著录： 《浙选》图37；《浙江》A图92；《浙江》B图89。

简注： “遗”字前有起止符号。“抵”字又见于《肩水金关汉简（壹）》（73EJT4：18），陈剑先生认为“五抵”可读为“五砥”，意为五石，并指出汉人所谓“五石”，现在研究者看法已较为一致，即“两汉时期，‘五石’是指丹砂、曾青、雄黄、礜石、磁石五种矿物，它们被用于医疗、镇墓和炼制铜器等”。“汉人相信五石能厌胜，辟邪趋吉。所以他们消炼五石铸造阳燧、神剑、威斗等铜器，认为用五石铸造的器物也有同样或类似的功能。”①

编号：2747

释文： 【外】杜氏作珍奇镜兮世之未有兮，湅（炼）五抵（砥）之英华，罣=（绎绎）而无极兮，上［有］西王母与玉女，宜孙保子兮得所欲，吏人服之曾（增）官秩，白衣服之金财足，与天无极兮。【内】西王母。玉女。

时代： 东汉

著录： 《广陵》图141；《补说》图一一。

简注： “杜”字前有起止符号。

---

① 陈剑：《几种汉代镜铭补说》，台湾政大中文系：《第十届汉代文学与思想国际学术研讨会论文集》，2016年版；高策、雷志华：《关于〈论衡〉中“阳燧”的研究》，《自然辩证法通讯》2011年第1期，第55—60页；雷志华：《汉代五石研究》，山西大学博士学位论文，2013年。

编号：2748

释文：【外】杜氏作镜世少有，凤黄（凰）驭车从九子，仙人骑马侍左右，居常富乐多孙子，男当封侯女王妇，广宗世兮。【内】杜师。凤皇（凰）车。

时代：东汉

著录：《汉雅堂》图124；《图集》图419。

编号：2749

释文：杜氏作竟（镜）自［有］记（纪），长保二亲利儿子，浮由（游）天下之四海，日有喜兮。

时代：东汉

著录：《湖研》图八一。

简注：“杜”字前有起止符号。“保”字减省，“亲”字从亻。

编号：2750

释文：杜氏作竟（镜）宜侯王，家当大富乐未英（央），子孙备具居中央，长保二亲世世昌，大吉利。

时代：东汉

著录：《湖研》图八三。

简注：“保”字减省。

编号：2751

释文：【外】杜氏作镜清且明，名工所造成文章，服此镜，富寿昌，十男五女乐未央，居毋事，如侯王。【内】东王公。西王母。玉女。

时代：东汉

著录：《文物》1998（10）第83页图三。

编号：2752

释文：尚方作竟（镜）真大好，上太（泰）仙（山）兮神仙九，东王公西王母，人四仙侍左右，后常侍名玉女，云中作倡踏七口（盘），坐中七人好且莔（闲），连倚（骑）洛（络）泽（绎）上华仙（山），九毛（尾）之狐三足乌，四起人立神僬除，君服此竟（镜），女为夫人男公侯，杜氏作。

时代：东汉

著录：《扬粹》第34页。

简注：闲，娴雅之意，曹植《美女篇》：“美女妖且闲，采桑歧路间。”连骑，形容骑从之盛。《战国策·秦策一》：“转毂连骑，炫熿于道。”晋葛洪《抱朴子·守墒》：“出连骑以游畋，入侯服而玉食。”

编号：2753

释文：上太（泰）仙（山）兮神仙九，东王公西王母，人四仙兮侍左右，云中鼓吹踏七口（盘），连倚（骑）洛（络）泽（绎）上华仙（山），杜氏所作。

时代：东汉

著录：《汉雅堂》图121。

编号：2754

释文：佳镜兮，乐未央，辟邪天禄居中央，杜氏所作成文章，服之吉利富贵昌，子孙备具金甫（铺）堂，传之后世以为常，男封列侯皆九［卿］。

时代：东汉

著录：《龙虎》图46。

简注：“佳”字前有起止符号。

编号：2755

释文：佳镜兮，乐未央，七子九孙在中央，居无事兮如侯王，大吉利，钱财至，杜氏所造，长宜子［孙］。

时代：东汉

著录：《故宫》E图99；/《故宫》I图51。

编号：2756

释文：【外】元初元年正月癸酉朔日。【内】杜氏作竟（镜）。

时代：东汉元初元年

著录：《古今》图129；《中原》第121页；《纪年》图17。

简注：即公元114年。此条重出，亦列于纪年镜一节。

编号：2757
释文：杜氏巨竟（镜）。
时代：东汉
著录：《千镜堂》图117。

编号：2758
释文：杜氏。宜车马。
时代：东汉
著录：《汉雅堂》图125。

编号：2759
释文：杜师。天马。白虎。
时代：东汉
著录：《岩窟》二下第30图。

编号：2760
释文：杜师。玉女。玉女。
时代：东汉
著录：《古今》图148。

编号：2761
释文：杜师作。
时代：东汉
著录：《故宫》A图54。
简注：“师”字从阝。

118. “樊氏”铭

编号：2762
释文：樊氏作，牢。
时代：东汉中晚期至六朝
著录：《镜录》卷中22a；/《桃华盦》图26；《久保惣》A图34；《久保惣》B图34。
简注：“牢”，指坚牢耐用。在古代“牢”是考核器物合格与否的重要标准，西汉桓宽《盐铁论》云：“古者，商通物而不豫，工致牢而不伪。”相同用法又常见于汉魏及之后的漆器，如东汉王盱墓朱书漆盘“卢氏作，宜子孙，牢”，三国朱然墓朱书漆盘“蜀郡作，“牢”[①]。

119. “范氏”铭

编号：2763
释文：【外】范氏作竟（镜）自有纪，名工刻之及贤事：驹马在前足不止，白衣自言伏不起，县吏□宛（怨）不刻（劾）李（理），自归从事州付（府）史。【内】诸王。玉女。
时代：东汉早中期
著录：《六安》图145。
简注：“范”字前有起止符号。

编号：2764
释文：范氏作竟（镜）四夷服，多贺国［家］人民息，胡虏殄威（灭）天下伏（复），风雨时节。
时代：东汉
著录：《阳羡》图123。
简注：铭文多减笔，反书，“节”字从艹。

120. “盇/盖氏”铭

编号：2765
释文：盇氏作竟（镜）真大好，上有东王父西王母，仙人子乔赤容（诵）子，辟邪居右，长保二亲兮利孙子，吉。
时代：东汉早中期
著录：《金石索》卷六第23页。
简注：“吉”字后有起止符号。

编号：2766
释文：盇氏作竟（镜）真大好，上有东王父西王母，仙人子乔赤甬（诵）子，辟邪居右，长保二亲

① ［日］梅原末治著，刘厚滋译《汉代漆器纪年铭文集录》，《考古学社社刊》第6期，北平燕京大学考古学社1936年版；丁邦钧：《安徽马鞍山素吴朱然墓发掘简报》，《文物》1986年第3期；李梅田：《“牢”铭漆器考》，《华夏考古》2018年第2期。

兮利孙子，吉。

时代：东汉早中期

著录：《奇觚室》卷十五13a—13b。

简注：“吉”字后有起止符号。形制、纹饰与《金石索》摹本基本相同，唯铭文略有差异，不知《金石索》是否摹刻失真。

编号：2767

释文：盉氏作竟（镜）明好自有纪，上［有］东王父西王母，吉。

时代：东汉早中期

著录：《湖研》图一二六。

简注：“吉”字后有起止符号。

编号：2768

释文：【外】盉氏昌，□青龙，西有王母，东则王公，君宜高官，延寿左右，白虎居后（後），山（仙）人子高（乔）赤诵子，千容周（雕）克（刻），国利万畺（疆），生长久，仕至三公，兴（兴）□□□，不士（死）鸟。【内】君宜官。君宜官。

时代：东汉至三国

著录：《图集》图444。

编号：2769

释文：盖方作竟（镜）自有己（纪），余（除）去不羊（祥）宜古（贾）市，青龙白虎居左右，与天相保无（无）穷止，东有王父，西有王母，仙人子乔赤松子，天王日月为祖始，位至三公宜孙子，寿命久长，生如山石，富贵宜侯王，合涑（炼）白黄明竟（镜）起，大吉。

时代：东汉至三国

著录：《上博》A彩图66、拓片66；《上博》B图66；《辞典》第1443页右图；《图集》图443。

编号：2770

释文：【外】盖惟货竟（镜），变巧名工，攻山采锡，伐石索同（铜），兽火卢（炉）冶，幽涑（炼）三商，如取日翟（曜），音（倍）象月明，五帝昔币（师），建极四方，玄龟凤𤟹（麟），白虎辟邪，青龙□□，其师命长。【内】利父宜兄，仕至三公，其师命长。

时代：东汉至三国

著录：《浙江》A图64；《浙江》B图52；《图集》图447。

简注：“盖”字前有起止符号，“兽”字减省讹变。兽火，即兽炭之火，指炉火。兽炭，是一种做成兽形的炭。《晋书·外戚传·羊琇》：“琇性豪侈，费用无复齐限，而屑炭和作兽形以温酒，洛下豪贵咸竞效之。”

编号：2771

释文：【外】盖惟货竟（镜），变巧名［工］，攻山采易（锡），伐石索同（铜），兽火卢（炉）冶，幽涑（炼）三商，如取日翟（曜），音（倍）象月明，五帝昔币（师），建极四方，玄龟𤟹（麟）凤，白虎辟邪。【内】利父宜兄，仕至三公，其师命长。

时代：东汉至三国

著录：《小校》卷十五80b下；《志稿》第3447页。

编号：2772

释文：【外】盖惟货竟（镜），变巧名工，攻山采易（锡），伐石索同（铜），兽火卢（炉）冶，幽涑（炼）三商，如取月翟（曜），音（倍）象日明，五帝昔（借）取，建极四方，玄龟凤𤟹（麟），白［虎］。【内】利父宜兄，仕至三公，其师命长。

时代：东汉至三国

著录：北京中汉2010秋拍：0717。

简注：“攻”字缀加兄声，“兽”字减省讹变。

编号：2773

释文：盖惟货竟（镜），变巧名工，攻山采易（锡），伐石索同（铜），兽火卢（炉）冶，幽涑（炼）三商，如取月翟（曜），音（倍）象日明，五帝昔（借）师，建安四方，玄龟𤟹（麟）凤，白［虎］。

时代：东汉至三国

著录：《汉雅堂》图156。

简注：“兽”字减省讹变。铭文多反书。

编号：2774

释文：【外】盖惟货竟（镜），变巧名工，攻山采易（锡），伐石索同（铜），兽火卢（炉）冶，幽湅（炼）三商，［如］取日翟（曜），音（倍）象月明，五帝昔市（师），建极四方，玄。【内】利父宜兄，仕至三公，其师命［长］。

时代：东汉至三国

著录：《浙江》A图69；《浙江》B图67。

简注：“盖”字前有起止符号，“兽”字减省讹变。

编号：2775

释文：【外】盖惟货竟（镜），变巧名工，攻山采［锡］，幽湅（炼）三商，▨，五帝昔（借）师，建极。【内】▨。

时代：东汉至三国

著录：《止水阁》图131。

简注：“攻”字缀加兄声，“兽”字减省讹变。

编号：2776

释文：【外】盖惟货竟（镜），变巧名工，攻山采易（锡），伐石索同（铜），兽火卢（炉）冶，幽湅（炼）三商，如取日翟（曜），音（倍）象月明，五帝昔市（师）。【内】利父宜兄，仕至三公，其师命长。

时代：东汉至三国

著录：《鄂城》图94；《鄂州》图111。

简注：“攻”字缀加兄声，“兽”字减省讹变，“师”字从人。

编号：2777

释文：【外】盖作明竟（镜），消（销）湅（炼）三商，本负君侯，富郡正民，发造虚无，克周（照）金光，服吾竟（镜）者，秩立（位）三公，子孙潘（蕃）昌，命长。【内】吾作明竟（镜），消（销）［炼］三商，利父宜兄，三。

时代：东汉至六朝

著录：《宣城》第62页、第63页。

简注：负，任也。

编号：2778

释文：【外】盖作明竟（镜），消（销）湅（炼）三商，发造虚无，克照金光，□□元方，法则四方，索□□廷，五帝三皇，朱鸟玄武，金（穷）倚（奇）交（蛟）龙，服此竟（镜）者命长。【内】服此竟（镜）者，位三至公，子孙潘（蕃）昌。

时代：东汉

著录：《小檀》卷三28b；《小校》卷十五80b上；《志稿》第3446页；《图集》图448；《拓影》图38。

121.“公孙家”铭

编号：2779

释文：【外】永平七年正月作，公孙家作竟（镜）。【内】竟（镜）直（值）三百。

时代：东汉永平七年

著录：《图说》图版第三汉4；《汉唐》第7页；《古镜》图62；《图集》图460；《纪年》图6；《图典》A图366；《图典》B图3.304。

按语：即公元64年。此条重出，亦列于纪年镜一节。

122.“韩氏”铭

编号：2780

释文：韩氏作竟（镜）大毋伤，长保二亲宜侯王。

时代：东汉至魏晋

著录：《小校》卷十五45b上；《志稿》第3346页。

简注：“韩”字前有起止符号，“保”字减笔作“呆”。

编号：2781

释文：韩氏作竟（镜）大无伤，长保二亲宜侯王。

时代：东汉至魏晋
著录：《岩窟》二下第70图。
简注：传河南豫西渑池出土。“韩”字前有起止符号。

123.“侯氏”铭

编号：2782
释文：【外】侯氏作竟（镜）大无伤，亲（新）有善同（铜）出丹阳，和以艮（银）锡青（清）而明，巧工刻之成文章。【内】侯氏作。君宜官。大吉。
时代：新莽
著录：《龙虎》图1。
简注：“侯”字前有起止符号，“亲”字减笔。

编号：2783
释文：【外】侯氏作竟（镜）大毋伤，巧工刻之成文章，左龙右虎辟不阳（祥），七子九孙居中央，夫妻相保如威（鸳）央（鸯）兮。【内】富贵昌，宜侯王，乐未央。
时代：东汉早中期
著录：《湖研》图八五；《图案》第37页；《图典》A图349；《图典》B图3.283；/《常德》图64；《文物》1998（10）第86页图一。

编号：2784
释文：【外】侯氏作竟（镜）真大毋伤，巧工刻之成文章，左龙右虎辟不羊（祥），朱鸟玄武顺阴阳，子孙备具居中央。【内】长乐无忧事，宜酒食。
时代：东汉早中期
著录：《考古》2001（8）第96页图三。

编号：2785
释文：侯氏作竟（镜）大毋伤，左龙右虎辟不羊（祥），子孙烦（蕃）息富贵昌。
时代：东汉早中期
著录：《中镜》图130。

编号：2786
释文：侯氏作竟（镜）大毋伤，□□清明得三光，▨辟不羊（祥）兮。
时代：东汉早中期
著录：《常德》图63。

编号：2787
释文：侯氏作竟（镜）四夷服，多贺国家人民息，胡虏殄［灭］天下复，风雨时节五谷孰（熟），长保二亲得天力兮。
时代：东汉早中期
著录：北京万隆2008春拍：1790。
简注：“节”字从艹，“殄”字减省。

编号：2788
释文：侯氏作竟（镜）自有纪，寿大得宜古（贾）市，出入居官在人右，长保二亲利孙子。
时代：东汉早中期
著录：《湖研》图八六；《图典》A图334。

编号：2789
释文：侯氏作竟（镜）世未有，令人吉利宜古（贾）市，当得好妻如旦（妲）己兮。
时代：东汉早中期
著录：《文物春秋》2009（1）第70页图二。
简注：妲己，古代美女，商纣王宠妃，姓己名妲，见《国语·晋语一》《史记·殷本纪》。

编号：2790
释文：侯氏作竟（镜）世中未有，令人［吉］利宜孙子。
时代：东汉早中期
著录：《长沙》图84。
简注：“侯”字前有起止符号。

编号：2791
释文：侯氏作竟（镜）世未有，令［人］吉利宜孙子兮。
时代：东汉早中期

著录：《湖研》图八七。

编号：2792
释文：侯氏作，宜孙子。
时代：东汉早中期
著录：《湖研》图一一七。

编号：2793
释文：侯氏作。
时代：东汉早中期
著录：《湖南》图74。

编号：2794
释文：侯氏。
时代：东汉早中期
著录：《长沙》图99。

124. “胡氏”铭

编号：2795
释文：原夫［镜］始萌兮，［炼］五抵（砥）［之］英华，罣=（绎绎）而无极兮，辟邪配天禄，奇守（兽）［并］出世［兮］，三乌予（与）白鹿，宜孙保子［兮］，各得所欲，吏人服之。胡氏作。
时代：东汉
著录：《岩窟》二下第61图。
简注：“原”字前有起止符号。“所”“欲”字从艹。

编号：2796
释文：原夫作镜，湅（炼）五抵（砥）之英华，罣=（绎绎）而无极兮，上有辟邪与天禄，宜孙保子兮，各得所欲，吏人服之益禄，白衣服之金财足，小人服，在所，胡氏。
时代：东汉早中期
著录：《阳羡》图154；《龙虎》图147。
简注：“原”字前有起止符号。“所”字从艹。

编号：2797
释文：胡氏作镜世少有，仓（苍）龙在左，白虎居右，作吏高升沽（贾）万里，辟英（去）［不］羊（祥）利孙子，山（仙）人王为吏侨赤诵子。
时代：东汉
著录：《龙虎》图125。
简注：“胡”字前有起止符号。“为吏”衍文。

编号：2798
释文：胡氏作镜世少有，仓（苍）龙在左，白［虎］居右，胡虏殄灭却万里，为吏高升贾万倍，辟去不详（祥）利孙子，山（仙）人王侨赤诵子。
时代：东汉
著录：《清爱堂》图133。
简注：铭文多反书。

编号：2799
释文：【外】胡氏作竟（镜）大毋伤，上有天禄在中央，四方其（奇）守（兽）各自行，令人富贵如侯王，买此。【内】长宜子孙。
时代：东汉
著录：《止水阁》图115；《图集》图370。
简注：“胡”字前有起止符号。“宜”字减笔。

编号：2800
释文：胡氏作。
时代：东汉
著录：《龙虎》图123。

编号：2801
释文：胡氏。
时代：东汉
著录：《龙虎》图124。

编号：2802
释文：胡。
时代：东汉

著录：《龙虎》图126。

125.“华氏”铭

编号：2803

释文：华氏作竟（镜）宜侯王，家当大富乐未央，子孙备具居前行，长保二亲，辟邪合和除凶所，未得，仙人王侨（乔）赤松子，食兮。

时代：东汉早中期

著录：《湖研》图九六。

简注：“长”“亲”反书。“王”“央”“行”皆在阳部，与鱼部之“所”对转押韵。“得”“食”皆在职部，与之部之“子”对转，押韵。

126.“桓氏”铭

编号：2804

释文：桓氏作竟（镜）世少有，东王公、西王母，仙人王侨赤诵子，车马驻（立）在其后，为吏高升贾万倍兮。

时代：东汉早中期

著录：北京金懋2011春拍：1221。

简注：“桓”字前有起止符号。

127.“黄盖”铭

编号：2805

释文：【外】黄盖作竟（镜）大毋伤，左龙右虎辟不羊（祥），朱鸟玄武顺阴阳，子孙备具居中央，长保二亲兮。【内】富□。

时代：东汉中期至六朝

著录：《考古与文物》1988（4）封二：5。

编号：2806

释文：黄盖作镜，幽湅（炼）金商，其师命长。

时代：东汉至三国

著录：《千秋》第264页下。

128.“黄氏”铭

编号：2807

释文：黄氏作竟（镜）四夷服，多贺国家人民息，胡虏殄威（灭）天下复，风雨时节五谷孰（熟），长葆（保）二亲得天力，传告后（後）世乐无亟（极）兮。

时代：东汉早中期

著录：《长沙》图98。

简注：镜背鎏金。“黄”字前有起止符号。“节”字从艹。

129.“黄羊”铭

编号：2808

释文：黄羊作竟（镜）大毋伤，巧工所刻成文章，左龙。

时代：东汉至三国

著录：《岩窟》二中第80图；/《镜录》卷中12b；《志稿》第3355页。

简注：关于“黄羊”的寓意，过去有四种观点。（1）认为是作镜者的姓名或商铺名号；（2）认为是晋国大夫黄祁羊，取其公意；（3）认为系镜工家族名号，是一种名贵的商标；（4）认为是某种神兽之名[①]。从文例来看，“黄羊作镜”中的“黄羊”似乎以第三种解释更为合理，而与“白虎”“凤皇鸟”“王子侨”在一起，作为题榜的“黄羊”，则应该是某种神兽之名。

编号：2809

释文：黄羊作竟（镜）四夷服，多贺国家人民息，胡虏殄灭天下复，风雨时节五谷孰（熟），长保

---

① 王仲殊：《青羊为吴郡镜工考》，《考古》1986年第7期；李振华：《汉家长宁铜镜考》，《四川文物》1995年第5期；王仲殊：《三羊青羊黄羊镜铭新考》，《中原文物》1995年第2期；李新城：《东汉铜镜铭文整理与研究》，华东师范大学博士学位论文，2006年，第271页。

二亲得天力，传告后（後）世乐无亟（极）。
时代：东汉
著录：《古镜》图145；《龙虎》图120；/《龙虎》图119。
简注：“黄”字前有起止符号，“节”字从艹。

编号：2810
释文：黄羊作竟（镜）四夷服，多贺国家人民息，胡虏殄灭天下复，风雨时节五谷孰（熟），长保二亲得天力。
时代：东汉
著录：《考古》1962（4）图版捌：13。
简注：“节”字从艹。

编号：2811
释文：黄羊作竟（镜）得所宜，大乐兮。
时代：东汉至三国
著录：东方博物2006夏拍：0313。
简注：“兮”字后有起止符号。

编号：2812
释文：【外】黄羊作镜明而光，巧工所造成文章兮，交（蛟）龙戏守（兽）转相从，能常服之，为者命长。【内】服者。
时代：东汉至六朝
著录：《故宫》A图七〇。

编号：2813
释文：黄羊作竟（镜），好而光明。
时代：东汉至三国
著录：《小校》卷十五67b上；《志稿》第3236页上；/《小校》卷十五67b下；《志稿》第3236页下；/《簠斋》第36页。

编号：2814
释文：黄羊作竟（镜）。
时代：东汉
著录：《湖历》图77；《湖研》图一二三；《图典》A图484；《图典》B图3.464。

编号：2815
释文：黄羊作。
时代：东汉
著录：《龙虎》图121。

编号：2816
释文：黄羊。黄羊。
时代：东汉
著录：《龙虎》图122。

130.“金氏”铭

编号：2817
释文：金是（氏）作竟（镜）四夷服，多贺国家人民息，胡子朱（诛）威（灭）天下服（复），长宜子孙□天力兮。
时代：东汉
著录：《文物春秋》2017（6）第69页图四。
简注：“威”减笔讹变。“朱”亦可能是“殄”字减笔讹变。

131.“九子”铭

编号：2818
释文：九子乍（作）竟（镜），幽涑（炼）三冈（刚），巧工刻之成［文］章，上有四守（兽）辟不［祥］，其师命长，大吉羊（祥兮）。
时代：东汉
著录：《图集》图437。
简注：铭文多减笔。

编号：2819
释文：九子作竟（镜）自有纪，富炅（贵）矣。
时代：东汉
著录：《六安》图105。

编号：2820
释文：九子作，巧而工，服者吉利。
时代：东汉至六朝

著录：《鄂城》图95；《全集》图99。

简注：镜背鎏金。

编号：2821

释文：九子竟（镜），清而明，利父母，便弟兄。

时代：东汉

著录：《西安》图60；《图典》B图3.396。

编号：2822

释文：九子竟（镜），清而明，注（着）者公卿。

时代：东汉

著录：《乾坤》图32。

编号：2823

释文：九子竟（镜），明［而］清，公服富贵宜侯王。

时代：东汉

著录：《奇觚室》卷十五3b—4a；《小校》卷十五69a；《小檀》卷二41a—41b《拓影》图34；《志稿》第3303页。

编号：2824

释文：九子竟（镜），与众异，服者命长。

时代：东汉

著录：《鄂城》图102。

编号：2825

释文：九子刑（型），光而明，服者长生。

时代：东汉至六朝

著录：《四川文物》1998（6）封三：13。

编号：2826

释文：九子明竟（镜），世异寡双，服者卿公。

时代：东汉

著录：《西清》卷三十九7a；/《小校》卷十五75b上；《志稿》第3254页。

编号：2827

释文：九子作，巧而工兮，吉利兮。

时代：东汉

著录：《博古图》卷二十九12a。

编号：2828

释文：九子作，清明光。

时代：东汉

著录：《龙虎》图200。

编号：2829

释文：九子家作兮。

时代：东汉

著录：《古今》图128。

编号：2830

释文：九子□。

时代：东汉

著录：《拓影》图35。

132.“可氏”铭

编号：2831

释文：可氏作镜佳且好，明而日月世少有，刻治今（禽）守（兽）悉皆在，大吉兮。

时代：东汉早中期

著录：《文物》1989（2）第66页。

133.“李氏”铭

编号：2832

释文：李氏作竟（镜）四夷服，多贺国家人民息，胡虏殄威（灭）天下服（复），风雨时节五谷孰（熟），长保二亲得天力，传告后（後）世乐无亟（极）。自有纪，上有山（仙）人不知老，渴饮玉泉饥食枣，夫妻相爱如威（鸳）鸯，长宜子。

时代：东汉早中期

著录：《湖研》图九一；/《深圳》图90。

简注：“李”字前有起止符号。“节”字从艹，“泉”字从水。“威鸯”，镜铭中或作“威央”，陈直先生认为当读为“威英”[1]，李新城先生认为“或当为类似于‘鸳鸯’，比喻夫妻相爱相守之物”[2]。本书将之“威鸯”直接读为“鸳鸯”。

编号： 2833

释文： 李氏作竟（镜）四夷服，多贺国家人民息，胡虏殄威（灭）天下复，风雨时节五谷孰（熟），长保二亲得天力，传告后（後）世乐无亟（极），利孙子，仙人王侨赤松子，浮由（游）天下敖（遨）四海，渴饮玉泉饥食枣。

时代： 东汉

著录：《故宫》I图52。

简注：“李”字前有禽鸟纹起止符号。“节”字从艹，“泉”字从水。

编号： 2834

释文： 李氏作竟（镜）四夷服，多贺国家人民息，胡虏殄威（灭）天下服（复），风雨时节五谷孰（熟），长保二亲得天力，传告后（後）世乐无亟（极），宜孙子。

时代： 东汉早中期

著录：《故宫》A图43；《故宫》B图24；《故宫》C图42；《故宫》I图68。

简注：“节”字从艹。

编号： 2835

释文： 李氏作竟（镜）四夷服，多贺国家人民息，胡虏殄威（灭）天下服（复），风雨时节五谷孰（熟），长保二亲得天力，传告后（後）世宜子［孙］。

时代： 东汉早中期

著录：《阳羡》图120。

简注：“李”字前有起止符号。“节”字从艹。

编号： 2836

释文： 李氏作竟（镜）四夷服，多贺国家人民息，胡虏殄威（灭）天下复，风雨时节五谷孰（熟），长保二亲得天力，传告后（後）世乐无亟（极），大吉。

时代： 东汉早中期

著录：《文物》1988（7）第95页图一。

简注：“李”字前有起止符号。“节”字从艹。

编号： 2837

释文： 李氏作竟（镜）四夷服，多贺国家人民息，胡虏殄威（灭）天下服（复），风雨时节五谷孰（熟），长保二亲得天力，传告后（後）世乐无亟（极）兮。

时代： 东汉

著录：《武汉》第45页。

简注：“李”字前有起止符号。“节” 字从艹。

编号： 2838

释文： 李氏作竟（镜）四夷服，多贺国家人民息，胡虏殄威（灭）天下复，风雨时节五谷孰（熟），长保二亲得天力，传告后（後）世乐无亟（极）。

时代： 东汉早中期

著录：《绍兴》第151页。

简注：“李”字前有起止符号。“节”字从艹。

编号： 2839

释文： 李氏作竟（镜）四夷服，多贺国家人民息，胡虏殄威（灭）天下复，风雨时节五谷孰（熟），长保二亲得天力，传告后（後）世乐无［极］。

时代： 东汉早中期

著录：《鄂城》图59；《鄂州》图75；《图典》A图479；《图典》B图3.458。

简注：“节” 字从艹。

编号： 2840

释文：【外】李氏作竟（镜）四夷服，多贺国家人民

① 陈直：《汉镜铭文学上潜在的遗产》，《文史哲》1957年第4期。
② 李新城：《东汉铜镜铭文整理与研究》，华东师范大学博士学位论文，2006年，第269页。

息，胡虏殄威（灭）天下复，风雨时节五谷孰（熟），长保二亲得天力，传告后（後）世乐。【内】宜子孙。

时代：东汉早中期

著录：《考古》1987（11）第1020页图一：右。

简注：“节”字从艹。

编号：2841

释文：李氏作竟（镜）四［夷服］，多贺国家人民息，胡虏殄威（灭）天下［复］，长保二［亲］得天力，传〖告后〗（後）世兮。

时代：东汉

著录：《龙虎》图88。

简注：“李”字前有起止符号。

编号：2842

释文：李氏作竟（镜）四夷服，多贺国家人民息，胡虏殄威（灭）天下复，风雨时节五谷孰（熟），长保二亲得天力，乐无极。

时代：东汉

著录：《龙虎》图17。

简注：“节”字从艹。

编号：2843

释文：李氏作竟（镜）四夷服，多贺国家人民息，胡虏殄威（灭）天下复，风雨时节五孰（熟），长保二亲得天力。

时代：东汉早中期

著录：《鄂城》图23；《鄂州》图62；《图典》A图341；《图典》B图3.275。

简注：“李”字前有起止符号。“节”字从艹。

编号：2844

释文：李氏作竟（镜）四夷服，多贺国家人民息，胡虏殄威（灭）天下服（复），风雨时节五谷孰（熟），长保二亲得天力。

时代：东汉早中期

著录：《考古》1985（3）第212页图一九：1；《广西》图47；《图典》A图342；《图典》B图3.276。

简注：东汉晚期墓（M1）出土。“李”字前有起止符号。“节”字从艹。

编号：2845

释文：李氏作竟（镜）［四］夷服，多贺国家人民息，胡虏殄威（灭）天下服（复），风雨时节五谷孰（熟），长保二亲得天力。

时代：东汉早中期

著录：《长沙》图97；《龙虎》图91。

简注：“李”字前有起止符号。“胡”“长”反书，“节”字从艹。

编号：2846

释文：李氏作竟（镜）四夷服，多贺国家人民息，□谷孰（熟），长保二亲兮，吉。

时代：东汉早中期

著录：《湖研》图九三。

简注：“李”字前有起止符号。

编号：2847

释文：李氏作竟（镜）四夷服，多贺国家人民息，胡虏殄威（灭）天下复，风雨时节五谷孰（熟），长保二亲。

时代：东汉早中期

著录：《湖研》图九二。

简注：“李”字前有起止符号。“节”字从艹。

编号：2848

释文：李氏作竟（镜）四夷服，多贺国家人民息，胡虏殄威（灭）天下服（复），风雨时节五谷孰（熟），长保二亲。

时代：东汉早中期

著录：《绍兴》第153页。

简注：“李”字前有起止符号。“节”字从艹。

编号：2849

释文：李氏作竟（镜）四夷服，多贺人民息，胡虏殄威（灭）天下腹（复），风雨时节五谷孰

（熟），长保兮。

时代：东汉

著录：《清爱堂》图126。

简注：“李”字前有起止符号。“节”字从艹。

编号：2850

释文：李氏作竟（镜）四夷服，多贺国家人民息，胡虏殄威（灭）天下服（复），风雨时节五谷孰（熟）兮。

时代：东汉

著录：《小校》卷十五53a上；《志稿》第3410页。

简注：“李”字前有起止符号。“节”字从艹。

编号：2851

释文：李氏作竟（镜）四夷服，多贺国家人民息，胡虏殄威（灭）天下服（复），风雨时节。

时代：东汉

著录：《龙虎》图174。

简注：“李”字前有起止符号。“节”字从艹。

编号：2852

释文：李氏作竟（镜）四夷服，多贺国家人民息，宜子孙。

时代：东汉

著录：《番禺》第90页图七一：5、彩版三：2。

编号：2853

释文：【外】李氏作竟（镜）真大好，上有山（仙）人不知老，饮渴玉泉饥食［枣］。【内】子丑寅卯辰巳午未申酉戌亥。

时代：东汉早期

著录：《大观》第182页。

简注：“李”字前有起止符号，“饮”“饥”二字从水。

编号：2854

释文：李师作竟（镜）真大巧，上有仙［人］。

时代：东汉

著录：《龙虎》图92。

简注：“李”字前有起止符号。

编号：2855

释文：李氏作镜大可喜，上有山（仙）人予（与）倚（奇）守（兽），渴饮玉湶（泉）饥食枣，浮游天下敖（遨）四海，长保二亲宜子孙，乐无亟（极）兮，大。

时代：东汉

著录：《汉雅堂》图49。

简注：“李”字前有起止符号。“倚”字减笔反书，“泉”字从水。

编号：2856

释文：李氏作竟（镜）大可喜，上有山（仙）人予（与）倚（奇）守（兽），渴饮玉泉饥食枣，宜子孙。

时代：东汉

著录：《镜泉》图7。

简注：“李”字前有起止符号。“倚”字减笔反书，“泉”字从水。

编号：2857

释文：李氏作竟（镜）大可喜，上有山（仙）人不知老，渴饮玉泉。

时代：东汉

著录：《鄂州》图80。

简注：“李”字前有起止符号。“饮”字从水。

编号：2858

释文：李是（氏）作竟（镜）佳且好，明而日月世之保（宝），服是竟（镜）者不知老。

时代：东汉

著录：《岩窟》二下第45图。

简注：“李”字前有起止符号。“饮”字从水。

编号：2859

释文：李氏作竟（镜）自有方，长宜子孙富且□兮。

时代：东汉

著录：《武汉》第46页上。

编号：2860

释文：李氏作竟（镜）自有道，明而日月世少有，刻治今（禽）守（兽），大吉。

时代：东汉

著录：《簠斋》第60页；《国图》第135页。

编号：2861

释文：李氏作之竟（镜）诚清明，服之富贵寿命长，左龙右虎扶两旁，朱爵（雀）玄武顺阴阳，单于来臣益汉疆，子孙番（蕃）息乐未央。

时代：东汉早中期

著录：《乐浪郡遗迹》图1307；*ARTIBUS ASIAE*图56；《图集》图376；《龙虎》图89。

简注："顺""疆"减笔，"益"减笔讹变。

编号：2862

释文：【外】李氏作竟（镜）时日良，左龙右虎辟不详（祥），二亲备具子孙昌，寿如金石乐未央。【内】子丑寅卯辰巳午未申酉戌亥。

时代：东汉

著录：《国图》第103页。

简注："李"字前有起止符号。

编号：2863

释文：郑制刻刑（型），李氏作镜，四[夷]率伏（服），东王父西王母，先（仙）人子骄（侨）赤松子，[生]〖长久〗。

时代：东汉至三国

著录：《阳羡》图158；《龙虎》图90。

简注："长久"合铸，横列。

134. "力氏"铭

编号：2864

释文：力氏作竟（镜）大毋伤，交（蛟）龙白虎居中央，巧工刻之成文章，令人富贵如侯王兮。

时代：东汉

著录：《考古》1988（10）图版陆：1、第915页图一一：下左。

简注："力"字前有起止符号。

编号：2865

释文：力氏作竟（镜）真大巧，上有仙人不知老，渴饮玉泉。

时代：东汉早中期

著录：《孝感》图7。

简注："力"字前有起止符号。"饮"字从水。

135. "吏氏"铭

编号：2866

释文：吏氏作竟（镜）自有纪，明而月日世少有。

时代：东汉早中期

著录：《考古学报》1984（1）第98页图四四：8；《图典》A图482；《图典》B图3.462。

简注："月日"错乙。

136. "刘氏"铭

编号：2867

释文：刘氏作竟（镜）真大巧，上有山（仙）人不知老，渴饮玉泉。

时代：东汉早中期

著录：《陈介祺》图123；《簠斋》第43页；《桃华盦》图30下；《久保惣》A图52；《久保惣》B图52；《国图》第134页。

简注："刘"字前有起止符号，"巧"字反书，"饮"字从水。

编号：2868

释文：刘氏作竟（镜）真大巧，上有山（仙）人不知老。

时代：东汉早中期

著录：《小校》卷十五49a下；《志稿》第3342页。

简注："刘"字前有起止符号。

编号：2869

释文：刘氏作竟（镜）真大巧，[上有]东王父西王

［母］，辟邪怒喜无央（殃）臼（咎），长宜孙子。
时代：东汉早中期
著录：《汉雅堂》图95。
简注：“刘”字前有起止符号。

编号：2870
释文：刘氏作竟（镜）真大巧，上有东王公西王母，山（仙）人［王］乔赤甬（诵）子，右龙。
时代：东汉
著录：《故宫》I图84。

编号：2871
释文：刘氏作竟（镜）真大巧，上有东王父西王母，宜子孙，师命长。
时代：东汉
著录：《清爱堂》图119。
简注：“刘”字前有起止符号。“巧”“母”反书。

编号：2872
释文：刘氏作竟（镜）真大巧，上有东王公西王母兮。
时代：东汉
著录：《考古》2001（7）第95页图二：9。
简注：“刘”字前有起止符号，“巧”字减省作“工”。

编号：2873
释文：刘氏作竟（镜）真大巧，王侨（乔）赤诵侍药草，苍龙在左虎居右，千秋万世生［长］久。
时代：东汉早中期
著录：《小校》卷十五49a上；《志稿》第3343页。

编号：2874
释文：刘氏作竟（镜）世少有，［上有］东王父西王母，仙人子高（乔）赤诵（松）子，为吏高宜孙子。
时代：东汉早中期
著录：《清爱堂》图121。
简注：“世”“母”反书。

编号：2875
释文：刘氏作竟（镜），明市〈而〉日月佳且好，上有东王父西王母，仙人子稿（侨）赤［松］子，千秋万年不知老，寿如金石国之亲〈宝〉，宜子孙，师命长。
时代：东汉
著录：《深圳》图116。
简注：“刘”字前有起止符号。

编号：2876
释文：刘氏作竟（镜）佳且好，上有东王父西王母，令人宜子孙，大吉昌兮。
时代：东汉
著录：《汉雅堂》图123；《龙虎》图27。
简注：“刘”字前有起止符号。

编号：2877
释文：刘氏作竟（镜）佳且好，白虎辟邪不知老，子孙备具长相保。
时代：东汉早中期
著录：《岩窟》二下第55图。
简注：“刘”字前有起止符号。

编号：2878
释文：刘氏作镜四夷伏（服），多贺国家人民息，胡虏殄灭天下伏，雨风时节五谷孰（熟）成，长顯（愿）二亲得天力，寿如金石佳［且］好，宜子孙，大吉兮。
时代：东汉
著录：《陈介祺》图138；《镜录》卷中21a；《尊古斋》第61页。
简注：“刘”字前有起止符号，“殄”字从纟，“节”字从艹。

编号：2879
释文：刘氏作竟（镜）四夷服，多贺国家人民息，胡虏殄灭［天］下复，风雨时节五谷孰（熟），长保二亲得天力，传告后世乐无亟（极）。
时代：东汉

著录：《清爱堂》图131；《龙虎》图135；/《龙虎》图19。

简注："刘"字前有起止符号。"节"字从艹，"乐"字减笔。

编号：2880

释文：刘氏作竟（镜）四夷服，多贺国家人民息，胡虏殄威（灭）天下复，风雨时节五谷［熟］，长保二亲兮。

时代：东汉至六朝

著录：《奇觚室》卷十五2a；/《善斋》镜录卷一52a、52b；《小校》卷十五48b下；《志稿》第3344页。

简注："刘"字前有起止符号，"节"字从艹。

编号：2881

释文：【外】刘氏作明竟（镜），幽湅（炼）三商，调（雕）刻无极，配像万疆，天禽四守（兽），衔持维刚（纲），大吉，其师命长，服者，敬奉贤良，曾（增）年益寿，富贵。【内】汉有善同（铜）出丹阳，大师得同（铜）合湅（炼）五金成。

时代：东汉中晚期

著录：《陈介祺》图156；《尊古斋》第62页；《国图》第155页；《镜录》卷中21b；《桃华龕》图30上；《志稿》第3345页；《久保惣》A图59；《久保惣》B图59。

简注："刘"字前有起止符号。此条重出，亦见于"汉有"铭一节。

编号：2882

释文：刘氏作明竟（镜），幽湅（炼）三商，调（雕）刻无极，配。

时代：东汉晚期至六朝

著录：《陈介祺》图163；《簠斋》第42页。

编号：2883

释文：刘氏作，宜官位，其师吉羊（祥）。

时代：东汉晚期至六朝

著录：《西乙》卷十九11a；《故宫》G图六四。

编号：2884

释文：【内】刘氏钜文。【外】长宜子孙。

时代：东汉中晚期

著录：《岩窟》二上第101图；《尊古斋》第60页。

编号：2885

释文：刘。

时代：东汉

著录：《阳羡》图149。

137."龙氏"铭

为便于检索，本节亦暂依龙氏作镜"大无伤""四夷服""佳且好""自有道""佳少有""甚独佳""炼冶铜"的套语组合顺序排序。个别文句不在上述型式之内，则据铭文相似性排序。

编号：2886

释文：【外】龙氏作竟（镜）大无伤，亲（新）有善同（铜）出丹杨（阳），和已（以）银易（锡）清且明，刻画奇守（兽）成文章，距虚辟邪除群凶，师（狮）子天禄会是中，长宜子孙大吉羊（祥）。【内】上有辟邪交（蛟）龙道里通，长宜子孙寿无穷。

时代：东汉早中期

著录：《镜录》卷中20a。

简注："穷"字后有起止符号。"银""锡""凶"字减省，"锡""师"错讹，铭文多反书。

编号：2887

释文：龙氏作竟（镜）大无伤，采取善同（铜）出丹阳，和已（以）银易（锡）清且明，刻画奇守（兽）成文章，距虚辟邪除群凶，师（狮）子天禄会聚从，长宜子孙兮。【内】东王父。玉［女］。

时代：东汉早中期

著录：《开明堂》图47；《图集》图420。

简注：铭文多反书。

编号：2888

释文：龙氏作竟（镜）大毋［伤］，采取善同（铜）出丹阳，和已（以）银锡青（清）且明，名工刻之成文章，上有六畜各异名，玄武朱鸟大吉阳（祥）兮。

时代：东汉

著录：《开明堂》图34；《图集》图380；《龙虎》图35；/《龙虎》图36。

简注："鸟"字部分笔画脱铸。

编号：2889

释文：龙氏作竟（镜）大无伤，采取善同（铜）［出］丹杨（阳），和已（以）银锡清且王〈明〉，上有西王母东王公，长乐兮。

时代：东汉

著录：《深圳》图103。

编号：2890

释文：【外】龙氏作竟（镜）四夷服，多贺新家人民息，胡虏殄灭天下复，风雨时节五谷孰（熟），长保二亲受大福，传告后世子孙力，寿如金。【内】子丑寅卯辰巳午未申酉戌亥。

时代：新莽

著录：《宝鸡》第57页。

简注："龙"字前有起止符号。"四"字作"三"，"节"字从艹，"金"字部分笔画脱铸似"田"。此条重出，亦列于"新家"铭一节。

编号：2891

释文：龙氏作竟（镜）四夷服，多贺君家人民息，胡虏殄灭天下复，风雨时节五谷孰（熟），官位尊显蒙禄食，长保二亲子孙力。

时代：东汉

著录：《小校》卷十五41a下。

编号：2892

释文：龙氏作竟（镜）四夷服，多贺君家人民息，胡虏殄威（灭）天下复，风雨时节五谷孰（熟），蒙禄食，长保二亲子孙力，得天□。

时代：东汉

著录：《金石索》卷六第41页。

简注："节"字从艹。

编号：2893

释文：龙氏作竟（镜）四夷服，多贺君家人民息，胡羌殄灭天下复，风雨时节五谷孰（熟），长保二亲子孙［力］。

时代：东汉

著录：《龙虎》图82。

简注："胡"字反书，"节"字从艹。

编号：2894

释文：龙氏作竟（镜）四夷服，多贺君家人民息，胡虏殄灭天下复，风雨时节五谷孰（熟），官位尊显蒙禄食，长保二亲力。

时代：东汉

著录：《小檀》卷二8b；《小校》卷十五41a上；《志稿》第3382页。

简注："龙"字前有起止符号，"节"字从艹。

编号：2895

释文：龙氏作竟（镜）四夷服，多贺君家人民息，胡羌殄灭天下复，风雨时节五，官位尊显蒙禄食，长保二亲乐无已。

时代：东汉

著录：《文物》1989（5）第87页图六；/《陕西》图98；/《陈介祺》图127；《国图》第141页；/《镜录》卷中20b；/《小校》卷十五40b上；/《小校》卷十五40b下；《小檀》卷二8a；《拓影》图59；《志稿》第3383页；/《图集》图375；《开明堂》图38；《龙虎》图81；/《深圳》图124；《龙虎》图79；/《龙虎》图77；/《龙虎》图78；/《龙虎》图80。

简注："胡"字从吉，"节"字从艹。

编号：2896

释文：龙氏作竟（镜）四夷［服］，多贺君家人民息，胡虏殄威（灭）天下复，风［雨］时节。

时代：东汉至六朝

著录：《蚌埠》第92页。

简注：“殄”字减笔，“胡”字反书，“节”字从艹。

编号：2897

释文：龙氏作竟（镜）四夷服，多贺君家人民息，胡虏殄□□□□。

时代：东汉

著录：《小檀》卷二9a；《拓影》图60；《小校》卷十五41b上；《志稿》第3379页。

编号：2898

释文：龙氏作竟（镜）佳且好，明而日月世少有，刻治今（禽）守（兽）悉皆在，长保二亲宜孙子，东王公西王母，大吉羊（祥）矣兮。

时代：东汉

著录：《金石索》卷六第39页；/《小校》卷十五36b；《小檀》卷二7a—7b；《志稿》第3381页。

简注：亦有可能为同一器。

编号：2899

释文：龙氏作竟（镜）佳且好，明［而］日月世少有，刻治今（禽）守（兽）悉皆在，长保二亲宜孙子，大吉羊（祥）矣兮。

时代：东汉

著录：《西乙》卷十九13a；《故宫》G图三〇；/《小校》卷十五37a；/《小校》卷十五38a；/《小校》卷十五39a；《小檀》卷二6a—6b；《拓影》图24；/《小校》卷十五40a。

编号：2900

释文：龙氏作竟（镜）佳且好，明而日月世少有，刻治今（禽）守（兽）悉皆在，长保二亲，大吉羊（祥）矣。

时代：东汉

著录：《中镜》图135。

编号：2901

释文：龙氏作竟（镜）佳且好，明［而］日月世少有，刻治今（禽）守（兽）悉皆在，宜孙子，大吉羊（祥）矣。

时代：东汉

著录：《金石索》卷六第40页；/《拓影》图26。

编号：2902

释文：龙氏作竟（镜）佳且好，明而日月世之保（宝），上有白虎辟邪主除道，服此竟（镜）者田作大得，贾市万倍。

时代：东汉早中期

著录：《阳羡》图151；《龙虎》图21。

编号：2903

释文：龙氏作竟（镜）佳且好，明而日月世之保（宝），上有山（仙）人不知老，渴饮玉泉饥食枣。

时代：东汉

著录：《全集》图81①；/《阳羡》图129②。

编号：2904

释文：龙氏作竟（镜）自有道，东王公西王母，青龙在左，白虎居右，刻治今（禽）守（兽）悉皆在，大吉。

时代：东汉早中期

著录：《上博》A彩图49、拓片49；《上博》B图49；《图典》A图441；《图典》B图3.409；/《镜录》卷中19b；《志稿》第3380页。

简注：“龙”字前有起止符号。亦有可能为同一器。

---

① “龙”字前有起止符号。“饮”“饥”二字从水。
② “饮”字从水。

编号：2905

释文：龙氏作竟（镜）街（佳）少有，尚（上）有东王父西王母，仙人子乔赤松子，三足乌，伐辟耶，骐驥（骥）騄耳（駬）天所使，服此竟（镜）宜孙子。

时代：东汉

著录：《中原》图115；《古今》图149。

编号：2906

释文：龙氏作竟（镜）甚蜀（独）街（佳），上有白虎辟邪匹，宛（苑）池文章□，□□中□□，吉日造之人莫知，令家万世多积訾（赀），大利兮。

时代：东汉早中期

著录：《中原》图77；《龙虎》图22。

简注：“龙”字后有起止符号。

编号：2907

释文：隆帝章和时，淮南龙氏作竟（镜）湅（炼）冶同（铜），合会银易（锡）得和中，刻画云（雲）气龙虎虫（蟲），上有山（仙）人寿无穷，长保二亲乐不亭（停）。

时代：东汉

著录：《六安》图135；《纪年》图12；《龙虎》图5；《图集》图379；《寿县》图104。

简注：“冶”字从水。此镜重出，亦见于纪年镜一节。

138.“鲁氏”铭

编号：2908

释文：鲁氏作竟（镜）大毋伤，浮云（云）连结围（卫）四方，六子大吉。

时代：东汉早中期

著录：《湖研》图九九；《图典》A图338；《图典》B图3.270。

编号：2909

释文：鲁氏作竟（镜）自有道，辟去不羊（祥）治古（贾）市，云（云）下。

时代：东汉

著录：《金石索》卷六第44页；《小校》卷十五53b上；《小檀》卷二11b；《拓影》图32；《历代》图66。

简注：“鲁”字前有起止符号。

编号：2910

释文：【外】鲁〼，青龙白虎居左右，神鱼仙人赤松子，八爵相向法古始，令人长命宜孙子，作吏高迁车生耳。【内】君宜高官。

时代：东汉至六朝

著录：《汉铭斋》图120；《拓片》图247；《图集》图434。

简注：“爵”字笔画减省。

139.“鹿氏”铭

编号：2911

释文：鹿氏作明竟（镜）自有纪，除不羊（祥）宜[古（贾）]市，上有东父西母。

时代：东汉早中期

著录：《文物》1989（5）第87页图七。

简注：“东父西母”为东王父、西王母之省。

编号：2912

释文：鹿〼自有纪，除不羊（祥）宜古（贾）市，上[有]东王父。

时代：东汉早中期

著录：《江汉考古》2017（4）第34页图一八。

简注：镜残缺。

编号：2913

释文：鹿氏作竟（镜）自宜古（贾）市兮。

时代：东汉早中期

著录：《南阳》图二一七、图版一〇三：2；《图典》B图3.486。

140. “雒家”铭

编号：2914

释文：雒家作镜，好絜（洁）少双，更造众倚（奇），悉图万疆，元气之像，正在中央，贤圣神仙，燕处云明，天禽来降，威伏四方，边则太一，还囗而行，乘云怳忽，参（骖）驾神龙，选从群仁，上古三皇，遮（驺）呼（虞）除道，痴（蚩）尤辟兵，百精并存，何邪敢当？能常服之，为者命长，富贵安乐，喜訢（欣）未央，永得所驩（欢），仕宦公卿，子孙番（蕃）昌。

时代：东汉晚期

著录：《中原》图132；《古今》图127；《图集》图427。

简注：“雒”字前有起止符号。“双”字写作“只”，“遮”字从玉从庶。

编号：2915

释文：雒家作镜，变易俗常，更造众倚（奇），悉图万疆，中建四禽，丞（承）福除央（殃），边则太一，参（骖）驾神龙，遮（驺）呼（虞）除道，痴（蚩）尤辟兵，穷倚（奇）食鬼，以阹（祛）咎凶，百精并存，何邪敢当？能长服之，为者富昌，寿命不顷（倾），予（与）天地同。

时代：东汉晚期

著录：《古今》图131。

简注：“雒”字前有起止符号。

编号：2916

释文：雒家作镜，海内寡双，更造众倚（奇），边则太一，雕刻无极，配像万疆，天禽四首（兽），衔持维刚（纲），富贵安乐，子孙番（蕃）昌，益寿延年，其师命长。

时代：东汉晚期

著录：《图集》图431。

简注：“雒”字前有起止符号。“双”字写作“隻”。

编号：2917

释文：雒家作镜，俗真与双，三禽来降，荣光见（现）容，边像太一，乘云驾龙，选从万精，诛讨鬼凶，愿常服之，为者命长。

时代：东汉晚期

著录：《绍兴》第163页。

简注：“雒”字前有起止符号。“双”字写作“只”。“俗真与双”疑为“真与俗异，海内寡双”一类套语的减省错置。

141. “吕氏”铭

编号：2918

释文：【外】吕氏乍（作）镜自有纪，长保二亲利孙子，辟去不羊（祥）宜古（贾）市，为吏高升居人右，寿如金石。【内】宜子孙。

时代：东汉早中期

著录：《考古》1959（12）第688页图一；《湖南》图77；《图典》A图331；《图典》B图3.261；/《湖研》图九四。

简注：“吕”字前有起止符号。

编号：2919

释文：吕氏作竟（镜）自有纪，长保二亲利孙子，辟除不佯（祥）宜古（贾）市，寿如王侨。

时代：东汉

著录：《镜录》卷中17a；《志稿》第3406页。

编号：2920

释文：吕氏乍（作）竟（镜）自又（有）己（纪），上又（有）山（仙）人不知老，朅（渴）饮玉泉几（饥）食枣。

时代：东汉早中期

著录：《考古》2006（3）第92页图三：2。

简注：“饮”“饥”减省。

编号：2921

释文：【外】吕氏作竟（镜）自有己（纪），上又（有）山（仙）人不矢（知）［老］，朅

（渴）饮玉泉［饥］食枣兮。【内】宜子孙。
时代：东汉早中期
著录：《文物》1990（1）第34页图一；《广西》图55。
简注："吕"字前有起止符号。"知""渴""饮"减省。"枣"字笔画脱铸形似"年"。

编号：2922
释文：吕氏作竟（镜）真大巧，上又（有）山（仙）人不。
时代：东汉早中期
著录：《广西》图49。
简注："巧"字减省作"丂"。

编号：2923
释文：吕师作镜四夷服，多贺国家人民息，胡虏殄威（灭）天下复，风雨时节五谷孰（熟），长保二亲［得］天力，传告。
时代：东汉早中期
著录：《千镜堂》图153；《大观》第248页。
简注："节"字从艹。

编号：2924
释文：吕氏作竟（镜）四夷服，多贺国家人民息，胡虏殄威（灭）天下复，风雨时节五。
时代：东汉早中期
著录：《浙选》图36；《浙江》A图91；《浙江》B图87。
简注："吕"字前有起止符号。"节"字从艹。

编号：2925
释文：【外】吕氏作竟（镜）流信德，刻画▨留除治孰，青龙白虎相交错，东公西母山（仙）持药，朱鸟玄武驱（趋）旁则（侧），昌（倡）女□□鼓于（竽）瑟，穷倚（奇）异（骥）且（驵）前后伏，明饥▨传。【内】西王母。
时代：东汉早中期
著录：《故宫》A图52；《故宫》E图106；《故宫》F图225；《故宫》I图61；《唐宋》附图35；《全集》图79。
简注：骥、驵皆指骏马。《论语·宪问》："骥不称其力，称其德也。"《晏子春秋·外篇下十六》："景公游于菑，闻晏子死，公乘侈舆服繁驵驱之。"张纯一校注："言公意求速至，趋驾乘舆，用壮马而驱之。""驵骥"，典籍或作"骐骥"。《文选·刘孝标〈广绝交论〉》："附驵骥之旄端，轶归鸿于碣石。"《梁书·文学传·刘峻》引作"骐骥"。

编号：2926
释文：吕氏作镜乐无亟（极），与天相守（寿）□阴阳，长吏服之曾（增）官秩，白衣服之宜孙子，上有仙师赤涌（诵）子。
时代：东汉早中期
著录：《守屋》B图版第11页。

编号：2927
释文：【外】吕氏作，上有仙人不知老，渴饮玉泉饥食枣，浮游（游）天下敖（遨）四海兮。【内】宜子孙。
时代：东汉早中期
著录：《古今》图108。
简注："湶"字从水。

编号：2928
释文：吕氏作。千万。
时代：东汉早中期
著录：《文物》1990（1）第37页图九；《广西》图96。

编号：2929
释文：吕氏作竟（镜）予子孙兮。
时代：东汉早中期
著录：《湖研》图九五。
简注："孙"字减省。

142. “马氏”铭

编号：2930

释文：马氏作竟（镜）真大巧，上有山（仙）人不知老，大吉兮。

时代：东汉早中期

著录：《金石索》卷六第38页；《镜录》卷中18a。

简注：两书所录之图形制、纹饰皆同，不知是否为同一器。

编号：2931

释文：马氏作竟（镜）真大巧，上有天禄顺阴阳，和已（以）银锡清且明。

时代：东汉早中期

著录：北京金懋2011春拍：1143。

简注：“巧”“上”“顺”“清”反书。

编号：2932

释文：马氏作竟（镜）自有纪，湅（炼）冶同（铜）易（锡）去其宰（滓），利孙子。

时代：东汉早中期

著录：《善斋》镜录卷一57a、57b；《小校》卷十五54a；《志稿》第3358页。

简注：此镜锈蚀严重，《善斋吉金录》“其宰”误摹作“下土”。

编号：2933

释文：马肩作竟（镜）世少有，山（仙）人子桥（侨）赤诵子，辟趋（去）不阳（祥）宜古（贾）市，更（便）利二亲保孙子兮。

著录：北京保利2019秋拍：5225。

简注：“马”字前有起止符号。

143. “蒙氏”铭

编号：2934

释文：蒙氏乍（作）竟（镜）真大巧，东王公、西王母，青龙在左，白虎居右，山（仙）人子高（乔）赤容（诵）。

时代：东汉早中期

著录：《金石索》卷六第49页；《小檀》卷二11a；《拓影》图31；《小校》卷十五41b下；《志稿》第3408页。

144. “孟氏”铭

编号：2935

释文：孟氏乍（作）竟（镜）世少有，仓（苍）龙在左，白虎。

时代：东汉早中期

著录：《浙选》图41；《浙江》A图95；《浙江》B图92。

简注：“孟”字前有起止符号。

编号：2936

释文：孟氏乍（作）竟（镜）四夷服，乐未英（央）兮。

时代：东汉早中期

著录：浙江中财2011秋拍：千镜斋。

简注：“未”字后衍一符号。

编号：2937

释文：孟氏作竟（镜）真大工，湅（炼）冶五金而清明，四夷服之富贵昌，子孙备具侍中英（央），世=（世世）寿万年。

时代：东汉早中期

著录：《清爱堂》图130。

简注：“孟”字前有起止符号。“冶”字从水。

编号：2938

释文：孟师作镜真大工，巧工刻之成文章，上有辟邪与天禄，湅（炼）冶铜锡大清明，四方服之宜侯王，子孙备具居中英（央），长保二亲乐未英（央）。

时代：东汉

著录：《阳羡》图144；《龙虎》图142。

简注：“孟”字前有起止符号。“冶”字从水，“亲”字讹变。

145.“倪氏”铭

编号：2939
释文：【外】桼（七）言之始自有纪，湅（炼）冶铜锡去其宰（滓），服阅（倪）氏明镜常宜孙子。【内】子丑寅卯辰巳午未申酉戌亥。
时代：新莽至东汉早期
著录：《未名斋》第201页。
简注：此镜重出，亦列于“桼言”铭（二）一节。

146.“潘氏”铭

编号：2940
释文：潘氏作竟（镜）大毋伤，上有奇守（兽）去不羊（祥），长保二亲宜侯王。
时代：东汉
著录：《阳羡》图101。
简注：“潘”字前有起止符号。

编号：2941
释文：潘氏佳竟（镜）四夷服，多贺中国人民息，风雨时节五谷孰（熟），长保二亲得天力。
时代：东汉早中期
著录：《千镜堂》图152；《大观》第246页。
简注：“潘”字前有起止符号，“节”字从艹。

编号：2942
释文：潘稚作竟（镜），幽湅（炼）三商，周刻无极，配象（像）万方，白（伯）牙举乐，众神见（现）容，百精并存，服者吉祥，福禄自从，保子宜孙，位至三公，其师命长。
时代：东汉晚期至三国
著录：《考古》1989（4）第379页图一。

编号：2943
释文：潘稚作镜，幽湅（炼）三商，寿命益长。
时代：东汉晚期至三国
著录：《考古》1992（7）图版捌：2、第668页图二：3；《湖研》图一二七。

编号：2944
释文：潘氏明竟（镜），幽湅（炼）三商，其师命长。
时代：东汉
著录：《武汉》第55页。

编号：2945
释文：潘氏作竟（镜）自有纪，周克（刻）□。
时代：东汉晚期至六朝
著录：《广西》图105。

编号：2946
释文：潘氏作竟（镜）自有纪，大吉矣。
时代：东汉
著录：《武汉》第64页。

147.“彭氏”铭

编号：2947
释文：彭氏作竟（镜）世未有，位至三［公］车生耳，宜孙子，宜。
时代：东汉
著录：《绍兴》第145页。
简注：“彭”字前有起止符号。

148.“迁氏”铭

编号：2948
释文：【外】弜（迁）氏作［镜］自有纪，青龙白虎居左右，神鱼仙人赤松子，八爵（雀）相向法古始，令人长命宜孙子，作吏高迁车生耳，寿而东王父西王母。【内】君宜高官。
时代：东汉至六朝
著录：《文化》图192；《书法》图193；《图集》图433。
简注：“母”字后有起止符号。而，如也。

编号：2949
释文：【外】弜（迁）氏作竟，侯昌安嫝（康）。

【内】君宜高官。
时代：东汉至六朝
著录：《深圳》图134。
简注："安"字减省作"女"。

149."强氏"铭

编号：2950
释文：江出大鱼，鲁有孔子，强氏作镜，名闻万里。以之不然问女（汝）师，长乐未央贾乃始。
时代：东汉早期
著录：《图集》图358。
简注："江"字前有起止符号。"师"省作"帀"。

150."巧氏／工"铭

编号：2951
释文：【外】巧是（氏）明竟（镜）成（诚）快意，左龙右虎四时宜，常保二亲乐毋事，长宜子孙家大福，于（与）君相保常相意（忆）。【内】子丑寅卯辰巳午未申酉戌亥。
时代：新莽至东汉
著录：《小校》卷十五81a；《志稿》第3435页。
简注："四"字作"亖"。

编号：2952
释文：巧师作竟（镜）大毋伤，浮云连出违（卫）四方，白虎辟邪居中央，子孙备具富贵昌，寿如金石宜侯王兮。
时代：东汉早中期
著录：《龙虎》图164。
简注："巧"字减省作"工"。

编号：2953
释文：巧工作竟（镜）大毋伤，浮云连出违（卫）四方，白虎辟邪居中央，长保二亲富贵昌。
时代：东汉早中期
著录：《南阳》图二一九、图版一〇五：1；《图典》B图3.465。
简注："巧"字前有禽鸟纹起止符号。《急就篇》："射魃辟邪除群凶。"颜师古注："射魃、辟邪，皆神兽名。""辟邪，言能辟御妖邪也。"

编号：2954
释文：巧工作竟（镜）大毋伤，浮云连出违（卫）四方，白虎辟邪居中央，长保二亲乐兮。
时代：东汉早中期
著录：《龙虎》图163。

编号：2955
释文：巧工作竟（镜）大毋伤，浮禽连出违（卫）四方，天禄寿福居中央，七子九孙贵富昌，长保二亲宜侯王。
时代：东汉早中期
著录：《深圳》图130。

编号：2956
释文：巧工作竟（镜）大毋伤，浮云连出违（卫）四方，七子九孙居中央，长保二亲富贵昌，寿如金石乐未央。
时代：东汉早中期
著录：《宝鸡》第71页。
简注："巧"字前有起止符号。"七"字误加铸一点，讹似"八"。

编号：2957
释文：巧氏作竟（镜）大毋伤，浮云（云）连出宜四方，七子九孙居中央，多。
时代：东汉早中期
著录：《中原》图50。
简注："七"字误加铸一点，讹似"八"。

编号：2958
释文：巧工作竟（镜），幽湅（炼）金冈（刚）。
时代：东汉
著录：《西安》图58。

151.“秦氏”铭

“秦氏”铭镜目前存世较少，但在分期断代上却有重要的参考价值。根据此镜纹饰及铭文可知：

西汉晚期开始，在纹饰中常见的骑鹿羽人在当时人的观念中可能为崔文子、王子侨等仙人；铭文中出现“凤凰”“大泉”等套语的时代上限可提前至新莽天凤元年之前；同样可以提前至此的还有某氏作镜类铜镜，“新家”铭镜中虽已出现不少铸镜工坊之名，但此镜使其在时间上显然更加精准。

编号：2959

释文：【外】秦中（仲）作镜居咸阳，当法天地日月光，上有仙人予（与）凤皇（凰），含珠持璧食玉英，崔文王侨骑鹿行，昭（照）此镜者家富昌。【中】子丑寅卯辰巳午未申酉戌亥。【内】大泉宜利。

时代：西汉晚期后段至新莽

著录：《绍兴》第115页；《文化》图142；《图集》278；《拓片》图166；《汉雅堂》图81。

简注：“秦”字前有起止符号。“崔文”，即崔文子，“王侨”，即王子乔，皆得道仙人。《搜神记》云：“崔文子者，泰山人也。学仙于王子乔。”《列仙传·崔文子》：“文子世好黄老事，居潜山下，后作黄散赤丸，成石父祠，卖药都市，自言三百岁。后有疫气，民死者万计，长吏之文所请救。文拥朱幡，系黄散以徇人门。饮散者即愈，所活者万计。后去，在蜀卖黄散。”依镜铭所述，此镜中骑鹿羽人当为崔文子或王子侨。

仙人骑鹿或持仙草的观念，亦见于传世文献，曹植《飞龙篇》：“晨游泰山，云雾窈窕。忽逢二童，颜色鲜好。乘彼白鹿，手翳芝草。”王莽执政时多次币制改革，西汉居摄二年铸“一刀平五千”“契刀五百”“大泉五十”与五铢钱并用；始建国元年，废除除“大泉五十”之外的所有钱币，增发“小泉直一”；天凤元年，废大小泉，改置“货布”与“货泉”。镜铭既云“大泉宜利”，当在天凤元年之前。

编号：2960

释文：秦氏作竟（镜）自有纪，除去不羊（祥）宜［贾］市。

时代：东汉早中期

著录：《小校》卷十五42b下；《小檀》卷二14a；《拓影》图68；《志稿》第3341页。

152.“青盖”铭

编号：2961

释文：尚方作竟（镜）大毋伤，巧工刻之成文章，左龙右虎辟不羊（祥），朱鸟玄武顺阴阳，子孙备具居中央，长保二亲乐富昌，寿敝金石如侯王，青盖为志何巨央。

时代：东汉

著录：*ARTIBUS ASIAE*图48；《图集》图349。

简注：“尚”字前有起止符号。

编号：2962

释文：青盖作竟（镜）大毋伤，巧工刻之成文章，左龙右虎辟不羊（祥），朱鸟玄武顺阴阳，子孙备具居中央，长保二亲乐富昌，寿敝金石如侯王兮。

时代：东汉

著录：《鄂城》图24；《鄂州》图73。

编号：2963

释文：青盖作竟（镜）大毋伤，巧工刻之成文章，左龙右虎辟不羊（祥），朱鸟玄武顺阴阳，子孙备具居中央，长保二亲乐富昌，寿敝金石如侯王。

时代：东汉

著录：《西安》图48；《龙虎》图24；/*ARTIBUS ASIAE*图59；《图集》图371；《龙虎》图25。

简注：“青”字前有起止符号。

编号：2964

释文：青盖作竟（镜）大毋伤，巧工刻之成文章，左龙右虎辟不二〈羊〉（祥），朱雀玄武顺阴阳，子孙备具居中央，长保二亲乐富昌，寿敝金石如侯王。
时代：东汉
著录：《龙虎》图11。
简注：“青”字前有起止符号。

编号：2965
释文：青盖作竟（镜）大毋伤，巧工刻之成文章，左龙右虎辟不羊（祥），朱鸟玄武顺阴阳，子孙备具居中央，长保二亲乐富昌。
时代：东汉
著录：《四川文物》2009（1）第88页图一。

编号：2966
释文：青盖作竟（镜）大毋伤，巧工刻之成文章，左龙右虎辟不羊（祥），朱鸟玄武顺阴阳，子孙备具居中央兮。
时代：东汉
著录：《西清》卷三十九33a；/《岩窟》二下第52图；/《龙虎》图62。
简注：“青”字前有起止符号。

编号：2967
释文：青盖作竟（镜）大毋伤，巧工刻之成文章，左龙右虎辟不羊（祥），朱鸟玄武顺阴阳，子孙备具居中央。
时代：东汉
著录：《考古与文物》1983（4）图版贰：3、第32页图七。

编号：2968
释文：青盖作镜大毋伤，左龙右虎辟不羊（祥），朱鸟玄武顺阴阳，子孙备具居中央，长保二亲乐富昌，寿敝石如侯王兮。
时代：东汉
著录：《古今》图136。
简注：“青”字前有起止符号。

编号：2969
释文：青盖作竟（镜）大毋伤，左龙右虎辟不羊（祥），朱鸟玄武顺阴阳，长保二亲乐富昌，寿敝金石如侯王。
时代：东汉
著录：《小校》卷十五58b上；《图典》A图363；《图典》B图3.301。
简注：“青”字前有起止符号。

编号：2970
释文：青盖作竟（镜）大毋伤，左龙右虎辟不常，长保二亲乐未央。
时代：东汉
著录：《固原》图76。

编号：2971
释文：青盖作竟（镜）大毋伤，上［有］奇守（兽）去不羊（祥），宜侯王兮。
时代：东汉
著录：中国嘉德2011梦蝶轩：0768。

编号：2972
释文：青盖作竟（镜）佳且好，子孙番（蕃）息长相保，男封列侯女王妇，寿如金石，大吉。
时代：东汉至三国
著录：《岩窟》二下第50图。
简注：“青”字前有起止符号。铭文多反书。

编号：2973
释文：【外】青盖作竟（镜）真大巧，上有山（仙）人不知老，渴饮玉泉饥食枣，寿如金石，浮游天下敖（遨）四海。【内】富贵昌，宜侯王，乐未央。
时代：东汉
著录：《考古》2009（1）第42页图六。
简注：“饮”“饥”从水。

编号：2974
释文：青盖作竟（镜）真大巧，上有仙人不知老，渴饮玉泉饥食枣，浮油（游）名山采之（芝）草，长保二亲国之保（宝）。
时代：东汉
著录：《文物》1988（7）第95页图二；《广西》图93。
简注：“饮”“饥”从水。

编号：2975
释文：青盖作竟（镜）真大巧，上有山（仙）人不知老，□。
时代：东汉
著录：《文物》1991（4）第56页图二五：1。
简注：反文铸出。

编号：2976
释文：青盖作竟（镜）真大巧，上又（有）山（仙）人兮。
时代：东汉至六朝
著录：《奇觚室》卷十五17a；《小校》卷十60a下；《志稿》第3166页。
简注：“青”字前有起止符号。

编号：2977
释文：青盖陈［氏］作竟（镜）四夷服，多贺国家人民息，胡虏亡威（灭）天下复，风雨时即（节）五谷孰（熟），长保二亲得天力兮，寿未央。
时代：东汉至三国
著录：《龙虎》图67、图69。
简注：“青”字前有起止符号。此镜重出，亦见于“陈氏”铭一节。

编号：2978
释文：青盖陈氏作竟（镜）四夷服，多贺国家人民息，胡虏殄威（灭）天下服（复），风雨时节五谷孰（熟），长保二亲得天力兮。
时代：东汉
著录：《长沙》图95；《图典》B图3.459。
简注：“青”字前有起止符号，“节”字从艹。此镜重出，亦见于“陈氏”铭一节。

编号：2979
释文：青盖陈氏作竟（镜）四夷服，多贺国家人民息，胡虏亡威（灭）天下复，风雨时即（节）五谷孰（熟），长保二亲。
时代：东汉至三国
著录：《龙虎》图68、图72。
简注：“青”字前有起止符号。此镜重出，亦见于“陈氏”铭一节。

编号：2980
释文：青盖陈氏作竟（镜）四夷服，多贺国家〖人民〗息，胡虏皆威（灭）天下服（复），风。
时代：东汉
著录：《湖南》图80；《湖研》图一二二。
简注：此镜重出，亦见于“陈氏”铭一节。

编号：2981
释文：【外】青盖作竟（镜）四夷服，多贺国家人民息，胡虏殄威（灭）天下复，风雨时节五谷孰（熟），长保二亲得天力，位至三公。【内】长宜高官。
时代：东汉
著录：《考古学报》1999（2）图版拾贰：3、第201页图二二：6。
简注：“节”字从艹。

编号：2982
释文：青盖作竟（镜）四夷服，多贺国家人民息，胡虏殄威（灭）天下复，风雨时节五谷孰（熟），长保二亲得天力，寿如金石。
时代：东汉至三国
著录：《止水阁》图107；《图集》图382；《龙虎》图12。
简注：“青”字前有起止符号，“节”字从艹。

编号：2983
释文：青盖作竟（镜）四夷服，多贺国家人民息，胡虏殄威（灭）天下复，风雨时节五谷孰（熟），长保二亲得天力，宜子孙。

时代：东汉至三国

著录：《龙虎》图65。

简注：“青”字前有起止符号，“节”字从艹。

编号：2984

释文：青盖作竟（镜）四夷服，多贺国家人民息，胡虏殄威（灭）天下复，风雨时节五谷孰（熟），长保二亲得天力，大吉昌。

时代：东汉

著录：《桃阴庐》图20。

简注：铭文圈带中置以四带座乳钉。

编号：2985

释文：青盖作竟（镜）四夷服，多贺国家人民息，胡虏殄威（灭）天下复，风雨时节五谷孰（熟），长保二亲得天力，传告后（後）世乐无亟（极）。

时代：东汉至六朝

著录：《华夏考古》2008（3）图版一六：5；/《善斋》镜录卷一63a、63b；《小校》卷十五58b下；《志稿》第3172页；/《龙虎》图61。

简注：“青”字前有起止符号，“节”字从艹。

编号：2986

释文：青盖作竟（镜）四夷服，多/虏殄威（灭）天下复，风雨时节五谷孰（熟），长保二亲得天力，传告后（後）世乐无亟（极）。

时代：东汉

著录：《文物》1991（5）第62页图七；《文物》1992（12）第64页图二。

简注：镜残破。“节”字从艹。

编号：2987

释文：青盖作竟（镜）四夷服，多贺国家［人］民息，胡虏殄威（灭）天下复，风雨时节五谷孰（熟），长保二亲得天力兮。

时代：东汉

著录：《大观》第280页。

编号：2988

释文：青盖作竟（镜）四夷服，多贺国家人民息，胡虏堪（戡）威（灭）天下复，风雨时节五谷孰（熟），长保二亲得天力。

时代：东汉

著录：《历代》图65；《图典》B图3.271。

简注：“青”字前有起止符号。“节”字从艹。

编号：2989

释文：青盖作竟（镜）四夷服，多贺国家人民息，胡虏殄威（灭）天下复，风雨时节五谷孰（熟），长保二亲得天力。

时代：东汉

著录：《收藏家》2020（2）第28页图1；/《湖南》图78；《湖研》图一〇二；/《广陵》图145；《龙虎》图63；/《固原》图104；/《四川》图31；《图典》A图480；《图典》B图3.460；/《四川文物》1992（6）第22页；/《考古》1993（3）第283页图一；《四川文物》1990（3）封二：4；/《浙江》A图96；《浙江》B图94；/《奇觚室》卷十五16a；/《小校》卷十五59a上；《志稿》第3171页上；/《小校》卷十五59a下；《小檀》卷二20a；《拓影》图63；《志稿》第3171页下；/《龙虎》图71；/《龙虎》图64。

简注：“青”字前有起止符号。“节”字从艹。

编号：2990

释文：青盖作竟（镜）四夷服，多贺国家人民安，胡虏殄威（灭）天下复，风雨时节五谷孰（熟），长保二亲得天［力］。

时代：东汉至三国

著录：《博古图》卷二十八32a。

简注：“节”字从艹，“复”“得”皆误摹作“阳”。

编号：2991

释文：青盖作竟（镜）四夷服，多贺君家人民息，胡虏殄威（灭）天下复，风雨时节五谷孰（熟），长保二亲兮。

时代：东汉至三国

著录：《岩窟》二下第51图。

简注： 传山东出土。“青”字前有起止符号，“节”字从艹。

编号： 2992

释文： 青盖作竟（镜）四夷服，多贺国家人民息，胡虏殄威（灭）天下服（复），风雨时节五谷孰（熟），长保二。

时代： 东汉

著录：《文物》1985（5）第6页。

简注：“青”字前有起止符号，“节”字从艹。

编号： 2993

释文： 青盖作竟（镜）四夷服，多贺国家人民息，胡虏殄威（灭）天下复，风雨时节五谷孰（熟）成兮。

时代： 东汉至西晋

著录：《湖研》图一二一。

简注：“青”字前有起止符号，“节”字从艹。

编号： 2994

释文： 青盖作竟（镜）四夷服，长保二亲人民息，多贺国家天下复，胡虏殄威（灭）五谷孰（熟）兮。

时代： 东汉至三国

著录： 中国嘉德2004第82期：2531。

简注：“青”字前有起止符号，“节”字从艹。

编号： 2995

释文： 青盖作竟（镜）四夷服，多贺国家人民息，胡虏殄威（灭）天下复，风雨时节五谷孰（熟）。匠人服。

时代： 东汉

著录：《江汉考古》1991（4）第37页。

简注：“节”字从艹。

编号： 2996

释文： 青盖作竟（镜）四夷服，多贺国家人民息，胡虏殄威（灭）天下复，风雨时节五谷孰（熟）。

时代： 东汉

著录：《龙虎》图66。

简注：“节”字从艹。

编号： 2997

释文： 青盖作竟（镜）四夷服，多贺国家人民息，胡虏□天下复，风云时［节］。

时代： 东汉至三国

著录：《小校》卷十五59b上；《志稿》第3168页。

简注：“天”前之字残泐不清，似“遁”，又似“威”，“云”疑为“雨”字误置。

编号： 2998

释文： 青盖作竟（镜）四夷服，多贺国家人民息，胡虏殄威（灭）天下复，宜子。

时代： 东汉

著录：《湖南》图79；《湖研》图一二〇；《全集》图78；《龙虎》图70。

编号： 2999

释文： 青盖作竟（镜）四夷服，多贺中国人民息，云雨时节五谷孰（熟）。

时代： 东汉

著录：《江汉考古》1988（4）第135页。

简注：“青”字前有起止符号，“息”字讹变，“节”字从艹。

编号： 3000

释文： 青盖作竟（镜）四夷服，多贺[国]家人民息，胡虏兮。

时代： 东汉

著录：《鄂州》图61。

简注：“青”字前有起止符号。

编号： 3001

释文： 青盖作竟（镜）自有纪，辟去不羊（祥）宜古（贾）市，长保二亲利孙子，为吏曾（增）秩寿命久。

时代： 东汉

著录：《考古》1985（5）第443页图二一：右。
简注：“青”字前有起止符号。

编号：3002
释文：青盖作竟（镜）自有纪，辟去不羊（祥）宜古（贾）市，长保二亲利孙子，为吏高官寿命久。
时代：东汉
著录：《考古与文物》1982（2）第29页图六；/《浙江》B图95；/《西清》卷三十九31a、31b；/《金石索》卷六第53页上；/《金石索》卷六第53页下；/《奇觚室》卷十五14b；/《小檀》卷二19b；《拓影》图64；《小校》卷十五59b下；《志稿》第3169页；/《善斋》镜录卷一64a、64b；《小校》卷十五60a上。
简注 “青”字前有起止符号。

编号：3003
释文：青盖作竟（镜）自有纪，辟去不羊（祥）宜古（贾）市，长保二亲利孙子，寿。
时代：东汉
著录：《古今》图109。
简注：“青”字前有起止符号。

编号：3004
释文：青盖作竟（镜）自有纪，辟去不羊（祥）宜古（贾）市，长保二亲利孙子兮。
时代：东汉
著录：《文物》1992（1）第93页图一。

编号：3005
释文：青盖作竟（镜）自有纪，辟去不羊（祥）宜古（贾）市，长保二亲。
时代：东汉
著录：《文物》1972（11）第47页图一九。

编号：3006
释文：青盖作竟（镜）自有纪，辟去不羊（祥）宜古（贾）市，为吏高官寿命久兮。
时代：东汉
著录：《千秋》第213页下。

编号：3007
释文：青盖作竟（镜）自有纪，辟去不羊（祥）宜古（贾）市，长保亲二寿命久，保子宜孙得好［妇］，为吏高官车生耳。
时代：东汉
著录：《镜录》卷中14a；《陈介祺》图144；《志稿》第3170页；《国图》第136页。
简注：“青”字前有起止符号。“亲二”错乙。

编号：3008
释文：青盖［作镜］自有纪，辟去不羊（祥）宜古（贾）市，长保二亲寿命久。
时代：东汉至三国
著录：《岩窟》二下第49图。
简注：“青”字前有起止符号。

编号：3009
释文：青盖作竟（镜）自有纪，羊（祥）吉清明利父母，长宜兄弟兮。
时代：东汉
著录：《江汉考古》1992（2）第95页图三。
简注：镜已破碎。

编号：3010
释文：青盖作竟（镜）世中未曾有，东王公西王母，仙人辟邪奉之（芝）草，服此竟（镜）者寿命长兮，大吉利。
时代：东汉
著录：《清爱堂》图122。
简注：“邪”字从艹，铭文多反书。

编号：3011
释文：青盖作竟（镜）世未有，位至王公交车生耳，寿而金石西王母兮。
时代：东汉
著录：*ARTIBUS ASIAE*图68；《图集》图366。

编号：3012
释文：青盖作竟（镜）大毋有，位［至］三公交车生［耳］，长石兮。
时代：东汉至六朝
著录：《镜录》卷中15a；《志稿》第3167页。
简注："青"字前有起止符号。"大"，善也。"长石"疑为"寿命长兮如金石"之省。

编号：3013
释文：青盖作竟（镜）自有憙（喜），宦至三公中尚（常）侍，长保二亲得天力，子孙千人皆贵富兮。
时代：东汉中晚期
著录：《中古》第42页。
简注："青"字前有起止符号。

编号：3014
释文：青盖▯，同（铜）出雒阳，君主如此大无伤，八子九孙在高堂，吉利。
时代：东汉
著录：《鄂州》图93。
简注：镜残缺。"青"字前有起止符号。

编号：3015
释文：【外】青盖明竟（镜）以发阳，揽覩四方昭（照）中英（央），朱鸟玄武师（狮）子翔，左龙右虎辟不羊（祥），子孙备具居中英（央），长保二亲乐未尝（央）。【内】三章和湅（湅），吉时日□，天王日月，子孙富昌，白（伯）牙作昌（倡），众羲主阳，世得光明，生如金石，服者大吉，宜侯公王，命攸（修）长矣，主阳众羲。
时代：东汉至六朝
著录：《镜录》卷中14b；《志稿》第3173页。
简注：内圈最后一句"主阳众羲"错乙。

编号：3016
释文：【外】青盖明竟（镜）以发阳，揽于四方照中英（央），朱鸟玄武师（狮）子祥（翔），左龙右虎。【内】正元作竟（镜）明三日宜。
时代：东汉晚期至三国
著录：《浙江》A图75；《浙江》B图78。

编号：3017
释文：青盖明竟（镜），统德序道，福禄是从，衔持维刚（纲），敬奉贤良，子孙番（蕃）昌，其师命长，配者公卿，照者老寿，富贵安宁。
时代：东汉至六朝
著录：北京保利2012春拍：0053。

编号：3018
释文：青盖作镜，服者君卿，其师命长，富贵番（蕃）昌，奉祀三皇。
时代：东汉
著录：《中镜》图151；《图典》B图3.479。

编号：3019
释文：【内】青盖明镜，幽炼宫商，服者公卿，其师命长。【外】吉羊（祥）。
时代：东汉
著录：《止水阁》图116；《图集》图383。

编号：3020
释文：青盖作镜，幽湅（炼）周商，曾（增）年益寿，□□□□，□□□□。
时代：东汉中晚期
著录：《博古图》卷二十八34a。

编号：3021
释文：青盖作镜，幽湅（炼）金商，富贵且昌。
时代：东汉中晚期
著录：《奇觚室》卷十五15a；/《小校》卷十五60b上。

编号：3022
释文：青盖作竟（镜），幽湅（炼）金商，富昌。
时代：东汉至六朝
著录：《文物》2005（10）第49页图五；/《千秋》第267

页下；《中镜》图123；/《善斋》镜录卷一65a、65b；《小校》卷十五60b下；《志稿》第3165页。

编号：3023
释文：青盖作竟（镜）兮。
时代：东汉至六朝
著录：北京祥云轩2011“千秋金鉴”：1019。

编号：3024
释文：青盖。
时代：东汉至六朝
著录：《旅顺》图65；/《收藏家》2020（2）第34页图13；/《考古与文物》1988（4）第97页图三：2；/《陕西》图99；/《考古与文物》1983（4）图版贰：4、第30页图一：2；《千秋》第254页上；/《西安》图56；/《四川文物》1993（6）第72页；/《博古图》卷二十九25a；/《金石索》卷六第54页；/《岩窟》二下第54图；/《志稿》第3164页；《小檀》卷二19a；《拓影》图65；《善斋》镜录卷一66a、66b；《小校》卷十五61a上；/《善斋》镜录卷一67a、67b；《小校》卷十五61b下/《小校》卷十五61b上；/《小校》卷十五62a上；/《小校》卷十五62a下；/《小校》卷十五62b上；/《龙虎》图73；/《深圳》图131；《龙虎》图74。

153.“青龙作镜”铭

编号：3025
释文：青龙作竟（镜）自有常，长保二亲宜侯王，辟去凶恶追不羊（祥），乐未央兮。
时代：东汉早中期
著录：《陈介祺》图122；《簠斋》第35—36页；《国图》第126页；/：*ARTIBUS ASIAE*图67；《图集》图365。
简注：“青”字前有起止符号。《说文》：“追，逐也。”追不祥，即逐去不祥之意。

编号：3026
释文：青龙作竟（镜）世未有，白虎辟邪保父母，仙人天鹿寿命久，令君阳遂宜古（贾）市，子孙三百兮。
时代：东汉早中期
著录：《龙虎》图141。
简注：“青”字前有起止符号。

154.“青胜”铭

编号：3027
释文：青胜作竟（镜）大毋伤，左龙右虎辟不羊（祥），朱鸟玄武顺阴阳，子孙备具居中央，长保二亲乐富昌，寿而金石宜侯王，四。
时代：东汉早中期
著录：《旅顺》图64。

编号：3028
释文：青胜作竟（镜）四夷服，多贺国家人民息，胡虏殄威（灭）天下复，风雨时五谷孰（熟），长保二亲得天力，传告后（後）世乐无亟（极）兮。
时代：东汉早中期
著录：《龙虎》图75①；/《龙虎》图76。
简注：“青”字前有起止符号。“节”字从艹。

编号：3029
释文：青胜作竟（镜）四夷服，多贺国家人民息，胡虏殄威（灭）天下复，风雨时节五谷孰（熟），长保二亲得天力，传告后（後）世乐无亟（极）。
时代：东汉早中期
著录：《中原》图76；/《龙虎》图13。
简注：“青”字前有起止符号，“节”字从艹。

编号：3030
释文：青胜作竟（镜）四夷服，多贺国家人民息，胡虏殄威（灭）天下复兮。

① “复”字从日。

时代：东汉早中期
著录：《金石索》卷六第56页；/《小校》卷十五62b下；《小檀》卷二21a；《拓影》图67。

155.“青羊”铭

编号：3031
释文：青羊作竟（镜）大毋伤，巧工刻之成文章，左龙右虎辟不羊（祥），朱鸟玄武顺阴阳，长保二亲乐富昌，寿如东王父西王母，长予天地相保守兮。
时代：东汉
著录：《四川文物》2019（3）封三：2、第33页图二〇。
简注：东汉晚期墓出土（M2：12）。“青”字前有起止符号。

编号：3032
释文：青羊作竟（镜）大毋伤，巧工刻之成文章，左龙右虎辟不羊（祥），朱鸟玄武顺阴阳，子孙备具居中央，长保二亲乐富昌兮。
时代：东汉早中期
著录：《竟景》图一。

编号：3033
释文：青羊作竟（镜）大毋伤，巧工刻之成文章，左龙右虎辟不羊（祥），朱鸟玄武顺阴阳，子孙备具居中央兮。
时代：东汉晚期至六朝
著录：《岩窟》二下第52图。
简注：“青”字前有起止符号。

编号：3034
释文：青羊作竟（镜）大毋伤，巧工刻之成文章兮。
时代：东汉
著录：《岩窟》二下第48图。
简注：“青”字前有起止符号，“伤”字减省作“昜”。

编号：3035
释文：青羊作竟（镜）大无伤，左仓（苍）龙右白虎辟不［祥］。
时代：东汉早中期
著录：《旅顺》图47。

编号：3036
释文：青羊作竟（镜）四夷服，多贺国家人民息，胡虏殄威（灭）天下复，风雨时节五谷孰（熟），长保二亲得天力，传告后（後）世乐无亟（极）。
时代：东汉早中期
著录：《澄秋馆》68a；《志稿》第3412页。
简注：“青”字前有起止符号，“节”字从艹。

编号：3037
释文：青羊作竟（镜）四夷服，多贺国家人民息，胡虏殄威（灭）天下复，风雨时节五谷孰（熟），长保二亲得天力，乐无亟（极）。
时代：东汉早中期
著录：《四川文物》2005（5）第12页图七、图版肆：3。
简注：“青”字前有起止符号，“节”字从艹。

编号：3038
释文：青羊作竟（镜）四夷服，多贺国家民人息，胡虏殄威（灭）天下复，风雨时节五谷孰（熟），传告后世得天福。
时代：东汉早中期
著录：《金石索》卷六第55页。
简注：“青”字前有起止符号，“节”字从艹。

编号：3039
释文：青羊[作]竟（镜）四夷服，多贺国家［人］民息，胡虏殄威（灭）天下复，风雨时［节］五谷孰（熟），得天力。
时代：东汉早中期
著录：《小校》卷十五68a上；《志稿》第3411页。
简注：“青”字前有起止符号。

编号：3040
释文：青羊作竟（镜）四夷服，多贺国家民人息，胡虏殄威（灭）天下复，风雨时节五谷孰（熟）成兮。
时代：东汉早中期
著录：《龙虎》图108。
简注：“青”字前有起止符号，“节”字从艹。

编号：3041
释文：青羊作竟（镜）四夷服，多贺国家人民息，胡虏殄威（灭）天下复，风雨时节五谷孰（熟）。
时代：东汉至三国
著录：《岩窟》二下第46图。
简注：“节”字从艹。

编号：3042
释文：青羊作竟（镜）四夷服，多贺国家民人［民］息，胡虏殄威（灭）天下复兮。
时代：东汉早中期
著录：《龙虎》图109。

编号：3043
释文：青羊作竟（镜）四夷威（灭），多贺国家人民息，风雨时节五谷孰（熟），长保二亲得天力。
时代：东汉至三国
著录：《岩窟》二下第47图。
简注：“青”字前有起止符号，“节”字从艹。

编号：3044
释文：【外】青羊宋氏作竟（镜）佳且［好］，明［如日］月予世保（宝），东王公西王母，山（仙）人子桥（侨）不知老，舟（周）由（游）天下之四海，乐无亟（极）。【内】东王公。
时代：东汉早中期
著录：《阳羡》图128。
简注：疑“宋氏”为青羊所属镜师。此镜重出，亦列于“宋氏”铭一节。

编号：3045
释文：青羊作竟（镜）佳且好兮。
时代：东汉
著录：《陈介祺》图137；《镜录》卷中12a；《国图》第183页；《图典》A图481；《图典》B图3.461。
简注：“青”字前有起止符号。

编号：3046
释文：青羊作竟（镜），服者公卿，长年益寿，富贵番（蕃）昌，其师命长。
时代：东汉晚期
著录：《尊古斋》第77页。

编号：3047
释文：青羊作竟（镜），四禽设形，其师唐信，服者富昌。
时代：东汉晚期
著录：《西甲》卷十九57a；《故宫》G图63。

编号：3048
释文：青羊作竟（镜），而公服者。
时代：东汉晚期
著录：北京保利2011秋拍：7613。

编号：3049
释文：青羊作竟（镜）自有纪，辟去不羊（祥）宜古市，长保二亲。
时代：东汉至六朝
著录：《大同》第4页。

编号：3050
释文：青羊作竟（镜）利古（贾）市。
时代：东汉
著录：《洛华》图88。

编号：3051
释文：青羊作竟（镜）。
时代：东汉晚期

著录：《考古》1987（6）第570页图一、图二。

编号：3052
释文：青羊竟（镜）。
时代：东汉早中期
著录：《考古与文物》1989（1）第41页图十：3。

编号：3053
释文：青羊作。
时代：东汉至六朝
著录：《龙虎》图51；/《古竟景》图八；/《岩窟》二下第76图。

编号：3054
释文：青羊为志。
时代：东汉
著录：《乾坤》图30；《龙虎》图112；/《龙虎》图111。

编号：3055
释文：青羊志兮。
时代：东汉早中期
著录：《浙江》A图98；《浙江》B彩图55；《越地》第157页左上。

编号：3056
释文：青羊。
时代：东汉
著录：《考古》2003（9）第40页图四、《四川文物》2000（6）插页四：3[①]；/《龙虎》图110。

156. "荣氏"铭

编号：3057
释文：荣氏作竟（镜）四夷服，多贺君家人民息，胡虏殄威（灭）天下复，子孙力。
时代：东汉
著录：《龙虎》图149。

编号：3058
释文：荣氏［作］竟（镜）佳且好，明而日月世少有，宜子孙兮。
时代：东汉
著录：《鄂城》图120；《鄂州》图92；《图典》A图448；《图典》B图3.421。
简注：镜缘外有针刻文字"番琚镜徊二尺一寸""米"。徊，指周长，二尺一寸约合今50.6厘米，此镜实际周长为51.18厘米，相差不大。

157. "三王"铭

编号：3059
释文：三王作竟（镜），调（周）刻容皃（貌），左右龙虎，除辟不羊（祥），服者长生，其师万福。
时代：东汉至三国
著录：《镜录》卷中27b；《图典》A图492；《图典》B图3.480。
简注："貌"字减笔。

编号：3060
释文：三王作竟（镜），众异寡双，服者公侯，调（周）刻皃（貌）容，龙虎辟羊（祥）。
时代：东汉至三国
著录：《国图》第162页。

编号：3061
释文：三王作竟（镜）自有道，服者宜无（无）九卿吴（虞）兮。
时代：东汉至六朝
著录：《陈介祺》图155；《簠斋》第79页；《国图》第166页。
简注："九卿"误置于"无吴"之间。

① 东汉早期至中期偏早墓出土（M1：3）。

编号：3062
释文：三王作竟（镜）明而青（清），服者宜无（无）昊（虞）。
时代：东汉至六朝
著录：《鄂城》图103；《鄂州》图125；《图典》A图423。

编号：3063
释文：三王善作明镜。
时代：东汉到六朝
著录：《岩窟》二下第74图。

158.“三乌”铭

编号：3064
释文：三乌作竟（镜）与众异，朱（诸）子百孙顺天力，贵至三公尚（常）得意，寿如金石乐无极。
时代：东汉至三国
著录：《桃阴庐》图19。

159.“三羊”铭

编号：3065
释文：三羊作竟（镜）大无伤，八子九孙宜王侯，大富昌，乐未央。
时代：东汉晚期
著录：《考古学报》1984（1）第98页图四四：12。

编号：3066
释文：三羊作竟（镜）大毋伤，令人富贵乐未央。
时代：东汉早中期
著录：《镜录》卷中13a；《志稿》第3239页。
简注："三"字前有起止符号，"乐"字减笔。

编号：3067
释文：三羊作竟（镜）大毋伤，巧工刻之成文章，乐未央。
时代：东汉早中期
著录：《龙虎》图130。

编号：3068
释文：三羊作竟（镜）大毋伤，巧工刻之成文章兮。
时代：东汉早中期
著录：《武汉》第78页。

编号：3069
释文：三羊作竟（镜）大毋伤兮。
时代：东汉
著录：《孝感》图56[①]；/《古竟景》图七；/《千镜堂》图155。

编号：3070
释文：三羊作竟（镜）真大不伤。
时代：东汉早中期
著录：《陈介祺》图140；《簠斋》第37页；《国图》第140页。

编号：3071
释文：三羊作竟（镜）真大巧，上有东王父西王母，渴饮玉泉兮。
时代：东汉早中期
著录：《龙虎》图30。
简注："三"字前有起止符号，"饮""泉"从水。

编号：3072
释文：三羊作竟（镜）真大巧，上有山（仙）人不知老，宜孙子，吉。
时代：东汉到三国
著录：《岩窟》二中第56图。
简注："三"字前有起止符号，"巧"字减省作。

编号：3073
释文：三羊作竟（镜）真大巧，上有山（仙）人不知

---
① "大"字倒置。

老，寿如金石兮。
时代：东汉
著录：北京保利2019秋拍：5226。
简注：“三”字前有起止符号。

编号：3074
释文：三羊作竟（镜）真大巧，上有山（仙）人不知老兮。
时代：东汉早期
著录：《岩窟》二中第81图；/《清爱堂》图113。
简注：“巧”字减省。

编号：3075
释文：三羊作竟（镜）真大巧，上有天守（兽）不知老矣兮。
时代：东汉早中期
著录：《龙虎》图131。
简注：“三”字前有起止符号。

编号：3076
释文：三羊作竟（镜）真工大巧兮。
时代：东汉早中期
著录：《鄂城》图63；《鄂州》图78。

编号：3077
释文：三羊作竟（镜）真大巧兮。
时代：东汉早中期
著录：《中原文物》1994（2）第28页。

编号：3078
释文：三羊作竟（镜）真大工，长宜子孙乐未央。
时代：东汉早中期
著录：《止水阁》图109；《龙虎》图132。
简注：“三”字前有起止符号。

编号：3079
释文：三羊作竟（镜）真。
时代：东汉早中期
著录：《大观》第111页。

编号：3080
释文：三羊作竟（镜）自宜古（贾）市兮。
时代：东汉早中期
著录：《小校》卷十五68b下；《志稿》第3238页。

编号：3081
释文：三羊作竟（镜）四萬（夷）服，多贺国家人民息，胡虏殄威（灭）天下复，风雨时节五谷孰（熟），长保二亲得天力，传告后（後）世乐毋亟（极）。
时代：东汉至六朝
著录：《桃华盦》图28；《久保惣》A图68；《久保惣》B图68；《志稿》第3240页。
简注：“三”字前有起止符号。“节”字从艹，“多”“民”“力”“后”反书。

编号：3082
释文：三羊作竟（镜）四夷服，胡虏殄威（灭）天下复，多贺百姓人民息，风雨时节五谷孰（熟），长保［二］亲乐未央，宜侯王兮。
时代：东汉早中期
著录：《小檀》卷二21b；《拓影》图66；《小校》卷十五68b上。
简注：“三”字前有起止符号，“节”字从艹。

编号：3083
释文：三羊作竟（镜）四夷服，多贺百姓人民息，胡虏殄威（灭）天下复，风雨时节五［谷］孰（熟），⧄兮。
时代：东汉早中期
著录：《常德》图71。
简注：“节”字从艹。

编号：3084
释文：【外】三羊作竟（镜）自［有］纪，明而日月善未有，令人大富保［父］母，五男四女凡九子，女宜贤夫，男得好妇兮。【内】长宜子孙。
时代：东汉至六朝

著录：《尊古斋》第79页；《陈介祺》图69；《簠斋》第38—39页；《图集》图394；《国图》第169页。

编号：3085

释文：【外】三羊作竟（镜）自有己（纪），余（除）去不羊（祥）宜古（贾）市，上有东王［父］西王母，山（仙）人子赤容（松）子，/。【内】三羊作竟（镜）自有己（纪），余（除）去兮。

时代：东汉晚期

著录：《湖研》图一二四。

编号：3086

释文：三羊作竟（镜）自有纪，除去不羊（祥）宜古（贾）市，上有东王父西王母，君宜子。

时代：东汉早中期

著录：《鄂城》图118；《鄂州》图91；《图典》A图450；《图典》B图3.423。

编号：3087

释文：三羊作竟（镜）自有纪，除去不［祥］宜古（贾）市，上有东王父西王母。

时代：东汉早中期

著录：《鄂城》图119；《鄂州》图90；《图典》A图449；《图典》B图3.422。

简注：铭文间有后刻的字，其中有的字刻后又划掉，内容合为：“□人竟（镜）六寸半”。

编号：3088

释文：【外】三羊作竟（镜）自有纪，除去不羊（祥）宜古（贾）市，令人长命不知老，长保二亲。【内】君长宜官。

时代：东汉

著录：《清艺》第123页；《止水阁》图120；《拓片》图215；《图集》图395。

编号：3089

释文：三羊作竟（镜）自有纪，除去不羊（祥）宜古（贾）市。

时代：东汉

著录：《长沙》图109。

编号：3090

释文：三羊作竟（镜）自有纪，除去不羊（祥），大吉。

时代：东汉

著录：《江汉考古》2010（3）第50页图六：2。

编号：3091

释文：三羊作竟（镜）自［有］纪，立（位）至三公，王兮。

时代：东汉中期

著录：《文物》1955（6）第63页插图三；《广州》图二七八：9、图版一七一：5；《图典》A图425；《图典》B图3.382。

简注：广东省广州市东郊东汉中期墓出土（5080：146）。

编号：3092

释文：三羊作竟（镜）自有纪，王兮。

时代：东汉

著录：《广西》图97。

编号：3093

释文：三羊作竟（镜）自有纪。

时代：东汉

著录：《鄂城》图68；《鄂州》图83[1]；/《江汉考古》1990（2）图版壹：5；《孝感》图30；/《孝感》图59。

编号：3094

释文：三羊作竟（镜）自有纪，除去不羊（祥）。

时代：东汉

① “三”字前有起止符号，亦有可能为“王”字减笔。“纪”字部分笔画漏铸，形似“人”字，参照《广西》图97可知。

著录：《郴州》第53页。

编号： 3095
释文：【外】三羊作明竟（镜）自有方，白同（铜）明清复多光，得此竟（镜）者家富昌，五男二女宜侯王，生如山石寿命长，五谷大孰（熟）皆满仓，姐妹百人宜牛羊，传后子孙乐未央，天王日月。【内】吾作明竟（镜），长宜高官，位至三公。
时代： 东汉到三国
著录：《武汉》第74页。

编号： 3096
释文： 三羊作竟（镜）自有方，上有四守（兽）辟去不羊（祥），吉。
时代： 东汉至六朝
著录：《陈介祺》图167；《岩窟》二下第77图；《镜录》卷中13b；《尊古斋》第78页。
简注："辟"字笔画有减省。

编号： 3097
释文： 三羊作竟（镜）自有方，除去不羊（祥）。
时代： 东汉
著录：《武汉》第62页上。

编号： 3098
释文： 三羊作竟（镜）自有制，上东，长命，王，令人兮。
时代： 东汉
著录：《广西》图98；《文物》1990（1）图版伍：5。
简注："上东，长命，王，令人兮"，疑为"上［有］东王［公］，令人长命兮"错乙。

编号： 3099
释文： 三羊作竟（镜）自有口，有东王兮。
时代： 东汉
著录：《宝鸡》第75页。

编号： 3100
释文： 三羊作竟（镜）自口，柬（炼）幽昌商宫吉。
时代： 东汉晚期
著录：《鄂州》图100。
简注："柬（炼）幽昌商宫吉"，疑为"幽柬（炼）宫商，吉昌"的错乙。

编号： 3101
释文：【内】三羊乍（作），大富昌，宜侯王，乐未央，其命长兮。【外】吾乍（作）明竟（镜），幽湅（炼）三商，巧工。
时代： 东汉晚期至六朝
著录：《岩窟》二下第78图。
简注："明"字减省仅剩"目"形。

编号： 3102
释文： 三羊乍（作），大吉昌，宜牛羊，乍（作）吏高［迁］。
时代： 东汉
著录：《千秋》第268页。

编号： 3103
释文： 三羊作竟（镜）宜子孙。
时代： 东汉
著录：《考古》1988（10）图版陆：2、第915页图一一：下右。

编号： 3104
释文： 三羊至官。士（仕）至三公。
时代： 东汉
著录：《鄂城》图38。
简注： 镜残缺。

编号： 3105
释文： 三羊至官。位至三公。
时代： 东汉
著录：《常德》图69。

编号：3106

释文：主至三羊。

时代：东汉至六朝

著录：《郴州》第61页；/《小校》卷十六7a左下；《志稿》第3180页。

160.“上方”铭

编号：3107

释文：上方作竟（镜）佳且好，明而日月世少有，刻治今（禽）守（兽）悉皆在，长保二亲宜孙子。

时代：东汉早中期

著录：《小校》卷十五35a上；《志稿》第3289页。

简注：“上”“孙”反书。

编号：3108

释文：上方作竟（镜）佳且好，明而日月世少有，刻治今（禽）守（兽）悉皆在，长二保二亲（亲）矣。

时代：东汉早中期

著录：《陈介祺》图版141；《簠斋》第23页；《国图》第146页；《岩窟》二下第57图；/《陈介祺》图142；《簠斋》第24页；《国图》第145页；《岩窟》二下第58图；/《龙虎》图161。

简注：“上”字前有起止符号。“长”字后衍一“二”字。

编号：3109

释文：上方作竟（镜）佳且好，明而日月世少有，刻治今（禽）守（兽）悉皆在，长保二亲矣。

时代：东汉早中期

著录：《收藏家》2020（2）第28页图3。

简注：“上”字前有起止符号。

编号：3110

释文：上方作竟（镜）佳且好，明而日月世少有，刻治今（禽）守（兽）悉皆在，大吉阳（祥）矣。

时代：东汉早中期

著录：《文物》1989（5）第87页图五。

编号：3111

释文：上方作竟（镜）佳且好，明而日月世少有，刻治今（禽）守（兽）悉皆在，大吉矣。

时代：东汉早中期

著录：《六安》图121；《寿县》图96。

编号：3112

释文：上方作竟（镜）佳且好，明而日月世少有，大富贵，宜孙子，大吉阳（祥）兮。

时代：东汉早中期

著录：《金石索》卷六第14页；/《拓影》图49。

简注：“上”字前有起止符号。

编号：3113

释文：上方作竟（镜）佳且好，明而日月世少有，纪，上有仙人赤松子。

时代：东汉早中期

著录：《金石索》卷六第13页。

简注：此铭文多反书。

编号：3114

释文：上方作竟（镜）佳且好，明如日月世之保（宝），白虎辟邪主除道，渴饮玉泉饥食枣，子孙备具长相保兮。

时代：东汉早中期

著录：江苏实成2011秋拍：0440。

简注：“上”字前有起止符号。“邪”字从艹。

编号：3115

释文：上方作竟（镜）自有纪，长宜子孙世少有。

时代：东汉早中期

著录：《善斋》镜录卷一44a、44b；《小校》卷十五35a下；《志稿》第3276页。

简注：“方”“纪”“少”反书。

编号：3116

释文：上方作竟（镜）自有纪，除去非洋（祥）宜子孙兮。
时代：东汉早中期
著录：《文物》2002（12）第91页图四。

编号：3117
释文：上方作竟（镜）自有已（纪），辟去不羊（祥）宜古（贾）市兮。
时代：东汉
著录：《孝感》图47。

编号：3118
释文：上方作竟（镜）自有已（纪），余（除）去不羊（祥）宜古（贾）市兮。
时代：东汉早中期
著录：《清爱堂》图118。

编号：3119
释文：上方作竟（镜）自有纪，除去不羊（祥）宜古（贾）市。
时代：东汉早中期
著录：《考古》1966（3）第143页图八：1；《寿县》图75；/《考古》1966（3）第143页图八：5；/《越地》第153页上；《浙江》B图47。

编号：3120
释文：上方作竟（镜）自有纪，羊〈除〉［去］不羊（祥）宜古（贾）［市］。
时代：东汉
著录：《泉屋》图66。

编号：3121
释文：上方乍（作）竟（镜）自有纪，除去［不祥］宜古（贾）市。
时代：东汉中晚期至三国
著录：《岩窟》二下第6图。
简注："上""方"反书。

编号：3122
释文：上方乍（作）竟（镜）［自有］已（纪），除去不羊（祥）［宜］古（贾）市。
时代：东汉中晚期至三国
著录：《小檀》卷二5a；《小校》卷十五36a上；《拓影》图33；《志稿》第3275页。
简注："上""方"反书。

编号：3123
释文：上方作竟（镜）自有纪，羊（祥）吉宜古（贾）市。
时代：东汉至三国
著录：《孝感》图50。

编号：3124
释文：上方作竟（镜）自有纪，除不羊（祥），大吉。
时代：东汉
著录：《镜鉴》图版17。

编号：3125
释文：上方作竟（镜）自有纪，明而日月世少［有］，大吉富贵，宜古（贾）市。
时代：东汉中晚期
著录：《六安》图84。
简注："上"字反书。

编号：3126
释文：上方作竟（镜）自有方，明如日月世［少］有，上有东王父西王母，五男四女九子母，男王侯女王［妇］，长宜。【内】君长高官。
时代：东汉中晚期
著录：《书法》图189；《图集》393。
简注：铭文多反书。

编号：3127
释文：上方乍（作）竟（镜）自有道，青龙白虎左右。
时代：东汉至三国
著录：《桃华盦》图43下；《久保惣》A图53；《久保惣》B图53。

编号：3128
释文：上方乍（作）竟（镜）真大好，青龙白虎宜子。
时代：东汉早中期
著录：《国图》第117页。

编号：3129
释文：上方乍（作）竟（镜）自有道，青龙白虎［宜］子。
时代：东汉
著录：《陈介祺》图120；《簠斋》第80页。

编号：3130
释文：上方乍（作）竟（镜）真大巧，青龙白［虎宜］子。
时代：东汉早中期
著录：《簠斋》第26页；《国图》第121页。
简注：“巧”字减省作“工”。

编号：3131
释文：上方乍（作）竟（镜）真大巧，白［虎宜］子。
时代：东汉早中期
著录：《陈介祺》图113；《国图》第122页。

编号：3132
释文：上方作竟（镜）真大巧，长宜子孙。
时代：东汉早中期
著录：《陈介祺》图118；《簠斋》第25页。
简注：“上”字前有起止符号。

编号：3133
释文：上方乍（作）竟（镜）真大巧，长宜子。
时代：东汉至三国
著录：《岩窟》二中第69图；《国图》第124页。
简注：“上”“方”反书。“巧”字减省作“工”。

编号：3134
释文：上方乍（作）竟（镜）真大巧，宜子。
时代：东汉早中期
著录：《陈介祺》图112；《簠斋》第27页；《国图》第120页；《小校》卷十五35b上。
简注：“巧”字减省作“工”。

编号：3135
释文：上方乍（作）竟（镜）真大巧，子兮。
时代：东汉早中期
著录：《陈介祺》图111；《簠斋》第28页；《国图》第118页；《小校》卷十五35b。
简注：“巧”字减省作“工”。

编号：3136
释文：上方乍（作）巧，大吉，天王。
时代：东汉中晚期至三国
著录：《岩窟》二中第89图。
简注：“巧”字减省作“工”。

编号：3137
释文：上方作，见神人，食央（英）玉，饮澧（醴）泉，驾交（蛟）龙，乘浮云。
时代：东汉
著录：《博古图》卷二十八15a。
简注：“玉英”错乙。

161.“邵氏”铭

编号：3138
释文：邵氏作竟（镜），富贵宜子，大吉羊（祥）矣。
时代：东汉中晚期
著录：《金石索》卷六第26页。

162.“石氏”铭

编号：3139
释文：石氏作竟（镜）四夷服，多贺国家人民息，胡虏殄威（灭）天下复，风雨节时五谷孰（熟），长保二亲得天力，传告后世兮乐毋亟（极），买此镜者富贵昌。
时代：东汉至六朝

著录：《千石》图149；《龙虎》图20。
简注："石"字前有起止符号。"节"字从艹。

编号：3140
释文：石氏作竟（镜）四夷服，多贺国家人民息，胡虏殄威（灭）天下复，风雨节时五谷孰（熟），长保二亲子孙力，传之后（後）世兮乐毋亟（极），寿。
时代：东汉至六朝
著录：《龙虎》图196。
简注："石"字前有起止符号。"节"字从艹。

编号：3141
释文：石氏作竟（镜）四夷服，多贺国家人民息，胡虏殄威（灭）天下复，风雨节时五谷孰（熟），长保二亲得天力，传告后世乐无亟（极）。
时代：东汉早中期
著录：《乾坤》图29。
简注："石"字前有起止符号。"节"字从艹。

编号：3142
释文：【外】石氏作竟（镜）四夷服，多贺国家人民息，胡虏殄威（灭）天下复，风雨时节五谷孰（熟），长保二亲得天力，传无已。【内】东王公。
时代：东汉早中期
著录：《浙江》B彩图14。
简注："石"字前有起止符号。"节"字从艹。

编号：3143
释文：石氏作竟（镜）四夷服，多贺国家人民息，胡虏殄威（灭）天下复，风雨时节五谷孰（熟），长保二亲得。
时代：东汉早中期
著录：《越地》第157页右下；《浙江》A图94；《浙江》B图91；《龙虎》图117。
简注："石"字前有起止符号。"节"字从艹。

编号：3144
释文：石氏作竟（镜）四夷［服］，多贺国家人民息，胡虏殄威（灭）天下复，风雨时节五谷孰（熟），长保二亲。
时代：东汉
著录：《浙江》A图26；《浙江》B彩图13。
简注："石"字前有起止符号。"节"字从艹。

编号：3145
释文：石氏作竟真大巧，上有仙人不知老，渴饮玉泉饥食蚤（枣）。
时代：东汉早中期
著录：《镜鉴》图版14；《泉屋》图47。
简注："泉"字从水。

编号：3146
释文：【外】石氏作竟（镜）世少有，东王公西王母，人有三仙侍左右，后常侍名玉女，云中玉昌（倡）蹄（踶）□（盘）鼓，白虎喜怒毋央（殃）荅（咎），男为公侯女□□，千秋万岁生长久。【内】永元三年作。仙人。西王母。玉女。白虎。［东］王公。玉女。云中玉昌（倡）。
时代：东汉永元三年
著录：《古今》图141；《文化》图174；《图集》图464；《纪年》图13、彩图2。
简注：即公元91年。永元，东汉和帝刘肇年号。"咎"字从艹作"荅"，"鼓"前之字形似"干"字。踶，《集韵》"或作蹄"，段玉裁《说文解字注》："踶，躛也。李轨曰：'踶、蹋也。通俗文曰：小蹋谓之踶。'"盘鼓舞，亦称"七盘舞"[①]。此条重出，亦列于纪年镜一节。

---

① 王菁：《汉代"盘鼓舞"图像再考订——侧重于考古材料的梳理与解析》，《考古与文物》2020第4期，第70—77页；杜乐：《汉代"盘鼓舞"初探》，《大理大学学报》2019年第6期，第89—94页。

编号：3147
释文：石氏作竟（镜）世少有，仓（苍）龙在左，白虎居右，仙人子侨吹奏于后，为吏高升贾万倍，辟去不详（祥）利孙子，千秋万岁生长久。
时代：东汉中晚期
著录：《浙江》B彩图56；《龙虎》图113。

编号：3148
释文：【外】石氏乍（作）竟（镜）世少有，仓（苍）龙在左，白虎居右，为吏高升贾万倍。【内】宜孙子。
时代：东汉至六朝
著录：《龙虎》图118。
简注："石"字前有起止符号。

编号：3149
释文：石氏作竟（镜）。
时代：东汉中晚期
著录：《文物》1958（12）第39页图六。

163. "史氏"铭

编号：3150
释文：史氏作竟（镜）自有纪，辟去不详（祥）宜贾市，上有东。
时代：东汉早中期
著录：《善斋》镜录卷一56a、56b；《小校》卷十五53a下；《志稿》第3357页。
简注："上"字反书。

编号：3151
释文：史氏作竟（镜）世少有，明如日月，长宜孙子兮。
时代：东汉早中期
著录：《陈介祺》图119；《簠斋》第55页。
简注："史"字前有起止符号。

164. "示氏"铭

编号：3152
释文：【外】示氏作竟（镜）自有意，多贺国家人民息，东王公西王母，山（仙）人子侨赤松［子］。【内】东王公。
时代：东汉
著录：《开明堂》图42。
简注："示"字前有起止符号。"松"字部分笔画脱铸。

编号：3153
释文：【外】建安元年五月廿四日示氏作竟（镜），幽涑（炼）宫商，周（雕）刻容象（像），五帝天皇，白（伯）牙单（弹）琴，黄帝吉羊（祥），三公。【内】君宜官。君宜官。
时代：东汉建安元年
著录：《鄂州》图140；《鄂城》图50；《考古》1988（4）图版陆：1；/《图集》图485；《纪年》图50。
简注：即公元196年。王仲殊先生认为，示氏为会稽郡或吴郡的工匠[①]。此镜重出，亦列于纪年镜一节。

编号：3154
释文：【外】吾作明竟（镜），幽涑（炼）三商，周（雕）刻容象（像），五帝天皇，白（伯）牙单（弹）琴，黄帝除凶，朱鸟玄武，白虎青龙，建安七年四月，示氏作竟（镜），君宜高官，子孙番（蕃）昌，大吉羊（祥）。【内】君宜官位。君宜官位。
时代：东汉建安七年
著录：《浙江》B图59；《考古》1988（4）图版陆：2；《王仲殊》卷2第94页图3—2；《纪年》图55。
简注：即公元202年。此镜圈带上的铭文正书反书混杂。此镜重出，亦列于纪年镜一节。

---

① 王仲殊：《建安纪年铭神兽镜综论》，《考古》1988年第4期，第350页。

编号： 3155

释文：【外】吾作明竟（镜），幽湅（炼）宫商，周（雕）刻容象，五帝天皇，白（伯）牙弹琴，黄帝除凶，朱鸟玄武，白虎青龙，君宜高官，士（仕）至三公，子孙番（蕃）昌，建安七年示氏造，大吉羊（祥）。【内】君宜官，□□□。

时代： 东汉建安七年

著录：《镜录》卷上4a。

简注： 即公元202年。此镜重出，亦列于纪年镜一节。

编号： 3156

释文：【外】吾作明竟（镜），幽湅（炼）三商，周（雕）刻容象（像），五帝天皇，白（伯）牙单（弹）琴，黄帝除凶，朱鸟玄武，白虎青龙，建安七年四月，示氏造作，大吉羊（祥），子孙昌。【内】君宜官位。君宜官位。

时代： 东汉建安七年

著录：《集释》第181页；《纪年》第172页序号67。

简注： 即公元202年。此镜重出，亦列于纪年镜一节。

编号： 3157

释文：【外】吾作明竟（镜），幽湅（炼）宫商，周（雕）刻容象（像），五帝天皇，白（伯）牙弹琴，黄帝除凶，朱鸟玄武，白虎青龙，君宜高官，仕至三公，子孙番（蕃）昌，建安十年示氏造，大吉羊（祥）。【内】君宜官。君宜官。

时代： 东汉建安十年

著录：《上博》A彩图56、拓片56；《上博》B图56；《辞典》第1432页；《汉唐》第36页；《图集》图492；《全集》图65①；/《尊古斋》第8页；《小校》卷十五13b下；《镜录》卷上4a；《志稿》第3445页。

简注： 即公元205年。亦有可能是同一器。此镜重出，亦列于纪年镜一节。

编号： 3158

释文：【外】吾作明竟（镜），幽湅（炼）宫商，周（雕）刻容象（像），五帝天皇，白（伯）牙单（弹）琴，黄帝除凶，朱鸟玄武，白虎青龙，君宜高官，士（仕）至三公，子孙番（蕃）昌，建安十年示氏造，吉羊（祥）。【内】君宜官。君宜官。

时代： 东汉建安十年

著录：《镜录》卷上4b；《志稿》第3444页。

简注： 即公元205年。此镜重出，亦列于纪年镜一节。

编号： 3159

释文： 吾作明竟（镜），幽湅（炼）宫商，周（雕）刻容象（像），五帝天皇，白（伯）牙单（弹）琴，黄帝除凶，朱鸟玄武，白虎青龙，君宜高官，子孙番（蕃）昌，建安十年示氏造，大吉。

时代： 东汉建安十年

著录：《纪年》第173页序号78。

简注： 即公元205年。此镜重出，亦列于纪年镜一节。

编号： 3160

释文：【外】吾作明竟（镜），幽湅（炼）宫商，周（雕）刻容象（像），五帝天皇，白（伯）牙单（弹）琴，黄帝除凶，朱鸟玄武，白虎青龙，君宜高官，立（位）至三公，子孙番（蕃）昌，建安示氏。【内】君宜官。□□□。

时代： 东汉建安年间

著录：《镜录》卷上5a；《志稿》第3438页。

简注： 此镜有年号而无纪年。此镜重出，亦列于纪年镜一节。

---

① 《中国青铜器全集》第16册误释作“建安七年”，而归为建安七年镜。

165. “宋氏”铭

编号：3161
释文：宋氏作竟（镜）大毋伤，汉有善同（铜）出丹杨（阳），上右（有）白虎如侯王兮。
时代：东汉
著录：《寿县》图98。
简注：此条重出，亦列于“汉有”铭一节。

编号：3162
释文：宋氏作竟（镜）大毋阳（伤），名工刻之成文章，中有辟邪居中央，浮云连出韦（卫）四方，七子九孙央中行，长利二亲宜侯王。
时代：东汉早中期
著录：《龙虎》图32。
简注：“连”字部分笔画脱铸，“央中”错乙。

编号：3163
释文：宋氏作竟（镜）大毋伤，交（蛟）龙辟邪辟阴阳，子孙备具居中央，家当大富乐未央。
时代：东汉早中期
著录：《南阳》图一九〇、图版九一：2；《中原文物》2013（4）第29页图四：1。
简注：东汉中期墓出土（HNSC M2：55）。“宋”字前有起止符号。

编号：3164
释文：宋氏作竟（镜）大毋伤，交（蛟）龙顺阴阳，子孙备具宜侯王。
时代：东汉早中期
著录：《止水阁》图108；《图集》图378；《龙虎》图127；《复旦》图78。

编号：3165
释文：宋氏作竟（镜）四夷服，多贺君家人民息，胡虏殄威（灭）天下复，风雨时节五。
时代：东汉早中期
著录：《小校》卷十五55b下；《小檀》卷二10a；《拓影》图22；《志稿》第3395页；《图典》A图445；《图典》B图3.416。
简注：“殄”字从手，“节”字从艹，铭文多反书。

编号：3166
释文：宋氏作竟（镜）佳且好，明如日月照四海，子孙备具不知老，为吏高迁世之保（宝）。
时代：东汉早中期
著录：《图集》图377；《龙虎》图129。
简注：“宋”字前有起止符号。

编号：3167
释文：【外】青羊宋氏作竟（镜）佳且［好］，明［如日］月予世保（宝），东王公西王母，山（仙）人子桥（侨）不知老，舟（周）由（游）天下之四海，乐无亟（极）。【内】东王公。
时代：东汉早中期
著录：《阳羡》图128。
简注：疑“宋氏”为青羊所属镜师。此镜重出，亦列于“青羊”铭一节。

编号：3168
释文：宋氏作竟（镜）巧且好，上有仙人不知老，藹（渴）饮玉泉如食枣。
时代：东汉早期
著录：中国嘉德2011春拍：1114；上海泓盛2012秋拍：0070。
简注：形制、纹饰皆同，疑为同一器。“宋”字前有起止符号，“巧”字减省作“工”，“渴”字缀饰“艹”旁，“饮”字从金。如，与也，和也。

编号：3169
释文：宋氏作竟（镜）真大巧，上有山（仙）人不知老，渴饮玉泉。
时代：东汉早中期
著录：《三门峡》第71页、第72页、第73页。
简注：“巧”“上”反书，“饮”字从水。

编号：3170

释文：宋氏作竟（镜）真大巧，上有四守（兽）顺天道，长保二亲，子孙备具，［不］知老。

时代：东汉早中期

著录：《龙虎》图128。

简注："巧""上""长"反书，"不"字脱铸。

编号：3171

释文：宋氏作竟（镜）自有纪，田寿（畴）大得宜古（贾）市，出入居官万（万）人右，长保二亲及孙子，大富贵。

时代：东汉

著录：北京保利2019秋拍：5223。

编号：3172

释文：宋氏作竟（镜）自有道，刻治今（禽）守（兽）悉皆在兮。

时代：东汉早期

著录：中国嘉德2008秋拍：4248。

编号：3173

释文：【外】宋氏作竟（镜）自有意，巧工刻之成文字，采取铜锡与众异，服此之竟（镜）宜作吏，子孙备具家大富，当得好妇宜酒食兮。【内】上太（泰）山，见申（神）人，大〖富昌〗，宜侯王，寿命长，坐高堂。

时代：东汉

著录：《深圳》图81。

简注："宋"字前有起止符号。

编号：3174

释文：宋氏作竟（镜）自有意，巧工刻之成文字，采取铜锡与众异，服此之竟（镜）宜作吏，子孙备具家大富，士（仕）至公卿中尚（常）侍，辟命连出诚可喜，择时日家大富。

时代：东汉早中期

著录：《小校》卷十五55a；《志稿》第3396页。

编号：3175

释文：宋氏作竟（镜）甚有意，善时日，家大富，取（娶）［好］妇，时与众异，七子九孙各有喜，宦至公卿中尚（常）侍，上有东王父西王母，予（与）天相保不知老，吏人服之带服章。

时代：东汉早中期

著录：《小校》卷十五54b；《志稿》第3397页。

简注："竟"后之字疑为"甚"字之讹。

编号：3176

释文：宋氏作竟（镜）善有意，良时日家大富，宦至三公中常侍，长宜吉羊（祥）。

时代：东汉早中期

著录：《小校》卷十五55b上；《志稿》第3394页。

166."苏氏"铭

编号：3177

释文：苏氏作竟（镜）自有纪，明如日月世少有。

时代：西汉晚期至东汉早期

著录：《西甲》卷十九第13页a。

简注："纪"字残泐。

167."孙氏"铭

编号：3178

释文：孙是（氏）作竟（镜）真大巧，上有山（仙）人不知老，渴饮玉泉饥。

时代：东汉早中期

著录：《九江》图10。

简注："孙"字前有起止符号。"饮""饥"从水。

168."泰山作竟"铭

编号：3179

释文：【外】［泰］山佳竟（镜）真大好，上有仙人不知老，渴饮玉泉饥食枣，浮游天下敖（遨）四海，乐未央，［宜］牛羊。【内】子丑寅卯辰巳午未申酉戌亥。

时代：西汉晚期至东汉早期

著录：《大观》第163页。

简注："不"字笔画脱铸，"四"字作"三"，"饮"字从水。

编号：3180

释文：【外】泰山作竟（镜）真大巧，上有仙人不知老，俳（徘）佪（徊）神山采之（芝）草，渴饮玉［泉］饥食枣，浮游天下敖（遨）四海，寿如金石为国葆（宝），乐毋以（已）。【内】子丑寅卯辰巳午未申酉戌亥。

时代：西汉晚期至东汉早期

著录：《镜录》卷中11b；《桃华盦》图15；《久保惣》A图23；《久保惣》B图23；《志稿》第3349页。

简注："泰"字前有起止符号，"饮"从水。

编号：3181

释文：【外】泰山作竟（镜）真大巧，上有山（仙）人不知老，渴饮玉泉饥食枣，浮游天下敖（遨）四海兮。【内】宜子孙。

时代：西汉晚期至东汉早期

著录：《善斋》镜录卷一58b、59a；《小校》卷十五57a；《志稿》第3348页；《图典》A图345；《图典》B图3.279。

简注："泰"字前有起止符号，"饮""饥"从水，"四"字作三。

编号：3182

释文：【外】太（泰）山作竟（镜）真大巧，上有山（仙）人不知老，曷（渴）饮玉泉饥食枣。【内】子丑寅卯辰巳午未申酉戌亥。

时代：西汉晚期至东汉早期

著录：《中原文物》1994（2）第27页；/《小校》卷十五57b；《志稿》第3349页。

简注："泰"字前有起止符号，"饮""饥"从水。

编号：3183

释文：太（泰）山作竟（镜）真大巧，上有山（仙）人不知老，曷（渴）饮玉泉饥食枣。

时代：西汉晚期至东汉早期

著录：《未名斋》第205页。

简注："太"字前有起止符号，"饮""饥"从水。

编号：3184

释文：【外】太（泰）山作竟（镜）真大巧，上有仙人不知老，渴饮兮。【内】宜子孙。

时代：西汉晚期至东汉早期

著录：《冠斝楼》（下）21a。

简注："太"字前有起止符号，"饮"字从水。

编号：3185

释文：太（泰）山作竟（镜）真大巧，上有山（仙）人不知老兮。

时代：西汉晚期至东汉早期

著录：《善斋》镜录卷一60b；《小校》卷十五58a；《尊古斋》第56页；《志稿》第3347页。

简注："太"字前有起止符号，"巧"字减省作工。

编号：3186

释文：泰山作竟（镜）四夷服，多贺国家人民息，胡虏殄灭天下复，风雨时节五谷孰（熟），官位尊显蒙禄食，长保二亲子孙力，传告后世乐无亟（极），宜古（贾）市兮。

时代：东汉早中期

著录：《六安》图104；《寿县》图92。

简注："泰"字前有起止符号，"节"字从艹，"人""食""孙""世"反书。

编号：3187

释文：太（泰）山作竟（镜）世少有，男封侯，女王妇，寿如金石西［王］母，长保二亲。

时代：东汉早中期

著录：《收藏家》2020（2）第28页图2。

简注：“太”字前有起止符号。

169.“陶氏”铭

编号：3188

释文：陶氏作竟（镜）自有纪，湅（炼）冶同（铜）锡去其宰（滓），长保二亲利孙子，寿如王母宜古（贾）市。

时代：东汉早中期

著录：《未名斋》第199页。

简注：“陶”字前有起止符号，“冶”字从水，“孙”字反书。

170.“田氏”铭

编号：3189

释文：【外】田氏作竟（镜）大毋伤，新有善同（铜）出丹阳，湅（炼）冶铜锡清如明，得此竟（镜）者贾千万（萬）。【内】长宜子孙。

时代：新莽

著录：《考古》1957（6）第42页图一；《图典》A图358；《图典》B图3.293。

简注：此条重出，亦列于“新有”铭一节。

编号：3190

释文：田氏作竟（镜）大毋伤，巧工刻之成文章，左龙右白虎辟不羊（祥），朱鸟玄武顺天下宜阴阳，孙子备具居中央，长保二亲力，乐富昌，寿敝金石。

时代：东汉早中期

著录：《善斋》镜录卷一51a、51b；《小校》卷十五45b下；《志稿》第3417页。

简注：“田”字前有起止符号。“天下”二字原应置于“力”字前，此镜中误置他处。

编号：3191

释文：田氏作竟（镜）四夷服，多贺国家人民息，胡虏殄［灭］天下复，风雨时节五谷孰（熟），长保二亲得天力，传告后（後）世乐未英（央），服［者］富贵，仕至三公，作者万世，以道为父，神明为母，清浊［为］师，太和为又（友）乎。

时代：西汉晚期至东汉早中期

著录：《未名斋》第211页；《绍兴》第171页。

编号：3192

释文：【外】田氏作竟（镜）四夷服，多贺国家人民息，胡虏殄威（灭）天下复，风雨时节五谷孰（熟），长保二亲得天力，传告后（後）世乐无亟（极），大吉兮，富贵。【内】周公。成王。侍郎。宋王。皇后。

时代：东汉早中期

著录：《古今》图147。

简注：“田”字前有起止符号，“节”字从艹。

编号：3193

释文：【外】田氏作竟（镜）四夷服，多贺国家人民息，胡虏殄威（灭）天下复，风雨时节五谷孰（熟），长保二亲得天力，告传后世乐无亟（极）。【内】阳□。阳□。虎侍郎。周文王。驺侍郎。虞侍郎。青衣。青衣。

时代：东汉

著录：《图集》图385。

简注：“田”字前有起止符号。“节”字从艹。

编号：3194

释文：【外】田萌作镜四夷服，多贺国家人民息，胡虏殄威（灭）天下复，风雨时节五谷孰（熟），长保二亲得天力，传告后世乐无亟（极）。【内】东王公。西王母。

时代：东汉早中期

著录：《千镜堂》图204；《大观》第229页。

简注：“田萌”，镜师名。“节”字从艹。

编号：3195

释文：田生作［镜］四［夷］服，多贺国家人民息，胡虏殄威（灭）天下复，风雨时节五谷孰（熟），长保二亲得天力，传告后（後）［世］〖乐亟〗（极）。

时代：东汉

著录：《阳羡》图146；《龙虎》图134。

简注："田"字前有起止符号。"节"字从艹。"乐亟"合铸，"乐"字后漏铸"无"字。

编号：3196

释文：【外】田氏作［镜］四［夷］服，多贺国家人民息，胡虏殄威（灭）天下复，风雨时［节］五谷孰（熟），长保二亲得天力，传告后（後）世乐无亟（极）。【内】东〈西〉王母。

时代：东汉早中期

著录：《考古》1955（6）第59页；《越地》第144页；《浙选》图13；《浙江》A图36；《浙江》B图34；《图典》A图438；《图典》B图3.403；/《浙江》A图29；《浙江》B图23。

简注："田"字前有起止符号。疑两镜同模。

编号：3197

释文：田氏作竟（镜）四夷服，多贺国家人民息，胡虏殄威（灭）天下复，风雨时节五［谷熟］，长保二亲得天力，上有山（仙）人子高（乔）赤甬（诵）子。

时代：东汉

著录：《浙选》图14。

编号：3198

释文：田氏乍（作）竟（镜）四夷伏（服），多贺国家人民息，胡虏殄威（灭）天下复，风雨时节五谷孰（熟），长宜二亲得天力，传告。

时代：东汉早中期

著录：《龙虎》图114。

简注："田"字前有起止符号。"伏"字减笔，"节"字从艹。

编号：3199

释文：田白（伯）作竟（镜）四夷服，多贺国家人民息，胡虏殄威（灭）天下复，风雨时节五谷孰（熟），长宜二亲得天力兮。

时代：东汉早中期

著录：《龙虎》图115。

简注："田"字前有起止符号。"节"字从艹。

编号：3200

释文：【外】田氏作竟（镜）四夷服，多贺国家人民息，胡虏殄威（灭）天下复，风雨时节五谷孰（熟），长保二亲。【内】西王母。［东］王公。

时代：东汉

著录：《汉雅堂》图119。

简注："节"字从艹。

编号：3201

释文：田氏作竟（镜）四夷服，多贺国家人民息，胡虏殄（灭）天下复，风雨时节五谷孰（熟），长保二［亲］。

时代：东汉早中期

著录：《小校》卷十五46a；《志稿》第3416页；/《千镜堂》图205；《大观》第227页；/《千镜堂》图203。

简注："田"字前有起止符号，"节"字从艹。

编号：3202

释文：田氏作竟（镜）四夷服，多贺国家人民息，胡虏殄威（灭）天下复，风雨时节五谷孰（熟），长保。

时代：东汉早中期

著录：《龙虎》图116。

简注："田"字前有起止符号。"节"字从艹。

编号：3203

释文：【外】田氏作竟（镜）四夷服，多贺国家人民息，胡虏殄威（灭）天下复，风雨时节五谷孰（熟）。【内】西王母。

时代：东汉
著录：《汉雅堂》图120。
简注："节"字从艹。

编号：3204
释文：田生作竟（镜）四夷服，多贺国家人民息，胡虏殄威（灭）天下复，风雨时节五谷孰（熟），⧄，人民息，胡虏殄威（灭）天下复，风雨时，家，道德。
时代：东汉早中期
著录：《开明堂》图44。
简注："田"字前有起止符号。"节"字从艹。铭文因误置造成重复。

编号：3205
释文：田氏作竟（镜）四夷服，多贺国家人民息，胡虏殄威（灭）天下复，风雨时节五。
时代：东汉
著录：《龙虎》图133。
简注："田"字前有起止符号。"节"字从艹。

编号：3206
释文：田白（伯）作竟（镜）真大巧，上有东王公西王母，辟邪在左，白虎居右，山（仙）人子高（乔）赤诵子，千秋万岁不知老，曷（渴）饮玉泉饥食枣，生长久兮。
时代：东汉早中期
著录：《汉雅堂》图96。
简注："饮""饥"二字从水，水旁稍有脱落，痕迹依稀辨识。

编号：3207
释文：田氏作竟（镜）真大巧，上有山（仙）人不知老，曷（渴）饮玉泉饥食［枣］兮。
时代：东汉早中期
著录：《清爱堂》图120。
简注："田"字前有起止符号。"饮""饥"从水。

编号：3208
释文：田氏作明竟（镜）今间少有，服者仕至三公，曾（增）年益寿，子孙番（蕃）昌，富。
时代：东汉早中期
著录：江苏实成2011秋拍：0379。
简注："间"字作"闲"。

编号：3209
释文：【外】田氏作竟（镜），保官高升。【内】子贡。渔父。
时代：西汉晚期至东汉早中期
著录：《绍兴》第167页。
简注：此条重出，亦列于孔子及诸弟子铭一节。

编号：3210
释文：田氏作竟（镜），大富昌，宜侯王。
时代：东汉
著录：《深圳》图113。

编号：3211
释文：田氏作竟（镜），令人富贵兮。
时代：东汉到西晋
著录：《武汉》第83页上。

171. "铜盘"铭

编号：3212
释文：铜盘作竟（镜）大毋伤，巧工龙右成文章，左虎辟不羊（祥），朱鸟玄武顺阴阳，子孙备具居中大〈央〉，长保二亲乐富昌，寿敝金石如侯王。
时代：东汉早中期
著录：《龙虎》图26。
简注："铜"字前有起止符号。"龙右"误置于"巧工"一句并挤占了原先的套语。

编号：3213
释文：铜盘作［镜］大毋伤，巧工造之成文章，左龙右虎辟不羊（祥），朱鸟玄武顺阴阳，子孙备具居中央，长保二。
时代：东汉早中期
著录：《文物》1989（2）第51页。
简注：“铜”字前有起止符号。

编号：3214
释文：铜盘作竟（镜）大毋伤，左龙有（右）虎辟不羊（祥），朱鸟玄武顺阴阳，长保二亲乐未央兮。
时代：东汉早中期
著录：《小校》卷十五67a上；《志稿》第3413页上；/《小校》卷十五67a下；《志稿》第3413页下。
简注：“铜”字前有起止符号。“未”字繁化作“耒”。

172.“王羊”铭

编号：3215
释文：王羊作竟（镜），自柬（炼）宫昌（商），市兮。
时代：东汉晚期至三国
著录：《考古》1966（2）第90页图六：1。

173.“魏氏”铭

编号：3216
释文：【外】魏氏作竟（镜）四夷服，多贺新家人民息，胡虏殄灭天下复，风雨时节五谷孰（熟），官位尊显蒙禄食，百姓宽憙（喜）得佳德，千秋万年受大福，长保二亲子孙力，传告后世乐毋极兮。【内】子丑寅卯辰巳午未申酉戌亥。
时代：新莽
著录：《中古》第37页；《图集》296。
简注：“魏”字前有禽鸟纹起止符号。“四”字作“三”，“节”字从艹。又见于“新家”铭一节。

编号：3217
释文：魏氏昭竟（镜）四夷服，多贺新家人民息，胡虏殄灭天下复，风雨时节五谷孰（熟），官位尊显蒙禄食，长保二亲子孙力，千秋万年受佳德，传告后世乐毋极。
时代：新莽至东汉早期
著录：《千秋》第217页下。
简注：“魏”字前有禽鸟纹起止符号。“四”字作“三”，“节”字从艹。又见于“新家”铭一节。

174.“吴氏”铭

编号：3218
释文：【外】吴氏作竟（镜）自有纪，青龙白虎居左右，神鱼仙人赤松子，八爵（雀）相向法古始，令人长命宜孙子，便姑章（嫜）利父母，为吏高迁车生二耳，位至。【内】君宜高官。
时代：东汉晚期至六朝
著录：《尊古斋》第59页。
简注：“吴”字前有起止符号。“相”字减省从三，“爵”字亦减省。

编号：3219
释文：【外】吴氏作明竟（镜）自有纪，青龙白虎居左右，神鱼仙人赤松子，八爵（雀）相向法古始，令人长命宜孙子，便姑章（嫜）利父母，为吏高迁。【内】君宜高官，位至三［公］，大吉利。
时代：东汉晚期至六朝
著录：《镜鉴》图版13；《泉屋》图56。
简注：“爵”字亦减省。

编号：3220
释文：【外】吴氏作竟（镜）时日良，左龙右虎辟不详（祥），二亲备具子孙昌，寿如金石乐未央。【内】子丑寅卯辰巳午未申酉戌亥。
时代：东汉
著录：《陈介祺》图92；《簠斋》第78页。

编号：3221
释文：吴造明镜，神圣设容，服者卿公。

时代：东汉至三国

著录：《鄂城》图96。

简注：镜背鎏金。“吴”指吴国、吴郡，还是吴氏，暂不能定。

175.“五子”铭

编号：3222

释文：吾（五）子明镜，幽湅金刚，四气象（像）元，六合设张，周（雕）刻无极，图配万疆，白（伯）牙陈乐，众神见（现）容，统德序道，奉侍三皇，通丞（承）五行，福禄是从，服者公卿，其师命长。

时代：东汉晚期

著录：《古今》图121；《深圳》图117。

简注：铭文多减笔。

176.“奚氏”铭

编号：3223

释文：奚氏作竟（镜）四夷明〈服〉，多贺君家人民息，胡羌威（灭）尽天下复，风雨时。

时代：东汉早中期

著录：《文物》2013（2）第91页图一九；《图典》B图3.420。

简注：大部分铭文反书。

177.“郄氏”铭

编号：3224

释文：郄（郤）氏作竟（镜）自有纪，除去不羊（祥）宜□，上有东王公西王母。

时代：东汉

著录：《寿县》图94。

编号：3225

释文：郄（郤）氏作竟（镜）佳且好，明而日月世少有，刻治今（禽）守（兽）悉皆在，长保二亲大吉。

时代：东汉

著录：《寿县》图95；《六安》图120。

178.“下除”铭

编号：3226

释文：【外】下除作竟（镜）真大巧，上太（泰）山，见神人，食玉英，饮澧（醴）泉，驾交（蛟）龙，乘浮云（雲），君宜官，保子孙兮云。【内】子丑寅卯辰巳午未申酉戌亥。

时代：西汉晚期至东汉早期

著录：《上博》A彩图45拓片45；《上博》B图45。

简注：“下”字前有起止符号。“饮”字从水。此条重出，亦列于“上太山”铭（二）一节。

编号：3227

释文：【外】下除作竟（镜）真大巧，上太（泰）山，见神人，食玉英，饮玉泉，驾交（蛟）龙，乘浮云（雲），君宜官，保子孙兮云。【内】子丑寅卯辰巳午未申酉戌亥。

著录：北京中嘉2010春拍：2196。

简注：镜背鎏金。“下”字前有起止符号。“饮”字从水。此条重出，亦列于“上太山”铭（二）一节。

编号：3228

释文：【外】下除作竟（镜）真大巧，上太（泰）山，见神人，食玉英，饮泉，驾交（蛟）龙，乘浮云（云），宜官，保子孙兮云。【内】子丑寅卯辰巳午未申酉戌亥。

著录：北京荣海嘉2007秋拍：569。

简注：“下”字前有起止符号。“饮”字从水，“饮泉”之间，漏铸一“玉”或“澧”字。此条重出，亦列于“上太山”铭（二）一节。

179.“夏氏”铭

编号：3229

释文：夏氏作竟（镜）四夷服，多贺国家人民息，胡虏殄威（灭）天下复，风雨时节五谷孰（熟）。

时代：东汉早中期
著录：《江汉考古》1991（4）图版四：2。
简注："节"字从艹。

编号：3230
释文：夏氏作竟（镜）四夷服，多息〈贺〉国［家］人民息。
时代：东汉
著录：《深圳》图121。

编号：3231
释文：夏氏作竟（镜）四夷服，多贺国。
时代：东汉至六朝
著录：《龙虎》图145。

180."相氏"铭

编号：3232
释文：【外】相氏作竟（镜）四夷服，多贺国家人民息，胡虏参（殄）威（灭）天下复，风雨时节五谷熟，长保二亲得天力，传告后（後）世药（乐）无极，至福。【内】西王母。东王公。贞夫。
时代：东汉早中期
著录：《古今》图146；《收藏家》2006（3）第73页图6；《绍兴》第137页；《图集》图386。
简注："节"字从艹，"熟"字减笔作"享"。贞夫，据文献记载为韩朋之妻，韩朋与贞夫的故事见于《搜神记》《韩朋赋》等传世文献，及西汉晚期敦煌马圈湾烽燧遗址496号残简。

181."肖氏"铭

编号：3233
释文：肖氏作竟（镜）四夷服，多贺新家人民息，胡虏殄威（灭）天下复，风雨时节五谷孰（熟），官位尊显蒙禄食，苌（长）葆（保）二亲子孙力，传之后世。
时代：新莽
著录：《金石索》卷六第83页。
简注："肖"字前有起止符号。"节"字从艹。又见于"新家"铭一节。

182."徐氏"铭

编号：3234
释文：徐氏作竟（镜）大毋伤，上有天禄在中央，四方其（奇）守（兽）各顺行，令人富贵如侯王。
时代：东汉
著录：《龙虎》图143。
简注："徐"字前有起止符号。

编号：3235
释文：徐氏作竟（镜）大毋伤，上有天禄在中央，四方其（奇）［兽］各顺行，令人富贵如侯王。
时代：东汉
著录：《小檀》卷二5b；《小校》卷十五42a上；《志稿》第3407页。
简注：镜残破。

183."许氏"铭

编号：3236
释文：【外】许氏作竟（镜）自有纪，青龙白虎居左右，圣人周公鲁孔子，作吏高迁车生耳，郡举孝廉州博士，少不努力老乃悔，吉。【内】天王日月，天王日月，天王日月。
时代：东汉晚期
著录：《金石索》卷六第37页；/《镜录》卷中15b；/《图集》图451。
简注：车耳，原指车两旁反出如耳的部分，用以遮挡尘泥。一说指车的屏障，用以遮蔽车厢。汉代二千石及以上的高官所乘之车，常设车耳，故可以"车生耳"代指高官，《太平御览》卷四九六引汉应劭《汉官仪》："里语云：'仕宦不止车生耳。'"

184. “悬壁”铭

编号：3237

释文：县（悬）壁作竟（镜）法尚方，湅（炼）合铜锡明而光，巧工刻之成文章，左龙右虎辟不羊（祥），朱鸟玄武顺阴阳，子孙烦（蕃）息富贵昌，寿敝金石乐未央，长保二亲宜姑公兮。

时代：东汉早中期

著录：《宝鸡》第73页；《图集》图367；《龙虎》图29。

简注：“县”字前有起止符号。姑公，对丈夫的父母的称谓。《宋书·庾登之传》：“不痴不聋，不成姑公。”

185. “严氏”铭

编号：3238

释文：严氏作竟（镜）四夷服，多贺国家人民息，胡虏殄威（灭）天下复，风雨时节兮。

时代：东汉

著录：《泉屋》图46。

简注：“严”字前有起止符号，“节”字从艹。

186. “杨氏”铭

编号：3239

释文：杨充作竟（镜）大毋伤，汉有善同（铜）出丹杨（阳），湅（炼）冶银锡清如明，巧工刻之成。

时代：东汉

著录：《古今》图133；《绍兴》第147页。

简注：“杨”字前有起止符号。此条重出，亦列于“汉有”铭一节。

编号：3240

释文：杨充作竟（镜）大毋伤，汉有善同（铜）出丹杨（阳），湅（炼）冶银锡如〖日月〗明。

时代：东汉

著录：《阳羡》图124。

简注：“杨”字前有起止符号。“日月”合铸。亦有可能隶定为“且”，如此则“如”字为“清”字误置。此条重出，亦列于“汉有”铭一节。

187. “叶氏”铭

编号：3241

释文：【外】叶氏作竟（镜）四夷服，多贺汉家人民息，风雨时节五谷孰（熟），长葆（保）二亲天下力，传告后世乐毋极兮。【内】子丑寅卯辰巳午未申酉戌亥。

时代：东汉早期

著录：《守屋》A图版第35页。

简注：“四”字作“亖”，“节”字从艹。

编号：3242

释文：叶氏作竟（镜）佳且好，明而（如）日月世少有，刻治今（禽）守（兽）悉皆在，大吉。

时代：东汉早中期

著录：《岩窟》二下第59图。

简注：“叶”字前有起止符号。

188. “阴氏”铭

编号：3243

释文：阴氏作竟（镜），青（清）如日月，其师受（寿）。

时代：东汉晚期

著录：《故宫》A图58；《故宫》B图20；《故宫》C图33；《故宫》I图74；/《岩窟》二下第7图。

189. “尹氏”铭

编号：3244

释文：尹氏作竟（镜）大毋伤，湅（炼）冶白铜锡青（清）且明，左龙右虎辟不羊（祥），长保二亲乐［未］英（央）。

时代：东汉早中期

著录：《湖研》图九八。

简注：“乐”字减笔。

编号：3245

释文：尹氏作竟（镜）佳且好，明而日月世少有，大吉羊（祥）。

时代：东汉早中期

著录：《九江》图4。

编号：3246

释文：尹氏作竟（镜）佳昌〈且〉好，吉。

时代：东汉

著录：《大观》第283页。

190.“袁氏”铭

编号：3247

释文：袁氏作竟（镜）真大毋伤，巧工刻之成文章，左龙右虎辟不羊（祥），朱鸟玄武顺阴阳，长保二亲乐富昌，如王侯兮。

时代：东汉早中期

著录：《小校》卷十五44b；《志稿》第3272页。

编号：3248

释文：袁氏作竟（镜）大毋伤，明而日月善未有，夫妻相重爱如威（鸳）央（鸯），五男四女富贵昌，宜侯王兮。

时代：东汉

著录：《江汉考古》1990（2）图版壹：8。

编号：3249

释文：袁氏作竟（镜）兮真大好，上有东王父西王母，仙人子乔赤甬（诵）子，辟邪居右，长保二亲兮利孙子，□。

时代：东汉早中期

著录：《小檀》卷二第12a—12b；《小校》卷十五43a；《拓影》图30。

简注：“袁”字前有鸟纹起止符号。

编号：3250

释文：袁氏作竟（镜）真大好，上［有］东三〈王〉公西王母，长。

时代：东汉早中期

著录：《华夏考古》2006（2）第76页图三：5。

简注：“袁”字前有起止符号。

编号：3251

释文：袁氏作竟（镜）兮真［大巧］，上有东王父西王母，山（仙）人子侨（乔）侍左右，辟邪喜怒毋央（殃）咎，长保二亲生［长］久。

时代：东汉早中期

著录：《小校》卷十五43b；《陈介祺》图121；《簠斋》第52—53页；《镜录》卷中19a；《国图》第130页；《图典》A图442；《图典》B图3.411。

简注：“袁”字前有起止符号。

编号：3252

释文：袁氏作竟（镜）真大巧，上有东王父西王母，辟邪在左，白鹿居右，辟除凶［邪毋］央（殃）咎，仙人子高（乔）生长久。

时代：东汉

著录：《故宫》I图81。

编号：3253

释文：【外】袁氏乍（作）竟（镜）真大巧，东王公西王母，青龙在左，白虎居右，山（仙）人子高（乔）赤容（诵）子，千秋万倍（辈）。【内】虎。

时代：东汉早中期

著录：《陈介祺》图125；《尊古斋》第63页；《镜录》卷中18b；《国图》第129页。

编号：3254

释文：【外】袁氏作竟（镜）真大巧，上有东王公西王母，仙人子侨（乔）赤诵子，白虎熏（熏）卢（炉）在左［右］，为吏高升贾万［倍］，千秋万岁生长［久］。【内】西王母。东王公。玉女。

时代：东汉早中期

著录：《小檀》卷二14b—15a；《小校》卷十五44a；《志稿》第3273页；《拓影》图29。

简注：“袁”字前有起止符号。

编号：3255

释文：袁氏乍（作）竟（镜）真大巧，东王公西王母，青龙在左，白虎居右，山（仙）人子高（乔）赤诵子，千秋万岁兮不知老，生长久，乐无已。

时代：东汉早中期

著录：《阳羡》图131。

简注：“袁”字前有起止符号。

编号：3256

释文：袁氏乍（作）竟（镜）真大巧，东王公西王母，青龙在左，白虎居右，山（仙）人子高（乔）赤诵子，千秋万岁不知老，渴饮玉泉饥食枣。

时代：东汉

著录：《鄂城》插图二；《图典》A图443；《图典》B图3.412。

简注：“饮”“泉”“饥”从水。

编号：3257

释文：【外】袁氏作竟（镜）真大巧，上有东王公西王母，青龙在左，辟邪居右，仙人子高（乔）赤诵子，千秋万年不知老，仕至三公贾万倍，辟去不详（祥）利孙子。【内】富。

时代：东汉早中期

著录：《清华》图68；《三槐堂》图106、图107；《清艺》第73页；《拓片》图245；《图集》图421。

编号：3258

释文：【外】袁氏作竟（镜）真大巧，上有东王公西王母，青龙在左，白虎居右，山（仙）人子高（乔）赤诵子，仕至三公贾万倍，辟去不详（祥）。【内】虎。

时代：东汉早中期

著录：《文物》1997（7）第66页图五；《图典》B图3.414。

简注：“袁”字前有起止符号。白虎浮雕尾后的“虎”字榜题部分笔画漏铸。

编号：3259

释文：袁氏乍（作）竟（镜）真大巧，东王公西王母，青龙在左，白虎居右，辟邪喜怒毋英（殃）咎，田得□，贾万倍，仕至三公，山（仙）人王高（乔）赤容（诵）子，长。

时代：东汉

著录：《千镜堂》图150；《大观》第150页。

简注：“袁”字前有起止符号。“咎”字从艹。

编号：3260

释文：【外】袁氏乍（作）竟（镜）真大巧，青龙在左，白虎居右，山（仙）人王高（乔）赤容（诵）[子]。【内】富。

时代：东汉

著录：《清爱堂》图116。

简注：“袁”字前有起止符号。

编号：3261

释文：【外】袁氏乍（作）竟（镜）真大巧，青龙在左，白虎居右，上有山（仙）人不知老，渴饮玉泉饥食枣，千秋万年生[长久]。【内】袁。

时代：东汉早中期

著录：《小校》卷十五45a上；《志稿》第3271页；《陈介祺》图124；《簠斋》第54页；《国图》第132页；《尊古斋》第64页；《岩窟》二中第78图；《泉屋》图59。

简注：“袁”字前有起止符号。“饮”“泉”“饥”从水。

编号：3262

释文：袁氏乍（作）竟（镜）真兮巧，青龙在左，白虎居右。
时代： 东汉
著录： 《桃阴庐》图15下。
简注： “袁”字前有起止符号。“兮巧”错乙，“兮”或为“大”字误置。

编号： 3263
释文： 袁氏乍（作）竟（镜）真大巧，⍁左，白⍁。
时代： 东汉早中期
著录： 《华夏考古》2006（2）第75页。

编号： 3264
释文： 【外】袁氏作竟（镜）真大巧，上有仙人不知老，长保二亲大吉。【内】长宜子孙。
时代： 东汉早中期
著录： 《旅顺》图57。

编号： 3265
释文： 袁氏作竟（镜）兮世少有，仓（苍）龙在左，白虎居右，白（伯）牙鼓琴子其（期）唫（吟），长乐无极如后宫，大吉。
时代： 东汉早中期
著录： 《千镜堂》图163；《大观》第244页。
简注： “袁”字前有起止符号。

编号： 3266
释文： 袁氏作竟（镜）世少有，仓（苍）龙在左，白虎居右，为吏高升贾万倍。
时代： 东汉早中期
著录： 《龙虎》图140。
简注： “袁”字前有起止符号。

编号： 3267
释文： 袁氏作竟（镜）世少有，东王公西王母，辟去不羊（祥）利孙子，白虎山（仙）人居左右，长保二亲子孙力，五。
时代： 东汉
著录： 《西安》图47；《图典》B图3.413。

编号： 3268
释文： 袁氏作竟（镜）世未［有］，服之者昌。
时代： 东汉晚期
著录： 《善斋》镜录卷一50a、50b；《小校》卷十五45a下；《志稿》第3270页。

编号： 3269
释文： 【外】袁氏作竟（镜）自有意，上有圣人不知老，东王父西王母，山（仙）人子［侨］赤松子。【内】东王父。西王母。
时代： 东汉早中期
著录： 《阳羡》图114。
简注： “袁”字前有起止符号。

编号： 3270
释文： 袁作明竟（镜），幽湅（炼）三刚，配像万京（景），其师命长。
时代： 东汉晚期
著录： 北京保利2019秋拍：5214。
简注： “袁”字前有起止符号。“配”字反书。

191.“翟氏”铭

编号： 3271
释文： 【外】翟氏作竟（镜），幽练（炼）三商，丝〈统〉德序道，配像万疆，曾（增）年益寿，富贵番（蕃）昌，功成事见，师命长。【内】宜子孙。
时代： 东汉早中期
著录： 《守屋》B彩图1页。
简注： “翟”字前有起止符号。

192.“张氏”铭

编号： 3272
释文： 张氏作竟（镜）大无伤，湅巳（以）银锡清且明，上有天守（兽）传（转）相受，东王父西王母，令君阳遂宜孙子，明如日月。
时代： 东汉早中期

著录：《金石索》卷六第47页。

简注：“张”字前有起止符号。

编号： 3273

释文：【内】张氏作竟（镜）大无伤，长保二亲乐未央，八子九孙居高堂，左龙右虎主四旁（方），朱鸟玄武仙人羊，为吏宜官至侯王，上有辟邪去不阳（祥），从今世昌。【外】日。月。

时代：东汉早中期

著录：《考古》1994（12）图版伍：6、第1092页图二一。

简注：此镜镜缘画纹带中日月纹饰旁置以榜题，极为少见。

编号： 3274

释文：张氏作竟（镜）大［无］阳（伤），长保二［亲］乐未央，八子九孙坐高尚（堂），左龙右虎主四旁（方），上有辟邪去不阳（祥），家富贵，大吉昌，竟兮。

时代：东汉早中期

著录：《龙虎》图37。

简注：“张”字前有起止符号。“邪”字从艹。

编号： 3275

释文：张氏作竟（镜）大毋伤，长保二亲（亲）乐未央，千子百孙居高堂，左龙右虎居四旁（方），为吏宜侯王，大利世世昌。

时代：东汉早中期

著录：《湖研》图一一五；/《湖研》图九〇。

简注：“伤”字减省。

编号： 3276

释文：张氏作竟（镜）大毋伤，长保二亲乐未央，八子九孙居高堂，为吏宜侯王。

时代：东汉早中期

著录：《广西》图52。

简注：“张”字前有起止符号，“亲”字减省。

编号： 3277

释文：张氏作竟（镜）大毋伤，长保二亲乐未央，八子九孙居高堂兮。

时代：东汉早中期

著录：《湖南》图75；《湖研》图八九；《图典》A图332；《图典》B图3.262。

简注：东汉中期墓出土（M1：2）。“张”字前有起止符号，“伤”“亲”笔画减省。

编号： 3278

释文：张是（氏）作竟（镜）大无伤，白虎青龙辟不详（祥），朱鸟玄武顺阴阳，八子九孙富贵昌，长保二亲乐未英（央），宜侯王。

时代：东汉早中期

著录：《尊古斋》第65页。

简注：“张”字前有鸟纹起止符号。

编号： 3279

释文：张氏作镜大毋伤，长保二亲（亲）乐未央。

时代：东汉早中期

著录：《广西》图86；/《郴州》第45页①。

编号： 3280

释文：张氏作竟（镜）大毋伤，长保二亲兮。

时代：东汉

著录：《鄂州》图79。

简注：“张”字前有起止符号，“伤”字减省。

编号： 3281

释文：张氏作竟（镜）大毋伤，巧工刻之成文章，上有山（仙）人不知老。

时代：东汉早中期

著录：《湖研》图八八。

编号： 3282

释文：张氏作竟（镜）大毋伤，巧工刻之成文章，上有四守（兽）居申〈中〉申〈央〉，为王。

---

① “张”字前有起止符号，“乐”字减笔，“未”字错讹。

时代：东汉
著录：《中原文物》2009（3）第103页图六。
简注："中""央"错讹。

编号：3283
释文：张氏作竟（镜）大毋［伤］，巧工刻之成文章，上有天守（兽）。
时代：东汉早中期
著录：《龙虎》图107。
简注："张"字前有起止符号。

编号：3284
释文：【外】张氏作竟（镜）真大好，上有仙人不知老，渴饮玉泉饥食枣，浮游天下敖（遨）四海，寿而今（金）石为国保（宝）。【内】子丑寅卯辰巳午未申酉戌亥。
时代：西汉晚期至东汉早期
著录：中国嘉德2010秋拍：6781。
简注："张"字前有鸟纹起止符号，"饮"字从水，"四"字作亖。

编号：3285
释文：张氏作镜甚大好，［上］有神守（兽）及龙虎，身有文章口衔巨（矩），古有圣人，东王父西王母，渴饮玉泉饥食枣，寿如金石长相保。
时代：东汉
著录：《泉屋》图82。
简注：疑在日本铸造。

编号：3286
释文：【外】张氏作竟（镜）真大好，青龙在左白虎右，▱寿，长宜孙▱。【内】宜子孙。
时代：东汉
著录：《文物》2007（4）第92页图一、图二。
简注："张"字前有起止符号。

编号：3287
释文：【外】张氏作竟（镜）佳且好，明而日月世少有，刻治今（禽）守（兽）悉皆在，令人富贵宜孙子，上有仙人子高（乔）赤松子。【内】东。西王母。
时代：东汉
著录：《六安》图86。

编号：3288
释文：张氏作竟（镜）佳且明，左右宜山（仙）人。
时代：东汉
著录：《小校》卷十五47b上；《志稿》第3310页。

编号：3289
释文：张氏作镜真［大］巧，仙人王乔赤松子，师（狮）子辟邪世少有，渴饮玉泉饥食枣，生如金石天相保兮。
时代：东汉
著录：《泉屋》图79；/《泉屋》图80。
简注：疑两镜同模。

编号：3290
释文：张氏作竟（镜）真大巧，上有山（仙）人不知老，渴饮玉泉饥［食枣］兮。
时代：东汉早中期
著录：《江汉考古》1996（3）第18页图七；《孝感》图38。
简注："饮""饥"从水。

编号：3291
释文：张季作竟（镜）真大巧，上有天官不知老，明如日月照四方，令君宜古（贾）市。
时代：东汉
著录：《江汉考古》1990（2）图版贰：8；《孝感》图39。

编号：3292
释文：张氏作竟（镜）兮真大巧，上有天守（兽）不知老。
时代：东汉早中期
著录：《龙虎》图106。

简注：“张”字前有起止符号。

编号：3293

释文：【外】张氏作竟（镜）四夷服，多贺君家人民息，胡虏殄威（灭）天下复，风雨时节五谷孰（熟），宦至公卿蒙禄食，文章致（至）好佳可服，长保二亲子孙力，传告后世乐无亟（极）。【内】［西］王母。［东］王公。侍郎。

时代：东汉

著录：《开明堂》图43；《图集》图418。

简注：“胡”字反书，“节”字从艹。

编号：3294

释文：【外】张氏作竟（镜）四夷服，多贺君家人民息，胡虏殄威（灭）天下复，风雨时节五谷孰（熟），宦至功（公）卿蒙禄食，［长保二亲］子孙力，传告后世乐无亟（极）兮。【内】东王公。西王母。

时代：东汉

著录：《镜录》卷中17b；《志稿》第3313页；《图典》A图436；《图典》B图3.401。

简注：“节”字从艹。

编号：3295

释文：张氏作竟（镜）四夷服，多贺君家人民息，胡虏殄威（灭）天下复，风雨时节五谷孰（熟），宦至功（公）卿蒙禄食，长保二亲子孙力，传告后世乐毋［极］。

时代：东汉早中期

著录：《唐宋》附图33。

简注：“张”字前有起止符号，“胡”字反书，“节”字从艹，“功”字从刀从声。

编号：3296

释文：【外】张氏作竟（镜）四夷服，多贺君家人民息，宦至三公受大福，子孙备具孝且力，乐毋亟（极）兮。【内】张氏。

时代：东汉

著录：《金石索》卷六第45页[①]；/《小檀》卷二10b；《拓影》图62；《小校》卷十五47a下；《志稿》第3311页。

编号：3297

释文：张氏作竟（镜）四夷服，多贺国家人民息，胡虏殄威（灭）天下复，风雨节时五谷孰（熟），长保二亲得天力，传告后世乐无亟（极），大吉无昌。

时代：东汉晚期

著录：《上博》A彩图58、拓片58；《上博》B图57；《辞典》第1440页右图；《图集》图417。

简注：“张”字前有起止符号，“胡”字反书，“节”字从艹。“时节”错乙，“大吉无昌”衍一“无”字。

编号：3298

释文：张氏作竟（镜）四夷服，多贺国家人民息，胡虏殄威（灭）天下复，风雨时节五谷孰（熟），长保二亲得天力，传告后（後）世乐无亟（极）兮。

时代：东汉早中期

著录：《小校》卷十五47a上；《志稿》第3312页。

简注：“节”字从艹。

编号：3299

释文：张氏作竟（镜）四夷服，多贺国家人民息，胡虏殄威（灭）天下复，风雨时节五谷孰（熟），长保二亲得天力，传告后（後）世乐毋亟（极）。

时代：东汉早中期

著录：《龙虎》图104。

简注：“节”字从艹。

编号：3300

释文：【外】张氏作竟（镜）四夷服，多贺君家人民

① 摹本中“得天福”一句当为误摹。

息，胡虏殄威（灭）天下复，风雨时节五谷孰（熟），长保二亲子孙力，传毋（无）亟（极），力。【内】东王公。西王母。倡曹坐此。
时代： 东汉
著录：《越地》第141页。
简注：“节”字从艹。

编号： 3301
释文： 张氏作竟（镜）四夷服，多贺君家人民息，胡虏殄灭天下复，风雨时节五谷孰（熟），长保二亲子孙力。
时代： 东汉早中期
著录：《淮南》第166页、第167页。
简注：“张”字前有起止符号，“胡”字反书，“节”字从艹。

编号： 3302
释文： 张氏作竟（镜）四夷服，胡虏殄威（灭）多贺天下复，长保二亲乐毋亟（极），传告后世得天力兮。
时代： 东汉早中期
著录：《龙虎》图103。
简注：“张”字前有起止符号。“节”字从艹。

编号： 3303
释文： 张氏作竟（镜）四夷服，多贺国家人民息，风雨时节五谷孰（熟），与天相保无穷极，为吏高迁，胃（位）至公卿，专（传）子孙。
时代： 东汉晚期
著录：《阳羡》图111。
简注：“节”字从艹。

编号： 3304
释文： 张氏作竟（镜）自有纪，辟去不羊（祥）宜古（贾）市，东王父西王母兮。
时代： 东汉
著录：《鄂州》图72。

编号： 3305
释文： 张氏作竟（镜）宜侯王，家当大富乐未央，子孙备具居中央，长保二亲世世昌，为吏高迁带青黄。
时代： 东汉早期
著录：《考古》1961（8）第436页图四；《图典》A图364；《图典》B图3.302。
简注： 东汉初期墓出土。“迁”字减笔反书。

编号： 3306
释文： 张氏作竟（镜）宜侯王，家当大富乐未央，子孙备具居中央，长保二亲世世昌。
时代： 东汉早中期
著录：《金石索》卷六第46页。
简注：“张”字前有起止符号。

编号： 3307
释文： 张氏作竟（镜）宜侯王，家当大富乐未央，子孙备［具］居中央。
时代： 东汉
著录：《湖研》图一一六。

编号： 3308
释文：【外】惟此明镜，焕并照明，本出吴郡，张氏元公，百湅（炼）千辟，分别文［章］，对巨（距）相乡（向），朱鸟凤皇（凰），天神集会，佑父宜兄，男则封侯，女即侍王，久服长饬（饰），位至三公，曾（增）年益寿，其［师］命长。【内】吾作明竟（镜），幽湅（炼）三商，刻娄（镂）万（萬）畺（疆），白（伯）牙奏乐，众神见（现）容，百精并存，福禄自从，左龙右虎，主祥辟凶，永保所昌，其师命长，大吉百羊（祥）。
时代： 东汉
著录：《文化》图188；《书法》图192；《图集》图423。
简注：“惟”字前有兽面纹浮雕起止符号。

编号： 3309
释文：【外】惟此明镜，焕并照［明］，本出吴郡，张氏元公，百湅（炼）千辟，分别文章，左龙右虎，降福除英（殃），对距相乡（向），朱鸟凤皇（凰），男则封侯，女即侍王，天神集会，佑父宜兄，久服长饬（饰），位［至］三公。【内】吾作明镜，幽湅（炼）三商，其师命长。

时代： 东汉

著录： 《文化》图189；《图集》图425。

简注： "惟"字前有圆点起止符号。

编号： 3310

释文： 【外】惟此明镜，焕并照明，本出吴郡，张氏元公，百湅（炼）千辟，分别文章，左龙右虎，招福除英（殃），对［距相向］，其师命长。【内】吾作明竟（镜），幽，日月合萌，保二［亲］。

时代： 东汉

著录： 中国嘉德2009秋拍：5708。

简注： "惟"字前有圆点起止符号。

编号： 3311

释文： 【外】吴郡胡阳，张氏元公，□□虚无（无），自异于众，造为明镜，□□始萌，四时分别，水羽金玉，夫妻和亲，富贵番（蕃）昌，百精并存，其师命长。【内】吾作明镜，幽湅（炼）三商，长宜子孙。

时代： 东汉至三国

著录： 《浙江》A图62；《浙江》B图50；《图集》图422。

简注： 铜镜锈蚀严重。"吴"字前有起止符号。"胡阳"即胡阳里。

编号： 3312

释文： 出自吴郡，张氏元公，谷吾作镜。

时代： 东汉中晚期

著录： 《文化》图188；《汉铭斋》图119；《图集》图424。

编号： 3313

释文： 【外】张氏作。【内】君宜官。凤鷬（凰）。黄羊。王子侨。白虎。

时代： 东汉

著录： 《镜录》卷下5b；《桃华盦》图32；《久保惣》A图39；《久保惣》B图39；《志稿》第3353页。

简注： "张"字前有起止符号。

编号： 3314

释文： 张氏作。

时代： 东汉早中期

著录： 《龙虎》图105。

编号： 3315

释文： 张氏此竟（镜），家宜有孙，王。

时代： 东汉早中期

著录： 《六安》图41。

编号： 3316

释文： 张。天王日月。天王日月。天王。

时代： 东汉晚期

著录： 《鄂州》图104。

193. "赵氏"铭

编号： 3317

释文： 【外】内而明而光，湅（炼）石华，下（获）之清（精），见弓（躬）己，知人菁（情），心志得，乐长生。赵。【内】宜子孙。

时代： 西汉晚期至东汉早期

著录： 《浙江》B图18。

简注： "内"字前有起止符号。此条重出，亦列于"石华"铭一节。

编号： 3318

释文： 赵氏作竟（镜）自有刑（型），服之□□长生，乐未央兮。

时代： 东汉中期

著录： 《湖研》图一〇〇。

简注：“赵”字前有起止符号。

编号：3319
释文：赵氏作竟（镜）大毋伤，左龙有（右）虎兮。
时代：东汉至魏晋
著录：《岩窟》二下第56图。
简注：传鲁南出土。“赵”字前有起止符号，“作”字反书。

编号：3320
释文：吴郡赵忠亟作众圣。
时代：东汉至魏晋
著录：《镜录》卷中28b；《图典》A图420；《图典》B图3.375。

194. “郑氏”铭

编号：3321
释文：郑氏作竟（镜）自有纪，上有东王公、西王母，令君阳遂宜孙子，长保二亲不知老。
时代：东汉早中期
著录：《长沙》图114；《图典》B图3.430。

编号：3322
释文：【外】五月五日太岁武〈戊〉午，吴郡郑蔓作其镜，幽湅（炼）三商，周（雕）刻万疆，白（伯）牙乐举，众神见（现）容，天禽并存，福禄□从，富贵番（蕃）。【内】吾作明竟（镜），幽湅（炼）□商，周无，见。
时代：东汉晚期
著录：中拍国际2011秋拍：5078。
简注：鎏金工艺。“乐举”错乙。

编号：3323
释文：【外】五月五日太岁武〈戊〉午，吴郡郑蔓作其镜，幽湅（炼）三商，周（雕）刻万疆，白（伯）牙乐举，众神见（现）容，天禽。【内】吾作明幽竟（镜）湅（炼）三商，周□。
时代：东汉晚期
著录：《镜录》卷中29a；《善斋》镜录卷一31a、31b；《小校》卷十16b上、16b下；《志稿》第3432页。

195. “郅氏”铭

编号：3324
释文：至（郅）氏作竟（镜）真大巧，⁄寿，富贵番（蕃）昌，功成事见，其师命长兮。
时代：东汉早中期
著录：《鄂城》图21；《鄂州》图31。
简注：铜镜残缺。“至”字前有起止符号。“巧”字减笔作“工”，“事”字反书。

编号：3325
释文：铚（郅）氏作竟（镜）真大巧，上有东王公西王母，山（仙）人子高（乔）赤诵子，辟邪喜怒无央（殃）咎，千秋万岁生长久。
时代：东汉早中期
著录：《考古》2001（7）第94页图一：8。
简注：“铚”字前有起止符号。“巧”字减笔作“工”，“咎”字从艹繁化。

编号：3326
释文：【外】至（郅）氏作竟（镜）真大巧，上有山（仙）人子高（乔）赤诵子，居〈右〉居辟邪，左有青龙，喜怒无央（殃）咎，千秋万岁青（生）长久。【内】富。
时代：东汉早中期
著录：《陈介祺》图126；《簠斋》第58—59页；《国图》第114页。
简注：“咎”字从艹繁化。大部分铭文反书。陈介祺旧藏。

编号：3327
释文：至（郅）氏乍（作）竟（镜）真大巧，白虎在左，辟邪居右，神鹿喜怒无央（殃）［咎］。
时代：东汉早中期

著录：《澄秋馆》66b；《志稿》第3378页。

简注："至"字前有起止符号。"巧"字反书。

编号：3328

释文：铚（郅）氏作竟（镜）真大巧，上有仙人不知老，白虎在左，辟邪居右，白鹿怒走万里千兮。

时代：东汉早中期

著录：《清爱堂》图117。

简注："巧"字反书，"万里千"为"千万里"误置。

编号：3329

释文：至（郅）氏作竟（镜）真大好，青龙在左，白虎居右，曾年益寿宜孙子。

时代：东汉早中期

著录：《国图》第125页。

简注：陈介祺旧藏。

编号：3330

释文：至（郅）氏作竟（镜），配象（像）万畺（疆），统德序道，敬奉贤良，众羲主阳，周（雕）亥（刻）无亟（极），天□申（神）明，□□□□，□□山（仙）人，大吉□□，士（仕）至三公，其师命长。

时代：东汉至三国

著录：《国图》第161页。

196."仲氏"铭

编号：3331

释文：中（仲）昌作竟（镜）四夷服，多贺国家人民息，胡虏殄威（灭）天下复，风雨时节谷孰（熟），长保亲二。

时代：东汉早中期

著录：《收藏》2011（2）第101页图17。

简注："节"字从艹，"亲二"错乙。

197."周氏"铭

编号：3332

释文：吴向阳周是（氏）作竟（镜）四夷服，多贺国家人民息，胡虏殄威（灭）天下复，风雨时节五谷孰（熟），长保二亲得天力，传告后（後）世乐无亟（极）。

时代：东汉

著录：《浙江》A彩图2；《浙江》B彩图12；《图典》A图439；《图典》B图3.404。

简注："周"字前有起止符号。"节"字从艹。

编号：3333

释文：【外】周是（氏）作竟（镜）四夷服，多贺国家人民息，胡虏殄灭天下复，风雨时节五谷熟，长保二亲得天力，传告后（後）世乐无极兮。【内】贞夫。宋王。侍郎。

时代：东汉早中期

著录：《收藏家》2006（3）第73页图1；《浙江》B彩图11。

简注："周"字前有起止符号。"节"字从艹。根据浮雕画像及榜题可知，此镜主要描绘的为韩朋妻贞夫的故事，该故事见于《搜神记》《韩朋赋》等传世文献，及西汉晚期敦煌马圈湾烽燧遗址496号残简。

编号：3334

释文：【外】周是（氏）作竟（镜）四夷服，多贺国家人民息，胡虏殄灭天下复，风雨时节五谷熟，长保二亲得天力，传告后（後）世乐无极。【内】吴王。子胥。絾（越）王。

时代：东汉早中期

著录：《绍兴》第133页。

简注："周"字前有起止符号。"节"字从艹。

编号：3335

释文：周是（氏）作竟（镜）四夷服，多贺［国］家人民息，胡虏殄威（灭）天下复，风雨时节五谷孰（熟），长保二亲得天力，传告后（後）

世乐无亟（极），此竟（镜）宜子孙。
时代：东汉
著录：《汉雅堂》图128。
简注：“节”字从艹。

编号：3336
释文：周氏作竟（镜）四夷服，多贺国家人民息，胡虏殄灭天下复，风雨时节五谷熟，长保二亲得天力，传告后世乐无亟（极）兮。
时代：东汉
著录：《汉雅堂》图115。
简注：“周”字前有起止符号。“节”字从艹。

编号：3337
释文：周是（氏）作竟（镜）四夷服，多贺国家人民息，胡虏殄灭天下复，风雨时节五谷熟，长保二亲得天力，传告后世乐无亟（极）兮。
时代：东汉
著录：《汉雅堂》图129。
简注：“周”字前有起止符号。“节”字从艹。

编号：3338
释文：周是（氏）作竟（镜）四夷服，多贺国家人民息，胡虏殄威（灭）天下复，风雨时节五谷熟，长保二亲得天力，传告后（後）世兮。
时代：东汉
著录：《汉雅堂》图122。
简注：“周”字前有起止符号。“节”字从艹。

编号：3339
释文：吴胡伤里周仲作竟（镜）四夷服，多贺国家人民息，胡虏殄威（灭）天下复，风雨时节五谷孰（熟），长保二亲得天力。
时代：东汉早中期
著录：《尊古斋》第273页。
简注：此为镜范。“节”字从艹。

编号：3340
释文：【外】周是（氏）作竟（镜）四夷服，多贺国家人民息，胡虏殄灭天下复，风雨时节五谷熟，长保二亲。【内】东王公。
时代：东汉早中期
著录：《全集》图85。
简注：“周”字前有起止符号。“节”字从艹。

编号：3341
释文：【外】周氏作四镜夷服，多贺国家人民息，胡虏古（胡）虏殄威（灭）天下复，风雨时节五谷孰（熟），长保二［亲］。【内】［东］王公。
时代：东汉
著录：《汉铭斋》图121；《后沟》图53。
简注：“周”字前有起止符号。“四镜”错乙，“虏古”减笔且误衍，“节”字从艹。

编号：3342
释文：周是（氏）作竟（镜）真大工，上有穷奇辟不羊（祥），服此竟（镜）者日饮酒月作倡，传告后（後）世俱毋忘。
时代：东汉早中期
著录：《绍兴》第155页。

编号：3343
释文：吴胡伤里周仲作竟（镜）四夷服，多贺国家人民息，胡虏殄威（灭）天下复，风雨时节五谷孰（熟），长保二亲得天力。
时代：东汉早中期
著录：《金石索》卷六第43页。
简注：“胡”字所之从“古”讹作“吉”，“节”字从艹。

编号：3344
释文：吴胡伤里周仲作竟（镜）四夷服，多贺国家人民息，胡虏殄威（灭）天下复，风雨时节五谷孰（熟），长保二亲得天力。
时代：东汉早中期

著录：《善斋》镜录卷一53b—54a；《小校》卷十五51a、51b[①]、52a、52b；《小檀》卷二18a—18b；《志稿》第3426页；《拓影》图23；/《岩窟》二下第31图。

简注：《小校》各镜拓本形制相同，纹饰基本相同，不知是否有同器者。“胡”字所之从“古”讹作“吉”，“节”字从艹。

编号：3345

释文：秦有善铜出丹杨（阳），和以铅锡清且明，巧工刻之诚（成）文章，周仲作竟（镜）四夷服，多贺国家人民息，胡虏殄威（灭）天下复，风雨时节五谷孰（熟），长保二亲得天力，传告后（後）世乐无亟（极）。

时代：东汉

著录：《古今》图143。

简注：“巧”字反书，“节”字从艹。

编号：3346

释文：【外】周仲作竟（镜）四夷服，多贺国家人民息，胡虏殄灭天下复，风雨时节五谷孰（熟），长保二［亲］得天力，专（传）告后世乐无亟（极）。盛如长安市，贤如鲁孔子。【内】东王公。西王母。

时代：东汉

著录：《拓片》图167；《文化》图190；《图集》图426、彩版8。

简注：“周”字前有起止符号。铭文多反书，“节”字从艹。

编号：3347

释文：周仲作竟（镜）四夷服，多贺国家人民息，胡虏殄威（灭）天下复，风雨时节五谷孰（熟），长保二亲得天力，传告后世乐无亟（极）兮。

时代：东汉

著录：《古今》图151。

简注：“周”字前有起止符号。“节”字从艹。

编号：3348

释文：【外】周仲作竟（镜）四夷服，多贺国家人民息，胡虏殄威（灭）天下复，风雨时节五谷孰（熟），长保二亲得天力，传告后（後）世乐无极。【内】絾（越）王。子胥。吴王。

时代：东汉

著录：《清爱堂》图123。

简注：“周”字前有起止符号。“节”字从艹。

编号：3349

释文：周仲作竟（镜）四夷服，多贺国家人民息，胡虏殄威（灭）天下复，风雨时节五谷孰（熟），长保二亲乐无亟（极）。

时代：东汉

著录：《深圳》图132；《龙虎》图146。

简注：“周”字前有起止符号。“节”字从艹。

编号：3350

释文：周师作镜。

时代：东汉

著录：《千镜堂》图215。

简注：“节”字从艹。

编号：3351

释文：周师。

时代：东汉

著录：《中原》图101。

简注：“节”字从艹。

198.“朱氏”铭

编号：3352

释文：朱氏明竟（镜）快人意，上有龙虎四时宜，常保二亲宜酒食，君宜官秩家大富，乐未央，贵富昌，宜牛羊。

---

① 与《善斋》镜录卷一53b—54a为同一器。

时代： 新莽至东汉早期

著录：《清华》图63；《拓片》图244；《三槐堂》图85；《图集》图316。

简注：“四”字作“亖”。

编号： 3353

释文：【外】朱氏明竟（镜）快人意，上有龙虎四时宜，常保二亲宜酒食，君宜官秩家大富，乐未央，贵富昌，宜牛羊。【内】子丑寅卯辰巳午未申酉戌亥。

时代： 东汉早期

著录：《陈介祺》图91；《簠斋》第56—57页；《国图》第104页；《岩窟》二中第26图；《图集》图315[①]；/《千镜堂》图88。

简注：“朱”字前有起止符号，“四”字作亖。

编号： 3354

释文：【外】上太（泰）山，见神人，食玉央（英），饮礼（醴）全（泉），驾交（蛟）龙，乘浮云，宜官秩，保子孙，富贵［昌］，大乐未央。【内】朱师作。

时代： 新莽至东汉早期

著录：《龙虎》图9。

简注：“上”字前有起止符号，此镜重出，亦列于“上太山”铭（二）一节。

编号： 3355

释文： 朱氏作竟（镜）四夷服，多贺国家人民息，胡虏殄威（灭）天下复，风雨时节五谷孰（熟），长保二亲得天力，传告后世乐无亟（极）。

时代： 东汉早中期

著录：《广西》图88。

简注：“节”字从艹。

编号： 3356

释文： 朱氏作［镜］四夷服，多贺国家人民息，胡虏殄威（灭）天下复，风雨时节五谷孰（熟），长保二亲得天力兮。

时代： 东汉早中期

著录：《浙选》图39。

简注：“朱”字前有起止符号。“节”字从艹。

编号： 3357

释文： 朱氏作竟（镜）四夷服，多贺国家人民［息］，胡虏殄威（灭）天下复，风雨时节五谷孰（熟）。

时代： 东汉早中期

著录：《鄂城》图60；《鄂州》图76。

简注：“朱”字前有起止符号，“节”字从艹。

编号： 3358

释文：【外】朱氏作镜自有纪，⍁。【内】⍁。

时代： 东汉中晚期

著录：《小校》卷十五42a下。

编号： 3359

释文： 朱师作兮。东王公。仙人六博。西王母。玉女侍。玉女。

时代： 东汉早中期

著录：《绍兴》第129页。

编号： 3360

释文： 朱师作。西王母。玉女兮。东王公。

时代： 东汉早中期

著录：《中原》图100；《古今》图142。

编号： 3361

释文： 朱师之作。西王母。玉女二人。

时代： 东汉早中期

著录：《绍兴》第127页。

编号： 3362

释文： 朱师作。东王公。

---

① “保”字减笔省去人旁。

时代：东汉早中期
著录：《绍兴》第141页。

编号：3363
释文：朱师作。两玉女。女骑兮。
时代：东汉早中期
著录：《汉雅堂》图105。

编号：3364
释文：朱师作之。玄武。白虎兮。朱鸟。朱。交（蛟）龙。
时代：东汉早中期
著录：《阳羡》图130。

编号：3365
释文：朱师作。天马。
时代：东汉早中期
著录：《深圳》图101。

编号：3366
释文：胡阳（伤）里。朱师作。
时代：东汉
著录：《龙虎》图138。

编号：3367
释文：朱家作。
时代：东汉
著录：《龙虎》图139。

编号：3368
释文：朱□作。
时代：东汉
著录：《开明堂》图52。

编号：3369
释文：【外】吾作明竟（镜），幽湅（炼）宫商，周（雕）刻容象（像），五帝天皇，白（伯）牙单（弹）琴，黄帝除凶，朱鸟玄武，白虎青龙，君宜高官，子孙番（蕃）昌，建安十年朱氏作。【内】君宜。君宜。
时代：东汉建安十年
著录：《考古》1988（4）第351页图四；《王仲殊》卷二第98页图6。
简注：即公元205年。绍兴出土的画像镜有“朱师作兮”的铭文，鄂城出土的盘龙镜有“朱氏作竟”的铭文，传世的吴赤乌元年铭神兽镜有“师朱酉作”的铭文。据王仲殊先生推测，这些铜镜属同一家族所作，朱氏是东汉、三国时代长期在江南作镜的大家族[①]。此条重出，亦列于纪年镜一节。

编号：3370
释文：【外】吾作明竟（镜），幽湅（炼）宫商，周（雕）刻容象（像），五帝天皇，白（伯）牙单（弹）琴，黄帝除凶，朱鸟玄武，白虎青龙，君宜高官，子孙番（蕃）昌，建安十年朱氏造，大吉羊（祥）。【内】君宜官。君宜官。
时代：东汉建安十年
著录：《图说》第一七下汉28；《考古》1988（4）图版柒：3；《王仲殊》卷2第97页图5—3；/《开明堂》图51。
简注：即公元205年。此条重出，亦列于纪年镜一节。

编号：3371
释文：【外】吾作明竟（镜），幽湅（炼）三商，周（雕）刻容象（像），五帝三皇，白（伯）牙弹琴，黄帝除凶，君宜高官，位至三公，子孙番（蕃）昌，建安十年朱氏造，大吉羊（祥）。【内】君宜官。君宜官。
时代：东汉建安十年
著录：《图集》图493；《纪年》图62；《书法》图200。
简注：即公元205年。外圈“除”“君”铭文反书。镜

① 王仲殊：《建安纪年铭神兽镜综论》，《考古》1988年第4期，第352—353页。

铭下部铭文“君”字讹变，“官”字被神人浮雕倾轧。此条重出，亦列于纪年镜一节。

199.“庄氏”铭

编号：3372

释文：【外】庄是（氏）作竟（镜）四夷服，多贺新家人民息，胡虏殄灭天下复，风雨时节五谷孰（熟），长保二新（亲）子孙力，传告后世乐无极。【内】子丑寅卯辰巳午未申酉戌亥。

时代：新莽

著录：《中原》图40。

简注：“庄”字前有多个菱形起止符号。“四”字作“亖”，“节”字从艹。此条重出，又见于“新家”铭一节。

200.“驺氏”铭

编号：3373

释文：驺氏作镜四夷服，多贺国家人民息，胡虏殄威（灭）天下复，风雨时节五谷孰（熟），长保二亲得天力，传告后世乐无亟（极）兮。

时代：东汉早中期

著录：《山珍》图43；《龙虎》图84；/《镜录》卷中22b；/《金石索》卷六第42页；/《善斋》镜录卷一55a、55b；《小校》卷十五49b上；《志稿》第3415页；/《小檀》卷二9b；《拓影》图61；《小校》卷十五49b下；/《小校》卷十五50a上；《志稿》第3414页；/《小校》卷十五50a下。

简注：“驺”字前有起止符号，“节”字从艹。

编号：3374

释文：【外】驺氏作镜四夷服，多贺国家人民息，胡虏殄威（灭）天下复，风雨时节五谷孰（熟），长保二亲得天力，传告后（後）世乐无亟（极）。【内】絨（越）王。范丽（蠡）。絨（越）王二女。吴王。忠臣伍子胥。

时代：东汉早中期

著录：《浙选》图10；《浙江》A图33；《浙江》B图25[①]；/《文物》1957（8）第34页图15；《图典》A图453；《图典》B图3.426[②]。

简注：“驺”字前有起止符号，“节”字从艹。“丽”字减省。此条重出，亦列于“伍子胥”榜题一节。

编号：3375

释文：【外】驺氏作竟（镜）四夷服，多贺国家人民息，胡虏殄威（灭）天下复，风雨时节五谷孰（熟），长保二亲得天力，传告后世乐无亟（极）。【内】东王［公］。西王母。玉女作昌（倡）。

时代：东汉早中期

著录：《古今》图144；《深圳》图97。

简注：“驺”字前有起止符号，“节”字从艹。

编号：3376

释文：驺氏作竟（镜）四夷服，多贺国家人民息，胡虏殄威（灭）天下复，风雨时节五谷孰（熟），长保二亲得天力，传告后世乐无亟（极）。

时代：东汉早中期

著录：《千镜堂》图151；《大观》第247页。

简注：“驺”字前有起止符号，“节”字从艹。

编号：3377

释文：驺氏作镜四夷服，多贺国家人民息，胡虏殄威（灭）天下复，风雨时节五谷孰（熟），长保二亲得天力，传告后（後）世乐无亟（极）。

时代：东汉早中期

著录：《止水阁》图106；《后沟》图54；《拓片》图246；《图集》图381、彩版7下；《龙虎》图83；/《龙虎》图15。

简注：“驺”字前有起止符号，“节”字从艹。

---

① 浙江省绍兴市漓渚出土，此镜1949年前散失，仅存拓片。

② 江苏省扬州市邗江县凤凰河工地出土。

编号：3378

释文：驺氏作竟（镜）四夷服，多贺国家人民息，胡虏殄威（灭）天下复，风雨时节五谷孰（熟），长保二亲得天力，传告兮。

时代：东汉早中期

著录：《龙虎》图87。

简注：“驺”字前有起止符号，“胡”字反书，“节”字从艹。

编号：3379

释文：【外】驺（邹）氏作竟（镜）四夷服，多贺国家人民息，胡虏殄威（灭）天下［复］，风雨时节五谷孰（熟），长保二亲得天力兮，为使（吏）高迁。【内】东王公。西王母。玉女。

时代：东汉早中期

著录：《汉雅堂》图130；/《中古》第41页。

简注：“驺”字前有起止符号，“节”字从艹，“迁”字错讹。

编号：3380

释文：【外】驺氏作镜四夷服，多贺国家人民息，胡虏殄威（灭）天下复，风雨时节五谷孰（熟），长保二亲得天力兮。【内】东王公。

时代：东汉

著录：《千秋》第246页上。

简注：“驺”字前有起止符号，“节”字从艹。

编号：3381

释文：驺氏作（镜）四夷服，［多］贺国家人民息，胡虏殄威（灭）天下服（复），风雨时节五谷孰（熟），长保二亲得天力兮。

时代：东汉早中期

著录：《龙虎》图86。

简注：“驺”字前有起止符号，“节”字从艹，“多”字被迭压在浮雕之下。

编号：3382

释文：驺氏作镜四夷服，多贺国家人民息，胡虏殄威（灭）天下复，风雨时节五谷孰（熟），长保二亲得天力。

时代：东汉早中期

著录：《深圳》图123；《龙虎》图85。

简注：“驺”字前有起止符号，“节”字从艹。

编号：3383

释文：【外】驺氏作竟（镜）四夷服，多贺国家人民息，［胡］虏殄威（灭）天下复，风雨时节五谷孰（熟），长保二亲得天力。【内】东王［公］。［西］王母。

时代：东汉早中期

著录：《大观》第230页。

简注：“驺”字前有起止符号，“节”字从艹，“胡”字被几何符号所替代。

编号：3384

释文：【外】驺氏作竟（镜）四夷服，多贺国家人民息，胡虏殄威（灭）天下复，风雨时节五谷孰（熟），长保二亲。【内】东王公。

时代：东汉早中期

著录：《浙江》A彩图1；《浙江》B彩图15；《绍兴》第130页；《全集》图84。

简注：“驺”字前有起止符号，“节”字从艹。

编号：3385

释文：驺氏作竟（镜）佳且好，明而日月世少有，刻治今（禽）守（兽）悉皆在，宜孙子，大吉羊（祥）矣。

时代：东汉

著录：《小校》卷十五50b。

简注：“驺”字前有起止符号。

编号：3386

释文：驺（邹）氏作竟。西王母。东王公。

时代：东汉早中期

著录：《大观》第264页。

编号：3387

释文：驺氏作。

时代：东汉早中期
著录：《中古》第50页。

201.“吾作佳镜”铭

“吾作佳镜”铭镜存世较少，本节所著录的两件皆为山东地区出土。

编号：3388
释文：吾作佳竟（镜）真大巧，明如日月不知老，宜子孙。
时代：东汉至三国
著录：《齐鲁》图197—1。
简注：“吾”字前有起止符号。“巧”“孙”减笔。

编号：3389
释文：【外】吾作佳竟（镜）自有尚，工师刻娄（镂）生文章，上有古守（兽）辟非羊（祥），服之寿考宜侯王。【内】子丑寅卯辰巳午未申酉戌亥。
时代：东汉至三国
著录：《岩窟》二中第27图；《陈介祺》图26；《簠斋》第69页；《国图》第105页。

202.“吾作明镜”铭

“吾作明镜”铭镜是所有汉镜中套语组合情况最为复杂的一类铜镜。从套语种类上看，常见的套语就有几十种之多，而经过变化后，存世的镜铭辞例则不下数百种。因此很难对“吾作明镜”铭做一个有效的分类，因为无论哪种分法都无法将所有套语进行完全涵盖，无论哪种分法分出来的类型里，各类型之间都会存在套语的交叉重叠。

然而，为了便于检索与比较，却又不得不对这数以百计的辞条进行分类，因为本节采取较为折中的办法，先根据首句与次句的主要内容，将“吾作明镜”铭分为“真大巧”“佳且好”“自有方”“自有纪”“世少有”“四夷服”“幽炼三商”“宫炼三商”“幽炼宫商”“销炼宫商”“幽炼周商”“幽炼金商”“幽炼三刚”“幽炼金刚”“幽炼三章”“幽炼三阳”“幽炼三羊”“幽炼三金”“幽炼白黄”“合炼黄白”等类型，然后在“幽炼三商”铭中再按照铭文中的一些具有标识性的内容进行大致分类，对前面已经出现的套语，皆不再计入后面的套语类型。对一些仍然无法归类的镜铭，统一归入“其他”[①]。

【真大巧】

编号：3390
释文：吾作明竟（镜）真大巧，世少有明如日月，宜君子孙至二千石，贾市复利常乐无亟（极），家富贵兮。
时代：东汉至三国
著录：《金石索》卷六第51页。
简注：“吾”字前有起止符号。“巧”字笔画减省作“工”，“世少有”误置于“明”字之前。“子”“孙”“家”“兮”反书。

编号：3391
释文：吾作明竟（镜）真大巧，上有仙人不知老，东王父，西王母。
时代：东汉
著录：《汉雅堂》图143。
简注：“吾”字前有起止符号。

【佳且好】

编号：3392
释文：吾作明竟（镜）佳且好，明而日［月］世少有，刻治今（禽）守（兽）悉皆在，长保。
时代：东汉至三国
著录：《岩窟》二下第32图。

① 当然，这样做显然并不能解决所有的问题，也未必最为科学，但这已是目前我们所能想到的最有效的分类办法。如果以后有了更加行之有效的分类方法，我们再加以改正。

编号：3393

释文：吾作明竟（镜）佳且好，明而日月世少有，刻治今（禽）守（兽）悉皆在。

时代：东汉

著录：《寿县》图100。

【自有方】

编号：3394

释文：【外】吾作明竟（镜）自有方，白同（铜）清明复多光，买此竟（镜）人大吉羊（祥），五男四女宜侯王，延年益受（寿），长乐未央兮。【内】位至三公。

时代：东汉至三国

著录：《华夏考古》2019（06）第19页图一五：1、第20页图一六：1。

编号：3395

释文：【外】正月丙午日，［吾］作明竟（镜）自有方，幽湅（炼）三商，天王日月，上有东王父西王母，生如山石，长宜财，东西八千万里，富且昌，乐未央。【内】天王日月。宜侯王。师命长。乐未央。

时代：东汉至三国

著录：《鄂州》图37。

简注：“正”字前有起止符号。

编号：3396

释文：【外】正月丙［午］日，五（吾）作明竟（镜）自有方，除去不洋（祥）宜古（贾）市，大吉利，幽湅（炼）三商，天王日月，上有东王父、西王母，生如山石，宜西北〖廿万〗里，富且昌，长乐。【内】吾作明竟（镜），幽湅（炼）三商，立（位）至三公。

时代：东汉

著录：《鄂城》图46；《鄂州》图101。

简注：外圈“正”字前有起止符号。“湅”字反书，“廿万”合铸。

【自有纪】

编号：3397

释文：吾作明竟（镜）自有纪，除去不羊（祥）宜古（贾）市，上有东王父西王母，君宜官。

时代：东汉

著录：《文物春秋》2001（1）第64页图一。

编号：3398

释文：吾作明竟（镜）自有纪，除去不羊（祥）宜古（贾）市。

时代：东汉

著录：《浙江》A图57。

编号：3399

释文：吾作明竟（镜）自有己（纪），除去不羊（祥）宜古（贾）市。

时代：东汉至三国

著录：《桃华盦》图40；《久保惣》A图61；《久保惣》B图61；《志稿》第3254页。

编号：3400

释文：吾作明竟（镜）自有纪，辟去非羊（祥）宜孙子，圣人周公鲁孔子，君宜官，大吉利。

时代：东汉至三国

著录：《考古》1997（5）第92页图六。

编号：3401

释文：吾作明竟（镜）自有纪，［上有］东王父西王母，仙人王侨赤松子，长宜子孙。

时代：东汉

著录：《深圳》图78。

简注：铭文中“松”字从木董声。

编号：3402

释文：五（吾）作［明］竟（镜）自有纪，大吉兮，上。

时代：东汉至西晋

著录：《鄂州》图98。

简注：“上”字反书。

编号：3403
释文：【外】吾作竟（镜）自有己（纪），明如日月世未有，□，令人长受（寿）□。【内】位至三公。长宜子孙。
时代：东汉
著录：《中原文物》1987（3）第34页图三。
简注：东汉晚期墓出土（BM3：15）。

编号：3404
释文：［吾］作［明］竟（镜）自有纪，明而日月世少有。
时代：东汉
著录：《善斋》镜录卷一78a、78b；《小校》卷十五87a下。

编号：3405
释文：吾作明竟（镜）自有纪，明而日月，大吉。
时代：东汉
著录：《寿县》图108。

编号：3406
释文：吾作明竟（镜）自有纪，刻治禽守（兽）世少有，吉。
时代：东汉至西晋
著录：《鄂城》图62；《鄂州》图77；《图典》A图483；《图典》B图3.463。

编号：3407
释文：吾作明竟（镜）自有纪，令人长命宜孙子，大吉。
时代：东汉至三国
著录：《岩窟》二下第2图。
简注：“吾”字前有起止符号。

编号：3408
释文：吾作明竟（镜）自有纪，令人长命宜孙子。
时代：东汉至三国
著录：《尊古斋》第73页。

编号：3409
释文：吾作明竟（镜）自有纪，令人长生多孙子。
时代：东汉
著录：《龙虎》图156。

编号：3410
释文：吾作明竟（镜）自有己（纪），幽［炼］商三，众申（神），象（像）出范氏，其师长口〈命〉，［千］录（禄）百畐（福），月日令吉，古（贾）市皆利，东王公西王母，仙人王乔赤公（松）子，长予（与）天无亟（极）。
时代：东汉至三国
著录：《鄂城》图116。

【世少有】

编号：3411
释文：吾作明［镜］世少有，明如日月，君宜子孙，其师命长，长乐未英（央）兮。
时代：东汉
著录：《镜录》卷中25a；《志稿》第3259页；《图典》A图444；《图典》B图3.415。
简注：“吾”字前有起止符号，每句铭文间以小圆点相隔。

编号：3412
释文：吾作明竟（镜）世少有，服之吉利宜孙子，乐兮。
时代：东汉至三国
著录：《陈介祺》图114。

【四夷服】

编号：3413
释文：吾作明竟（镜）四夷服，多贺国家人民息，胡虏殄威（灭）天下复，风雨时节五谷孰（熟），长保二亲得天力，传告后世兮。

时代：东汉
著录：《金石索》卷六第48页。
简注："胡"字反书，"节"字从艹。

【幽炼三商】

编号：3414
释文：【外】吾作明竟（镜），幽湅（炼）三商；四夷服，多贺家贵人民息，胡虏殄威（灭）天下复，风雨时节五谷孰（熟），士（仕）宦高迁位公卿，天下安。【内】□。
时代：东汉至六朝
著录：浙江中财2011秋拍：0107。
简注："节"字从艹。

【吾自作明镜】

编号：3415
释文：【外】吾自作明竟（镜），幽湅（炼）三商，规矩无极，雕刻万疆，四气像元，六合设张，举方奉员（圆），通距虚空，统德序道，神灵是兴，白（伯）牙陈乐，众［神］见（现）容，天禽御［兽］，衔持维刚（纲），百精并存，福［禄］自从，番（蕃）昌子孙，而其师命长。【内】吾自作明竟（镜），幽湅（炼）三商，周（雕）刻无［极］。
时代：东汉
著录：《绍兴》第165页。
简注："吾"字前有起止符号。

编号：3416
释文：【外】吾自作明竟（镜），幽湅（炼）三商，周（雕）刻万疆，四气象（像）元，六合设张，白（伯）牙乐，众从是，大吉羊（祥），其师命长。【内】吾作明竟（镜），幽湅（炼）三商，周（雕）刻。
时代：东汉至三国
著录：《金石索》卷六第25页。
简注："众从是"为"众神见（现）容，福禄是从"错省。

编号：3417
释文：吾自作明竟（镜），幽湅（炼）商三，雕刻万畺（疆），四气浊青（清）真吉羊（祥），其师命长。
时代：东汉至三国
著录：《浙江》A图63；《浙江》B图51。
简注："三商"错乙，"雕""刻""师"笔画减省，"畺"可视为"疆"字减笔，也可视为通假。

编号：3418
释文：吾自作明竟（镜），幽柬（炼）三商，周（雕）亥（刻）万畺（疆），□，其师命长。
时代：东汉至三国
著录：《桃阴庐》图25上。

编号：3419
释文：【外】吾自作明镜，幽湅（炼）三商，周（雕）刻万畺（疆），白（伯）牙□富〖贵，曾（增）〗年益寿，位至侯王，吉羊（祥）。【内】君宜高官，位至三公，其师命长，吉。
时代：东汉
著录：《小校》卷十五71b上；《志稿》第3267页。

编号：3420
释文：【外】吾自作明镜，幽湅（炼）三商，雕规矩无［极］，配象（像）万疆，白（伯）牙陈乐，众神见（现）容，天禽并存，福禄自从，顥（愿）常服带，富贵番（蕃）昌，曾（增）年益寿，子孙番（蕃）昌，大吉羊（祥），其师命长。【内】三公。宜侯王。富贵。大吉羊（祥）。
时代：东汉至六朝
著录：《浙江》B图42。

编号：3421
释文：【外】吾自作明竟（镜），幽湅（炼）三商，雕刻规矩无极，配［像］万疆，白（伯）牙举乐，容神见（现）众，天存禽并，大吉羊（祥）。【内】吾自作明竟（镜），湅（炼）三白商，□。

时代： 东汉

著录：《上博》A彩图63、拓片63。

简注： 铭文多减笔、错讹。

【巧工刻之】

编号：3422

释文： 五（吾）作明竟（镜），幽湅（炼）三商，巧工刻之成文文章。

时代： 东汉

著录：《扶风》图71；《图典》B图3.478。

【规矩无极/涯】①

编号：3423

释文： 吾作明镜，幽湅（炼）三商，规柜（矩）无极，配像万［疆］，白（伯）牙［举］乐，神天禽见（现）众容并存，九首（兽）阳威，［举方奉］员，持衔刚（纲）维，通距虚空，服者公卿，［敬］贤奉良焉，富贵番（蕃）昌，曾（增）年益寿，其师命长，［长］保二亲得天力。

时代： 东汉至三国

著录：《汉雅堂》图134。

简注： "吾"字前有起止符号。铭文多错乙，如"神天禽见（现）众容并存"本当为"众神见（现）容，天禽并存"。

编号：3424

释文：【外】吾作明竟（镜），幽湅（炼）三商，规柜（矩）无涯，刻万疆，四气像元，六合设黄（广），□方奉员（圆），通距虚空，统德序道，祇灵是兴，白（伯）牙陈乐，众神见（现）容，太一。【内】吾作明竟（镜），幽湅（炼）三商，丙午氏（是）吉。

时代： 东汉至三国

著录：《浙江》A图60；《浙江》B图49。

简注： 据九江出土之镜（《九江》图19），"涯"亦有可能是"雕"字减省错讹，若是，则"雕"字属下读。

编号：3425

释文：【外】吾作明镜，幽湅（炼）三商，富，规佢（矩）无极，雕刻万疆，四气像元，六合设张，举方奉员（圆），通巨（距）虚空，统德序道，祇灵是兴，白（伯）牙陈乐，众神见（现）容，太［一］。【内】吾作明竟（镜），幽三□商，白如□。

时代： 东汉

著录： 中拍国际2010庆典：8087。

简注： "吾"字前有起止符号。铭文多减笔、错讹。

编号：3426

释文： 吾作明竟（镜），幽湅（炼）三商，规矩无极，雕刻万疆，四气像元，六合设张，举方奉员（圆），通巨（距）［虚空］，统德序道，祇灵是兴，白（伯）牙陈乐，众神［见（现）容］，其师命长。

时代： 东汉

著录：《乾坤》图31。

简注： "道"字减笔作"首"。

编号：3427

释文：【外】吾作明竟（镜），幽湅（炼）三商，规巨（矩）无极，调（雕）刻万疆，四气像元，六合设张，举方奉员（圆），通距虚［空］，统［德］序道，祇灵是兴，白（伯）牙陈［乐］。【内】吾作明竟（镜），幽湅（炼）三商，其师□。

时代： 东汉至三国

著录：《浙江》B彩图38。

---

① 将除去前面几类后常见的仍带有套语"规矩无极"或"规矩无涯"的铭文组合归入此类。

编号：3428

释文：【外】吾作明镜，幽湅（炼）三商，规矩无极，雕刻万疆，四气象（像）元，六合设张，举方奉员（圆），通距虚空，统德序道，祇灵是兴，□南司造，大吉□。【中】玉女当侍。【内】□□□则（侧）。

时代：东汉至三国

著录：《图鉴》图版14上。

编号：3429

释文：【外】吾作明镜，幽湅（炼）三商，规矩无极，周（雕）刻万京（疆），四气象（像）元，六合设张，举方奉员（圆），富贵番（蕃）昌，百精并存，福禄自从，其师命长。【内】吾作明竟（镜），日月合萌，保二亲。

时代：东汉至六朝

著录：《浙选》图35。

简注：“吾”字前有起止符号。

编号：3430

释文：吾作明镜，幽湅（炼）三商，规矩无［极］，雕刻万疆，四气像（象）元，六合设黄（广），□方奉员（圆），适身百长。

时代：东汉

著录：《九江》图19；《江西文物》1990（3）第118页。

简注：“黄”字减笔。

【雕刻万疆/像】①

编号：3431

释文：吾作明竟（镜），幽湅（炼）三商，周（雕）刻万疆，四气像元，夫〈六〉合设张，举方奉员（圆），通巨（距）虚空，统德序道，祇灵是兴，白（伯）牙陈乐，众神见（现）容，天禽御守（兽），衔持维刚（纲），百精并存，福禄自从，顜（愿）其师命长。

时代：东汉

著录：《图集》图399。

简注：“吾”字前有起止符号。

编号：3432

释文：吾作明竟（镜），幽湅（炼）三商，周（雕）刻万亖（疆），四气象（像）元，六合设张，白（伯）牙举乐，众神见（现）焉，□□□□，□大吉羊（祥），□□□□，曾（增）年益寿，其师命长。

时代：东汉

著录：《止水阁》图124；《图集》图406；《后沟》图58。

编号：3433

释文：吾乍（作）明竟（镜），幽湅（炼）三商，雕刻万亖（疆），四气象（像）元，六合设长（张），其师命长。

时代：东汉至六朝

著录：《越地》第150页；《浙选》图29；《浙江》A图56；《浙江》B图44；《全集》图93。

简注：“雕”字减笔，仅作“隹”形，“刻”字减笔，仅作“亥”形，“气”字减笔，仅作“米”形，“设”字减笔，仅作“言”形。

编号：3434

释文：吾作明竟（镜），幽湅（炼）三商，周（雕）刻万亖（疆），白（伯）牙陈乐，众羲［主阳］，四气象（像）元，六合设张，祇灵是兴，▯，其师命长。

时代：东汉至三国

著录：《浙江》B彩图35。

编号：3435

释文：【外】吾作明竟（镜），幽湅（炼）三商，周（雕）刻万亖（疆），〖三光〗，白（伯）牙

① 将除去前面几类后常见的仍带有套语“雕刻万疆”或“雕刻万像”的铭文组合归入此类。

作乐，众申（神）见（现）容，天禽并存，千禄伯（百）福，服者大吉羊（祥），曾（增）寿【内】命。吾作明［镜］，幽涑（炼）三商，公大吉。

时代：东汉至六朝

著录：浙江中财2011秋拍：0101。

简注：外圈铭文旋读入内圈。

编号：3436

释文：吾作明镜，幽涑（炼）三商，周（雕）刻万疆，白（伯）牙奏乐，众神见（现）容，天禽并存，千禄百福，曾（增）年益寿，宜子孙，位为侯王，贵富昌，五帝三皇，大师命长。

时代：东汉

著录：《小校》卷十五73a；《志稿》第3263页。

编号：3437

释文：【外】吾作明竟（镜），幽涑（炼）三周（雕）商刻万亖（疆），白（伯）牙奏乐，众神见（现）容，天禽并存，千彔（禄）百畐（福），富贵曾（增）年，大吉羊（祥），宜侯王。【内】吾作明，柬（炼）商三，同〈周（雕）〉，天，大吉羊（祥）。

时代：东汉

著录：《东南文化》2009（3）彩插四：1、第39页图九。

编号：3438

释文：【外】吾作明竟（镜），幽涑（炼）三商，周（雕）刻万亖（疆），白（伯）牙奏乐，众神见（现）容，天禽并存，千禄百福，曾（增）年益寿，老乃大吉羊（祥）。【内】吾作明镜，幽涑（炼）三［商］，周（雕），大吉羊（祥）。

时代：东汉至三国

著录：《千秋》第270页下；《中镜》图120。

简注：内圈“镜”字所从之金省作水。

编号：3439

释文：【外】吾作明竟（镜），幽涑（炼）三商，周（雕）刻万疆，白（伯）牙奏乐，众神见（现）容，天禽并存，千禄百福，/富昌，其师命大吉羊（祥）长。【内】吾作明［镜］，幽涑（炼）三周商，□大吉羊（祥）。

时代：东汉

著录：《鄂州》图108。

简注：镜残缺。

编号：3440

释文：【外】吾作明竟（镜），幽涑（炼）三商，周（雕）刻万疆，白（伯）牙［奏］乐，众神见容，天禽并存，福禄自从，容富贵，宜曾（增）年。【内】五（吾）作明竟（镜），白三，大吉羊（祥）。

时代：东汉

著录：《九江》图18。

简注：外圈“吾”字前有起止符号。

编号：3441

释文：吾作明竟（镜），幽涑（炼）三商，周（雕）亥（刻）万亖（疆），白（伯）牙奏乐，众神见（现）容，天禽并存。

时代：东汉至六朝

著录：《历代》图90。

编号：3442

释文：吾作明镜，幽涑（炼）三商，雕刻万亖（疆），百（伯）牙□□，众神见（现）容，天禽四首（兽），衔持维刚（纲），/。

时代：东汉至六朝

著录：《岩窟》二下第16图。

编号：3443

释文：吾作明竟（镜），幽涑（炼）三商，周（雕）刻万疆，白（伯）牙奏乐，众申（神）见（现）容，吉羊（祥）命长。

时代：东汉

著录：《鄂城》图100；《鄂州》图119。

编号：3444

释文：吾作明竟（镜），幽柬（炼）三商，周（雕）亥（刻）万畺（疆），白（伯）牙为倡，曾（增）年益寿，君宜大吉昌。

时代：东汉至三国

著录：《汉雅堂》图147。

编号：3445

释文：吾作明竟（镜），幽湅（炼）三商，周（雕）亥（刻）万畺（疆），⍁。

时代：东汉至三国

著录：《文物天地》2019（12）第36页图二。

编号：3446

释文：【外】吾作明竟（镜），幽湅（炼）三商，⍁。【内】吾作明竟（镜），幽湅（炼）三商，周（雕）刻万像。

时代：东汉

著录：《安吉》第93页。

【祇灵是兴】①

编号：3447

释文：【外】吾作明镜，幽湅（炼）三商，雕刻无极，配像万疆，四气像元，六合设张，举方奉员（圆），通距虚空，统德序道，祇灵是兴，白（伯）牙陈乐，众神见（现）容，其师□寿命长。【内】吾作明镜，幽湅（炼）三商，雕刻无极。

时代：东汉至三国

著录：《越地》第154页下；《浙江》A图58；《浙江》B图55。

编号：3448

释文：吾作明竟（镜），幽湅（炼）三商，雕刻无极，配象（像）万方，四气象（像）元，六合设长（张），贤良敬奉，通距虚空，统德序道，祇灵是兴，白（伯）牙陈乐，众神见（现）容，天禽衔持维刚（纲），大吉，服者公卿，其师命长。

时代：东汉

著录：《上博》A彩图61、拓片61；《上博》B图60；《辞典》第1441页左图；《图集》图414；《图典》A图431；《图典》B图3.390。

编号：3449

释文：【外】吾作竟（镜）明，幽湅（炼）三商，⍁统德序道，祇灵是兴，白（伯）牙东（陈）［乐］。【内】吾作明［镜］，幽湅（炼）三商，师命长。

时代：东汉至三国

著录：《浙选》图34。

【天禽四兽】②

编号：3450

释文：【外】吾作明竟（镜），幽湅（炼）三商，调（雕）刻无极，配像万疆，白（伯）牙鼓琴，众神见（现）容，天禽四首（兽），衔［持］维刚（纲），边则太一，乘云驾龙，⍁巽（选）群，五帝三皇，诛讨鬼凶，富贵安乐，子孙番（蕃）昌，曾（增）年益寿，其师命长。【内】⍁服者公卿⍁。

时代：东汉至三国

著录：《镜录》卷中26a；《小校》卷十五70a上；《志稿》第3269页；/《小校》卷十五69b、70a下。

简注：“吾”字前有起止符号。铭文多反书、减笔。

编号：3451

释文：【外】吾作明镜，幽湅（炼）三商，雕刻无极，配像万疆，白（伯）牙举乐，众神见（现）［容］，天禽四首（兽），衔持维刚（纲），边则太一，乘云驾龙，选从群神，五

---

① 将除去前面几类后常见的仍带有套语“祇灵是兴”的铭文组合归入此类。
② 将除去前面几类后常见的仍带有套语“天禽四兽”的铭文组合归入此类。

帝三皇，诛讨鬼凶，常服者富贵，师命长。【内】白（伯）牙。

时代：东汉至三国

著录：《开明堂》图50；《图集》图430。

编号：3452

释文：吾作明镜，幽湅（炼）三商，雕刻无极，配像万疆，白（伯）牙举乐，众神见（现）容，天禽四首（兽），衔持维刚（纲），边则泰一，乘云驾龙，选从群神，五帝三皇，福禄是从，富贵安宁，子孙番（蕃）昌，曾（增）年益寿，其师命长。

时代：东汉

著录：《古今》图130。

简注："持"字从玉。

编号：3453

释文：【外】吾作明镜，幽湅（炼）三商，雕刻无极，配像万疆，天禽四首（兽），衔［持］维刚（纲），边则太一，乘云驾龙，巽（选）从群神，五帝三皇，师焉命长。【内】君宜子孙番（蕃）昌，阳遂富昌〈贵〉。

时代：东汉至三国

著录：《书法》图191；《止水阁》图126；《拓片》图248；《图集》图432。

编号：3454

释文：吾作明镜，幽湅（炼）三商，雕刻无极，配像万疆，白（伯）牙举乐，众神见（现）容，天禽四首（兽），维持衔刚（纲），边则泰一，福禄是从，富贵安宁，子孙番（蕃）昌，曾（增）年益寿，其师命长。

时代：东汉至三国

著录：《岩窟》二上第84图；《图集》图429。

简注："吾"字前有鸟形起止符号。"维"字减笔作"系"，"子"字倒置。

编号：3455

释文：吾作明竟（镜），幽湅（炼）三商，雕刻无极，配像万疆，白（伯）牙陈乐，众神见（现）容，天禽四首（兽），衔持维刚（纲），边则泰一，福禄是从，富贵安乐，子孙番（蕃）昌，曾（增）年益寿，其师命长。

时代：东汉至三国

著录：《国图》第154页。

编号：3456

释文：吾作明镜，幽湅（炼）三商，雕刻无极，配像万疆，白（伯）牙举乐，众神见（现）容，天禽四首（兽），边则泰一，富贵安宁，子孙番（蕃）昌，曾（增）年益寿，其师命长。

时代：东汉至三国

著录：《深圳》图110。

编号：3457

释文：吾作明竟（镜），幽湅（炼）三商，周（雕）刻无极，配象（像）万疆，白（伯）牙奏乐，众神见（现）容，天禽四首（兽），衔持维刚（纲），富贵安宁，子孙番（蕃）昌，曾（增）年益寿，其师命长。

时代：东汉至三国

著录：《小校》卷十五70b；《志稿》第3264页；/《小校》卷十五71a上。

编号：3458

释文：吾作明镜，幽湅（炼）三商，调（雕）刻无极，配像万疆，白（伯）牙举乐，众神见（现）容，天禽四首（兽），衔持维刚（纲），百精并存，福禄是从，曾（增）年益寿，其师命长。

时代：东汉

著录：《故宫》A图56；《故宫》C图34；《故宫》I图75。

简注：桂馥《说文解字义证》："纲，维，绳也。喻为政，张之为网，理之为纪。维网不张，礼义不行。"

编号：3459

释文：吾作明镜，幽湅（炼）三商，周（雕）刻无极，配像万疆，白（伯）牙举乐，众神见（现）容，天禽四首（兽），衔持维刚（纲），百精并存，子孙番（蕃）昌，曾（增）年益寿，其师命长。

时代：东汉至三国

著录：《开明堂》图54；《图集》图405。

编号：3460

释文：吾作明竟（镜），幽湅（炼）三商，周（雕）刻无极，配象（像）万羊（疆），白（伯）牙陈乐，众神见（现）容，天禽四首（兽），衔持维刚（纲），百精并存，福禄是从，子孙番（蕃）昌，其师命长。

时代：东汉

著录：*ARTIBUS ASIAE*图75；《图集》图409。

简注：铭文多减笔，反书。如“陈”字减省作“东”。

编号：3461

释文：【外】吾作明竟（镜），幽湅（炼）三商，雕刻无极，配像万疆，白（伯）牙陈乐，众神见（现）容，天禽四首（兽），衔持维刚（纲），百精并存，福禄是从，子孙番（蕃）昌，［其］师命长。【内】乐未央。宜侯王。富且昌。大吉羊（祥）。

时代：东汉至三国

著录：《文化》图186；《汉铭斋》图118；《清艺》第124页；《书法》图188；《拓片》图216；《图集》图396。

编号：3462

释文：【外】吾作明镜，幽柬（炼）三商，周（雕）刻无极，配象（像）万疆，白（伯）［牙］鼓琴，天禽四首（兽），衔持维刚（纲），是从，富□。【内】君宜立（位）至三公九卿，命长。

时代：东汉

著录：《小檀》卷三28a；《小校》卷十五72a下；《拓影》图37。

简注：“宜”字减笔错讹。

编号：3463

释文：【外】吾作明竟（镜），幽湅（炼）三商，周（雕）刻无极，配像万疆，天禽四首（兽），衔持维刚（纲），大吉，其师命长，服者敬奉贤良，□如山（仙）人王高（乔）赤甬（诵）子兮。【内】善同（铜）出丹阳，师得同合湅（炼）五金。

时代：东汉至三国

著录：《镜录》卷中24b；《陈介祺》图160；《国图》第151页。

编号：3464

释文：吾作明竟（镜），幽湅（炼）三商，周（雕）刻无极，配像万畺（疆），白（伯）牙奏乐，众神见（现）容，天禽四首（兽），福禄是从，富贵安宁，曾（增）年益寿，子孙番（蕃）昌，其师命长。

时代：东汉

著录：北京保利2016秋拍：6569。

编号：3465

释文：吾作明竟（镜），幽湅（炼）三商，周（雕）刻无［极］，［配］象（像）万疆，白（伯）牙作乐，众申（神）见（现）［容］，天禽四首（兽），统德，富贵安，曾（增）年益寿，长者大吉羊（祥）。

时代：东汉

著录：《阳羡》图138。

编号：3466

释文：【外】吾作明竟（镜），幽湅（炼）三商，周（雕）刻无亟（极），天禽四首（兽），众神请（清）明，服此竟（镜）高迁秩公大夫，长命久寿，宜子孙，吉。【内】吾作明竟（镜），幽湅（炼）三商，周（雕）刻无亟（极）。

时代：东汉至三国

著录：《浙江》A图78；《浙江》B图56。

简注：“孙”反书。

【天禽并存】①

编号：3467

释文：【外】吾作明竟（镜），幽湅（炼）三商，周（雕）刻无极，配［像］万畺（疆），白（伯）牙奏乐，众神见（现）容，天禽并存，千禄百福，曾（增）年益寿，子孙番（蕃）昌，师命长。【内】吾作明竟（镜），幽湅（炼）三商，大吉三〈羊〉（祥）。

时代：东汉

著录：《小校》卷十五71b下；《志稿》第3268页。

编号：3468

释文：【外】吾作明竟（镜），幽湅（炼）三商，周（雕）亥（刻）万畺（疆），白（伯）牙奏乐，众神见（现）容，天禽并存，千禄百福，曾（增）年益［寿］，大吉羊（祥），宜侯王，士（仕）至三公，其［师命长］。【内】吾作明白〈竟〉（镜），幽湅（炼）三［商］，大吉羊（祥）。

时代：东汉

著录：《大观》第146页。

编号：3469

释文：【外】吾作明镜，幽湅（炼）三商，周（雕）刻无极，配像万畺（疆），白（伯）牙作乐，众神见（现）容，天禽并存，□□□安，曾（增）年益寿，子孙极番（蕃），大吉羊（祥），位至三公。【内】吾作明竟（镜），幽湅（炼）三商，周（雕），大吉羊（祥）。

时代：东汉至三国

著录：《古竟景》图14；/《小校》卷十五72a上；《小檀》卷三30b；《拓影》图39；/《陈介祺》图157；《簠斋》第70页；《国图》第150页。

编号：3470

释文：【外】吾作明竟（镜），幽湅（炼）三商，周（雕）刻无极，配像万畺（疆），白（伯）牙作乐，众神见（现）容，天禽并存，福禄自从，大吉羊（祥），三公。【内】吾三明竟（镜），三湅（炼）三周（雕），□三湅（炼）□。

时代：东汉

著录：《安吉》第91页。

简注：“吾”字前有起止符号。铭文多反书、减笔。

编号：3471

释文：【外】吾作明竟（镜），幽湅（炼）三商，周（雕）刻无极，配象（像）万畺（疆），白（伯）牙作乐，众神见（现）容，天禽并存，福［禄］自从，富贵安宁，曾（增）年益昌，其师命长，大吉。【内】吾作明竟（镜），幽湅（炼）三商，大吉。

时代：东汉至三国

著录：《岩窟》二下第9图。

编号：3472

释文：【外】吾作明竟（镜），幽湅（炼）三商，周（雕）刻□象（像）万畺（疆），白（伯）牙陈众药（乐）神见（现）容，天禽并存，福禄氏（是）〖曾（增），贵〗富字〈安〉雕〈宁〉，曾（增）年益寿，长宜子孙。【内】吾作明竟（镜），幽柬（炼）三商，周（雕）刻无。

时代：东汉至三国

著录：《镜录》卷中25b；《志稿》第3265页；《图典》A图415；《图典》B图3.368。

简注：“吾”字前有起止符号。“众药”错乙，“曾贵”合铸，“字雕”疑为“安宁”错讹，《岩窟》（二上第84图）铭文“富贵安宁”中“安宁”作，可资比较。

① 将除去前面几类后常见的仍带有套语“天禽并存”的铭文组合归入此类。

编号：3473

释文：吾作明镜，幽湅（炼）三商，雕刻无极，配像万疆，白（伯）牙作乐，众神见（现）容，天禽并存，福禄自从，富贵安雕〈宁〉，曾（增）年益寿，子孙番（蕃）昌，其师命长。

时代：东汉

著录：《深圳》图109；《古今》图118。

编号：3474

释文：吾作明竟（镜），幽湅（炼）三商，雕刻无极，配象（像）万方，白（伯）牙见〈举〉乐，众神见（现）容，天禽并存，福禄自从，富贵安乐，曾（增）年益寿，子孙番（蕃）昌，其师命长。

时代：东汉

著录：《止水阁》图125；《图集》图408。

简注：铭文多减笔、反书。

编号：3475

释文：吾作明镜，幽湅（炼）三商，雕刻无极，配象（像）万疆，白（伯）牙陈乐，众神见（现）容，天禽并存，福禄自从，富贵安乐，曾（增）年益寿，子孙番（蕃）昌，其师命长。

时代：东汉至六朝

著录：《上博》B图62。

编号：3476

释文：吾作明镜，幽湅（炼）三商，雕刻无极，配像万疆，白（伯）牙作倡，众神见（现）容，天禽并存，百精是兴，富贵安宁，曾（增）年益寿，子孙番（蕃）昌，其师命长。

时代：东汉至三国

著录：《汉雅堂》图152。

编号：3477

释文：吾作明竟（镜），幽湅（炼）三万□商，周（雕）亥（刻）无极，配象（像）万畺（疆），白（伯）牙作乐，众神见（现）容，天禽并存，福禄自从，富贵安宁，曾（增）年益寿，子孙[/]。

时代：东汉

著录：《鄂城》图115。

简注：铭文多反书，并混入较多记号。

编号：3478

释文：【外】吾作明竟（镜），幽柬（炼）三商，舟（雕）刻无极，白虎青龙，白（伯）牙奏乐，众神见（现）容，［天］禽并存，福禄自从，富贵番（蕃）昌，［其］师命［长］。【内】吾祚（作）明，三，纪□□□□无。

时代：东汉

著录：《岩窟》二下第13图。

简注：外圈“吾”字前有起止符号。铭文多错讹。

编号：3479

释文：【外】吾作明竟（镜），幽湅（炼）三商，周（雕）刻无极，配象（像）万畺（疆），白（伯）牙作乐，众神见（现）容，天禽并存，畐（福）录（禄）【内】自从，子孙番（蕃）昌，其师命长。

时代：东汉至六朝

著录：《小校》卷十五72b上；《志稿》第3262页。

简注：“吾”字前有起止符号。铭文自外圈旋读后入内圈。

编号：3480

释文：【外】吾作明竟（镜），幽湅（炼）三商，周（雕）刻无亟（极），配象（像）万姜（疆），白（伯）牙奏乐，众神见（现）容，天禽并存，福禄是从，富贵相承，子孙番（蕃）昌，曹金羽有马三千万白。【内】吾作明竟（镜），幽湅（炼）三商，周（雕）刻无亟（极）。

时代：东汉至三国

著录：《浙江》A图65；《浙江》B图57。

简注：铭文多反书。

编号：3481

释文：【外】吾作明镜，幽湅（炼）三商，周（雕）

刻无亟（极），配象（像）万疆，白（伯）牙奏乐，众神见（现）容，天禽并存，福禄是容，富贵常至，子孙潘（蕃）昌。【内】吾作明竟（镜），幽湅（炼）三商，周（雕）刻无亟（极）。

时代：东汉至三国

著录：《汉雅堂》图155。

简注：“禄”“孙”反书。

编号：3482

释文：【外】吾作明镜，幽湅（炼）三商，周（雕）刻无亟（极），配象（像）万畺（疆），白（伯）牙奏乐，众神见（现）容，天禽并存，福禄氏（是）从，富。【内】五（吾）作明金〈镜〉，幽湅（炼）三，无亟（极）。

时代：东汉

著录：《淮南》第172页、第173页。

简注：铭文多反书、减笔，如“从”字省却彳旁。

编号：3483

释文：吾作明竟（镜），幽湅（炼）三商，周（雕）刻无亟（极），配象（像）万畺（疆），白（伯）牙奏乐，众神见（现）容，天禽并存，福禄是从。

时代：东汉至六朝

著录：《岩窟》二下第23图。

简注：“吾”字前有起止符号。

编号：3484

释文：吾作明竟（镜），幽湅（炼）三商，雕刻无极，配像万畺（疆），光[明]圣[德]，子孙为王，方举员（圆）奉，统德序道，敬奉贤良，天禽并存，富贵安宁，大吉命长。

时代：东汉至三国

著录：《浙江》B彩图33。

编号：3485

释文：吾作明竟（镜），［雕刻］无极，白（伯）牙奏药（乐），众神见（现）容，天今（禽）并存，示（是）从录（禄）畐（福），富贵番（蕃）昌。

时代：东汉至三国

著录：《鄂城》图105。

编号：3486

释文：【外】吾作明竟（镜），幽柬（炼）三商，周（雕）刻无［极］，［配］象（像）万畺（疆），曾白（伯）乐牙，众见（现）番（蕃）禄福并曾（增）天禽容贵统天年百见（现）申（神）存子其，大吉羊（祥）。【内】吾作明竟（镜），幽湅（炼）三周〈商〉，大吉羊（祥）。

时代：东汉

著录：《鄂州》图112。

【众羲主阳】[1]

编号：3487

释文：吾作明竟（镜），幽湅（炼）三商，配像万疆，敬奉贤良，统德序道，雕刻无极，常服久尚，众羲主阳，咸得所顧（愿），□□□天，曾（增）年益寿，士（仕）至公卿，富贵安宁，君宜高官，其师命长，宜侯王兮。

时代：东汉至六朝

著录：《图集》图454。

简注：铭文多减笔，错讹。

编号：3488

释文：吾作明竟（镜），幽湅（炼）三商，配像万疆，统德序道，敬奉贤良，周（雕）刻无极，白（伯）牙陈乐，众羲主阳，福禄是从，富贵安宁，曾（增）年益寿，长宜侯王，子孙番（蕃）昌，贤者高显，士（仕）至公卿，其师

---

① 将除去前面几类后常见的仍带有套语“众義主阳”的铭文组合的归入此类。

命长。

时代： 东汉至三国

著录：《桃阴庐》图23；《泉屋》图76。

简注： 部分方格中铭文顺序错乱需跳读。

编号： 3489

释文： 吾作明竟（镜），幽湅（炼）三商，配象（像）万疆，统德序道，敬奉贤良，周（雕）克（刻）无极，百（伯）牙牙举乐，众羲主阳，圣德光明，富贵安乐，长乐未央，子孙番（蕃）昌，学者高迁，士（仕）至公卿，其师命长。

时代： 东汉

著录：《尊古斋》第68页。

编号： 3490

释文： 吾作明镜，幽湅（炼）三商，配像万疆，统德序道，敬奉贤良，周（雕）刻无极，百（伯）牙举乐，众羲主阳，圣德光明，富贵安乐，子孙番（蕃）昌，贤者高迁，士（仕）至公卿，其师命长。

时代： 东汉

著录：《博古图》卷二十八14a。

简注： 原摹本误摹较多，今据同类镜铭及字形重新释读。

编号： 3491

释文：【外】吾作明竟（镜），幽湅（炼）三商，配像万疆，统德序道，敬奉贤良，铜〈雕〉克（刻）无极，百（伯）牙举乐，众羲主阳，圣德光明，富贵安乐，子孙番（蕃）昌，学者高连（迁），士（仕）至公卿，其师命长。【内】服吾此竟（镜），宜市，曾（增）年益寿。

时代： 东汉至三国

著录：《汉雅堂》图133。

简注： "吾"字前有起止符号。

编号： 3492

释文： 吾作明镜，幽湅（炼）三商，配像万疆，统德序道，敬奉贤良，錭（雕）克（刻）无极，百（伯）牙举乐，众羲主阳，圣德光明，富贵安乐，子孙番（蕃）昌，买者高连（迁），士（仕）至公卿，其师命长。

时代： 东汉

著录：《古今》图116。

编号： 3493

释文： 吾作明竟（镜），幽湅（炼）三商，配像万疆，统德序道，敬奉贤良，雕克（刻）无极，白（伯）牙举乐，众羲主阳，圣高，士（仕）至公卿，其师命长。

时代： 东汉

著录：《止水阁》图127 。

简注： "吾"字前有起止符号。"雕"字反书。

编号： 3494

释文： 吾作明竟（镜），幽湅（炼）三商，配像万疆，统德序道，敬奉贤良，周（雕）刻无极，众羲主阳，世德申（神）明，富贵安乐，子孙番（蕃）昌，宦者升迁，尚者富贵，士（仕）至公卿，其师命长。

时代： 东汉

著录： *ARTIBUS ASIAE*图79；《图集》图400。

简注： 铭文多减笔。"世"字反书。

编号： 3495

释文： 吾作明镜，幽湅（炼）三商，万像配疆，统德序道，众神见（现）容，刻周（雕）无极，百情（精）并存，白（伯）牙举乐，众羲主阳，学者高连（迁），曾（增）年益寿，富贵安乐，子孙番（蕃）昌，其师命长。

时代： 东汉至三国

著录：《汉雅堂》图145。

编号： 3496

释文： 吾作明竟（镜），幽湅（炼）三商，配象（像）世京（疆），统德序道，敬奉贤良，周（雕）刻无极，百（伯）牙举乐，众羲主阳，圣德光明，富贵安乐，子孙番（蕃）昌，士（仕）至高升，其师命长。
时代： 东汉至三国
著录：《文物》1992（8）第93页图一。
简注： 铭文多减笔，如“贤”减省作“臣”。

编号： 3497
释文： 吾作明镜，幽湅（炼）三商，万像配疆，统德序道，众神见（现）容，周（雕）刻无极，百精并存，白（伯）牙举乐，众羲主阳，学者高迁，曾（增）年益寿，富贵安乐，子孙番（蕃）昌，其师命长。
时代： 东汉
著录：《图集》图416。
简注： “万像配”错乙。

编号： 3498
释文： 吾作明竟（镜），幽湅（炼）三商，⧄，白（伯）牙举乐，众羲主阳，圣德光明，富贵安乐，子孙番（蕃）昌，学者高迁，士（仕）至三公，其师命长。
时代： 东汉至三国
著录：《全集》图97；《洛华》图144。

编号： 3499
释文： 吾作明竟（镜），幽湅（炼）三商，配像世京（疆），统德序道，敬奉贤良，雕刻无极，白（伯）牙作乐，众羲主阳，世德光明，富贵安乐，天王日月，大吉宜用，士（仕）至高升，其师命长。
时代： 东汉
著录：《图集》图446。

编号： 3500
释文： 吾作明竟（镜），天王日月，幽湅（炼）三商，天王日月，统得（德）序道，天王日月，敬奉贤良，天王日月，周（雕）克（刻）无极，天王日月，白（伯）牙作昌（倡），天王日月，众羲主向（阳），天王日月，大吉羊（祥）长。
时代： 东汉
著录： 北京保利2016秋拍：6592。

编号： 3501
释文：【外】吾作明竟（镜），幽湅（炼）三商，天王月目〈日〉，上有东王父西王母，山（仙）人子乔赤松子，服者大吉，生如金石，位至三公，长乐未英（央），统德序道，周（雕）刻无亟（极），众羲主阳，其师命长，宜子孙。【内】吾作明竟（镜），幽湅（炼）三商，其师命长。
时代： 东汉
著录：《广西》图82。
简注： “吾”字前有起止符号。铭文多反书、减笔。

【统德序道】①

编号： 3502
释文： 吾作明镜，幽湅（炼）三商，雕刻无极，配像万疆，统德序道，敬奉贤良，白（伯）牙举乐，众神见（现）容，百精存焉，福禄是从，顯（愿）常服之，富贵番（蕃）昌，永得所欲，其师命长。
时代： 东汉至三国
著录：《桃阴庐》图24。
简注： “存”字减笔讹变。

编号： 3503
释文： 吾作明镜，幽湅（炼）三商，配像万疆，统德序道，敬奉贤良，雕刻无极，白（伯）牙举乐，富贵番（蕃）昌，其师命长。
时代： 东汉

① 考虑到与前文“众羲主阳”小类的相似性，将“配像万疆”后紧接“统德序道”，或“统德序道”后紧“配像万疆”一类的组合列于此小类。在具体排列时，先列以套语“富贵蕃昌”，后列以“子孙蕃昌”。

著录：《书法》图190；《图集》图412。

简注：“吾”字前有起止符号。铭文多减笔、反书。

编号：3504

释文：吾作明竟（镜），幽湅（炼）三商，配象（像）万疆，统德序道，敬奉贤良，富贵番（蕃）昌，其师命长。

时代：东汉

著录：《中原》图49。

编号：3505

释文：吾乍（作）明竟（镜），幽湅（炼）三商，配像万疆，统德序道，敬奉贤良，曾（增）年益寿，富贵番（蕃）昌，天□□寿，服者。

时代：东汉

著录：《图集》图411。

编号：3506

释文：吾作明镜，幽湅（炼）三商，周（雕）刻无极，配像万疆，统德序道，敬奉贤良，白（伯）牙举乐，众申（神）见（现）容，百清（精）并存，福禄是从，圣德光明，子孙番（蕃）昌，曾（增）年益寿，其师命长。

时代：东汉至三国

著录：《唐宋》附图31。

简注：铭文多减笔、错讹，较难辨识。

编号：3507

释文：吾作明竟（镜），幽湅（炼）三商，配像万疆，统德序道，敬奉贤良，铜〈錭〉（雕）刻无极，富贵安乐，立（位）至公卿，子孙番（蕃）昌，其师命长。

时代：东汉

著录：《中原》图130。

编号：3508

释文：【外】吾作明镜，幽柬（炼）三商，配像万疆，统德序道，敬奉贤良，雕刻无极，白（伯）牙乐举，富贵安乐，子孙番（蕃）昌，其师命长。

时代：东汉

著录：《浙江》B彩图39。

编号：3509

释文：吾作明竟（镜），幽湅（炼）三商，配像万疆，统德序道，敬奉贤良，錭（雕）刻无极，富贵安乐，士（仕）至公卿，子孙番（蕃）昌，其师命长。

时代：东汉

著录：《古今》图119；《深圳》图105。

编号：3510

释文：吾作明竟（镜），幽湅（炼）三商，配像，序道统德，万疆，学者高迁，子孙番（蕃）昌，富贵安乐。

时代：东汉至六朝

著录：《桃华盦》图43上；《久保惣》A图66；《久保惣》B图66。

简注：“吾”字前有起止符号。

编号：3511

释文：吾作明竟（镜），幽湅（炼）三商，配像万疆，统德序道，敬奉贤［良］，雕克（刻）无极，富贵安乐，其师命长。

时代：东汉

著录：《阳羡》图102。

编号：3512

释文：吾作明竟（镜），幽湅（炼）三商，配象（像）万疆，统德序道，子孙番（蕃）昌，士（仕）至公卿，其师命长。

时代：东汉

著录：《小校》卷十五73b上；《志稿》第3260页。

简注：“吾”字前有起止符号。

编号：3513

释文：吾作明竟（镜），幽湅（炼）三商，统德序道，配象（像）万疆，曾（增）年益寿，子孙番（蕃）昌，宜王。
时代：东汉至六朝
著录：《考古》1986（2）图版伍：1、第188页图一。

编号：3514
释文：吾作明竟（镜），幽练（炼）三商，统德序道，配像万疆，曾（增）年益寿，宜子孙。
时代：东汉至三国
著录：《陈介祺》图115；《国图》第115页。
简注：陈介祺旧藏。

编号：3515
释文：吾乍（作）明竟（镜），幽湅（炼）三商，统德序道，配象（像）万疆，曾（增）年益寿，子孙。
时代：东汉
著录：《小校》卷十五73b下；《志稿》第3258页。
简注："吾"字前有起止符号。

编号：3516
释文：吾作明竟（镜），幽湅（炼）三商，统德序道，配象（像）万强（疆），宜孙子。
时代：东汉至三国
著录：《岩窟》二下第1图。
简注："吾"字前有起止符号。

编号：3517
释文：吾作明竟（镜），幽湅（炼）三商，统德序道。
时代：东汉
著录：北京保利2016秋拍：6568。

【百精并存】①

编号：3518
释文：吾作明竟（镜），幽湅（炼）三商，周（雕）刻无亟（极），配象（像）万亶（疆），白（伯）牙奉昌（倡），众申（神）见（现）容，百青（精）并具，畐（福）录（禄）从自，富贵安吉，见示贤良，车□□□，其师吉羊（祥）。
时代：东汉至三国
著录：《马珍》第52页。
简注：铭文多减笔，如"配"减笔作"酉"，"贤"减笔作"臣"等。

编号：3519
释文：吾作明竟（镜），幽湅（炼）三商，统德序道，敬奉贤良，雕刻无极，配像万疆，百精并存，众神见（现）容，富贵安乐，曾（增）年益寿，子孙番（蕃）昌，仕至公卿，其师命长。
时代：东汉
著录：《图集》图413。

编号：3520
释文：吾作明竟（镜），幽湅（炼）三商，周（雕）刻无极，配象（像）万亶（疆），白（伯）牙奏乐，众神见（现）容，□□□□，富贵番（蕃）昌，百精并存，福禄是从，子孙益昌，其师命长。
时代：东汉
著录：《鄂州》图113。

编号：3521
释文：吾作明镜，幽湅（炼）三商，雕刻无极，配像万疆，白（伯）牙举乐，众神见（现）容，百精并存，福禄是从，富贵安宁，子孙番（蕃）昌，曾（增）年益寿，其师命长。
时代：东汉至三国
著录：《图集》图410；/《图集》图415；/《古今》图117。

编号：3522
释文：吾作明镜，幽湅（炼）三商，雕刻无极，配像

① 将除去前面几类后常见的仍带有套语"百精并存"的铭文组合的归入此类。

万疆，白（伯）牙举乐，众神见（现）容，白（百）精并存，富禄是从，福贵安宁，子孙番（蕃）昌，曾（增）年益寿，其师命长。

时代：东汉至三国

著录：《汉雅堂》图149。

简注：“富”“福”位置错置。

编号：3523

释文：吾作明镜，幽湅（炼）三商，周（雕）刻无极，配象（像）万疆，白（伯）牙奏乐，万福攸同，百清（精）并存，福禄自从，富贵安宁，子孙番（蕃）昌，曾（增）年益寿，其师命长。

时代：东汉至三国

著录：《博古图》卷二十八27a。

简注：原摹本误摹较多，今据同类镜铭及字形重新释读。“万福攸同”疑或为“众神见容”误摹。

编号：3524

释文：【外】吾作明镜，幽湅（炼）三商，雕亥（刻）极无，配象（像）疆万，百（伯）牙乐举，众神容见（现），百精存并，福禄从是，富贵宁安，子孙番（蕃）昌，曾（增）年［益］寿。【内】吾作明，福，富贵乐安，师命。

时代：东汉

著录：《浙江》B彩图40；《越地》第154页上。

编号：3525

释文：【外】吾作明竟（镜），幽湅（炼）三商，周（雕）刻无昌，配象（像）万疆，白（伯）牙举乐，众神见（现）容，百精并存，福用〈彔—禄〉是从，富贵吉羊（祥）。【内】吾作明竟（镜），幽湅（炼）三商，大吉羊（祥）。

时代：东汉至三国

著录：《岩窟》二下第10图。

【其他】

编号：3526

释文：吾作明镜，幽湅（炼）三商，雕刻无极，配像万疆，众神见（现）容，是从福禄，至公卿十二大夫兮，富贵安乐，子孙番（蕃）昌，其师命长。

时代：东汉

著录：《汉雅堂》图144。

编号：3527

释文：吾作明镜，幽湅（炼）三商，周（雕）刻无极，万像配疆，众神见（现）容，是从福禄，至公卿立（位）［十］二大夫兮，富贵安乐，子孙番（蕃）昌，其师命长。

时代：东汉

著录：《阳羡》图136。

编号：3528

释文：吾作明镜，幽湅（炼）三商，雕刻无极，大吉，曾（增）年益寿，子孙盈堂宜行，宦则位至三公九卿、侯相天王，□□□□，□□□□，□□□□，□□□□，是如吾言。

时代：东汉至六朝

著录：《故宫》A图71。

编号：3529

释文：吾作明竟（镜），幽湅（炼）三商，⧄，天王玉女，⧄，子孙番（蕃）昌，立（位）至三公，其师命长。

时代：东汉

著录：《考古学报》1957（1）第179页图十：4；《图典》A图416；《图典》B图3.371。

编号：3530

释文：吾作明竟（镜），幽湅（炼）三商，周（雕）刻无极，⧄，山（仙）人玉女，⧄，用者吉羊（祥）。

时代：东汉

著录：《广西》图83。

编号：3531

释文：吾作明竟（镜），幽湅（炼）三商，周（雕）亥（刻）毋以（已），配象（像）吉羊（祥），白（伯）牙仙人，玉女三王，申（神）圣具（俱）从，□上下□，日非天力，□录（禄）立（位）至三公，其师命长。

时代：东汉至三国

著录：《汉雅堂》图148。

编号：3532

释文：【外】吾作明竟（镜），幽湅（炼）三商，周（雕）刻无极，⍁，上有东王公西王母，山（仙）人子桥（乔）赤甬（诵）子，位至三公兮。【内】位至三公宜侯王兮。

时代：东汉至六朝

著录：《考古》1965（9）第461页图二：3。

编号：3533

释文：【外】吾作明竟（镜），幽湅（炼）三商，周（雕）刻容象（像），五帝天皇，白（伯）牙单（弹）琴，黄帝除凶，朱鸟玄武，白虎青龙，君宜高官，位仕至侯王，子孙番（蕃）[昌]，大吉。【内】宜官。宜官。

时代：东汉至三国

著录：《止水阁》图129；《书法》图195；《拓片》图251；《图集》图442。

简注：“湅”“象”“官”“侯”反书。

编号：3534

释文：【外】吾作明竟（镜），幽湅（炼）三商，周（雕）克（刻）容象（像），五帝天皇，[伯]牙单（弹）琴，黄帝除凶，朱鸟玄武，白虎青龙，君宜高官，位至侯王，子孙吉羊（祥）富昌。【内】君宜官，君宜官。

时代：东汉

著录：《善斋》镜录卷一68b、68b；《小校》卷十五71a下；《志稿》第3266页。

编号：3535

释文：【外】吾作明竟（镜），幽湅（炼）三商，周（雕）克（刻）容象（像），□□□□，朱鸟玄武，白虎青龙，服此竟（镜）者，位至三公，其子命长，羊（祥）。【内】吾作明竟（镜），幽湅（炼）三商，周（雕）刻光象（像）。

时代：东汉到三国

著录：《武汉》第76页。

编号：3536

释文：吾作明竟（镜），幽湅（炼）三商，周（雕）刻无极，配象（像）万畺（疆），白（伯）牙单（弹）琴，众神见（现）容，□□□□，福禄是从，富贵安乐，子孙番（蕃）昌，服士（仕）至公卿，其师命长，大吉羊（祥）。

时代：东汉至六朝

著录：《考古》1993（12）第1141页图一、图二。

简注：原拓模糊，铭文难以辨识，此据整理者释文及拓本字形改释。

编号：3537

释文：吾作明竟（镜），幽湅（炼）三商，周（雕）亥（刻）无亟（极），配象（像）万畺（疆），⍁，子孙番（蕃）昌，⍁，其师吉羊（祥）。

时代：东汉

著录：《孝感》图48。

编号：3538

释文：吾作明竟（镜），幽湅（炼）三商，周（雕）刻无[极]，[配]象（像）万疆，白（伯）牙，大吉羊（祥）。

时代：东汉

著录：《鄂城》图99；《鄂州》图120。

编号：3539

释文：【外】吾作明竟（镜），幽湅（炼）三商，周（雕）刻无极，万畺（疆），白（伯）牙，曾

（增）年益［寿］，番（蕃）昌，长宜子孙，大吉羊（祥），宜居侯公王，官贵，阳日昌，居以明。

时代：东汉

著录：《鄂城》图101；《鄂州》图123。

简注：“明”字减作“目”。

编号：3540

释文：【外】吾作明竟（镜），幽柬（炼）三商，周（雕），百（伯）无作琴，众申（神）见（现）容，宜子孙也，大吉。【内】四二三□□未□□未□。

时代：东汉至六朝

著录：《岩窟》二下第22图。

编号：3541

释文：吾作明镜，幽湅（炼）三商，周（雕）刻无极，众禽配疆，上古圣人，及予（与）三皇，天云〈灵〉皆出，其师命长，乐未克英（央），天下顺羊（祥）兮。

时代：东汉

著录：《阳羡》图139。

简注：“吾”字前有起止符号。

编号：3542

释文：吾作明镜，幽湅（炼）三商，周（雕）刻无极，配像万疆，白（伯）牙举乐，众神见（现）容，服者公卿，敬奉贤良，子孙番（蕃）昌，［福禄］是从，富贵安定，统德舒（序）道，不穷，大吉阳遂，其师命长。

时代：东汉

著录：*CHINESE BRONZES*第78页上；《图集》图401。

简注：铭文多减笔、反书。

编号：3543

释文：吾作明镜，幽湅（炼）三商，雕刻无极，配像万疆，白（伯）牙举乐，众神见（现）容，边一泰则，福禄是从，富贵安宁，子孙番（蕃）昌，曾（增）年益寿，其师命长。

时代：东汉

著录：《绍兴》第159页。

简注：“一”“则”错乙。

编号：3544

释文：【外】吾作明镜，幽湅（炼）三商，周（雕）刻无极，配象（像）万疆，四气象（像）元，六合设张，举方奉员（圆），通距虚空，贵富，［子］孙番（蕃）昌，其师命长。【内】吾作明竟（镜），幽湅（炼）三商，长保二亲。

时代：东汉至三国

著录：《岩窟》二下第15图。

简注：外圈“吾”字前有起止符号。

编号：3545

释文：【外】吾作明竟（镜），幽湅（炼）三商，周（雕）刻无□，配象（像）万畺（疆），白（伯）牙作药（乐），众申（神）见（现）容，⧄畐（福）录（禄）氏（是）［从］，子孙。【内】吾作明镜，幽湅（炼）三商，［雕］克（刻）无［极］。

时代：东汉至六朝

著录：浙江中财2011秋拍：0095。

编号：3546

释文：【外】吾作明镜，幽湅（炼）三商，周（雕）刻无极，［配像］万畺（疆），白（伯）牙作乐，⧄富贵安宁，曾（增）年命长。【内】吾作明竟（镜），幽湅（炼）三商，周（雕）刻无极。

时代：东汉至三国

著录：《拓影》图40。

编号：3547

释文：吾作明镜，幽湅（炼）三商，雕刻无极。

时代：东汉到六朝

著录：《武汉》第31页。

编号：3548
释文：吾作明镜，幽湅（炼）三商，周（雕）刻无极。
时代：东汉至三国
著录：《常德》图75；/《文物》1986（4）第89页。

编号：3549
释文：吾作明竟（镜），幽湅（炼）三商，周（雕）刻无极。
时代：东汉至三国
著录：《常德》图73；《文物》1986（4）第90页图一。

编号：3550
释文：吾作明竟（镜），幽柬（炼）三商，周（雕）刻无极。
时代：东汉
著录：《博古图》卷二十八11a。

编号：3551
释文：吾作明竟（镜），幽湅（炼）三商，周（雕）刻无亟（极）。
时代：东汉
著录：《北方文物》1997（3）封三：4；/《岩窟》二下第19图。

编号：3552
释文：吾作明镜，幽湅（炼）三商，刻舟（雕）无极。
时代：东汉至三国
著录：《浙江》A图66；《浙江》B图53。
简注：“镜”“商”“刻”“无”“极”皆减笔。

编号：3553
释文：吾作竟（镜）明，幽湅（炼）幽三，周（雕）亥（刻）极无。
时代：东汉
著录：《越地》第151页。

编号：3554
释文：吾作明竟（镜），幽湅（炼）三商，周（雕）刻极无。
时代：东汉
著录：《善斋》镜录卷一69a、69b；《小校》卷十五76a下；《志稿》第3250页。
简注：“极无”错乙。

编号：3555
释文：五（吾）自作明镜，幽湅（炼）三商，雕刻无［极］。
时代：东汉至三国
著录：《浙江》A图59；《浙江》B图48。
简注：“雕”字反书。

编号：3556
释文：吾作镜明，幽湅（炼）三商，周（雕）刻无［极］。
时代：东汉至三国
著录：《尊古斋》第72页。
简注：“镜明”错乙。

编号：3557
释文：吾作明竟（镜），幽湅（炼）三商，周（雕）亥（刻）卿公。
时代：东汉至三国
著录：《浙江》B彩图37。

编号：3558
释文：吾作明竟（镜），幽湅（炼）三商，周（雕）亥（刻）吉羊（祥）。
时代：东汉
著录：《大观》第145页；/《泉屋》图67；《镜鉴》图版16。

编号：3559
释文：吾作明竟（镜），幽湅（炼）三商，周（雕），大吉羊（祥）。
时代：东汉

著录：《中古》第46页。

编号：3560
释文：【内】吾作明竟（镜），【外】幽湅（炼）三［商］，周（雕）。
时代：东汉
著录：《鄂城》图75。
简注：内圈旋读入外圈。

编号：3561
释文：吾作明竟（镜），幽湅（炼）三商，百湅（炼）千辟，吉且昌。
时代：东汉至三国
著录：《古今》图123。
简注：镜边沿有镌刻铭文“豫章郡吏曹楚镜广五寸一分”。

编号：3562
释文：吾作镜明，幽湅（炼）商三，雕刻极无，配像疆万，白（伯）牙陈乐，众神见（现）容，天禽并存，福禄自从，曾（增）年寿益，富贵宁安，子孙番（蕃）昌，其师命长。
时代：东汉至三国
著录：《汉雅堂》图150。
简注：许多方格内铭文错乙。

编号：3563
释文：【外】吾作镜明，幽湅（炼）商三，配像疆万，统德道序，敬奉良贤，调（雕）克（刻）极无，白（伯）牙乐举，长年寿益，通距空虚，富贵乐安，子孙昌番（蕃）。【内】吾作竟（镜），其，幽，吾作□，其，兮。
时代：东汉
著录：《千镜堂》图149；《大观》第147页。

编号：3564
释文：【外】吾作明幽商三极湅（炼）□众见/东三，吾作明幽商三极周（雕）刻湅（炼）□□众见/王公。【内】吾作明商周（雕）极柬（炼）幽□众见三。
时代：东汉
著录：《考古》1997（7）第86页图三。
简注：东汉末年墓出土（M2：3）。

编号：3565
释文：吾作明竟（镜），幽湅（炼）三商，八公所造，后人相承，照者益好，工命吉长。
时代：东汉至西晋
著录：《鄂城》图61；《鄂州》图74。
简注：“湅”字反书。

编号：3566
释文：吾作明竟（镜），幽湅（炼）三商，君宜官位，位至三公。
时代：东汉
著录：《善斋》镜录卷一75a、75b；《小校》卷十五79a下；《志稿》第3256页。
简注：“君”字反书，铭文方格需跳读。

编号：3567
释文：吾作明镜，幽炼（炼）三商，位至三公。
时代：东汉
著录：《博古图》卷二十八16a。

编号：3568
释文：吾作明竟（镜），幽湅（炼）三商，位至三公。
时代：东汉至六朝
著录：《考古》1965（9）第461页图二：1。

编号：3569
释文：吾作其竟（镜），幽柬（炼），士（仕）至三公。
时代：东汉至三国
著录：《陈介祺》图116；《簠斋》第72页。
简注：铭文多减笔、错讹。

编号：3570
释文：吾作明竟（镜），幽湅（炼）三商，位至王侯。
时代：东汉至三国
著录：《鄂州》图124。

编号：3571
释文：吾作明竟（镜），幽湅（炼）三商，长宜高官。
时代：东汉
著录：上海崇源2011秋拍：0031。

编号：3572
释文：吾作明竟（镜），幽湅（炼）三商，服者公卿。
时代：东汉
著录：《小校》卷十五76a上；《志稿》第3247页。

编号：3573
释文：吾作明竟（镜），幽湅（炼）三商，服者君卿。
时代：东汉
著录：《善斋》镜录卷一71a、71b；《小校》卷十五76b上。

编号：3574
释文：吾作明镜，幽湅（炼）三商，服者吉羊（祥）。
时代：东汉
著录：《善斋》镜录卷一72a、72b；《小校》卷十五76b下；《志稿》第3252页。

编号：3575
释文：吾作明竟（镜），［幽］湅（炼）三商，服者富贵。
时代：东汉至东晋
著录：《广东出土晋唐文物》图7；《图典》A图424；《图典》B图3.381。

编号：3576
释文：吾作明竟（镜），幽湅（炼）三商，子孙番（蕃）昌。
时代：东汉
著录：《考古与文物》1993（6）第42页图一：11。

编号：3577
释文：吾作［明］镜，幽湅（炼）三商，贵寿延长。
时代：东汉
著录：《千镜堂》图147；《大观》第148页。

编号：3578
释文：吾作明镜，幽湅（炼）三商，其师寿长。
时代：东汉
著录：《善斋》镜录卷一73a、73b；《小校》卷十五77a；《志稿》第3249页。

编号：3579
释文：吾作明竟（镜），幽柬（炼）三商，其师［命］长兮。
时代：东汉
著录：《博古图》卷二十八17a。
简注：原摹本误摹较多，今据同类镜铭及字形重新释读。

编号：3580
释文：吾作明镜，幽湅（炼）三商，其师命长。
时代：东汉
著录：《鄂州》图107。

编号：3581
释文：吾作明竟（镜），子孙番（番）昌，师命长。
时代：东汉
著录：《故宫》G图65。

编号：3582
释文：吾作明竟（镜），幽湅（炼）三商，长保二亲，□□□□。
时代：东汉
著录：《小檀》卷三31a；《拓影》图77；《小校》卷十五79b上。

编号：3583

释文：吾作明竟（镜），幽湅（炼）三商，长保二亲。

时代：东汉

著录：《善斋》镜录卷一70a、70b；《小校》卷十五75b下；《志稿》第3251页。

编号：3584

释文：吾作明竟（镜），幽湅（炼）三商，宜子孙。

时代：东汉

著录：《鄂城》图98。

编号：3585

释文：吾作［明］竟（镜），幽湅（炼）三商，大吉羊（祥）兮。

时代：东汉至三国

著录：《常德》图74；《文物》1986（4）第90页图二。

编号：3586

释文：吾作明竟（镜），幽湅（炼）三商，大吉利□。

时代：东汉到三国

著录：《武汉》第91页。

编号：3587

释文：吾作明竟（镜），幽湅（炼）三商，大吉兮。

时代：东汉

著录：《九江》图21；《南方文物》1993（3）第117页图一。

编号：3588

释文：吾作明竟（镜），幽湅（炼）三商，吉兮。

时代：东汉

著录：《安吉》第92页。

【宫炼三商】

编号：3589

释文：【外】吾作明竟（镜），宫湅（炼）三商，周（雕）克（刻）容象（像），五帝主天皇，白（伯）牙单（弹）琴，黄帝除凶，朱鸟玄武，白虎青龙，君宜高官，四月。【内】君宜王，宜官。

时代：东汉

著录：《乾坤》图34。

编号：3590

释文：【外】吾作明竟（镜），宫柬（炼）［三］商，周（雕）克（刻）容象（像），五帝主天皇，白（伯）牙单（弹）琴，黄帝除凶，朱鸟玄武，白虎青龙，君宜高官，四月三。【内】君宜王。宜官。

时代：东汉

著录：《淮南》第176页、第177页；/《千镜堂》图217。

简注：疑为同模镜。铭文多减笔，错讹，如“鸟”字残损似“昌”。

【幽炼宫商】

编号：3591

释文：【外】吾作明竟（镜），幽［炼］宫商，周（雕）亥（刻）容［像］，五帝天皇，白（伯）牙单（弹）琴，黄帝除凶，朱鸟玄武，白虎［青］龙，万禽守布，众神叙容，服者□□。【内】君高。宜官。

时代：东汉

著录：《深圳》图119。

编号：3592

释文：【外】吾作明竟（镜），幽湅（炼）宫商，周（雕）刻容象（像），五帝天皇，白（伯）牙单（弹）琴，黄帝除凶，朱鸟玄武，白虎青龙，君宜高官，位仕至三［公］，子［孙］番（蕃）昌，□□竟（镜）。【内】君宜〖高官〗。

时代：东汉至三国

著录：上海泓盛2012春拍：0909。

编号：3593

释文：【外】吾作明竟（镜），幽涷（炼）宫商，周（雕）[刻]容象（像），五容〈帝〉三皇，白（伯）牙单（弹）琴，黄帝除凶，朱鸟白〈玄〉武，白虎青龙，君宜高官，子[孙]番（蕃）昌，/。【内】君宜高周〈官〉。

时代：东汉至三国

著录：《桃华盦》图34；《久保惣》A图55；《久保惣》B图55；《志稿》第3263页。

编号：3594

释文：【外】吾作明竟（镜），幽涷（炼）宫商，周（雕）亥（刻）容象（像），五帝天皇，白（伯）牙单（弹）琴，黄帝除凶，朱鸟玄武，白虎青龙，君宜高官，位至三公。【内】君宜高官。君官。

时代：东汉至三国

著录：《鄂城》图53。

编号：3595

释文：【外】吾作明竟（镜），幽涷（炼）宫商，周（雕）刻容象（像），五[帝]三皇，白（伯）牙单（弹）琴，黄帝除凶，朱鸟玄武，白虎青龙，君宜高官，位至三公。【内】君高官。

时代：东汉至三国

著录：《开明堂》图53。

【销炼宫商】

编号：3596

释文：【外】吾作明竟（镜），肖（销）涷（炼）宫商，周（雕）亥（刻）五帝天皇，白（伯）牙单（弹）琴，黄帝除凶，朱鸟玄武，白虎青龙，右有东〈王〉母，左有王公，君宜高官，子孙番（蕃）昌，吉□□□羊（祥）。【内】君宜高官。君宜官。

时代：东汉至三国

著录：《鄂城》图54。

编号：3597

释文：【外】吾作明竟（镜），消（销）涷（炼）宫商，周（雕）刻容象（像），五帝天皇，白（伯）牙单（弹）琴，黄帝除凶，朱鸟玄武，白虎青龙，君宜高官，位至三公。【内】君高官。君宜高官。

时代：东汉至三国

著录：《汉雅堂》图141。

简注："吾"字前有起止符号。"刻"字从水。

编号：3598

释文：吾作明竟（镜），消（销）涷（炼）宫商，周（雕）罗容象（像），五帝天皇，白（伯）牙单（弹）琴，黄帝除凶，朱鸟玄武，白虎青龙，君宜高官位侯王，子孙番（蕃）昌，吉羊（祥）。

时代：东汉

著录：《古今》图125；《深圳》图119。

编号：3599

释文：【外】吾作明竟（镜），消（销）[炼]宫商，周（雕）亥（刻）容象（像），五帝天皇，白（伯）牙单（弹）琴，黄帝除凶，朱鸟玄武，白虎青[龙]，/竟（镜）者位至三公，子孙潘（蕃）昌。【内】君宜高官。君宜高[官]。

时代：东汉

著录：《泉屋》图61。

编号：3600

释文：【外】吾作明竟（镜），肖（销）[炼]宫商，周（雕）亥（刻）[容]象（像），[配像]万畺（疆），[五帝]天皇，白（伯）牙单（弹）琴，黄帝除凶，朱鸟白虎，真[武]青龙，自日。【内】五子三公九夫十二大卿。

时代：东汉至三国

著录：《鄂城》图47；《图典》A图418。

简注："夫""卿"位置错置。

编号： 3601

释文：【外】吾作明竟（镜），肖（销）柬（炼）官商，周（雕）刻容象（像），三〈五〉帝天皇，白（伯）牙单（弹）琴，黄帝除凶，朱鸟玄武，白虎青龙，君宜高官，位至三公。【内】君高官。君高官。

时代： 东汉至三国

著录： 北京金懋2011春拍：1082。

编号： 3602

释文：【外】吾作明竟（镜），消（销）湅（炼）[宫]商，周（雕）克（刻）[万]畺（疆），□象（像），白（伯）牙[弹]琴，黄帝[除]凶，朱鸟。【内】天王昊国，亟（极）且安乐。

时代： 东汉到三国

著录：《武汉》第96页下。

【幽炼周商】

编号： 3603

释文：【外】吾作明竟（镜），商周幽湅（炼），周（雕）亥（刻）容象（像），五天皇帝，白（伯）牙单（弹）琴，黄帝除凶，朱鸟玄武，白虎青龙，君宜高官，位至三公，子孙番（蕃）[昌]。

时代： 东汉早中期

著录：《浙江》A图88；《浙江》B彩图44。

简注： "五天皇帝"为"五帝天皇"错置。

【幽炼金商】

编号： 3604

释文： 吾作明镜，福禄是从，泰弌（一）三皇，其师命长，服者公卿，子孙番（蕃）昌，众神见（现）容，敬奉贤良，白（伯）牙陈乐，幽湅（炼）金商，百精并存，咸得所顾（愿），曾（增）年益寿，富贵安宁。

时代： 东汉至三国

著录： *BRONZES MIRRORS*第169页；《图集》图445。

【幽炼三刚】

编号： 3605

释文：【外】吾作明竟（镜），幽湅（炼）三冈（刚），巧工刻之成文章，上有四守（兽）辟不祥，服者万年，子孙益昌，夫妇相宜，其师命长，女当为主，男当为王，位至公侯乐未央，曾（增）年益寿。【内】曾（增）年益寿，子孙满堂。

时代： 东汉

著录：《书法》图184；《图集》图388。

简注： "吾"字前有起止符号。

编号： 3606

释文：【外】吾作明竟（镜），幽湅（炼）三冈（刚），巧工刻之成文章，上有四守（兽）辟去不羊（祥），畐（福）录（禄）自从大富昌，长保二亲乐未央，夫妻相宜，子孙满堂，为吏高升至侯王兮。【内】长宜子孙。

时代： 东汉

著录：《书法》图185；《止水阁》图117；《图集》图389。

简注： "吾"字前有起止符号。铭文多减笔、反书。

编号： 3607

释文：【外】吾作明竟（镜），幽湅（炼）三冈（刚），巧工刻之成文章，上有四守（兽）辟不羊（祥），福禄自从大富昌，长保二亲乐未央，夫妻相宜，子孙满堂，作吏高升至侯王。【内】长宜子孙。

时代： 东汉

著录：《深圳》图133。

简注： "吾"字前有起止符号。铭文多减笔、反书。

编号： 3608

释文：【外】吾作明竟（镜），幽湅（炼）三冈（刚），巧工刻之成文章，上有四守（兽）辟去不羊（祥），畐（福）录（禄）氏（是）从大富昌，长保二亲乐未央，夫妻相宜，子孙满堂，乍（作）吏高升。【内】长宜子孙。

时代：东汉至三国

著录：《图集》图390。

简注：“吾”字前有起止符号。铭文多减笔，如“辟”“孙”皆笔画减省。

编号：3609

释文：【外】吾作明竟（镜），幽湅（炼）三冈（刚），巧工刻之成文章，上有［四］守（兽）辟不［祥］，畐（福）录（禄）氏（是）从大富昌，宜牛羊，为吏高升至侯王，乐未央，夫妻相宜师命长。【内】长宜子孙。

时代：东汉

著录：《文化》图184；《汉铭斋》图117；《清艺》第119页；《书法》图186；《拓片》图211；《图集》图391。

简注：“吾”字前有起止符号。铭文多减笔，“相”字反书。

编号：3610

释文：【外】吾作明竟（镜），幽湅（炼）三冈（刚），巧工刻之成文章，上有四守（兽）辟不羊（祥），夫帚（妇）相宜，其师命长，位至公诸侯王，子孙昌，［乐］未央。【内】长宜高官。

时代：东汉

著录：北京保利2016秋拍：6552。

简注：“吾”字前有起止符号。铭文多减笔。

编号：3611

释文：【外】吾作明竟（镜），幽湅（炼）三冈（刚），巧工刻之成文章，上有四守（兽）辟至〈不〉羊（祥）蜚（非）详（祥），录（禄）畐（福）氏（是）从大富昌，宜侯王，〖乐未〗央，多牛羊。【内】长宜子孙。

时代：东汉

著录：《止水阁》图118；《书法》图187；《拓片》图208；《图集》图392；《后沟》图57。

简注：“吾”字前有起止符号。铭文多减笔、反书。

编号：3612

释文：【外】吾作明竟（镜），幽湅（炼）三冈（刚），巧工刻之成文章，上有四守（兽）辟［不］羊（祥），至，畐（福）录（禄）氏（是）从大富［昌］，宜牛羊，为吏高升。【内】长宜子孙。

时代：东汉至三国

著录：《尊古斋》第67页；《陈介祺》图70；《镜录》卷中24a；《桃华盦》图24；《久保惣》A图37；《久保惣》B图37；《志稿》第3261页。

简注：黄濬、陈介祺旧藏。“吾”字前有起止符号。铭文多反书，“明”“辟”“孙”笔画减省。

编号：3613

释文：【外】吾乍（作）明竟（镜），幽湅（炼）三冈（刚），巧工刻之成文章，上有四守（兽）辟去不羊（祥），畐（福）录（禄）自从大富昌，长保二亲兮。【内】君宜高官。

时代：东汉

著录：《清艺》第121页[①]；/《拓片》图213；《止水阁》图121；《图集》图397[②]。

简注：铭文多减笔。

编号：3614

释文：吾作明竟（镜），幽湅（炼）三冈（刚），巧工刻之成文章，上有四守（兽）辟不羊（祥），宜王。

时代：东汉

著录：《故宫》A图55；《故宫》B图21；《故宫》C图35；《故宫》I图70；《唐宋》附图37；《图典》B图3.395。

① “上”字反书。
② “吾”字前有起止符号。

简注：铭文多减笔，如“明”作“目”，“辟”仅存左部。

编号：3615
释文：吾作明竟（镜），幽湅（炼）三冈（刚），巧工刻之成文章，上。
时代：东汉至六朝
著录：《大观》第149页。

编号：3616
释文：吾作明竟（镜），幽湅（炼）三冈（刚），巧工刻之成文章兮。
时代：东汉至三国
著录：《小校》卷十五78b下；《志稿》第3255页。

编号：3617
释文：吾作明竟（镜），幽湅（炼）□□，巧□之成文章，大吉。
时代：东汉至三国
著录：《小校》卷十五78b上；/《浣花》卷一8a。

编号：3618
释文：吾乍（作）明竟（镜），［幽湅（炼）三冈（刚）］，巧工刻之成文章，大吉。
时代：东汉
著录：《善斋》镜录卷一76a、76b；《小校》卷十五80a上；《志稿》第3246页。

编号：3619
释文：吾作明竟（镜），幽湅（炼）三冈（刚），配象（像）万畺（疆），统德序道，敬奉贤良，周（雕）亥（刻）无极，白（伯）牙陈乐，众羲主羊（阳），世德（得）申（神）明，富贵安乐，子孙番（蕃）昌，王〈士〉（仕）者高升，立（位）至三公，用者大吉。
时代：东汉至六朝
著录：《桃华盦》图42；《久保惣》A图62；《久保惣》B图62。

编号：3620
释文：吾作明竟（镜），幽湅（炼）三冈（刚），配像世京（疆），统德序道，敬奉贤良，周（雕）克（刻）无极，白（伯）牙举乐，众羲主阳，圣德光明，子孙番（蕃）昌，位至公卿，其师命长。
时代：东汉至三国
著录：《千秋》第271页。
简注：铭文多减笔，如“贤”减省作“臣”。

编号：3621
释文：吾作明竟（镜），幽柬（炼）三冈（刚），配象（像）万畺（疆），统女〈德〉序道，敬奉贤良，周（雕）刻无极，白（伯）牙造乐，众羲主阳，圣女〈德〉申（神）明，子孙番（蕃）昌，士（仕）至三公，其师命长。
时代：东汉至三国
著录：《偃师》图27；《洛华》图141。
简注：铭文多减笔，如“贤”减省作“臣”。

编号：3622
释文：吾作明竟（镜），幽湅（炼）三冈（刚），配像万畺（疆），统德序道，敬奉贤良，周（雕）刻无极，白（伯）牙作昌（倡），众羲主阳，世得光明，士（仕）至三公，生如山石，其师命长。
时代：东汉至三国
著录：《陈介祺》图158；《簠斋》第66—67页；《国图》第152页。
简注：铭文多减笔、讹误。

编号：3623
释文：【外】吾作明竟（镜），幽湅（炼）三冈（刚），配像世京（疆），统德序［道］，敬奉贤良，周（雕）刻无极，百（伯）牙作昌（倡），众羲主［阳］，师士（仕）至三公兮。【内】长宜子孙。
时代：东汉
著录：《故宫》A图40；《故宫》C图31；《故宫》I

图57。

简注：“吾”字前有起止符号。“世”也有可能是“万”字（《淮南》第172页）讹误。“贤”字减笔。

编号：3624

释文：吾作明竟（镜），幽湅（炼）三冈（刚），配像万疆，统德序道，敬奉贤良，周（雕）刻无极，众羲主阳，世德（得）神明，子孙番（蕃）昌，位至三公，曾（增）年益寿，其师命长。

时代：东汉

著录：《图集》图407。

简注：铭文多减笔，反书。

编号：3625

释文：吾作明竟（镜），天王日月，幽湅（炼）三冈（刚），天王日月，统德序道，天王日月，周（雕）亥（刻）无（无）极，敬奉贤良，天禽四首（兽），众羲主阳，天王日月，世得光明，天王日月，大吉命长，天王日月。

时代：东汉至三国

著录：《浙江》B彩图31。

编号：3626

释文：吾作明竟（镜），幽湅（炼）三刚，配象（像）［万疆］，统德序道，周（雕）刻无极，士（仕）至三公，其［师命长］。

时代：东汉至三国

著录：《开明堂》图99。

简注：“吾”字前有起止符号。

编号：3627

释文：吾作明竟（镜），幽湅（炼）三冈（刚），配像万疆，统德序［道］，长。

时代：东汉

著录：《唐宋》附图32。

编号：3628

释文：吾作明竟（镜），幽湅（炼）三冈（刚），配像万京（疆），统德［序道］。

时代：东汉

著录：北京保利2016秋拍：6567。

编号：3629

释文：吾作明竟（镜），幽湅（炼）三刚，配象（像）万畺（疆），敬奉贤良，周（雕）刻无极，众羲主阳，圣德光明，延年益寿，西母东王，子孙番（蕃）昌，位至三公，天王日月，其师命长。

时代：东汉至三国

著录：《陈介祺》图159。

简注：铭文多笔画减省、错讹。

编号：3630

释文：【外】吾作明竟（镜），幽湅（炼）三刚，配象（像）万疆，敬奉贤良，周（雕）刻无极，众羲主阳，圣德光明，子孙番（蕃）昌，服者大吉，生如山［石］不知老，其师命长。【内】吾乍（作）明竟（镜），幽湅（炼）三刚，□□。

时代：东汉至三国

著录：《陈介祺》图136；《簠斋》第71页；《国图》第149页；《尊古斋》第75页。

简注：“吾”字前有起止符号。“贤”字减笔作“臣”，“服”字减省讹变从人。铭文多反书。

编号：3631

释文：吾作明竟（镜），幽柬（炼）三冈（刚），配象（像）世贤良，大吉富贵，立（位）至兮三公。

时代：东汉至六朝

著录：《尊古斋》第76页。

简注：“吾”字前有起止符号。“贤”字笔画减省。

编号：3632

释文：吾作明竟（镜），配像万畺（疆），幽湅（炼）三冈（刚），周（雕）刻无极，敬奉贤良，圣德光明，天王日月，众羲主阳，子孙番（蕃）昌，天王日月，服者大吉，士（仕）至三公，其师命长，天王日月。

时代：东汉

著录：《上博》A图62、拓片62；《上博》B图61。

简注：铭文多减笔、错讹，如“敬”缺失“攴”旁，“贤”减省作“臣”。

编号：3633

释文：【外】吾作明竟（镜），幽湅（炼）三刚，周（雕）刻无极，众羲主阳，圣德神明，五月五日丙午日中，时得三光，制作师，照见人刑（形），位至三公，子孙吉昌。【内】长宜子孙。

时代：东汉

著录：《三槐堂》图96、图97；《清华》图67；《文化》图185；《清艺》第120页；《拓片》图212；《图集》图398。

简注：“吾”字前有起止符号。

编号：3634

释文：吾作明竟（镜），幽柬（炼）三冈（刚），配象（像）万畺（疆），周（雕）刻无极，敬奉贤良，▨，士（仕）至三公，其师命长。

时代：东汉至三国

著录：《陈介祺》图168；《簠斋》第68页。

简注：镜残缺。铭文多笔画减省、错讹。

编号：3635

释文：吾作明竟（镜），幽湅（炼）三刚，敬奉贤良，统德序道，敬奉贤良，周（雕）刻无极，敬奉贤良，□□神明，统德序道，统德序道，士（仕）至公卿，其师命长。

时代：东汉至三国

著录：《广陵》图146；《图典》B图3.369。

简注：铭文多重复，且多减笔。如“贤”字减作“臣”，“道”字减作“首”。

编号：3636

释文：吾作明竟（镜），幽湅（炼）三冈（刚），敬奉贤良，配象（像）万畺（疆），左青龙右白虎兮。

时代：东汉

著录：《镜鉴》图版15；《泉屋》图60。

编号：3637

释文：吾作明竟（镜），幽湅（炼）三刚，调（雕）刻无极，众羲主阳，敬奉贤良，士（仕）至三公，大吉兮。

时代：东汉至三国

著录：《收藏家》2007（7）第49页图7；《清华》图70；《拓片》图250。

编号：3638

释文：吾作明竟（镜），幽柬（炼）三冈（刚），周（雕）刻无［极］。

时代：东汉

著录：《文物》1997（7）第66页图四。

编号：3639

释文：吾作明竟（镜），幽湅（炼）三冈（刚），其师命长。

时代：东汉至三国

著录：《鄂州》图105；/《尊古斋》第71页。

编号：3640

释文：吾作明竟（镜），幽柬（炼）三刚，如刚〈师〉命长，大吉兮。

时代：东汉

著录：《奇觚室》卷十五3a。

简注：“吾”字前有起止符号。

编号：3641

释文：吾作明竟（镜），幽湅（炼）三刚，如师命长。

时代：东汉至三国

著录：《汉雅堂》图151。

编号： 3642

释文： 吾作明竟（镜），幽涷（炼）三刚，师命长。

时代： 东汉至三国

著录：《尊古斋》第70页。

编号： 3643

释文： 吾作明竟（镜），幽涷（炼）三冈（刚），命长。

时代： 东汉至三国

著录：《小檀》卷三30a；《小校》卷十五78a上；《拓影》图36；《志稿》第3243页。

编号： 3644

释文： 吾作明竟（镜），幽涷（炼）三刚，长宜高官，位至三公。

时代： 东汉至三国

著录：《长安》图四十四：2、图版五十八：2。

简注： 东汉晚期墓出土（M163：21）。

编号： 3645

释文： 吾作明竟（镜），幽涷（炼）三刚，服者大吉。

时代： 东汉至三国

著录：《簠斋》第149页；《桃华盦》图39下；《久保惣》A图60；《久保惣》B图60。

编号： 3646

释文： 吾作明竟（镜），幽［涷（炼）］三冈（刚），大吉利兮。

时代： 东汉至三国

著录：《鄂州》图106。

编号： 3647

释文： 吾作明竟（镜），幽柬（炼）三刚，大吉日兮。

时代： 东汉至六朝

著录：《岩窟》二下第25图。

简注： “大吉日”疑为“大吉昌”“大吉利”等套语误置。

编号： 3648

释文： 吾作明，幽涷（炼）三冈（刚），竟（镜），大吉兮。

时代： 东汉至三国

著录：《考古》1991（3）第214页图八：2；《浙江》B图45。

简注： “竟”字错置于“冈”字之后。

编号： 3649

释文： 吾作明竟（镜），幽涷（炼）三刚，大吉。

时代： 东汉

著录：《清爱堂》图108。

编号： 3650

释文： 吾作明竟（镜），幽涷（炼）三冈（刚），天王日［月］。

时代： 东汉

著录：《小校》卷十五77b上；《志稿》第3244页；/《小校》卷十五77b下。

编号： 3651

释文： 吾作明竟（镜），幽涷（炼）三冈（刚），□也。

时代： 东汉至六朝

著录：《蚌埠》第78页、第79页。

简注： 铭文多减笔。

编号： 3652

释文： 吾作明竟（镜），幽柬（炼）三刚，□高迁，士（仕）至公卿，寿如东王父西王母，仙人子乔赤诵子，其师命长不知老，富且昌兮，〖乐未〗［央］。

时代： 东汉

著录：《拓片》图214；《止水阁》图119。

简注： 铭文多减笔、反书。

【幽炼金刚】

编号：3653

释文：吾作明竟（镜），幽湅（炼）金冈（刚），巧工造作成文章，多贺国家人民番（蕃）息，胡羌殄威（灭）天下复，风雨时节五谷熟，传［告］后世乐毋极。

时代：东汉至三国

著录：《文化》图193；《汉铭斋》图122；《书法》图194；《拓片》图249；《图集》图435、彩版9。

简注：“吾”字前有起止符号。“节”字从艹，“谷”“熟”笔画减省，“世”字反书。

编号：3654

释文：吾作明竟（镜），幽湅（炼）金冈（刚），巧工刻之成文章，上。

时代：东汉至六朝

著录：《深圳》图135。

编号：3655

释文：吾作明竟（镜），幽湅（炼）金冈（刚），巧工刻。

时代：东汉

著录：《小校》卷十五75a上；《志稿》第3245页；《图集》图436。

编号：3656

释文：吾作明竟（镜），幽湅（炼）金冈（刚），君宜高官，位至三公。

时代：东汉

著录：《小校》卷十五79a上；《志稿》第3257页。

编号：3657

释文：吾作明竟（镜），幽湅（炼）金冈（刚），富昌。

时代：东汉至三国

著录：《千秋》第270页上。

编号：3658

释文：吾作明竟（镜），幽湅（炼）金冈（刚），大吉。

时代：东汉

著录：《善斋》镜录卷一74a、74b；《小校》卷十五78a下；《志稿》第3242页。

编号：3659

释文：吾作明竟（镜），幽湅（炼）金冈（刚）。

时代：东汉至三国

著录：《陈介祺》图164。

【幽炼三章】

编号：3660

释文：【外】吾作明竟（镜），幽［炼］三章，□□□，服竟（镜）者宜子孙为王也，大吉羊（祥），贵兮。【内】⎕。

时代：东汉至六朝

著录：《小校》卷十五72b下；《志稿》第3261页。

编号：3661

释文：吾作明竟（镜），幽湅（炼）三章，通距虚空。

时代：东汉至六朝

著录：《考古》1958（6）第14页图一；《图典》B图3.370。

简注：三国或西晋墓出土。“通”字减笔。

【幽炼三阳】

编号：3662

释文：吾作明竟（镜），幽湅（炼）三阳，周（雕）刻无极，配像万畺（疆），帛（伯）牙作昌（倡），众申（神）见（现）容，天禽四首（兽），东王父，西王母，仙人，三月三日，三公九君，曾（增）年益寿，其师久长。

时代：东汉

著录：《考古》1957（5）第73页图二；《文物天

地》2019（12）第35页图一；《图典》A图417；《图典》B图3.373。
简注：东汉晚期墓出土。

【幽炼三羊】

编号：3663
释文：【外】吾乍（作）明［镜］，柬（炼）幽□三商，［雕］刻极无，〼。【内】吾乍（作）镜明，幽柬（炼）三羊，三公。
时代：东汉
著录：《岩窟》二下第12图。
简注：铭文多错讹难辨。

【幽炼三金】

编号：3664
释文：吾作明镜，幽湅（炼）三金，顨（愿）奉贤良，曾（增）年益寿，仕宦公卿，富贵安宁，子孙番（蕃）昌，可传后□，为世制常，事立意陈，其师命长。
时代：东汉
著录：《深圳》图129。
简注："吾"字前有起止符号。

【幽炼白黄】

编号：3665
释文：吾作明镜，幽湅（炼）白黄，刻周（雕）无极兮。
时代：东汉至六朝
著录：《岩窟》二下第20图。

【合炼黄白】

编号：3666
释文：吾作明竟（镜），幽湅（炼）三商，合湅（炼）黄白，统德序道，敬奉贤良，周（雕）刻无极，白（伯）牙奏乐，众羲主阳，圣德光明，子孙番（蕃）昌，位至侯王，其师命长。
时代：东汉至三国
著录：《鄂城》图97。
简注：镜背鎏金。

【其他】

编号：3667
释文：【外】吾作明竟（镜），百湅（炼）商，周（雕）亥（刻）疆，自天众万王见百精光〼天禽白（伯）牙〼年〖益士〗（仕）至三公见四目存吉羊（祥）三。【内】吾乍（作）明竟（镜），柬（炼）商，周（雕）亥（刻），大吉。
时代：东汉
著录：《宣城》第60页、第61页。
简注：铭文错置严重。

编号：3668
释文：【外】吾作明镜，三幽九湅（炼），配象（像）万畺（疆），众神见（现）容，〼。【内】〼。
时代：东汉至六朝
著录：《九江》图33。

编号：3669
释文：【外】吾作明竟（镜），幽湅（炼）三〼。
时代：东汉
著录：《鄂州》图109。
简注：镜残缺。

编号：3670
释文：【内】吾作明竟（镜），湅（炼）三，克（刻）周（雕），商幽□。【外】〼。
时代：东汉至三国
著录：《浙江》A图68；《浙江》B图69。

编号：3671
释文：吾作明镜，雕刻无极，配像万疆，白（伯）牙奏乐，众神见（现）容，百精并存，福禄自从，顧（愿）常服帶，富贵番（蕃）昌，曾（增）年益寿，子孙番（蕃）昌，/，贤良大吉，其师命长。

时代：东汉至六朝

著录：《越地》第152页。

简注：铭文多减笔。

编号：3672

释文：吾幽湅（炼），作自今，诸君敬买竟（竞）相闻，宜之富寿积于万世，服者自己宜用，且明竟（镜）非空，先人有是，子于己一，买者可得所［欲］。

时代：东汉至六朝

著录：《止水阁》图128；《图集》图449；《复旦》图81。

简注：“吾”字前有起止符号。“己”，疑为“正”字之误。正一，南朝齐顾欢《夷夏论》：“佛号正真，道称正一，一归无死，真会无生，在名则反，在实则合。”谭峭《化书·道化·正一》：“命之则四（虚、神、气、形），根之则一，守之不得，舍之不失，是谓正一。”

编号：3673

释文：吾作明竟（镜），配像万方，永张刻周（雕），非同俗常，曾（增）年益寿，敬奉贤良，服者公卿，/。

时代：东汉

著录：《深圳》图114。

编号：3674

释文：吾作明镜，配像万疆，统德序道，敬奉贤良，曾（增）年益番（蕃），服者公卿，富贵安乐，子孙番（蕃）昌，咸得所顧（愿），其师命长，青白公口，具（俱）天年至，东王西母。

时代：东汉

著录：《古今》图114。

简注：铭文多减笔，错讹。如“敬”字讹似“何”。

编号：3675

释文：吾作明竟（镜），配象（像）万疆，服者公卿，曾（增）年益寿，子孙番（蕃）昌，统德序道，敬奉贤良，富贵宜王，长乐未英（央），其师命长。

时代：东汉至三国

著录：《千秋》第272页上。

简注：铭文多减笔，如“贤”减省作“臣”。

编号：3676

释文：吾作明竟（镜），服者公卿，富贵安乐，子孙番（蕃）昌，曾（增）年益寿，传于无穷，永得所顧（愿），福禄氏（是）从，大羊（祥）吉口，其师命长。

时代：东汉

著录：《深圳》图107。

编号：3677

释文：吾［作］明竟（镜），服者公卿兮。

时代：东汉

著录：《故宫》A图57。

编号：3678

释文：白（伯）牙举乐，众神见（现）容，天王日月，子孙番（蕃）昌，福禄是从，宜君大吉。白（伯）牙举乐，众神见（现）容，天王日月，子孙番（蕃）昌，福禄是从，宜君大吉。

时代：东汉至三国

著录：《汉雅堂》图154。

简注：部分方格内的铭文需跳读。“宜君”错乙。

编号：3679

释文：众神见（现）容，白（伯）牙陈乐，宜用大吉，福禄是从，子孙番（蕃）昌，日月天王。众神见（现）容。白（伯）牙陈乐，宜用大吉，福禄是从，子孙番（蕃）昌，日月天王。

时代：东汉

著录：《深圳》图115。

编号：3680
释文：吾作明竟（镜），［四］气法［元］，［六合］设张，神圣并会，东父西王，其师万倍（辈），昌吉。
时代：东汉
著录：《古今》图124；《深圳》图111。
简注：镜背通体鎏金。

编号：3681
释文：吾作明镜，敬奉贤良，统德序道，服者公卿，曾（增）年益寿，訢喜乐昌，富贵我常，永保无穷。
时代：东汉
著录：《深圳》图106。
简注：《说文》："訢，喜也。"

编号：3682
释文：吾作明竟（镜），君宜官位至公。
时代：东汉
著录：《古竟景》图15。

编号：3683
释文：吾作明镜，宜官□秩，□金五□□。
时代：东汉至三国
著录：《浙江》A图74；《浙江》B图46。

编号：3684
释文：吾作明竟（镜），子孙番（蕃）昌，其师命长。
时代：东汉至三国
著录：《鄂州》图117；/《陈介祺》图165。
简注：镜残缺。"竟"字减笔。

编号：3685
释文：吾作明镜，〼，其师命长。
时代：东汉
著录：《鄂州》图118。

编号：3686
释文：吾作明竟（镜），可以□□。
时代：东汉到六朝
著录：《武汉》第100页。

编号：3687
释文：吾作明竟（镜）。
时代：东汉
著录：《小校》卷十五80a下；《小檀》卷三29a；《拓影》图78；《志稿》第3188页。

编号：3688
释文：吾作明镜甚独奇，保子宜孙富无訾。
时代：新莽至东汉
著录：《历代》图54。

编号：3689
释文：吾作明竟（镜）青（清）而明，利父母兄弟。
时代：东汉
著录：《小校》卷十五75a下；《志稿》第3248页。

编号：3690
释文：吾作明竟（镜）去不羊（祥），位至三公在中央，白（伯）牙。
时代：东汉
著录：《千秋》第266页上。

编号：3691
释文：【内】吾作明竟（镜），三公宜，天伏清。【外】汉世章程，无不自成，万方来朝，戎咦（夷）吏（使）封，四夷皆服，五谷孰（熟）成，贤圣并至，博士先生，长药（乐）庶者，而后记。
时代：东汉
著录：《清爱堂》图110。

编号：3692
释文：吾作明［镜］□□□，咄叱诸史何屈=（屈屈），急趣怒书当自投，三公九卿从书出，驾乘田=（田田）声跣=（先足），駈（驱）车入关长吏谒，黄金为堂□欝=（欝欝），门□□郎□□，车自生耳戴（载）鈇钺，建国治民。

时代：东汉至三国

著录：《越地》第155页；《浙江》A图86；《浙江》B图64；《全集》图88；/《汉雅堂》图142。

简注：铭文多反书。

203."吾作铜镜"铭

编号：3693

释文：吾作同（铜）竟（镜）良工神，上有四守（兽）富利人，大吉。

时代：东汉中晚期

著录：《镜录》卷中26b。

204."余造明镜"铭

编号：3694

释文：余造明镜，九子作［容］，上刻神圣，西母东王，尧赐舜二女，天下泰（太）平，禾谷孰（熟）成。

时代：东汉

著录：《文物》2008（7）封面；《四川文物》2008（4）第60页图一。

简注："余"字前有起止符号，"上"字反书。《焦氏易林》鼎之萃："西逢王母，慈我九子。相对欢喜，王孙万户，家蒙福祉。"

编号：3695

释文：余造明镜，九子作容，翠羽秘盖，灵鸠（龟）台杠，调（雕）刻神圣，西母东王，尧帝赐舜二女，天下泰（太）平，风雨时节，五谷孰（熟）成，其师命长。

时代：东汉

著录：《文物》1991（3）图版壹：3、第6页图一七；《四川文物》2008（4）第61页图二；《四川文物》2014（4）第63页图一；/《图集》图439。

简注："余"字前有起止符号，"秘"字从示，"节"字从艹。

编号：3696

释文：余造明镜，三王作容，翠羽秘盖，灵鸠（龟）台杠，仓颉作书，以教后生，遂（燧）人造火，五味。

时代：东汉

著录：《中国文字研究》2018（1）第29页图1；《西安》图61；《图典》B图3.393；/《中国文字研究》2018（1）第29页图2；《文化》图194；《图集》图440。

简注："余"字前有起止符号，"秘"字从示。

205."余作明镜"铭

编号：3697

释文：余作明竟（镜）大毌伤，巧工刻之成文章，左龙右白虎辟不羊（祥），朱鸟玄武顺阴阳，孙子备具居中央，长保二亲宜侯王，乐未央。

时代：东汉晚期

著录：《四川文物》2008（4）第62页图四；《礼仪中的美术》第518页①。

简注："余"字前有起止符号。

编号：3698

释文：余作明［镜］兮，自有纪兮，吉羊（祥）光兮，保父母兮，利兄弟兮，利古（贾）市兮，其位侯兮，保男女兮，尔命长兮，大吉昌兮。

时代：东汉

著录：《故宫》Ⅰ图76。

编号：3699

释文：余作明竟（镜），服者公卿。

时代：东汉至三国

著录：《小檀》卷三29b；《拓影》图76。

---

① 巫鸿：《礼仪中的美术》，生活·读书·新知三联出版社2005年版，第518页。

206. “景公”铭

“景公”铭，即文句中含有“景公”一词的镜铭类型。李学勤师认为此处的“景公”指齐景公，见《晏子春秋》“景公欲诛羽人晏子以为法不宜杀”章。

景公盖姣，有羽人视景公僭者。公谓左右曰：“问之，何视寡人之僭也？”羽人对曰：“言亦死，而不言亦死，窃姣公也。”公曰：“合色寡人也？杀之！”晏子不时而入，见曰：“盖闻君有所怒羽人。”公曰：“然。色寡人，故将杀之。”晏子对曰：“婴闻拒欲不道，恶爱不祥，虽使色君，于法不宜杀也。”公曰：“恶然乎！若使沐浴，寡人将使抱背。”

可见，在古人心中景公是以容貌姣美著称的。

“吴娃”见于枚乘《七发》，“吴娃之悦”，即吴娃悦之。李学勤师认为镜铭中是以景公、吴娃喻美男美女①，其说可从。“景公”铭镜其主要流行时代大约为西汉晚期至东汉早期，最迟不会晚于东汉中期。

编号：3700

释文：永始二年五月丙午扇（漏）上五工丰造，景公之象兮，吴娃之兑（悦），作□明镜兮，好如日月，长相思兮，世不绝，见珠（朱）颜，心中驩（欢），常宜子孙。

时代：西汉永始二年

著录：《文物》1996（7）第52页图二七；《纪年》图1、彩图1；《洛华》封面；《文化》图136；《图集》彩图12、图455；《图典》B图3.174。

简注：永始二年即公元前15年。此镜是迄今为止考古出土的汉代最早的纪年铜镜，也是目前所知中国古代最早的纪年铜镜。此条重出，亦列于纪年镜一节。

编号：3701

释文：【外】景公之象兮，吴娃之兑（悦），作于明镜兮，象似日之月，长相思兮，世不［绝］。【内】长宜子孙。

时代：西汉晚期至东汉早中期

著录：《古今》图89；《文化》图172；《绍兴》第59页；《图集》图364。

编号：3702

释文：【外】景公之象兮，吴娃之兑（悦），作□明镜，象似日月，长思兮，世不绝，见朱颜兮，先（西）王母，以益寿兮，宜孙子，保畐（富）贵。【内】神龟。

时代：新莽至东汉早期

著录：《汉铭斋》图特4；《文化》图特4；《书法》附图4；《拓片》图159。

简注：“象”“世”“孙”反书，“贵”字下部与“景”字合铸。神龟，传说中有灵异之龟。《庄子·秋水》：“楚有神龟，死已三千岁矣，王巾笥而藏之庙堂之上。”《文心雕龙·正纬》：“马龙出而大《易》兴，神龟见而《洪范》耀。”神龟出现，也是盛世瑞兆之一。《汉书·王莽传》称赞王莽执政之功时云“麟凤龟龙，众祥之瑞，七百有余”。

207. “孔子”铭

编号：3703

释文：【外】大哉，孔子志也。美哉，厨为食也。乐哉，居毋事也。好哉，与人异也。□哉，□□□也。贤哉，掾掌吏也。喜哉，贫人得也。善哉，保七字（子）也。【内】子丑寅卯辰巳午未申酉戌亥。

时代：西汉晚期

著录：《文物》1999（9）第89页图一；《中原文物》2002（4）第70页；《图典》B图3.197。

简注：“大”字前有起止符号。

---

① 李学勤：《景公镜》，《四海寻珍》，清华大学出版社1998年版，第92—93页；鹏宇：《李学勤先生在铜镜研究领域的历史性贡献》，清华大学：《李学勤先生学术成就与学术思想国际研讨会论文集》，2019年。

编号：3704

释文：【外】大哉，孔子志也。美哉，厨为食也。乐哉，居无事也。好哉，与人异也。贤哉，掾掌吏也。喜哉，贫人得也。善哉，保七字（子）也。【内】子丑寅卯辰巳午未申酉戌亥。

时代：西汉晚期

著录：《临淄》图669。

简注："大"字前有起止符号。

编号：3705

释文：【外】大哉，孔子志也。美哉，厨为食也。乐哉，居毋事［也］。好哉，与人异也。贤哉，掾掌吏也。喜哉，贫人得也。善哉，保七字（子）也。【内】子丑寅卯辰巳午未申酉戌亥。

时代：西汉晚期

著录：《中原文化研究》2018（3）第96页图1。

简注："大"字前有起止符号。

208. 孔子及诸弟子榜题

编号：3706

释文：【内】圣人孔子。弟子仲由。弟子颜渊。弟子子贡。【外】子丑寅卯辰巳午未申酉戌亥。

时代：东汉晚期至西晋

著录：《考古》1984（9）第822页图九、图版陆：2；《浙江》A彩图15；《浙江》B彩版60；《辞典》第1426页；《图典》A图404；《图典》B图3.353。

简注：浙江省金华市古方窑厂西晋时期墓（M25）出土。

编号：3707

释文：【外】田氏作竟（镜），保官高升。【内】子贡。渔父。

时代：西汉晚期至东汉早中期

著录：《绍兴》第167页。

简注：此条重出，亦列于"田氏"铭一节。

编号：3708

释文：曾子。曾子母。闵骞父。

时代：东汉

著录：《图集》图387；《开明堂》图49。

209. "伍子胥"榜题

编号：3709

释文：【外】吴向里栢（柏）氏作竟（镜）四夷服，多贺国家人民［息］，胡虏殄威（灭）天下复，风雨时节五谷孰（熟），长保二亲得天力，传告后（後）世乐无亟（极）兮。【内】玉女二人。越王。范蠡。吴王。忠臣伍子胥。

时代：东汉早中期

著录：《浙江》B图26；《上博》A彩图51、拓本51；《上博》B图51；《东南文化》2001（2）第48页；《图典》A图452；《图典》B图3.425。

简注："节"字从艹。此条重出，亦列于"柏氏"铭一节。

编号：3710

释文：【外】驺氏作镜四夷服，多贺国家人民息，胡虏殄威（灭）天下复，风雨时节五谷孰（熟），长保二亲得天力，传告后（後）世乐无亟（极）。【内】絨（越）王。范丽（蠡）。絨（越）王二女。吴王。忠臣伍子胥。

时代：东汉早中期

著录：《浙江》B图25；/《文物》1957（8）第34页图15；《图典》A图453；《图典》B图3.426。

简注："驺"字前有起止符号，"节"字从艹。"丽"字减省。此条重出，亦列于"驺氏"铭一节。

编号：3711

释文：忠臣伍子胥。絨（越）王二女。吴王。絨（越）王。范鹿（蠡）。

时代：东汉早中期

著录：《大观》第97页；/《汉雅堂》图94。

编号：3712
释文：伍子胥。玉女二人。吴王。越王。范蠡。
时代：东汉早中期
著录：《千镜堂》图202；《大观》第96页。

编号：3713
释文：忠臣伍子胥。吴王。絨（越）王。范蠡。
时代：东汉早中期
著录：《上博》A彩图52、拓片52；《上博》B图52；《文物》1957（8）第36页图下；《图典》A图451；《图典》B图3.424。

编号：3714
释文：伍子胥。絨（越）王。
时代：东汉
著录：《绍兴》第135页。

210. "东王公""西王母"榜题

编号：3715
释文：西王母。女玉二人。东王公。盛（成）王。
时代：东汉早中期
著录：《浙江》A图32；《浙江》B图32。
简注："女玉"错乙。

编号：3716
释文：东王公。西王母。周公。富贵子。
时代：东汉早中期
著录：《镜鉴》图版15。
简注："富贵子"疑指周成王。

编号：3717
释文：东王公。忠臣。西王母。侍女兮。
时代：东汉早中期
著录：《汉雅堂》图101。

编号：3718
释文：东王公。西王母。玉女侍。
时代：东汉早中期
著录：《上博》A彩图50、拓片50；《上博》B图50；/《阳羡》图132。

编号：3719
释文：东王公。西王母。玉女。
时代：东汉早中期
著录：《千镜堂》图164；《大观》第277页；/《汉雅堂》图118。

编号：3720
释文：东王公。西王母。玉女。山（仙）人。
时代：东汉早中期
著录：《中原》图21。

编号：3721
释文：西王母。玉女。山（仙）人。
时代：东汉早中期
著录：《深圳》图104。

编号：3722
释文：西王母车。［东王］公马。山（仙）人。仙人。山（仙）人。
时代：东汉早中期
著录：《中古》第40页；/《汉雅堂》图117。

编号：3723
释文：东王公交车马。西王母女。玉女。
时代：东汉早中期
著录：《古今》图145。

编号：3724
释文：东王公作昌（倡）。玉女。云中［君］作昌（倡）。
时代：东汉早中期
著录：《故宫》A图49；《故宫》C图36；《故宫》I图62；/《中原》图96。

编号：3725
释文：东王公。西王母。玉女作昌（倡）。

时代：东汉早中期
著录：《浙江》A图37；《浙江》B彩图20；《浙江》B图30；《越地》第142页。

编号：3726
释文：玉女作昌（倡）。
时代：东汉早中期
著录：《全集》图87；《越地》第145页；《浙江》B图30。

编号：3727
释文：东王公。三玉女。白虎。西王母。
时代：东汉
著录：《汉雅堂》图114。

编号：3728
释文：东王公。西王母。白虎。
时代：东汉早中期
著录：《后沟》图55。

编号：3729
释文：西王母。白虎。
时代：东汉早中期
著录：《千镜堂》图214；《大观》第221页。

编号：3730
释文：西王母。虎。
时代：东汉
著录：《泉屋》图58。

编号：3731
释文：东王公。玉女。四山（仙）人。天马。玉女。玉女。
时代：东汉至三国
著录：《汉雅堂》图131。

编号：3732
释文：西王母。玉女。天马。山（仙）人。
时代：东汉早中期
著录：《汉雅堂》图99。

编号：3733
释文：东王公。西王母。白马。
时代：东汉早中期
著录：《三槐堂》图104、图105。

编号：3734
释文：东王公。西王母。仙人奇（骑）羊。天禄羊。
时代：东汉早中期
著录：《阳羡》图127。

编号：3735
释文：［东］王公。仙人骑羊。
时代：东汉早中期
著录：《古今》第313页上；《汉雅堂》图116；/《古今》第313页下。
简注：与两镜同模。

编号：3736
释文：东王公。西王母。
时代：东汉早中期
著录：《浙选》图17；《浙江》A图42；《浙江》B彩图22；《越地》第146页上；/《千镜堂》图165；《大观》第276页；/《千镜堂》图213；《大观》第225页；/《大观》第239页；/《大观》第231页；/《绍兴》第131页；/《深圳》图100。

编号：3737
释文：东王［公］。西王母。
时代：东汉早中期
著录：《大观》第243页。

编号：3738
释文：王公。王母。
时代：东汉早中期
著录：《千镜堂》图183；《大观》第256页。

编号：3739
释文：西王母。［玉］女。
时代：东汉早中期
著录：《千镜堂》图169；《大观》第242页。
简注：铭文亦有可能是“西王母，［玉］女”之省。

编号：3740
释文：东王公。玉女。
时代：东汉早中期
著录：《汉雅堂》图126。

编号：3741
释文：西王母。
时代：东汉早中期
著录：《文物》1996（4）第87页图二；《图典》B图3.429；/《大观》第259页。

编号：3742
释文：王母。
时代：东汉早中期
著录：《千镜堂》图210；《大观》第254页。

编号：3743
释文：东王公兮。
时代：东汉早中期
著录：《千镜堂》图206；《大观》第226页；/《中原》图87。

编号：3744
释文：东王公。
时代：东汉早中期
著录：《文物》2011（1）封二：3；《浙江》B彩图17；《安吉》第96页；《图典》B图3.407；/《浙江》A彩图3；《浙江》B图29；《图典》A图446；《图典》B图3.417；/《千镜堂》图版178；《大观》第255页；/《千镜堂》图166；《大观》第232页；/《千镜堂》图211；《大观》第222页；/《汉雅堂》图127；/《深圳》图98；/《岩窟》二下第33图。

编号：3745
释文：东王［公］。
时代：东汉早中期
著录：《大观》第234页。

211. 瑞兽榜题

大约从西汉晚期开始，在铜镜的瑞兽纹饰旁边常标有标题，至东汉早中期时其风大盛。这些瑞兽榜题的出现可为研究汉镜中的瑞兽形象提供重要的参考。

由于篇幅所限，本节只能节选部分。凡已在“东王公”“西王母”榜题一节中著录过的瑞兽榜题，本节不再赘列。

编号：3746
释文：白羊。
时代：东汉早期
著录：《越地》第148页。

编号：3747
释文：白虎。
时代：东汉
著录：《收藏家》2020（2）第34页图12；/《大观》第273页；/《久保惣》A图46；《久保惣》B图46；/《千镜堂》图198；《大观》第269页；/《阳羡》图126；/《深圳》图96；《千镜堂》图112；/《千镜堂》图113。

编号：3748
释文：白虎。辟邪。
时代：东汉早中期
著录：《中镜》图124。

编号：3749
释文：辟邪。
时代：东汉早中期
著录：中国嘉德2011春拍：1057。

编号： 3750
释文： 天禄。
时代： 东汉早中期
著录： 《中原》图60；/《龙虎》图180。

编号： 3751
释文： 神蚬。
时代： 东汉早中期
著录： 《镜录》卷下19a。

编号： 3752
释文： 神龙子，辟不详（祥）。
时代： 东汉
著录： 浙江中财2011秋拍：0021。

编号： 3753
释文： 王桥（乔）马。赤俑（诵）马。
时代： 东汉
著录： 《淮南》第165页、第166页。

编号： 3754
释文： 天公马。
时代： 东汉
著录： 《大观》第271页。

编号： 3755
释文： 左仓（苍）龙。虎。
时代： 东汉早中期
著录： 《故宫》I图60。

编号： 3756
释文： 朱鸟。
时代： 东汉
著录： 《龙虎》图171。

编号： 3757
释文： 【外】仙人止（之）博。铜柱。仙马。辟邪。辟邪。熊。白虎。白鹿。【内】君宜车马。夫人宜子孙。
时代： 东汉早期
著录： 《鄂州》图272；《收藏家》2003（6）第39页图2；/《绍兴》第125页。

编号： 3758
释文： 【外】仓（苍）龙。朱鸟。青虎。玄武。【内】长宜侯王。
时代： 东汉早中期
著录： 《越地》第149页。

编号： 3759
释文： 【外】朱爵（雀）。玄武。白虎。青龙。蜚□。【内】子丑寅卯辰巳午未申酉戌亥。
时代： 新莽至东汉早期
著录： 《中原》图138。

212. 诗经铭

编号： 3760
释文： 石（硕）人姬姬，衣绵〈锦〉褧衣，夷（齐）侯之子，卫侯之妻，东宫之妹，刑（邢）侯之夷（姨），登（邓）公惟私。手如濡（柔）凄（荑），肤如臡（凝）脂，颔〈领〉如□夷（蛴），齿如会师（犀），陨（螓）首娥（蛾）麋（眉），咾（巧）呹（笑）倸兮，美目矉（盼）兮，石（硕）人嗷=（敖敖）。税（说）于农郊，四牡有挢（骄），洙（朱）□猋（镳）猋（镳），翟□以朝，大夫宿（夙）退，毋使君劳，河水洋洋，北流。
时代： 东汉
著录： 《文物》1980（6）第80页；《江汉考古》1985（4）第77页；《江汉考古》1986（4）第92—93页；《缀古集》1998年第175—180页；《全集》图96；《辞典》第1444页；《武汉》第25页；《图集》图441、彩版10。
简注： 武汉市文物商店1970年拣选。现藏于湖北省武汉市博物馆。"毋"字从宀。
李学勤师曾指出："'颔'，今作'领'，两字在长沙马王堆帛书中常相混淆，如《脉书》把‘领’写成‘颔’。同句子‘犲’，今作‘蝤’，前者疑即‘狩’字，与同在幽部。”“疑此‘会’字为‘壶’字之误，‘壶’‘瓠’音同通假。”李先生的这几条意见，我们完全赞同。

李学勤师在文中还提到“‘绵’下一次从‘顷’声，今作‘褧’，音同通假”，“‘哚’，今作‘倩’。按‘倩’从‘青’声，而另一从‘青’声的‘猜’是之部字，与‘采’音同。‘倩’是文部字，诗中押韵。可能是把‘倩’读成了‘猜’，然后又写为‘哚’”，亦甚为有理。

此外，罗福颐、徐鉴梅、张吟午[①]先生亦有相关文章讨论此镜，因无李文所论之多，此不赘引。

213. 格言铭

格言铭，即文句中含有可以为人法则、砥砺言行的简短词语。铜镜作为汉人常用的生活用品，格言铭自然也不在少数。

编号：3761

释文：有君子之方，视父如帝，视母如王，爱其弟，敬其兄，忠信以为常。

时代：西汉早中期

著录：《考古》2014（3）第44页图四七：1、第44页图四九；《广陵》图21；《图集》图104；《图典》B图3.47；/《汉铭斋》附图10；《图集》图105。

编号：3762

释文：有君子之方，视父如帝，视母如王，爱其弟，敬其兄，忠信以为商（常）。

时代：西汉早中期

著录：《收藏家》2007（7）第46页图1；《止水集》第12页图3—1；《文化》图64；《图集》图106；《书法》图67。

编号：3763

释文：必忠必信，久而必亲，不信不忠，久而自穷。

时代：西汉中期

著录：《汉铭斋》图75；《龙纹》图75；《文化》图90；《图集》图178、彩版5下；《清艺》第84页；《书法》图119；《拓片》图224。

简注：“穷”字后有起止符号。

编号：3764

释文：【内】居必忠必信，久而益亲；而不信不忠，久而自穷。【外】清冶铜华以为镜，丝组为纽以为信，清光明乎，服［者］君卿，千秋万世，长毋相忘，镜辟［不］羊（祥）。

时代：西汉中晚期

著录：《三槐堂》图58、图59；《止水集》第44页图9—14、第110页图2；《收藏家》2007（7）第46页图2；《清华》图41；《文化》图135；《图集》图255；《拓片》图225。

简注：“居”“清”前有起止符号。此条重出，亦列于“铜华”铭（其他）一节。

编号：3765

释文：【外】恐浮云兮敝（蔽）白日，复请（精）美兮弃素质，行精（清）白兮【内】光辉明，谤言众兮有（又）何伤?

时代：西汉早中期

著录：《吉林》图6；《文化》图121；《图集》图239；《书法》图146；《文物天地》2018（4）第12页图一；《图典》B图3.144。

简注：从铭文接续位置看，镜铭由外圈旋读入内圈。

编号：3766

释文：昭（照）明镜，视珠色，防淫去邪乐无极，深

① 罗福颐：《汉鲁诗镜考释》，《文物》1980年第6期，第80页；徐鉴梅：《东汉诗经铭文镜》，《江汉考古》1985年第4期，第77页；张吟午：《毛诗、镜诗、阜诗〈硕人〉篇异文比较》，《江汉考古》1986年第4期，第92—93页。

念远虑日有福。

时代： 西汉晚期至东汉早期

著录： 《故宫》A图35；《故宫》C图24；《故宫》I图44。

简注： “深”字字形亦见于长沙马王堆汉墓《老子》甲61。

编号： 3767

释文： 【外】贤者戒己仁为右，怠（殆）忘（罔）毋以象君子，二亲右（有）疾身常在，时=（时时）□□□女右。【内】子丑寅卯辰巳午未申酉戌亥。

时代： 西汉晚期至东汉早期

著录： 《鄂州》图274。

编号： 3768

释文： 贤者戒己仁为右，怠（殆）忘（罔）毋以象君子，二亲右（有）疾身常在，时=（时时）。

时代： 西汉晚期至东汉早期

著录： 《三槐堂》图78；《止水集》第111页图3；《收藏家》2007（7）第47页图3；《清华》图65；《图集》图352；《清艺》第70页；《拓片》图228。

简注： 《论语·为政》：“子曰：学而不思则罔，思而不学则殆。”

编号： 3769

释文： 贤者戒己仁为右，怠（殆）忘（罔）毋以象君子，二亲右（有）疾。

时代： 西汉晚期至东汉早期

著录： 《图集》图353；《阳羡》图90。

简注： 疑同器或同模。

编号： 3770

释文： 桼（七）言之始孝为右，古有便父又利母，鲜（仙）人王侨赤甬（松）子，乘云因露越江海，俳（徘）徊（徊）名山。

时代： 西汉晚期至东汉早期

著录： 《清华》图62；《收藏家》2007（7）第48页图6；《清艺》第71页；《图集》图345；《书法》图178；《拓片》图229。

简注： “桼”字前有起止符号。“甬”字从艹。此条重出，亦列于“桼言”（一）铭一节。

编号： 3771

释文： 怒（努）力治事，日给月畀，终身顺护，至老必富，宜子孙。

时代： 西汉晚期至东汉早期

著录： 《西乙》卷十九17a；《故宫》G图二八。

简注： “努力治事”的思想常见于汉魏诗歌，如曹丕《艳歌何尝行》：“男儿居世，各当努力。蹙迫日暮，殊不久留。”《长歌行》：“少壮不努力，老大徒伤悲。”

编号： 3772

释文： 立信结约。

时代： 西汉中晚期

著录： 《图集》图204；《拓片》图227。

简注： 圆形，圆钮，圆钮座，宽素缘。

214. 信物铭

编号： 3773

释文： 吉月佳日，造此锡（信）物，二姓贵好，坚若般（盘）□，汝（女）贞男圣，子孙充实，⧄。

时代： 东汉

著录： 《故宫》A图44；《图典》B图3.466。

编号： 3774

释文： 令月吉日，造此信物，二姓合好，坚如般（盘）□，女贞男圣，子孙充实，姐妹百人，⧄，夫妇相随，⧄。

时代： 东汉

著录： 《考古》1978（3）第161页图五：1；《图典》A图365；《图典》B图3.303。

编号： 3775

释文： 令月吉日作此物，二姓合好，坚如般（盘）

□，肠如蒲韦（苇），般（盘）石以结休。

时代：东汉

著录：《阳羡》图99。

简注：《玉台新咏·古诗为焦仲卿妻作》："君当作盘石，妾当作蒲苇。蒲苇纫如丝，盘石无转移。"

215. 地支铭

地支铭是汉镜中常见的铭文之一，常与其他镜铭类型组合使用。有时也单独使用，主要流行于西汉晚期至东汉，以新莽前后最为盛行，个别铜镜一直到三国西晋时期还在铸造使用。在配置四神的博局纹镜中，地支铭常可标示方位，并具有分期断代方面的重要参考价值。

由于地支铭时代跨度较长，而流行时代又相对集中，故本皆将"十二地支"铭镜分两条胪列。

编号：3776

释文：子丑寅卯辰巳午未申酉戌亥。

时代：西汉晚期至东汉早中期

著录：《西甲》卷十九33a[①]；《故宫》E图98；《故宫》I图39；/《考古学报》2014（1）第101页图三八：2、图版拾：2；/《广西》图68；/《考古》2013（9）第63页图三九：3；/《南阳》图一九五[②]；/《洛华》图115；/《武汉》第70页上；/《湖历》图53；/《考古》1986（12）第1086页图一一：左；/《湖研》图七一；/《千镜堂》图93；《大观》第180页；/《千镜堂》图105；《大观》第207页；/《仪征》第88页、第89页；/《旅顺》图52；/《临淄》图673；/《齐鲁》图185；/《陕西》图45；/《陕历》第70页上；/《陕历》第73页上；/《陕历》第77页上；/《陕历》第80页；/《陕历》第91页上；/《陕历》第93页下；/《陕历》第96页下；/《金石索》卷六第3页；/《宁寿》卷十五63a；/《宁寿》卷十五65a；/《宁寿》卷十五67a；/《澄秋馆》65b；/《小檀》卷三34a；《小校》卷十六48b上；/《善斋》镜录卷二54b；/《小校》卷十六48b下；/《簠斋》第40—41页；《陈介祺》图102；《国图》第72页；/《陈介祺》图100；《国图》第68页；/《绍兴》第65页；《未名斋》第107页；/《未名斋》第109页；/《未名斋》第111页；/《阳羡》图80；/《汉雅堂》图64；/《汉雅堂》图65；/《汉雅堂》图66；/《汉雅堂》图67；/《汉雅堂》图88；/《三槐堂》图89；/《古今》图66；《文化》图143；《图集》图279；/《收藏》2011（2）第100页图13；/《守屋》A图版第37页；/《守屋》A图版第38页；/《守屋》A图版第42页；/《守屋》A图版第43页；/《守屋》A图版第44页；/《深圳》图61；/《深圳》图63。

编号：3777

释文：子丑寅卯辰巳午未申酉戌亥。

时代：东汉晚期到西晋

著录：《武汉》第101页；/《鄂城》图20；/《北方文物》2019（4）第11页图六：14、第12页图一〇；/《阳羡》图170。

编号：3778

释文：【外】子丑寅卯辰巳午未申酉戌亥。【内】长宜官秩。

时代：西汉晚期至东汉早期

著录：《扶风》图27。

编号：3779

释文：【内】子丑寅卯辰巳午未申酉戌亥。【中】甲乙丙丁庚辛壬癸。【外】三公九卿。

时代：东汉到西晋

著录：《考古》1995（4）图版捌：4、第382页图四。

简注：西晋早中期墓出土。四方、干、支对应规整。

---

① 《西甲》描摹失真。

② 此镜出土于新莽时期墓（NYZ M332），故当为西汉晚期至新莽时期之物。

编号：3780
释文：酉未酉未酉未酉未子。
时代：西汉晚期至东汉早期
著录：《越地》第135页。

编号：3781
释文：子卯巳午未申酉戌亥。
时代：西汉晚期至东汉早期
著录：《大观》第138页。

编号：3782
释文：卯午未申酉。
时代：东汉
著录：《清爱堂》图102。

216. 六壬式盘铭

编号：3783
释文：【内】甲乙丙丁戊己庚辛壬癸。【中】子丑寅卯辰巳午未申酉戌亥。【外】角亢氐房心尾箕，斗牛女虚危室壁，奎娄胃昴毕觜参，井鬼柳星张翼轸。【角】戊天门。戊土门。己人门。己鬼门。
时代：东汉至六朝
著录：《奇觚室》卷十五34a。
简注：此镜呈正方形，中间为圆钮，圆钮座，钮座外置双弦纹勾勒的方框两周，方框中分别为十天干及二十八星宿名。钮座与第一个方框之间的四角空隙处置四组乳钉，每组一大二小。两个方框之间置十二地支铭，每一地支铭外侧配有门户形纹饰，地支铭之间的空隙处以各种神兽及仙人填充。方镜四角置长方形方框，每一方框内置三字铭文，素缘。整个镜背为天圆地方的占式盘造型。

从铭文内容看，似为六壬式盘造型的阳燧镜。其中“土门”即后世之地门。北宋杨维德《景佑六壬神定经》：“造式：天中作斗杓，指天罡，次列十二辰，中列二十八宿，四维局。地列十二辰，八干，五行，三十六禽。天门、地户、人门、鬼路、四隅讫。”又《素问·五运行大论》曰：“所谓戊己分者，奎壁角轸则天地之门户也。”《遁甲经》曰：“六戊为天门，六己为地户。”说法与此镜不同。

考古发掘中曾出土多件汉代六壬式盘，如阜阳西汉第二代汝阴侯夏侯灶夫妇合葬墓出土的六壬式盘，盘内除二十八星宿、四门外，还绘有北斗七星图。

据《唐六典》记载，六壬式盘可“决万民之犹豫”，即当人们遇到难以抉择之事时，可用此盘配合时辰，以类似占卜、问卦的仪式来解决疑问、帮助判断。

217. “天王日月”铭

编号：3784
释文：天王日月。天王日月。天王日月。天王日月。天王日月。天王日月。天王日月。天王日月。天王日月。天王日月。天王日月。天王日月。天王日月。天王日月。天王日月。天王日月。天王日月。
时代：东汉晚期
著录：《考古》1966（3）第143页图八：4；《寿县》图101。
简注：东汉晚期墓出土（M2：7）。

编号：3785
释文：天王日月。天王日月。天王日月。天王日月。天王日月。天王日月。天王日月。天王日月。天王日月。天王日月。天王日月。天王日月。天王日月。天王日月。
时代：东汉至三国
著录：《文物》1986（4）第93页图一、图二；/《九江》图20；/《九江》图23；/《考古》1965（9）第461页图二：2；/《鄂州》图127；/《西安》图53；/《簠斋》第152—153页；/《岩窟》二下第8图。

编号： 3786
释文： 日王（旺）月宜，天王日月，天王日月，天王日月，天王日月，天王日月，天王日月，天王日月，天王日月，天王日月，天王日月，天王日月。
时代： 东汉到三国
著录：《武汉》第71页。

编号： 3787
释文： 天王日月，天王日月，天王日月，天王日月，天王日月，天王日月，天王日月，天王日月，天王日月，天王日月，天王日月，天王日月，天王日月。
时代： 东汉至三国
著录：《全集》图91；《洛华》图142。

编号： 3788
释文： 天王日月，天王日月，天王日月，天王日月，天王日月，天王日月，天王日月，天王日月，天王日月，天王日月，天王日月，天王日月。
时代： 东汉至三国
著录：《乾坤》图33；/《上博》A彩图65、拓片65；《图典》A图414；《图典》B图3.367。

编号： 3789
释文： 天王日月，天王日月，天王日月，天王日月，天王日月，天王日月，天王日月，天王日月，天王日月，天王日月，天王日月。
时代： 东汉至三国
著录：《文物》1960（4）第88页图2；/《金石索》卷六第2页；/《岩窟》二下第17图；/《古今》图120。

编号： 3790
释文： 天王日月。天王日月。天王日月。天王日月。
时代： 东汉至三国
著录：《小校》卷十五87b下；《志稿》第3352页；/《清爱堂》图109；/《桃阴庐》图25下。

编号： 3791
释文： 天王日月。天王日月。天王日月。
时代： 东汉至三国
著录：《鄂州》图103。

编号： 3792
释文： 天王日月，天王日月，大吉。
时代： 东汉至三国
著录：《岩窟》二下第14图。

编号： 3793
释文： 天王日月。天王日月。
时代： 东汉至三国
著录：《考古》1992（9）图版柒：1、第828页图二二：2。

编号： 3794
释文： 天王日月，吉。
时代： 东汉至三国
著录：《岩窟》二下第39图。

编号： 3795
释文：【外】天王日月。【内】长宜子孙。
时代： 东汉至三国
著录：《考古》1992（9）图版柒：2、第828页图二二：1。

编号： 3796
释文：【外】天王日月。【内】□至三公。
时代： 东汉至三国
著录：《考古学报》2001（3）图版陆：5、第387页图三〇：1、图三〇：2。

218. “长宜子孙”铭（一）

“长宜子孙”是汉镜中常见的铭文套语之一，常与其他镜铭类型组合使用。不过单独使用的“长宜子孙”铭大约是从西汉晚期方开始出现，一直至东汉中期都颇为盛行，其中形制、纹饰方面也都颇具特点，尤以禽兽博局纹、禽兽圈带纹、连弧纹三种最为流行。从考古资料来看，连弧纹“长宜子孙”铭镜多见于东汉，前两种的流行时代似略早于后一种。为便于比较，本书将其分为两节胪列，第一节胪列主题纹饰为禽兽博局纹或禽兽圈带纹的“长宜子孙”铭镜，第二节胪列主题纹饰为连弧纹或直行铭的“长宜子孙”铭镜。由于其铭文无显著差异，为便于比较，本节暂依铜镜出土地及馆藏地首字元音序排序。

安徽

编号： 3797
释文： 长宜子孙。
时代： 西汉晚期至东汉早期
著录： 《文物春秋》2017（6）第69页图三；/《文物》2013（2）第90页图一六；/《文物》2013（2）第90页图一八；/《广陵》图110；/《全集》图56。

北京

编号： 3798
释文： 长宜子孙。
时代： 西汉晚期至东汉早期
著录： 《国博》1993（1）第121页图83；/《考古学报》1963（2）第23页图二〇：2[①]；《洛华》图82；《图典》A图258；《图典》B图3.167。

广东

编号： 3799
释文： 长宜子孙。
时代： 西汉晚期至东汉早期
著录： 《广州》图二〇八：2；《图典》A图253；《图典》B图3.160。

河北

编号： 3800
释文： 长宜子孙。
时代： 西汉晚期至东汉早期
著录： 《文物春秋》2015（4）第19页图八：3；《历代》图41。

湖北

编号： 3801
释文： 长宜子孙。
时代： 西汉晚期至东汉早期
著录： 《孝感》图35。

江苏

编号： 3802
释文： 长宜子孙。
时代： 西汉晚期至东汉早期
著录： 《大观》第58页；/《广陵》图86；《图典》B图3.156[②]；/《广陵》图87；/《仪征》第90页；《广陵》图106。

辽宁

编号： 3803
释文： 长宜子孙。
时代： 西汉晚期至东汉早期
著录： 《辽宁》第140页；《图典》B图3.163；/《辽宁》第142页。

宁夏

编号： 3804
释文： 长宜子孙。
时代： 西汉晚期至东汉早期

① 河南省洛阳市西郊出土新莽或稍后墓出土（M3239：1），现藏于中国社会科学院考古研究所。
② 此镜出土于江苏省扬州市西郊平山养殖场出土新莽时期墓（M6），时代下限应不晚于新莽。

著录：《固原》图97；《文物天地》2019（11）第28页图一一。

日本

编号：3805
释文：长宜子孙。
时代：西汉晚期至东汉早期
著录：《泉屋》图43。

山东

编号：3806
释文：长宜子孙。
时代：西汉晚期至东汉早期
著录：《齐鲁》图189—1。

陕西

编号：3807
释文：长宜子孙。
时代：西汉晚期至东汉早期
著录：《扶风》图49；/《陕历》第217页上；/《陕历》第195页；/《西安》图33；/《宝鸡》第65页下；/《宝鸡》第67页。

浙江

编号：3808
释文：长宜子孙。
时代：西汉晚期至东汉早期
著录：《安吉》第79页；《图典》B图3.228；/《浙选》图6；《浙江》A图21；《越地》第134页；/《浙江》A图4；《浙江》B彩图3。

219.“长宜子孙”铭（二）

本节胪列主题纹饰为连弧纹或直行铭的“长宜子孙”铭镜。由于其铭文无显著差异，为便于比较，暂依铜镜出土地及馆藏地首字元音序排序。

安徽

编号：3809
释文：长宜子孙。
时代：西汉晚期至东汉
著录：《文物春秋》2017（6）第69页图三；/《寿县》图72；/《寿县》图73；/《寿县》图74；/《六安》图72；/《六安》图76；《皖西》图81；/《六安》图133；/《六安》图134；/《文物》2013（2）第89页图一一。

北京

编号：3810
释文：长宜子孙。
时代：西汉晚期至东汉
著录：《故宫》A图36；《故宫》B图18；《故宫》C图27；《故宫》I图48；/《故宫》A图37；《故宫》B图19；《故宫》C图29；《故宫》I图55；《图典》B图3.357；/《故宫》A图42；《故宫》C图32；《故宫》I图58；《图典》B图3.264；/《故宫》I图49；/《故宫》I图54；/《故宫》I图56；/《故宫》A图59；/《清华》图66；/《清艺》第117页；《止水阁》图122。

广西

编号：3811
释文：长宜子孙。
时代：西汉晚期至东汉
著录：《考古学报》1989（2）第224页图一一：4；/《广西》图27。

河北

编号：3812
释文：长宜子孙。

时代：西汉晚期至东汉

著录：《文物春秋》1994（1）第30页图8；/《历代》图57；/《历代》图58；/《历代》图59；/《历代》图86。

河南

编号：3813

释文：长宜子孙。

时代：西汉晚期至东汉

著录：《考古学报》1963（2）第25页图二一：5；《图典》A图367；《图典》B图3.305；/《洛华》图121；/《洛华》图126；/《洛阳考古发现（2007）》图版二九：3[①]；《洛华》图127；/《洛阳》图50；《图典》A图388；《图典》B图3.332；/《南阳》图七〇、图版三一：2[②]；/《江汉考古》1997（1）第30页序号27；/《三门峡》第50页；/《三门峡》第51页；/《考古学报》1965（1）第148页图三五：1；/《考古学报》1965（1）第148页图三五：3；/《考古学报》1965（1）第148页图三五：4；《图典》A图368；《图典》B图3.306；/《考古学报》1965（1）第150页表[③]；/《考古学报》1965（1）第150页表；/《中原文物》1994（2）第28页；/《烧沟》图七二：1；《图典》A图285；《图典》B图3.201；/《江汉考古》2017（2）第77页图十五。

湖北

编号：3814

释文：长宜子孙。

时代：西汉晚期至东汉

著录：《武汉》第39页上；/《武汉》第40页上；/《孝感》图42；/《孝感》图43。

湖南

编号：3815

释文：长宜子孙。

时代：西汉晚期至东汉

著录：《考古学报》1984（1）第100页表一；/《考古学报》1984（1）第100页表一；/《郴州》第39页；/《郴州》第49页；/《长沙》图71；/《长沙》图72；/《长沙》图74；/《长沙》图112；《图典》B图3.360；/《图案》第33页；《湖历》图82；《图典》A图406；《图典》B图3.356；/《考古》1994（12）第1092页图二〇[④]；/《常德》图52；/《常德》图54；/《常德》图55。

江苏

编号：3816

释文：长宜子孙。

时代：西汉晚期至东汉

著录：《广陵》图137；/《大观》第90页；/《大观》第92页；/《大观》第105页；/《大观》第140页；/《大观》第142页；/《大观》第141页；/《大观》第213页；/《大观》第214页；/《大观》第215页。

辽宁

编号：3817

释文：长宜子孙。

时代：西汉晚期至东汉

著录：《旅顺》图60。

---

① 洛阳市文物工作队：《洛阳市瞿家屯上阳华府发掘简报》，《洛阳考古发现（2007）》，第224—262页。
② 此镜出土于西汉晚期至东汉早期墓（NRBS M80），时代下限当不晚于东汉早期。
③ 此镜出土于东汉前期墓（101：13），时代下限当不晚于东汉早期。
④ 东汉早期墓出土（DM56：11）。

宁夏

编号：3818
释文：长宜子孙。
时代：西汉晚期至东汉
著录：《固原》图100；/《固原》图102；/《固原》图103。

日本

编号：3819
释文：长宜子孙。
时代：西汉晚期至东汉
著录：《泉屋》图41[①]；/《泉屋》图49；/《泉屋》图50；/《开明堂》图31；/《守屋》B图版10页。

陕西

编号：3820
释文：长宜子孙。
时代：西汉晚期至东汉
著录：《考古与文物》1988（4）封二：3；/《文博》1988（6）第25页图四；《图典》A图370；/《文博》1988（6）第25页图五：4；/《考古与文物》1983（4）图版贰：2、第31页图六；/《陕西》图38；《千秋》第238页下；/《千秋》第237页；/《宝鸡》第74页上；/《宝鸡》第74页下；/《宝鸡》第81页上；/《长安》第145页图四十三：1[②]；/《文博》2016（2）第10页图九：10[③]；/《长安》图四十六：2、图版五十七：2；/《千秋》第217页上；/《千秋》第227页上；/《千秋》第238页上；/《千秋》第239页上；/《千秋》第239页下；/《西安》图51；/《西安》图52。

上海

编号：3821
释文：长宜子孙。
时代：西汉晚期至东汉
著录：《乾坤》图27。

四川

编号：3822
释文：长宜子孙。
时代：西汉晚期至东汉
著录：《四川》图39。

台湾

编号：3823
释文：长宜子孙。
时代：西汉晚期至东汉
著录：《故宫》G图二四；/《故宫》G图五三；/《故宫》G图五五。

天津

编号：3824
释文：长宜子孙。
时代：西汉晚期至东汉
著录：《考古学报》1982（3）图版拾玖：5[④]。

浙江

编号：3825
释文：长宜子孙。
时代：西汉晚期至东汉
著录：《文物》2011（1）第78页图一一；《安吉》

---

① “孙”字减笔。
② 此镜出土于东汉早期墓（M147），时代下限应不晚于东汉早期。
③ 此镜出土于东汉中期墓（M3：27），时代下限应不晚于东汉中期。
④ 此镜出土于东汉中期墓，时代下限应不晚于东汉中期。

第102页；/《浙选》图20；《浙江》A图31；《浙江》B图40；/《浙江》A图9；《浙选》图21；/《全集》图72；《辞典》第1434页左图。

220. “长宜子孙”铭（三）

本节胪列除前文两种型式外的各种“长宜子孙”铭镜，包括“长宜子孙”铭减省的铜镜。

编号：3826
释文：【内】长宜子孙。【外】明如日月，利父母兮。
时代：东汉
著录：《历代》图60。

编号：3827
释文：【内】长宜子孙。【外】利父母兮。
时代：东汉
著录：《官庄》第18页图十五：1、彩版一〇：1；/《桃阴庐》图6。

编号：3828
释文：【内】长宜子孙。【外】利父母，君。
时代：东汉
著录：《历代》图62。

编号：3829
释文：【内】长宜子孙。【外】明如日月，位至三公。
时代：东汉
著录：《镜录》卷下3a；《陈介祺》图74；《簠斋》第157页；《志稿》第3305页。

编号：3830
释文：【内】长宜子孙。【外】位至三公。
时代：东汉
著录：《文物》2005（7）第48页图二四；/《故宫》A图39；《故宫》C图版三〇；/《文物》2010（9）第12页图二七；/《华夏考古》1999（3）第106页图一：5；《文物》1975（11）第90页图三九；/《文物》1975（11）第81页；/《文物》1975（11）第90页图四〇；/《小檀》卷三9a；《拓影》图101；《志稿》第3228页；《小校》卷十六12b下；/《小校》卷十六12a下；/《小校》卷十六12b上；/《岩窟》二上第78图；/《岩窟》二上第85图；/《岩窟》二上第86图；/《岩窟》二上第88图；/《三槐堂》图95；/《桃阴庐》图7。

编号：3831
释文：长宜子孙。位至三公。
时代：东汉
著录：《文物》1996（4）第18页图一五。

编号：3832
释文：【内】长宜子孙。【外】留至三公。
时代：东汉
著录：《博古图》卷二十九14a。

编号：3833
释文：【外】长宜子孙。【内】日富昌，宜君王，乐未央。
时代：西汉晚期至东汉早期
著录：《小校》卷十五105b；《志稿》第3325页。

编号：3834
释文：【外】长宜子孙。【内】大富昌，宜君王，乐未央。
时代：西汉晚期至东汉早期
著录：《东南文化》2001（11）第33页图二：5。

编号：3835
释文：【内】长宜子孙。【外】大富昌，宜侯王，乐未央。
时代：西汉晚期至东汉早期
著录：《陕历》第81页上；/《清爱堂》图89。

编号： 3836
释文： 长宜子孙，大富昌。
时代： 西汉晚期至东汉早期
著录： 《阳羡》图106。

编号： 3837
释文： 【外】长宜子孙。【内】贵富昌，宜牛羊，乐未央。
时代： 西汉晚期至东汉早期
著录： 《六安》图75；《皖西》图80。

编号： 3838
释文： 长宜子孙，富贵昌兮。
时代： 东汉早中期
著录： 《考古学报》1959（1）第75页图十：6；《图典》A图226；《图典》B图3.108。

编号： 3839
释文： 长宜子孙，富贵高迁。
时代： 东汉
著录： 《上博》A彩图47、拓片47；《上博》B图47；《辞典》第1433页右图；/《阳羡》图163。

编号： 3840
释文： 长宜子孙，毋忧他，寅卯。
时代： 东汉
著录： 《古今》图112；《深圳》图91。

编号： 3841
释文： 【中】长宜子孙。【外】广宗［世］，便姑公，利父母。【内】□胃巨（鉅）文。
时代： 东汉
著录： 《寿县》图80。

编号： 3842
释文： 车马贵君，长宜子孙。
时代： 西汉晚期至东汉早期
著录： 《国博》1992（18—19） 第227页图66；/《书法》图182；《图集》图361；《汉雅堂》图57。

编号： 3843
释文： 大工，长宜子孙。
时代： 东汉
著录： 《中镜》图147。

编号： 3844
释文： 长宜子矣。
时代： 东汉
著录： 《四川文物》2006（3）第24页图十一。

编号： 3845
释文： 长宜子。
时代： 东汉
著录： 《中原》图90。

编号： 3846
释文： 长宜孙。
时代： 东汉
著录： 《小檀》卷三13b；《小校》卷十六25a上；《志稿》第3176页；《图典》A图465。

221.“常宜子孙”铭

编号： 3847
释文： 常宜子孙。
时代： 新莽至东汉
著录： 《长沙》图73；/《西乙》卷十九25a；/《阳羡》图165。

222.“宜子孙”铭

“宜子孙”是汉镜中常见的铭文套语之一，似为“长宜子孙”之省。单独使用的时代也与“长宜子孙”铭相近，多为西汉晚期至东汉早期之物，个别铜镜的时代下限也许能到东汉中期。

编号： 3848
释文： 宜子孙。
时代： 西汉晚期至东汉早中期

著录：《宣城》第40页、第41页；/《国博》1993（1）第122页图89；/《广陵》图134；/《仪征》第114页、第115页；《广陵》图135；《图典》B图3.298；/《考古与文物》1990（6）第52页图十[①]；/《扶风》图64；/《宝鸡》第68页上；/《西安》图45；/《陕历》第221页上；/《陕历》第223页下；《陕西》图58；/《陕历》第224页下；/《千秋》第221页上；/《千秋》第223页下；/《千秋》第224页下；/《文物》1990（9）第81页图二一；/《奇觚室》卷十五23b—24a；/《小校》卷十六25b；《志稿》第3175页；/《小校》卷十六26a上；/《簠斋》第146—147页；/《岩窟》二中第92图；/《岩窟》二中第93图；/《千镜堂》图135；/《千镜堂》图140；/《未名斋》第51页；/《古今》图102；/《开明堂》图33；/《汉雅堂》图41；/《汉雅堂》图45；/《汉雅堂》图48；/《千镜堂》图119；/《千镜堂》图131；/《千镜堂》图137；《大观》第119页；/《金石索》卷六第59页；/《古今》图105；/《深圳》图84；/《阳羡》图110；/《清爱堂》图97；《清爱堂》图100/《清爱堂》图101。

编号：3849
释文：宜子。宜子。
时代：东汉至三国
著录：《鄂城》图39；《鄂州》图56。

223. “长生宜子”铭

编号：3850
释文：长生宜子。
时代：东汉至三国
著录：《国博》2016（4）第39页图六六：1、图六七；/《广西》图25；/《烧沟》第170页图七五：5；/《三门峡》第47页；/《三门峡》第48页；/《偃师》图23；《洛华》图124；/《北方文物》1997（3）第11页图一：9；/《九江》图15；/《文博》2015（1）第7页图八：6；/《岩窟》二上第74图；/《金石索》卷六第61页；/《金石索》卷六第62页；/《西清》卷三十九27a；/《守屋》B图版5页；/《守屋》B图版9页；/《岩窟》二上第74图；/《小校》卷十六14a；/《小校》卷十六14b上；/《小校》卷十六14b；/《小校》卷十六15a上；/《小校》卷十六15a下；/《小校》卷十六15b上；/《小校》卷十六15b下；/《善斋》镜录卷二18b—19a；《小校》卷十六13a、《图典》A图405；《图典》B图3.355/《善斋》镜录卷二20b—21a；《小校》卷十六13b；《图典》A图381；《图典》B图3.322。

编号：3851
释文：【内】长生宜子。【外】延寿万年，利父母兮。
时代：东汉至三国
著录：《守屋》B图版6页。

编号：3852
释文：【内】长生宜子。【外】延寿万年。
时代：东汉至三国
著录：《中原文物》1981（3）第15页图一。

编号：3853
释文：【内】长生宜子。【外】利父母兮。
时代：东汉至三国
著录：《古竟景》图28。

编号：3854
释文：【内】长生宜子。【外】世乐〖富贵〗寿利父母兮。
时代：东汉至三国

① 此镜出土于西汉末至新莽时期墓（M41），应为西汉晚期至新莽时期之物。

著录：《尊古斋》第119页。

编号：3855
释文：【内】长生宜子。【外】寿如金石，累世未央。
时代：东汉至三国
著录：《小校》卷十六10a下；《志稿》第3323页。

编号：3856
释文：【内】长生宜子。【外】寿如金石。
时代：东汉至三国
著录：《小校》卷十六10b、11a上、11a下、11b上、11b下、12a上。
简注：具体有几器，难以细分。

编号：3857
释文：长生宜子，寿如金石，佳且［好］兮。
时代：东汉至三国
著录：《龙虎》图173。

224. “长生”铭（其他）

编号：3858
释文：长生万年。
时代：东汉至三国
著录：《千秋》第263页下。

编号：3859
释文：长生未央。
时代：西汉晚期至新莽
著录：《六安》图28；/《岩窟》二中第73图。

编号：3860
释文：长生吉善。
时代：东汉
著录：《洛华》图131。

编号：3861
释文：子孙长生。
时代：东汉
著录：《孝感》图45；/《小校》卷十六16a上；《志稿》第3190页。
简注：“孙”字减笔讹变。

编号：3862
释文：君当长生矣。
时代：东汉至六朝
著录：《考古学报》1959（2）第119页图十一：3；/《考古学报》1959（2）图版柒：6、第119页图十一：2；《四川》图40；《图典》A图493；《图典》B图3.481。

编号：3863
释文：长生。
时代：东汉
著录：《小校》卷十六10a上；《志稿》第3161页。

225. “生如金石”铭

编号：3864
释文：生如金石。
时代：东汉
著录：《文物》1979（4）第53页图一二：上。

编号：3865
释文：【外】生如金石。【内】长宜子孙。
时代：东汉
著录：《文物》1981（3）第49页图七；/《未名斋》第213页；《绍兴》第173页①。

226. “生如山石”铭

编号：3866
释文：【外】生如山石，位至三公。【内】长宜

① 外圈铭文需跳读。

子孙。
时代：东汉
著录：《善斋》镜录卷二5a、5b；《小校》卷十六2a上；《志稿》第3304页。

编号：3867
释文：【外】生如山石。【内】长宜子孙。
时代：东汉
著录：《鄂城》图31；/《武汉》第32页上；/《长安》图四十三：2；/《千秋》第227页下；/《千秋》第228页上；/《清爱堂》图136。

编号：3868
释文：生而山石。君宜官。
时代：东汉
著录：《尊古斋》第111页。

编号：3869
释文：生如山石。
时代：东汉
著录：《镜录》卷下1b；/《陈介祺》图38；《镜录》卷下2a①。

227."寿如金石"铭

编号：3870
释文：【外】寿如金石，佳且好兮。【内】长宜子孙。
时代：东汉
著录：《华夏考古》2000（4）第109页图一：5②；/《洛阳考古发现（2007）》图版二九：2③；《洛华》图120；/《洛华》图122；/《偃师》图26；《洛华》图123；/《文物》1996（6）第88页图三；/《常德》图53；/《南方文物》2003（4）第99页图八；/《湖南》图71；《湖研》图一〇七；/《大观》第143页；/《旅顺》图59；/《泉屋》图51；/《上博》A彩图46、拓片46；《上博》B图46；/《岩窟》二上第72图；/《金石索》卷六第58页；/《镜录》卷下2b；/《千镜堂》图109。

编号：3871
释文：【外】寿石，佳好。【内】长宜子孙。
时代：新莽至东汉
著录：《辽宁》第138页；《图典》B图3.307。

编号：3872
释文：【外】寿金石，好。【内】长宜子孙。
时代：东汉
著录：《清仪阁》图6。

编号：3873
释文：寿如金石佳且好，子孙番（蕃）息长相保。
时代：东汉
著录：《图集》图374；《龙虎》图195。

编号：3874
释文：【外】寿如金石。【内】长宜子孙。
时代：东汉
著录：《中原文物》1994（2）第27页图五；/《考古与文物》2019（2）第27页图一〇：3、图一一：1④；/《固原》图99；/《长安》图四十三：2；/《千秋》第228页下；/《岩窟》二上第73图；/《小校》卷十六10b；《志稿》第3237页上；/《小校》卷十六11a上；《志稿》第3237页下；/《小校》卷十六11b上；/《小校》卷十六11b下；/《小校》卷十六12a上。

---

① "石"字倒置。
② "金石"跳读。
③ 洛阳市文物工作队：《洛阳市瞿家屯上阳华府发掘简报》，《洛阳考古发现（2007）》，第224—262页。
④ 此镜出土于东汉早期墓（M7），应为东汉早期之物。

编号：3875
释文：【外】寿如金石。【内】君宜子孙。
时代：东汉
著录：《千秋》第235页下。
简注：北宋吕氏家族墓地出土。疑为宋人收藏品。

编号：3876
释文：【外】寿如金石。【内】长宜高官。
时代：东汉
著录：《小檀》卷三2a；《拓影》图88；《小校》卷十五108a上；《志稿》第3230页。

编号：3877
释文：【外】如金石寿，宜官秩兮。【内】长宜子孙。
时代：东汉
著录：《岩窟》二上第77图。

228. “寿而山石”铭

编号：3878
释文：【外】寿而山石。【内】长宜子孙。
时代：东汉
著录：《历代》图61。

229. “延年/寿”铭

编号：3879
释文：【外】延年益寿，大乐未央。【内】长宜子孙。
时代：西汉晚期至东汉
著录：《陈介祺》图40；《簠斋》第138—139页。

编号：3880
释文：延年益寿，大乐未央。
时代：西汉晚期至东汉
著录：《小檀》卷三1b；《拓影》图86；《小校》卷十六9b下；《志稿》第3227页。

编号：3881
释文：【外】延年益寿，乐未央，吉。【内】长宜子孙。
时代：东汉
著录：《湖研》图一〇六。

编号：3882
释文：延寿益年，长宜子孙。
时代：东汉
著录：《广陵》图94 。

编号：3883
释文：延年益寿，位至三公，长乐未央。
时代：东汉
著录：《岩窟》二下第21图。

编号：3884
释文：延年益寿。
时代：东汉至六朝
著录：《金石索》卷六第64页；/《镜录》卷下1a；《志稿》第3185页。

编号：3885
释文：延寿万年，明如日月，大吉。
时代：东汉
著录：《止水阁》图105。

编号：3886
释文：【内】延寿万年。【中】位至王公。【外】长宜子孙。
时代：东汉
著录：《后沟》图56。

编号：3887
释文：【外】延寿[万]年。【内】长宜子孙。
时代：东汉早期

著录：《国博》2016（12）第14页图一七：3、第15页图二二、图二三：2[①]；/《清爱堂》图137。

编号：3888
释文：延寿万年。
时代：东汉
著录：《清爱堂》图138。

编号：3889
释文：长寿万年。
时代：东汉
著录：《中镜》图153。

230. “长宜高官”铭

编号：3890
释文：长宜高官。
时代：东汉
著录：《中原文物》1984（3）第42页图十；/《烧沟》图版肆伍：2、第172页图七七：1；《图典》A图372；《图典》B图3.310；/《东南文化》2009（4）第57页图八[②]；/《桃华盦》图23上；《久保惣》A图36；《久保惣》B图36；/《文物》1981（3）第49页图八；/《扶风》图65；/《长安》图四十四：1、图版五十八：1[③]；/《陕西》图68；《千秋》第226页下；/《千秋》第266页下；/《岩窟》二上第79图；/《岩窟》二上第94图；/《小校》卷十五108a下；《镜录》卷下6b；《陈介祺》图64。

编号：3891
释文：【内】长宜高官。【外】大吉宜子。
时代：东汉
著录：《陈介祺》图63。

编号：3892
释文：【内】长宜高官。【外】乐未央，富且昌，宜侯王，师命长。
时代：东汉
著录：《广西》图77；《考古学报》1989（2）第224页图一一：2；/《上博》B图65；《辞典》第1434页右图。

编号：3893
释文：【内】长宜高官。【外】富昌，日宜侯王，乐未央，其师命长。
时代：东汉中期
著录：《中原文物》2012（3）第7页；《南阳》图二一三、图版一〇一：1；《图典》B图3.334。
简注：东汉中期墓（NFBC M208）出土。

231. “长宜官”铭（其他）

编号：3894
释文：【内】长宜君长。【外】仕至三公。
时代：东汉
著录：《寿县》图78。

编号：3895
释文：长宜官位。
时代：东汉至西晋
著录：《孝感》图62；/《考古与文物》1988（4）第95页图一：4。

编号：3896
释文：长宜官秩。
时代：东汉
著录：《故宫》G图二五。

编号：3897
释文：常（长）宜官秩。

---

① 东汉早期墓出土（M7：22）。铭文需跳读。
② 此镜出土于东汉中期墓（M1），应为东汉早中期之物。
③ 此镜出土于东汉中期墓（M15），应为东汉早中期之物。

时代：东汉

著录：《西乙》卷十九15a。

编号：3898

释文：长宜官，寿万年。

时代：东汉

著录：《古竟景》图26。

232. “仕至三公”铭

编号：3899

释文：仕至三公。

时代：东汉

著录：《故宫》G图六一。

编号：3900

释文：士（仕）至三公。

时代：东汉

著录：《华夏考古》2006（2）第76页图三：3；/《考古与文物》1983（4）图版贰：1、第31页图五；/《奇觚室》卷十五29b—30a。

编号：3901

释文：【外】士（仕）至三公。【内】长宜高官。

时代：东汉中晚期

著录：《镜鉴》图版14下；《志稿》第3229页；《桃华盦》图25上；《久保惣》A图33；《久保惣》B图33；《镜录》卷下7a；《图典》A图390；《图典》B图3.335；/《浙江》A图106；《浙江》B图102。

编号：3902

释文：【外】仕至三公。【内】君宜高官。

时代：新莽至东汉早期

著录：《千秋》第226页上。

编号：3903

释文：【外】士（仕）至三公。【内】君长宜官。

时代：东汉

著录：《博古图》卷二十九4a。

简注：内圈“君”字疑为“高”字误置。如此，则可能读为“长宜高官”。

编号：3904

释文：【外】仕至三公。【内】长宜君长。

时代：东汉

著录：《寿县》图78。

233. “位至三公”铭

安徽

编号：3905

释文：位至三公。

时代：东汉至六朝

著录：《蚌埠》第93页；/《六安》图146；《寿县》图114；/《六安》图147；/《寿县》图115。

北京

编号：3906

释文：位至三公。

时代：东汉

著录：《文物》1983（10）第67页图二三。

广东

编号：3907

释文：位至三公。

时代：东汉

著录：《广东出土晋至唐文物》图6[①]；《图典》A图379；《图典》B图3.318。

① 广东省博物馆，香港中文大学文物馆：《广东出土晋至唐文物》，广东省博物馆，1985年，第120页。

广西

编号： 3908
释文： 位至三公。
时代： 东汉
著录： 《广西》图84；《考古学报》1989（2）第224页图一一：1；/《四川文物》2018（1）第42页图一六、图一七。

河北

编号： 3909
释文： 位至三公。
时代： 东汉
著录： 《文物春秋》2019（3）第78页图二；/《历代》图74；/《历代》图75；/《历代》图76。

河南

编号： 3910
释文： 位至三公。
时代： 东汉至西晋
著录： 《中原文物》1984（3）第42页图九；/《考古学报》1957（1）第179页图十：12；《图典》A图470；《图典》B图3.448；/《考古学报》1957（1）第179页图十：13；/《考古学报》1959（2）第88页图十七：2；《图典》A图384；《图典》B图3.326；/《中原文物》1994（2）第26页；/《中原文物》1994（2）第27页图四；/《考古与文物》2020（6）第52页图四：2、图六；/《文物》2005（7）第48页图二五；/《文物》2005（7）第48页图二七；/《洛华》图129；/《洛华》图162；/《文物》2010（8）第40页图二八；《洛华》图163；/《文物》2010（8）第40页图二九；/《洛华》图164；/《洛华》图165；/《洛华》图166；/《洛华》图167；/《考古学报》1965（1）第150页表；/《洛华》图168；/《洛华》图169；/《洛阳考古发现（2007）》彩图四：5[①]；《洛华》图170；/《华夏考古》2005（3）封三：1、第46页图三：7；《洛华》图171；/《洛华》图172；/《洛华》图174；/《中原文物》1987（3）第34页图四[②]；/《南阳》图二一〇、图版一〇二：2[③]。

编号： 3911
释文： 立（位）至三公。
时代： 东汉早中期
著录： 《南阳》图二一二、图版一〇一：2；《图典》B图3.329。
简注： 东汉中期墓（NFBC M208）出土。

湖北

编号： 3912
释文： 位至三公。
时代： 东汉至三国
著录： 《鄂城》图74；/《鄂城》图71；/《鄂州》图40；/《鄂城》图72；《图典》A图393；《图典》B图3.340；/《鄂城》图36；《鄂州》图47；/《鄂州》图49；/《鄂州》图54；/《鄂州》图55；/《武汉》第90页；/《武汉》第93页上；/《武汉》第99页；/《孝感》图60。

湖南

编号： 3913
释文： 位至三公。
时代： 东汉至西晋
著录： 《湖历》图83；《图案》第41页；《图典》

---

① 洛阳市文物工作队：《612所地下车库工地发掘简报》，《洛阳考古发现（2007）》，中州古籍出版社2009年版，第98—137页。
② 此镜出土于东汉晚期墓（BM3），应为东汉之物。
③ 此镜出土于东汉晚期墓（WNWW M2），应为东汉之物。

A图383；《图典》B图3.325；/《湖研》图一四〇；/《湖研》图一四一；/《湖研》图一四二；/《常德》图75；/《考古学报》1984（1）第98页图四三：8[①]。

吉林

编号：3914
释文：位至三公。
时代：东汉
著录：《北方文物》1997（3）第13页图二：6；/《北方文物》1997（3）第11页图一：7；/《北方文物》1997（3）第13页图二：8。

江西

编号：3915
释文：位至三公。
时代：东汉
著录：《九江》图32。

江苏

编号：3916
释文：位至三公。
时代：东汉
著录：《大观》第144页。

辽宁

编号：3917
释文：位至三公。
时代：东汉至六朝
著录：《旅顺》图73；/《旅顺》图74；/《旅顺》图75；/《朝阳》第26页。

日本

编号：3918
释文：位至三公。
时代：东汉
著录：《桃华盦》图33下左；《久保惣》A图70；《久保惣》B图70。

山东

编号：3919
释文：位至三公。
时代：东汉
著录：《华夏考古》2006（2）第75页图二：5。

山西

编号：3920
释文：位至三公。
时代：东汉
著录：《后沟》图61。

陕西

编号：3921
释文：位至三公。
时代：东汉至三国
著录：《宝鸡》第84页；/《扶风》图67；/《考古学报》1956（3）第48页图十五：2；/《陕西》图65；《千秋》第229页下；/《千秋》第262页；/《千秋》第263页上；/《千秋》第259页；/《千秋》第260页上；/《千秋》第261页上；/《千秋》第261页下；/《陕西》图70；/《文博》2016（2）第11页图一一：4；/《长安》图四十三：3、图版五十七：1[②]；/《长安》图四十三：4[③]；/《西安》图55。

① 此镜出土于东汉晚期墓（M498），应为东汉之物。
② 此镜出土于东汉中晚期墓出土（M107），应为东汉之物。
③ 此镜出土于东汉晚期墓（M4），应为东汉之物。

台湾

编号：3922
释文：位至三公。
时代：东汉
著录：《故宫》G图六二。

浙江

编号：3923
释文：位至三公。
时代：东汉至三国
著录：《安吉》第98页；《图典》B图3.331。

其他

编号：3924
释文：位至三公。
时代：东汉至六朝
著录：《金石索》卷六第34页；/《奇觚室》卷十五29a；/《清仪阁》图5；/《古竟景》图33；/《小檀》卷三8a；《拓影》图96；《志稿》第3160页；/《小檀》卷三8b；《拓影》图98；/《善斋》镜录卷二6a、6b；《小校》卷十六4a中；/《拓影》图95；/《拓影》图97；/《岩窟》二上第89图；/《岩窟》二上第90图；/《岩窟》二上第95图；/《岩窟》二上第104图；/《岩窟》二上第109图；/《岩窟》二上第110图；/《国图》第178页；/《国图》第181页；/《国图》第182页；/《尊古斋》第103页；/《尊古斋》第104页；/《尊古斋》第105页。

编号：3925
释文：〖位至〗三公。
时代：东汉
著录：《镜录》卷下3b下；《小檀》卷三6b。

234. “位至三公”铭（其他）

编号：3926
释文：【内】位至三公。【外】乐未［央］，富贵昌，宜侯［王］兮。
时代：东汉至六朝
著录：《文物》1958（1）第55页；《图典》A图389；《图典》B图3.333。

编号：3927
释文：【中】位至三公。【内】君宜高官。【外】乐未央，宜侯王，富且昌，师命长。
时代：东汉
著录：《江汉考古》1995（3）第39页图九。

编号：3928
释文：【外】位至三公。【内】君宜官位。
时代：东汉至六朝
著录：《湖南》图84；《湖研》图一三五；/《九江》图27；《南方文物》1993（3）第117页；/《江汉考古》1999（2）第40页图五。

编号：3929
释文：【外】位至三公。【内】君长宜官。
时代：东汉
著录：《金石索》卷六第27页。

编号：3930
释文：【外】位至三公。【内】君位公卿。
时代：东汉
著录：《陈介祺》图65；《尊古斋》第109页；《镜录》卷下4a；《国图》第175页。
简注：不知是否同一器。

编号：3931
释文：位至三公，君宜王，如山石。
时代：东汉
著录：《小校》卷十六2a下；《志稿》第3241页。

编号：3932
释文：位至三公、九卿、侯王。
时代：东汉至西晋
著录：《文物春秋》1992（1）第90页；《历代》图82。

编号：3933
释文：位至三公，大吉宜子。
时代：东汉至三国
著录：《桃华盦》图25下；《久保惣》A图35；《久保惣》B图35。

编号：3934
释文：位至三公，君宜大富。
时代：东汉
著录：《尊古斋》第107页。

编号：3935
释文：位至三公，长乐未央，延年益寿。
时代：东汉至六朝
著录：《岩窟》二下第21图。

编号：3936
释文：【内】位至三公。【外】天王日月。
时代：东汉至六朝
著录：《考古学报》2001（3）图版陆：5、第387页图三〇：2。

235. “位至”铭（其他）

编号：3937
释文：位至公卿。
时代：东汉至西晋
著录：《鄂州》图151。

编号：3938
释文：立（位）至公侯。
时代：东汉
著录：《文物》1987（6）第67页图二〇。

编号：3939
释文：位至王公。
时代：东汉至西晋
著录：《鄂城》图123；/《善斋》镜录卷二10a、10b；《小校》卷十六7a上；《志稿》第3182页。

编号：3940
释文：主位至王。
时代：东汉至西晋
著录：《小檀》卷三14b；《小校》卷十六7a右下；《志稿》第3183页。

236. “三公”铭（其他）

编号：3941
释文：主至三公。
时代：东汉
著录：《考古学报》1984（1）第98页图四四：9；/《江汉考古》1997（1）第31页图二十七；/《江汉考古》1990（2）图版贰：7；《孝感》图44；/《善斋》镜录卷二7a、7b；《小校》卷十六6a上；《志稿》第3179页；/《岩窟》二上第97图。

编号：3942
释文：宜至三公。
时代：东汉
著录：《历代》图70。

编号：3943
释文：至三公。
时代：东汉
著录：《国博》2019（3）第39页图五：2、第40页图一三；/《善斋》镜录卷二8a、8b；《小校》卷十六6a中；《志稿》第3174页；/《小校》卷十六6a下。

编号：3944
释文：至三公王，未央□□，□□□□，大吉祥兮。
时代：东汉至六朝
著录：《中镜》图154。

编号：3945
释文：子。三公。三公。三王。子。三公。三公。三王。
时代：东汉
著录：《中原文物》2017（5）封三：1。

编号：3946
释文：三公。三公。
时代：东汉
著录：《江汉考古》2011（4）第53页图二〇：2。

编号：3947
释文：三公。
时代：东汉
著录：《考古》1989（5）第436页图八：左。

编号：3948
释文：三公吉羊（祥）。
时代：东汉
著录：《四川》图38。

编号：3949
释文：三公九卿。
时代：东汉至三国
著录：《鄂城》图69；《鄂州》图50。

编号：3950
释文：三公、九卿、十二大夫。
时代：东汉
著录：《浙选》B图31；《浙江》A图70；《浙江》B图73。

编号：3951
释文：先能服者，位至三公。
时代：东汉到六朝
著录：《武汉》第26页。

编号：3952
释文：君□三公。
时代：东汉
著录：《考古与文物》1989（2）第47页图八：2。

237. "君宜高官"铭

由于其铭文无显著差异，为便于比较，本节按铜镜出土地及馆藏地首字元音序排序。

安徽

编号：3953
释文：君宜高官。
时代：东汉
著录：《寿县》图79。

北京

编号：3954
释文：君宜高官。
时代：东汉
著录：《故宫》Ⅰ图79；/《故宫》Ⅰ图93。

河北

编号：3955
释文：君宜高官。
时代：东汉
著录：《历代》图71；/《历代》图72。

河南

编号：3956
释文：君宜高官。
时代：东汉

著录：《三门峡》第49页；/《考古学报》1965（1）第149页图三六：1；《图典》A图471；《图典》B图3.449；/《文物》1997（9）第53页图一三；《图典》B图3.447；/《文物》2010（8）第45页图四六；《洛华》图159；《图典》B图3.319；/《洛华》图132。

湖北

编号：3957

释文：君宜高官。

时代：东汉至西晋

著录：《武汉》第97页下。

内蒙古

编号：3958

释文：君宜高官。

时代：东汉至西晋

著录：《考古》1989（5）第436页图八：右。

日本

编号：3959

释文：君宜高官。

时代：东汉

著录：《开明堂》图35；/《开明堂》图39。

山东

编号：3960

释文：君宜高官。

时代：东汉

著录：《华夏考古》2006（2）第75页。

陕西

编号：3961

释文：君宜高官。

时代：东汉至三国

著录：《宝鸡》第82页；/《扶风》图68；/《长安》图四十四：3[①]；/《长安》图四十五：2、图版五十九：2；/《长安》图四十五：3；/《千秋》第230页下；/《千秋》第231页上；/《陕西》图64；/《陕西》图67；/《陕西》图69；/《千秋》第260页下；/《千秋》第264页上；/《千秋》第267页上；/《考古学报》1956（3）第48页图十五：3。

四川

编号：3962

释文：君宜高官。

时代：东汉

著录：《四川文物》2002（3）第62页图五。

浙江

编号：3963

释文：君宜高官。

时代：东汉至三国

著录：《浙江》B彩图4。

其他

编号：3964

释文：君宜高官。

时代：东汉至西晋

著录：《岩窟》二上第79图；/《岩窟》二上第80图；/《岩窟》二上第106图；/《岩窟》二上第111图；/《陈介祺》图72；《簠斋》第130页；/《陈介祺》图78；《簠斋》第132页；/

① 此镜出土于东汉早期墓（M78），应为东汉早期之物。

《金石索》卷六第30页；/《金石索》卷六第32页；/《古竟景》图32；/《善斋》镜录卷二2b；《小校》卷十五109a右下；/《善斋》镜录卷二3b；《小校》卷十五109b下/《善斋》镜录卷二4b；《小校》卷十五111a中；/《小校》卷十五108b上；/《小校》卷十五109a上；/《小校》卷十五109a左下；/《小校》卷十五109b上；/《小校》卷十五110a上；/《小校》卷十五110a下；/《小校》卷十五110b上；/《小校》卷十五110b中；/《小校》卷十五110b下；/《小校》卷十五111a上；/《小校》卷十五111a下。

238. “君宜高官”铭（其他）

编号： 3965
释文： 君宜高官，长宜子孙。
时代： 东汉
著录： 《镜录》卷下9b；《图典》A图463；《图典》B图3.441；/《故宫》I图80；/《烧沟》图版肆伍：4、第171页图七六：2；《图典》A 图464；《图典》B图3.442；/《浙江》A图105；《浙江》B图101。

编号： 3966
释文： 【外】君宜高官。【内】长宜子孙。
时代： 东汉
著录： 《金石索》卷六第31页。

编号： 3967
释文： 君宜高官，保子孙。
时代： 东汉至三国
著录： 《文物》1982（9）第28页图一〇。

编号： 3968
释文： 【内】君宜高官。【外】大吉宜子。
时代： 东汉
著录： 《陈介祺》图63；《国图》第172页。

编号： 3969
释文： 【内】君宜高官。【外】大吉羊（祥）。大吉羊（祥）。大吉羊（祥）。大吉羊（祥）。
时代： 东汉至三国
著录： 《鄂州》图157。

编号： 3970
释文： 【内】君宜高官。【外】宜侯王，乐未央，大吉羊（祥），君命长。
时代： 东汉早中期
著录： 《长安》图四十五：1、图版五十九：1；《图典》B图3.336。
简注： 东汉中期墓出土（M1：1）。

编号： 3971
释文： 君宜高官。寿如山石。
时代： 东汉
著录： 《烧沟》第173页表三二。
简注： 东汉晚期墓出土（1035：104）。镜残破。

编号： 3972
释文： 君宜高官，位至三公，生如山石。
时代： 东汉至三国
著录： 《陈介祺》图162；《簠斋》第131页；《国图》第158页；《桃华盦》图39上；《久保惣》A图65；《久保惣》B图65；《桃阴庐》图22。

编号： 3973
释文： 君宜高官，位到三公。
时代： 东汉
著录： 《古今》图122。

编号： 3974
释文： 君宜高官，位至三公。
时代： 东汉至三国
著录： 《旅顺》图67；/《善斋》镜录卷二1a；《小校》卷十五107b上；《志稿》第3225页。

编号：3975
释文：【内】君宜高官。【外】位至三公。
时代：东汉至三国
著录：《小檀》卷三2b；《拓影》图91；《志稿》第3197页下。

编号：3976
释文：君宜高官，位至三公，宜子。
时代：东汉
著录：《宝鸡》第79页。

编号：3977
释文：君宜高官，位至三公，大吉羊（祥）。
时代：东汉
著录：《西安》图59。

编号：3978
释文：君宜高官，位至三公，大吉利。
时代：东汉中晚期
著录：《陈介祺》图133；《国图》第168页；《镜录》卷下5a；《志稿》第3226页；《图典》A图432；《图典》B图3.391；/《国图》第167页。

编号：3979
释文：君宜高官，位至公侯，吉利。
时代：东汉至三国
著录：《陈介祺》图134；《国图》第158页；《国图》第160页。

编号：3980
释文：君宜高官，位至公卿。
时代：东汉至三国
著录：《镜录》卷下4b上；《尊古斋》第110页；《陈介祺》图166；《国图》第142页。
简注：疑为同一器。

编号：3981
释文：【内】君宜高官。【外】王王王王。
时代：东汉至三国
著录：《小檀》卷三3b；《志稿》第3197页上；《拓影》图90。

编号：3982
释文：【内】君宜高官。【外】君宜高官，位至□□。
时代：东汉至六朝
著录：《历代》图89。

编号：3983
释文：【内】君宜高官。【外】富且昌，宜侯王，乐未央，师命长。
时代：东汉
著录：《开明堂》图36。

239.“君宜”铭（其他）

编号：3984
释文：【内】君宜官位。【外】乐未英（央），〖富贵〗昌，宜侯王，师命长。
时代：东汉
著录：《小檀》卷三1a；《拓影》图87；《小校》卷十五107a下；《志稿》第3354页。

编号：3985
释文：君宜官位。君宜官位。
时代：东汉
著录：《常德》图68；《考古》2006（3）第92页图三：1。
简注：东汉中晚期墓出土（M63：1）。

编号：3986
释文：君宜官位。
时代：东汉
著录：《中原文物》2008（4）第11页图十三；《南阳》图七二、图版三二：1；/《武汉》第97页上；/《文物》2007（8）第54页图一四：8；/《大同》第10页；/《金石索》卷六第28页；/

《金石索》第29页；/《西甲》卷十九49a；《小校》卷十六1b下；/《陈介祺》图68；《簠斋》第134页；《国图》第174页。

编号：3987
释文：君宜官秩。
时代：新莽至东汉
著录：《考古学报》1999（2）图版拾贰：5、第201页图二二：5[①]；/《陈介祺》图77；《镜录》卷下9a；/《小校》卷十六1a上；/《小校》卷十六1a下；/《小校》卷十六1b上。

编号：3988
释文：君宜官，而山石兮。
时代：东汉
著录：《常德》图67。

编号：3989
释文：君宜官，长宜子。
时代：东汉
著录：《守屋》B图版7页。

编号：3990
释文：君宜官兮。
时代：东汉至西晋
著录：《文物》2011（8）第26页图一四：2、第27页图一七；《洛华》图158[②]；/《千秋》第235页上。

编号：3991
释文：君宜官。
时代：东汉至六朝
著录：《孝感》图46。

编号：3992
释文：【内】君长宜官。【外】天王日月。
时代：东汉
著录：《桃阴庐》图18。

编号：3993
释文：君长宜官。
时代：东汉
著录：《六安》图85；/《湖研》图一三八；《图典》A图373；《图典》B图3.311；/《古竟景》图33；/《陈介祺》图66；《镜录》卷下7b；《国图》第173页；《图典》A图382；《图典》B图3.324。

编号：3994
释文：君宜王官。
时代：东汉
著录：《文物》2011（4）第13页图三五、图三八：5。

编号：3995
释文：君宜王，至口。
时代：东汉至六朝
著录：《考古》1961（9）第496页图二：2；《图典》A图467；《图典》B图3.445。

编号：3996
释文：君宜高位。
时代：东汉
著录：《陈介祺》图131；《簠斋》第133页；《国图》第180页。

编号：3997
释文：君宜子孙。
时代：东汉至三国
著录：《湖研》图一三七。

编号：3998
释文：君宜车马。长宜子孙。
时代：东汉

① 此镜出土于新莽晚期至东汉早期墓（陈M5），时代下限最迟为东汉早期。
② “君”字减省作“尹”。

著录：《北方文物》1997（3）第14页图三：3。

编号：3999
释文：夫人宜子孙，君宜车马，富乐未央。
时代：西汉晚期至东汉早中期
著录：《未名斋》第209页。
简注：“夫”字前有起止符号。

编号：4000
释文：君宜吉富。
时代：东汉
著录：《考古学报》1965（1）第149页图三六：1。

编号：4001
释文：君宜。
时代：东汉至西晋
著录：《洛华》图173；《洛阳考古发现（2007）》彩图四：6[①]。

240. 其他

本节收录前面各节之外的汉代镜铭。为便于检索，暂依镜铭首字音序排序。[②]

编号：4002
释文：安乐未央。
时代：西汉早期
著录：《志稿》第3147页。

编号：4003
释文：安行徐步，新人如故。
时代：西汉早期
著录：《尊古斋》第99页；《汉铭斋》附图6；《图集》图55；《书法》图31。
简注：《太平御览》引两汉《古艳歌》：“衣不如新，人不如故。”《玉台新咏》载汉乐府诗：“新人虽言好，未若故人姝。颜色类相似，手爪不相如。”“将缣来比素，新人不如故。”铭文反其意用之。

编号：4004
释文：八国八佛。太平士（是）吉。
时代：东汉至三国
著录：《中原》图86；《古今》图155。

编号：4005
释文：百子千孙。
时代：东汉
著录：《文物春秋》2008（4）第33页图一一：9；/《固原》图108。

编号：4006
释文：保八子，象日月，宜官秩，世不绝。
时代：西汉晚期至新莽
著录：《镜鉴》图版8；《泉屋》图35；/《图集》图256。
简注：疑同模。“象日月”与“世不绝”的组合，又见于“景公”铭镜。

编号：4007
释文：保子宜孙。
时代：东汉
著录：《考古与文物》2003（6）第23页图一二：1；/《历代》图67。

编号：4008
释文：保二亲，宜〖子孙〗。
时代：东汉

① 洛阳市文物工作队：《612所地下车库工地发掘简报》，《洛阳考古发现（2007）》，中州古籍出版社2009年版，第98—137页。
② 这种排序未必最为科学，但相对来说较为实用，可为权宜之计。否则，若依时代先后排序，则对铜镜时代不了解者，检索不便；若依出土地及馆藏地排序，则同一类铭文有可能前后相隔几十页。因此，综合考虑各种情况，本书暂依镜铭首字音序排序。

著录：《考古》1983（9）第852页图二：9；《图典》A图468；《图典》B图3.446。

编号： 4009

释文： 悲秋华之不实兮，守空名兮之不鲔（悔）兮，虽疏远兮而希僩（歟）兮，言信白而不可倍兮。

时代： 西汉早中期

著录：《止水集》彩图第6页下、第28页图6—6；《文化》图100；《图集》图198。

简注："歟"，《说文·欠部》："盛气怒也。"

编号： 4010

释文： 不日可曾（增），而日可思，美人而去，何时幸来。

时代： 西汉早中期

著录：《图集》图131。

简注： 北大秦简《酒令》中亦有"不日可增日可思"之语。"不日可增"，意即"日不可增"，其思想来源较早，《论语·微子》载："楚狂接舆歌而过孔子曰：'凤兮，凤兮！何德之衰？往者不可谏，来者犹可追。已而，已而！今之从政者殆而！'孔子下，欲与之言。趋而辟之，不得与之言。"其中"往者不可谏，来者犹可追"正是表达了对往日已去的无奈，故而要珍惜、利用好未来的日子。

编号： 4011

释文：【外】察佳貌兮不省，心两易兮不须言，顯（愿）□区兮□命，恐人不然。【内】虞乐有他，忘故胃（谓）何？

时代： 西汉中晚期

著录：《阳羡》图36。

编号： 4012

释文： 昌昌昌昌昌昌昌昌昌昌。

时代： 东汉

著录：《文物》2002（12）第91页图五。

编号： 4013

释文： 长安。

时代： 西汉早期

著录：《图集》图41。

编号： 4014

释文： 长保官位。

时代： 东汉

著录：《陈介祺》图76；《镜录》卷下8b；《志稿》第3198页。

编号： 4015

释文： 长保二亲乐未央。

时代： 东汉

著录：《中原文物》1994（2）第28页。

编号： 4016

释文： 常保子孙。

时代： 新莽至东汉

著录：《千镜堂》图191；《大观》第216页。

编号： 4017

释文： 长富。

时代： 东汉晚期

著录：《南阳》图二一六、图版一〇三：1；《图典》B图3.443。

编号： 4018

释文： 长乐。

时代： 东汉晚期

著录：《考古》1972（2）第38页图四；/《考古》1976（6）第395页图二；《图典》A图494；《图典》B图3.482。

编号： 4019

释文： 长乐富贵，宜子孙。

时代： 东汉早中期

著录：《汉雅堂》图50。

编号： 4020
释文： 长思君王，长毋见忘。
时代： 西汉早期
著录： 《止水阁》图80；《图集》图132；《书法》图88。

编号： 4021
释文： 长毋相忘。
时代： 西汉早期
著录： 《国博》1992（18—19）第223页图39；/《淮与汉》图K15；/《临淄》图287；/《镜录》卷下15a下；《志稿》第3189页；/《汉铭斋》图42；《复旦》图40；/《汉铭斋》图40；《图集》图78；《复旦》图41。

编号： 4022
释文： 长毋相光，长毋相忘。
时代： 西汉早中期
著录： 《文物春秋》1994（1）第29页图4；《文物春秋》2015（3）第28页图一：3；《历代》图21；《图典》B图3.66。

编号： 4023
释文： 长仕高官。
时代： 东汉
著录： 《扶风》图69。

编号： 4024
释文： 长宜公卿。
时代： 东汉
著录： 《奇觚室》卷十五28b；/《小校》卷十五107b下；《志稿》第3196页。

编号： 4025
释文： 程（赢）。
时代： 西汉晚期至东汉早期
著录： 《文物》2017（4）第76页图四五、图四六；《临淄》图651。

编号： 4026
释文： 此镜甚明，服者君卿。
时代： 西汉早中期
著录： 《齐鲁》图64—2；《文化》图93；《图集》图184。

编号： 4027
释文： 此镜甚明，服者君卿，万岁未央。
时代： 西汉早中期
著录： 《汉铭斋》图46；《文化》图51；《图集》图83；《书法》图48；《复旦》图46。

编号： 4028
释文： 大程（赢）巨万（万）。
时代： 西汉晚期至东汉早期
著录： 《图集》图257。

编号： 4029
释文： 大乐富昌，用者君卿。
时代： 西汉早中期
著录： 《大同》第18页、第19页。

编号： 4030
释文： 大富昌，乐未央，千万岁，宜弟兄。
时代： 西汉早期
著录： 《簠斋》第118页；《国图》第28页；《陈介祺》图37。

编号： 4031
释文： 大吉昌，乐未央，若侯王。
时代： 新莽至东汉早期
著录： 《阳羡》图121。

编号： 4032
释文： 大吉利。
时代： 东汉至六朝
著录： 《历代》图85。

编号：4033
释文：大吉。
时代：东汉
著录：《小檀》卷三31b；《小校》卷十六26a下。

编号：4034
释文：大利千万（萬）。
时代：东汉
著录：《开明堂》图32。

编号：4035
释文：大泉耒（累）富兮。
时代：西汉晚期至东汉早期
著录：《大观》第126页。

编号：4036
释文：大宜子孙。
时代：西汉晚期至东汉早期
著录：《大观》第134页。

编号：4037
释文：【外】大宜天子。【内】立（位）爵明公。
时代：东汉
著录：《考古》1982（3）第264页图一〇：4；《鄂城》图78；《鄂州》图159；《图典》A图391；《图典》B图3.337。

编号：4038
释文：洞（同）乐未央。
时代：西汉晚期至新莽
著录：《止水阁》图89；《图集》图267；《后沟》图40。

编号：4039
释文：伏念所驩（欢）旖（兮）无穷时，长毋相忘旖（兮）久相思。
时代：西汉早中期
著录：《故宫院刊》2008（1）第110页；《止水集》第22页图5—4；《图集》图186；《青铜器入门》第152页[①]；《书法》图123。

编号：4040
释文：服者君王，幸至未央。
时代：西汉早期
著录：《南阳》图一一四、图版五六：1；《图典》B图3.72；/《清华》图14；《文化》图42；《图集》62；《书法》图35；/《古竟景》图16。

编号：4041
释文：富昌。
时代：西汉
著录：《文物春秋》2012（6）第25页图五：2。

编号：4042
释文：富贵。
时代：东汉
著录：《小校》卷十六8b上；《志稿》第3163页。

编号：4043
释文：富贵益昌，其师命长。
时代：东汉至六朝
著录：《岩窟》二下第79图。

编号：4044
释文：富炅（贵）昌，宜侯王，其师吉羊（祥）。
时代：东汉
著录：中拍国际2011秋拍：5229。

编号：4045
释文：富乐未央，长毋相忘。
时代：西汉早期
著录：《齐鲁》图50—2；《文化》图28；《图集》图36。
简注：铭文脱胎于“常贵富”铭，但已开始尝试四字

① 李学勤：《青铜器入门》，商务印书馆2013年版。

一句的句式。

编号：4046
释文：凡九子，乐毋事，宜酒食。
时代：新莽至东汉早期
著录：《故宫》A图45；《故宫》I图50；《图典》B图3.292。

编号：4047
释文：□□□富，常见君王，美人□□。
时代：西汉早中期
著录：《汉铭斋》图67。
简注：镜残。完整的铭文疑为“长乐贵富，常见君王，美人在旁”之类。

编号：4048
释文：高官。
时代：东汉
著录：《金石索》卷六第33页；/《小檀》卷三14a；《拓影》图94；《小校》卷十五111b下；《志稿》第3162页；《图典》A图472；《图典》B图3.450；/《陈介祺》图128；《簠斋》第137页；《镜录》卷下4b下；《国图》第179页。

编号：4049
释文：光似日月，子孙不绝。
时代：西汉晚期至东汉早期
著录：《守屋》A彩图第1页。
简注：特殊工艺镜。

编号：4050
释文：鬼神。
时代：东汉
著录：《大观》第274页。

编号：4051
释文：贵乐未央，长毋相忘。
时代：西汉早中期
著录：《上博》A彩图29、拓片29；《上博》B图33；《图集》图146；《书法》图97。

编号：4052
释文：公公公公。
时代：东汉至三国
著录：《鄂城》图35；《鄂州》图46。

编号：4053
释文：公侯至，音〈富〉贵，大吉利。
时代：东汉至六朝
著录：《岩窟》二中第82图。

编号：4054
释文：［公］卿，富贵，宜光。
时代：东汉至六朝
著录：《龙虎》图199。

编号：4055
释文：好哉，此竟（镜）文（纹）。
时代：东汉
著录：《岩窟》二下第64图。

编号：4056
释文：后日尚益，长思不忘。
时代：西汉早中期
著录：《图集》图185；《书法》图122；《拓片》图139。

编号：4057
释文：忽以觉，寤不得，亶自欺，私太息。
时代：西汉早中期
著录：《故宫院刊》2008（1）第112页；《青铜器入门》第152页[①]。

① 李学勤：《青铜器入门》，商务印书馆2013年版。

编号：4058
释文：胡人养之。食鹿君。
时代：东汉
著录：《阳羡》图155。

编号：4059
释文：吉。吉。
时代：东汉至三国
著录：《考古与文物》2005（5）第26页图二二：左。

编号：4060
释文：吉。
时代：东汉
著录：《千秋》第248页下。

编号：4061
释文：【外】积善之家，天锡（赐）永昌。【内】大吉羊（祥），宜侯王。
时代：西汉晚期至东汉
著录：《岩窟》二上第42图。

编号：4062
释文：结心相思，幸毋见忘，千秋万岁，长乐未央。
时代：西汉早中期
著录：《止水集》第20页图5—1；《图集》图147；《文化》图78。

编号：4063
释文：结以组，昭美人，无私亲，可取信。
时代：西汉早期
著录：《汉铭斋》图25；《文化》图40；《图集》彩版2上、图52；《清艺》第83页；《书法》图28。

编号：4064
释文：金之菁，视吾形，见至亲，长思君，时来游（游），宜子孙，乐无忧兮。
时代：西汉晚期至新莽
著录：《考古》1979（5）第423页图一四：4；《图典》A图279；《图典》B图3.193。

编号：4065
释文：金□竟（镜），服者公侯，其师寿命长。
时代：东汉
著录：《考古》1996（9）第88页图一。
简注：镜背鎏金。

编号：4066
释文：【外】今年五月丙午，五月七日丙午清朖（朗）士（是）吉日，志丁弓（躬）已，每出当须安佳时，可主善全，太一为，将军吉。【内】示氏□。
时代：东汉至三国
著录：《鄂城》图45。
简注：“为”，意为佑助，《诗·大雅·凫鹥》：“福禄来为。”

编号：4067
释文：【外】镜功已大，其利自当，庶人所造，通诸侯王，佳人玉手，正持中央。【内】大吉无恙，士（仕）至承（丞）相。
时代：西汉晚期至东汉早期
著录：《阳羡》图104。
简注：外圈“镜”字及内圈“大”字前皆有起止符号，“当”字减笔省口，“侯”字反书。

编号：4068
释文：竟（镜）宜高官，位至公侯王，利。
时代：东汉
著录：《陈介祺》图134。

编号：4069
释文：九（久）毋相亡（忘）。
时代：西汉中期
著录：《图集》图272。

编号：4070
释文：九卿在中英（央），服者大吉羊（祥），宜侯王。仁。

时代：东汉至六朝

著录：浙江中财2011秋拍：0091。

简注：“仁”字倒置。

编号：4071

释文：居毋宗出游（游），欲见君毋由，□（独）私思憔忧。

时代：西汉早中期

著录：《止水阁》图70；《图集》彩版3下、图86；《书法》图51；《清艺》第92页；《拓片》图35、图135。

简注：“私”前之字，似从示，蜀声，李学勤师将之读为“独”。“欲见君”，又见于“戚思悲”铭镜。

编号：4072

释文：君毋相忘，所言必当，长乐未央。

时代：西汉早中期

著录：《拓片》图126。

编号：4073

释文：君子至富。

时代：东汉

著录：《江汉考古》1997（1）第31页图二十八。

简注：铭文需跳读。

编号：4074

释文：君臣番（蕃）昌。

时代：东汉至三国

著录：《鄂城》图41；《鄂州》图59。

简注：“臣”字减笔作“巨”。

编号：4075

释文：刻治同（铜）竟（镜）佳且好，明而日月世少有，刻治同（铜）竟（镜）佳且好，明而日月世少有兮。

时代：东汉

著录：《文物》2013（2）第91页图二〇；《图典》B图3.410。

编号：4076

释文：乐未央，利贰（二）亲，宜弟兄，寿万年，长相葆（保），宜子孙，乐已哉，固常然。

时代：西汉晚期

著录：《止水阁》图86；《文化》图120；《图集》图238、彩版6下；《书法》图145；《拓片》图226。

简注：“乐”字前有起止符号。

编号：4077

释文：乐未央，〖富贵〗昌，宜侯王，大吉羊（祥）。

时代：东汉至三国

著录：《鄂州》图38。

编号：4078

释文：乐未央。

时代：西汉晚期至东汉早期

著录：《大观》第133页。

编号：4079

释文：乐毋事，宜酒食，居而必安，常毋忧患，延年益寿，心志驩（欢），乐以（已）哉，君固然。

时代：西汉晚期至东汉早期

著录：《汉铭斋》图34。

简注：镜铭内容常见于“日有”铭（二）镜。

编号：4080

释文：乐与侏需（儒），买此家（佳）竟，与作使（吏）高迁为公卿，大富倡（昌），宜侯王，有牛马万头羊，乐未吾英（央）。

时代：东汉

著录：《古今》图115。

编号：4081

释文：利弟兄，葆（保）二亲，长乐哉，寿万年。

时代：西汉晚期

著录：《深圳》图70。

简注："乐"字前有起止符号。

编号：4082

释文：立（位）甲王公。

著录：《尊古斋》第112页；《善斋》镜录卷二9a、9b；《小校》十六6b下；《志稿》第3181页。

编号：4083

释文：湅（炼）冶同（铜）竟（镜）佳且好，明而日月世少有。湅（炼）冶同（铜）竟（镜）佳且好，明而日月世少有兮。

时代：东汉早中期

著录：《文物》2013（2）第91页图二〇。

编号：4084

释文：买氏（是）竟（镜），大吉，富贵，老子。

时代：东汉

著录：《收藏》2011（2）第99页图12。

编号：4085

释文：美宜之，上君卿，乐富昌，寿未央。

时代：西汉早期

著录：《汉铭斋》图43；《文化》图49；《图集》图79、彩版2下；《书法》图43；《复旦》图39。

编号：4086

释文：明视刑（形）容，巧拙夬矣。

时代：西汉早期

著录：《图集》图136；《文化》图74；《书法》图91。

简注：夬，《说文》："分决也。"

编号：4087

释文：内长象召（昭）日以。

时代：西汉中期后段至晚期

著录：《善斋》镜录卷二52b；《小校》卷十六48a中。

简注："内"字前有起止符号。铭文中衬以多个"而"字。此镜铭文应系"昭明"铭错乱而致。

编号：4088

释文：内青（清）明，日月光，去不羊（祥），长未央。

时代：西汉晚期至新莽

著录：《阳羡》图44。

编号：4089

释文：俳（徘）佪（徊）太息倚（兮）吾左房，长毋忘忘。

时代：西汉早中期

著录：《图集》图139；《文化》图85；《书法》图94。

简注：镜铭所描述的画面，与"君忘忘而失志兮"相类，不过，此镜中"忘忘"也不排除为"相忘"之误。

编号：4090

释文：千秋万岁。

时代：西汉中期

著录：《清华》图36；《图集》图269；《止水集》第44页图10—8；《拓片》图68；/《古今》图50。

编号：4091

释文：清而明，左龙右虎主四旁（方）。

时代：东汉早期

著录：《阳羡》图91。

编号：4092

释文：清光乎成（诚）宜佳人。

时代：西汉中期

著录：《阳羡》图27。

简注："清"字前置星云纹起止符号。

编号：4093

释文：清铜为镜见其神，日月所分，宜于酒食，容呼云赐根。

时代：西汉中期
著录：《国图》第24页。

编号：4094
释文：青同（铜）之竟（镜），长宜子孙。
时代：东汉
著录：《西安》图54。

编号：4095
释文：青同（铜）之竟（镜）明且好，服者长生买者受（寿）。
时代：东汉至六朝
著录：《文物》1983（10）第67页图二八。

编号：4096
释文：青同（铜）之竟（镜）甚大巧，上有山（仙）人食文（纹）［枣］。
时代：东汉至六朝
著录：《岩窟》二中第24图。
简注：“巧”字减笔。南朝陈张正见《神仙篇》：“同甘玉文枣，俱饮流霞药。”

编号：4097
释文：取氏利。
时代：新莽至东汉早期
著录：《千秋》第219页；/《岩窟》二中第91图。

编号：4098
释文：日不可曾（增），而日可思。
时代：西汉早中期
著录：《汉铭斋》图62；《文化》图73；《图集》图130；《书法》图87；《拓片》图45。

编号：4099
释文：日大利，泉自至，米肉多，酒而河，闲毋事，时相过。
时代：西汉晚期至新莽
著录：《阳羡》图94；《图集》图360。

编号：4100
释文：日富昌，宜侯王，乐未央。
时代：西汉晚期至东汉早期
著录：《未名斋》第71页。

编号：4101
释文：日利大万（萬），家富千金。
时代：西汉晚期至东汉
著录：《小檀》卷二36b；《拓影》图82；《小校》9a上；《志稿》第3222页下；/《小校》卷十六8b下；《志稿》第3222页上/《小校》9a下；/《小校》9b上；/《金石索》卷六第52页；/《岩窟》二中第36图。

编号：4102
释文：日清月明，想见君光，天予富庆，长乐未央，常（长）不相忘，以除不羊（祥）。
时代：西汉晚期
著录：《小校》卷十五99b；《志稿》第3392页；《图集》图225。

编号：4103
释文：日日日日日日日日。
时代：西汉中晚期
著录：《长安》图二十五：6 。

编号：4104
释文：日有事，宜酒食，长贵富，美人侍。
时代：西汉早中期
著录：《清华》图21；《止水集》第27页图6—3；《书法》图101。
简注：“日有事”，与情理不合，疑为“事”为“憙”字误置，或为“日有憙，乐毋事”脱省。

编号：4105
释文：日富昌，宜君王，乐未央。
时代：西汉晚期至新莽
著录：《小校》卷十五106a；/《清仪阁》图4。

编号：4106
释文： 肉如山，酒如河，闲毋事，时相过，大富昌，宜君卿，贵未央。
时代： 西汉晚期至新莽
著录：《中原》图32；《图集》图237。

编号：4107
释文： 三宝佛王。
时代： 东汉至三国
著录：《文化》图199；《汉铭斋》图127；《清艺》第74页；《拓片》图253；《图集》图453、彩版11。
简注： 镜残缺。

编号：4108
释文： 三三三三。
时代： 东汉
著录：《华夏考古》2005（3）第43页图六：1；/《岩窟》二上第103图。

编号：4109
释文： 三月二日乍（作）。
时代： 东汉至三国
著录：《鄂城》图26。

编号：4110
释文： 上有善竟（镜）哉真大好。
时代： 东汉
著录：《守屋》A图版46页。

编号：4111
释文： 寿如山，西王母，谷光憙（喜），宜系（孙）子。
时代： 西汉早期
著录：《汉铭斋》图29；《文化》图41；《图集》图58；《清艺》第72页；《拓片》图231；/《汉铭斋》图26；《文化》图37；《图集》彩版1下、图47；《书法》图24；《拓片》图230。

编号：4112
释文： 侍女。
时代： 东汉
著录：《考古》1993（3）第288页图一：右。

编号：4113
释文： 太上见王，长毋见忘。
时代： 西汉早中期
著录：《文物》1991（5）第62页图三。

编号：4114
释文：【外】太岁在丁巳，帝道始平，五月丙午，时加日中，造作明竟（镜），百湅（炼）清铜，服者万年，位至侯王，长乐富贵，吉宜子孙。【内】三公九卿十二大夫人吏。
时代： 东汉
著录：《考古》1999（11）第93页图一。

编号：4115
释文： 天下大阳，所言必当，千秋万岁，长毋相忘。
时代： 西汉早中期
著录：《图集》图197。

编号：4116
释文： 天王大吉。
时代： 东汉至六朝
著录：《越地》第159页。
简注：“大吉”错乙，需跳读。

编号：4117
释文： 唯（虽）顤（愿）见其不可得兮，气端（喘）吸而增伤，髮委（逶）施（迤）其不胜风兮，悔妢=（纷纷）而俞（愈）妨，思日揗而不衰兮，尚相见其能容。
时代： 西汉早中期
著录：《临淄》图216；《图典》B图3.71。
简注：“伤”字从口。

编号： 4118

释文： 惟汉始兴，世代久长，东父西母，九子显章，幽湅（炼）银锡同金精，保守福禄，利父宜兄，男尊女贵，外内璜璜。

时代： 东汉

著录：《文博》2014（4）第9页图一〇：1；《图典》B图3.394。

简注：“惟”字前有起止符号。

编号： 4119

释文： 维镜之旧生兮质刚坚，处于名山兮侯工人，湅（炼）取菁华兮光耀遵（焞），升高宜兮进近亲，昭（照）兆朕兮见躬身，福憙（喜）进兮日以前，食玉英兮饮澧（醴）泉，倡乐陈兮见神鲜（仙），葆（保）长命兮寿万年，周复始兮传子孙。

时代： 西汉晚期至东汉早期

著录：《文物》1979（1）图版拾壹：1①；《长安》图四十二、图版五十六；《西安》图35；《全集》图五三；《辞典》第1420页右图；《图集》图368；《图典》A图359；《图典》B图3.294。

简注： 外圈乳钉底座精美，这种在乳钉上饰以多个禽鸟的做法又见于台北故宫博物院所藏的“宜子孙”铭镜②。“旧”字从竹。“焞”，《说文》“明也”，“《春秋传》曰：‘焞耀天地’”。段玉裁注：“《传》当作《国语》。”“兆朕”，意为形状。《淮南子·俶真》：“被德含和，缤纷茏苁，欲与物接而未成兆朕。”“见躬身”，常见于“石华”铭镜，“日以前”“食玉英兮饮澧（醴）泉”“见神鲜（仙）”“葆（保）长命”“寿万年”“传子孙”，又见于“上太山”铭镜。

编号： 4120

释文：【外】五行德令镜之精，光象日月贵人请，常保圣，乐长生，风雨时节五谷成，家给人足天下平，子孙累世永安宁。【内】子丑寅卯辰巳午未申酉戌亥。

时代： 新莽

著录：《小檀》卷二16a；《小校》卷十五93b；《志稿》第3441页；《图集》图324。

简注：“宁”字后有起止符号，“节”字从艹。“圣”字后疑脱铸一“人”字。圣人，即天子。《礼记·大传》：“圣人南面而治天下，必自人道始矣。”

编号： 4121

释文： 五月五日丙午作。

时代： 东汉

著录：《阳羡》图107；/《龙虎》图7。

编号： 4122

释文： 吾造之竟（镜）出丹阳，巧工作成文章，令君高位宜侯王，子孙千人。

时代： 东汉

著录：《镜录》卷中27a；《志稿》第3393页。

编号： 4123

释文： 吾镜清明，寿益，其师命长。

时代： 东汉至六朝

著录：《岩窟》二下第18图。

编号： 4124

释文： 王言昔者见东方之光，日月之明，西方是火光，南方金色，北方水清，中英（央）主白。

时代： 东汉至三国

著录：《鄂城》图107。

编号： 4125

释文： 王。

时代： 东汉

著录：《考古学报》1956（3）第43页图九：2；/《考古学报》1956（3）第48页图十五：2。

---

① 傅嘉仪：《西安市文管处所藏两面汉代铜镜》，《文物》1979年第2期。图见于《文物》同年第1期。
② 参见本书格言铭一节。

编号：4126
释文：先（仙）人。太君。太王。王吏。神女。胡考。
时代：东汉
著录：《奇觚室》卷十五39a；《小校》卷十六48a下；《图典》A图434；《图典》B图3.397。
简注：疑为同一器。

编号：4127
释文：肖（销）铜作镜，絜（洁），家常贵富，安乐毋事，同心用志。
时代：西汉
著录：《岩窟》二上第28图。
简注："絜"字减笔错讹。

编号：4128
释文：延年益寿，长乐贵富。
时代：西汉晚期至东汉早期
著录：《图集》图359；《书法》图181。

编号：4129
释文：一二二三。
时代：东汉至三国
著录：《鄂州》图60。

编号：4130
释文：宜富高寿。
时代：东汉
著录：《博古图》卷二十八12a。

编号：4131
释文：宜公卿王。
时代：东汉至三国
著录：《文化》图198；《汉铭斋》图126；《拓片》图255；《图集》图452。

编号：4132
释文：宜官。宜官。
时代：东汉至六朝
著录：《洛阳》图70；《洛华》图175。

编号：4133
释文：宜官。
时代：东汉
著录：《长安》第151页图四十六：1；/《西甲》卷十九47a；《故宫》G图五八。

编号：4134
释文：宜侯王。
时代：东汉
著录：《金石索》卷六第57页。

编号：4135
释文：宜古（贾）市，吉。
时代：东汉
著录：《宝鸡》第81页下。

编号：4136
释文：宜秩高官。
时代：东汉
著录：《考古》1988（5）第477页图一。
简注：铭文需跳读。

编号：4137
释文：宜宜宜宜。
时代：东汉
著录：《博古图》卷二十九11a。

编号：4138
释文：用镜者，乐未央，慎毋相忘。
时代：西汉早期
著录：《汉铭斋》图6；《复旦》图21。

编号：4139
释文：【外】幽湅（炼）神石取其清，金银锡合以相成，区（欧）冶作镜世安宁，宦□高迁，贾市宜赢，长乐毋极，老而复丁。【内】子丑寅卯辰巳午未申酉戌亥。
时代：新莽至东汉早期
著录：《图集》图314。

简注：欧冶，即欧冶子，《吴越春秋·阖闾内传》：“干将者，吴人也，与欧冶子同师，俱能为剑。”《越绝书·越绝外传记宝剑第十三》：“宝剑者，金锡和铜而不离。”“当造此剑之时，赤堇之山，破而出锡；若耶之溪，涸而出铜；雨师扫洒，雷公击橐；蛟龙捧炉，天帝装炭；太一下观，天精下之。欧冶乃因天之精神，悉其伎巧，造为大刑三、小刑二：一曰湛卢，二曰纯钧，三曰胜邪，四曰鱼肠，五曰巨阙。”

先秦至秦汉铸镜与铸剑都以铜锡为主要原料，讲求金银铜锡合成而不离，以理推之，大约在汉人心中欧冶子为古代最了不起的工匠，既能铸造宝剑，自然亦能铸造世间少有的铜镜。这样的思想非常朴素，在汉镜铭文提到的铸镜大师，除铸剑大师欧冶子外，还有建筑大师鲁班。“长乐毋极，老而复丁”，《急就篇》作“长乐无极老复丁”，已进入汉人的识字教材。

编号：4140

释文：【外】幽湅（炼）神石取其清，金银铜锡以相成，圣人博观世长生，方时起，容貌治，镜为右，见朱颜，先（西）王母，永益寿，宜孙子，常保畐（富）。【内】神龟。

时代：新莽至东汉早期或北魏仿汉

著录：《岩窟》二中第97图。

简注：“幽”字前有起止符号。

编号：4141

释文：幽湅（炼）白黄，王天周（雕）刻兮。

时代：东汉至三国

著录：《浙选》B图32。

简注：后一句疑本当为“幽湅（炼）白黄兮，周（雕）刻天王”。

编号：4142

释文：与人无亟（极），天必利之，富贵安乐，幸毋相忘。

时代：西汉早中期

著录：《汉铭斋》图51；《文化》图63；《拓片》图218；《书法》图66。

编号：4143

释文：原夫镜始萌兮，湅（炼）五抵（砥）之英华，罜=（绎绎）而无极兮，辟邪配天禄，奇守（兽）并来出兮，三乌与白鹿，宜孙保子兮，各得所欲，吏人服之益官禄，白衣服之吉。

时代：东汉

著录：《深圳》图126；《龙虎》图47。

编号：4144

释文：原夫镜始萌兮，湅（炼）五抵（砥）之英华，罜=（绎绎）而无极兮，辟邪配天禄，奇守（兽）并来出兮，三乌与白鹿，宜孙保子兮，皆得所欲。

时代：东汉

著录：《古今》图135；《深圳》图127。

简注：“原”字前有起止符号。铭文多反书。

编号：4145

释文：顨（愿）长思君王，毋相忘。

时代：西汉中期

著录：《汉铭斋》图63；《图集》图158；《书法》图104；《复旦》图56。

编号：4146

释文：曰：鉴物象状兮明人审，外光内景（影）兮辉荡渊。

时代：西汉早期后段

著录：《药照寺》图6；《文化》图52；《图集》图84；《书法》图49。

简注：河南地区曾出土一形制、纹饰及铭文完全相同之镜。

编号：4147

释文：樝与箅（蒜），食之爱；子胥年异，人得之崽（狂）忿；平心服之，葱=（葱心—聪心/心聪）。

时代：西汉早中期

著录：《止水集》第49页图一；《图集》图152；《补说》图十二[①]。

简注：若将"="视为起止符号，则亦可能读为："葱、樝与箅（蒜），食之爱；子胥年异，人得之惠（狂）忿，平心服之。"

编号：4148

释文：召幼重（童）兮列□□，五采（彩）肃（绣）文章兮好承□□，容貌得兮骨节閒（闲），至九［天兮饮］玉将（浆）。

时代：东汉早中期

著录：《大观》第100页。

编号：4149

释文：正月午日作此竟（镜），上人守（兽）皆食太仓。

时代：东汉

著录：《长沙》图113；《图典》B图3.380。

编号：4150

释文：至官位。

时代：东汉至三国

著录：《齐鲁》图197—1。

编号：4151

释文：至于天王。

时代：东汉

著录：《四川文物》2002（3）第62页图六。

编号：4152

释文：寘。

时代：西汉晚期至东汉早中期

著录：《未名斋》第195页。

编号：4153

释文：中（忠）如山石。

时代：东汉

著录：《宝鸡》第80页。

编号：4154

释文：子子子子。

时代：新莽至东汉

著录：《千镜堂》图181；《大观》第257页。

编号：4155

释文：【外】自今已〈已〉（以）往乐乃始，米斗一泉石十九，工甫文，伯（百）车之，乃基材官几奇（骑）士，胡人却走万余（馀）里已（矣）。【内】长宜子孙。

时代：西汉晚期至新莽

著录：《未名斋》第171页。

编号：4156

释文：且（祖）。

时代：东汉

著录：《中原》图47；《龙虎》图45。

编号：4157

释文：作此竟（镜），有富英，君吉。

时代：东汉

著录：《寿县》图82。

编号：4158

释文：作此镜，真大好，上有仙人不知老，渴饮礼（醴）泉饥食枣，浮游天下敖（遨）四海，国之保（宝）。

时代：西汉晚期至东汉

著录：《陈介祺》图101。

简注："四"字作"亖"。

编号：4159

释文：【外】作此同（铜）竟（镜）明且好，上有仙人不知老，宜子孙，富贵昌，长相保。【内】

---

① 陈剑：《几种汉代镜铭补说》，台湾政大中文系：《第十届汉代文学与思想国际学术研讨会论文集》，2016年版。

王。侍女。

时代：东汉

著录：《江汉考古》1990（2）图版贰：6；《孝感》图51。

编号：4160

释文：【外】作［此］同（铜）竟（镜）甚大巧，上有山（仙）人不知老，服者长生，买主寿年。【内】子丑寅卯辰巳午未申酉戌亥。

时代：东汉至三国

著录：《考古》1994（8）图版壹：下。

简注：“巧”字减笔。

编号：4161

释文：作竟（镜）宜子孙。

时代：东汉

著录：《南阳》图二二〇、图版一〇四：2；《图典》B图3.454。

编号：4162

释文：作竟（镜）四夷服，多贺国家人民息，胡虏殄威（灭）天下复。

时代：东汉

著录：《小校》卷十五87b上。

编号：4163

释文：作竟（镜）自［有］己（纪），□□□□，主至三公。

时代：东汉至六朝

著录：《郴州》第40页、第41页。

编号：4164

释文：作明竟（镜）自有文章，买者君。

时代：东汉

著录：《澄秋馆》67b。

编号：4165

释文：作师大利，服者羊（祥）吉，长宜兄弟，利二亲兮。

时代：东汉

著录：《中原》图11。

编号：4166

释文：□流阴光□美人渏（兮），□□之□阑其真渏（兮），□□□诤可取信渏（兮），兼察美恶无私亲渏（兮）。

时代：西汉早期

著录：《清艺》第150页、第151页。

简注：“无私亲”，又见于“金清”铭镜。鸟虫篆，镜背彩绘。三弦钮，圆钮座，镜分四区，以四叶纹相隔，四叶纹之外另有彩绘装饰，主题纹饰有骑马出现人物、相伴步行人物、坐地休息人物、大树、四马轺车等，卷缘。

编号：4167

释文：□□作镜大毋伤，巧工刻之成文章，左龙右虎辟不羊（祥），朱鸟。

时代：东汉

著录：《湖研》图一〇三。

编号：4168

释文：□□作竟（镜）大毋伤，巧工刻之成文章，浮云连重韦（卫）四畺（疆），上有虏人居中央，子孙□。

时代：东汉

著录：《湖研》图一二五。

编号：4169

释文：□□作竟（镜）佳且好，明而日月世少有，刻治今（禽）守（兽）悉皆在，□，长保二亲宜孙子。

时代：东汉至六朝

著录：《文物》2007（9）第61页图九：1。

编号：4170

释文：□氏作竟（镜）真大巧，上有山（仙）人不知老，饮玉泉饥食枣兮。

时代：西汉晚期至东汉早中期

著录：《六安》图116；/《皖西》图83。

简注：“兮”字后有起止符号。“饮”“饥”从水。

编号：4171

释文：□氏乍（作）竟（镜）四夷服，多贺君家人民息，胡虏殄威（灭）天下复，风雨时节五谷孰（熟），长保二亲子孙力。

时代：东汉

著录：《澄秋馆》67a。

简注：“力”字后有起止符号。“节”字从艹。

编号：4172

释文：□□乍（作）竟（镜）自有己（纪），余（除）去不羊（祥）宜古（贾）市兮。

时代：东汉至六朝

著录：《文物》1958（1）第55页。

编号：4173

释文：□□□□，□□□□，服者富贵，长宜公卿，其师命长。

时代：东汉

著录：《四川文物》2002（3）第62页图四。

编号：4174

释文：□师作竟（镜），幽湅（炼）三商，宜子孙。

时代：东汉至三国

著录：《洛华》图140。

编号：4175

释文：□氏作竟（镜）世未有，位至三公。

时代：东汉

著录：《孝感》图58。

编号：4176

释文：【外】□□丙午造作竟（镜），大乐未央，□□□□□宜□□，延年益寿至万年，吏人服［之］宜高官，白衣服之宜子孙。【内】□作□□白金□□□□。

时代：东汉

著录：《尊古斋》第20页。

编号：4177

释文：【外】⊘，至侯王，⊘，制《诗》《书》、戋（笺）《尔雅》，独难《传》，达《国语》，位至三公，侯子孙，延年大吉矣。【内】⊘。

时代：东汉

著录：《图集》图450。

简称表

说明：为便于检索出处，本书暂依简称首字音序排列，同一种期刊按发表时间及页码前后顺序排序。

（一）书籍

简称	全称	编著者	版本
BRONZE MISSORS	Bronze Missors From Ancient China	D.H.Graham，Suzanne Cahill	Donald Graham，1994.
安吉	清质·昭明	安吉县博物馆编	杭州：浙江摄影出版社，2012.
蚌埠	蚌埠市博物馆铜镜集萃	蚌埠市博物馆编著	北京：文物出版社，2014.
宝鸡	对镜贴花黄：宝鸡青铜器博物院典藏铜镜精粹	宝鸡青铜器博物院编	西安：三秦出版社，2014.
博古图	宣和博古图	〔宋〕王黼等编撰	清乾隆十八年（1753年）天都黄晟亦政堂修补明万历二十八年（1600年）吴万化宝古堂刻本
长安	长安汉镜	程林泉，韩国河著	西安：陕西人民出版社，2002.
长获	长安获古编	〔清〕刘喜海撰	清光绪三十一年（1905年）刘鹗补刻本影印
长沙	楚风汉韵——长沙市博物馆藏镜	长沙市博物馆编著	北京：文物出版社，2011.
常德	常德出土铜镜	龙朝彬编著	长沙：岳麓书社，2010.
朝阳	龙城宝笈：朝阳博物馆馆藏古代铜镜	朝阳博物馆编	沈阳：辽宁人民出版社，2014.
郴州	郴镜文化：郴州古镜精粹	秦小军主编；郴州市文物事业管理处，郴州市博物馆编	桂林：广西师范大学出版社，2018.
陈介祺	陈介祺藏镜	辛冠洁编撰	北京：文物出版社，2001.
澄秋馆	澄秋馆吉金图	陈宝琛	民国十九年（1930年）影印本
辞典	中国青铜器辞典	陈佩芬编著	上海：上海辞书出版社，2013.
大观	铜镜大观	陈凤九主编	北京：文物出版社，2018.

简称	全称	编著者	版本
大同	镜月澄华：大同市博物馆藏铜镜	大同市博物馆编	北京：科学出版社，2019.
东沟	淅川东沟长岭楚汉墓	河南省文物局编著	北京：科学出版社，2011.
东平	东平后屯汉代壁画墓	山东省文物考古研究所，东平县文物管理所编著	北京：文物出版社，2010.
鄂城	鄂城汉三国六朝铜镜	湖北省博物馆，鄂州市博物馆编	北京：文物出版社，1986.
鄂州	鄂州铜镜	丁堂华主编	北京：中国文学出版社，2002.
番禺	番禺汉墓	广州市文物考古研究所，广州市番禺区文管会办公室编	北京：科学出版社，2006.
复旦	龙照光华：复旦大学藏青铜镜	复旦大学博物馆编，麻赛萍编著	上海：上海书画出版社，2020.
扶风	镜鉴千秋：扶风县博物馆馆藏铜镜集萃	扶风县博物馆编	西安：三秦出版社，2014.
阜阳	阜阳汉代铜镜研究	杨玉彬著	合肥：合肥工业大学出版社，2017.
簠斋	簠斋藏镜	陈介祺藏	扬州：江苏广陵古籍刻印社，1997.
古今	古镜今照：中国铜镜研究会成员藏镜精粹	浙江省博物馆编	北京：文物出版社，2012.
古镜	古镜·图录	［日］樋口隆康著	日本：新潮社，1985.
詁籀誃	詁籀誃吉金彝器款识	〔清〕方浚益撰	民国十四年（1925年）上海会文堂书局影印本
固原	固原铜镜	韩彬主编	银川：宁夏人民出版社，2008.
故宫A	故宫藏镜	郭玉海编著	北京：紫禁城出版社，1996.
故宫B	故宫藏镜	何林主编	北京：紫禁城出版社，2008.
故宫C	故宫收藏：你应该知道的200件铜镜	何林主编；北京故宫博物院编	北京：紫禁城出版社，2007.
故宫D	故宫博物院藏文物珍品大系：铭刻与雕塑	郑珉重，胡国强主编	上海：上海科学技术出版社，2008.
故宫E	故宫博物院藏文物珍品大系：青铜生活器	杜乃松主编	上海：上海科学技术出版社，2008.
故宫F	故宫青铜器图典	故宫博物院编	北京：紫禁城出版社，2010.
故宫G	故宫铜镜特展图录	“国立故宫博物院”编	台北：“国立故宫博物院”，1986.
故宫H	故宫铜镜选萃：国立故宫博物院藏品	“国立故宫博物院”编	台北：“国立故宫博物院”，1971.

简称	全称	编著者	版本
故宫I	故宫铜镜图典	丁孟主编；故宫博物院编	北京：故宫出版社，2014.
故宫J	故宫博物院藏精品选：铜镜	故宫博物院　周口店北京人遗址博物馆编	北京：故宫出版社，2016.
官庄	米脂官庄画像石墓	榆林市文物保护研究所，榆林市文物考古勘探工作队编著	北京：文物出版社，2009.
广陵	汉广陵国铜镜	徐忠文，周长源主编	北京：文物出版社，2013.
广西	广西铜镜	黄启善主编；广西壮族自治区博物馆编	北京：文物出版社，2004.
广州	广州汉墓	广州市文物管理委员会，广州市博物馆编著	北京：文物出版社，1981.
汉铭斋	汉铭斋藏镜	王纲怀著	上海：上海古籍出版社，2013.
汉雅堂	汉雅堂藏镜	黄洪彬著	上海：上海辞书出版社，2014.
后沟	后沟古镜	王纲怀，李杰著	上海：上海书画出版社，2018.
湖历	铜镜图案：湖南出土历代铜镜	周世荣编	长沙：湖南美术出版社，1987.
湖南	湖南出土铜镜图录	湖南省博物馆编	北京：文物出版社，1960.
淮南	淮南市博物馆藏镜	淮南市博物馆编	北京：文物出版社，2011.
浣花	浣花拜石轩镜名集录	〔清〕钱坫撰	百一庐金石丛书本，1921.
吉林	吉林出土铜镜	张英著	北京：文物出版社，1990.
纪年	中国纪年铜镜：两汉至六朝	王纲怀编著	上海：上海古籍出版社，2015.
金石索	金石索·镜录	〔清〕冯云鹏、冯云鹓撰	清道光四年（1824年）崇川邃古斋刊本
镜鉴	镜鉴	［日］樋口隆康著	日本：泉屋博古馆，1990.
镜录	古镜图录	罗振玉撰	上虞罗氏民国五年（1916年）影印本
久保惣A	和泉市久保惣记念美术馆藏镜図录	［日］竹田明郎编著	日本：和泉市久保惣记念美术馆，1985.
久保惣B	和泉市久保惣记念美术馆藏镜拓影	［日］和泉市久保惣记念美术馆编	日本：和泉市久保惣记念美术馆，1985.
开明堂	开明堂英华	［日］村上英二著	日本：村上开明堂，1994.
辽宁	净月澄华：辽宁省博物馆藏古代铜镜	辽宁省博物馆编	沈阳：辽宁大学出版社，2013.

简称	全称	编著者	版本
历代	历代铜镜纹饰	河北省文物研究所编	石家庄：河北美术出版社，1996.
临淄	山东临淄战国汉代墓葬与出土铜镜研究	淄博市临淄区文物管理局编	北京：文物出版社，2017.
六安	六安出土铜镜	李德文主编	北京：文物出版社，2008.
龙虎	东汉龙虎铜镜	王纲怀，陈灿堂编著	上海：上海古籍出版社，2015.
龙纹	西汉龙纹镜	陈灿堂编著	上海：上海古籍出版社，2012.
洛古	洛阳出土古镜·两汉部分	洛阳博物馆编	北京：文物出版社，1988.
洛华	洛镜铜华：洛阳铜镜发现与研究	霍宏伟，史家珍主编	北京：科学出版社，2013.
洛阳	洛阳出土铜镜	洛阳市文物管理委员会编	北京：文物出版社，1959.
旅粹	旅顺博物馆馆藏文物选粹·青铜器卷	王家胜，郭富纯总主编；郭富纯主编	北京：文物出版社，2008.
旅顺	旅顺博物馆藏铜镜	旅顺博物馆编	北京：文物出版社，1997.
马珍	马鞍山文物聚珍	马鞍山市文物管理所，马鞍山市博物馆编	北京：文物出版社，2006.
满城	满城汉墓发掘报告	中国社会科学院考古研究所，河北省文物管理处编著	北京：文物出版社，1980.
南阳	南阳出土铜镜	南阳市文物考古研究所编著	北京：文物出版社，2010.
南正	房山南正遗址——拒马河流域战国以降时期遗址发掘报告	北京市文物研究所编著	北京：科学出版社，2008.
宁寿	宁寿鉴古	〔清〕王杰等撰	扬州：江苏广陵古籍刻印社，1992.
牛王庙	南阳牛王庙汉墓考古发掘报告	南阳市文物考古研究所编著	北京：文物出版社，2011.
奇觚室	奇觚室吉金文述	〔清〕刘心源撰	清光绪二十八年（1902年）石印本
齐鲁	鉴耀齐鲁：山东省文物考古研究所出土铜镜研究	山东省文物考古研究所编著	北京：文物出版社，2009.
麒麟岗	南阳麒麟岗汉画像石墓	黄雅峰编著	西安：三秦出版社，2008.
千镜堂	丹阳铜镜青瓷博物馆·千镜堂	陈凤九著	北京：文物出版社，2007.
千石	千石藏镜	［日］千石唯司著	日本：株式会社，2013.
前汉	前汉至元时代的纪年镜	［日］五岛美术馆编著	日本：五岛美术馆，1992.

简称	全称	编著者	版本
乾坤	镜映乾坤——罗伊德·扣岑先生捐赠铜镜精粹	上海博物馆编	上海：上海书画出版社，2012.
潜庐	潜庐汇藏金石识拓本	金蓉镜撰	民国间石印本
清华	清华铭文镜——镜铭汉字演变简史	王纲怀著	北京：清华大学出版社，2011.
清仪阁	清仪阁所藏古器物文　第四册·古镜	〔清〕张廷济撰	商务印书馆据桐乡徐钧爱日馆本影印
清艺	必忠必信：清华大学艺术博物馆藏铜镜	清华大学艺术博物馆编著	上海：上海书画出版社，2017.
求古	求古精舍金石图	〔清〕陈经撰	清嘉庆十八年（1813年）陈氏说剑楼刻本
全集	中国青铜器全集·铜镜	中国青铜器全集编辑委员会编	北京：文物出版社，2005.
泉屋	泉屋博古·镜鉴编	［日］泉屋博古馆编著	日本：泉屋博古馆，2004.
三槐堂	三槐堂藏镜	王纲怀著	北京：文物出版社，2004.
三门峡	镜鉴陕州：三门峡出土铜镜选	三门峡市文物考古研究所，河南省文物考古研究院编	郑州：河南美术出版社，2018.
山头	邳州山头东汉墓地	南京博物院，邳州博物馆编著	北京：科学出版社，2010.
山珍	山东省博物馆藏珍·铜镜卷	鲁文生主编	济南：山东文化音像出版社，2004.
陕历	千秋金鉴：陕西历史博物馆藏铜镜集成	陕西历史博物馆编	西安：三秦出版社，2012.
陕西	陕西省出土铜镜	陕西省文物管理委员会编	北京：文物出版社，1959.
善斋	善斋吉金录	刘体智撰	上海：上海图书馆影印本，1998.
上博A	上海博物馆藏青铜镜	陈佩芬编	上海：上海书画出版社，1987.
上博B	炼形神冶　莹质良工——上海博物馆藏铜镜精品	上海博物馆编	上海：上海书画出版社，2005.
烧沟	洛阳烧沟汉墓	中国科学院考古研究所编著	北京：科学出版社，1959.
绍兴	鉴影觅韵——铜镜中的文化与故事	张宏林著	北京：文物出版社，2015
深圳	镜涵春秋：青峰泉、三镜堂藏中国古代铜镜	深圳市文物管理办公室编	北京：文物出版社，2012.
石寨山	云南晋宁石寨山古墓群发掘报告	云南省博物馆编著	北京：文物出版社，1959.

简称	全称	编著者	版本
首师大	首都师范大学历史博物馆藏品图录	首都师范大学历史系编	北京：科学出版社，2004.
守屋A	方格规矩四神镜图录	［日］守屋孝藏著	日本：京都国立博物馆，1969.
守屋B	汉镜と隋唐镜图录	［日］守屋孝藏著	日本：京都国立博物馆，1970.
寿县	寿县博物馆藏铜镜集粹	许建强主编	合肥：安徽美术出版社，2017.
书道	书道全集	岩田鹤皋，尾上柴舟等监修	日本：平凡社，1930—1932.
书法	汉镜铭文书法	王纲怀编著	上海：中西书局，2016.
四川	四川省出土铜镜	四川省博物馆，重庆市博物馆编	北京：文物出版社，1960.
桃华盦	桃华盦古镜图录	［日］富冈益太郎著	日本大正十三年（1924年）似玉堂印制
桃阴庐	桃阴庐和汉古鉴图录	［日］梅原末治，关信太郎编著	日本大正十四年（1925年）印制
陶斋	陶斋吉金录	〔清〕端方辑	清光绪三十四年（1908年）有正书局石印本
图案	铜镜图案	周世荣编	北京：人民美术出版社，1986.
图典A	中国铜镜图典	孔祥星，刘一曼编著	北京：文物出版社，1992.
图典B	中国铜镜图典（修订本）	孔祥星，刘一曼，鹏宇编著	上海：上海古籍出版社，2020.
图集	汉镜铭文图集	王纲怀编著	上海：中西书局，2016
图鉴	古镜图鉴	［日］黑川幸七藏器	日本：黑川古文化研究所，1951.
图说	汉三国六朝纪年镜图说	［日］梅原末治著	日本：同朋舍，1984.
拓片	古镜拓片集	王纲怀、李杰编著	上海：上海书画出版社，2019.
拓影	徐乃昌藏中国古镜拓影	徐乃昌原文；（日）末永雅雄，杉本宪司编	东京：木耳社，1984.
皖江	皖江汉魏铜镜选粹	安徽省文物考古研究所，铜陵市文物管理局编	合肥：黄山书社，2010.
皖西	皖西博物馆文物撷珍	皖西博物馆编著	北京：文物出版社，2013.
王仲殊	王仲殊文集	王仲殊著	北京：社会科学文献出版社，2014.
未名斋	越风汉韵·未名斋藏镜选拓	张宏林，张建新著	北京：中国文史出版社，2016.
文化	汉镜文化研究	清华大学汉镜文化研究课题组著	北京：北京大学出版社，2014.
武汉	古镜涵容：武汉博物馆藏铜镜	邓琰，孙黎生主编；武汉博物馆编	北京：文物出版社，2019.

简称	全称	编著者	版本
西安	西安文物精华：铜镜	西安市文物保护考古所编著	西安：世界图书出版西安公司，2007.
西甲	西清续鉴・甲编	〔清〕王杰等撰	清宣统三年（1911年）上海涵芬楼影印清宁寿宫写本
西清	钦定西清古鉴	〔清〕梁诗正等撰	台湾商务印书馆景印文渊阁四库全书本，1986
西乙	西清续鉴・乙编	〔清〕王杰等撰	北平古物陈列所民国二十年（1931年）影清宝蕴楼抄本
息斋	净月澄华　息斋藏镜：王度铜镜珍藏册	台湾“国立历史博物馆”编	台北：“国立历史博物馆”，2001.
孝感	孝感铜镜	湖北省孝感市博物馆编	武汉：武汉大学出版社，2015.
萧县	萧县汉墓	安徽省文物考古研究所，安徽省萧县博物馆编著	北京：文物出版社，2008.
小檀	小檀栾室镜影	徐乃昌原文	民国二十一年（1932）影印本
小校	小校经阁金石拓本	刘体智撰	民国二十四年（1932）小校经阁印本
新收	泉屋清赏新收编	［日］住友吉左卫门编	日本：泉屋博物馆，1962.
新修	新修泉屋清赏图录	［日］泉屋博物馆编著	日本：泉屋博物馆，1971.
宣城	宣城市博物馆藏镜集珍	王爱武主编；宣城市博物馆编著	杭州：西泠印社出版社，2018.
岩窟	岩窟藏镜	梁上椿著	大业印刷局1940年印行
偃师	偃师文物精粹	周剑曙，郭宏涛主编	北京：国家图书馆出版社，2007.
扬粹	广陵遗珍——扬州出土文物选粹	扬州市文物考古研究所编	南京：江苏凤凰美术出版社，2018.
阳羡	莹质良工　光耀阳羡——宜兴民间收藏铜镜精品集	宜兴市文物管理委员会办公室编	北京：文物出版社，2013.
药照寺	中国的古镜	［日］真言宗智山派药照寺编	日本：真言宗智山派药照寺，1988.
仪征	仪征馆藏铜镜	仪征博物馆编	南京：江苏美术出版社，2010.
越地	越地范金	梅丛笑，梁晓艳，黎毓馨主编；浙江省博物馆编	杭州：浙江古籍出版社，2009.
浙江A	浙江出土铜镜	王士伦编著	北京：文物出版社，1987.
浙江B	浙江出土铜镜（修订本）	王士伦，王牧编著	北京：文物出版社，2006.
浙选	浙江出土铜镜选集	王士伦编著	北京：人民美术出版社，1958.

简称	全称	编著者	版本
志稿	国史金石志稿	王献唐编著	青岛：青岛出版社，2004.
止水阁	止水阁藏镜	王纲怀著	北京：清华大学出版社，2015.
止水集	止水集：王纲怀铜镜研究论集	王纲怀著	上海：上海古籍出版社，2010.
中古	中国古代铜镜	张东著	北京：中国旅游出版社，2011.
中镜	中国古代铜镜	赵力光，李文英编著	西安：陕西人民出版社，1997.
中原	中原藏镜聚英	王趁意编著	郑州：中州古籍出版社，2011.
尊古斋	尊古斋古镜集景	黄濬撰	上海：上海古籍出版社，1990.

（二）期刊

简称	全称
故宫院刊	故宫博物院院刊
国博	中国国家博物馆馆刊/中国历史博物馆馆刊/中国历史文物
考古	考古通讯
文物	文物参考数据

（三）论文

简称	全称	作者	来源
湖研	湖南出土汉代铜镜文字研究	周世荣	《古文字研究》第十四辑，中华书局1986年版
淮与汉	HUAI AND HAN	高本汉	*BULLETIN OF THE MUSEUM OF FAR EASEERN ANTIQUITIES*第13期，1941年
补说	几种汉代镜铭补说	陈剑	台湾政大中文系：第十届汉代文学与思想国际学术研讨会论文集，2016年

参考文献 I

说明：本节所列为本书所引用期刊、报纸。为便于检索出处，本书暂依期刊首字音序排列，同一期刊按发表时间及页码前后顺序排序。

B

［1］史吉祥．吉林大学收藏战国两汉铜镜选介［J］．北方文物，1997（03）：10—17+29.
［2］王玉平等．天津地区出土的古代铜镜［J］．北方文物，2006（01）：52—58.
［3］孙航等．辽宁朝阳县姚金沟鲜卑墓［J］．北方文物，2019（04）：8—20+2+113—114.

D

［4］杜乐．汉代“盘鼓舞”初探［J］．大理大学学报，2019（06）：89—94.
［5］程永军．安吉出土汉代铜镜研究［J］．东方博物，2010（01）：85—90.
［6］王宝妹等．以铜为镜 可正衣冠——潍坊市博物馆藏精品铜镜［J］．东方收藏，2017（07）：39—42.
［7］［日］林巳奈夫．汉镜の图柄二、三について［J］．东方学报，第44册，1973.
［8］［日］林巳奈夫．汉代の鬼神の世界［J］．东方学报，第46册，1974.
［9］［日］林巳奈夫．汉镜の图柄二、三について（续）［J］．东方学报，第50册，1978.
［10］［日］“中国古镜の研究”班．前汉镜铭集释［J］．东方学报，第84册，2009.
［11］［日］冈村秀典．前汉镜铭の研究［J］．东方学报，第84册，2009.
［12］［日］“中国古镜の研究”班．后汉镜铭集释［J］．东方学报，第86册，2011.
［13］［日］冈村秀典．后汉镜铭の研究［J］．东方学报，第86册，2011.
［14］［日］“中国古镜の研究”班．汉三国西晋纪年镜铭集释［J］．东方学报，第87册，2012.
［15］［日］“中国古镜の研究”班．汉三国西晋纪年镜铭集释补遗［J］．东方学报，第87册，2013.
［17］［日］冈村秀典．汉三国西晋时代の纪年镜［J］．东方学报，第88册，2013.
［18］浙江省文物考古研究所．杭州地区汉、六朝墓发掘简报［J］．东南文化，1989（02）：111—129.
［19］王厚宇等．淮阴小徐庄西汉墓出土文物［J］．东南文化，1989（02）：130—131.
［20］黄建秋．常州市酱品厂发现汉墓［J］．东南文化，1989（02）：132—133+194.
［21］南京市博物馆．一九八七年至一九八八年南京邓府山六朝墓群清理简报［J］．东南文化，1992（02）：158—173.

[22] 徐州博物馆．徐州小金山西汉墓清理简报 [J]．东南文化，1992（02）：191—196.
[23] 佟泽荣．江苏睢宁距山、二龙山汉墓群调查 [J]．东南文化，1993（04）：36—46+53—188.
[24] 姜林海等．江苏高淳固城汉墓发掘简报 [J]．东南文化，1992（05）：94—102+255.
[25] 邓秋玲．湖南省博物馆新征集的古代铜镜 [J]．东南文化，1994（05）：110—112.
[26] 杨建东．山东微山县征集一批文物 [J]．东南文化，1994（05）：113—115.
[27] 濮阳康京．南京高淳固城出土“鸟兽规矩镜” [J]．东南文化，1994（05）：119.
[28] 汤德良等．闲谈拓片 [J]．东南文化，2001（02）：42—49.
[29] 过伟明等．绍兴印山汉墓出土的器物 [J]．东南文化，2001（11）：31—36.
[30] 姜堰市文物管理委员会办公室．姜堰市官庄南华汉墓发掘报告 [J]．东南文化，2002（05）：33—39.
[31] 李虎仁等．盱眙小云山六七号西汉墓发掘报告 [J]．东南文化，2002（11）：15—23.
[32] 胡海英等．江苏新沂市乱墩汉墓群Ⅰ号墩发掘简报 [J]．东南文化，2003（03）：43—48.
[33] 孟强．徐州东洞山三号汉墓的发掘及对东洞山汉墓的再认识 [J]．东南文化，2003（07）：28—31.
[34] 贾庆元．霍邱县三桥古墓葬 [J]．东南文化，2005（02）：24—43.
[35] 周丽娟．上海地区汉墓和明墓出土铜镜 [J]．东南文化，2005（06）：12—30+98—99.
[36] 杨深富等．山东日照市大古城汉墓发掘简报 [J]．东南文化，2006（04）：18—27+98—99.
[37] 宋彦昭等．安徽萧县西虎山汉墓清理简报 [J]．东南文化，2007（06）：23—33+98.
[38] 周维林等．南京滨江开发区15号路六朝墓清理简报 [J]．东南文化，2009（03）：36—40+132.
[39] 周崇云．安徽霍邱徐台汉墓发掘报告 [J]．东南文化，2009（04）：37—43.
[40] 李健广．江苏邗江甘泉顺利东汉墓清理简报 [J]．东南文化，2009（04）：51—58+129.
[41] 张钟云等．安徽省凤阳县搬井墓地M15、M54发掘简报 [J]．东南文化，2012（05）：36—44+129.
[42] 贾庆元等．安徽萧县陈沟墓群（东区）发掘简报 [J]．东南文化，2013（01）：31—40.
[43] 李则斌等．江苏盱眙东阳汉墓群M30发掘简报 [J]．东南文化，2013（06）：35—43+66—70+127—128.
[44] 尹增淮等．江苏盱眙仁昌汉墓发掘报告 [J]．东南文化，2014（04）：38—51+67.
[45] 陈小春．安徽肥东县小黄村西汉墓（M5）发掘简报 [J]．东南文化，2016（01）：46—54+65+2.
[46] 王剑等．江苏淮安王庄村汉墓群发掘简报 [J]．东南文化，2016（05）：51—73+127—128.

G

[47] 李学勤．谈大型连弧纹彩绘镜 [J]．故宫博物院院刊， 2005（01）：90—94+158—159.
[48] 李学勤．两面罕见的西汉铜镜 [J]．故宫博物院院刊，2008（01）：108—113+160.
[49] [日] 笠野毅．中国古镜铭仮借字一覧表（稿）[J]．国立歴史民俗博物馆研究报告，第55集，1993.
[50] [日] 冈村秀典．后汉镜の编年 [J]．国立歴史民俗博物馆研究报告，第55集，1993.

H

[51] 郭天锁等．长葛石固遗址发掘报告 [J]．华夏考古，1987（01）：3—125+225—232.
[52] 安金槐等．郑州市南仓西街两座汉墓的发掘 [J]．华夏考古，1989（04）：78—93+77.
[53] 王蔚波．河南新郑河赵一号墓的发掘 [J]．华夏考古，1991（04）：31—35.
[54] 安阳市文物工作队．安阳梯家口村汉墓的发掘 [J]．华夏考古，1993（01）：11—29.

[55] 姚军英．襄城县出土一面汉代铜镜［J］．华夏考古，1993（03）：27.
[56] 三门峡市文物工作队．三门峡市立交桥西汉墓发掘简报［J］．华夏考古，1994（01）：12—21.
[57] 310国道孟津考古队．洛阳孟津汉墓发掘简报［J］．华夏考古，1994（02）：36—45.
[58] 南阳市文物工作队．南阳第二胶片厂汉墓发掘简报［J］．华夏考古，1994（04）：32—36.
[59] 朱亮．洛阳30号墓出土的三角缘画像镜［J］．华夏考古，1994（03）：33—35.
[60] 宁夏固原博物馆．宁夏固原汉墓发掘简报［J］．华夏考古，1995（02）：28—40.
[61] 南阳市古代建筑保护研究所．南阳市烟草专卖局春秋、西汉墓葬的发掘［J］．华夏考古，1999（03）：46—52.
[62] 毛杰英等．介绍几枚铜镜［J］．华夏考古，1999（03）：105—108.
[63] 许俊平．郑州大学藏古代铜镜［J］．华夏考古，2000（04）：108—110.
[64] 周群．安徽宿州市骑路堌堆汉墓发掘简报［J］．华夏考古，2002（01）：18—24+55.
[65] 樊温泉．河南邓州市穰东汉墓发掘简报［J］．华夏考古，2003（03）：20—24.
[66] 宋康年．安徽望江县出土三面汉代铜镜［J］．华夏考古，2003（04）：62.
[67] 汪旭等．河南巩义市康店叶岭砖厂汉墓发掘简报［J］．华夏考古，2005（03）：22—38.
[68] 河南省文物考古研究所等．河南新密市汽车站汉墓发掘简报［J］．华夏考古，2005（03）：39—45+61.
[69] 李占扬等．河南伊川县槐庄墓地晋唐墓发掘简报［J］．华夏考古，2005（03）：46—52+115+2.
[70] 王相臣．山东平邑县南武城故城出土铜镜［J］．华夏考古，2006（02）：73—77.
[71] 刘康利等．陕西安康市张家坎南朝墓葬发掘纪要［J］．华夏考古，2008（03）：47—54+165—169.
[72] 林仙庭等．山东莱州市朱郎埠墓群发掘报告［J］．华夏考古，2009（01）：39—64+161—163+169+171.
[73] 靳松安等．河南新乡市金灯寺汉墓发掘简报［J］．华夏考古，2009（01）：73—86+166—168.
[74] 樊温泉等．河南新郑市文化路汉墓发掘简报［J］．华夏考古，2010（02）：30—34.
[75] 胡永庆等．河南淅川县阎杆岭83号墓发掘简报［J］．华夏考古，2012（01）：22—35+128+159—166.
[76] 苏方军等．安徽望江县博物馆藏古代铜镜［J］．华夏考古，2012（04）：127—129+162—165.
[77] 王红卫等．河南郏县黑庙M79发掘简报［J］．华夏考古，2013（01）：14—20+2+154—158+169.
[78] 明朝方等．河南淅川王庄汉墓群发掘简报［J］．华夏考古，2015（02）：26—43+78.
[79] 索全星等．河南省纺织机械厂M1发掘简报［J］．华夏考古，2016（03）：32—37.
[80] 李铭等．山东济南魏家庄汉墓发掘简报［J］．华夏考古，2016（04）：25—54+146+157+169+2.
[81] 司红伟等．江苏丹阳市十墓山汉墓发掘简报［J］．华夏考古，2019（05）：44—58.
[82] 靳松安等．河南淅川县沟湾遗址汉代遗存发掘简报［J］．华夏考古，2019（06）：12—21.

J

[83] 刘彬徽．江陵郢城内出土王莽时期文物［J］．江汉考古，1980（02）：22.
[84] 杨锦新．武昌县金口发现东汉铜镜［J］．江汉考古，1983（03）：103—114.
[85] 崔庆明等．南阳出土元兴元年铜镜［J］．江汉考古，1984（03）：110.
[86] 张远栋．汉川南河汉墓清理简报［J］．江汉考古，1984（04）：48—57.
[87] 宜昌市文管处，湖北省博物馆．宜昌市前、后坪古墓1981年发掘简报［J］．江汉考古，1985（02）：27—33.
[88] 徐鉴梅．东汉诗经铭文镜［J］．江汉考古，1985（04）：77.

[89] 张吟午. 毛诗、镜诗、阜诗《硕人》篇异文比较 [J]. 江汉考古，1986（04）：92—93.
[90] 潘佳红. 丹江口市肖川战国两汉墓葬 [J]. 江汉考古，1988（04）：43—66+68—148.
[91] 刘志升. 孝感地区博物馆馆藏铜镜简报 [J]. 江汉考古，1990（02）：54—58+86—107.
[92] 王锦华等. 浠水县博物馆收藏的古代铜镜 [J]. 江汉考古，1991（04）：37—38+102.
[93] 汪宗耀. 蕲春县近年出土的铜镜 [J]. 江汉考古，1992（02）：89—93+88.
[94] 许建强. 安徽寿县东津柏家台两座汉墓的清理 [J]. 江汉考古，1992（04）：25—28+95.
[95] 杨唐深. 武汉大学历史系收藏的一批铜镜 [J]. 江汉考古，1993（03）：60—65+20.
[96] 左德田. 随州市博物馆近年征集的古代铜镜 [J]. 江汉考古，1995（03）：36—42.
[97] 孝感市博物馆. 孝感田家岗东汉南朝及唐墓清理简报 [J]. 江汉考古，1996（03）：13—19+93.
[98] 包明军等. 南阳市汉墓出土铜镜简介 [J]. 江汉考古，1997（01）：24—32.
[99] 大冶市博物馆. 大冶河口六朝早期墓 [J]. 江汉考古，1999（02）：37—40.
[100] 贾庆元等. 安徽萧县张村汉墓发掘简报 [J]. 江汉考古，2000（03）：56—65+22.
[101] 叶植. 湖北郧县西峰汉墓群发掘简报 [J]. 江汉考古，2011（04）：39—56.
[102] 贾立宝等. 禹州新峰墓地出土铜镜研究 [J]. 江汉考古，2017（02）：72—80.
[103] 单思伟等. 湖北郧县余咀墓地东周汉代墓葬发掘简报 [J]. 江汉考古，2017（04）：23—37.

K

[104] 石光明等. 四川彰明佛儿崖墓葬清理简报 [J]. 考古通讯，1955（06）：30—33+10—11.
[105] 王士伦. 谈谈我国古代的铜镜 [J]. 考古通讯，1955（06）：56—63+19.
[106] 周世荣. 湖南零陵东门外汉墓清理简报 [J]. 考古通讯，1957（01）：27—31+12—13.
[107] 牟永抗. 浙江绍兴漓渚东汉墓发掘简报 [J]. 考古通讯，1957（02）：6—12+6—7.
[108] 雒忠如. 西安十里铺东汉墓清理简报 [J]. 考古通讯，1957（04）：38—42.
[109] 罗铭生. 湖南长沙纸园冲工地古墓清理小结 [J]. 考古通讯，1957（05）：40—48+8—10.
[110] 张鑫如. 湖南长沙砚瓦池古墓的清理 [J]. 考古通讯，1957（05）：71—75+18.
[111] 刘兴长等. 河南南阳百里奚村汉墓的调查 [J]. 考古通讯，1957（06）：42—43.
[112] 牟永抗. 浙江安吉三官乡的一座六朝初期墓 [J]. 考古通讯，1958（06）：13—17+8.
[113] 浙江省文物管理委员会. 杭州古荡汉代朱乐昌墓清理简报 [J]. 考古，1959（03）：150—152+173—174.
[114] 张中一等. 陕西长安洪庆村秦汉墓第二次发掘简记 [J]. 考古，1959（12）：662—667+706—707.
[115] 黄宣佩等. 上海市青浦县骆驼墩汉墓发掘 [J]. 考古，1959（12）：688—689.
[116] 陈贤儒. 甘肃武威磨咀子汉墓发掘 [J]. 考古，1960（09）：15—28+6—11.
[117] 杨豪. 广东韶关市郊古墓发掘报告 [J]. 考古，1961（08）：435—440+445+441+8.
[118] 张中一. 湖南郴州市马家坪古墓清理 [J]. 考古，1961（09）：496+503.
[119] 程应麟等. 江西南昌市郊南朝墓发掘简报 [J]. 考古，1962（04）：193—195+10.
[120] 赵国璧. 河南巩县石家庄古墓葬发掘简报 [J]. 考古，1963（02）：71—79+86+7—9.
[121] 苏天钧. 北京昌平白浮村汉、唐、元墓葬发掘 [J]. 考古，1963（03）：130—135+144+3—4.
[122] 尤振尧等. 江苏连云港市海州网疃庄汉木椁墓 [J]. 考古，1963（06）：287—290+3—4.
[123] 裴明相等. 河南桐柏万岗汉墓的发掘 [J]. 考古，1964（08）：385—392+5—6.
[124] 袁颖等. 江苏盐城三羊墩汉墓清理报告 [J]. 考古，1964（08）：393—402+7—9.

[125] 贺官保．洛阳老城西北郊81号汉墓［J］．考古，1964（08）：403—406+10—11.
[126] 周世荣．湖南零陵李家园发现新莽墓［J］．考古，1964（09）：478.
[127] 苏文锦．山东梁山柏木山的一座东汉墓［J］．考古，1964（09）：479—480.
[128] 郭远谓．江西南昌老福山西汉木椁墓［J］．考古，1965（06）：268—272+300+4—5.
[129] 郑隆．内蒙古磴口县陶生井附近的古城古墓调查清理简报［J］．考古，1965（07）：347—351+8.
[130] 李家和．江西南昌徐家坊六朝墓清理简报［J］．考古，1965（09）：459—461+9.
[131] 程欣人等．湖北随县唐镇汉魏墓清理［J］．考古，1966（02）：84—91+8.
[132] 安徽省文化局文物工作队等．安徽寿县茶庵马家古堆东汉墓［J］．考古，1966（03）：138—146+9—10.
[133] 陈福坤等．江苏句容陈家村西晋南朝墓［J］．考古，1966（03）：152—154+12.
[134] 程欣人．湖北汉阳蔡甸一号墓清理［J］．考古，1966（04）：193—196+7.
[135] 刘来成．河北怀来北辛堡战国墓［J］．考古，1966（05）：247—258+307—310.
[136] 谢伯庆等．湖南湘乡可心亭汉墓［J］．考古，1966（05）：259—263+286.
[137] 贵州省博物馆．贵州安顺宁谷发现东汉墓［J］．考古，1972（02）：37—38.
[138] 傅永魁．河南巩县叶岭村发现一座西汉墓［J］．考古，1974（02）：133—134+142—143.
[139] 南京博物院，连云港市博物馆．海州西汉霍贺墓清理简报［J］．考古，1974（03）：179—186+178+212—213.
[140] 王光永．陕西省千阳县汉墓发掘简报［J］．考古，1975（03）：178—181+177+203.
[141] 三台县文化馆．四川三台县发现东汉墓［J］．考古，1976（06）：395+411.
[142] 盖山林．内蒙古察右后旗赵家房村发现匈奴墓群［J］．考古，1977（02）：139—141.
[143] 江西省博物馆．江西南昌东汉、东吴墓［J］．考古，1978（03）：158—163+220—221.
[144] 刘得祯等．甘肃灵台发现的两座西汉墓［J］．考古，1979（02）：122—124+135+199.
[145] 李毓芳．陕西咸阳马泉西汉墓［J］．考古，1979（02）：125—135+202.
[146] 安徽省文物工作队．安徽天长县汉墓的发掘［J］．考古，1979（04）：320—329+389.
[147] 邹厚本．江苏盱眙东阳汉墓［J］．考古，1979（05）：412—426+483—486.
[148] 单先进．长沙金塘坡东汉墓发掘简报［J］．考古，1979（05）：427—434+487—488.
[149] 能传新．湖南常德南坪东汉“酉阳长”墓［J］．考古，1980（04）：339—342.
[150] 何直刚．河北邢台南郊西汉墓［J］．考古，1980（05）：403—405+485—486.
[151] 李久海．扬州东风砖瓦厂汉代木椁墓群［J］．考古，1980（05）：417—425+405+491.
[152] 孙善德．青岛市郊区发现汉墓［J］．考古，1980（06）：564—565.
[153] 印志华等．扬州东风砖瓦厂八、九号汉墓清理简报［J］．考古，1982（03）：236—242+340—341.
[154] 熊亚云等．湖北鄂城四座吴墓发掘报告［J］．考古，1982（03）：257—269+343—344.
[155] 陈本明．云南昭通茨泥巴出土两面汉镜［J］．考古，1982（03）：332.
[156] 贡昌．浙江金华古方六朝墓［J］．考古，1984（09）：816—825+869—871.
[157] 姚生民．陕西淳化县出土汉代铜镜［J］．考古，1983（09）：850—853.
[158] 熊传新．长沙树木岭战国墓阿弥岭西汉墓［J］．考古，1984（09）：790—797+868.
[159] 朱亮．洛阳西汉石椁墓［J］．考古，1984（09）：807—809.
[160] 李少南．山东博兴县出土铜镜和货币［J］．考古，1984（11）：1041—1044.
[161] 黄启善．广西贵县北郊汉墓［J］．考古，1985（03）：197—215+290—291.
[162] 郭清华．陕西勉县老道寺汉墓［J］．考古，1985（05）：429—449+483—484.

[163] 李荆林. 湖南郴州汉墓清理简报 [J]. 考古，1985（08）：708—720+772.
[164] 刘文等. 柳州市郊东汉墓 [J]. 考古，1985（09）：790—792.
[165] 王川平等. 重庆市临江支路西汉墓 [J]. 考古，1986（03）：230—242+293—294.
[166] 黄启善等. 广西合浦县凸鬼岭清理两座汉墓 [J]. 考古，1986（09）：792—799.
[167] 曹建国等. 山东嘉祥县出土古代铜镜 [J]. 考古，1986（10）：956—958+962—963.
[168] 仲璟维等. 江苏赣榆县金山乡发现一座汉墓 [J]. 考古，1986（11）：1042.
[169] 冯玉辉. 湖南衡阳茶山坳东汉至南朝墓的发掘 [J]. 考古，1986（12）：1079—1093.
[170] 姚高悟. 湖北沔阳县出土"青羊"铜镜 [J]. 考古，1987（06）：570.
[171] 余向东. 湖北洪湖县出土汉代铜镜 [J]. 考古，1987（11）：1020.
[172] 周铮. "规矩镜"应改称"博局镜" [J]. 考古，1987（12）：1116—1118.
[173] 王仲殊. 建安纪年铭神兽镜综论 [J]. 考古，1988（04）：348—357+390—392.
[174] 山西省平朔考古队. 山西省朔县西汉木椁墓发掘简报 [J]. 考古，1988（05）：432—441+486.
[175] 宁立新. 山西省朔县赵十八庄一号汉墓 [J]. 考古，1988（05）：442—448+487.
[176] 王正书. 上海福泉山西汉墓群发掘 [J]. 考古，1988（08）：694—717+770—771.
[177] 董忠耿. 绍兴塞拉利昂西汉墓 [J]. 考古，1988（09）：853—855.
[178] 杨华. 湖北宜都陆城发现一座东汉墓 [J]. 考古，1988（10）：910—917+957+966.
[179] 王同军. 温州发现西汉晚期铜镜 [J]. 考古，1989（02）：183.
[180] 杨仕衡. 湖南祁阳县发现汉代铜镜 [J]. 考古，1989（04）：379.
[181] 张柏忠. 内蒙古科左中旗六家子鲜卑墓群 [J]. 考古，1989（05）：430—438+443.
[182] 曹元启. 潍坊市古文化遗址调查 [J]. 考古，1989（09）：769—774+833.
[183] 李学文. 山西襄汾县吴兴庄汉墓出土铜器 [J]. 考古，1989（11）：981—983+1057—1058.
[184] 谢飞等. 河北阳原县北关汉墓发掘简报 [J]. 考古，1990（04）：322—328.
[185] 席为群. 安徽肥西县金牛汉墓 [J]. 考古，1990（05）：473—475.
[186] 刘谦. 辽宁锦州汉代贝壳墓 [J]. 考古，1990（08）：703—711.
[187] 姜书振. 山东乳山出土汉代铭文铜镜 [J]. 考古，1990（09）：830.
[188] 郑元日等. 湖南永州市鹞子山西汉"刘疆"墓 [J]. 考古，1990（11）：1002—1011.
[189] 宋彦泉等. 山东临沂银雀山发现古代铜镜 [J]. 考古，1990（11）：1017—1020+1063.
[190] 徐孝忠. 安徽淮南市发现一座汉墓 [J]. 考古，1991（02）：181.
[191] 张恒. 浙江嵊县大塘岭东吴墓 [J]. 考古，1991（03）：206—216+289.
[192] 周能. 湖南常德东吴墓 [J]. 考古，1992（07）：667—671+680.
[193] 莫测境. 广西钟山发现西汉规矩镜 [J]. 考古，1992（09）：802.
[194] 尹增淮. 江苏泗阳打鼓墩樊氏画像石墓 [J]. 考古，1992（09）：811—830+871.
[195] 邱永生等. 江苏铜山县荆山汉墓发掘简报 [J]. 考古，1992（12）：1092—1097+1154—1156.
[196] 王建纬. 四川渠县出土汉代神兽铜镜 [J]. 考古，1993（03）：283.
[197] 朱土生. 浙江龙游县发现汉代铜镜 [J]. 考古，1993（03）：288.
[198] 朱土生. 浙江龙游县东华山汉墓 [J]. 考古，1993（04）：330—343+391—392.
[199] 黄尚明. 襄樊市博物馆藏铜镜选介 [J]. 考古，1994（01）：96+33.
[200] 张亚萍. 甘肃庆阳地区发现汉代铜镜 [J]. 考古，1994（06）：565—566.
[201] 王仲殊. 论日本出土的青龙三年铭方格规矩四神镜——兼论三角缘神兽镜为中国吴的工匠在日本所作

[J]．考古，1994（08）：727—735.
[202] 王桂芳等．山东荣成梁南庄汉墓发掘简报[J]．考古，1994（12）：1069—1077.
[203] 向桃初．湖南大庸东汉砖室墓[J]．考古，1994（12）：1078—1096.
[204] 贾德民等．山东安丘县出土一批西汉器物[J]．考古，1995（02）：186—187.
[205] 张居英．广西合浦县丰门岭10号汉墓发掘简报[J]．考古，1995（03）：226—230+283+295—296.
[206] 王善才等．湖北新洲旧街镇发现两座西晋墓[J]．考古，1995（04）：381—384+391—392.
[207] 杨宏明等．陕西安塞县王家湾发现汉墓[J]．考古，1995（11）：1047—1048.
[208] 程亦胜．浙江安吉县上马山西汉墓的发掘[J]．考古，1996（07）：46—59+99—100.
[209] 黄炳煜．江苏泰州市发现一面鎏金神兽镜[J]．考古，1996（09）：88.
[210] 杨鸠霞．安徽舒城县秦家桥西汉墓[J]．考古，1996（10）：33—42+100—102.
[211] 李光林．山东青州市出土西汉铜镜[J]．考古，1996（10）：93.
[212] 胡仁宜．皖西博物馆收藏的部分古代铜镜[J]．考古，1996（12）：84—86.
[213] 龙碧林．湖南临武县马塘出土三国吴镜[J]．考古，1997（03）：86+96.
[214] 朱振文．安徽全椒县卜集东吴砖室墓[J]．考古，1997（05）：90—93+104.
[215] 夏乃平．浙江象山县清理一座东汉墓[J]．考古，1997（07）：86—88.
[216] 刘晓燕等．山东威海市蒿泊大天东村西汉墓[J]．考古，1998（02）：25—30+99.
[217] 向开旺等．湖南靖州县团结村战国西汉墓[J]．考古，1998（05）：27—35.
[218] 李鲁滕等．山东滕州市官桥车站村汉墓[J]．考古，1999（04）：22—30+100.
[219] 吴晓松等．湖北蕲春县陈家大地西汉墓[J]．考古，1999（05）：20—27+99.
[220] 徐淑彬等．山东临沂市银雀山的七座西汉墓[J]．考古，1999（05）：28—35+100—103.
[221] 向开旺等．湖南溆浦县茅坪坳战国西汉墓[J]．考古，1999（08）：29—46.
[222] 马玺伦．山东沂水县龙泉站西汉墓[J]．考古，1999（08）：47—52.
[223] 王趁意．湖北鄂城市发现一面嘉兴元年铭神兽镜[J]．考古，1999（11）：93+104.
[224] 印志华．江苏邗江县姚庄102号汉墓[J]．考古，2000（04）：50—65.
[225] 邱立诚等．广东乐昌市对面山东周秦汉墓[J]．考古，2000（06）：37—61+99—102.
[226] 郑元日等．湖南永州市鹞子岭二号西汉墓[J]．考古，2001（04）：45—62.
[227] 石敬东等．山东枣庄市博物馆收藏的战国汉代铜镜[J]．考古，2001（07）：93—96.
[228] 石敬东等．山东枣庄市博物馆收藏的战国汉代铜镜[J]．考古，2001（07）：93—96.
[229] 张卓远等．河南南阳市桑园路3号东汉墓[J]．考古，2001（08）：94—96.
[230] 唐光孝．四川绵阳市朱家梁子东汉崖墓[J]．考古，2003（09）：39—49.
[231] 熊昭明等．广西合浦县九只岭东汉墓[J]．考古，2003（10）：57—77.
[232] 燕生东等．山东枣庄市临山汉墓发掘简报[J]．考古，2003（11）：49—59.
[233] 刘尊志．江苏铜山县凤凰山西汉墓[J]．考古，2004（05）：29—37+97—98.
[234] 祝恒富．湖北十堰市发现一枚汉代铜镜[J]．考古，2004（07）：71.
[235] 谢高文．陕西咸阳市文林小区前秦朱氏家族墓的发掘[J]．考古，2005（04）：40—63+101—103+2.
[236] 林玉海等．山东青岛市平度界山汉墓的发掘[J]．考古，2005（06）：32—42+98—103+2.
[237] 蒋宏杰等．河南南阳市安居新村汉画像石墓[J]．考古，2005（08）：27—33.
[238] 文智．湖南常德市南坪东汉墓[J]．考古，2006（03）：91—93.
[239] 李广安．湖北谷城县肖家营墓地[J]．考古，2006（11）：15—37+97—99+102—103+2.

[240] 姜保国. 山东即墨市出土汉代铜镜 [J]. 考古, 2006(12): 89—90.
[241] 张居英等. 广西合浦县母猪岭汉墓的发掘 [J]. 考古, 2007(02): 19—38+100—102+104+2.
[242] 原丰等. 江苏徐州市翠屏山西汉刘治墓发掘简报 [J]. 考古, 2008(09): 11—24+2.
[243] 蒋宏杰等. 河南南阳市陈棚村68号汉墓 [J]. 考古, 2008(10): 33—39+98+101.
[244] 龚巨平等. 南京市东汉建安二十四年龙桃杖墓 [J]. 考古, 2009(01): 38—44+105—106.
[245] 杨建东. 山东微山县微山岛汉代墓葬 [J]. 考古, 2009(10): 21—48+97+105—107.
[246] 张广东等. 河南禹州市新峰村汉墓M10、M16发掘简报 [J]. 考古, 2010(09): 24—36+103—107+111.
[247] 王会田等. 山东淄博市临淄区国家村战国及汉代墓葬 [J]. 考古, 2010(11): 3—27+113+97—102.
[248] 刘尊志等. 江苏徐州市奎山四座西汉墓葬 [J]. 考古, 2012(02): 18—35+109+99—103.
[249] 杨勇等. 云南陆良县薛官堡墓地 [J]. 考古, 2013(04): 3—6.
[250] 谢广维等. 广西贵港市孔屋岭汉墓2009年发掘简报 [J]. 考古, 2013(09): 40—67+2.
[251] 李则斌等. 江苏盱眙县大云山西汉江都王陵一号墓 [J]. 考古, 2013(10): 3—68+2.
[252] 陈刚等. 江苏盱眙县大云山西汉江都王陵东区陪葬墓 [J]. 考古, 2013(10): 69—81+2.
[253] 黄昊德等. 浙江安吉县上马山第49号墩汉墓 [J]. 考古, 2014(01): 14—36+2.
[254] 郑同修等. 山东日照市海曲2号墩式封土墓 [J]. 考古, 2014(01): 53—71+2.
[255] 陈刚等. 江苏盱眙县大云山西汉江都王陵北区陪葬墓 [J]. 考古, 2014(03): 24—57+2.
[256] 郑同修等. 山东日照市海曲2号墩式封土墓 [J]. 考古, 2014(01): 53—71+2.
[257] 杨勇等. 云南陆良县薛官堡墓地发掘简报 [J]. 考古, 2015(04): 38—52+2.
[258] 贺辉等. 河南洛阳市瞿家屯汉墓C1M9816发掘简报 [J]. 考古, 2016(01): 54—67.
[259] 郑禄红等. 山东青岛市土山屯墓地的两座汉墓 [J]. 考古, 2017(10): 32—59+2.
[260] 郭宝钧. 洛阳涧滨古文化遗址及汉墓 [J]. 考古学报, 1956(01): 11—28+135—144.
[261] 孙太初. 云南晋宁石寨山古遗址及墓葬 [J]. 考古学报, 1956(01): 43—63+146—155.
[262] 朱伯谦. 绍兴漓渚的汉墓 [J]. 考古学报, 1957(01): 133—140+246—249.
[263] 蒋若是等. 洛阳晋墓的发掘 [J]. 考古学报, 1957(01): 169—185+260—263.
[264] 李正光等. 长沙沙湖桥一带古墓发掘报告 [J]. 考古学报, 1957(04): 33—67+129—140.
[265] 于临祥. 营城子贝墓 [J]. 考古学报, 1958(04): 71—89+140—145.
[266] 安金槐等. 河南禹县白沙汉墓发掘报告 [J]. 考古学报, 1959(01): 61—84+127—138.
[267] 陈默溪等. 贵州清镇平坝汉墓发掘报告 [J]. 考古学报, 1959(01): 85—103+139—144.
[268] 贺官保. 河南新安铁门镇西汉墓葬发掘报告 [J]. 考古学报, 1959(02): 57—73+161—166.
[269] 赵青云等. 一九五五年洛阳涧西区小型汉墓发掘报告 [J]. 考古学报, 1959(02): 75—94+167—168.
[270] 沈仲常. 四川昭化宝轮镇南北朝时期的崖墓 [J]. 考古学报, 1959(02): 109—126+171—178.
[271] 陈久恒等. 洛阳西郊汉墓发掘报告 [J]. 考古学报, 1963(02): 1—58+111—124+138—153.
[272] 叶小燕. 河南陕县刘家渠汉墓 [J]. 考古学报, 1965(01): 107—168+182—207+217—219.
[273] 管维良. 宜昌前坪战国两汉墓 [J]. 考古学报, 1976(02): 115—148+213—224.
[274] 杨权喜. 光化五座坟西汉墓 [J]. 考古学报, 1976(02): 149—170+225—230.
[275] 陈文华. 南昌东郊西汉墓 [J]. 考古学报, 1976(02): 171—186+231—238.
[276] 熊传新等. 湖南益阳战国两汉墓 [J]. 考古学报, 1981(04): 519—549+569—574.
[277] 敖承隆. 武清东汉鲜于璜墓 [J]. 考古学报, 1982(03): 351—366+403—408.
[278] 王步毅. 芜湖市贺家园西汉墓 [J]. 考古学报, 1983(03): 383—402+419—428.

［279］傅举有．湖南资兴东汉墓［J］．考古学报，1984（01）：53—120+147—156.
［280］贵州省博物馆考古组，贵州省赫章县文化馆．赫章可乐发掘报告［J］．考古学报，1986（02）：199—251+275—282.
［281］赵成甫．新野樊集汉画像砖墓［J］．考古学报，1990（04）：475—509+536—543.
［282］古方等．西安北郊汉墓发掘报告［J］．考古学报，1991（02）：239—264+279—284.
［283］吴铭生等．湖南资兴西汉墓［J］．考古学报，1995（04）：453—521.
［284］宋新潮．中国早期铜镜及其相关问题［J］．考古学报，1997（02）：147—169.
［285］吴晓松等．湖北蕲春枫树林东汉墓［J］．考古学报，1999（02）：179—210+255—262.
［286］吴春明等．湖北巴东茅寨子湾遗址发掘报告［J］．考古学报，2001（03）：361—396+429—432.
［287］郑克祥．宁夏固原城西汉墓［J］．考古学报，2004（02）：183—208+243—248.
［288］朱海仁．广州黄花岗汉唐墓葬发掘报告［J］．考古学报，2004（04）：451—484+513—526.
［289］陈文等．广西贵港深钉岭汉墓发掘报告［J］．考古学报，2006（01）：83—114+141—146.
［290］杨鸠霞．安徽潜山彭岭战国西汉墓［J］．考古学报，2006（02）：231—304.
［291］蒋宏杰等．河南南阳陈棚汉代彩绘画像石墓［J］．考古学报，2007（02）：233—266+271—282.
［292］刘尊志等．徐州拖龙山五座西汉墓的发掘［J］．考古学报，2010（01）：101—132+141—148.
［293］刘尊志．徐州两汉诸侯王墓研究［J］．考古学报，2011（01）：57—98.
［294］广西文物考古研究所，合浦县博物馆，广西师范大学文旅学院．广西合浦寮尾东汉三国墓发掘报告［J］．考古学报，2012（04）：489—545+551—566.
［295］富霞等．广西贵港马鞍岭梁君垌汉至南朝墓发掘报告［J］．考古学报，2014（01）：67—108+139—148.
［296］叶植．河南淅川李沟汉墓发掘报告［J］．考古学报，2015（03）：367—448.
［297］唐锦琼等．苏州木渎古城2011—2014年考古报告［J］．考古学报，2016（02）：263—302.
［298］杨金东等．杭州萧山溪头黄汉墓发掘报告［J］．考古学报，2018（03）：333—382.
［299］傅嘉仪等．西安市文管会所藏的四件汉代文物［J］．考古与文物，1981（04）：121.
［300］刘得桢等．甘肃灵台县沟门西汉墓清理记［J］．考古与文物，1982（02）：18—20.
［301］郭清华．陕西勉县老道寺四号汉墓发掘简报［J］．考古与文物，1982（02）：25—30.
［302］杨元生等．黄陵县上畛子汉墓清理简报［J］．考古与文物，1983（01）：12—14.
［303］宁夏博物馆关马湖汉墓发掘组．宁夏吴忠县关马湖汉墓［J］．考古与文物，1984（03）：28—36.
［304］咸阳市博物馆．咸阳西汉墓清理简报［J］．考古与文物，1984（05）：14—17.
［305］陕西省雍城考古队．一九八一年凤翔八旗屯墓地发掘简报［J］．考古与文物，1986（05）：23—41.
［306］咸阳秦都考古工作站．秦都咸阳汉墓清理简报［J］．考古与文物，1986（06）：28—42.
［307］陕西省考古研究所．西安北郊大白杨秦汉墓葬清理简报［J］．考古与文物，1987（02）：18—26.
［308］何翔．甘肃庆阳发现三座汉墓［J］．考古与文物，1988（04）：61—65.
［309］郑荣．陕西城固县文化馆馆藏铜镜介绍［J］．考古与文物，1988（04）：95—98.
［310］陈显双等．四川开县红华村崖墓清理简报［J］．考古与文物，1989（01）．32—45.
［311］王育龙．西安昆仑厂东汉墓清理记［J］．考古与文物，1989（02）．43—49.
［312］陕西省考古研究所配合基建考古队．陕西长安县206基建工地汉、晋墓清理简报［J］．考古与文物，1989（05）：38—40.
［313］雍城考古队．陕西凤翔县城南郊唐墓群发掘简报［J］．考古与文物，1989（05）：40—71.
［314］姚高悟．仙桃市博物馆收藏一面东汉纪年镜［J］．考古与文物，1989（06）．106—110.

[315] 陕西省考古研究所，西安交通大学. 西安交通大学西汉壁画墓发掘简报 [J]. 考古与文物，1990（04）：57—64.
[316] 陕西省考古研究所配合基建考古队. 西安净水厂汉墓清理简报 [J]. 考古与文物，1990（06）：46—59.
[317] 赵丛苍. 八座汉墓出土文物简报 [J]. 考古与文物，1991（01）：41—46+40.
[318] 韩保全. 西安北郊枣园汉墓发掘简报 [J]. 考古与文物，1991（04）：12—30+105.
[319] 程学华. 西临高速公路汉墓清理简报 [J]. 考古与文物，1991（06）：1—11+24.
[320] 郑荣. 城固县文化馆藏铜镜简介（二）[J]. 考古与文物，1993（06）：41—45.
[321] 何翔. 甘肃庆阳地区出土的汉代铜镜 [J]. 考古与文物，1994（02）：39—44.
[322] 陕西省考古研究所，延安地区文管会，甘泉县文管所. 西延铁路甘泉段汉唐墓清理简报 [J]. 考古与文物，1995（03）：19—35.
[323] 程霁红. 安徽望江出土一面铜镜 [J]. 考古与文物，1995（03）：49.
[324] 孙德润等. 咸阳织布厂汉墓清理简报 [J]. 考古与文物，1995（04）：10—28+87.
[325] 苟宝平. 城固县文化馆新征集的两件文物 [J]. 考古与文物，1995（05）：62.
[326] 罗芳贤. 周原博物馆收藏了铜镜 [J]. 考古与文物，1996（02）：94—97+55.
[327] Ю.А.扎德涅普罗夫斯基等. 中亚费尔干纳出土的汉式镜 [J]. 考古与文物，1998（03）：84—93.
[328] 陕西省考古研究所宝中铁路考古队. 陕西陇县店子村汉唐墓葬 [J]. 考古与文物，1999（04）：5—31+87.
[329] 偃师商城博物馆. 偃师县沟口头砖厂唐墓发掘简报 [J]. 考古与文物，1999（05）：7—14.
[330] 陕西省考古研究所. 西安南郊三爻村汉唐墓葬清理发掘简报 [J]. 考古与文物，2001（03）：3—26.
[331] 王英. 咸阳市博物馆收藏的古代铜镜 [J]. 考古与文物，2001（04）：75—77.
[332] 程林泉等. 西安北郊出土博局镜探析 [J]. 考古与文物，2001（05）：49—54+59.
[333] 胡松梅等. 西安北郊晋唐墓葬发掘简报 [J]. 考古与文物，2003（06）：16—25.
[334] 孙铁山等. 西安北郊北康村汉墓清理简报 [J]. 考古与文物，2003（04）：21—32+97.
[335] 赵吴成等. 甘肃省高台县汉晋墓葬发掘简报 [J]. 考古与文物，2005（05）：16—28.
[336] 苏庆元等. 陕西咸阳二〇二所西汉墓葬发掘简报 [J]. 考古与文物，2006（01）：3—11+2.
[337] 齐丽华等. 陕西投资策划服务公司汉墓清理简报 [J]. 考古与文物，2006（04）：10—22+75.
[338] 张建林等. 对唐昭陵北司马门遗址考古新发现的几点认识 [J]. 考古与文物，2006（06）：17—22.
[339] 张全民等. 西安三国曹魏纪年墓清理简报 [J]. 考古与文物，2007（02）：21—29.
[340] 王久刚等. 西安南郊荆寺二村西汉墓发掘简报 [J]. 考古与文物，2009（04）：3—12.
[341] 田亚岐等. 陕西宝鸡苟家岭西汉墓葬发掘简报 [J]. 考古与文物，2012（01）：3—11+121.
[342] 张合荣. 贵州安顺宁谷龙滩汉墓清理简报 [J]. 考古与文物，2012（01）：12—18+121.
[343] 田亚岐等. 陕西宝鸡凉泉汉墓发掘简报 [J]. 考古与文物，2013（06）：3—19+118—120.
[344] 陕西省考古研究院. 陕西西安富力赛高城市广场汉墓发掘简报 [J]. 考古与文物，2017（03）：3—20.
[345] 陈军锋等. 河南禹州市崔张汉墓发掘简报 [J]. 考古与文物，2018（02）：22—30.
[346] 白军鹏. 由汉镜铭文的试读到《诗经》文义的试释 [J]. 考古与文物，2019（01）：72—74.
[347] 刘彦锋等. 河南郑州登封金东村东汉墓发掘简报 [J]. 考古与文物，2019（01）：23—28.
[348] 胡兵等. 江苏淮安金湖塔集闸墓地发掘简报 [J]. 考古与文物，2019（02）：16—30.
[349] 胡兵等. 江苏淮安金湖西安村墓地发掘简报 [J]. 考古与文物，2019（02）：31—43.
[350] 邢福来等. 陕西米脂卧虎湾战国秦汉墓葬发掘简报 [J]. 考古与文物，2019（03）：3—49+2+129.

[351] 邱艳等. 四川蒲江九莲村东汉画像砖墓发掘简报 [J]. 考古与文物，2020（01）：14—22.
[352] 王菁. 汉代"盘鼓舞"图像再考订——侧重于考古材料的梳理与解析 [J]. 考古与文物，2020（04）：70—77.
[353] 王再建等. 河南温县南张羌西晋墓发掘简报 [J]. 考古与文物，2020（06）：50—57.

L

[354] 洛阳市文物工作队：612所地下车库工地发掘简报 [J]. 洛阳考古发现，（2007）：98—137.
[355] 郭洪涛等. 偃师商城博物馆藏铜镜选介 [J]. 洛阳大学学报，1998（01）：26—30.

N

[356] 陈定荣. 近年出土古镜及有关问题 [J]. 江西文物，1990（01）：20—33.
[357] 刘晓祥. 江西九江县清理一座东晋墓 [J]. 江西文物，1990（01）：60—62.
[358] 刘晓祥. 九江县发现重列式神兽镜 [J]. 江西文物，1990（03）：118.
[359] 刘晓祥. 九江县文管所藏镜选介 [J]. 南方文物，1993（03）：117—119.
[360] 尹志红. 浙江嵊县文管会藏古代铜镜 [J]. 南方文物，1994（03）：80—85.
[361] 曲江县博物馆. 广东曲江樟市群星东汉墓 [J]. 南方文物，2000（01）：4—5.
[362] 赵小平. 湖南津市文管所珍藏的两汉铜镜 [J]. 南方文物，2003（04）：97—100.
[363] 肖锦秀. 江西省高安市博物馆珍藏铜镜 [J]. 南方文物，2005（04）：80—82+140—142.
[364] 张春龙等. 湖南洪江市黔城镇张古坳、枫木坪西汉墓发掘简报 [J]. 南方文物，2008（04）：39—58+38+173+176.

S

[365] 尹钊等. 琳琅满目的徐州地区汉镜 [J]. 收藏，2011（02）：96—101.
[366] 苏方军等. 望江博物馆藏镜 [J]. 收藏，2011（02）：108—114.
[367] 姚晨辰. 苏州博物馆藏古代铜镜 [J]. 收藏，2014（09）：50—53.
[368] 张娟妮. 铜镜里的几何之美 咸阳博物院馆藏铜镜精品展选记 [J]. 收藏，2020（10）：92—95.
[369] 李学勤. 大乐贵富蟠螭规矩纹镜 [J]. 收藏家，1996（01）：24—25.
[370] 李学勤. 论上海博物馆收藏的两面珍贵铜镜 [J]. 收藏家，1996（03）：56—58.
[371] 李学勤. 伏兽草叶纹镜 [J]. 收藏家，1996（05）：16—17.
[372] 李学勤. 铜斋镜拓拾零 [J]. 收藏家，1997（03）：28—29.
[373] 王纲怀. 西汉草叶铭文镜 [J]. 收藏家，2003（04）：41—45.
[374] 董亚巍，李从明. 规矩镜与博局镜 [J]. 收藏家，2003（06）：38—40.
[375] 梅丛笑. 浙江会稽镜 [J]. 收藏家，2003（07）：31—33+35.
[376] 梁鉴. 也谈西汉草叶纹镜 [J]. 收藏家，2004（04）：38—42.
[377] 王育龙等. 西安地区近年新出土的汉镜 [J]. 收藏家，2005（09）：11—13.
[378] 于力凡. 铜镜的背面 中国明代以前的铜镜艺术 [J]. 收藏家，2006（02）：61—64.

[379] 王牧. 东汉贞夫画像镜赏鉴 [J]. 收藏家，2006（03）：71—74.
[380] 王纲怀. 两汉儒家思想铭文镜 [J]. 收藏家，2007（07）：45—49.
[381] 张宏林等. 汉镜中的阴阳五行观 [J]. 收藏家，2007（08）：64—68.
[382] 张宏林等. 角王巨虚铭文镜及其铸制时期 [J]. 收藏家，2009（01）：36—40.
[383] 傅举有. 春秋战国汉代的特种工艺镜（上）[J]. 收藏家，2009（03）：51—58.
[384] 郑曙斌. 湖南出土铜镜赏析 [J]. 收藏家，2011（01）：31—36.
[385] 周坤. 刻具博局去不祥 山东博物馆藏汉代博局镜赏析 [J]. 收藏家，2012（08）：81—84.
[386] 鹏宇. 对几件投博铭铜镜的重新解读 [J]. 收藏家，2012（09）：50—54.
[387] 郭永军. 大连地区出土汉金铜镜综述 [J]. 收藏家，2014（06）：43—48.
[388] 李妍嘉. 台州博物馆藏战国汉代铜镜赏 [J]. 收藏家，2018（08）：23—28.
[389] 饶胜. 龙腾万里 虎跃千年——新乡市博物馆藏汉代龙虎镜 [J]. 收藏家，2020（02）：27—30.
[390] 张伟. 芜湖市博物馆藏汉代铜镜撷珍 [J]. 收藏家，2020（02）：31—34.
[391] 王建纬. 渠县渠南乡宋墓出土文物 [J]. 四川文物，1990（01）：77—79.
[392] 管维良. 汉魏六朝铜镜的社会观察 [J]. 四川文物，1990（03）：25—29.
[393] 王建纬. 渠县历史博物馆收藏铜镜评鉴 [J]. 四川文物，1990（03）：30—33+2.
[394] 张启明. 阆中馆藏铜镜选鉴 [J]. 四川文物，1992（06）：21—24+81.
[395] 赖万林. 巴中出土东汉龙虎铜镜 [J]. 四川文物，1993（06）：72.
[396] 景竹友. 三台老马乡和里程乡出土的两晋南北朝文物 [J]. 四川文物，1998（06）：62—64.
[397] 绵阳博物馆. 绵阳博物馆馆藏文物 [J]. 四川文物，2000（06）：插页四：3
[398] 宋建民等. 江油市博物馆藏铜镜的初步研究 [J]. 四川文物，2002（03）：61—66.
[399] 刘成基. 广东龙川县佗城东汉墓清理报告 [J]. 四川文物，2005（05）：3—8+2—99.
[400] 朱世学等. 湖北巴东将军滩墓地发掘简报 [J]. 四川文物，2005（05）：9—13+39—101.
[401] 林必忠等. 重庆市长丘、青杠堡、下坝墓地发掘简报 [J]. 四川文物，2006（03）：19—25.
[402] 苏奎. “三段式神仙镜”的图像研究 [J]. 四川文物，2008（04）：60—65.
[403] 唐志工等. 旺苍县馆藏“青盖作”龙虎对峙神兽镜研究 [J]. 四川文物，2009（01）：88—91.
[404] 李明等. 西安市长安区夏殿村墓地M53发掘简报 [J]. 四川文物，2012（05）：17—25+101.
[405] 高大伦等. 四川出土铜镜概述 [J]. 四川文物，2013（04）：66—73+98—99.
[406] 陈长虹. 汉代铜镜上的“九子母”图像——对“三段式神仙镜”的再认识 [J]. 四川文物，2014（04）：63—72.
[407] 谢广维等. 广西钟山县张屋村汉、晋墓发掘简报 [J]. 四川文物，2018（01）：32—44.
[408] 白九江等. 重庆市合川区黄泥塝东汉墓发掘简报 [J]. 四川文物，2019（03）：20—35+97.

W

[409] 商县博物馆. 陕西商县博物馆收藏的铜镜 [J]. 文博，1988（01）：13—18+100—101.
[410] 陈安利等. 长安县秦沟村清理一座东汉墓 [J]. 文博，1988（06）：22—26.
[411] 杨宏明等. 安塞县文管所收藏的部分铜镜 [J]. 文博，1992（06）：72—74.
[412] 王颢等. 陕西凤翔豆腐村汉唐墓葬发掘简报 [J]. 文博，2012（05）：3—13.
[413] 李学勤. 日光镜铭新释 [J]. 文博，2013（01）：16—17.

［414］张翔宇等．西安未央印象城汉墓发掘简报［J］．文博，2017（02）：3—12+2.
［415］杨军凯等．郑千意夫妇墓发掘简报［J］．文博，2014（04）：3—10+18+2.
［416］田亚岐等．陕西省凤翔双冢村、三家店村古墓葬发掘简报［J］．文博，2015（01）：3—13.
［417］张小丽等．西安金浮沱小学汉、唐墓发掘简报［J］．文博，2016（02）：3—19.
［418］张小丽等．西安北郊两座汉墓发掘简报［J］．文博，2018（02）：13—24+2+113.
［419］周赟等．宁夏海原石砚子汉墓发掘简报［J］．文博，2018（04）：3—16.
［420］黄文宽等．广州市东郊东汉砖室墓清理纪略［J］．文物参考数据，1955（06）：61—76.
［421］王步艺．芜湖赭山古墓清理简报［J］．文物参考数据，1956（12）：43—47.
［422］蒋缵初．扬州地区出土的铜镜［J］．文物参考数据，1957（08）：32+36+33—34.
［423］沈令昕．上海市文物保管委员会所藏的几面古镜介绍［J］．文物参考数据，1957（08）：35—36.
［424］胡悦谦等．霍邱张家岗古墓发掘简报［J］．文物参考数据，1958（01）：53—55.
［425］金祖明．余姚上林湖水库墓葬发掘简报［J］．文物参考数据，1958（12）：38—39.
［426］罗张．长沙五里牌古墓葬清理简报［J］．文物，1960（03）：38—50.
［427］高至喜．浏阳姚家园清理晋墓二座［J］．文物参考数据，1960（04）：88—89.
［428］陕西考古所汉墓工作组．西安北郊清理一座东汉墓［J］．文物，1960（05）：69—71.
［429］赵国壁．洛阳发现的波斯萨珊王朝银币［J］．文物参考数据，1960（08、09）：94.
［430］麦英豪．广州动物园古墓群发掘简报［J］．文物，1961（02）：58—62+4.
［431］马承源．越王剑、永康元年群神禽兽镜（上海博物馆藏）［J］．文物，1962（12）：53—55+51—52.
［432］唐文元等．贵州黔西县汉墓发掘简报［J］．文物，1972（11）：42—47.
［433］河南省博物馆．济源泗涧沟三座汉墓的发掘［J］．文物，1973（02）：46—54+69.
［434］唐云明等．河北平山北齐崔昂墓调查报告［J］．文物，1973（11）：27—38+85.
［435］吴九龙等．山东临沂西汉墓发现《孙子兵法》和《孙膑兵法》等竹简的简报［J］．文物，1974（02）：15—26+71—78.
［436］杨育彬等．灵宝张湾汉墓［J］．文物，1975（11）：75—93+107.
［437］黄明兰．洛阳西汉卜千秋壁画墓发掘简报［J］．文物，1977（06）：1—12+81—83.
［438］傅嘉仪．西安市文管处所藏两面汉代铜镜［J］．文物，1979（02）：61—63.
［439］赵生琛．青海大通上孙家寨的匈奴墓［J］．文物，1979（04）：49—53.
［440］熊水富．贵州兴义、兴仁汉墓［J］．文物，1979（05）：20—35+101—102.
［441］王勤金等．扬州邗江县胡场汉墓［J］．文物，1980（03）：1—10+97—98.
［442］罗福颐．汉鲁诗镜考释［J］．文物，1980（06）：80.
［443］曹桂岑等．河南淇县发现一面东汉画像铜镜［J］．文物，1980（07）：41.
［444］周长源等．扬州西汉“妾莫书”木椁墓［J］．文物，1980（12）：1—6+97.
［445］烟台地区文物管理组等．山东莱西县岱墅西汉木椁墓［J］．文物，1980（12）：7—16+98.
［446］马俭．宝鸡市铲车厂汉墓——兼谈M1出土的行楷体朱书陶瓶［J］．文物，1981（03）：46—52.
［447］王勤金等．江苏邗江胡场五号汉墓［J］．文物，1981（11）：12—23+101.
［448］赵康民．陕西临潼博物馆新征集的青铜器［J］．文物，1982（09）：87—88.
［449］黄秀纯等．北京市顺义县大营村西晋墓葬发掘简报［J］．文物，1983（10）：61—69.
［450］黄云忠第．广西柳州市九头村一号汉墓［J］．文物，1984（04）：50—52.
［451］崔成实．浙江衢州市三国墓［J］．文物，1984（08）：40—42.

［452］王恺等．徐州石桥汉墓清理报告［J］．文物，1984（11）：22—40+100—101.

［453］黄颐寿．清江发现东汉青盖神兽镜［J］．文物，1985（05）：6.

［454］马玺伦．山东沂水县荆山西汉墓［J］．文物，1985（05）：47—52.

［455］李储森等．山东高密发现一批汉代铜镜、铜钱［J］．文物，1985（10）：84—89.

［456］王勤金等．扬州出土的汉代铭文铜镜［J］．文物，1985（10）：90—96.

［457］王立斌．江西铅山县发现东汉神兽镜［J］．文物，1986（04）：89.

［458］刘廉银．常德地区收集的孙吴和唐代铜镜［J］．文物，1986（04）：90—91.

［459］秦士芝．盱眙县出土东汉神兽镜［J］．文物，1986（04）：93—94.

［460］尤振尧等．江苏邳县白山故子两座东汉画像石墓［J］．文物，1986（05）：17—30. ［461］崔新社．湖北襄樊近年拣选征集的铜镜［J］．文物，1986（07）：87—90+105.

［462］马人权．安徽颍上县出土四件古代铜镜［J］．文物，1986（09）：63.

［463］印志华．扬州平山养殖场汉墓清理简报［J］．文物，1987（01）：26—36+102.

［464］信立祥等．山西朔县秦汉墓发掘简报［J］．文物，1987（06）：1—52+98—103.

［465］屈盛瑞．山西朔县西汉并穴木椁墓［J］．文物，1987（06）：53—60+104.

［466］张文君等．晋南曲沃苏村汉墓［J］．文物，1987（06）：61—68.

［467］许俊臣等．庆阳博物馆藏汉代四神规矩镜［J］．文物，1987（06）：93.

［468］曹元启等．山东五莲张家仲崮汉墓［J］．文物，1987（09）：76—83.

［469］印志华等．江苏邗江姚庄101号西汉墓［J］．文物，1988（02）：19—43+101—104.

［470］莫测境．钟山县出土东汉、唐、宋铜镜［J］．文物，1988（07）：95.

［471］冯沂．山东临沂金雀山九座汉代墓葬［J］．文物，1989（01）：21—47+101—102.

［472］何志国．四川绵阳出土一件汉代铭文铜镜［J］．文物，1989（02）：51.

［473］梅毅．安徽太湖征集一件汉代画像铜镜［J］．文物，1989（02）：66.

［474］姚高悟．湖北沔阳出土的汉代铜镜［J］．文物，1989（05）：86—88.

［475］啸鸣．宝鸡市附近古遗址调查［J］．文物，1989（06）：22—32+74.

［476］殷凤华．济宁市博物馆近年拣选的古代铜镜［J］．文物，1990（01）：31—33.

［477］于凤芝．广西出土古代铜镜选介［J］．文物，1990（01）：34—38+101—102.

［478］河北省文物研究所，张家口地区文化局．河北阳原三汾沟汉墓群发掘报告［J］．文物，1990（01）：1—18+97—99.

［479］李三等．内蒙古准格尔旗发现一批汉代文物［J］．文物，1990（08）：94—95.

［480］钱国光等．徐州市韩山东汉墓发掘简报［J］．文物，1990（09）：74—82.

［481］马人权．安徽省颍上县征集的几件汉代铜镜［J］．文物，1991（01）：93—94.

［482］何志国．四川绵阳何家山1号东汉崖墓清理简报［J］．文物，1991（03）：1—8+97.

［483］杨式挺等．广东顺德县汉墓的调查和清理［J］．文物，1991（04）：47—63+46+104.

［484］徐信印等．安康地区出土的古代铜镜［J］．文物，1991（05）：61—65.

［485］卢建国等．宝鸡市博物馆收藏的部分古代铜镜［J］．文物，1991（07）：84—87+104.

［486］孔繁刚．山东沂水县征集的古代铜镜［J］．文物，1991（07）：88—94+80.

［487］赵春青．洛阳孟津晋墓、北魏墓发掘简报［J］．文物，1991（08）：48—61.

［488］李则斌．江苏邗江县杨寿乡宝女墩新莽墓［J］．文物，1991（10）：39—61+104.

［489］姚军英．河南襄城县出土西汉晚期四神规矩镜［J］．文物，1992（01）：88.

[490] 何志国. 四川绵阳出土的古代铜镜 [J]. 文物，1992（01）：93—95.
[491] 陈松南. 广东英德出土一件汉末神兽镜 [J]. 文物，1992（08）：93—94.
[492] 刘康利. 陕西安康地区博物馆收藏的两件南朝铜镜 [J]. 文物，1992（12）：64.
[493] 徐孝忠. 安徽淮南市博物馆收藏的几件古代铜镜 [J]. 文物，1993（04）：87—89.
[494] 怀生等. 聊城地区出土部分古代铜镜 [J]. 文物，1993（04）：90—93.
[495] 吕劲松. 洛阳浅井头西汉壁画墓发掘简报 [J]. 文物，1993（05）：1—16+97—100.
[496] 杨德标等. 安徽天长县三角圩战国西汉墓出土文物 [J]. 文物，1993（09）：1—31+97—102.
[497] 刘卫东. 山东莱芜东泉河村出土一批西汉文物 [J]. 文物，1993（12）：31—35+99.
[498] 吕劲松等. 洛阳邮电局372号西汉墓 [J]. 文物，1994（07）：22—33+2.
[499] 商彤流等. 山西离石再次发现东汉画像石墓 [J]. 文物，1996（04）：13—27.
[500] 程明. 山东邹城发现两件汉代铜镜 [J]. 文物，1996（04）：87.
[501] 江益林. 湖北麻城博物馆收藏的古代铜镜 [J]. 文物，1996（06）：87—90.
[502] 史家珍等. 洛阳五女冢267号新莽墓发掘简报 [J]. 文物，1996（07）：42—53+95+2+1.
[503] 纪达凯等. 江苏东海县尹湾汉墓群发掘简报 [J]. 文物，1996（08）：4—25+97—98+100+2.
[504] 孟强等. 徐州西汉宛朐侯刘埶墓 [J]. 文物，1997（02）：4—21+2+1.
[505] 胡新立等. 山东邹城古代铜镜选粹 [J]. 文物，1997（07）：65—68.
[506] 乔栋等. 洛阳谷水晋墓（FM6）发掘简报 [J]. 文物，1997（09）：49—54.
[507] 蔡运章. 洛阳发现战国时期有铭铜镜略论 [J]. 文物，1997（09）：66—69.
[508] 程红. 合肥出土、征集的部分古代铜镜 [J]. 文物，1998（10）：82—85.
[509] 郑祖梅. 常德博物馆收藏的几件古代铜镜 [J]. 文物，1998（10）：86—87.
[510] 谢涛. 成都市青白江区跃进村汉墓发掘简报 [J]. 文物，1999（08）：19—37+99—100+1+1.
[511] 刁淑琴. 洛阳道北西汉墓出土一件博局纹铜镜 [J]. 文物，1999（09）：89.
[512] 杨建东. 山东微山县西汉画像石墓 [J]. 文物，2000（10）：61—67.
[513] 张志忠等. 山西广灵北关汉墓发掘简报 [J]. 文物，2001（07）：4—18+97+1.
[514] 龚德亮. 湖北省十堰市博物馆收藏的一件铜镜 [J]. 文物，2001（08）：71.
[515] 李芳. 章丘市博物馆收藏的部分古代铜镜 [J]. 文物，2002（12）：90—92.
[516] 刘照建第. 徐州碧螺山五号西汉墓 [J]. 文物，2005（02）：33—41.
[517] 司马俊堂等. 洛阳衡山路西晋墓发掘简报 [J]. 文物，2005（07）：38—49+90.
[518] 张占民等. 西安洪庆北朝、隋家族迁葬墓地 [J]. 文物，2005（10）：48—68+98.
[519] 蒋宏杰等. 河南南阳牛王庙村1号汉墓 [J]. 文物，2005（12）：41—43.
[520] 邢富华等. 洛阳王城公园东汉墓 [J]. 文物，2006（03）：49—57.
[521] 蔡凤书等. 寿光市博物馆收藏的一件神人神兽纹铜镜 [J]. 文物，2007（04）：92.
[522] 陆建芳等. 江苏泗阳陈墩汉墓 [J]. 文物，2007（07）：39—60+98+1.
[523] 肖健一等. 西安南郊西晋墓发掘简报 [J]. 文物，2007（08）：48—56.
[524] 朱亮等. 洛阳关林皂角树西晋墓 [J]. 文物，2007（09）：54—62.
[525] 何旭红等. 湖南望城风篷岭汉墓发掘简报 [J]. 文物，2007（12）：21—41+2+1.
[526] 苏奎. 四川邛崃发现的三段式神仙铜镜 [J]. 文物，2008（07）：91—92.
[527] 褚卫红等. 洛阳发现的汉代博局镜 [J]. 文物，2008（09）：95—96.
[528] 冀介良等. 山东日照海曲西汉墓（M106）发掘简报 [J]. 文物，2010（01）：4—25+1.

[529] 白云翔. 汉式铜镜在中亚的发现及其认识 [J]. 文物，2010（01）：78—86.
[530] 程召辉等. 洛阳吉利区西晋墓发掘简报 [J]. 文物，2010（08）：29—47+1.
[531] 刘江生等. 湖北襄樊樊城菜越三国墓发掘简报 [J]. 文物，2010（09）：4—20+1.
[532] 张小丽等. 西安曲江雁南二路西晋墓发掘简报 [J]. 文物，2010（09）：21—29.
[533] 纪春华等. 安徽天长三角圩27号西汉墓发掘简报 [J]. 文物，2010（12）：17—25+1+97.
[534] 程永军. 浙江安吉出土汉代铜镜选粹 [J]. 文物，2011（01）：75—79+97.
[535] 董波. 阜阳市博物馆收藏的一件汉代铭文铜镜 [J]. 文物，2011（01）：80.
[536] 樊昌生等. 江西南昌蛟桥东汉墓发掘简报 [J]. 文物，2011（04）：4—19+1.
[537] 潘海民等. 洛阳瀍河区利民南街西晋墓发掘简报 [J]. 文物，2011（08）：22—30.
[538] 徐长青等. 江西靖安老虎墩东汉墓发掘简报 [J]. 文物，2011（10）：22—34.
[539] 武可荣等. 江苏连云港海州西汉墓发掘简报 [J]. 文物，2012（03）：4—17+2—3+97.
[540] 张畅耕等. 山西大同天镇沙梁坡汉墓发掘简报 [J]. 文物，2012（09）：23—34.
[541] 李则斌等. 江苏盱眙大云山江都王陵二号墓发掘简报 [J]. 文物，2013（01）：25—66+1.
[542] 李丁生. 潜山县博物馆藏战国两汉铜镜 [J]. 文物，2013（02）：86—91.
[543] 阮国林等. 南京六合李岗汉墓（M1）发掘简报 [J]. 文物，2013（11）：16—27+2.
[544] 刘彦锋等. 河南郑州中原区新莽M26发掘简报 [J]. 文物，2014（03）：18—22.
[545] 刘尊志等. 江苏徐州后山西汉墓发掘简报 [J]. 文物，2014（09）：33—45+2.
[546] 李国林等. 青海西宁陶家寨汉墓发掘简报 [J]. 文物，2015（09）：39—48+1.
[547] 王会田. 山东临淄出土汉代铜镜 [J]. 文物，2017（04）：68—82.
[548] 曹斌等. 江西南昌西汉海昏侯刘贺墓出土铜器 [J]. 文物，2018（11）：4—26+2.
[549] 刘长德等. 河北海兴县小山发现四件西汉铜镜 [J]. 文物春秋，1991（01）：91.
[550] 刘红卫，王智宾. 河北盐山发现曹魏五乳规矩镜 [J]. 文物春秋，1992（01）：90.
[551] 徐志芬. 河北省博物馆馆藏铜镜概述 [J]. 文物春秋，1994（01）：25—33.
[552] 河北省文物研究所，邢台市文物管理处. 邢台曹演庄汉墓群发掘报告 [J]. 文物春秋，1998（04）：1—21.
[553] 张巍. 东汉尚方四神博局纹铜镜 [J]. 文物春秋，2000（01）：47.
[554] 花原. 河南信阳馆藏的青铜镜 [J]. 文物春秋，2001（01）：64—66.
[555] 高云波. 定州市文物管理所收藏的一批铜镜 [J]. 文物春秋，2003（06）：73—75.
[556] 薛玉川等. 邯郸市建设大街战汉墓葬发掘报告 [J]. 文物春秋，2004（06）：35—60+134.
[557] 吴克贤. 抚宁县文物管理所收藏的铜镜 [J]. 文物春秋，2006（01）：57—58+79+2.
[558] 袁进京等. 北京市大兴新城北区8号地考古发掘报告 [J]. 文物春秋，2008（04）：25—37.
[559] 邵凤芝. 介绍两件馆藏汉代铜镜 [J]. 文物春秋，2009（01）：69—70.
[560] 王小运. 淇县文物管理所收藏的一面汉代鸟兽博局镜 [J]. 文物春秋，2011（04）：43+58.
[561] 宋志刚等. 张家口市博物馆馆藏铜镜选介 [J]. 文物春秋，2012（04）：73—75+81.
[562] 夏连保等. 北京密云西晋墓发掘简报 [J]. 文物春秋，2012（06）：22—27.
[563] 付艳华. 廊坊市出土铜镜赏析 [J]. 文物春秋，2014（02）：67—70+2+81.
[564] 夏素颖. 河北出土汉代铜镜（上）[J]. 文物春秋，2015（03）：27—35+46.
[565] 夏素颖. 河北出土汉代铜镜（下）[J]. 文物春秋，2015（04）：17—25+67.
[566] 李淑芹. 邢台市馆藏铜镜选介 [J]. 文物春秋，2015（04）：51—57+2+81.
[567] 刘铮. 安徽师范大学博物馆藏古镜选粹 [J]. 文物春秋，2017（06）：68—72.

[568] 姚香勤等. 镜映千古——新乡市博物馆藏古代铭文铜镜[J]. 文物春秋，2018（01）.
[569] 杜志军. 滦南县文物管理所收藏铜镜选介[J]. 文物春秋，2019（03）：77—80.
[570] 范小筱. 和县馆藏铜镜赏析[J]. 文物鉴定与鉴赏，2015（07）：56—61.
[571] 陈治军. “阪锡有齐”释义[J]. 文物鉴定与鉴赏，2015（12）：86—87.
[572] 麻赛萍. 复旦大学博物馆馆藏铜镜精粹[J]. 文物鉴定与鉴赏，2018（10）：10—13+21.
[573] 周倩. 浅析徐州博物馆馆藏铜镜[J]. 文物鉴定与鉴赏，2019（10）：30—31.
[574] 周华. 澧县博物馆馆藏铜镜介绍[J]. 文物鉴定与鉴赏，2019（14）：42—43.
[575] 白林云. 古镜鉴赏——鄂尔多斯博物馆馆藏汉四灵博局纹铜镜[J]. 文物鉴定与鉴赏，2019（20）：15—17.
[576] 曹彦玲. 大同市博物馆藏铜镜选珍[J]. 文物世界，2005（02）：77—80.
[577] 程露. 安徽博物院藏铜镜[J]. 文物世界，2014（03）：67—70.
[578] 唐音等. 吉林省博物院藏出土铭文铜镜研究[J]. 文物天地，2018（04）：10—15.
[579] 武耕. 镜映乾坤——西汉楚国王室的铜镜[J]. 文物天地，2019（05）：61—66.
[580] 宋平等. 固原地区出土汉代铜镜赏析[J]. 文物天地，2019（11）：25—28.
[581] 李慧君. 湖南省博物馆藏神兽铜镜选介及其宗教意义[J]. 文物天地，2019（12）：35—39.

Z

[582] 杨桂荣. 馆藏铜镜选辑（二）[J]. 中国历史博物馆馆刊，1992（18—19）：207—229.
[583] 杨桂荣. 馆藏铜镜选辑（三）[J]. 中国历史博物馆馆刊，1993（01）：112—131+138+2.
[584] 杨桂荣. 馆藏铜镜选辑（四）[J]. 中国历史博物馆馆刊，1993（02）：96—128.
[585] 李零. “方华蔓长，名此曰昌”——为“四叶纹”正名[J]. 中国国家博物馆馆刊，2012（07）：35—41.
[586] 王自力等. 西安张家堡村汉墓群[J]. 中国国家博物馆馆刊，2015（04）：6—38+2.
[587] 王卫东等. 甘肃临泽西寨汉晋墓群[J]. 中国国家博物馆馆刊，2016（04）：6—49.
[588] 刘彦锋等. 郑州登封金东村东汉墓M7的发掘[J]. 中国国家博物馆馆刊，2016（12）：6—17.
[589] 刘尊志等. 湖北郧县龙门堂墓地两座汉墓发掘简报[J]. 中国国家博物馆馆刊，2017（10）：6—23.
[590] 冯双元等. 北京密云西晋墓发掘简报[J]. 中国国家博物馆馆刊，2019（03）：35—41.
[591] 李零. 读梁鉴藏镜四篇 读汉镜铭文中的女性赋体诗[J]. 中国文化，2012（01）：30—39.
[592] 王纲怀. 新莽镜单于举土铭续考[N]. 中国文物报，2008.12.17.
[593] 李零. 读梁鉴藏“内而光”镜[N]. 中国文物报，2012.03.16.
[594] 曹锦炎. “大哉孔子”镜铭文疏证[J]. 中原文化研究，2018（03）：96—98.
[595] 赵振华. 洛阳出土西晋“合背”五铢铜钱[J]. 中原文物，1981（03）：15.
[596] 崔庆明. 南阳市博物馆馆藏纪年铜镜[J]. 中原文物，1982（01）：68+2.
[597] 张剑等. 洛阳唐寺门两座汉墓发掘简报[J]. 中原文物，1984（03）：34—42+118—119.
[598] 安阳市博物馆. 安阳市博物馆藏铜镜选介[J]. 中原文物，1986（03）：121—125.
[599] 史家珍. 洛阳市南昌路东汉墓发掘简报[J]. 中原文物，1987（03）：33—36.
[600] 杨清秀等. 介绍几面馆藏铜镜[J]. 中原文物，1988（03）：89—90+94.
[601] 南阳市文物工作队. 南阳市环卫处汉墓发掘简报[J]. 中原文物，1994（01）：101—104.
[602] 郭继宾等. 焦作市博物馆收藏的部分古代铜镜[J]. 中原文物，1994（02）：26—30+47.

[603] 杨冬梅等. 济南市博物馆藏历代铜镜选粹 [J]. 中原文物，2001 (03)：71—77.
[604] 刁淑琴等. 洛阳西汉五灵博局纹铜镜 [J]，中原文物，2002 (04)：70.
[605] 信应君等. 遂平县文物管理所藏铜镜赏介 [J]. 中原文物，2005 (04)：90—92.
[606] 张海滨等. 南阳市防爆厂住宅小区汉墓M62、M84发掘简报 [J]. 中原文物，2008 (04)：4—13.
[607] 胡小平. 灵宝市文物管理所藏部分铜镜 [J]. 中原文物，2009 (03)：102—105+112.
[608] 蒋宏杰等. 南阳市三杰房地产开发公司M49发掘简报 [J]. 中原文物，2011 (03)：17—23+2+113.
[609] 蒋宏杰等. 南阳市审计局汉墓发掘简报 [J]. 中原文物，2011 (04)：4—12.
[610] 王小运. 淇县文物管理所藏汉代鸟兽纹博局镜 [J]. 中原文物，2011 (04)：108—109.
[611] 姚军英等. 河南禹州新峰村汉墓两座汉代画像砖墓 [J]. 中原文物，2013 (02)：4—11+2.
[612] 蒋宏杰等. 南阳市防爆厂M208汉墓发掘简报 [J]. 中原文物，2012 (03)：4—8+37.
[613] 蒋宏杰等. 南阳市仲景花鸟市场M2发掘简报 [J]. 中原文物，2013 (04)：26—30.
[614] 李翼等. 河南淅川全寨子墓地东汉墓的发掘 [J]. 中原文物，2016 (01)：4—10.
[615] 李立. 洛阳西汉五灵博局纹铜镜铭文考释 [J]. 中原文物，2016 (03)：67—71.
[616] 于宏伟等. 河南荥阳苜蓿洼汉墓M2、M317发掘简报 [J]. 中原文物，2017 (04)：10—15.
[617] 刘富良等. 河南巩义龙尾村晋墓M164发掘简报 [J]. 中原文物，2017 (05)：30—36+129.
[618] 王良田等. 河南夏邑杜庄汉墓群考古清理简报 [J]. 中原文物，2019 (05)：28—35.

参考文献 II

说明：以下所列为本书参考书籍。为便于检索，古籍暂依编纂时代先后顺序排序，时代不详者胪列于后；现代书籍暂依作者或第一作者首字音序先后顺序排序。简称表中已罗列过的论著，此处不再重出。

（一）中文古籍

[1]〔汉〕司马迁等撰〔南朝宋〕范晔集解〔唐〕司马贞索隐〔唐〕张守节正义. 史记［M］. 北京：中华书局，2012.

[2]〔汉〕班固等撰〔唐〕颜师古注. 汉书［M］. 北京：中华书局，2012.

[3]〔汉〕许慎撰［清］段玉裁注. 说文解字注［M］. 北京：商务印书馆，1996.

[4]〔宋〕王俅编. 宋本啸堂集古录［M］. 上海：上海涵芬楼续古逸丛书，1922.

[5]〔宋〕洪适撰. 隶释 隶续［M］. 北京：中华书局，1986.

[6]〔宋〕刘球编. 隶韵［M］. 北京：中华书局，1989.

[7]〔宋〕郭茂倩编. 乐府诗集［M］. 北京：中华书局，2017.

[8]〔清〕张廷济撰，陈其容编辑. 清仪阁金石题识［M］. 清光绪二十年（1894）观自得斋校刻本.

[9]〔清〕孙星衍辑. 续古文苑［M］. 北京：中华书局，1985.

[10]〔清〕徐珂编撰. 清稗类钞［M］. 北京：中华书局，2010.

[11]〔清〕严可均辑. 全上古三代秦汉三国六朝文［M］. 北京：中华书局，2013.

[12] 佚名氏，何清谷校注. 三辅黄图校注［M］. 西安：三秦出版社，2006.

（二）中文现代书籍

[13] 白云翔，［日］清水康二主编. 山东省临淄齐国故城汉代镜范的考古学研究［M］. 北京：科学出版社，2007.

[14] 陈邦怀. 一得集［M］. 济南：齐鲁书社，1989.

[15] 程存洁. 广州历史陈列图册［M］. 北京：文物出版社，2009.

[16] 广州博物馆，香港中文大学文物馆. 穗港汉墓出土文物［M］. 广州：广州博物馆，香港：香港中文大学文物馆，1983.

[17] 广东省博物馆，香港中文大学文物馆. 广东出土晋至唐文物［M］. 广州：广东省博物馆，1985.

[18] 汉语大字典字形组. 秦汉魏晋篆隶字形表［Z］. 成都：四川辞书出版社，1985.

[19] 郝懿行．山海经笺疏［M］．成都：巴蜀书社，1985.
[20] 河北省博物馆，文物管理处．河北省出土文物选集［M］．北京：文物出版社，1980.
[21] 胡海帆，汤燕．中国古代砖刻铭文集［M］．北京：文物出版社，2008.
[22] 黄建勋主编．随州出土文物精粹［M］．北京：文物出版社，2009.
[23] 孔祥星，刘一曼．中国古铜镜［M］．台北：艺术图书公司，1994.
[24] 李克主编．当代名家学术思想文库·李学勤卷［M］．沈阳：万卷出版公司，2010.
[25] 李学勤，艾兰．欧洲所藏中国青铜器遗珠［M］．北京：文物出版社，1995.
[26] 李学勤．比较考古学随笔［M］．广西师范大学出版社，1997.
[27] 李学勤．四海寻珍［M］．清华大学出版社，1998.
[28] 李学勤．缀古集［M］．上海：上海古籍出版社，1998.
[29] 李学勤．走出疑古时代［M］．沈阳：辽宁大学出版社，1994.
[30] 李学勤．走出疑古时代［M］．沈阳：辽宁大学出版社，1997.
[31] 李学勤．走出疑古时代［M］．吉林：长春出版社，2007.
[32] 李学勤．文物中的古文明［M］．北京：商务印书馆，2008.
[33] 李学勤．青铜器入门［M］．北京：商务印书馆，2013.
[34] 刘钊．古文字构形学［M］．福州：福建人民出版社，2011.
[35] 刘钊．古文字考释丛稿［M］．长沙：岳麓书社，2005.
[36] 罗振玉．汉两京以来镜铭集录［M］．辽居杂着，1929.
[37] 罗振玉．镜话［M］．辽居杂着，1929.
[38] 南京大学历史系考古专业，湖北省文物考古研究所，鄂州市博物馆编著．鄂城六朝墓［M］．北京：科学出版社，2007.
[39] 鹏宇．宋代文献所见汉镜题铭辑校［M］．北京：科学出版社，2018.
[40] 邱龙升．两汉镜铭文字研究［M］．北京：中国社会科学出版社，2012.
[41] 裘锡圭．古文字论集［M］．北京：中华书局，1992.
[42] 裘锡圭．裘锡圭学术文集［M］．上海：复旦大学出版社，2012.
[43] 施蛰存．北山集古录［M］．成都：巴蜀书社，1989.
[44] 施蛰存．北山金石录［M］．上海：华东师范大学，2012.
[45] 四川大学博物馆．四川大学博物馆藏品集萃［M］．成都：四川大学出版社，2004.
[46] 谭维四主编．湖北出土文物精华［M］．武汉：湖北教育出版社，2001.
[47] 王红星主编．湖北出土文物精粹［M］．北京：文物出版社，2006.
[48] 吴振武．《古玺文编》校订［M］．北京：人民美术出版社，2011.
[49] 吴镇烽主编．陕西新出土文物选粹·图集［M］．重庆：重庆出版社，1998.
[50] 徐正考．汉代铜器铭文文字编［M］．长春：吉林大学出版社，2005.
[51] 徐正考．汉代铜器铭文选释［M］．北京：作家出版社，2007.
[52] 徐正考．汉代铜器铭文综合研究［M］．北京：作家出版社，2007.
[53] 赵平安．隶变研究［M］．保定：河北大学出版社，2009.
[54] 周凤五，林素清．古文字学论文集［M］．台北：国立编译馆，1999.

（三）外文书籍

[55]［日］奥野正男着．邪马台国の镜—— ヒミコの镜は后汉式镜三角缘神售镜は古坟时代の国产镜［M］．日本：梓书院，2011.

[56]［日］富冈谦藏着．古镜の研究［M］．日本：富冈益太郎，1920.

[57]［日］广赖都巽编．扶桑纪年铭镜图说［M］．日本：大阪市役所，1938.

[58]［日］广濑都巽着．和汉镜集［M］．日本：雄山阁，1928.

[59]［日］柜本诚一着．兵库县の出土古镜［M］．日本：学生社，2002.

[60]［日］后藤守一着．古镜聚英［M］．日本：大冢巧艺社，1942.

[61]［日］后藤守一着．汉式镜［M］．日本：雄山阁，1973.

[62]［日］驹井和爱着．中国古镜の研究［M］．日本：严波书店，1953.

[63]［日］考古学会编．纪年镜鉴图谱［M］．日本：聚精堂，1921.

[64]［日］梅原末治编．欧米搜储支那古铜精华．镜鉴部［M］．日本：山中商会，1933.

[65]［日］梅原末治着．汉以前の古镜の研究［M］．日本：东方文化学院京都研究所，1935.

[66]［日］梅原末治着．鉴镜の研究［M］．日本：临川书店，1975.

[67]［日］梅原末治着．欧米に于ける支那古镜［M］．日本：刀江书院，1931.

[68]［日］奈良县立橿原考古学研究所编集．三次元デジタル・アーカイブを活用した古镜の総合的研究（第1分册）［M］．日本：奈良县立橿原考古学研究所，2005.

[69]［日］奈良县立橿原考古学研究所编集．三次元デジタル・アーカイブを活用した古镜の総合的研究（第2分册）［M］．日本：奈良县立橿原考古学研究所，2005.

[70]［日］末永雅雄，杉木宪司编．中国古镜拓影（影印本）［M］．日本：木耳社，1984.

[71]［日］天理大学附属天理参考馆编集．古代中国の镜 ——镜のなかの神がみ［M］．日本：天理大学出版部，1990.

[72] milan rupert，o.J.Todd. Chinese bronze mirrors：a study based on the todd collection of 1，000 bronze mirrors found in the five northern provinces of suiyuan，shensi，shansi，honan and hopei，china［M］. San yu press1935.

[73] National Museum of Korea. Goryeo Bronze Mirrors：Reflecting Culture and Life of the Goryeo People［M］. National Museum of Korea2010.

[74] Rene Yvon Lefebvre d'Argence. Ancient Chinese bronzes in the Avery Brundage Collection：A selection of vessels，weapons，bells，belthooks，mirrors，and various artifacts from the Shang including a group of gold and silver wares［M］. Diablo Press for the De Young Museum Society1967.

[75] swallow，r.w.Ancient chinese bronze mirrors［M］. Ars Ceramica，Ltd1976.

参考文献 Ⅲ

说明：以下所列为本书所参考期刊论文及会议论文。为便于检索，暂依作者或第一作者首字音序排序，同一作者，按其发表论文时间先后顺序排序。简称表及参考文献Ⅰ中已出现过的论文，此处不再重出。

（一）中文论文

[1] 程万里. 汉代铜镜中的四神纹饰研究［J］. 美术观察，2008（02）.

[2] 程万里. 德祥符瑞——汉代四神铜镜的纹饰意义研究［J］. 艺术学界，2010（01）.

[3] 丁堂华. 湖北鄂州馆藏铜镜述论——兼析铜镜的发展演变规律［J］. 鄂州大学学报，1998（04）.

[4] 董雪. 临淄汉代镜范与铜镜铸造业［J］. 兰台世界，2014（16）.

[5] 董亚巍. 浅谈鄂州出土铜镜与日本神兽镜的关系［J］. 中国历史文物，2003（04）.

[6] 冯国富. 固原出土汉代铜镜简论［J］. 固原师专学报，1998（02）.

[7] 郭丽. 内蒙古中南部近年出土汉代铜镜浅析［J］. 内蒙古文物考古，2004（02）.

[8] 郭永利. 汉代铜镜上的相思铭文赏析［J］. 丝绸之路，2000（S1）.

[9] 何家兴. 秦简《酒令》的文学史意义［J］. 湖南师范大学社会科学学报，2019（05）.

[10] 何堂坤. 关于我国古代铜镜铸造技术的几个问题［J］. 自然科学史研究，1983（04）.

[11] 胡淑芳. 汉代铜镜铭文中的七言诗［J］. 湖北大学学报（哲学社会科学版），2005（04）.

[12] 胡晓丁. 从日本丹后地区出土中国四神铜镜看其对邪马台国研究的影响［J］. 世界历史，1994（04）.

[13] 冀克强. 许昌禹州出土铜镜探析［J］. 文物鉴定与鉴赏，2018（09）.

[14] 李菲. 十堰地区馆藏铜镜的初步研究［J］. 郧阳师范高等专科学校学报，2009（02）.

[15] 李淮生. 中国铜镜的起源及早期传播［J］. 山东大学学报（哲学社会科学版），1988（02）.

[16] 李进. 馆藏战国汉代铜镜研究［J］. 湖北职业技术学院学报，2018（02）.

[17] 李亮亮. 愿君强饭多勉之　仰天太息长相思——谈汉代铜镜中的“相思文化”［J］. 东方收藏，2011（04）.

[18] 李亮亮等. 临淄铜镜铸造作坊的发现与陈氏藏镜的比较研究［J］. 管子学刊，2016（03）.

[19] 李零. 说云纹瓦当——兼论战国秦汉铜镜上的四瓣花［J］. 上海文博论丛，2004（04）.

[20] 李娜. 鉴于岁月——晋祠博物馆馆藏历代铜镜赏析［J］. 文物鉴定与鉴赏，2018（11）.

[21] 李凇. 汉代铜镜所见有关道教和神话的图像［J］. 湖北美术学院学报，2011（01）.

[22] 李文. 尚方博局纹铜镜（东汉）［J］. 南京大学学报（哲学人文科学社会科学版），2011（03）.

[23] 李学勤. 古镜因缘 [J]. 紫禁城，1992（04）.

[24] 李迎春等. 汉代“四夷服”镜铭研究 [J]. 四川文物，2019（06）.

[25] 李永军. 浅析古铜镜文化——以濮阳市博物馆馆藏为例 [J]. 文物鉴定与鉴赏，2020（02）.

[26] 李昱盛. “四神镜”中四神与铜镜关系探究 [J]. 艺术科技，2016（08）.

[27] 李泽悦. 从两汉镜铭看汉人的神仙信仰 [J]. 陕西青年职业学院学报，2018（04）.

[28] 李湛. 四神规矩纹铜镜与汉代六博 [J]. 文物天地，2019（11）.

[29] 李贞等. 安徽怀宁县文物管理所藏铜镜浅析 [J]. 收藏界，2011（03）.

[30] 梁智杰. 汉代铜镜铭文所见儒家“忠”的思想 [J]. 集宁师范学院学报，2019（05）.

[31] 林素清. 两汉镜铭所见吉语研究 [A]. 见：汉代文学与思想学术研讨会论文集 [C]. 台北：文史哲出版社，1991.

[32] 林素清. 两汉镜铭初探 [J]. 中央研究院历史研究所集刊（第六十三本第二分册），1993.

[33] 林素清. 十二种镜录释文校补 [A]. 见：王叔岷先生八十寿庆论文集 [C]. 台北：大安出版社，1993.

[34] 刘美等. 从铜镜铭文管窥西汉人的社会追求 [J]. 许昌学院学报，2006（03）.

[35] 刘勤等. 初探扬州出土的两汉西王母铜镜 [J]. 艺术市场，2005（08）.

[36] 刘小明等. 山东博物馆藏铜镜所见儒道佛思想文化 [J]. 许昌学院学报，2018（03）.

[37] 麻晓荣. 广西右江民族博物馆馆藏铜镜简析 [J]. 西部学刊，2019（12）.

[38] 鹏宇. 《镜映乾坤——罗伊德·扣岑先生捐赠铜镜精粹》校读札记 [J]. 上海文博论丛，2014（11）.

[39] 鹏宇. 介绍几件新见的两汉镜铭 [J]. 出土文献综合研究集刊（第一辑），2014.

[40] 鹏宇. 洛阳地区出土汉镜零札三则 [J]. 出土文献（第五辑），2014（01）.

[41] 鹏宇. 释汉镜铭文中的两例姓氏用字 [A]. 见：台北第二十五届中国文字学国际学术研讨会论文集 [C]，2014.

[42] 鹏宇. 汉代镜铭“弓已”一词补说及相关问题 [A]. 见：台北第二十六届中国文字学国际学术研讨会论文集 [C]，2015.

[43] 鹏宇. 释汉代镜铭中的“微”字 [J]. 中国文字（第41辑），台湾艺文印书馆，2015.

[44] 鹏宇. 读《宣和博古图》诗辞门随札两则 [J]. 出土文献综合研究集刊（第四辑），2016.

[45] 鹏宇. 宋代文献所见汉镜题铭校读三则 [J]. 古文字研究（31辑），2016.

[46] 鹏宇. 汉代镜铭所见通假字举隅 [J]. 中国文字学报，2017.

[47] 鹏宇. 以新材料校正传世典籍中的汉代镜铭几则 [A]. 见：《汉文化研究》（第一辑）[C]，北京：商务印书馆，2018.

[48] 鹏宇. 西安所出“仓颉”铭铜镜柬释 [J]. 中国文字研究，2018（02）.

[49] 鹏宇. 介绍一件新见的“王昭君”铭汉代出塞故事画像镜 [A]. 见：曲阜“新材料与传统文化研究展望”学术研讨会暨泰山学者论坛论文集 [C]，2019.

[50] 鹏宇. 出土文献习语“阳遂”一词发覆及其道教含义探微 [J]. 宗教学研究，2019（02）.

[51] 鹏宇等. 洛阳出土汉代“孔子”铭博局镜补说 [A]. 见：榆林第三届中国古代文明研究前沿论坛论文集 [C]，2019.

[52] 清格勒. 巴林右旗博物馆馆藏铜镜选辑 [J]. 内蒙古文物考古，2000（02）.

[53] 邱龙升. 《三面铜镜铭文释读补正》补释 [J]. 云南农业大学学报（社会科学版），2010（02）.

[54] 邱龙升. 东汉镜铭的省体字 [J]. 宁夏大学学报（人文社会科学版），2012（02）.

[55] 邱龙升. 汉代镜铭反书探微[J]. 宁夏大学学报（人文社会科学版），2012（03）.
[56] 邱龙升. 汉代镜铭之吉祥语[J]. 南方文物，2016（01）.
[57] 邱龙升. 汉代镜铭之长寿吉语[J]. 云南农业大学学报（社会科学版），2014（02）.
[58] 沈培. “寿敝金石”和“寿敝天地”[J]. 中国文字研究，2007（01）.
[59] 时嘉艺. 汉镜中的“求仙路”——以汉乐府为参照[J]. 南都学坛，2018（05）.
[60] 时嘉艺. 镜铭载史：王莽儒生创作群体的时政传播[J]. 殷都学刊，2018（03）.
[61] 时嘉艺. 汉代镜铭体式演变与七言镜铭的生成[J]. 长江师范学院学报，2019（03）.
[62] 孙克让. 从镜铭看汉代选官制度[J]. 收藏家，2014（09）.
[63] 孙文丽. 铜镜铭文反映的王莽改制与历史现实[J]. 理论界，2010（09）.
[64] 孙永丰. 谈太湖馆藏汉镜及纹饰的构思与布局[J]. 文物鉴定与鉴赏，2017（11）.
[65] 孙峥. 对汉代四神铜镜的文化内涵及思想背景的认识[J]. 赤峰学院学报（汉文哲学社会科学版），2015（06）.
[66] 汪春泓. 从铜镜铭文蠡测汉代诗学[J]. 文学遗产，2004（03）.
[67] 王斑. 汉铜镜四灵博局纹饰的宇宙图标及其审美特征[J]. 西北美术，2014（04）.
[68] 王纲怀. 一面图文并茂的东汉画像镜——镜铭“盛如长安南，贤如鲁孔子”传递的文化信息[J]. 收藏家，2013（05）.
[69] 王亮. 两汉铜镜艺术特点的探究——以龙游县博物馆藏镜为例[J]. 文物鉴定与鉴赏，2019（09）.
[70] 王灵光等. 即墨市博物馆馆藏铜镜赏析[J]. 艺术市场，2018（07）.
[71] 王秀丽. 浅谈我国古代铜镜中汉镜的纹饰特点[J]. 西北美术，2005（04）.
[72] 王煜. 象天法地：先秦至汉晋铜镜图像寓意概说[J]. 南方文物，2017（01）.
[73] 文婧. 浅析新疆考古出土的汉代铜镜[J]. 昌吉学院学报，2008（01）.
[74] 吴俊. 广西出土汉代铜镜铭文的研究[J]. 湖北社会科学，2008（01）.
[75] 吴悦. 两面铜镜与两次异姓夺权[J]. 收藏家，2016（10）.
[76] 武振玉等. 汉镜铭文中的“宜”与“利”[J]. 吉林大学社会科学学报，2019（04）.
[77] 尹钊等. 部分汉镜铭文解读[J]. 东方收藏，2016（02）.
[78] 尹钊等. 汉代铜镜的道教思想[J]. 东方收藏，2016（04）.
[79] 张红旗. 山西省考古研究所藏古代铜镜赏介[J]. 文物世界，2003（05）.
[80] 张宏林. 汉代镜铭纹饰与文献记载中的仙道人物（上）[J]. 收藏家，2013（12）.
[81] 张宏林. 汉代镜铭纹饰与文献记载中的仙道人物（下）[J]. 收藏家，2014（01）.
[82] 张宏林. 汉镜中的西王母图像及其铸制年代[J]. 收藏家，2015（01）.
[83] 张宏林. 从镜铭中看汉人爱情生活[J]. 收藏家，2015（08）.
[84] 张宏林. 物勒工名——记汉镜中的铸镜匠师[J]. 收藏家，2016（01）.
[85] 张清文. 由两汉镜铭看汉代西王母“宜子孙”功能[J]. 民俗研究，2017（01）.
[86] 张运锋. 霍邱汉代铜镜简述[J]. 文物鉴定与鉴赏，2018（04）.
[87] 周世荣. 《洛阳发现战国时期有铭铜镜略论》质疑[J]. 中国历史文物，2003（04）.
[88] 周新. 论鄂城汉镜铭文“宜西北万里”[J]. 南都学坛，2018（01）.
[89] 朱纪. 解读五面齐鲁汉镜[J]. 南京艺术学院学报（美术与设计），2017（01）.
[90] 朱世学. 巴蜀地区战国到两汉时期铜镜的考古发现与研究[J]. 三峡论坛（三峡文学·理论版），2017（01）.

（二）外文论文

[91] Klas Bernhard Johannes Karlgren. Early Chinese Mirror's Inscriptions [J]. BMFEA，1940（12）.

[92] Klas Bernhard Johannes Karlgren. Early Chinese Mirrors [J]. BMFEA，1968（40）.

[93] [日] 冈村秀典. 汉镜2期における华西镜群の成立と展开 [J]. 东方学报，第83册，2008.

[94] [日] 冈村秀典. 汉镜5期における淮派の成立 [J]. 东方学报，第85册，2010.

[95] [日] 高仓洋彰. 前汉镜にあらわれた権威の象征性 [J]. 国立歴史民俗博物馆研究报告，第55集，1993.

[96] [日] 高仓洋彰，滕铭予. 汉代铜镜与东亚世界 [J]. 边疆考古研究，2004.

[97] [日] 高田克己. 汉镜规矩文の意匠について界 [J]. 大手前女子大学论集，1974.

[98] [日] 驹井和爱. 汉镜铭文の二三に就いて界 [J]. Anthropological Science58（03），1943.

[99] [日] 梅原末治. 神兽镜の「口衔巨」の图样に就いて [J]. 东方学报，第14册四分册，1943-1944.

[100] [日] 西田守夫. 三角縁対置式系神獣镜の図纹—"神守"衔巨と旄节と"乳"をめぐって— [J]. 国立歴史民俗博物馆研究报告，第55集，1993.

参考文献 V

说明：本节所列为本书所参考学位论文。暂依作者首字音序排序。

[1] 车正萍. 试论汉代铜镜的纹饰［D］. 中央民族大学，2004.

[2] 陈慧智. 中日文化交流中的铜镜研究［D］. 浙江工商大学，2010.

[3] 陈静. 汉代两京地区出土博局纹镜浅析［D］. 郑州大学，2006.

[4] 陈英梅. 两汉镜铭内容用字研究［D］. 国立成功大学，2005.

[5] 邓林. 汉代铭文镜研究［D］. 上海大学，2017.

[6] 高英. 汉代铭文研究［D］. 南京师范大学，2011.

[7] 顾薇薇. 汉镜铭文研究［D］. 复旦大学，2004.

[8] 郭铁娜. 汉代非主流文学与汉代社会［D］. 东北师范大学，2009.

[9] 李新城. 东汉铜镜铭文整理与研究［D］. 华东师范大学，2006.

[10] 李泽悦. 镜铭所见两汉的社会生活——以出土汉镜为中心［D］. 延安大学，2020.

[11] 刘芳芳. 战国秦汉妆奁研究［D］. 南京大学，2011.

[12] 刘俊艳. “TLV”图像的发展演变研究［D］. 西北大学. 2019.

[13] 刘梅梅. 陕西出土汉代铜镜纹饰及其文化内涵研究［D］. 西北大学，2017.

[14] 刘彭. 汉代铜镜铭文中的诗赋研究［D］. 北京大学，2006.

[15] 刘诗. 汉代铜镜纹饰符号研究［D］. 湖南工业大学，2014.

[16] 刘文明. 神兽镜的初步研究［D］. 江西师范大学，2012.

[17] 刘艺. 镜与中国传统文化［D］. 四川大学，2002.

[18] 娄建红. 汉四神铜镜探微［D］. 暨南大学，2012.

[19] 潘军. “会稽镜”文字文体研究［D］. 浙江大学，2008.

[20] 鹏宇. 两汉镜铭文字整理与考释［D］. 复旦大学，2013.

[21] 乔菊影. 徐州出土汉代铜镜研究［D］. 中国艺术研究院，2011.

[22] 秦立. 先秦两汉七言诗研究［D］. 首都师范大学，2009.

[23] 邱龙升. 两汉镜铭文字研究［D］. 南昌大学，2005.

[24] 孙洁. 王莽时期博局纹镜研究［D］. 西北师范大学，2018.

[25] 田敏. 汉代铜镜铭文研究［D］. 河北师范大学，2012.

[26] 田世刚. 汉镜铭文书法研究与借鉴［D］. 南京艺术学院，2019.

[27] 汪鹏飞. 安徽地区出土汉代铜镜研究［D］. 安徽大学，2014.

[28] 王卉. 汉代铜器铭文词语通释与研究［D］. 华东师范大学，2009.

[29] 王晓峰. 中国古代铜镜设计心理学研究［D］. 山东大学，2008.

[30] 王乙稀. 汉代盘鼓舞图像研究 [D]. 兰州大学，2020.
[31] 夏辞. 益阳市博物馆藏历代铜镜整理与研究 [D]. 湖南大学，2015.
[32] 谢晓庆. 汉墓出土四神禽兽纹镜研究 [D]. 武汉大学，2018.
[33] 徐恒. 汉镜铭文中的诗歌研究 [D]. 西北师范大学，2017.
[34] 徐征. 西北地区出土汉代铜镜初步研究 [D]. 郑州大学，2009.
[35] 许大海. 汉代艺术设计思想要义 [D]. 苏州大学，2005.
[36] 晏子茹. 中国古代铜镜龙纹纹饰研究 [D]. 西安工程大学，2017.
[37] 杨雅君. 汉代铜镜装饰设计艺术研究 [D]. 湖北工业大学，2009.
[38] 尹泳实. 韩国出土铜镜及其铭文研究 [D]. 吉林大学，2015.
[39] 曾甘霖. 文化、语言学视角下的中国古镜研究 [D]. 华中科技大学，2009.
[40] 张鸿亮. 洛阳地区汉晋墓研究 [D]. 郑州大学，2017.
[41] 张甲子. 汉代铭文研究 [D]. 东北师范大学，2010 .
[42] 张少昀. 西汉星云镜铸造工艺模拟实验 [D]. 中国科学技术大学，2010.
[43] 张玉新. 汉代考古新资料与汉乐府古辞《巾舞歌诗》研究 [D]. 东北师范大学，2014.
[44] 赵晓敏. 以古为鉴——镜子造型与纹饰的现代解析 [D]. 吉林大学，2009.

后 记

呈现在读者面前的这部小书主要脱胎于笔者的博士学位论文，不过，若读者细留察仍不难发现两者之间的显著区别，原学位论文分为铭文汇编、文字编、文字考释三个主体，本书主要是对其中的铭文汇编进行修订、补充与完善。

当初撰写学位论文时，受时间所限，所做汇编仅能罗列释文与著录，相对来说，过于简单，本书在编纂时则充分吸收学者意见，新增了类型、时代、文献梳理等相关内容，资料价值较之以往有很大进步。

在内容体量方面，原汇编中共收录镜铭文辞3242条，涉及照片及拓片3万余幅，博士毕业后，笔者又对这些图片进行了重新梳理，经过反复比较，对一器多拓、一镜多著等现象所涉辞条再次进行归并，并依据新见材料新补充镜铭近1000条，总字数达到了70万字，比原先20多万字的汇编多出了近50万字。

在铭文检索方面，原汇编主要依据镜铭首字音序排列，后来发现其效果并不理想。一方面，同一类型的镜铭很可能由于缺字减字或语序不同，未能排在一起；另一方面，许多对镜铭缺乏基础知识的人，若不能准确判断出镜铭首字，则将无法使用检索。

在听取了许多考古工作者、收藏鉴赏家、古文字学者的建议后，我们尝试了一种新的方法，即从汉镜铭文的套语结构、用字特点等方面入手，先对汉镜的铭文类型进行大的划分，将两汉镜铭分为200多种大的类型、数百种小的亚型，然后再依据铭文完整度及铜镜出土地、馆藏地，对各类型中的镜铭进行排列，遇上可以同时归为好几个类型的镜铭，则采用《史记》互见法的处理方式，在备注中以“此条重出，亦列于‘某类’镜铭”的形式予以注明。

这样一来，读者在使用本书时不仅能对汉镜铭文的整体面貌有一个宏观的判断，而且也为汉镜的分期、分域、分类等相关后续研究提供了便利，在释文检索上也更加高效。

而关于铭文的释读，曾一度是笔者心中深深的痛。

笔者当时撰写学位论文时，初入门庭，误释、缺释之处很多，遇到图片残泐、模糊或摹本错误时，这种情况便更为严重。

博士毕业后，笔者尽一切可能寻找新的高清图片，阅读大量传世及出土文献，并充分吸收文字学、考古学、历史学、民俗学等学科相关研究成果，在师友们的帮助下努力提升镜铭考释方法，终于使所隶写的释文准确度有所提高。

这也是我想将本书正式出版的缘起之一，以便更正学位论文中的显著错误，使这些成果能以更好的面貌供学者使用。当然，受能力所限，书中的错误定然还有许多，期盼同好批评指正，使这些错误能进一步减少。

同时，为了便于本书的使用，有些情况还需要加以说明。例如，从忠于铭文字形的角度来说，本书的释文以繁体字或古文字原貌展示的话，无疑是最理想的，但从使用者的角度考虑，本书的受众中除了专家、学者之外，还有不少社会人士，尤其许多年轻人在阅读繁体出版物时仍存在一定困难，而且释文用繁体，其余文字用简体，繁简混排也不美观，因此，考虑再三，本书暂时通用简体，后面根据读者反馈情况，可以考虑再出繁体本。另外，关于异体字的情况也需要予以说明。根据古文字学著作的常见处理方法，为方便读者阅读，本书中仅将有一定代表性或具有古文字研究价值的异体字适当保留，于字后括注通用字，并在释文辞例中加以标示；而对于那些常见的异体字或减笔字依据宽式隶定直接释作通用字，并根据具体情况在每一章节的绪论中统作说明。为了便于读者对各类型的镜铭有一个直观的印象，本书还附带了一定数量的汉镜图片，受篇幅所限，虽无法将每一类铜镜都进行罗列，但许多重要的具有典型特征的汉镜都还是进行了展示。这些都是要提前和读者交待清楚的。

本书在出版过程中，曾得到不少师友的帮助。

李学勤师在世时曾对汉镜研究有诸多殷切希望，并为中国铜镜的学术研究指明了方向，刘钊师、刘志基师、吴振武先生始终关注笔者论文的出版情况，孔祥星老师、刘一曼老师、曹锦炎老师、徐正考老师、孔震老师、梁鉴老师、王纲怀老师始终鼓励笔者的铜镜研究，并为本书的出版提供诸多支持与无私帮助。

白于蓝老师、陈剑老师、陈英杰老师、董莲池老师、董珊老师、冯胜君老师、冯立升老师、郭永秉老师、霍宏伟老师、李守奎老师、李银德老师、刘国忠老师、潘玉坤老师、施谢捷老师、汪少华老师、王志平老师、王牧老师、严志斌老师、叶正渤老师、岳洪彬老师、臧克和老师、朱存明老师、赵平安老师、邹芙都老师、张小艳老师、张文老师在笔者进行汉镜及相关研究的过程中，或当面指正，或书信来往，或赠以重要论著，或提出宝贵建议，使笔者的研究视野更加开阔。

陶磊、苏辉、程薇、陈颖飞、刘光胜、张德良、牛鹏涛、马楠、程浩、贾连翔、刘丽、杨蒙生、魏栋、孙合肥、刘力耘、杨一波、陈民镇、张翀、洪飏、何家兴、张传官、刘建民、任攀、孙赛雄、李霜洁、刘思亮、罗小华、周飞、陈鹏宇、韩宇娇、许可、石小力、王挺斌、周波、刘娇、邬可晶、程少轩、谢明文、刘刚、侯乃峰、傅修才、郭理远、冯先思、李新城、邱龙升、田率、游战洪、谈晟广、张欢、焦英杰、陈明旭、王景东、刘昌昊、李丹琳、吴盛亚、时嘉艺、夏利亚、王怀义、卢康华、陈圣争、段凯、王文超、石连坤、乔菊影、李经谋、张宏林、田国强、王奉扬、黄洪彬、陈学斌、李平、刘军、石兆祥、李宇涛、刘东、唐勤彪、王济江、徐也力、张曙阳、陈碧翔、朱军强等先生亦师亦友，对笔者的研究或时刻关心，或偶有点拨，或提供资料，或帮助辨伪，皆使笔者受益良多。还要感谢中国美术学院的领导和各位同仁，因为有了他们的支持与帮助，才使本书的出版更具可能。

此外，还要感谢本书的责编陈晨老师，陈老师工作细致负责，不厌其烦地帮助笔者改正了文中的许多错误，使本书的内容更加准确、规范，像这样体量的书，要是没有陈老师的帮助，其正式出版仍将是遥遥无期的一件事情。

最后，再次感谢生命中遇到的每一位良师益友，期盼越来越多的学者可以加入铜镜研究的队伍中来，期盼中国铜镜的学术研究在未来更加美好。

鹏宇

2021年11月20日

汉镜图

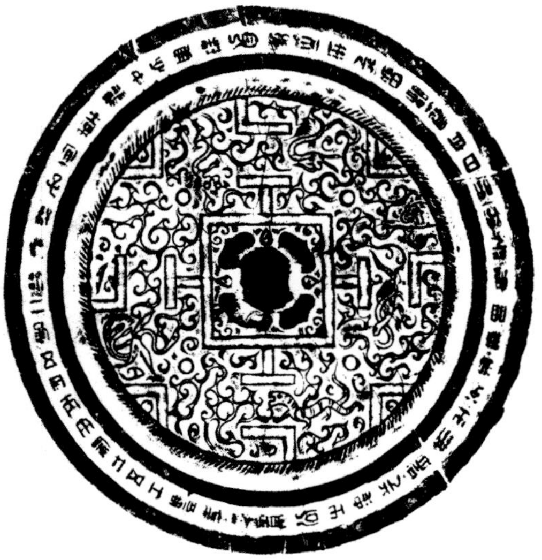

图 1–1 《图典》B 图 3.174

图 1–2 《图集》图 457

图 1–3 《上博》A 拓片 38

图 1–4 《图说》第六九下

图 1–5 《尊古斋》图 5

图 1–6 《纪年》图 40

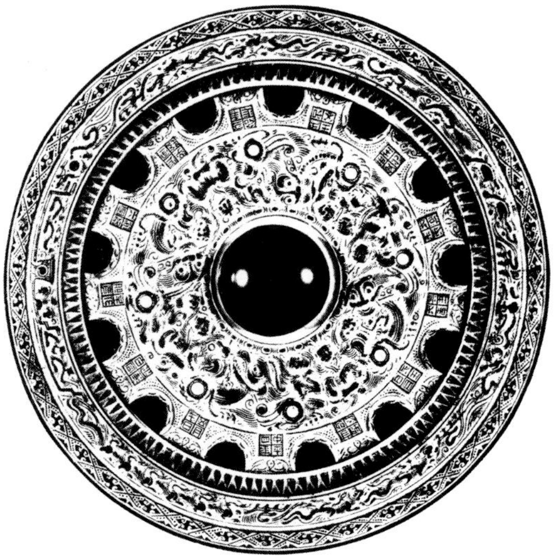

图 1–7 《上博》A 拓片 55

图 1–8 《图说》第七三下

图 1–9 《鄂城六朝墓》第 281 页图 203：2

图 2–1 《南阳》图四〇

图 3–1 《书法》图 3

图 3–2 《清华》图 3

图 4-1 《镜录》卷下 16b 下

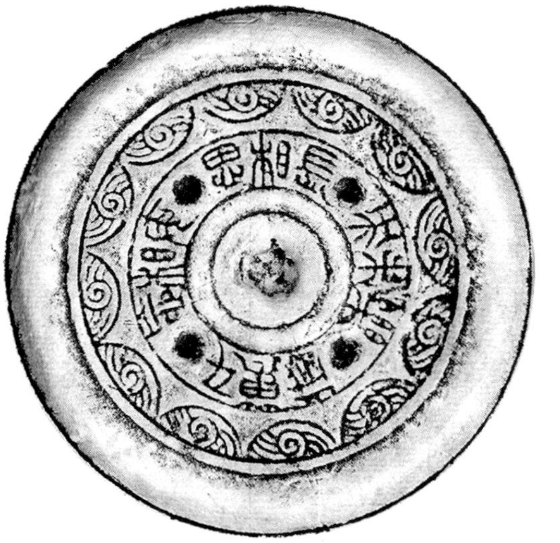

图 4-2 《图集》图 76

图 6-1 《清华》图 4

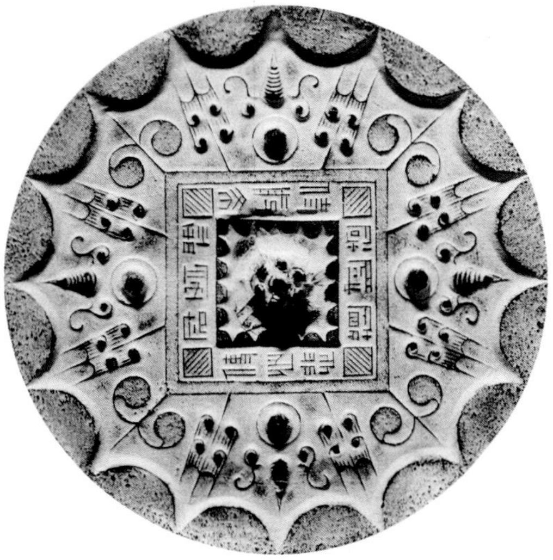

图 7-1 《图集》图 169

图 8-1 《上博》A 拓片 30

图 9-1 《镜录》卷中 3b

图 9-2 《中国文化》2012（1）第 36 页图十一

图 10-1 《图集》图 107

图 11-1 《文化》图 6

图 12-1 《书法》图 58

图 12-2 《深圳》图 37

图 14-1 《广陵》图 6

图 14-2 《上博》A 拓片 27

图 15-1 《镜录》卷下 17b

图 16-1 《故宫》A 图 29

图 16-2 《四川》图 20

图 16-3 《陈介祺》图 43

图 17-1 《陈介祺》图 35

图 17-2　《尊古斋》第 93 页

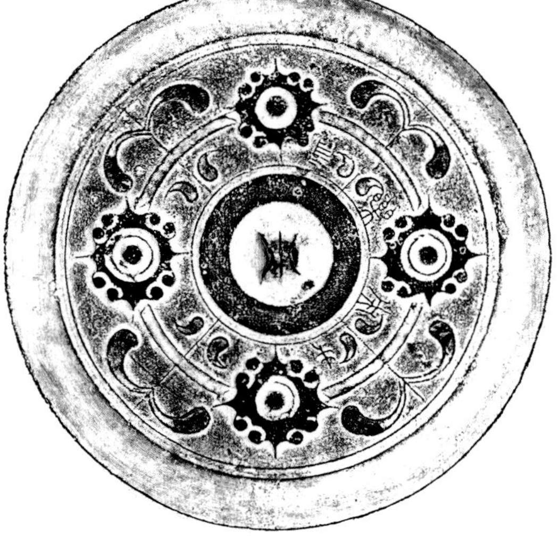

图 18-1　《清华》图 12

图 18-2　《广陵》图 68

图 18-3　《文化》图 45

图 19-1　《乾坤》图 22

图 19-2　《小校》卷十五 101a

图 19-3 《汉雅堂》图 53

图 20-1 《清艺》第 104 页

图 20-2 《清华》图 64

图 20-3 《书法》图 164

图 21-1 《清华》图 23

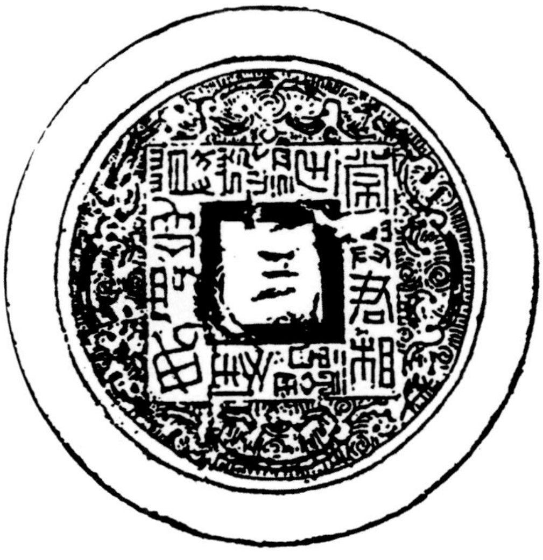

图 22-1 《广州》图九二：1

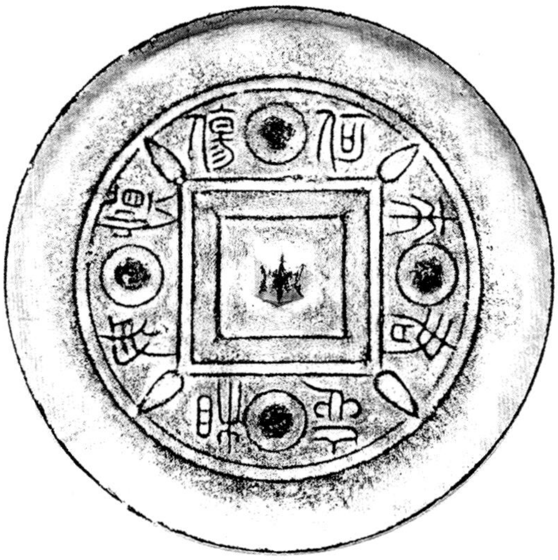

图 23-1 《书法》图 40

图 24-1 《广陵》图 19

图 25-1 《清华》图 27

图 26-1 《清华》图 42

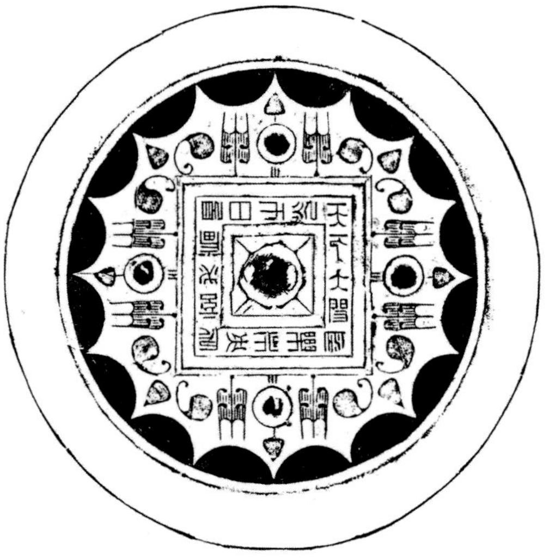

图 27-1 《广陵》图 20

图 29-1 《湖研》图十

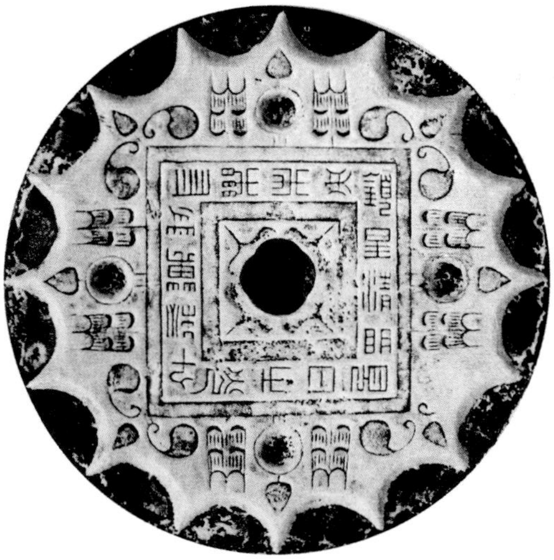

图 31–1 《书法》图 83

图 32–1 《清华》图 19

图 35–1 《故宫》A 图 28

图 36–1 《拓片》图 44

图 38–1 《南阳》图九三

图 39–1 《长安》图十一：3

图 40-1 《四川》图 22

图 41-1 《陈介祺》图 14

图 42-1 《国博》1992（18—19）第 217 页图 7

图 43-1 《文化》图 102

图 44-1 《广陵》图 88

图 45-1 《清爱堂》图 50

图 48-1 《后沟》图 38

图 49-1 《古今》图 44

图 49-2 《故宫》A 图 22

图 52-1 《绍兴》第 41 页

图 52-2 《广陵》图 55

图 53-1 《拓片》图 63

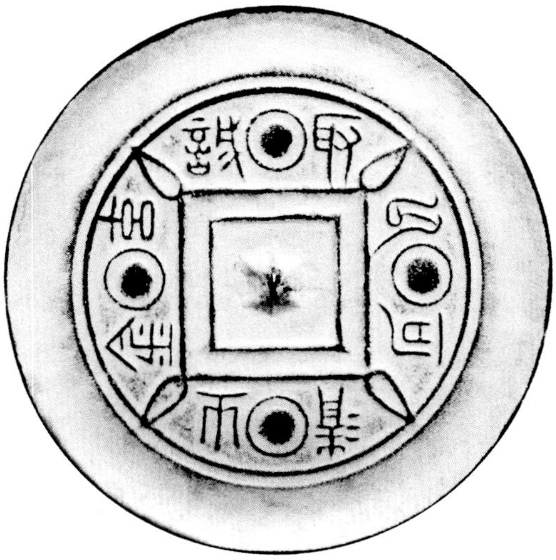
图 55-1 《清艺》第 80 页

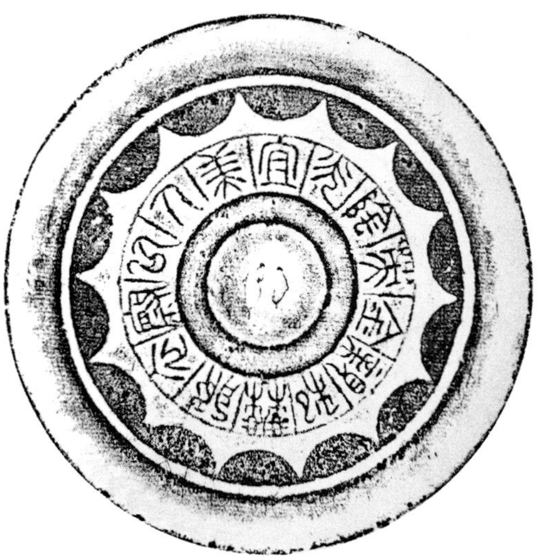
图 56-1 《尊古斋》第 101 页

图 57-1 《文化》图 56

图 58-1 《书法》图 151

图 59-1 《图集》图 199

图 60-1 《清华》图 31

图 61-1 《陈介祺》图 34

图 62-1 《广陵》图 59

图 63-1 《尊古斋》第 131 页

图 65-1 《广陵》图 108

图 65-2 《文化》图 141

图 66-1 《尊古斋》第 132 页

图 67-1 《图集》图 266

图 68-1 《尊古斋》第 127 页

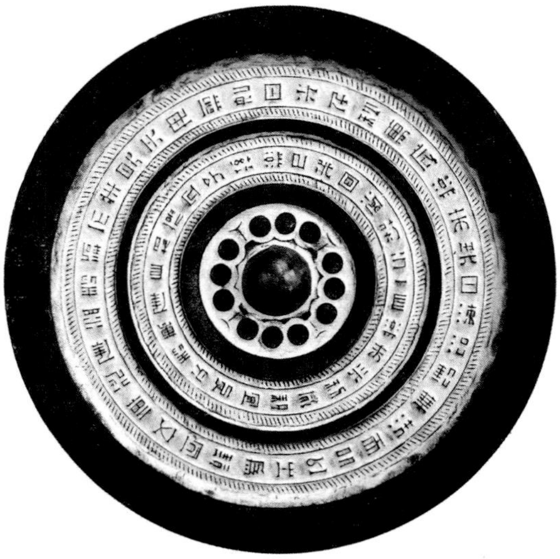

图 68-2 《止水阁》图 87

图 69-1 《汉雅堂》图 69

图 70-1 《国图》第 86 页

图 70-2 《阳美》图 63

图 71-1 《未名斋》第 37 页

图 71-2 《汉雅堂》图 89

图 72-1 《图集》图 344

图 72-2 《清华》图 62

图 73-1 《汉雅堂》图 93

图 74-1 《图集》图 373

图 74-2 《书法》图 170

图 74-3 《古今》图 90

图 75-1 《未名斋》第 103 页

图 75-2 《尊古斋》第 81 页

图 76-1 《汉雅堂》图 90

图 76-2 《图集》图 328

图 76-3 《镜录》卷中 6a

图 77-1 《阳美》图 72

图 77-2 《陈介祺》图 106

图 77-3 《图典》B 图 3.216

图 77-4 《南阳》图一九六

图 77-5 《图集》图 274

图 78-1 《阜阳》图 3-1

图 79-1 《清华》图 53

图 79-2 《上博》A 拓片 39

图 80-1 《清华》图 55

图 80-2 《汉雅堂》图 76

图 81-1 《汉雅堂》图 75

图 81-2 《未名斋》第 169 页

图 82-1 《清华》图 57

图 83-1 《深圳》图 66

图 83-2 《止水集》第 114 页图 5

图 84-1 《全集》图五八

图 84-2 《古今》图 99

图 85-1 《清华》图 52

图 86-1 《故宫》A 图 32

图 86-2 《拓片》图 240

图 87-1 《文化》图 152

图 87-2 《广陵》图 140

图 88-1 《古竟景》图三

图 89-1 《长沙》图 91

图 90-1 《阳美》图 70

图 90-2 《未名斋》第 121 页

图 90-3 《文化》图 166

图 90-4 《久保惣》B 图 22

图 93-1 《阳美》图 78

图 94-1 《汉雅堂》图 79

图 95-1 《图典》B 图 3.280

图 96-1 《故宫》A 图 41

图 97-1 《未名斋》第 167 页

图 98-1 《泉屋》图 55

图 98-2 《澄秋馆》64b

图 100-1　《镜录》卷中 9a

图 104-1　《上博》A 拓片 64

图 105-1　《久保惣》B 图 31

图 107-1　《未名斋》第 197 页

图 108-1　《上博》A 拓本 51

图 110-1　《洛华》图 143

图 112-1 《长沙》图 95

图 112-2 《古今》图 92

图 112-3 《阳美》图 162

图 113-1 《汉雅堂》图 116

图 116-1 《华夏考古》2009（1）第 84 页图一一：1

图 117-1 《阳美》图 159

图 117-2 《广陵》图 141

图 117-3 《图集》图 419

图 118-1 《久保惣》B 图 34

图 119-1 《阳美》图 123

图 120-1 《图集》图 444

图 120-2 《上博》A 拓片 66

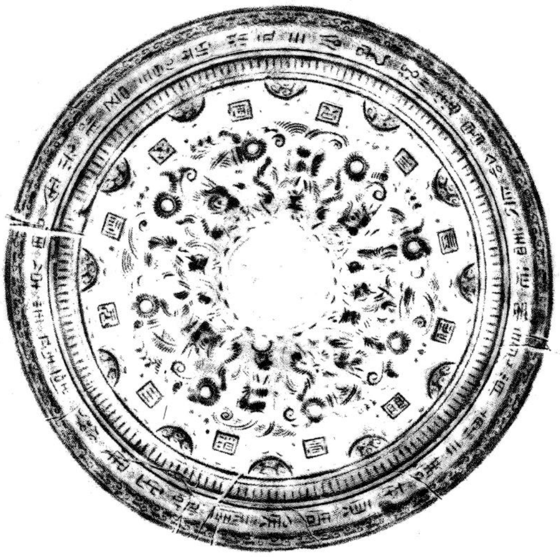

图 120-3 《宣城》第 63 页

图 121-1 《图说》图三

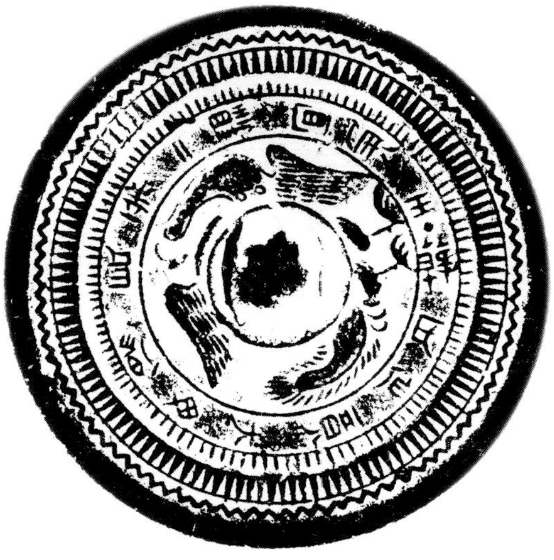

图 122-1 《小校》卷十五 45b 上

图 123-1 《长沙》图 99

图 124-1 《清爱堂》图 133

图 124-2 《止水阁》图 115

图 127-1 《千秋》第 264 页下

图 129-1 《镜录》卷中 12b

图 129-2 《故宫》A 图七〇

图 131-1 《拓影》图 34

图 133-1 《深圳》图 90

图 133-2 《阳美》图 120

图 133-3 《汉雅堂》图 49

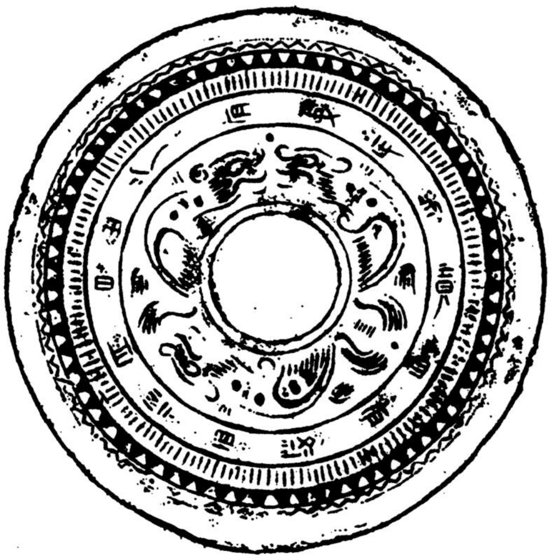

图 135-1 《考古学报》1984（1）第 98 页图四四：8

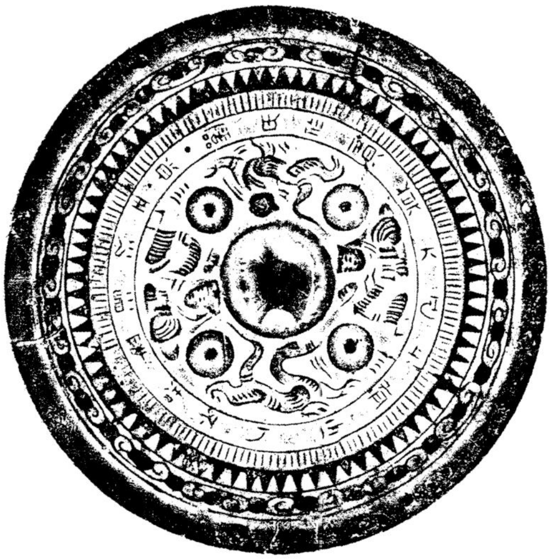

图 136-1 《陈介祺》图 123

图 136-2 《汉雅堂》图 123

图 136-3 《尊古斋》第 60 页

图 137-1 《镜录》卷中 20a

图 137-2 《阳美》图 129

图 137-3 《上博》A 拓片 49

图 137-4 《开明堂》图 47

图 138-1 《历代》图 66

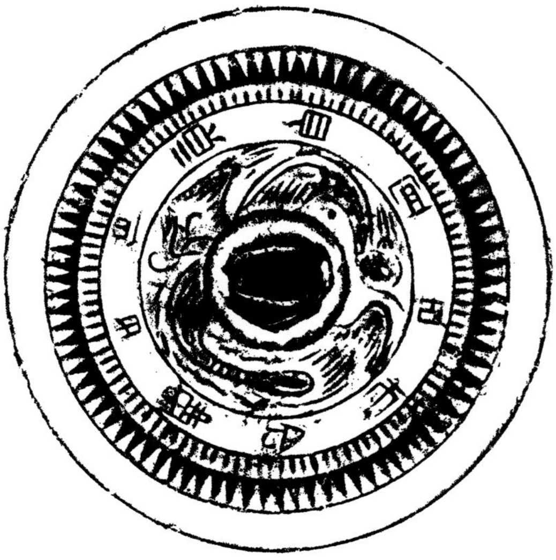

图 139-1 《南阳》图二一七

图 140-1 《古今》图 127

图 141-1　《湖研》图九四

图 142-1　《镜录》卷中 18a

图 143-1　《小檀》卷二 11a

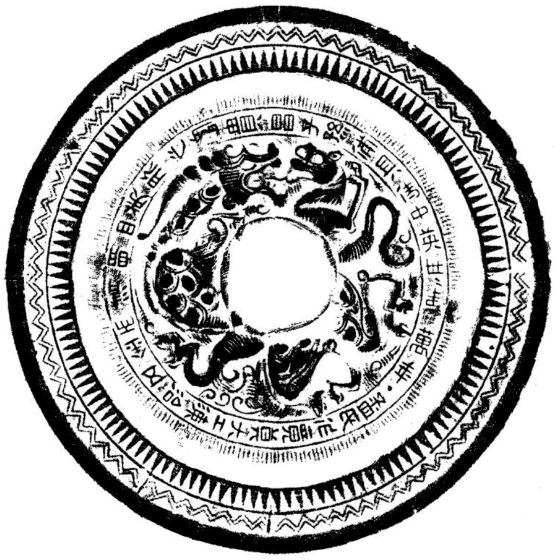

图 144-1　《清爱堂》图 130

图 145-1　《未名斋》第 201 页

图 146-1　《阳美》图 101

图 148-1 《文化》图 192

图 149-1 《图集》图 358

图 150-1 《南阳》图二一九

图 151-1 《拓片》图 166

图 152-1 《西安》图 48

图 152-2 《小校》卷十五 58b 上

图 152-3 《历代》图 65

图 152-4 《清爱堂》图 122

图 153-1 《国图》第 126 页

图 154-1 《小檀》卷二 21a

图 155-1 《四川文物》2019（3）第 33 页图二〇

图 155-2 《尊古斋》第 77 页

图 157-1 《镜录》卷中 27b

图 157-2 《国图》第 166 页

图 159-1 《古竟景》图七

图 159-2 《国图》第 169 页

图 159-3 《镜录》卷中 13b

图 160-1 《小校》卷十五 35a 下

图 160–2 《书法》图 189

图 160–3 《国图》第 118 页

图 160–4 《小檀》卷二 5a

图 162–1 《乾坤》图 29

图 164–1 《上博》A 拓片 56

图 165–1 《南阳》图一九〇

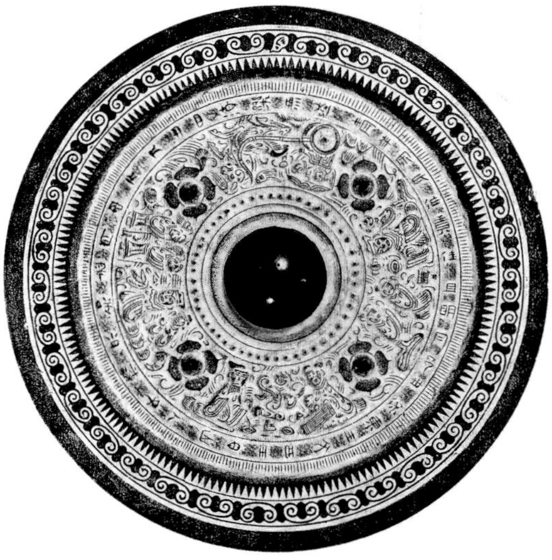

图 165-2 《阳美》图 128

图 168-1 《久保惣》B 图 23

图 168-2 《小校》卷十五 57a

图 169-1 《未名斋》第 199 页

图 170-1 《考古》1957（6）第 42 页图一

图 170-2 《未名斋》第 211 页

图 174-1 《尊古斋》第 59 页

图 176-1 《文物》2013（2）第 91 页图一九

图 178-1 《上博》A 拓片 45

图 179-1 《深圳》图 121

图 186-1 《阳美》图 124

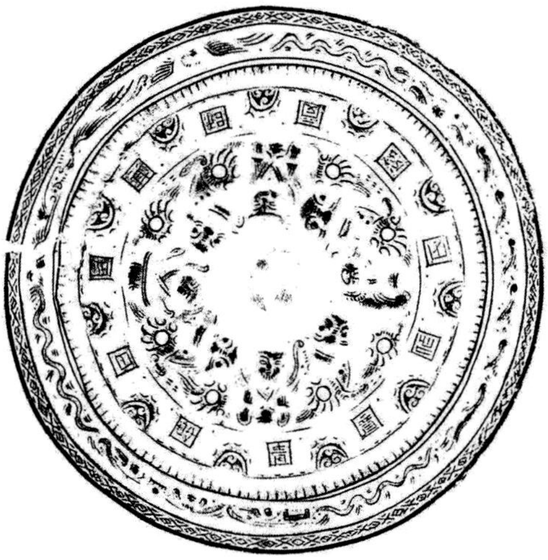

图 188-1 《故宫》A 图 58

图 189-1　《湖研》图九八

图 190-1　《国图》第 132 页

图 192-1　《镜录》卷中 17b

图 192-2　《上博》A 拓片 58

图 192-3　《考古》1961（8）第 436 页图四

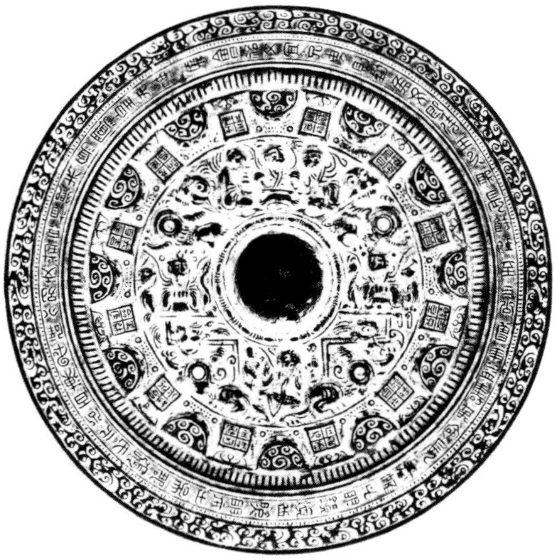

图 192-4　《书法》图 192

图 192-5 《文化》图 188

图 192-6 《镜录》卷下 5b

图 193-1 《镜录》卷中 28b

图 194-1 《长沙》图 114

图 195-1 《国图》第 114 页

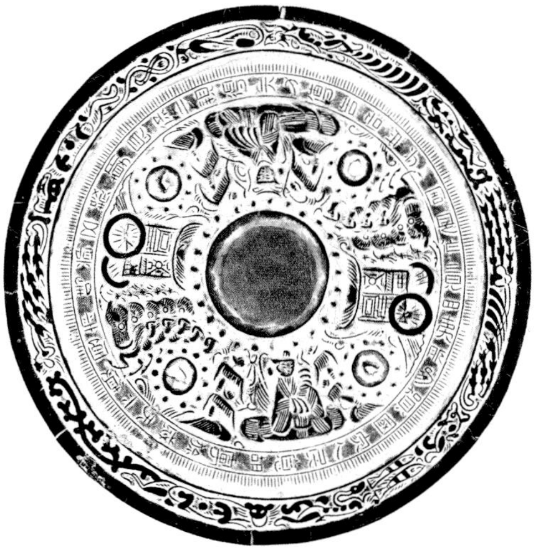

图 197-1 《汉雅堂》图 122

图 197-2 《汉雅堂》图 115

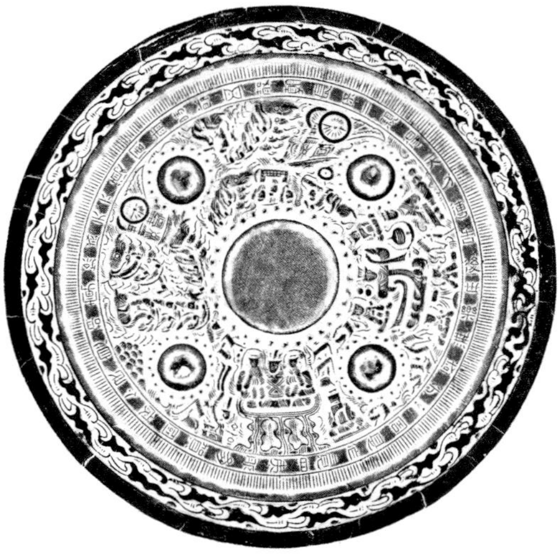

图 197-3 《汉雅堂》图 129

图 197-4 《拓片》图 167

图 198-1 《清华》图 63

图 198-2 《阳美》图 130

图 198-3 《书法》图 200

图 198-4 《汉雅堂》图 105

图 200-1 《汉雅堂》图 130

图 202-1 《汉雅堂》图 143

图 202-2 《镜录》卷中 25a

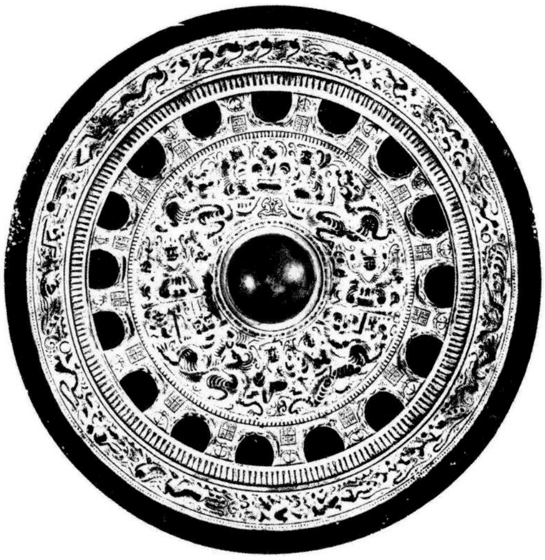

图 202-3 《上博》A 拓片 61

图 202-4 《国图》第 151 页

图 202-5 《镜录》卷中 25b

图 202-6 《止水阁》图 125

图 202-7 《汉雅堂》图 155

图 202-8 《汉雅堂》图 133

图 202-9 《汉雅堂》图 145

图 202-1 《阳美》图 102

图 202-11 《故宫》A 图 71

图 202-12 《拓片》图 251

图 202-13 《书法》图 184

图 202-14 《故宫》A 图 55

图 202-15 《清华》图 67

图 202-16 《小校》卷十五 80a 下

图 202-17 *BRONZES MIRRORS* 第 169 页

图 202-18 《书法》图 190

图 202-19 《图集》图 411

图 203-1 《镜录》卷中 26b

图 204-1 《四川文物》2014（4）第 63 页图一

图 204-2 《文化》图 194

图 206-1　《拓片》图 159

图 207-1　《临淄》图 669

图 208-1　《浙江》A 彩图 15

图 208-2　《开明堂》图 49

图 209-1　《汉雅堂》图 94

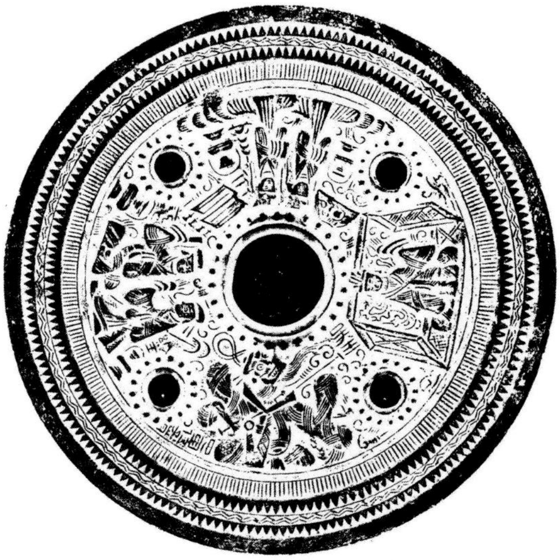

图 209-2　《上博》A 拓片 52

图 210-1 《上博》A 拓片 50

图 210-2 《汉雅堂》图 114

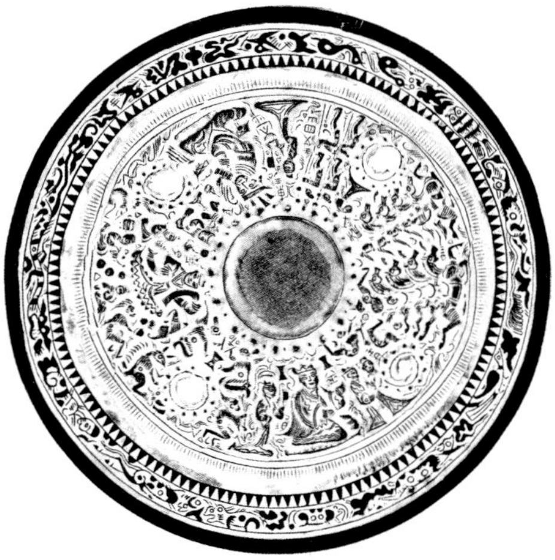

图 210-3 《汉雅堂》图 131

图 210-4 《汉雅堂》图 99

图 210-5 《阳美》图 127

图 210-6 《汉雅堂》图 127

图 211-1 《镜录》卷下 19a

图 211-2 《汉雅堂》图 100

图 212-1 《武汉》第 25 页

图 213-1 《广陵》图 21

图 213-2 《拓片》图 224

图 213-3 《吉林》图 6

图 213-4　《故宫》A 图 35

图 213-5　《阳美》图 90

图 214-1　《故宫》A 图 44

图 215-1　《汉雅堂》图 65

图 215-2　《汉雅堂》图 66

图 215-3　《未名斋》第 109

图 215–4 《未名斋》第 111 页

图 215–5 《未名斋》第 107 页

图 215–6 《古今》图 66

图 216–1 《奇觚室》卷十五 34a

图 217–1 《上博》A 拓片 65

图 217–2 《清爱堂》图 109

图 218-1　《广陵》图 110

图 218-2　《广陵》图 87

图 218-3　《辽宁》第 140 页

图 218-4　《汉雅堂》图 87

图 219-1　《故宫》A 图 37

图 219-2　《洛阳》图 50

图 219-3 《图案》第 33 页

图 220-1 《历代》图 60

图 220-2 《故宫》A 图 39

图 220-3 《上博》A 拓片 47

图 220-4 《阳美》图 163

图 220-5 《汉雅堂》图 57

图 222-1 《广陵》图 135

图 222-2 《未名斋》第 51 页

图 222-3 《汉雅堂》图 41

图 222-4 《清爱堂》图 97

图 222-5 《清爱堂》图 101

图 223-1 《小校》卷十六 13a

图 223-2 《小校》卷十六 13b

图 223-3 《尊古斋》第 119 页

图 224-1 《四川》图 40

图 224-2 《小校》卷十六 10a 上

图 225-1 《未名斋》第 213 页

图 226-1 《尊古斋》第 111 页

图 226-2 《镜录》卷下 1b

图 227-1 《图集》图 374

图 228-1 《历代》图 61

图 229-1 《清爱堂》图 138

图 230-1 《久保惣》B 图 36

图 230-2 《陈介祺》图 64

图 230-3　《南阳》图二一三

图 231-1　《古竟景》图 26

图 232-1　《镜录》卷下 7a

图 233-1　《尊古斋》第 103 页

图 233-2　《图案》第 41 页

图 233-3　《尊古斋》第 105 页

图 234-1　《文物》1958（1）第 55 页

图 234-2　《国图》第 175 页

图 234-3　《久保惣》B 图 35

图 234-4　《尊古斋》第 107 页

图 236-1　《四川》图 38

图 237-1　《历代》图 72

图 237-2 《考古学报》1965（1）第 149 页图三六：1

图 237-3 《文物》2010（8）第 45 页图四六

图 238-1 《国图》第 172 页

图 238-2 《烧沟》图七六：2

图 238-3 《久保惣》B 图 65

图 238-4 《旅顺》图 67

图 238−5 《国图》第 168 页

图 238−6 《镜录》卷下 4b 上

图 239−1 《镜录》卷下 7b

图 239−2 《未名斋》第 209 页

图 240−1 《考古》1983（9）第 852 页图二：9

图 240−2 《南阳》图二一六

图 240-3 《阳美》图 121

图 240-4 《考古》1982（3）第 264 页图一〇：4

图 240-5 《故宫院刊》2008（1）第 112 页

图 240-6 《故宫》A 图 45

图 240-7 《书法》图 122

图 240-8 《考古》1979（5）第 423 页图一四：4

图 240–9　《阳美》图 104

图 240–10　《书法》图 51

图 240–11　《阳美》图 94

图 240–12　《小檀》卷二 36b

图 240–13　《文化》图 199

图 240–14　《临淄》图 216

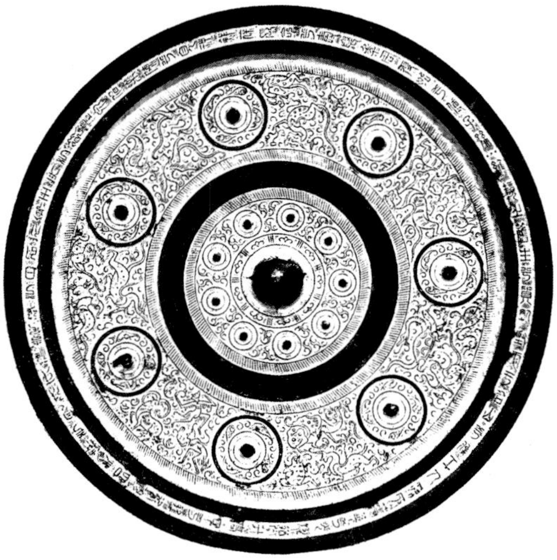

图 240-15 《文博》2014（4）第 9 页图一〇：1

图 240-16 《小檀》卷二 16a

图 240-17 《奇觚室》卷十五 39a

图 240-18 《文化》图 198

图 240-19 《图集》图 84

图 240-20 《止水集》第 49 页图一